ハイブリッド・ファイナンス事典

Hybrid Finance Encyclopedia

可児 滋 ［著］

一般社団法人 金融財政事情研究会

はじめに

"Mr. Gorbachev, open this gate! Mr. Gorbachev, tear down this wall!"

これは、1987年6月12日、米国レーガン大統領がブランデンブルグ門前で行ったスピーチの中で、東西冷戦の象徴となっていたベルリンの壁を取り払うようにソビエト連邦のゴルバチョフ書記長に向けて放った有名な一節である。そして、1989年11月9日、壁の上に乗った東西ベルリン市民がハンマーで壁を叩き割る姿が全世界に放映され、その後、名実ともに東西の壁が取り払われるという劇的な結末となった。

一方、銀行・証券・保険の世界では、ハンマーではなく金融技術ないし金融イノベーションによって、負債（デット）と資本（エクイティ）、さらには銀行業、証券業、保険業の間にあった壁がまさしくtear downされつつある。

こうした金融機能の融合は、ハイブリッドとかクロスオーバー、ボーダーレス、シンセティック、アンバンドリング、ストラクチャード等、さまざまな切り口や呼び方があるが、本書は、銀行、証券会社、保険会社が各々の特性を前提に提供してきた金融機能が、こうした業態の壁が低くなって相互に融合する形で進展する中で誕生している各種商品や取引形態を統合的に取り上げたものである。

また、本書では、こうした複雑な商品のベースとなる金融・証券・保険の基礎知識に加えて、金融技術や各種モデル、さらに最近のFintechと呼ばれる金融とITの融合の動きについてわかりやすく解説している。

本書のタイトルにある「ハイブリッド」の文字どおりの意味は、「混成」であるが、本書では、負債と資本の双方の性格をあわせもつハイブリッド証券のみならず、伝統的な金融資産やそれを加工した仕組み商品、証券化商品、新しい金融手法、金融と保険の融合商品、それに天候、環境に関わる分野まで、幅広い領域をカバーしている。

また、重要な項目についてはある程度のボリュームを割いて記述する等、各項目のボリュームにばらつきが出ることを厭わず、項目の重要度に

従ってメリハリをつけて記述した。

　なお、大半の項目に英語表記を付け加え、英語の索引でも検索できるようにした。

　本書の大きな特徴は、ややもすれば難解となる用語について、図表を用いて説明するとともに、具体的な数値を使って設例形式で説明することにより、表面的な用語解説に終わることなく、読者にとって真に理解を深めることができるように工夫したことである。

　本書出版の企画から刊行まで、金融財政事情研究会の谷川治生理事をはじめ同研究会の皆様に格別お世話になった。紙上をお借りして厚くお礼を申し上げたい。

　本書が、金融・証券・保険がシナジー効果を発揮しながらダイナミックに展開している現状を理解する一助となれば幸甚である。

2016年4月

可児　滋

[著者略歴]

可児　滋（かに　しげる）

横浜商科大学商学部特任教授
1966年日本銀行入行、英国ハル大学へ留学、
日本銀行岡山支店長、文書局長、
東京証券取引所常務理事、
日本電気株式会社常勤顧問等を経て2006年から現職。
日本証券アナリスト協会検定会員（CMA）、CFA協会認定証券アナリスト（CFA）、国際公認投資アナリスト（CIIA）、CFP、1級FP技能士。
著書・訳書に、
『資産証券化と投資ファンド：市場型間接金融』日本評論社2008、『英和和英デリバティブ・証券化用語辞典』中央経済社2009、『金融先物の世界』時事通信出版局2009、『金融技術100の疑問』時事通信出版局2010、『先物市場から未来を読む』（訳書：Leo Melamed著）日本経済新聞出版社2010、『環境と金融ビジネス』銀行研修社2011、『イノベーション・スピリッツ』金融財政事情研究会2012、『デリバティブがわかる』（共著）日本経済新聞出版社2012、『金融と保険の融合』金融財政事情研究会2013など多数。

目 次

英字

ABCP	証券取引	1
ABL	金融	5
ABS	証券化	13
AI	IT フィンテック	16
APT	証券取引	17
ART	保険	22
CAPM	証券取引	26
CATボンド	保険	33
CCP	リスクマネジメント / デリバティブ	43
CCX	デリバティブ	47
RGGI、WCI、MGGRA	環境	47
CDO、CLO、CBO	証券化	51
CDS	デリバティブ	56
CMO	証券化	66
COCOs（ココ・ボンド）	証券取引	69
DDS、DES	デリバティブ	72
DIPファイナンス	金融	72
Don't shoot the messenger!	デリバティブ	75
DVP、PVP、STP、T＋1、時点ネット決済、RTGS	金融 / 証券取引	79
EBM	IT フィンテック	85
ERM、BCP	リスクマネジメント	87
ETF、ETN	証券取引	90
EU-ETS	環境	96
FICOスコア	金融	100
FinTech	金融 / IT フィンテック	104

項目	カテゴリ	ページ
FX	外国為替	108
IoT	IT フィンテック	111
ITリスク	IT フィンテック	114
MBO、LBO	金融	132
MBS、RMBS、CMBS	証券化	135
MM理論	金融／証券取引	141
MSCB	証券取引	147
OIS	デリバティブ／金利	152
P2Pレンディング	金融／IT フィンテック	155
PER、PCFR、PBR、トービンのQ、配当利回り、配当性向、株式益回り、イールドスプレッド、イールドレシオ、株価売上高比率	金融／証券取引	157
PEファンド	ファンド	162
PTS、ATS、ECN、MTF	証券取引	166
REIT、J-REIT	証券取引	169
ROA、ROE、EPS、EVA	証券取引	175
S&L危機	金融／証券化	179
S&Pケース・シラー住宅価格指数	デリバティブ	182
SIV	金融／証券化	187
SPV、SPC、SPE	証券化	191
TRS	デリバティブ	197
VAR	リスクマネジメント	201
VIX	証券取引	208

あ

項目	カテゴリ	ページ
アクティビストファンド	証券取引	212
アクティブ運用、パッシブ運用	証券取引	215
アセットアロケーション	証券取引	219
アセットファイナンス	金融	224
アレンジャー	証券化	226

項目	カテゴリ	ページ
イールドカーブ	金融	228
一括決済方式	金融	230
移動平均線	証券取引	234
イミュニゼーション戦略	証券取引	237
インターネットバンキング	ITフィンテック	241
インダストリーロス・ワランティ	保険	244
ウェアラブル端末	ITフィンテック	248
売掛債権証券化	金融／証券化	251
エキゾチック・オプション	デリバティブ	257
エルニーニョ現象、ラニーニャ現象	環境	264
大口信用供与規制	金融	267
オプション	デリバティブ	273
オプション戦略	デリバティブ	279
オプションのリスクファクター	デリバティブ	285
オペレーショナルリスク	リスクマネジメント	288
オムニチャネル	ITフィンテック	292
オルタナティブ投資	ポートフォリオ	294

か

項目	カテゴリ	ページ
カーボンファンド	環境	297
価格優先・時間優先の原則	証券取引	302
格付、格付会社	証券取引	304
貸付債権の流動化・証券化	金融	311
カタストロフィ・スワップ	保険	313
カタストロフィ・モデル	保険	316
カタストロフィ・リスク取引所	保険	319
株価指数オプション、個別株オプション	デリバティブ	321
株価指数先物	証券取引	324
気温デリバティブ	デリバティブ／環境	331

項目	分類	頁
キャッシュ・アンド・キャリーモデル、キャッシュ・アンド・キャリー取引、リバースキャッシュ・アンド・キャリー取引	デリバティブ	338
キャップ、カラー、フロア	金融／金利	342
キャプティブ	保険	348
京都議定書（プロトコル）	環境	353
金融EDI	IT／フィンテック	356
金融安定理事会	金融	358
金利先物、金利先渡し	金利	360
金利スワップ	デリバティブ／金利	367
クラウドファンディング	IT／フィンテック	376
クラック・スプレッド、スパーク・スプレッド、クラッシュ・スプレッド	デリバティブ／電力取引	380
グリーン取引所	環境	388
クレジットイベント	金融／デリバティブ	390
クレジットスプレッド	証券取引／金利	392
クレジットデリバティブ	金融／デリバティブ	395
クレジットリスク	金融	399
決済サービスの改革	金融／IT／フィンテック	401
限月	デリバティブ	404
限月間スプレッド取引	デリバティブ	407
原油デリバティブ	デリバティブ	410
降雪デリバティブ、降雨デリバティブ、霰デリバティブ	デリバティブ	413
効率的市場仮説、アノマリー	証券取引	116
コーラブル債、プッタブル債、ステップアップ・コーラブル債	証券取引／デリバティブ	419
国債管理政策	証券取引	421
国際パリティ関係	外国為替	428
コミットメント・ライン	金融	433

項目	カテゴリ	ページ
コミングルリスク	証券化	435
コモディティファンド	デリバティブ / ファンド	437
コンタンゴ、バックワーデーション	リスクマネジメント	440
コンティンジェント・キャピタル	金融	443
コンテンツファンド	ファンド	446

さ

項目	カテゴリ	ページ
サービサー、バックアップサービサー	証券化	448
サープラスノート	保険	450
債券先物、債券先物オプション、債券店頭オプション	証券取引 / デリバティブ	453
再生ファンド	ファンド	460
裁定取引	証券取引 / デリバティブ	465
サイドカー	保険	472
サイバーセキュリティ	リスクマネジメント / ITフィンテック	477
再保険	保険	484
先物取引	デリバティブ	490
サステイナブル成長率	証券取引	495
サブプライム危機	証券化	498
仕組み債	証券取引	505
自己資本規制比率（証券会社）	証券取引	512
資産流動化法（新SPC法）	証券化	515
市場型間接金融	金融 / ファンド	517
地震保険	保険	522
時点ネット決済、即時グロス決済	金融	525
私募投資信託（私募投信）	ファンド	529
住宅金融支援機構MBS	金融	531
種類株式	証券取引	536
証券化	証券化	542
消費者ローン債権の証券化	金融	548

新株予約権付社債	証券取引	551
シンジケートローン	金融	556
シンセティックCDO	証券化	561
信用取引	証券取引	568
信用補完	証券化	578
スイングオプション	デリバティブ	581
ストラクチャードファイナンス	金融	583
ストラドル、ストラングル	デリバティブ	587
ストリップ証券	証券化 証券取引	591
ストリップヘッジ、スタックヘッジ	デリバティブ	593
ストレステスト	金融	597
スワップション	デリバティブ	599
スワップ取引	デリバティブ	601
制限値幅、更新値幅、特別気配、サーキットブレーカー	証券取引 デリバティブ	607
ソーシャルメディア	IT フィンテック	611

た

大数の法則	保険	615
直接金融、間接金融	金融 証券取引	617
通貨オプション	外国為替	619
デュレーション	金利	623
デリバティブ	デリバティブ	626
デルタヘッジ	デリバティブ	632
転換社債型新株予約権付社債	証券取引	634
天候デリバティブ	デリバティブ 環境	641
天候リスク	環境	649
電子記録債権	金融	655
電子マネー	金融 IT フィンテック	660
電力デリバティブ	電力取引	663

統合的リスク管理	リスクマネジメント	666
倒産隔離、真正売買	証券化	671
ドッド・フランク法	金融	675
トラッキング・ストック	証券取引	677
トランチング、トランシェ	証券化	681
トレイナーの測度、シャープの測度、ジェンセンの測度、情報比、トレイナーメーズ法	ポートフォリオ	685

な

内部格付手法	リスクマネジメント	691
二項モデル	デリバティブ	694
日本卸電力取引所	電力取引	697
値洗い、証拠金	デリバティブ	701
ノックインオプション、ノックアウトオプション、アベレージオプション	デリバティブ	704
ノルドプール	電力取引	706

は

バーゼル規制、バーゼルIII	金融	リスクマネジメント	709
バイアウトファンド	ファンド		720
バイオメトリクス	ITフィンテック		724
排出権取引制度	環境		727
ハイブリッド証券	証券取引		732
ハリケーン先物、オプション	環境		742
ビッグデータ	ITフィンテック		744
ビットコイン	金融	ITフィンテック	748
ファイナイト保険	保険		751
ファクタリング	金融		756
ファニーメイ、フレディマック、ジニーメイ	金融	証券化	759
ファンダメンタルズ分析、テクニカル分析	証券取引		764

項目	カテゴリ	ページ
ファンド・オブ・ファンズ	ファンド	767
プットコールパリティ	デリバティブ	770
プライベートエクイティファンド	ファンド	774
ブラック・ショールズモデル	デリバティブ	778
フラッシュ・クラッシュ	証券取引	783
プロジェクトファイナンス	金融	786
ブロックチェーン	IT フィンテック	791
プロテクティブプット、カバードコール	デリバティブ	796
分散、標準偏差	ポートフォリオ	799
分散投資	ポートフォリオ	801
ベーシスリスク、ベーシストレーディング	証券取引 / デリバティブ	805
ヘッジ会計	デリバティブ	807
ヘッジ取引、投機取引	デリバティブ	809
ヘッジファンド	ファンド	815
ヘルシュタットリスク	外国為替	822
ベンチャーキャピタルファンド	ファンド	826
法人番号、LEI	金融	829
ポートフォリオ・インシュアランス	ポートフォリオ	831
保険原理（給付・反対給付相等の原則、収支相等の原則）	保険	834
保険サイクル	保険	837
保険リンク証券	保険	840
ボラティリティ	デリバティブ	843

ま

項目	カテゴリ	ページ
マーケットメイカー	証券取引 / デリバティブ	846
マルチファクターモデル	証券取引	849
メザニン、メザニンファイナンス	金融	851
メザニンファンド	金融	856
モノライン保険会社	保険	861

や

- 優先株式 ……………………………………………… 証券取引 …… 863
- 優先出資証券 ………………………………………… 証券取引 …… 867
- 優先劣後構造 ………………………………………… 証券化 …… 869
- ユーロカレンシー先物、オプション …………… デリバティブ 外国為替 …… 872
- 劣後債、劣後ローン、劣後株 ……………… 金融 証券取引 …… 875

ら

- レバレッジ ………………………………………………… デリバティブ …… 879
- レポ、リバースレポ ………………………………………… 証券取引 …… 883
- ローカル、スカルパー、デイトレーダー、ポジショントレーダー ……………………………………… 証券取引 デリバティブ …… 887
- ローンパーティシペーション ………………………… 金融 …… 889
- ロボ・アドバイザー …………………………… 証券取引 IT フィンテック …… 893

参照・引用文献 ……………………………………………………… 895
事項索引 ……………………………………………………………… 898

ABCP

[金融] [証券化] [証券取引] [保険] [リスクマネジメント] [デリバティブ] [環境]
[外国為替] [ITフィンテック] [金利] [ポートフォリオ] [ファンド] [電力取引]

ABCPとは？

　ABCP（Asset-Backed Commercial Paper、資産担保コマーシャルペーパー）は、企業や銀行が保有する資産から生じるキャッシュフローを裏付けとして元利金の支払いが行われる約束手形＝コマーシャルペーパー（CP）である。

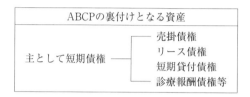

ABCPの発行主体

SPV（Special Purpose Vehicle）

銀行が企業から買い取った売掛債権等の証券化のために設定したSPVが発行。

SIV（Structured Investment Vehicle）

銀行がオフバラで長期の証券化商品に投資をするために設定したSIVが発行。

ABCPの基本スキーム（図表1）

ABCP組成の主体

スポンサー	ABCPのフレームを構築する金融機関等。
セラ	裏付資産の保有者。
SPV	資産の証券化目的のために設置された器（ビークル）。
サービサー	裏付資産の元利金回収や、投資家に対する元利金の支払いを行う主体。

ABCP組成のステップ

①セラー→SPV	セラーが資産をSPVに譲渡。
②SPVによる証券発行	SPVは、この資産を裏付けにして証券を発行、投資家に販売。
③SPV→セラー	SPVは、証券発行代り金を原資としてセラーに対して資産の譲受代金を支払う。
④サービサー→投資家	サービサーは、裏付資産の元利回収金を原資として投資家に対して元利金を支払う。

図表1　ABCPの基本スキーム

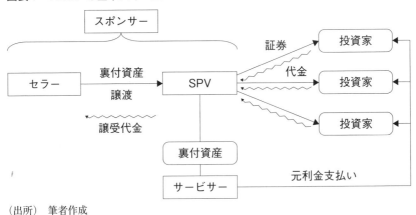

(出所)　筆者作成

マルチセラー型ABCPとシングルセラー型ABCP

マルチセラー型ABCP

金融機関がスポンサーとなり、金融機関と取引のある複数の企業が売掛債権等をSPVに対して売却するABCPプログラム。	
プログラム構築	金融機関がSPVの設置をはじめとするABCPプログラムを構築。

シングルセラー型ABCP

企業が、自己保有の資産を譲渡するためにSPVを設置、このSPVがABCPを発行するスキーム。	
プログラム構築	セラー自身がSPVの設置をはじめとするABCPプログラムを構築。

フルサポート型ABCP、パーシャルサポート型ABCP、ノンサポート型ABCP

ABCPの特性とサポート

特性	・ABCPも裏付資産となる売掛債権等も、ともに短期。 ・長期証券と比べると裏付資産の詳細な情報は不要。
サポート	投資家に対して裏付資産の詳細なリスクプロファイルを開示するかわりに、スポンサーとなる銀行が信用補完を付けてABCPの流通を促進する方式が一般的。

フルサポート型ABCP（図表2）

\multicolumn{2}{|l|}{・スポンサーとなる金融機関が100％の信用補完を付けるABCP。 ・日本で発行されているABCPの多くは、フルサポート型ABCP。}
サポートの方法	・金融機関が信用状（L/C）を発行。 ・金融機関が裏付資産を買い取るコミットメントを行う。
サポートの効果	・投資家は、ABCPの裏付債権の信用リスクから完全に遮断。 ・残すはサポートを行う金融機関自体の信用リスクが主要な関心事。
活用	債権者、債務者ともに中小企業である売掛債権が裏付資産となるケースに活用。

図表2　フルサポート型ABCP

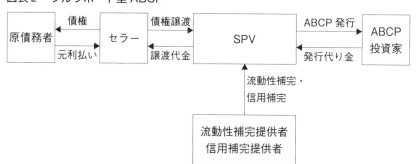

（出所）　格付投資情報センター「格付方法の概要」をもとに筆者作成

パーシャルサポート型ABCP

スポンサー銀行が一部信用補完を付けるABCP。	
サポートの方法	スポンサーの信用補完の枠がABCPの発行額をはるかに下回るケースが大半。
サポートの効果	投資家は、原資産に関連するリスクの相当部分を負う。

ノンサポート型ABCP

まったく信用補完を付けないABCP。	
投資家のリスク	投資家は、原資産に関連するリスクを全面的に負う。
裏付資産の情報	投資家がパーシャルサポート型やノンサポート型のABCPに投資する場合には、延滞、デフォルト、回収のデータといった裏付資産のパフォーマンスに関する情報が重要な判断材料。

ABL

`金融` `証券化` `証券取引` `保険` `リスクマネジメント` `デリバティブ` `環境`
`外国為替` `ITフィンテック` `金利` `ポートフォリオ` `ファンド` `電力取引`

ABLとは？

　ABL（Asset Based Lending、asset based loan、動産・債権担保融資）は、金融機関が、在庫や売掛債権等の流動資産や機械設備等の固定資産を担保として、それから生み出されるキャッシュフローを中心に企業実態を把握しながらリスク管理を行う、新たな融資手法である。

ABLの特性

キャッシュフロー

原材料在庫から仕掛品在庫、商品、商品在庫、売掛金等、一連の商流が生むキャッシュフローがファイナンスの重要なポイント。

担保価値

企業活動そのものに担保価値を見出す新たなファイナンス手法。

金融機関の融資

リスク管理	融資先企業の実態と融資後の業況変化を適時適切に把握する必要がある。
審査・モニタリングの対象	原材料・仕掛品・商品在庫、売掛債権の状況、機械設備の稼働状況等。

ABLの意義と当局の方針

中堅・中小企業の新たなファイナンス

担保、保証	不動産担保や保証人への過度の依存から脱却（注1）。
直接金融	中堅・中小企業にとっては株式・社債の発行による資本市場からの直接金融が困難であることが多い。
不動産担保とABL	・保有不動産を担保とする融資への依存も限度。 ・ABLは、企業が持つ流動資産や機械設備を活用した新たな融資手法として登場。

金融庁

アクションプログラム	2005年の地域密着型金融（リレーションシップバンキング、リレバン）の推進に関するアクションプログラムにおいて、不動産担保・保証に過度に依存しない融資を促進するための手法の1つとしてABLを位置付け。
金融検査マニュアル	2007年の金融検査マニュアルの改訂によって適切な管理と評価の客観性・合理性等を条件に、動産も一般担保となるよう、取扱いを明確化。

（注1） 経済産業省「ABLの概要と課題」（日本銀行金融高度化セミナー、2011年12月2日）

ABLにおけるリスク管理の枠組み（注2）

ABLは、在庫、売掛債権、設備機械といった資産が生むキャッシュフローが融資の審査、モニタリングの主な対象となることから、伝統的な融資手法とは異なる特有のリスク管理が、実務上必要となる（図表1）。

図表1　ABLの仕組み

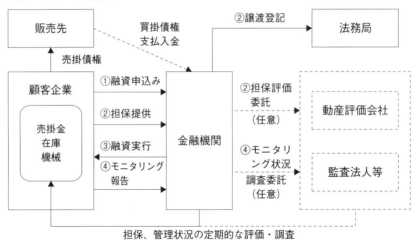

（出所） 経済産業省「ABLの概要と課題」日本銀行金融高度化セミナー、2011年12月2日

①事前審査

	対象企業の商流の把握、担保の確認・評価が重要。
担保の確認	販売先・仕入れ先の確認や滞留在庫存在の有無の確認がポイント。
担保の評価	金融機関自体による評価のほか、在庫、売掛債権、設備機械といった資産評価についてエキスパータイズを持つ外部評価会社を活用することも考えられる。
与信枠の設定	通常、担保適格の売掛債権や動産の残高に一定の掛け目を乗じて算出された金額をABLの与信枠として設定。

②実行

モニタリング	金融機関がどのような形で融資先のキャッシュフローを中心にモニタリングを行うか、金融機関と融資先との間で融資契約に際してあらかじめ取り決めておく必要がある。		
対抗要件の具備	動産、債権譲渡登記等、対抗要件を具備する必要がある。		
	動産譲渡登記制度	2004年、債権譲渡の対抗要件に関する民法の特例等に関する法律の一部改正により、動産譲渡登記制度が創設。	
	法改正の趣旨	従来	・企業が動産を譲渡担保に供しても通常、動産自体は企業の占有化に置かれたまま。 ・占有改定という対抗要件を講じても外形で判然としないことから、占有改定の有無や先後をめぐり争いになることが少なくなかった。
		法改正	動産譲渡登記ファイルへの記録によって、動産の譲渡について民法第178条の引渡しがあったものとみなされ、第三者への対抗要件を具備することが可能。

③中間管理

モニタリングの内容	あらかじめ金融機関と融資先との間で取り決めた方法により、入金を確認、在庫・売掛債権の変動等を把握。
モニタリングの手法 ((ⅰ)+(ⅱ))	(ⅰ)融資先企業からの定期報告 (ⅱ)金融機関の実査
電子記録債権の活用	売掛債権は、企業が電子記録債権を使用することで、その発生・譲渡等の管理が容易に、かつ確実に実行可能。

④回収等

再生、回収	融資先の業績悪化等により信用リスクが表面化した場合：	
	再生	金融機関・融資先間で再生へ向けて協力。
	回収	金融機関が担保権を実行して回収。

⑤リスク管理のポイント

事前審査から回収までのいずれのステージにおいても、金融機関と融資先経営者との緊密なコミュニケーションが重要。

(注2) 日本銀行金融機構局金融高度化センター「ABLの信用リスク管理を巡る論点」4頁

ABLにおける担保の法的枠組み

①譲渡担保

ABLにおける在庫、売掛債権等の担保は、動産譲渡担保、債権譲渡担保として設定。		
譲渡担保とは？	担保物件の所有権	法形式上、所有権を担保権者に譲渡。
	担保物件の占有	担保物件の占有は引き続き債務者が行い、実際に債務者が使用。
	譲渡担保は、法形式上、担保物件の所有権を担保権者に譲渡する（売り渡す）ことから、「売渡担保」と呼ばれることもある。	
質権との相違点	質権設定	担保物件を質権者に渡すことで債務者は占有権を持たない。
	譲渡担保	債務者が引き続き占有し、その使

		用が可能。
不動産担保との相違点	不動産担保	抵当権を活用できる。
	動産担保	抵当権を使うことができないため譲渡担保が活用される。

②製造業、非製造業の担保

営業循環の中で変動。	
製造業	原材料仕入れ→原材料在庫→設備機械稼働→商品在庫→販売→売掛債権→債権回収→原材料仕入れ→……の循環
非製造業	商品仕入れ→商品在庫→販売→売掛債権→債権回収→商品仕入れ→……の循環

③動産譲渡担保、債権譲渡担保の目的物

動産譲渡担保	集合動産であり、営業循環の中で担保は新たに付加、除外。
債権譲渡担保（図表2）	集合債権であり、新規の発生債権のみならず将来の発生債権が含まれ、また債権が回収された場合には消滅。
将来債権の譲渡	流動債権譲渡担保の対象となる将来債権の譲渡については、判例上、特定性が満たされている限り、将来の長期にわたる債権の包括的譲渡も有効とされる（注3）。

図表2　債権譲渡担保

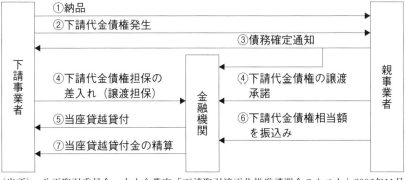

（出所）　公正取引委員会・中小企業庁「下請取引適正化推進講習会テキスト」2006年11月

④コミットメント・ライン

> 金融機関・企業間で設定のコミットメント・ラインの枠で、企業は担保価値の清算換価価値（現在価値）を限度に借入れを行う。

（注3） 中島弘雅「ABL担保取引と倒産処理の交錯―ABLの定着と発展のために―」金融法務事情2011年8月10日号、73頁

ABLのメリットと課題

①金融機関にとってのメリットと課題

メリット	弾力的な融資、新規顧客の獲得	不動産・個人保証といった担保ではなく動産・債権を担保とする融資手法の活用により、 (i)企業のライフサイクルに応じて弾力的な融資が可能（図表3）。 (ii)新規顧客層の開拓・獲得が可能。
	目利き力の向上	・ABLは、在庫、売掛債権、設備機械といった資産が生むキャッシュフローが信用リスク管理のポイント。 ・金融機関にとって、担保処分価値の評価・確認以上に、企業の経営管理能力自体を見極める「目利き」力が極めて重要。 ・ABLは、こうした金融機関の本来的融資活動に求められる能力向上に資する。
	業況変化のタイムリーな把握	在庫の動きのモニタリングを行うことにより過剰在庫を発見する等、業況変化をタイムリーに把握。
	企業活動の動態的把握	財務諸表によりモニタリングを行う静態的な業況把握ではなく、受発注、入出金、原材料・商品の入出庫といった在庫動向や在庫水準等の企業活動を動態的に把握。
課題		金融機関がABLを推進するためには、営業店がモニタリングを適切に行うモチベーションを高めることが大きな課題。

②融資先企業にとってのメリットと課題

調達キャパシティの向上		動産・債権等を担保に供することにより、資産を有効活用して調達キャパシティを高めることが可能。
	機動的な運転資金のファイナンス	在庫や売上債権は企業活動により変動することから、必要に応じた運転資金の調達が可能。
企業経営の効率化	金融機関への報告	・金融機関が入金、在庫、売掛債権の変動等を把握することにより、融資後のモニタリングを実施。 ・そのために、企業は金融機関にきめ細かくデータを報告する必要がある。
	キャッシュフローの的確な把握	金融機関に対する報告は、企業の事務負担となるが、それ以上に企業自体がキャッシュフローに関するデータをビビッドに把握することにより企業経営の効率化に結び付くメリットのほうがはるかに大きい。
	具体例	・過剰在庫の早期発見、処分 ・コスト増加要因の把握とその軽減 ・ビジネスのミスマッチの是正

③金融機関、融資先双方にとってのメリットと課題

メリット	コミュニケーションの向上		金融機関が融資先企業の活動をタイムリーに把握してリスク管理を行うことから、金融機関と企業との間のコミュニケーションが向上。
	リレーションシップバンキングの促進		中小企業金融においては、金融機関が企業のビジネスフロー、キャッシュフローを包括的、継続的、定期的にモニタリングを行うことにより、事業価値の適時適切な把握を行うことを通じて、地域金融機関と中小企業との間のリレーションシップバンキングが促進。
	コミュニケーション向上による貸し手、借り手のメリット	貸し手	信用リスク管理に資する。
		借り手	貸し手からの企業経営に対する適切なアドバイスによ

			り企業の効率的な経営向上に結び付く。
課題			・金融機関、融資先双方にとっての課題は、いかに借り手企業のレポーティングについての誠実性を確保するかにある。 ・このためには、金融機関と融資先間の強固な信頼関係の構築が重要。

（関連用語）　電子記録債権（655頁）

図表3　企業の成長ステージとABL

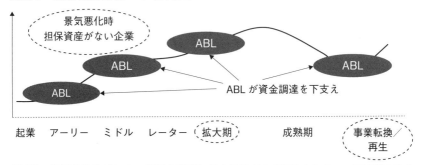

（出所）　経済産業省「ABLの概要と課題」日本銀行金融高度化セミナー、2011年12月2日

ABS

[金融] [証券化] [証券取引] [保険] [リスクマネジメント] [デリバティブ] [環境]
[外国為替] [ITフィンテック] [金利] [ポートフォリオ] [ファンド] [電力取引]

ABSとは？

ABS（Asset-Backed Security、資産担保証券）は、特定の資産グループから生じるキャッシュフローを裏付けとして元利金の支払いが行われる債券で、資産の証券化商品の1つである。

資産証券化の経緯とABSの定義

①米国の資産証券化の経緯

MBS （Mortgage-Backed Securities）	資産証券化は、住宅ローン債権を対象としたMBSから始まった。
CDO （Collateralized Debt Obligation）	MBSが成長するにつれて、法制、税制、会計等のインフラが整備され、企業向け貸付債権や社債の証券化商品であるCDOが開発された。
その他資産の証券化	売掛債権、リース債権、消費者ローン債権等を裏付けとする証券化まで発展。

②ABSの定義

・証券化商品の発展過程から、一般に米国でいうABSは、下表の狭義のABS。
・一方、米国以外の日欧等の諸国でいうABSは、③表の広義のABS。

③ABSの裏付資産

狭義のABSの裏付資産	売掛債権 リース債権 消費者ローン債権 ショッピングクレジット債権 自動車ローン等
広義のABSの裏付資産	狭義のABSの裏付資産に加えて： 住宅ローン債権（MBS） 企業向け貸付債権や社債（CDO）

ABSの基本スキーム

ABS組成の主体

オリジネーター	裏付資産の保有者。
特別目的ビークル (Special Purpose Vehicle、SPV)	・資産の証券化目的のために設置される器（ビークル）。 ・SPVが会社の形態をとる場合には、SPC (Special Purpose Company、特別目的会社) という。
サービサー	裏付資産の元利金回収や、投資家に対する元利金の支払いを行う主体。

ABS組成のステップ

①オリジネーター→SPV	オリジネーターが資産をSPVに譲渡。
②SPVによる証券発行	SPVは、この資産を裏付けにして証券を発行、投資家に販売。
③SPV→オリジネーター	SPVは、証券発行代り金を原資としてオリジネーターに対して資産の譲受代金を支払う。
④サービサー→投資家	サービサーは、裏付資産の元利回収金を原資として、投資家に対して元利金を支払う。

ABS市場の機能

①信用リスクの分散化効果

多くの件数の原資産をプールすることにより、個別の資産より安全な金融資産を構築できる信用リスクの分散化効果が期待可能。

②幅広い投資家の選好（preference）にマッチ

・「優先劣後構造」により、原資産をローリスク・ローリターン、ミドルリスク・ミドルリターン、ハイリスク・ハイリターンというように、階層別に切り分け。切り分けることをトランチング、切り分けた階層をトランシェという。
・これにより、リスク・リターンの選好を異にするさまざまな投資家のニーズをくみ取ることが可能。

③**新たなファイナンスツールの提供**

伝統的なデットファイナンスやエクイティファイナンスと異なるアセットファイナンスの手段を企業に提供。	
中小企業の売掛債権証券化	金融機関借入れに大きく依存する中小企業が、自己保有の売掛債権を証券化することで新たなファイナンスの途を拓くことが可能。

④**信用リスクの合理的プライシング**

さまざまな投資家が資産担保証券市場に参加することにより、信用リスクの合理的なプライシングが行われ、ひいては資金調達コストの低減も期待可能。

(関連用語) MBS(135頁)、CDO(51頁)、優先劣後構造(869頁)、売掛債権証券化(251頁)

AI

| 金融 | 証券化 | 証券取引 | 保険 | リスクマネジメント | デリバティブ | 環境 |
| 外国為替 | ITフィンテック | 金利 | ポートフォリオ | ファンド | 電力取引 |

AIとは？

　AI（Artificial Intelligence、人工知能）とは、知的なコンピュータプログラムを作る科学技術をいう。具体的には、AIによって人間が行う各種問題のソリューションを見出す作業や、翻訳作業、画像・音声の認識等の知的作業をコンピュータで模倣したソフトウエアを作り出すことができる。

金融機関によるAIの活用

　一部の金融機関では、ITベンダーが提供するAI技術の活用を開始している（注1）。

　具体的には、三菱東京UFJ銀行は、IBMが提供する認識システム（cognitive system）を活用して、ウェブサイト、コールセンター、店舗等における顧客サービスの向上や行員の業務支援を図り、オムニチャネルを実現するとしている。

　同行は、こうしたAIの活用により、次のような効果が期待できるとしている（注2）。

既存ビジネスの改革
- コールセンター効率化
- 店頭での助言機能の高度化：2015年春から店頭ロボットの試行を開始。
- 本人確認対応の高度化
- マクロ指標の感応度分析

新規参入への対抗
- 潜在成長企業マーケティング
- 非構造化データ（ログ等）活用によるクロスセルマーケティングの高度化

（注1）　三菱東京UFJ銀行「IBM Watsonと関連技術を活用した金融業務高度化の取り組みについて」プレスリリース2015年2月2日

（注2）　三菱東京UFJ銀行法人企画部「ICTの銀行取引への活用検討」2015年3月13日

APT

[金融] [証券化] [証券取引] [保険] [リスクマネジメント] [デリバティブ] [環境]
[外国為替] [ITフィンテック] [金利] [ポートフォリオ] [ファンド] [電力取引]

APTとは？

APT（Arbitrage Pricing Theory、裁定価格理論）は、個別証券のリターンはいくつかのファクターで説明できるとの前提に立つ市場均衡モデルである。

投資家の行動と市場均衡

投資家の行動

リスクが同じで期待リターンが異なる2資産が存在する場合、合理的な投資家はより高いリターンを選好。	
裁定取引	・投資家は高リターンの資産を購入、低リターンの資産を売却する裁定取引を実施。 ・「裁定」価格理論の名称もここからきた。

市場均衡

裁定取引の結果、2資産のリターンは同一に収斂、市場均衡が達成。

APTとCAPM

APTは、CAPM（Capital Asset Pricing Model）に対する批判の中から生まれた理論である。

CAPM

期待収益率	正規分布を想定。
中心となるポートフォリオ	マーケットポートフォリオ

APT

期待収益率	収益率の確率分布の形態について格別の前提は置かない。
中心となるポートフォリオ	裁定ポートフォリオ

裁定ポートフォリオ

概念

システマティックリスク（全資産にとり共通ファクターから生じるリスク）を合計するとゼロになるポートフォリオ。

裁定機会と裁定取引

裁定機会	裁定ポートフォリオは均衡状態においてはリターンを得ることはできない。
裁定取引	仮に、リターンが得られるような市場不均衡が発生すれば、裁定取引が盛行して裁定機会は消失、マーケットは均衡を取り戻す。

裁定ポートフォリオとAPTの導出

マーケットの均衡状態を前提としてAPTの均衡式が導出される。

APTのファクターとフレームワーク

APTのシステマティックリスク

CAPMのシステマティックリスク	マーケットリスク
APTのシステマティックリスク	一般的にはマーケットを取り巻く経済のファンダメンタルズに関連するマクロ指標を使用。 ・GDP ・鉱工業生産 ・インフレ ・金利等

APTのファクター

システマティックリスクとしてのファンダメンタルズの指標がファクターとなる。

APTのフレームワーク

$E(R_i) = R_f + \lambda_1 b_{i1} + \lambda_2 b_{i2} + \cdots + \lambda_k b_{ik}$

R_f ：無リスク利子率

λ_i ：各コモンファクターのリスクプレミアム

b_i ：リスクプレミアムから証券 i の価格が受ける影響度合い（エクス

	ポージャー）
リスクプレミアム λ_i	ファクターの変動
リスクエクスポージャー b	・証券のリターンが各々のファクターの変動に対してどの程度反応するかの感応度。 ・同じファクターの変動によってもリターンの感応度は証券により異なる。
具体例	金利ファクターの変動に対しては、多額の債務を抱えている企業の株の感応度はそうでない企業の株の感応度よりも大きい。

特徴

ファクター	複数のファクターの存在を想定。
ファクターとリターン	ファクターはすべての証券の収益率にインパクトを及ぼす。
リスクエクスポージャーと期待収益率	ファクターのリスクプレミアムが正値であるときには、リスクエクスポージャーが大きければ大きいほど期待収益率は大きい。

設例

前提

ファクター	インフレとGDPという2つのコモンファクターが存在。		
	ファクター	リスクプレミアム（λ）	
	インフレ率	$\lambda_1 = 0.02$	
	GDP	$\lambda_2 = 0.03$	
無リスク利子率	$R_f = 0.01$（1%）		
A、Bの2つの証券の感応度（リスクエクスポージャー）	A証券 b_A	インフレ率	$b_{A1} = 1.0$
		GDP	$b_{A2} = 2.0$
	B証券 b_B	インフレ率	$b_{B1} = 2.5$
		GDP	$b_{B2} = 2.25$

APTによるA、Bの2つの証券の期待収益率の導出

A証券の期待収益率	$E(R_A) = 0.01 + (0.02 \times 1.0) + (0.03 \times 2.0)$ $= 0.09 = 9\%$

| B証券の期待収益率 | $E(R_B) = 0.01 + (0.02 \times 2.5) + (0.03 \times 2.25)$
$= 0.1275 = 12.75\%$ |

裁定取引とAPT

要求収益率	リスクエクスポージャー	B＞A
	要求収益率	B＞A
裁定取引	A証券、B証券のリターンが上記計算とは異なるときには高い価格を付けている証券を売り、その代り金で安い価格を付けている証券を買う裁定取引が盛行。	
APT	裁定取引によりA証券、B証券ともAPT式が示すリターンに収斂。	

CAPMとAPTの共通点と相違点

①共通点

非システマティックリスクとシステマティックリスク	CAPM、APTともに、リスクを分散投資により消去可能な非システマティックリスクと分散によっても消去不可能なシステマティックリスクに分解。
	システマティックリスク	システマティックリスクをとることでリターンの向上を図ることができる。

②相違点

CAPM			システマティックリスクの源泉はマーケットポートフォリオの持つマーケットリスクのみとの前提。
APT			たとえば経済のファンダメンタルズが持つGDP、金利、インフレ等の予期しない変動がシステマティックリスク。
シングルファクターモデルとマルチファクターモデル	シングルファクターモデル	CAPM	$E(R_i)$ $= R_f + \beta_i (E(R_m) - R_f)$
		ファクター	$E(R_m)$ 1つ
	マルチファクターモデル	APT	$E(R_i)$ $= R_f + \beta_1 (E(R_1) - R_f)$ $+ \beta_2 (E(R_2) - R_f)$
		ファクター	$E(R_1)$、$E(R_2)$、$E(R_3)$、…

APTはファクターの決定等をユーザーの判断に依存

APTのポイント

①ファクターの発見	株式の収益を生み出すファクターはなにか？
②ファクターの持つ重み	個々のファクターが株式の収益上昇（＝株価上昇）にいくら寄与するか？

APTは科学というより「アート」

①ファクターの発見、②ファクターの持つ重み	APTは、①、②についてなんらの答えも出していない。
ユーザーの判断能力	・結局のところ、これはAPTのユーザーの判断能力に委ねられていることになる。 ・ここがAPTは科学というより「アート」に依存したモデルであるといわれるゆえん。

マルチファクターモデル

マルチファクターモデルのファクターの特定化については2つのアプローチがある。

マルチファクターモデル

①マクロファクターモデル	内容	マクロの経済指標をファクターとするマクロ分析をベースとしたモデル。
	ファクター	GDP、金利、予期されないインフレ率、為替相場等。
	活用	トップダウンアプローチをとるファンドマネジャーが採用するアプローチ。
②ファンダメンタルファクターモデル	内容	個別企業の財務指標をファクターとするミクロ分析をベースにしたモデル。
	ファクター	ROE、EPS、BPS、企業の時価総額、財務レバレッジ等。
	活用	ボトムアップアプローチをとるファンドマネジャーが採用するアプローチ。

（関連用語）　CAPM（26頁）

ART

| 金融 | 証券化 | 証券取引 | 保険 | リスクマネジメント | デリバティブ | 環境 |
| 外国為替 | ITフィンテック | 金利 | ポートフォリオ | ファンド | 電力取引 |

ARTとは？

ART（Alternative Risk Transfer、代替的リスク移転）は、元受保険会社の保険引受や元受保険会社から再保険会社へのリスク移転といった伝統的な保険・再保険のツールを代替するリスク移転手法である。

狭義のART

・保険リスクを証券化して金融資本市場へ移転するツール。
・最終的なリスクの引受け手が保険会社ではなく、金融資本市場に参加する投資家となり、リスクは広範に分散。

広義のART

・伝統的な保険手法に対して新たな手法を用いたリスクマネジメント手法を総称する概念。
・保険リスクを金融資本市場へ移転するツールに加えて、保険市場内における新たなリスク移転ツールも包含。

ARTの機能

リスクの多様化・巨大化

ARTは、リスクの多様化、1件当たりのリスクの巨大化に対応するために開発された手法。		
カタストロフィ・リスク（大規模災害リスク）への対応	伝統的な保険手法	いったん元受保険会社が引き受けた後、再保険会社にリスクを移転。
	ART	カタストロフィ・リスクを金融資本市場という大きなリスク引受キャパシティを持つ受け皿に移転。

伝統的な保険手法とARTの比較

保険手法	キャパシティ	続発する大規模災害に対して再保険市場のキャパシティは不十分。
	間接的被害の補償	・基本的に直接的な被害が対象。

		・間接的被害に付保するには高額の保険料を要することが一般的。
	補償金の支払い	元受保険会社の保険金支払いに関わる精査が必要となり、再保険金の支払いまで時間を要する。
ART	キャパシティ	再保険市場に比すると格段に大きなリスク引受けキャパシティを持つ金融資本市場にリスク移転。
	間接的被害の補償	直接的な被害のほか、間接的な損失をヘッジすることが可能。
	補償金の支払い	保険金支払いに付随する査定手続は不要。

ARTの種類

狭義のART

・CATボンド（Catastrophe Bond、災害債券）等の保険リンク証券（Insurance-linked Securities、ILS）
・天候デリバティブ
・リスクスワップ等

広義のART

狭義のARTのほか、
・キャプティブ、ファイナイト保険等の新しいカテゴリーの保険商品
・コンティンジェント・キャピタル等

ARTのメリット

①キャパシティ

金融資本市場が持つ大きなリスク引受けキャパシティを活用。

②ヘッジ期間

ARTを代表するCATボンドは、中長期の災害リスクを対象。

③信用リスク

再保険	実際にリスク発生の場合に、再保険会社が再保険金支払い不履行となる信用リスクが存在。

ART	資本市場は多数の投資家によって構成。この結果、リスクが分散され、巨額の補償金支払いも可能。

④オルタナティブ投資

・投資家にとっては、伝統的な金融資産、コモディティに相関しない新しいタイプのアセットクラスをポートフォリオに組み込むオルタナティブ投資として位置付けることが可能。
・債券の元利金支払いに影響するイベントが期中に発生しない場合には、投資家は通常の債券に比べて高い金利を獲得することが可能。

ARTのトリガー

　ARTでは、元利金支払いに影響するイベントの発生基準にトリガーを使用する。トリガーには次の種類がある。

①実損填補トリガー（Indemnity trigger）

・リスク発生後に実際の損害金額を確定、その額をインデックスとするもの。
・ベーシスリスクはないが、査定作業を要し、保険と同様、損失額の補填に時間がかかる。

②モデルロス・トリガー（Modeled loss trigger）

シミュレーションに基づいてあらかじめモデルを構築、災害発生時にパラメータをモデルにインプットして損害額を算定。

③業界インデックストリガー（Industry index trigger）

・産業界が発表する損害予想額をインデックスとして損害額を算定。
・保険業界では、PCS、Sigma、RMSといったインデックスを使用。

④純粋パラメトリック・トリガー（Pure Parametric trigger）

・たとえば、地震ではマグニチュード、震源地、深さ等のパラメータをインデックスとする。
・気象庁発表の数値を用いることから、高い信頼性があるが、ベーシスリスクが大きくなる可能性。

⑤パラメトリック・トリガー（Parametric trigger）

純粋パラメトリックをベースにして、それに地域の資産の集積度等を勘案し

てリスクと連動するモデルを構築、そのモデルにより損害額を算出。

(関連用語) 再保険（484頁）、CATボンド（33頁）、天候デリバティブ（641頁）、カタストロフィ・スワップ（313頁）、キャプティブ（348頁）、ファイナイト保険（751頁）、コンティンジェント・キャピタル（443頁）、オルタナティブ投資（294頁）

CAPM

| 金融 | 証券化 | 証券取引 | 保険 | リスクマネジメント | デリバティブ | 環境 |
| 外国為替 | ITフィンテック | 金利 | ポートフォリオ | ファンド | 電力取引 |

CAPMとは？

　CAPM（Capital Asset Pricing Model、資本資産価格モデル）は、マーケットが均衡状態にあるときにおける証券の価格付けモデルである。

　CAPMは、証券の価格モデルの原型というべきものであり、CAPMを批判する中からAPT（Arbitrage Pricing Theory、裁定価格理論）が生まれ、マルチファクターモデル（Multi-factor Model）が生まれた。

CAPMのフレームワーク

CAPMの式

$E(R_i) = R_f + \beta_i (E(R_m) - R_f)$

$E(R_i)$　：個別銘柄の株式の期待収益率
$E(R_m)$　：マーケットポートフォリオの期待収益率
β_i　：個別銘柄の株式が持つベータ（β）値
R_f　：無リスク利子率

CAPMのコンセプト

個別銘柄の株式の期待収益率$E(R_i)$を①、②、③で説明するモデル。

① $E(R_m)$

マーケットポートフォリオの期待収益率
マーケット全体の期待収益率の平均

② β_i

個別銘柄iの株式の持つβ値
個別株式の期待収益率のマーケット全体の動きに対する感応度

③ R_f

無リスク利子率
無リスク資産が生むリターン

CAPMの前提

①効率的市場

・取引コスト、税金等のコストなし。
・取引執行による価格変動(マーケットインパクト)なし。

②投資家のリスク・リターン選好(preference)

リスク	投資家は、危険回避(risk avertion)型に属する。
リターン	株式の先行き収益率について、すべての投資家が同一の期待を持つ。

③無リスク資産(risk-free asset)の存在

・市場には、無リスク資産が存在。
・投資家は、無リスク資産利子率により自由に借入れ・貸付(運用)を行うことが可能で、無リスク資産とリスク資産の組合せのポートフォリオを持つ。

CAPMの特徴

CAPMの特徴は、証券のリスクの把握の仕方にある。

①リスクを2分解

非システマティックリスク (non-systematic risk)	分散投資により消去可能なリスク。
システマティックリスク (systematic risk)	分散投資によっても消去不可能なリスク。

②リスクとリターンの関係(図表1)

リスクを多くとることによりリターンを高めることができるのは、非システマティックリスクのみ。

③β(beta)

・システマティックリスクは、β値により表す。
・CAPMは、β値を使って期待利益を導出。

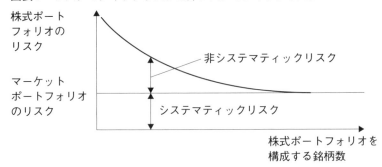

図表1　システマティックリスクと非システマティックリスク

ポートフォリオへの組入れ銘柄数を増やしていくと、非システマティックリスクはゼロに接近する

(出所)　筆者作成

βのコンセプトと推計

CAPMはβをモデルの中心に据えた理論。

βの概念

①＝②	
①リスクの大きさの尺度	βは、マーケット全体と対比して、個別証券またはポートフォリオのリスクがどの程度の大きさかを示す尺度。
②マーケットリスクに対する感応度	βは、個別証券またはポートフォリオの価格がマーケット全体の市況変動に対してどの程度、敏感に反応するかの感応度。

βの推計

β推計のための2方法		
①ヒストリカルβ	過去のデータを使用してそれからβを推計する手法。	
	最小2乗法による回帰分析	・最小2乗法により過去の一定期間のデータを回帰分析。 ・具体的にはいくつかのデータをプロットしてそれらを代表するような直線を引く。そ

		して各データが直線から離れている距離を2乗してそれを合計したものが最小になる直線を選ぶ（図表2）。 ・この直線回帰で事後的に求められるβがヒストリカルβ。
②ファンダメンタルβ		ある銘柄のβ値にマルチファクターのリスク、リターンの情報を反映させるような形でβを算出。
	長所	・最新の企業のファンダメンタルズ情報が織り込まれる。 ・ヒストリカルβに比べると数値にバイアスがかからず、また安定性に優れたものとして実務界で広く活用。

図表2　最小2乗法

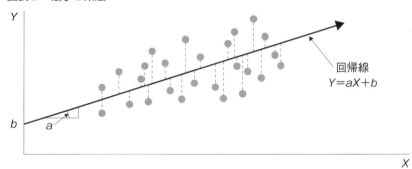

(注)　最小2乗法は、┊の2乗の合計が最小となるように回帰線を引く手法。
(出所)　筆者作成

CAPMの活用

CAPMの活用

CAPMを使って理論株価を出して、マーケットで取引されている株式の価格が割高か割安かを判断することが可能。		
具体的な手法	①と②を比較。	
	①CAPMから導出	期待投資収益率$E(R_i)$

	②投資家の予想値	期待投資収益率 R_i
①CAPMから導出	CAPMから導出される個別銘柄の株式の期待投資収益率 $E(R_i) = R_f + \beta_i (E(R_m) - R_f)$	
②投資家の予想値	マーケットの現時点における個別銘柄の株価と、投資家が予想する将来の個別銘柄の株価と配当の数値から、導出される個別銘柄の株式の期待投資収益率 $$R_i = \frac{(1年後の予想株価 - 現時点の株価) + 1年間の予想配当}{マーケットにおける現時点の株価}$$	

①と②の比較

$E(R_i) > R_i$	株式 i はCAPMで算出される収益を下回る収益しかあげることができないと予想。
	マーケットの株価は「割高」。
$E(R_i) < R_i$	株式 i はCAPMで算出される収益を上回る収益をあげることができると予想。
	マーケットの株価は「割安」。

α のコンセプトと設例

アルファ（α：alpha）の概念

投資家が予想する投資収益率がCAPMで算出される投資収益率を上回る部分。

α の算出	$\alpha = R_i - E(R_i)$ R_i：投資家が予想する期待投資収益率 $E(R_i)$：CAPMから導かれる期待投資収益率
α の重要性	投資判断で重要なのは、α がプラスの値をとるか否か。

設例

前提	A株の現在の株価水準		300円
	投資家の予想	1年後の株価	310円
		配当	4円
		投資収益率	8％
		β	0.5

		マーケットポートフォリオの投資収益率	5％
		無リスク利子率	1％
A株の現在の株価水準の評価	A株の現在の株価は割高か割安か、CAPMを用いて判断。		
	①CAPMによるA株の期待投資収益率	$E(R_A) = R_f + \beta_A(R_m - R_f)$ $= 0.01 + 0.5(0.05 - 0.01)$ $= 0.03$	
	②投資家のA株に対する期待投資収益率の予想	$E(R_A) = \dfrac{(期末株価 - 期首株価) + 配当収入}{期首株価} = (310 - 300) + \dfrac{4}{300} = 0.0467$	
	①、②の比較	CAPMによる期待収益率0.03＜投資家の期待投資収益率0.0467	
	A株のα	$0.0467 - 0.03$ $= 0.0167$のプラスのα	
	A株は買いか売りか	300円の株価は割安で「買い」の判断。	

ブラック型CAPM

修正CAPM

・CAPMは、さまざまな前提条件を持ち、現実の状況に必ずしもフィットしない。
・CAPMの前提条件のいくつかを緩和するモデルが数多く作られている。

ブラック型CAPM

代表的な修正CAPM	
CAPMの前提条件	・無リスク資産の存在を前提。 ・投資家が無リスク利子率で借入れが可能、また貸出・借入れのレートが同一。
	$E(R_i) = R_f + \beta_i(E(R_m) - R_f)$
ブラック型CAPM	・CAPMの無リスク資産をゼロベータポートフォリオに置換。 ・ゼロベータポートフォリオは、マーケットと相関がないよう構成されたポートフォリオ。

$$E(R_i) - E(R_Z) = \beta_i (E(R_m) - E(R_Z))$$

(関連用語) APT (17頁)、マルチファクターモデル (849頁)、分散投資 (801頁)

CATボンド

| 金融 | 証券化 | 証券取引 | 保険 | リスクマネジメント | デリバティブ | 環境 |
| 外国為替 | ITフィンテック | 金利 | ポートフォリオ | ファンド | 電力取引 |

CATボンドとは？

　CATボンド（Catastrophe Bond、災害債券）は、低頻度・高損害（low frequency-high severity）を特徴とするカタストロフィ・リスク（Catastrophe risk、CATリスク）の証券化商品である。

　CATリスクを金融資本市場に移転して、投資家に分散させることをART（Alternative Risk Transfer、代替的リスク移転）と総称しているが、CATリスクを証券化したCATボンドは、ARTを代表する商品である。

CATボンドの特性

CATボンドが対象とするリスク

CATリスク	CATボンドが対象とする主要な地域
ハリケーン、台風	米国の北東、大西洋、カリビアン、ハワイ、日本等
地震	米国のカリフォルニア等、日本、台湾、モナコ等
暴風	欧州全域、個別国では英、仏

CATボンドのメリット（図表1）

CATボンドの発行主体	リスク引受けキャパシティ	CATリスクを資本市場へ移転させることにより、資本市場のリスク引受けキャパシティを活用可能。
	ヘッジ可能期間	保険・再保険に比べると長期間にわたるリスクヘッジが可能。
	信用リスク	リスクが多くの投資家に分散され、リスク移転先の信用リスクの懸念は不要。
CATボンドへの投資家	リターン	CATボンドの元利金の支払い減免に該当するイベントが発生しない限り、通常の債券に比べて高い金利を獲得。
	リスク分散効果	伝統的な投資対象の株式や債券等と異なるリスクをとることにより、リスク分散効果を向上。

図表1　再保険とCATボンドの比較

	再保険	CATボンド
カタストロフィ・リスク引受け手の損失リスク	再保険金の支払い	CATボンドの元利金毀損
流通市場	再保険会社は必要に応じ引き受けたリスクを再々保険に出再	CATボンドマーケットの規模がいまだ小さく必ずしも潤沢ではない
リスクヘッジのコスト	低い	高い
カウンターパーティリスク	再保険会社の信用リスク	・信託保有の担保資産の質 ・信託のスワップ・カウンターパーティの信用リスク（注）
期間	原則1年	複数年にわたることが大半

(注)　2008年に倒産したリーマンブラザーズ証券がスワップ・カウンターパーティとなっていたケースがあり、信用リスクが表面化。
(出所)　筆者作成

CATボンドの発行から元利金支払いまでのステップ（図表2）

①リスク移転
スポンサー（保険・再保険会社または企業）と呼ばれるカタストロフィ・リスクの保有主体が、SPV（証券化を行う特別目的ビークル）にリスクを移転。

②プレミアムの支払い
スポンサーは、SPVにプレミアムを支払う。

③CATボンドの発行、販売
SPVは、スポンサーから移転されたカタストロフィ・リスクを証券化したCATボンドを発行、投資家に販売。

④信託の設定
SPVの中に信託を設定、投資家が払い込んだCATボンドの発行代り金を管理。

⑤CATボンド発行代り金の運用

信託はCATボンドの発行代り金をレポ、国債、AAA社債等の低リスク市場性証券で運用。	
(i)TRSを行うケース	・信託勘定に入る運用成果は、スワップディーラーとの間でトータルリターンスワップ（TRS）を組み、LIBORベースの変動金利に交換。 ・CATボンドの投資家は、LIBORベースの変動金利にプレミアムを上乗せした金利を受け取る。
(ii)TRSを行わないケース	リーマンブラザーズ証券がTRSのスワップディーラーとして取引していたこと等から、グローバル金融危機後、スワップを使わないスキームが増加。

⑥CATボンド発行後の展開

(i)CATリスク発生のケース	・SPVは信託勘定保有の証券を売却・現金化して、あらかじめ決められた金額をスポンサーに支払う。 ・投資家はCATボンドの元本や金利の一部、または全額を失う。
(ii)CATリスク不発生のケース	投資家は、元本と金利を受け取る。

図表2　CATボンドのフレームワーク

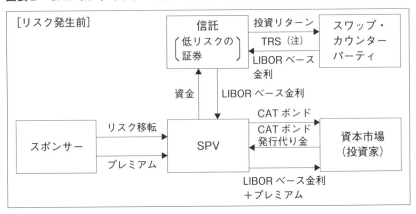

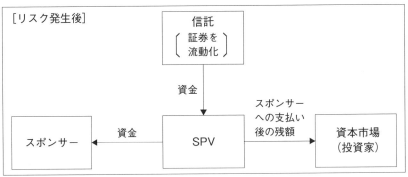

(注)　2008年のリーマンブラザーズ証券倒産後、TRSを使わないケースが増加。
(出所)　筆者作成

CATボンドのトリガー

　CATボンドには、スポンサーが投資家に対する元利金の支払いを減免、または延期できるトリガーが設定される（図表3）。

インデムニティ・トリガー（indemnity trigger、実損填補トリガー）

内容	災害発生と損害の因果関係を認定した場合、実損を基準に支払い。
メリット	発行主体にベーシスリスクがなく被害額が補償され、損害をダイレクトにヘッジ。

デメリット	・発行主体にリスクの高い保険契約の安易な締結、保険引受け条件の緩和、保険金支払いの厳格性欠如等の逆選別とモラルハザードが発生する恐れ。 ・補償金支払いまで時間を要する。

インダストリーロス・トリガー（industry-loss trigger、保険業界損失指数トリガー）

内容	リスク発生により保険業界全体が被った損失の推定額を指数化して、その指数をスポンサーの損失の代理変数とする。
メリット	・モラルハザードの恐れなし。 ・投資家は、発行主体のリスクポートフォリオの分析・評価が不要。スポンサーは、投資家からポートフォリオの開示を求められることはない。
デメリット	・ベーシスリスクが発生する恐れ。 ・投資家にとって、保険業界全体の損失がトリガーに正確に反映されているかといった不確実性の問題が存在。

モデルロス・トリガー（model-loss trigger）

内容	・あらかじめシミュレーションに基づいてモデルを構築。 ・リスク発生時に地震のマグニチュードや台風の風速等のパラメータをモデルにインプットして損害額を推計。
メリット	・スポンサーは、ベーシスリスクを小さくすることが可能。 ・投資家はモラルハザードに懸念することなく、保険金支払いまで時間を要する等の問題も回避。
デメリット	・損失を過小・過大評価するモラルリスクが存在。 ・モデルの複雑さから、投資家にとって理解が容易ではない。

パラメトリック・トリガー（parametric trigger）

内容	観察可能な気象データをはじめとする物理的パラメータがトリガー。	
	地震	マグニチュード、震源地、深さ等
	台風	上陸地点、中心気圧、平均風速等
	火山	噴火強度等

メリット	・投資家にとって理解しやすい。 ・逆選別もモラルハザードも存在しない。 ・実損額の査定が不要で、迅速に支払額が確定。 ・スポンサーは、投資家に対してビジネスの内容や保有ポートフォリオの構成を明らかにする必要がない。
デメリット	あくまでも自然災害の程度により元利金の減免額を決定するものであり、それがスポンサーが被った損害額の程度と必ずしもマッチしないベーシスリスクが存在。

図表3　各種トリガーのメリット・デメリット

トリガー	メリット	デメリット
インデムニティ・トリガー	発行主体にとり、ベーシスリスクがない	投資家にとり、逆選別やモラルハザード発生の恐れがある
インダストリーロス・トリガー	投資家にとり、逆選別やモラルハザード発生の恐れがない	スポンサーの損失と業界全体の損失との相関関係が弱いとベーシスリスクが発生する
モデルロス・トリガー	ベーシスリスクと、逆選別・モラルハザードの恐れは小さい	損失を過小または過大に評価するモラルリスクが存在する
パラメトリック・トリガー	投資家にとり、理解しやすく、また、逆選別やモラルハザード発生の恐れがない	発行主体にとり、ベーシスリスクが存在する

(出所)　筆者作成

マルチペリルCATボンドとマルチトリガーCATボンド

マルチペリルCATボンド

内容	複数のカタストロフィ・リスクを対象。	
	具体例1	・5種類のリスクを対象 ・そのうち1つのリスクが発生すると、投資家の元本が5分の1減額。
	具体例2	複数のリスクのうち1つのリスク

特徴	シングルペリル CATボンド	でも発生すれば、投資家はすべての元本を失う。 たとえば地震と台風の２つのリスクをヘッジするには、２種類のCATボンドを別々に発行することが必要。
	マルチペリルCATボンド	複数のリスクをヘッジする場合、１種類のCATボンドでカバーすることが可能。

マルチトリガーCATボンド

内容	・CATボンドの元利金の支払いに影響を与えるトリガーを複数設定。 ・複数のトリガーがすべて発動されて初めて元利金の一部または全額が支払い停止となる。
特徴	・投資家が元本を失うリスクが低下。 ・マルチペリルCATボンドに比べると利回りは低く設定され、スポンサーにとっては魅力のあるタイプ。

日本企業、保険会社発行のCATボンドの事例（注）

東京海上火災（現、東京海上日動）

発行年	1997
対象ペリル	地震
トリガー	パラメトリック・トリガー
特徴等	パラメトリック・トリガーを導入した最初のCATボンド。地震のマグニチュードというカタストロフィ・リスクの客観的な指標を、投資家に対する元利金の支払いの減免に直接リンク。

オリエンタルランド（東京ディズニーリゾートの運営主体）

発行年	1999
対象ペリル	地震
トリガー	パラメトリック・トリガー
特徴等	・スポンサーが、保険・再保険会社を介することなく、直接、資本市場に向けて発行した世界最初のCATボンド。

	・施設に対する直接的な被害はもとより、営業中断、来客数の低下による営業損失・キャッシュフロー減少等の間接的な被害をカバー。 ・以下の２種類のCATボンドを発行。
収益補填型	来園者数減による収益低下をヘッジ。
資金流動性確保型	震災発生時にCATボンド発行ができる予約。

JR東日本

発行年	2007
対象ペリル	地震
トリガー	パラメトリック・トリガー
特徴等	首都圏での直下型地震による営業中断等が財務面に与えるリスクをヘッジ。

JA共済連

発行年	2008
対象ペリル	地震
トリガー	パラメトリック・トリガー
特徴等	・ドロップダウン条項：当初設定したトリガーに達しない中規模地震発生の場合には、JA共済に対する保護レベルを引上げ。 ・シェルフ・プログラム：累計10億ドルまでの追加可能な発行枠を設定。 ・2011年３月11日の東日本大震災によって、同ボンドの投資家に100％の損失が発生。元本償還の100％免除は、CATボンド発行開始以来、世界で最初のケース。

三井住友海上

発行年	2012
対象ペリル	台風
トリガー	モデルロス・トリガー
特徴等	日本国内のリスクを対象とするCATボンドとしては初めて、気象庁等の観測データをもとにした台風の推計損害をインデックスとして採用。

JA共済連

発行年	2013
対象ペリル	地震
トリガー	インデムニティ・トリガー
特徴等	アタッチメントポイントを極めて高い水準に設定。超巨大地震リスクをヘッジするためのCATボンド。

トウキョウ・ミレニアム・リー・アーゲー

発行年	2014
対象ペリル	米国の地震、台風
トリガー	n.a.
特徴等	東京海上グループの再保険事業会社発行のCATボンド。

東京海上日動

発行年	2014
対象ペリル	地震
トリガー	インデムニティ・トリガー
特徴等	日本国内の地震リスクを対象。保険会社の純損失をトリガーとする期間4年のCATボンド。

自然災害以外のリスクを対象とするCATボンドの事例（注）

FIFA（国際サッカー連盟）

発行年	2003
対象リスク	テロ攻撃、自然災害
トリガー	2006年7月開催予定のワールドカップが中止または延期された場合。
特徴等	・サッカーにちなんでゴールデンゴール・ボンドと名付けたCATボンドを4つのクラスに分けて発行。 ・このうち、2つのクラスはドル建て、2つのクラスはスイスフラン建てとユーロ建て。

スイス再保険会社

発行年	2010
対象リスク	パンデミック、戦争、自然災害、人災、テロ等

トリガー	日本または米国で死亡指数があらかじめ決めておいた増加率をオーバーした場合。
特徴等	死亡指数が２年間連続して、日本の場合には7.5％以上増加した場合に、また、米国の場合には５％以上増加した場合に、トリガー発動。

（注）　www.artemis.bmをもとにして作成。
（関連用語）　ART（22頁）

CCP

[金融] [証券化] [証券取引] [保険] [リスクマネジメント] [デリバティブ] [環境]
[外国為替] [ITフィンテック] [金利] [ポートフォリオ] [ファンド] [電力取引]

CCPとは?

　CCP（Central Counter Party、集中決済システム）は、取引当事者の間（センター）に立って各々の取引当事者のカウンターパーティとなる機能をいう。

　先物取引所で行われるすべての取引は、2取引当事者の間に、取引所の清算部門、または取引所から清算業務を委託された清算機関が介在する。そして、この清算機関がすべての取引の相手方となり、取引当事者の信用リスクを担うCCPを構築している。

取引所取引とOTC取引

①取引所取引

信用リスク	CCPにより市場参加者は相手方の債務不履行から被る損失リスクを回避。
取引所取引の仕組み	・市場参加者AとBの注文が出合った瞬間に、A、B各々のカウンターパーティは取引所となる。 ・これにより取引所はA、Bの信用リスクを引き受け、この結果、取引所取引の市場参加者は、相手方の信用状態を懸念する必要はなくなる（図表1）。
システミックリスク	CCPによるセーフティネット機能から、市場参加者の信用リスク発生によるドミノ現象がシステミックリスクにつながる事態を回避することが可能。

②OTC取引

信用リスク	OTC取引は相対（あいたい）で行われ、取引当事者は相手方の信用リスクを背負う。
OTC取引の仕組み	市場参加者AのカウンターパーティはBとなり、BのカウンターパーティはAとなる。
システミックリスク	一市場参加者の破綻が直接に他の市場参加者へと伝播、ドミノ的に信用リスクが拡大する恐れ。

図表1　取引所取引の信用リスク

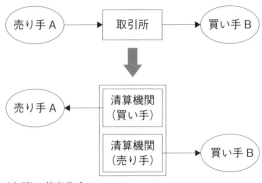

（出所）　筆者作成

清算会員と一般会員（非清算会員）（図表2）

取引所の市場参加者は、清算会員と一般会員（非清算会員）に分かれる。

清算会員

清算会員が自己勘定で出した注文は、取引所と清算会員との間で取引が成立。

一般会員

一般会員の取引は、当該一般会員が清算業務を委託している清算会員の取引に置換されて、取引所とその清算会員との間で取引が成立。

取引所と会員の関係

カウンターパーティ	取引所が行う清算の相手方となる取引当事者は、清算会員に限定。
信用リスク	取引所が担う信用リスクは、あくまでも清算会員の信用リスク。
清算会員の資格	清算会員は一般会員よりも厳しい財務基盤を有することが必要。

図表2 清算会員と一般会員

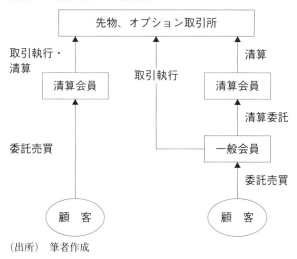

(出所) 筆者作成

清算会員がデフォルトした場合の対処手順

清算会員の財務基盤が強固であってもデフォルトがありうる。取引所では、そうした事態に備えてあらかじめ手順を定めて整斉と処理する枠組みを構築。

①デフォルターズ・ペイ（defaulters-pay）

まずデフォルトを起こした清算会員が債務の支払い責任を負う。		
(ⅰ)ポジションの清算	デフォルトの発生が清算会員の自己勘定取引によるケース	清算会員の自己ポジションを取引所のコントロール下において清算処理。
	デフォルトの発生が清算会員に委託していた顧客勘定の取引によるケース	当該顧客のポジションとデフォルト清算会員の自己ポジションを取引所のコントロール下において清算処理。
(ⅱ)証拠金と保証基金	デフォルト清算会員の証拠金と保証基金を取引所に発生した損失の補填に充当。	
(ⅲ)取引所の株式、会員権	デフォルト清算会員が保有する取引所の株式や会員権を処分して損失補填。	

②サバイバーズ・ペイ（survivors-pay）

デフォルターズ・ペイでも損失が補填されない場合には、デフォルト会員以外の清算会員の負担で不足金を穴埋め。	
(i)取引所の剰余金	取引所の内部留保である剰余金をバックアップとして使用。
(ii)デフォルト会員以外の清算会員の保証基金	剰余金を使ってもまだデフォルト会員の債務履行が完全に満たされない場合には、デフォルト会員以外の清算会員が預託している保証基金を取り崩す。

③デフォルト会員以外の清算会員からの特別徴求

①、②によっても損失が補填されない場合には、最後の手段として、デフォルト清算会員以外の全清算会員から損失補填のための資金を特別徴求。

CCX

[金融] [証券化] [証券取引] [保険] [リスクマネジメント] [**デリバティブ**] [**環境**]
[外国為替] [ITフィンテック] [金利] [ポートフォリオ] [ファンド] [電力取引]

RGGI、WCI、MGGRA

[金融] [証券化] [証券取引] [保険] [リスクマネジメント] [デリバティブ] [**環境**]
[外国為替] [ITフィンテック] [金利] [ポートフォリオ] [ファンド] [電力取引]

CCX、RGGI、WCI、MGGRAとは？

　CCX、RGGI、WCI、MGGAは、いずれも米国の排出権取引への取組みに関わるプロジェクトである。

CCX（Chicago Climate Exchange）

シカゴ気候取引所。
排出権取引所。

RGGI（Regional Greenhouse Gas Initiative）

地域温室効果ガス削減イニシアティブ。
米国北東部10州の発電所を対象にした排出権取引制度。

WCI（Western Climate Initiative）

西部気候イニシアティブ。
カリフォルニア等米国7州とブリティッシュコロンビア等カナダ4州の温室効果ガス排出量削減計画。

MGGRA（Midwestern Greenhouse Gas Reduction Accord）

中西部地域温室効果ガス削減協定。
米国中西部の温室効果ガス排出量削減協定。

CCX

　CCX（Chicago Climate Exchange、シカゴ気候取引所）は、2003年から稼働している自主参加をベースとする排出権を対象とする取引所である。

対象となる温暖化ガス

京都議定書で取り上げられたCO_2をはじめとする6種類のガス。

参加機関（注）

製造業、サービス業、自治体等多くの業種の企業等から構成。

CCXへの参加メリット

・ステークホルダーや顧客・市民に対するアピール、レピュテーションリスクの回避。
・排出ガス削減への効率的取組み、温暖効果に対するリーダーシップの発揮。
・CO_2をはじめとする温暖化ガスの市場取引に向けての実績作り。

取引方式

①キャップ・アンド・トレード方式	参加機関は、排出枠との対比で過不足分をCCXで取引、調整することが可能。
②セントラル・カウンターパーティ	すべての取引においてCCXがセントラル・カウンターパーティ（CCP）となり、参加機関は相手方の信用リスクを懸念することなく取引可能。

取引状況の管理

・参加機関は、全米証券業協会（NASD）に排出量報告書を提出。
・NASDはこの報告書により参加機関の温暖ガス排出量の削減状況を検証。
・NASDは電子取引プラットフォームに直結している登録簿で参加機関の取引を管理。

京都メカニズムの排出権との関係

・CCXは、一定の条件付きのもとで京都メカニズムの排出権の利用が認められている。
・逆にCCXの排出権を京都議定書の目標達成のために使うことはできない。

特徴

・自主的制度：あくまでも自主的な温暖化ガス排出権取引で、法的な強制力はない。
・ペナルティ：加入した以上は排出枠の削減義務を負い、それに違反した場合にはペナルティを課せられる。

(注) CCXの主要参加機関：農産物（カーギル、モンサント等）、自動車（フォード）、化学（デュポン等）、電機（モトローラ、ソニーエレクトロニクス等）、IT（IBM、インテル等）、製造業（ハニウエル等）、運輸（アムトラック等）、レジャー（アスペンスキー）、電力（アメリカン・エレクトリック・パワー、ダイナジー等）、金融機関（バンク・オブ・アメリカ）、州（イリノイ、ニューメキシコ）、市（シカゴ、オーストラリア・メルボルン等）、大学（ミシガン州立、カリフォルニア、アイオワ等）。

RGGI、WCI、MGGRA

米国は、ブッシュ政権下で京都議定書から離脱したが、各州レベルで排出権取引制度を導入して稼働している例がみられる。RGGI、WCI、MGGRAは、いずれもそうしたプロジェクトである。

対象

RGGI（地域温室効果ガス削減イニシアティブ）	米国北東部10州の発電所。
WCI（西部気候イニシアティブ）	アリゾナ、カリフォルニア、モンタナ、ニューメキシコ、オレゴン、ユタ、ワシントンの7州とカナダ4州の地域全体。
MGGRA（中西部地域温室効果ガス削減合意）	イリノイ州等米中西部とカナダマニトバ州。

内容

RGGI（地域温室効果ガス削減イニシアティブ）	2020年までに温室効果ガス排出量を20％削減。
WCI（西部気候イニシアティブ）	2020年までに温室効果ガス排出量を2005年比15％削減。
MGGRA（中西部地域温室効果ガス削減合意）	2050年までに温室効果ガス排出量を60〜80％削減。

排出権の割当

RGGI（地域温室効果ガス削減イニシアティブ）	排出アローアンスの割当ては、オークション方式。
WCI（西部気候イニシアティブ）	各州の裁量に委ねる。
MGGRA（中西部地域温室効果ガス削減合意）	オークション、制度対象部門に対する固定価格での割当を組み合わせたハイブリッド方式。

取引方式

RGGI（地域温室効果ガス削減イニシアティブ）	キャップ・アンド・トレード方式。
WCI（西部気候イニシアティブ）	キャップ・アンド・トレード方式。
MGGRA（中西部地域温室効果ガス削減合意）	キャップ・アンド・トレード方式。

その他

RGGI（地域温室効果ガス削減イニシアティブ）	費用緩和措置として国内外の削減プロジェクトを活用することが可能。

CDO、CLO、CBO

| 金融 | 証券化 | 証券取引 | 保険 | リスクマネジメント | デリバティブ | 環境 |
| 外国為替 | ITフィンテック | 金利 | ポートフォリオ | ファンド | 電力取引 |

CDO、CLO、CBOとは？

CDO（Collateralized Debt Obligation、債務担保証券）

企業向け貸出債権、社債等のコーポレート債権を裏付資産とする証券化商品。	
CLO（Collateralized Loan Obligation、ローン担保証券）	企業向け貸出債権を裏付資産とする証券化商品。
CBO（Collateralized Bond Obligation、債券担保証券）	社債を裏付資産とする証券化商品。

CDOの機能

原資産保有者（オリジネーター）

資金調達	CDOにより、新たな資金調達手段として活用。
資金効率	貸出債権や社債のオフバラ効果があり、資金効率が向上。

投資家

リスク分散効果	・CDOに投資することにより、貸出債権や社債への間接的な投資効果。 ・ポートフォリオのリスク分散効果の向上を図ることが可能。

CDOの分類

①発行目的による分類

バランスシート型CDO（balance sheet CDO）	基本スキーム	オリジネーターである金融機関がバランスシートに保有の貸出債権等をSPV（証券化を行う特別目的ビークル）に譲渡、SPVがそれを裏付けに証券化、発行するCDO。

	目的	オリジネーターのバランスシート圧縮によるBIS自己資本比率規制上のリスク・アセット削減を目的とすることが多い。
	信用補完	エクイティ部分は、オリジネーターが保有することにより、他のトランシェの信用補完の機能を果たすケースが多い。
アービトラージ型CDO（arbitrage CDO）	基本スキーム	CDO組成のアレンジャーとなる金融機関が、SPVを使って市場から購入した債券やローンを裏付けとして証券化、発行するCDO。
	目的	CDOの裏付資産の債券やローンの期待利回りが、SPVが発行するデットのトランシェの利回りよりも大きく、エクイティ部分への投資家がその鞘取りを狙って発行。

②CDOのキャッシュフロー・マネジメントによる分類

キャッシュフロー型CDO（cash-flow CDO）	特徴	CDOの元利返済を円滑に行うために原資産が生むキャッシュフロー自体の源泉を重視するCDO。
	具体的手法	CDOを構成する原資産のデフォルトの可能性が高くなった場合には、キャッシュフローを管理するCDOマネジャー（コラテラルマネジャー、アセットマネジャー）は、より安全な原資産に入れ替えてキャッシュフローを確保。
マーケットバリュー型CDO（market-value CDO）	特徴	CDOマネジャーは、CDOを構成する原資産が生むキャッシュフローよりも、原資産のマーケットバリューに注目して原資産の売買を通じてCDOのリターン拡大を指向。
	具体的手法	CDOマネジャーが頻繁に裏付資産の入替えを行ってキャピタルゲインを得てCDOのリターンを拡大。

③原資産による分類

キャッシュCDO (cash CDO)	貸出債権や社債といった原債権をSPVに譲渡するタイプ。
シンセティックCDO (synthetic CDO)（注） (図表1)	オリジネーターがSPVに資産を譲渡することなく、クレジットデフォルトスワップ等のデリバティブを使って資産が持つ信用リスクとリターンを移転するタイプ。

裏付資産	シンセティックCDOの種類
貸出債権	シンセティック型CLO
債券	シンセティック型CBO

④原資産の入替えの有無による分類

スタティック型CDO (static CDO)	・CDOを構成する裏付資産の入替えが原則として行われないタイプ。 ・キャッシュフロー型CDOはスタティック型CDOのカテゴリーに属する。
マネージドCDO (managed CDO)	・裏付資産の入替えが機動的に行われるタイプ。 ・マーケットバリュー型CDOは、マネージドCDOのカテゴリーに属する。

（注）　詳細は「シンセティックCDO」の項（561頁）参照。

図表1　シンセティックCDOのイメージ

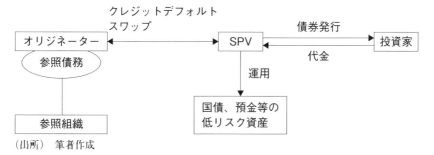

（出所）　筆者作成

ABSCDO、CDOスクェアード

ABSCDO（CDO of ABS）

ABS（Asset-Backed Security）	資産を束ねて証券化した第1次証券化商品。

| ABSCDO | RMBSのほか、クレジット・カード債権のABS、CMBS、企業向けローンのCLO等、複数の種類の証券化商品を裏付資産とし証券化した第2次証券化商品（2階建て証券化商品）。 |

メザニンABSCDO

第1次証券化商品のメザニン・トランシェだけを束ねて第2次証券化商品としたもの。

CDOスクェアード（CDO²）

複数のABSCDOを束ねて証券化した第3次証券化商品（3階建て証券化商品）。	
インナーCDO	CDOスクェアードで、裏付資産となるCDO
アウターCDO、マスターCDO	インナーCDOを裏付資産とするCDO

自治体CDO

CLO、CBOプログラム

中小企業向け貸出債権の証券化では、地方公共団体が金融機関と協力して案件を組成、CLOやCBOといった形でプログラムを立ち上げる動きが目立つ。		
中小企業金融の問題点	多くの中小企業は、優れたアイデアや技術力を持っていても、それをビジネスに結び付けるための資金調達面で困難に直面するケースが少なくない。	
自治体CDOの狙い	自治体がリーダーシップを発揮して金融機関と協調、CDOプログラムにより中小企業に新たな資金調達チャネルを提供。	
具体例	東京都主導で立ち上げたCLOプログラム。	
	東京都債券市場構想	・中小企業への資金供給の円滑化を図るために金融機関と協力してCLOを組成（図表2）。 ・行政主導型債券市場推進の先駆け。 ・2000年に第1回CLOを組成して以来、2010年まで約1万6,200社に対して、7,200億円の資金を供給。

図表2　東京都債券市場構想に基づくCLOの基本スキーム

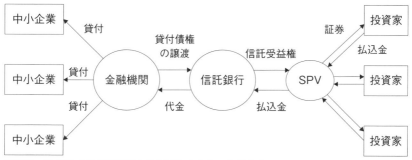

（出所）　東京都「東京都債権市場構想」をもとに筆者作成

募集型CLO

東京都をはじめとする地方公共団体の主導により、中小企業向け貸出を対象とするCLOが組成されているが、これは募集型CLOと呼ばれる。

募集型CLOの発行までの手順

①借入れ希望の募集

・オリジネーターとなる金融機関が、企業に対して資金借入れ希望を募集。
・応募企業は、貸出債権が証券化され第三者間で流通することをあらかじめ了承することが必要。

②応募企業の審査

一次審査	地方公共団体により一定の基準の要件（売上高、経常利益や自己資本比率、売上高経常利益率等の財務指標が使われている）を充足しているかの審査。
二次審査	一次審査をクリアした企業に対する金融機関や信用保証協会による審査。

③金融機関の貸出実行

審査をクリアした先に対して貸出を実行。

④CLOの発行、販売

金融機関は、それにより生じた貸出債権を裏付資産として証券化して、投資家に販売。

CDS

金融 | 証券化 | 証券取引 | 保険 | リスクマネジメント | デリバティブ | 環境
外国為替 | ITフィンテック | 金利 | ポートフォリオ | ファンド | 電力取引

CDSとは？

CDS（Credit Default Swap、クレジットデフォルトスワップ）は、企業の信用リスク（クレジットリスク）を取引対象とするクレジットデリバティブの代表的な商品である。

すなわち、CDSは、貸付債権や債券等から信用リスクを切り離して信用リスク自体を取引対象にした商品である。

CDSは、クレジットデリバティブの中で最も活発に取引されていることから、国際スワップデリバティブ協会（International Swaps and Derivatives Association、ISDA）では、CDS契約のマスターアグリーメント（master agreement、ひな型）を作成して、取引当事者の参考に供している。現在では、CDSの当事者はこのマスターアグリーメントに沿って契約するのが一般的となっている。

CDSのフレームワーク

CDSは、信用リスクのプロテクションの売買の形をとる。

プロテクション

信用リスクのヘッジ

プレミアム

信用リスクの引受料。保険料に相当。	
設定	一般的にCDSの想定元本に一定の率を掛けた金額に設定。
プライシング	基本的にオプションの価格評価モデルにより計算できるが、ブラック・ショールズモデルは、市場リスクを前提としたモデルであり、これを信用リスクを扱うクレジットデリバティブに適合するよう修正する必要がある。
相場	CDSは、多くの市場参加者が取引するマーケットが形成されていて、LIBORとの間のスプレッドを「デフォルトスワッププライス」として、3、5、7、10年のスワップ期間別に、常時、気配値が出されている。

参照債務(reference obligation)

プロテクションの対象となる債務。貸付債権や社債。

参照法人(reference entity)

プロテクションの対象となる債務の主体。	
シングルネームCDS	CDSの参照法人が1社のCDS。
バスケット型CDS	CDSの参照法人が複数企業にわたるCDS。

CDSの機能

①プロテクションの買い手

・CDSは貸付債権や社債を売買することなく信用リスクがヘッジできるツールであり、保証に似た機能を持つ。
・たとえば、貸付債権を持つ金融機関は、融資先に知られることなく「サイレント」で融資先の信用リスクを他に移転することができる。

②プロテクションの売り手

信用リスクをテイクしてリターンを狙う場合:	
融資、社債の購入	融資元本、または社債の購入代金が必要。
CDS取引のプロテクションの売り手	少額の資金でリターンを狙うことが可能。

CDS取引の基本スキーム(図表1)

①プロテクションの売買

プロテクションの買い手	・信用リスクをヘッジするサイド。 ・企業の信用リスクを保有する主体は、企業に融資している金融機関や企業が発行する社債を保有する投資家等。 ・プロテクションの売り手にプレミアムを支払う。
プロテクションの売り手	・信用リスクを進んでとりリターンを求める主体。 ・プロテクションの買い手からプレミアムを受け取る。

②クレジットイベント発生の有無

イベント発生のケース	CDSの期間中に参照債務にデフォルト等のクレジットイベント(信用事由)が発生した場合には、プロテクションの売り手は買い手に損失を補償。

| イベント不発生のケース | プロテクションの売り手はプレミアムをそのまま掌中にする。 |

図表1　CDS取引の基本スキーム

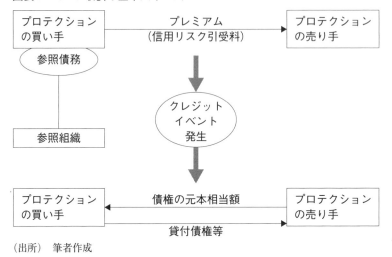

（出所）　筆者作成

設例1

CDS取引の目的

| 金融機関の貸付債権の信用リスクヘッジ |

設例の前提

・A銀行がB企業（参照法人）に対して1億円の貸付を実行。
・その後、B企業の業況が悪化、これをみてA銀行はB企業の信用リスクに懸念を強めた。

CDS取引

A銀行はCDSを使ってC銀行に信用リスクを移転。		
CDS取引の内容	参照債務	A銀行の対B企業貸付債権
	プロテクションの買い手	A銀行
	プロテクションの売り手	C銀行

| プレミアム | A銀行はC銀行に対して年間1億円×a%のプレミアムを支払う。 |

その後の展開

ケース1：B社倒産	C銀行はA銀行に対して1億円を支払い、A銀行が保有していた貸付債権を引き取る。
ケース2：B企業にイベントなし	C銀行はA銀行から受け取ったプレミアムをそのまま掌中にする。

設例2

CDS取引の目的

金融機関が保有する貸付債権ポートフォリオのリスク分散

設例の前提

・地方銀行Aは、貸付先が本店所在地に集中していることから、地場産業が不振に陥った場合には大きな打撃を被るリスクを抱えている。
・しかし、A銀行には、地元で集めた資金は地元に融資して還元するとの経営理念があり、遠隔地所在の企業への貸付によりリスク分散することは経営理念に反する。

CDS取引

A銀行はCDSを使ってA銀行保有の貸付債権のリスクを他の銀行または投資家に移転。

CDS取引の効果

A銀行は、地場産業重視のスタンスを変えることなく実質的に貸付先集中に伴うリスクを回避することができる。

設例3

CDS取引の目的

金融機関が保有する貸付債権ポートフォリオの弾力的マネジメント

設例の前提

・A銀行は、長年取引してきた重要な顧客B社から追加貸付の案件を持ちかけられた。

- しかし、A銀行はこの追貸しに応じるとB社に対するクレジットラインをオーバーする。
- A銀行は、これを断ることによりこれまで営々と築いてきた取引関係にひびが入ることを避けたい。

CDS取引

A銀行はB社の要請に応じて追貸しをするとともに、B社に対する貸付債権を原資産とするCDSをC銀行との間で締結。		
CDS取引の内容	プロテクションの買い手	A銀行
	プロテクションの売り手	C銀行

CDS取引の効果

A銀行	A銀行はB社に追貸しを実施してもクレジットラインを維持、B社との取引関係悪化を回避可能。
C銀行	B社と実際の取引がなくても、B社に貸し付けたと同様のエクスポージャー（貸付債権が持つリスク・リターン）を貸付債権ポートフォリオの中に組み入れることが可能。

設例4

CDS取引の目的

機関投資家の投資対象となる社債の信用リスクヘッジ

設例の前提

- 機関投資家Aが、B社の社債に投資する計画を持っている。
- しかし、AはB社の信用状態に対する懸念を払拭できない。

CDS取引

Aは、B社債を購入すると同時にC銀行との間でCDSを組む。		
CDS取引の内容	プロテクションの買い手	機関投資家A
	プロテクションの売り手	C銀行

| プレミアム | Aは、C銀行に社債の元本に一定の率を乗じた金額をプレミアムとして支払う。 |

その後の展開

ケース1：B社破綻	C銀行は、社債の元本（社債の一部償還があった場合には、その償還額を差し引いたネット金額）を支払う。
ケース2：B社にイベントなし	C銀行はAから受け取ったプレミアムをそのまま掌中にする。

CDSの決済方法

CDSの期間中にクレジットイベントが発生した場合の決済方法には3種類ある。これを具体例でみる。

設例

CDS取引	CDS取引の目的	機関投資家が投資対象の社債の信用リスクをヘッジ。	
	設例の前提	・A投資家はC社の社債を額面で10億円相当保有。 ・A投資家はC社の信用リスクのヘッジを指向。	
	CDS取引	A投資家はB金融機関との間でCDS取引を行う。	
		CDSの期間	5年
		プレミアム	年率2％
クレジットイベント発生の場合のCDS決済	①現物決済（physical settlement）	・A投資家からB金融機関に対してC社債が渡されるのと引き換えに、BはAに対して額面額の10億円を支払う。 ・クレジットイベントの発生によりC社債の時価は額面に比べて大幅減価しているが、AはBから10億円の支払いを受けてプロテクションの効果を得ることができる。	
	問題点	(i)決済額が小さい場合に事務手続が煩瑣。 (ii)プロテクションの買い手が社債を保有していない場合には市場からの調達が必要となる	

		が、クレジットイベントが発生した場合にはショートスクイーズ（short squeeze、玉締め）から市場価格が急騰する恐れ。
	②現金決済 (cash settlement)	・取引当事者がディーラーからＣ社債の価格を取得して、これをＣ社債の時価とする。 ・ＢはＡに対して額面額の10億円からＣ社債の時価を差し引いた額を支払う。この場合は、ＡからＢに対してＣ社債を渡すことはしない。
	問題点	取引当事者が個別にディーラーから社債の時価を取得することから、価格の透明性、客観性に欠ける。
	③オークション決済方式（auction settlement）	クレジットイベントが発生した場合の社債の時価を取引当事者が個別にディーラーから取得するのではなく、業界全体で実施する入札により時価を計算。
	メリット	・一般の現金決済方式に比べると、オークション決済方式のほうが透明性が高く、市場の実勢が反映される。 ・現在では、オークション決済方式がマーケットのスタンダードとなっている。

CDSによる投機取引

設例：CDSを使った投機取引

CDSが対象とする信用リスクの主体の債務者とはなんら関係のない投機筋が、信用リスクを投機の対象としてCDS取引を実施。		
設例の前提	・投機家はある企業の信用リスクが先行き高まり倒産の可能性があると予想。 ・投機家はこの企業の社債等を持つステークホルダーではない。	
CDS取引	投機家は、銀行等との間で当該企業を参照法人とするCDS取引を行ってプロテクションの買い手になる。	
	CDSの元本	こうした場合には、もともと対象となる貸付債権や社債が存在しないことから、投資

		家と銀行等のCDSの当事者間で適宜、想定元本を決めて取引を行う。

その後の展開

ケース1：CDSの参照法人となった企業にデフォルト発生	・プロテクションの買い手である投機家はプロテクションの売り手から保険金に相当する想定元本の減損分を受け取る。 ・投機家は保険料に相当する少額のプレミアムを支払っただけで、保険金に相当する多額の支払いを受け取り、大きなリターンを得ることができる→投機成功。
ケース2：参照法人の企業にイベントなし	プロテクションの売り手は投機家から受け取ったプレミアムをそのまま掌中にする→投機失敗。

グローバル金融危機

CDSを使った投機取引	CDSが投機取引に使われる場合には、当該企業の借入額や社債の発行量とは無関係にCDSを無限に発行することが可能。	
CDS投機取引の膨張	2007年から2008年にかけて発生したグローバル金融危機においては、以下のCDS取引が盛行	
	投機の対象	企業の倒産というクレジットイベント
	プロテクションの買い手	企業が倒産するほうに賭ける投機家
	プロテクションの売り手	企業が存続するほうに賭ける投機家

CDSの清算機関設立

①OTC取引の問題点

CCP	セーフティネットとして機能するセントラル・カウンターパーティ（CCP）を軸とした清算・決済システムの不存在。
透明性の欠如	相対（あいたい）取引であることによる透明性の欠如。
システミックリスク	CCPの不存在と透明性欠如が相まって決済システム全体が麻痺を起こすシステミックリスクを招来する恐れ。

②標準的なCDS取引の清算・決済業務

標準的なCDS取引		活発に取引が行われているCDSは、標準的なスペックに取引が集まる傾向がある。
	インデックスCDS	シングルネームCDSよりも、複数企業のクレジットをバスケットにしたインデックスCDSのほうが信用リスクの分散投資効果が期待できるとして活発な取引が行われている。 インデックスCDSの種類 ・投資適格銘柄を集めたCDS ・投資適格を下回る銘柄を集めたCDS ・ボラティリティが高い銘柄を集めたCDS ・産業セクター別に銘柄を集めたCDS
標準的なCDS取引とCCP		OTC取引の中でも標準品を対象とした清算・決済業務について、取引所の清算部門のCCPを活用する動きが広範化。
	ＣＣＰ機能活用のメリット	・取引所の清算部門の持つセーフティネットの機能を活用可能。 ・取引の最終プロセスの決済面でCDS取引の内容を把握できることから、取引実態のディスクロージャーが向上。

CDSの清算機関

NYSEユーロネクスト		傘下にあるNYSE LiffeがOCCと提携して株式関係の清算システムを使ってCDSの清算業務を提供。
ICE（インターコンチネンタル取引所）Trust Europe		CDSの清算業務に特化した新会社ICEトラストを設立してCDSの清算業務を実施。
CMEグループ		CME-Citadelが清算業務を実施。
日本証券クリアリング機構		CDS取引の清算業務を実施。
	対象取引	ISDAが定める基本契約書及びISDAクレジットデリバティブ定義集に準拠したCDS取引。

		iTraxx Japan（注）を対象とする標準的なインデックスCDS取引。
	想定元本	1,000億円以下

（注） iTraxx Japanは、マークイット社がライセンスを保有し算出する日本国内の信用リスク取引市場の動向を示す代表的なCDSインデックスで、投資適格を有する国内企業50社のCDS取引を指標化したもの。

CMO

`金融` `証券化` `証券取引` `保険` `リスクマネジメント` `デリバティブ` `環境`
`外国為替` `ITフィンテック` `金利` `ポートフォリオ` `ファンド` `電力取引`

CMOとは？

CMO（Collateralized Mortgage Obligation）は、住宅ローンが生み出すキャッシュフローをいくつかの異なるパターン（トランシェ）にしたうえでそれを裏付けにして発行されるペイスルー証券である。

CMOの特性

派生商品

RMBS（Residencial Mortgage-Backed Security、不動産担保証券）から派生した商品。

ペイスルー証券

裏付資産から生まれるキャッシュフローを加工・再構成した証券。

期限前償還リスクの極小化

CMOは、裏付資産である住宅ローンの期限前返済によるCMOの期限前償還リスクを小さくしたいとする投資家のニーズをくみ取り開発された商品。

証券の階層化	償還のタイミングが異なるいくつかのトランシェにすることで、さまざまなニーズを持つ投資家を取り込むことが可能。

パススルー証券とペイスルー証券

パススルー証券（pass-through securities）

キャッシュフロー	裏付資産が生むキャッシュフローがそのままパススルーされてMBSの投資家に届くタイプ。
住宅ローンの期限前返済が投資家に与える影響	RMBSに対する投資家は、住宅ローンの期限前返済の影響をダイレクトに受けることとなり、投資収益の予測が困難。
第1号の発行	パススルー証券は、RMBSの原型であり、その第1号は、1970年、ジニーメイが発行。

ペイスルー証券（pay-through securities）

キャッシュフロー	裏付資産が生むキャッシュフローを加工・再構成して、異なるキャッシュフローを持った複数の証券（トランシェ）を発行。
住宅ローンの期限前返済が投資家に与える影響	期限前返済があった場合の返済資金は、金利や元本を優先的に受け取るトランシェに入る。
第1号の発行	フレディマックがペイスルー型のRMBSであるCMO第1号を1983年に発行。

各種のCMO

コンパニオン債（companion bond）

内容	RMBSの裏付けとなっている住宅ローンで期限前返済が発生した場合に最初に償還される債券。
特徴	・コンパニオン債の価格は金利の変動に敏感に感応してボラティリティは極めて高い。 ・コンパニオン債は期限前償還リスクが大きいだけ利回りは高い。

アクリーション債（accretion bond）

内容	・CMOのうち、他のすべてのトランシェに劣後して支払いを受けるトランシェ。 ・「Zボンド」とか「Zクラス」ともいう。
特徴	・アクリーション債の金利は投資家に支払われず元本に追加されて、償還時に元利金が一括支払われる。 ・キャッシュフローはゼロクーポン債に類似。

パック債（Planned Amortization Class Bond、PAC Bond）

内容	期限前償還リスクの影響を緩和するように設計された証券。 RMBSの裏付けとなっている住宅ローンからのキャッシュフローの一部をファンド（sinking fund）として留保、期限前返済発生の場合には、ファンドの資金を使ってパック債へのキャッシュフローを整斉と実行。

特徴	住宅ローンの期限前返済が一定のレンジに収まっている限り、当初予定どおりのスケジュールに沿って元利金返済が行われる。 パック債は他のCMOのクラスに比べて期限前償還リスクが小さいだけ利回りは低い。

レーミックトランシェ（REMIC Tranche）

レーミック （Real Estate Mortgage Investment Conduit、REMIC）	内容	米国税法で非課税の扱いを受けるCMO発行の導管（conduit）。 REMICはモーゲージローンを購入、それを裏付資産としてCMOを投資家に販売。
	特徴	REMICの法人格は、株式会社でもパートナーシップ、信託等でも良い。 REMICのモーゲージローン購入価額とCMO販売価額の差額は非課税。 これにより二重課税の回避が可能となり、米国CMO市場は飛躍的な発展を遂げた。
レーミックトランシェ	内容	REMICは、モーゲージローンの借り手からのキャッシュフローを組み替えてさまざまなリスク・リターンプロファイルを持った証券にして投資家に販売、その区分けされた証券。
	特徴	REMIC発行の証券は株式、社債、信託受益権等、いかなる形態でも良い。

COCOs（ココ・ボンド）

金融　証券化　**証券取引**　保険　リスクマネジメント　デリバティブ　環境
外国為替　ITフィンテック　**金利**　ポートフォリオ　ファンド　電力取引

CoCosとは？

　COCOs（Contingent Convertible Bonds、COCOs）は、コンティンジェント・キャピタルの一種で、あらかじめ決めておいた一定の条件を満たすような事態が発生した場合には、COCOsが強制的に株式に転換されるか、COCOsの発行体がCOCOsを株式に転換する権利を持つ転換社債をいう。

転換社債とCOCOsの違い

転換社債

転換社債を保有している投資家が発行会社に対して社債を株式に転換することを要求する権利を持つ。

COCOs

・株式への強制転換か、または、
・COCOsの発行会社が投資家に対して社債を株式に転換することを要求する権利を持つ。
・リバース転換社債（Contingent Reverse Convertibles、CRCs）の一種。

COCOsの概念と機能

概念

・一定のトリガーに抵触したときに元本の減額、または株式等のより劣後する証券に転換される証券。
・実質破綻の時点で初めて損失吸収機能を発動する証券はCOCOsのカテゴリーには入らない。

機能

・金融機関の財務状況が悪化したときに、市場環境いかんにかかわらず自己資本の補強が可能。
・金融システムの安定性を維持するための公的資本投入の必要性を抑制することが可能。

COCOsのスペック

設計上のポイント

銀行の資本充足のニーズをどこまで満たすかの観点から、特に次の点が重要。	
①トリガー	一定の条件を満たすような事態が発生した場合に発動されるトリガーをどのように設定するか。
②転換比率	転換比率をどのように設定するか。

COCOsマーケット発展の課題

COCOsは、特にグローバル金融危機後の銀行の財務基盤の強化等の観点から注目されるファイナンス手法であるが、その発展の可能性については、次のような課題が存在する。

株式の希薄化

・金融機関の財務状況が悪化して株価が下落している状況でトリガー発動により株式への転換が行われると、株式の希薄化が発生し、下落している株価をさらに下押しする恐れ。
・これが、むしろ金融システムを揺るがす事態を招来する恐れ。

投資家にとっての魅力度

銀行の経営状態が悪化したときに、COCOsを保有していた投資家は、それまでの債権者のステータスから株主ステータスに強制転換させられることになるが、こうした特性を持つCOCOsが投資家にどこまで受け入れられるか不透明。

COCOsのプライシング

プライシングをどのように導出するか、COCOsのスペックとの関係から分析する必要がある。

COCOsの発行例（注）

ロイズバンキング・グループ（Lloyds Banking Group）	・ロイズの規制上のコア資本Tier1が規制上のリスクウェイト資産に対して5％を下回った場合には、強制的に普通株式へ転換する条件が付されている。

	・ロイズではこれにECN（Enhanced Capital Notes）との名称を付している。 ・ECNの発行は、英国金融庁によるストレステストの結果、自己資本の拡充の必要性を認識して行われたものであり、コンティンジェント・キャピタルの嚆矢として位置付けられる。	
	発行年	2009
	発行額	70億ポンド、10億ドル
	期間	10〜15年
	金利（％）	既存証券＋1.5〜2.5
	スペック	劣後債
ラボバンク・グループ （Rabobank Nederland）	・将来における金融規制の強化措置導入を見越して、財務の健全性拡充を目的に発行。 ・ラボバンクはこれにSCN（Senior Contingent Note）との名称を付している。 ・発行予定額の2倍に当たる応募があった。 ・普通株等Tier1に相当する株主資本比率が7％を下回った場合にトリガーに抵触して、元本の75％が削減されて、25％が投資家に現金償還される。この結果、ラボバンクは元本の75％を債務免除益として損失の吸収に使用することができる。 ・株式への転換ではなく元本の削減を条件としているのは、ラボバンクが株式会社組織ではなく、協同組織金融機関である理由による。	
	発行年	2010
	発行額	12.5億ユーロ
	期間	10年
	金利（％）	6.875
	スペック	発行当初はシニア債

（注）　みずほ証券バーゼルⅢ研究会編『詳解バーゼルⅢによる新国際金融規制』中央経済社、2012年3月、134頁をもとに作成。

DDS、DES

| 金融 | 証券化 | 証券取引 | 保険 | リスクマネジメント | デリバティブ | 環境 |
| 外国為替 | ITフィンテック | 金利 | ポートフォリオ | ファンド | 電力取引 |

DIPファイナンス

| 金融 | 証券化 | 証券取引 | 保険 | リスクマネジメント | デリバティブ | 環境 |
| 外国為替 | ITフィンテック | 金利 | ポートフォリオ | ファンド | 電力取引 |

DDS、DES、DIPファイナンスとは？

DDS、DES、DIPファイナンスは、金融機関や再生ファンド等が、企業再生を目的に企業を支援する手法である。

DDS（Debt-to-Debt Swap、デット・デットスワップ）（注1）

負債（Debt）を別の条件の負債（Debt）に交換するスワップ取引。

DES（Debt-to-Equity Swap、デット・エクイティスワップ）

負債（Debt）を株式（Equity）に交換するスワップ取引。

DIPファイナンス（Debtor In Possession Finance、ディップファイナンス）（注2）

経営破綻企業が、民事再生法や会社更生法等のもとに再生するために行う資金調達。

(注1) DDSは和製英語で、欧米ではdebt swapとかdebt exchangeと呼ばれる。
(注2) Debtor In Possessionは、直訳すると占有継続債務者となるが、経営破綻後も経営陣が企業の再建に向けての経営立直しを図ることからこのように呼ばれる。

DDS

内容

・負債を別の条件の負債に交換するスワップ取引。
・別の条件の負債は、一般的に劣後ローンや劣後債。

機能

・劣後ローンや劣後債は、エクイティ（資本）に近い性格を持つ。
・DDSにより企業の財務内容の改善に資する。

活用

企業再生	金融機関主導の企業の再生に活用。
金融機関のメリット	金融機関はDDSにより、企業との間の融資関係を継続しながら、過剰債務を抱える企業の財務体質を改善することが可能。
コベナンツ	・DDSは負債から負債へのスワップであり、金融機関は株主として企業の再生にコミットすることはできない。 ・劣後ローン等にコベナンツ（財務制限条項）を付して、企業再生が軌道に乗るように方向付けをすることが多い。

DES

内容

- 負債を株式に交換するスワップ取引。
- 交換される負債は、貸付債権等や社債、CP等、デット物全般。

機能

債務の株式化効果	
金融機関	DESにより貸出債権からの金利収入を得られなくなるが、企業が再建を果たせば、株式のキャピタルゲインや配当を獲得することが可能。
企業	有利子負債の削減、自己資本増強により財務体質が改善。

活用

金融機関のほかに、再生ファンドが行うDESがある。		
再生ファンドによるDES	再生ファンドによるDESには、2つのタイプがある。	
	①ファンドの対企業貸付債権	ファンドが企業に対して融資した貸付債権を企業が株式と交換するタイプ。
	②ファンドによる企業貸付債権買取	ファンドが他の債権者から債権を買い取ってそれを株式と交換するタイプ。

DIPファイナンス

内容

狭義	経営破綻企業が、民事再生法や会社更生法等のもとに再生するために行う資金調達。
広義	私的整理も含めた再生企業に対する融資全般。

金融機関のDIPファイナンス

金融機関は、事業再生の見込みやDIPファイナンスの返済の確実性、在庫や売掛債権等の担保の存在等を総合勘案して、DIPファイナンスへの融資の可否を判断。

活用

企業再建のアーリーステージに行うファイナンスと、レーターステージに行うファイナンスに分かれる。	
①アーリーステージのDIPファイナンス	・民事再生法や会社更生法等の法的手続を申立てたときから計画の認可が下りるまでのつなぎ融資。 ・一時的な資金繰りの行詰まりを防止するために仕入資金や人件費等の運転資金を貸付。
②レーターステージのDIPファイナンス	・再建計画の認可が下りた以降のファイナンス。 ・計画実施に必要となる短期運転資金だけではなく、長期運転資金や設備資金等の需資に対するファイナンス。

Don't shoot the messenger!

[金　融] [証券化] [証券取引] [保　険] [リスクマネジメント] [デリバティブ] [環　境]
[外国為替] [ITフィンテック] [金　利] [ポートフォリオ] [ファンド] [電力取引]

"Don't shoot the messenger!"とは？

　文字どおりの意味は、「情報を運んできた使者を殺すな！」という意味であるが、先物取引において「株式の現物市場に悪材料を伝達した先物を株価下落の犯人にするな！」という意味で使われることが多い。

先物市場から現物市場への相場下落の伝達

　マーケットに情報がインプットされ、それが、先物、現物相場に影響を与えるプロセスは、一般的に次のようになる。

マーケットの状況

①イベント発生	取引背景と取引内容		株価に悪材料となるイベントが発生したとする。
②先物の売り活発化	取引背景と取引内容		現物ポートフォリオで運用していた市場参加者は、まず先物市場で先物を売る。
		流動性	先物市場は流動性が厚く、大口取引を行ってもマーケットインパクトが発生して自己に不利な方向に取引価格が動く恐れが少ない。
	取引の結果		・先物相場が下落。 ・先物相場と現物相場の乖離であるベーシスが拡大。
③先物・現物の裁定活発化	取引背景と取引内容		現物ポートフォリオで運用していた市場参加者は、ベーシス拡大をみて次の裁定取引を実施。
		先物買戻し	②で形成した先物の売りポジションを買い戻して手仕舞い。
		現物売り	現物売りで現物ポート

		フォリオのエクスポージャーを削減。
	取引の結果	・現物相場が下落。 ・この結果、①の情報は先物市場から現物市場に伝達。

カスケード現象とポートフォリオ・インシュアランス

　カスケード（cascade、滝）は、株式市場で株式の現物市場と先物市場の双方が作用し合いながら、現物、先物にわたり相場が循環的に崩落する状況をいう。

現物相場下落→先物相場下落→現物相場下落→先物相場下落……という循環的相場下落の展開。

カスケード現象発生のステップ

①現物株式相場の下落
・株式市場で多くの銘柄の株価が下落。
・その結果、株価指数が下落。

②ポートフォリオ・インシュアランス稼働
多くの銘柄から構成される株式ポートフォリオでは、株価指数を原資産とする先物を売るトレンドフォロー（順張り）戦略の実行により、ポートフォリオ・インシュアランスの目的を達成。

③先物相場の下落
株価指数先物を対象とする順張り戦略により、先物市場の相場は下落。

④株価指数裁定取引
・先物相場の下落により、現物価格に比べて先物価格が割安化。
・現物売り・先物買いの株価指数裁定取引を実行。これは、プログラムレーディングにより行われる。

⑤現物株式相場の下落
・裁定取引によって、現物価格は下落。
・裁定取引が活発化すると、多くの銘柄の株価が下落して、株価指数が下落。

①に戻る
↓
こうした状況は、①につながり、②、③……とスパイラルな下落となる。

ブラックマンデー時における"Don't shoot the messenger!"をめぐる論調

1987年10月に発生したブラックマンデー後、ニューヨーク市場における現物株式相場の下落の主因が、シカゴ先物市場の株価指数先物取引で先物が売られたことによるとの論調が強まった（図表1）。これに対して、米国当局の関係者は次のようにコメント。

グリーンスパンFRB議長

現物相場と先物相場	一般的に、なんらかの情報がインプットされると、先物マーケットは現物マーケットよりも早く反応することから、先物市場の相場変動が現物市場の相場変動を引き起こすと結論付けられることがある。
ポジション調整の所要コストと時間	先物市場のほうが、ポートフォリオのポジション調整に要するコストが格段に安く、また、スピーディにポジションを構築することが可能。
ポートフォリオマネジャーの取引スタンス	・ポートフォリオマネジャーは、新たな情報がインプットされると、先物市場を選好して取引することが多く、この結果、価格変動はまずもって先物市場で発生。 ・それに続いて裁定取引の出番となり、この裁定取引により先物相場に追随して現物相場が変動。

ジョージD・グールド財務省次官の見解

・株価指数裁定取引に対する一般的な批判は、悪い知らせを運んできた使者を撃つものであり、これは旧来からある類の批判である。
・株価指数先物をこのように批判することは、シカゴマーカンタイル取引所における売りを引き起こした悪い知らせをニューヨーク証券取引所の立会い場まで運んできた先物取引という使者を悪者にして撃つことにほかならない。

図表1 ブラックマンデー時のカスケード現象

① 現物市場で株価（S&P500）が下落を始める

② これを受けてポートフォリオ・インシュアランス（先物の小刻み売りで、プットオプションと同じ損益パターンを形成）が稼働する

③ これにより先物価格が下落する

④ これを受けてプログラムトレーディング（現物と先物の裁定取引をあらかじめプログラムに組み込んでおき、マーケットの動きにより、自動的に現物、先物の間の裁定利益を得る）が稼働して現物売り、先物買いを実施する

⑤ これがさらなる現物価格の下落を呼ぶ

①へ戻る

（出所） 筆者作成

DVP、PVP、STP、T＋1、時点ネット決済、RTGS

金融　証券化　証券取引　保険　リスクマネジメント　デリバティブ　環境
外国為替　ITフィンテック　金利　ポートフォリオ　ファンド　電力取引

DVP、PVP、STP、T＋1、時点ネット決済、RTGSとは？

　DVP、PVP、STP、T＋1、時点ネット決済、RTGSは、いずれも証券取引や外国為替取引等の決済に関する用語である。

DVP（Delivery Versus Payment）

> 証券の受渡しと代金の支払いとをリンクさせて行う決済方法。

PVP（Payment Versus Payment）

> 外為取引で、2つの通貨の振替えをリンクさせて行う決済方法。

STP（Straight Through Processing）

> 証券取引の決済に至る一連のプロセスを人手を介することなくコンピュータによる一貫作業で行うシステム。

T＋1（Trade Day＋1）

> 証券取引の約定日の翌日に決済を行うシステム。

時点ネット決済（Designated-time Net Settlement）

> ある時点まで多くの取引の決済をためておいて、その時点において各取引当事者の受払いの差額のみを決済する方式。

RTGS（Real Time Gross Settlement）

> 証券取引において、取引1件1件につき、そのつど決済を行うシステム。

DVP

内容

> 取引相手方の証券または代金の支払いと自己の代金または証券の支払いとをリンクさせて行う決済方法。

目的

証券と資金の受払いにつき相手からの支払いがない以上、自分も支払いをしないシステムにすることにより、証券を渡したにもかかわらず代金が受け取れないとか、逆に代金の支払いを終えたにもかかわらず証券の引渡しがないといった元本リスク（取りはぐれのリスク）を排除。

適用

国債につき、日銀ネットの当座預金系のシステムと国債系のシステムをリンクさせることでDVPが導入されたことに続いて、取引所取引の株式、店頭取引の株式、社債等に対しても導入。

DVPの種類

　DVPは、証券の受渡しや資金の受渡しがグロスで行われるかネットで行われるかにより3つのタイプに分類される。

グロス・グロス型DVP

内容	資金決済と証券の受払いをグロスベースでそのつど同時に行う方式。
特徴	・資金と証券の受払いが同時に行われるため元本リスクはない。 ・ネッティングによる証券、資金の効率性は期待できない。
適用	日銀ネットの当座預金系のシステムと国債系のシステムのリンク。

グロス・ネット型DVP

内容	証券の受渡しはグロスベースでそのつど行う一方、資金の受払いは1日分をまとめてネットで行う方式。
特徴	証券決済が資金決済に先行することになり、資金効率が図られる。
適用	取引所上場株式以外の株式の受渡し（一般振替）。

ネット・ネット型DVP

内容	証券も資金もネットベースで行う方式。
特徴	資金はもとより証券も銘柄別にネッティングされることから、証券と資金双方で効率が図られる。

適用	取引所上場株式	
	株式受渡し	保振機構における口座振替
	資金受払い	資金決済銀行（民間銀行または日本銀行）の口座振替

PVP

内容
外国為替取引で、2つの通貨の振替えをリンクさせて行う決済方法。

目的
一方の通貨を支払ったにもかかわらず、片方の通貨を受け取ることができないリスクを排除。

適用
いわゆる「ヘルシュタットリスク」を回避するために活用。

STP

内容
取引の注文→約定→照合→決済に至る一連のプロセスを人手を介さずコンピュータのネットワークによりシームレスに処理するシステム。
取引の約定から決済までの作業が標準化されたネットワークインフラとメッセージフォーマットを活用することにより電子的に処理。

目的
①決済時間の短縮、②人手による事務処理に比し正確かつ効率的に処理可能。

適用
証券各社はSTPのシステム整備を促進。

T＋1（Trade Day＋1）

内容
日米をはじめ主要国の株式取引の決済はT＋3、つまり取引日（Trade day）の翌日から起算して3日目に行われるが、これをT＋1、つまり取引日の翌日に短縮するもの。

目的

・株式取引から決済までの期間に取引相手がデフォルト等を起こした場合には損失を被るリスクが存在。
・決済期間の短縮により、リスクエクスポージャーの縮小を通じてリスク削減を指向（図表１）。

適用

日米等では、Ｔ＋３からＴ＋１への移行を決済制度改革の目標に設定したが、Ｔ＋１移行のシステム費用の負担が大きい等の理由から具体的な進展はみられていない。

図表１　決済期間短縮による未決済残高削減のイメージ

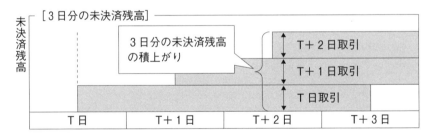

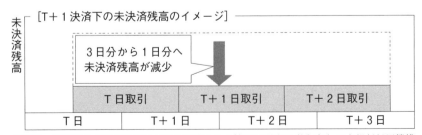

（出所）　武田直己「証券決済における決済リスク管理に関する考え方」日本銀行信用機構室ワーキングペーパーシリーズ01-No.3、2001年5月

時点ネット決済

内容

多くの取引の決済をたとえば午後1時とか3時、5時といったある時点まで
ためておいて、その時点において各取引当事者の受取りと支払いの差額
（ネット）のみを決済する方式。

目的

取引当事者は取引1件ごとに要する資金や証券を用意する必要がなく、資金
や証券の受払いの差額だけを用意すれば足りることから、資金・証券繰り、
さらには事務処理の効率性向上に資する。

適用

全国銀行資金決済ネットワークでは、給与・賞与振込や1億円未満の振込み
に適用。

RTGS

内容

時点決済とは対照的に、取引1件1件につきそのつど、決済を行う方式。

目的

・時点決済では多くの件数の取引の1件でも決済不履行が生じた場合には、
全体の決済が滞り、また、決済不履行を起こした参加者から入金を見込んで
いた参加者は入金の当てが外れて、この結果その参加者も決済不履行を起こ
すといったドミノ現象が生じる恐れがある。
・RTGSでは、時点決済の持つこうした欠点を補うことが可能。

適用

日銀は、漸進的にRTGSを拡充。
・2001年、日銀当座預金決済および国債決済をRTGS化（図表2）。
・民間資金決済システム（外為円決済制度、内為制度）を通じて時点ネット
決済方式で処理されていた大口資金決済も、日銀当座預金上でRTGS処理を
可能にした。
・証券決済についても、2003年から2009年にかけて、電子CP、一般債、投
資信託等の決済が、日銀当座預金のRTGS決済とDVP化。
・この結果、銀行間の資金決済から、国債等の証券取引に伴う資金決済、企

業間等の大口決済に至るまで、わが国のすべての大口資金決済について
RTGS化を達成（図表3）。

（関連用語）　ヘルシュタットリスク（822頁）、時点ネット決済（525頁）、RTGS（79頁）

図表2　日本銀行当座預金決済のRTGS化等後の日銀ネット運用イメージ

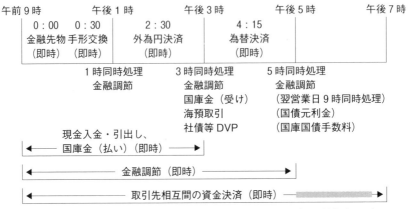

（出所）　日本銀行「日本銀行当座預金決済の「RTGS化」の概要および「RTGS化」後の日本銀行金融ネットワークシステム（当座預金取引）の運行について」日本銀行、1999年9月4日

図表3　RTGS化の経緯

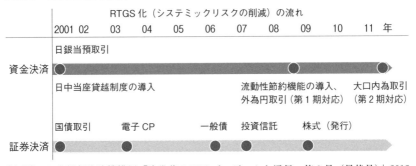

（出所）　日本銀行決済機構局「次世代RTGSプロジェクト通信　第9号（最終号）」2012年2月17日をもとに筆者作成

EBM

[金融] [証券化] [証券取引] [保険] [リスクマネジメント] [デリバティブ] [環境]
[外国為替] [ITフィンテック] [金利] [ポートフォリオ] [ファンド] [電力取引]

EBMとは？

　EBM（Event Based Marketing）とは、ビッグデータや統計手法を活用して顧客に生じているイベントを検知、そのイベントをベースにして顧客に商品やサービスの提供を働きかけるマーケティング手法をいう。
　EBMにより、顧客の金融ニーズをきめ細かく把握して、これにタイムリーに対応することが可能となる。

EBMの活用

　金融機関では、限られた人的資源を使って、多数にのぼる顧客のニーズを常時、きめ細かく把握することは、事実上困難である。また、顧客対応の職員の経験、能力いかんにより、顧客が発する情報をビジネスに結び付けるきっかけとして把握することができるかどうかに差が出てくる。
　そこで、ビッグデータ等を活用して顧客対応の職員をサポートすることにより、顧客の潜在的なニーズを掘り起こして、どの職員であっても均質的、かつ高品質のサービスを提供することができるEBMが注目されている。

EBMの活用例

　一部の金融機関では、ビッグデータ等を活用して、EBMモデルを構築のうえ、これを顧客ニーズを捉える目的をはじめ、サービスの均質化、推進対象先の共有、本部での重点推進先探索や営業実績の好不調原因の分析など、営業プロセス管理全般に活用している。

EBM活用の対象

顧客	目的	取引価値の提供
	効果	保有する金融商品やニーズの変化、もしくは顕在化するタイミングで的確な提案を受けることで、満足度が向上する（不必要なときに無駄なセールスを受けることがなくなる）。
担当者	目的	セールス切り口の「気付き」
	効果	優秀担当者の能力や知見を共有（アルゴリズム化）

		することで、スキルのレベルアップやサービスの均質化が図れる。
営業店のマネジャー	目的	推進対象先の共有
	効果	担当者とマネジャー（上司）が「今、アプローチが必要な顧客」を共有することで、組織で一貫した営業体制が構築される。
本部	目的	推進先やニーズの探索
	効果	モデル化⇒検知⇒配信⇒検証⇒モデル改善というPDCAを継続することで、より良いビジネスモデルを継続的に構築できる。
	目的	営業プロセスの「見える化」
	効果	目標達成率以外の指標により、好不調の原因（たとえばアプローチ回数やタイミングなど）を把握することができる。

（出所）　加藤毅「データ活用の高度化と地銀連携のためのマネジメントシステム」横浜銀行、2015年3月13日、9頁

EBMの情報

個人顧客を対象とするEBM情報の主要なカテゴリーには次のようなものがある。

EBM情報のカテゴリー	具体例
入金を（原資を推定し）検知	・推定退職金入金 ・相続資金入金先
ライフイベントを検知	・相続発生先 ・年金新規お礼
期日を検知	・特別金利定期満期 ・公共債償還
金融ニーズの発生や変化を予想	・退職金入金見込み先 ・投資型商品ニーズ
運用損益の変化を知らせる	・投信運用損フォロー ・投信運用益未フォロー
金融取引状況を検知または推定	・証券会社取引 ・保険契約消滅先

（出所）　加藤毅「データ活用の高度化と地銀連携のためのマネジメントシステム」横浜銀行、2015年3月13日、10頁

ERM、BCP

金融　証券化　証券取引　保険　**リスクマネジメント**　デリバティブ　環境
外国為替　IT フィンテック　金利　ポートフォリオ　ファンド　電力取引

ERM、BCPとは？

ERM（Enterprise Risk Management、企業のリスク管理）
企業がステークホルダーのために企業価値を維持するために実行するリスク管理。

BCP（Business Continuity Plan、事業継続計画）
リスクが現実化したときにビジネスを中断することなく継続することを可能とする事業計画。

ERM

目的
ビジネスの展開の中でリスクが発生した場合に、企業価値を維持できるように、企業がリスクマネジメントのベストプラクティスを実行。

COSO ERMフレームワーク

①概念	2004年、米国トレッドウェイ委員会支援組織委員会（The Committee of Sponsoring Organizations of the Treadway Commission、COSO）は、事業リスクマネジメントとの統合的な枠組みに関する新たな基準を「エンタープライズ・リスクマネジメント（Enterprise Risk Management、ERM）―統合的枠組み」（COSO ERMフレームワーク）として提案。	
②特徴	経営戦略の観点からリスクを個別に管理するのではなく、ポートフォリオの視点からの「統合的リスク管理」の重要性を強調。	
③主要な内容	(i)リスクの把握と対応	・企業のビジネスが持つリスクを的確に把握したうえで、リスクを回避・削減・移転・保有する選択を実施。 ・企業経営にサプライズとなる損失を惹起しないよう、リスク自体の認識とその発生確率の正

	(ii)複雑に錯綜するリスクへの対応	・いかなる企業も複数の種類のリスクを抱えていて、こうしたリスクが複雑に錯綜しながら多くの部門に影響。 ・マネジメントはこれを十分認識して、的確にそれに対応することが重要。
	(iii)情報収集とその活用	リスクマネジメントについての情報を積極的に収集、それを資本の効率的使用、配分に活用することが必要。
	(iv)統合的リスク管理	リスクを個別のサイロとして管理するのではなく、企業が抱えているリスクを統合的に管理することが特に重要。

BCP

目的

統合的リスク管理は、リスクが現実化したときにいかにビジネスを中断することなく継続することができるかが極めて重要であり、BCPはそれを目的に策定。

BCPとBCM

サプライチェーン	・企業活動は、多くの企業間のネットワーク上に構築。 ・サプライチェーンのどこかが寸断されると、ドミノ的に多くの企業に影響を及ぼし、ひいては経済全体の安定性を脅かす「システミックリスク」にまで深刻化する恐れ。
BCMに基づくBCPの構築	事業継続マネジメント（Business Continuity Management、BCM）に基づきBCPを構築、リスクが発生しても少なくともコアビジネスが継続できる体制の準備が極めて重要。

BCP策定のポイント

①コアビジネスの明確化	まずリスク発生の際に、必要最小限、どのような事業を継続していくべきかを明確化。

②横断的検討による対応策の検討	・そのために、なにが必要となるのかを社内で検討、計画を策定。 ・部門別ではなく、社内に各部門のメンバーから構成されるワーキンググループを立ち上げ横断的な検討が重要。

BCPの具体的な内容

リスクファイナンス	・たとえばバックアップの構築、要員の確保等が考えられるが、特に資金面での備えが重要。 ・リスクファイナンスは、災害発生時にも企業がビジネスを継続するためのBCMに不可欠の要素。
定期的訓練	定期的な災害訓練によりBCPが緊急時に稼働するか点検、必要とあれば修正を行い機動的対応ができるようにすることが重要。

BCP実行のポイント

グループ全体での対応	BCPが事業の継続といったフローを重視する以上、対応策は、個別、縦割りの対応ではなく、関連会社や取引先全体を取り込んで総合的に講じる必要がある。
サプライチェーンの確保	BCMが確実に実行されることで、サプライチェーンの寸断による不測の事業中断リスクを削減することが可能。

ETF、ETN

| 金融 | 証券化 | 証券取引 | 保険 | リスクマネジメント | デリバティブ | 環境 |
| 外国為替 | ITフィンテック | 金利 | ポートフォリオ | ファンド | 電力取引 |

ETF、ETNとは？

ETF（Exchange-Traded Fund、上場投資信託）

特定の株価指数、商品価格、商品価格指数等の動きに連動するように運用される取引所上場の投資信託。

ETN（Exchange-Traded Note、上場投資証券、指標連動証券）

・特定の株価指数、商品価格、商品価格指数等の動きに連動するように運用される上場商品である点はETFと同じ。
・しかし、金融機関がその信用力をバックに発行する証券であり、裏付資産がない点がETFと異なる。

ETFの種類

①株価指数連動型

日本	国内株価指数	TOPIX、TOPIX Core30、電気機器株価指数、銀行業株価指数、日経225、日経300JPX、日経400等
	海外株価指数	韓国総合株価指数（KOSPI200、Korean Composite Stock Price Index 200）や中国、ロシア、ブラジル、南アフリカ等の株価指数
米国		・アメリカン証券取引所（AMEX）が1993年に上場したS&P500に連動したSPDR（スパイダーズ）がETF第1号。 ・その後、ダウジョーンズ工業株平均（Dow Jones Industrial Average、DJIA）に連動したDIAMONDs（ダイアモンズ）等、多くのETFが上場されている。

②商品価格連動型

| 商品価格指数 | ・商品価格総合指数（原油、天然ガス、金属、農畜産物等）
・貴金属指数（金、銀、白金、パラジウム） |

| 個別商品 | 金、銀、白金、パラジウム、銅、原油、とうもろこし等 |

③外国為替レート連動型

| インドルピー、ブラジルレアル、ロシアルーブルの日本円に対する外国為替レート連動型等。 |

ETFのフレームワーク

ETFのフレームワークで代表的な株式バスケット型をみると次のとおり（図表1）。

①株式バスケットの持込み

| 証券会社が、株価指数に連動するようにいくつかの銘柄の株式から構成された現物株式バスケットを投資信託会社に持ち込む。 |

②設定、交換

投資信託会社は、現物バスケットに見合う数量のETFを発行して証券会社に渡す。	
設定	ETFの発行
交換	ETFの解約
指定参加者	投資信託会社との間で現物株とETFの設定・交換ができる証券会社

③ETFの売買

・ETFは、取引所に上場される。
・投資家は、個別株を売買すると同様の方法により、証券会社を通じて取引所に上場されているETFを売買。

④投資信託会社の運用

株式保有	投資信託会社は、ETFの信託財産が株価指数に連動するよう株式を保有。
銘柄組替え	株価指数の銘柄入替えの際には、これに追随して銘柄組替えを実施。

図表1　ETFの基本スキーム（株式バスケット型）

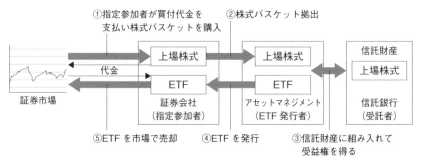

（出所）　東京証券取引所「ETFの仕組み」

ETFの特徴

株価指数連動型ETFの特徴を通常の株式投資信託と比較すると、次のとおり。

①価格情報と売買

通常の株式投資信託	買付け・解約はその日の終値をもととする基準価格で行われる。
株価指数連動型ETF	・取引所上場の個別株と同様、リアルタイムで価格、売買高、売買代金、3本気配、寄前気配等の価格情報が入手可能。 ・立会い時間中、いつでも指値や成行注文等で売買可能。

②分散投資効果

通常の株式投資信託	小額の資金で幅広い株式に分散投資が可能。
株価指数連動型ETF	・日経株価平均連動型ETF：10口単位、日経株価平均が2万5,000円であれば、2万5,000円×10口＝25万円。 ・TOPIX連動型ETF：100口単位、TOPIXの水準が2,000ポイントであれば、2,000ポイント×100口＝20万円。

③運用コスト、信託報酬

通常の株式投資信託	投資信託会社が運用する際に株式の買付け、売付けを要し、売買コストがかかる。

株価指数連動型ETF	証券会社が株式の現物バスケットを投資信託会社に持ち込むことから、売買コストは軽減、投資家が負担する信託報酬も低い。

④分配金

通常の株式投資信託	決算日に株式から生じた配当金等の収益をもとに分配金の支払いが行われる。
株価指数連動型ETF	同左。

⑤信用取引

通常の株式投資信託	信用取引はできない。
株価指数連動型ETF	個別株と同様、信用取引が可能。

ETFとETNの類似点と相違点（注）

類似点

ETF	特定の株価指数、商品価格、商品価格指数等の動きに連動するように運用される上場商品
ETN（図表2）	

相違点

裏付資産の保有	ETF	現物株式等を裏付資産として保有。（例）TOPIX連動型ETFの場合、東証1部の約1,900銘柄の現物株式を裏付資産として保有。
	ETN（図表2）	ETNの発行体となる証券会社や銀行等、金融機関が対象指標との連動性を保証するため、裏付資産は保有しない。
トラッキングエラー	ETF	運用の結果次第では、トラッキングエラー（ETFの基準価額と対象指標の間のずれ）が生じることがある。
	ETN（図表2）	発行体が対象指標とETNの償還価額の連動を保証するため、運用手数料を除き、トラッキングエラー（償還価額と対象指標の間のずれ）は発生しない。

信用リスク	ETF	・裏付資産は信託銀行が保管。 ・ETFの組成会社が破綻しても資産は保全される。 ・資産保管先の信託銀行が破綻しても、法律によりETFの資産と信託銀行の資産の分別管理が義務付けられているため、資産は保全される。
	ETN （図表2）	・裏付資産を有さず、発行体の信用力をもとに発行。 ・発行体の倒産や財務状況の悪化等の影響により、ETNの価格が下落したり無価値となるリスクがある。

（注）　東京証券取引所「ETNの特徴・ETFとの違い」

図表2　ETNの基本スキーム

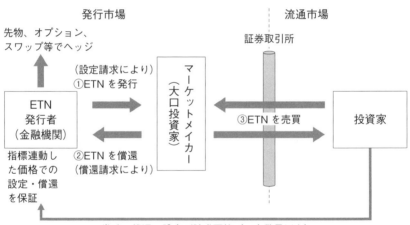

（出所）　東京証券取引所「ETNの仕組み」

ETNが持つ発行体の信用リスクに対する東京証券取引所の制度上の対応（注）

財務基準等

純資産額	5,000億円以上	
自己資本比率	銀行	8％を上回っていること
	証券会社	200％超

	保険会社	ソルベンシー・マージン比率400％超
発行体格付	A－格同等以上	

財務状況の変化等

・適時開示 ・財務状況悪化の場合には、東京証券取引所から注意喚起。 ・継続して財務状況の改善がない場合は、上場廃止。

保有者の買取り、償還

・一定ロット以上の保有者が発行体などに対して、常時、買取りや償還を請求可能。 ・信用リスクが高まった場合は、請求権を行使することにより、信用リスクを一定範囲に限定することが可能。

(注)　東京証券取引所「ETNの特徴・ETFとの違い」

EU-ETS

金融　証券化　証券取引　保険　リスクマネジメント　**デリバティブ**　**環　境**
外国為替　ITフィンテック　金利　ポートフォリオ　ファンド　電力取引

EU-ETSとは？

　EU-ETS（EU Emissions Trading Scheme、欧州排出権取引制度）は、2005年からEU域内で開始された排出権取引である。

　EUは2002年に京都議定書を批准、これを受けて、EU加盟国が全体として整合的な形で効率的に目標を達成させることを目指してEU-ETSが導入された（図表1）。

　京都議定書で定められた排出権は基本的に国家間での取引であるのに対して、EU-ETSはEU域内の企業間の取引である。

図表1　EU-ETSのフレームワーク

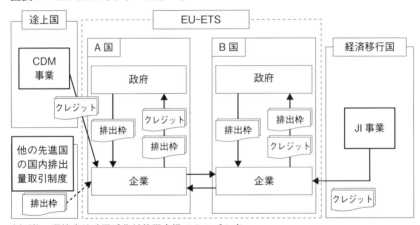

（出所）　環境省地球温暖化対策課市場メカニズム室

EU-ETSのスキーム

対象

①温室効果ガス	2012年までは二酸化炭素（CO_2）のみであったが、2013年以降については亜酸化窒素（N_2O）と有機フッ素化合物（PFCs）を追加。	
②期間	第1期間	2005〜07年、試行期間

	第2期間	2008〜12年
	第3期間	2013〜20年
③排出主体	大規模な燃料消費を行う主体を直接の対象とする強制参加のスキーム。	

排出量の割当て

- EU委員会が各国に排出量を割当て。
- 各国政府は、①をベースにして排出主体へ割当て。

排出権取引

①キャップ・アンド・トレード	各主体は、割当量に余裕が出た場合にはマーケットで売却することができ、逆に割当量を超えるときにはマーケットで購入することができる。
②ペナルティ	規制が遵守できない場合には、企業名の公表と以下の罰金が科せられる（注）。 フェーズ1：1トン−CO_2当たり40ユーロ フェーズ2：1トン−CO_2当たり100ユーロ

（注）　フェーズ1で罰金が40ユーロと設定されたことにより、排出量の枠を超過した主体は、マーケットで40ユーロをオーバーした相場であれば、マーケットからの購入をやめて罰金を支払うほうを選択する行動をとる。この結果、マーケットで付く相場は40ユーロに設定された罰金の水準が事実上の上限となったという問題があり、フェーズ2ではこれが100ユーロへと大幅に引き上げられた。

EU-ETSの特徴

排出権の割当ての手順

①NAP	加盟国は実施期間ごとに国内割当計画（National Allocation Plan、NAP）を策定、欧州（EU）委員会に提出。
②EUA	・EU委員会は京都議定書に基づいてEU全体として課せられた二酸化炭素排出量の削減目標をもとに各国の割当計画をチェックして、必要があればこれを修正したうえで各国政府に割当量（EUA、EU Allowance）を通知。 ・1割当量（EUA）はCO_2排出量1トンに設定。
③各国政府による割当て	各国政府では、この数値をもとに個々の施設に対して割当て。

対象企業

	電力、産業設備、セメント焼成、ガラス溶解、パルプ・製紙設備等、大規模な燃料消費を行う主体。
カバー率	これによる規制対象施設数はEU全体で約1万1,000で、欧州の排出量の45％をカバー。

エネルギー部門への割当て

直接割当方式	・エネルギーの最終消費主体ではなく、二酸化炭素を排出してエネルギーを生産している主体が直接対象。 ・これによると、火力発電の電力会社は二酸化炭素を排出することから排出規制の対象となるが、火力発電所から購入した電力で生産活動を行う企業は対象とはならない。
コストの転嫁	・この方式では火力発電にかかるコストがその分大きくなり、電力料金へコストの転嫁が行われることになる。 ・このようなEU-ETSの仕組みが電力料金の便乗値上げにつながっているとの批判もなされた。

京都メカニズムの排出権との関係

・一定の条件付きのもとで京都メカニズムの排出権の利用が認められる。これには利用上限が企業ごとに定められており、EU域外からの排出権の持込み制限は10％程度。 ・逆にEU-ETSの排出権を京都議定書の目標達成のために使うことはできない。 ・このように、EU-ETS排出権は京都メカニズム排出権との相互間の流通は認められておらず、片道通行となる。

取引所取引とOTC取引

EU-ETSの取引は、取引所取引と相対取引とが約6：4とみられる（図表2）。		
①取引所取引	現物、先物	取引所
	現物取引	独のEEX、オーストリアのEXAA、ノルウェーのNord Pool、仏のPower-next Carbon、オランダのClimex、スペインのSENDECO2

	先物取引	オランダのECX（欧州気候取引所）
②OTC取引		ノルウェーのNord Poolで取引されている。

図表2　EUの排出権取引量

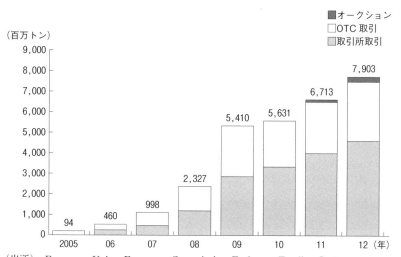

（出所）　European Union, European Commission: Emissons Trading System.
（原典）　Bloomberg New Energy Finance. Figures taken from Bloomberg, ICE, Bluenext, EEX, Greenx, Climex, CCX, Greenmarket Nordpool. Other sources include UNFCCC and Bloomberg New Energy Finance estimations.

FICOスコア

金融 | 証券化 | 証券取引 | 保険 | リスクマネジメント | デリバティブ | 環境
外国為替 | ITフィンテック | 金利 | ポートフォリオ | ファンド | 電力取引

FICOスコアとは？

FICOスコア（注1）

米国の住宅ローン等の貸付けに際して広く使われているクレジットスコア。

クレジットスコア

借り手が持つ信用リスクをさまざまな要素をもとに点数化したもの。

(注1) FICOスコアはFair Issac Co.の略であるが、FICOスコアの名称で呼ばれ、いまではFICOが登録商標として正式名称になっている。

FICOスコアの開発等

FICOスコアの開発

1958年、米国の技術士Bill Fairと数学者Earl Issacが、信用リスクのスコアリングシステムを開発、FICOスコアと命名。

FICOスコアの活用

・個人の信用リスクの評価の代表的なツール。
・FICOスコアは世界21カ国に普及。

活用例	住宅金融機関	米国住宅金融機関のファニーメイやフレディマック、民間金融機関等が住宅ローンの審査に活用。
	格付会社	S&Pやフィッチ等の格付会社が住宅ローンの証券化商品の格付の参考材料として使用。

FICOスコアの取得方法

金融機関によるFICOスコアの取得

金融機関は、信用情報調査機関から借り手のFICOスコアを取得。

米国3大信用情報調査機関（Experian、Trance Union、Equifax）

| 信用情報調査機関の
FICOスコア算出 | 信用情報調査機関は、個人のクレジットカードの支払い状況等の信用履歴データをFICOスコアのシステムにインプットして、個人のFICOスコアを算出。 |

FICOスコアの算出基準

次の5つのカテゴリーにおいてパフォーマンスが良好な場合には加点、不良の場合には減点してその合計点数を算出（図表1）。

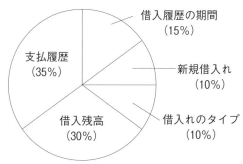

図表1　FICOスコアの算出ウェイト

（出所）　FICO資料をもとに筆者作成

①支払履歴

ウェイト	35％
内容	・過去の融資で返済を期限どおり行ったか否か。 ・FICOスコアは、支払履歴を最重視。

②借入残高

ウェイト	30％
内容	・支払履歴の次に重要なカテゴリーが、借り手の現在の借入残の多寡。 ・その他のカテゴリーの状況次第では、この点はさして重要ではないケースもある。

③借入履歴の期間

| ウェイト | 15％ |

内容	・一般的に、長期間の借入履歴がある場合には、FICOスコアが高くなる。 ・借入履歴が短くても、その他のカテゴリーの状況次第では、FICOスコアが高くなることがある。 ・借り手が金融機関にどのくらい長く借入れのアカウントを持っているかが問題（借り手のパフォーマンスが悪ければ、金融機関はアカウントを閉鎖）。

④**借入れのタイプ**

ウェイト	10%
内容	・借り手の他のカテゴリーの信用情報が少ない場合には、借り手がクレジットカード、ショッピングカード、割賦販売、消費者信用、モーゲージローン等のうち、どのようなタイプの融資を受けているかを勘案。 ・たとえば、クレジットカードで期限どおりの返済を行ってきた借り手は、FICOスコアに加点され、クレジットカードを持っていない借り手はそれよりも高い信用リスクを持っている可能性が高い。

⑤**新規借入れ**

ウェイト	10%
内容	これまで、長い間、借入れの実績がない借り手が、短期間のうちにいくつかの借入れアカウントを開設する場合には、信用リスクが高いとみる。

FICOスコアによる信用リスクの判定

　FICOスコアは、300－850のレンジで算出。多くの金融機関がFICOスコアを活用しているが、各々の金融機関の融資戦略によりどの水準のFICOスコアが融資可能であるかといったカットオフスコアは異なる。

FICOスコアの一般的な基準

　FICOスコアが高いほど信用リスクが小さい（信用力が高い）ことを示し、最

低350点から最高850点までに分布。

ローンの借り手の分類

FICOスコア660点以上	プライムローン
FICOスコア620点以下 （注2）	サブプライムローン

（注2） S&PではFICOスコアが660未満をサブプライムローンの借り手としている。

FICOスコア以外の住宅ローン等の返済能力を判定する指標

指標	内容	算式
LTV（Loan To Value）	物件評価額に対する借入総額の割合	借入総額／物件評価額
DTI（Debt To Income）	返済額の収入に対する返済額の割合	返済額／収入
No Doc/Low Doc Loan（No/Low Documentation Loan）	所得、雇用、資産保有状況を示す証明書が存在しないか不十分。	―

（関連用語） ファニーメイ（759頁）、フレディマック（759頁）

FinTech

金融 | 証券化 | 証券取引 | 保険 | リスクマネジメント | デリバティブ | 環境
外国為替 | ITフィンテック | 金利 | ポートフォリオ | ファンド | 電力取引

FinTechとは？

　FinTech（フィンテック）は、FinanceとTechnologyをあわせた造語で、ITによる金融分野の新しいソリューションを指す（注1）。
　FinTechは、特にインターネットによる金融革新として注目を集めている。
（注1）　日本銀行金融機構局金融高度化センター「ITを活用した金融の高度化に関するワークショップ報告書」2015年10月

FinTech成長の要因

　FinTechが急速な成長をみせている基本的な要因は、インターネットの活用である。すなわち、ITの活用によりビジネスを展開するFinTechベンチャー企業にとっては、インターネットが提供するインフラを廉価で使用することにより、自らが多額のコストをかけてインフラを構築する必要がなくなった。なお、FinTechベンチャー企業は、FinTechスタートアップや、単にスタートアップとも呼ばれる。
　また、ITインフラの活用では、その構築費用はもとより、維持費用も企業にとって大きな負担となるが、これもインターネットの活用により、大幅な負担軽減となる。
　こうしたことから、スタートアップは、さしたる資本を要することなく、FinTechの分野に乗り出し、さまざまな金融サービスを廉価で提供するビジネスを展開することが可能となっている。

FinTechが活用されている主要な金融サービス分野等

　FinTechが活用される分野にはさまざまな種類があるが、その中でも融資と決済が中心となっている。

金融サービス

融資	金融サービスの主な内容	・ウェブ上で貸し手と借り手を募り、格付等を実施したうえで融資を実行。融資対象は個人、法人。 ・P2Pレンディング、ソーシャルレン

			ディングとも呼ばれる。
		海外の主要企業	LendingClub、Prosper、Kabbage、Affirm
		日本の主要企業 （　）内は商品名	Maneo、エクスチェンジコーポレーション（Aqush）、クラウドクレジット
決済	金融サービスの主な内容		・スマートフォン等を利用したクレジットカード決済。 ・Bitcoinの技術を活用して既存インフラの刷新を目指す企業もみられる。
	海外の主要企業		PayPal、Stripe、Square
	日本の主要企業 （　）内は商品名		LINE Pay、コイニー、メタップス（SPIKE）
個人資産管理	金融サービスの主な内容		・本人の許諾のもとで多くの金融機関の口座情報を集約、活用するアカウントアグリゲーション等によって、顧客の資産管理を実施。
	海外の主要企業		MX、Mint
	日本の主要企業 （　）内は商品名		マネーフォワード、Zaim、マネーツリー
エクイティファイナンス	金融サービスの主な内容		・資本調達を求めるベンチャー企業と個人投資家をマッチングさせるサービス。 ・IPO投資も可能。
	海外の主要企業		CircleUP、Loyal 3
	日本の主要企業 （　）内は商品名		ミュージックセキュリティーズ
個人投資家のサポート	金融サービスの主な内容		・ソフトウエアだけで個人投資家への助言を安価に行うサービス。 ・質問に応じたポートフォリオの組成、テーマ選択投資、ビッグデータ分析による資産管理も可能。
	海外の主要企業		Motif Investing、Wealthfront、Betterment
	日本の主要企業 （　）内は商品名		お金のデザイン、ZUU、Finatext（あすかぶ！）

小規模企業向けサービス	金融サービスの主な内容	・小規模企業向けに、経理、税務等のサポートを行うサービス。 ・具体的には、売掛金・買掛金・固定資産等の管理、請求書作成、給与・税金支払い等。
	海外の主要企業	Xero、ZenPayroll、Zenefits
	日本の主要企業 （　）内は商品名	freee、メリービズ
送金	金融サービスの主な内容	・国際送金やP2P送金等をモバイル送金により低価格で提供するサービス。 ・送金先に銀行口座がない場合も送金可能。 ・外国人の母国送金手段として注目されている。
	海外の主要企業	XOOM、TransferWise、WorldRemit
	日本の主要企業 （　）内は商品名	－
個人向け金融	金融サービスの主な内容	・モバイル等と銀行のインターフェースを担当、モバイル等による銀行サービスを提供。 ・個人に対して使い過ぎ防止等の適時適切な助言サービスも可能。
	海外の主要企業	Simple、Moven
	日本の主要企業 （　）内は商品名	－

（出所）　日本銀行金融機構局金融高度化センター「ITを活用した金融の高度化に関するワークショップ報告書」2015年10月、11頁をもとに筆者作成
（原典）　Venture Scanner等

規制当局の対応

　金融庁では、金融行政の目指す姿・重点施策の1つとして、IT技術の進展による金融業・市場の変革への戦略的な対応を掲げている（注2）。その概要は次のとおりである。
・FinTechと呼ばれる金融・IT融合の動きは、従来みられなかったような多様な金融サービスの提供等で顧客利便の向上をもたらすとともに、将来の金融業・市場の姿を大きく変えていく可能性がある。

・一方で、サイバー攻撃が金融システム全体に対する最大の脅威の1つとなっているほか、アルゴリズム取引等のIT技術を駆使した取引の市場への影響力が増大している。
・IT技術の進展が金融業に与える影響を内外の有識者や関係者の知見を取り入れ前広に分析するとともに、将来の金融業の姿や望ましい金融規制のあり方を検討する。
　そして、金融庁では次の3点を具体的な重点施策としている。
(1)　FinTechへの対応
・海外調査や内外の担い手との対話等を通じ、FinTechの動向をできる限り先取りして把握する。
・利用者保護等の金融行政上の課題と両立させつつ、将来の金融業・市場の発展と顧客利便性の向上につなげる。
・内外の専門家の知見を積極的に活用し、技術革新がわが国の経済・金融の発展につながるような環境を整備する。
(2)　サイバーセキュリティの強化
・「金融分野におけるサイバーセキュリティ強化に向けた取組方針」(2015年7月公表)に基づく、官民一体となった金融システム全体の強靭性の向上。
(3)　アルゴリズム取引等への対応
・アルゴリズム取引等のIT技術を駆使した取引が、市場の公正性・安定性にもたらす影響について、実態調査等をふまえ検証。
(注2)　金融庁「平成27事務年度金融行政方針」2015年9月

FX

| 金融 | 証券化 | 証券取引 | 保険 | リスクマネジメント | デリバティブ | 環境 |
| 外国為替 | ITフィンテック | 金利 | ポートフォリオ | ファンド | 電力取引 |

FXとは？

　FX（margin foreign exchange trading、外国為替証拠金取引、外国為替保証金取引）は、業者に証拠金（保証金）を預託して、外国通貨の売買により為替差益や金利収入を得ることを狙いとする取引である。

　FXには、円を対価に外貨を売買する取引のほかに外貨と外貨を売買するクロスカレンシー取引がある。

FXの取引所取引とOTC取引

取引所取引

FX業社を通じて顧客の注文が取引所に集中され、競争売買（オークション）の形をとって取引が成立。

OTC（店頭）取引

FX業社と顧客との間の相対（あいたい）取引。

FXのリターン

| ①為替差益 | キャピタルゲイン狙い | 外国為替相場の変動からリターンを獲得。 |
| ②金利差 | インカムゲイン狙い | 高金利通貨への投資により金利差を獲得。 |

①為替差益

為替相場の先行きを予測して高くなるとみる通貨を買う。これを円を対価に外貨を売買するFXでみると次のとおり。	
円安・外貨高予想	①円売り・外貨買い ②外貨が高くなったところで、円買い・外貨売りの反対取引＝転売
円高・外貨安予想	①円買い・外貨売り（投資家はFX業社から外貨を借入れ、その外貨を売る＝空売り）

	②円が高くなったところで、円売り・外貨買いの反対取引＝買戻し

②金利差

金利差の収入を「スワップポイント」という。	
スワップポイントの受取り	低金利の円を売って高金利通貨を買う。
スワップポイントの支払い	高金利通貨を売って低金利の円を買う。

　取引所取引も店頭取引も、取引は売り方と買い方との間で成立し、スワップポイントの一方の支払いは他の受取りとなり、支払いと受取りの金額は一致するはずである。
　しかし、店頭取引では、この間に入るFX業社が手数料をスワップポイントに織り込んだ形にすることが多く、スワップポイントの支払いサイドの金額が受取りサイドの金額を上回ることが少なくない。

決済

　FXを行った投資家のポジションは反対売買によって決済される。そして、反対売買されない場合には、同一のポジションが毎日ロールオーバーされることになる。

東京金融取引所のFX取引

　取引所取引のFXは、東京金融取引所に「くりっく365」の名称で取引されている。なお、大阪証券取引所（現大阪取引所）に上場されていた大証FXは、取引不振により2014年10月に取引休止となっている。

対象通貨

```
［対円通貨取引］
13種類（米ドル、ユーロ、英ポンド、豪ドル、スイスフラン、加ドル、NZ
ドル、南アフリカランド、ノルウェークローネ、香港ドル、スウェーデンク
ローナ、ポーランドズロチ、トルコリラ）
［クロスカレンシー取引］
11通貨ペア（ユーロ／米ドル、英ポンド／米ドル、英ポンド／スイスフラ
ン、米ドル／スイスフラン、米ドル／加ドル、豪ドル／米ドル、ユーロ／ス
イスフラン、ユーロ／英ポンド、NZドル／米ドル、ユーロ／豪ドル、英ポ
ンド／豪ドル）
```

FX業者

・取引所上場のFXを取り扱う会社は、取引所が独自で定める資本金や純資産額等の財務要件をクリアしたFX取扱い業者に限定。
・取引所は、こうした要件を課することによりマーケットの健全性を維持。

レバレッジ

25倍以下

証拠金

顧客の証拠金はFX業者を通して取引所に預託され、取引所で顧客資産として分別管理される。

マーケットメイク方式

①複数の有力金融機関がマーケットメイカーとなってそれぞれ気配値(この値段であれば売り買いに応じるという値段)を取引所に提示。
②取引所ではこの中から投資家にとって最も有利な気配値(最も高い買い気配と最も低い売り気配)を選択してマーケットに提示。

IoT

[金 融] [証券化] [証券取引] [保 険] [リスクマネジメント] [デリバティブ] [環 境]
[外国為替] [IT フィンテック] [金 利] [ポートフォリオ] [ファンド] [電力取引]

IoTとは?

IoT (Internet of Things、モノのインターネット) は、さまざまな物体や設備 (モノ) に通信機能を持たせて、インターネット上にこれを接続、通信させる技術、またはそうした技術を活用することにより提供されるサービスをいう。

モノには、自動車、家電製品、電機器具、大型機械、住宅等がある。

IoTにより、自動認識、自動制御、遠隔計測等が可能となり、新たな次元のネットワークが実現すると期待されている。

伝統的なインターネット活用

インターネット接続のIT機器	パソコン、サーバ、プリンタ等
インターネットの操作	「ヒト」がIT機器を操作してインターネットに信号が発信されている。

IoTによるインターネット活用

インターネット接続のIT機器	さまざまなモノに組み込まれているICタグ、センサー、送受信装置等
インターネットの操作	ヒトを介することなく「モノ」自体が信号をインターネットに発信する。

なお、IoTよりも広義の概念として、米Cisco Systemsが提唱しているIoE (Internet of Everything) がある。IoTは、人間の介在なしに機械相互間で、データのやり取り等を行うM2M (Machine-to-Machine) のカテゴリーに属する技術であるが、一方、IoEは、M2Mのほか、人と機械の間のやり取りであるP2M (People-to-Machine)、人と人の間のやり取りであるP2P (People-to-People) を含む、より広い概念である。

IoTのテクノロジー

IoTは、複数の通信方式を連携させてインターネットを使って通信する。

パソコン等のIT機器では映像や音声等の大容量のデータを扱うことから、ブロードバンドが使用される。こうした通信方式には、WiFiや3G、4G LTE等の

無線通信インフラがある。

一方、IoTで扱われるデータは、一般的に小データであり、したがって、ナローバンドでの通信で実施される。また、モノが電源を持たない場合は低消費電力の通信手段を使うことが必要となる。このようなIoTの特性に適した無線方式に、IEEEで構築されたナローバンドで、また低消費電力の特徴を持つIEEE802.15.4がある。

IoTの活用例

IoTは、遠隔保守サービス等に活用されている。すなわち、IoTによって機器の稼働、利用状況等を遠隔監視して、故障の修理や消耗品の供給を迅速に行うことが可能となる。

デバイス設置の周辺の環境把握

把握されるデータ	温度、湿度、気圧、照度等
データの活用	エアコンの電源のオン・オフ、照明の明るさのコントロール等

デバイス設置の周辺の動きを察知

把握されるデータ	振動、衝撃、転倒、落下等
データの活用	工場やオフィスビル等の安全性確認、機械の動作確認等

デバイス設置で位置を把握

把握されるデータ	存在、通過、近接
データの活用	犯罪防止、子供や老人の存在位置把握等

IoTと金融機関

前述のとおり、IoTは、複数の通信方式を連携させてインターネットを使って通信することを特性とする。しかし、個人や企業のさまざまな情報を取り扱う金融機関は、厳格な情報管理が必須であり、したがって、外部に接続するネットワークの利用は限定的となっている。

こうした中で、一部のベンダーは、金融機関が使用している現金処理機などの機器に、高セキュリティの機能を実装するIoTを開発している（注）。

すなわち、大日本印刷（DNP）とローレルバンクマシンは、金融機関で使用される現金処理機等を、IoT技術を利用して遠隔から保守を行うことができる

サービスを共同開発した。このサービスには、大日本印刷が構築したICカード技術を応用した高セキュリティのIoTプラットフォームが使用されている。

（注） 大日本印刷、ローレルバンクマシン「金融機関等の機器を安全に遠隔保守するサービスを提供」ニュースリリース2015年10月9日

ITリスク

[金融] [証券化] [証券取引] [保険] [リスクマネジメント] [デリバティブ] [環境]
[外国為替] [ITフィンテック] [金利] [ポートフォリオ] [ファンド] [電力取引]

ITリスクとは？

　ITリスク（Information Technology risk、IT-related risk、IT risk）は、オペレーショナルリスクの一種で、ITのハード面、ソフト面でトラブルが発生して、業務に影響を及ぼすリスクである。

ITリスクの典型例

コンピュータシステムのダウン
ネットワークを介した外部からの攻撃
コンピュータのウイルス感染
ITを使用した社員の不正行為
パソコン内のデータ窃取による個人情報漏洩等

情報セキュリティの種類

　ITリスクへの対応には情報セキュリティが不可欠。

物理的セキュリティ

システムが存在する建物、設備に対する防犯、防災装置の設置等の物理的手段によるセキュリティの確保。

論理的セキュリティ

システム的セキュリティ	アクセス制御、暗号化等、システムを使用してのセキュリティの確保。
管理的セキュリティ	情報システムの管理規定、運用規定、マニュアルの整備等によるセキュリティの確保。
人的セキュリティ	システムに携わるスタッフの健康管理、カウンセリング等によるセキュリティの確保。

情報セキュリティの3要素（CIA）（図表1）

①機密性（Confidentiality）

情報が正当な権利を持たないものに漏洩したり、改ざん、破壊されないこと。		
対策	企業の情報資産に対してアクセスを許可された使用権限者だけが、認められた範囲内でアクセスできるシステムの構築、運用。	
	使用権限者	担当者、外部からの派遣者、契約職員等から係長、課長、部長、取締役等のトップマネジメントというように階層により、また、担当業務により、必要となる情報資産にアクセスする使用権限を認可。
	アクセスできる種類	読出しだけ、書込み可能、更新可能、削除可能。
	ID、パスワード	使用権限者、およびアクセス種類は、IDおよびパスワードの付与により実施。

②整合性（Integrity）

システムあるいはデータが完全で整合的であること。		
対策	情報資産に対する処理や情報の内容の正確性に対する脅威を制御。	
	ハード、ソフト	ハードウエアの動作やソフトウエアのデータ、論理の正確性に加えて、ネットワークのデータ伝送の正確性等を確保。

③可用性（Availability）

期待された期間にシステムが正常に稼働して利用可能であること。		
対策	情報資産に対して使用権限者が使用権限の範囲内で必要なときに情報資産を使用できる確実性を維持。	
	業務継続性	情報資産が障害やセキュリティの侵犯等によって利用できなくなるのを防ぐため、情報セキュリティ対策を講じて業務継続性を確保。

図表1　情報セキュリティの3要素：CIA

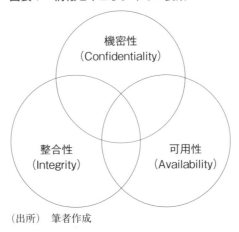

（出所）　筆者作成

情報セキュリティの機能

情報セキュリティの3要素であるCIAを実現させるための機能。

抑止機能

> セキュリティ対策を講じること自体が、不正行為を思いとどまらせるという牽制機能。

防止機能

> セキュリティに対する脅威による損失を予防、軽減する機能。

検知機能

> システムの障害、システムに対する不正行為等をすみやかに発見して、それを通知する機能。

回復機能

> システムに障害が発生した場合にはすみやかに正常な状態に復旧する機能。

情報システムへの脅威

　情報システムを安全に運用するためには、まずシステムに悪影響を与える種々の要因を把握して、それへの対策を講じる必要がある。

①情報システムに対する脅威の分類

物理的脅威	システムに対する物理的な被害が発生して情報システムを安全に運用することに障害が発生するリスク。		
	システム	ハード、ソフトを含むコンピュータのみならず、それを収容する設備・建築物、システムを運用するスタッフやシステムのユーザまで含む広い概念。	
	典型例	自然災害	風水害、地震等
		故意または過失による損害	・火災 ・損壊（例：コンピュータシステムが設置されている設備に不正侵入、システムを損壊） ・消失（パソコンを盗み出す） 等
論理的脅威	ハード、ソフトを含むコンピュータが論理的な障害（プログラム、データ、ネットワークの障害等）によって想定した機能を発揮できなくなるリスク。		
	コンピュータに対する脅威	システム自体の不具合から損失を被るリスクから、システムが誤用または悪用されることにより損失を被るリスクまで広範にわたる。	
	ウイルス感染	・eメールやホームページを介したウイルス感染。 ・ウイルス感染の被害者が、ネットワークを通じて他のシステムに対する加害者となるリスク。	

②不正アクセス

概念	企業間（B2B）、あるいは企業と顧客の間（B2C）で商取引が行われているネットワーク上のコンピュータに、使用権限がない者がアクセスする行為。	
手口	ネットワーク上のコンピュータに種々の方法を駆使してアクセス、ワームの感染、データの窃取、改ざん、破壊等を行う。	
	ポートスキャン	ネットワークに公開されているコンピュータのポート番号に片っ端からアクセスを行ってアクセス可能なプログラムを探し出す手口。

	スパムメール		セキュリティの甘いサイトに侵入、それを中継点として他のサイトに攻撃する踏み台と呼ばれる不正アクセスの手法を使って、受信側に不要なメールを大量に配信する手口。
	パスワードクラッキング		パスワードに名前や電話番号、誕生日等の文字列が使用されている場合に、これから容易にパスワードをクラックして（割り出して）不正使用する手口。
	DoS攻撃（Denial of Service attack）		標的のサーバに対して一斉に大量のメッセージを送信する等、過負荷の状態にしてダウンさせ、サービスを停止に追い込む手口。
被害	不正アクセスによる被害（図表2）		
	盗聴		ネットワーク上で送受信されているデータを不正に取得する。
		盗聴の対象	ID、パスワードといったシステムへのアクセスのためのデータや、銀行の口座番号、クレジットカード番号のデータ等。
	なりすまし		ID、パスワードを不正に取得、本人になりすましてネットワークからシステムに侵入して、データの窃取、破壊、改ざん等の不正行為を行う。
		具体例	・不正に取得したID、パスワードをオンラインショッピング等に悪用。 ・企業のホームページを丸ごとコピーして、それにアクセスしてきた顧客のクレジット番号を盗む。
	改ざん		ネットワーク上で送受信されているデータを不正に書き換える。
		具体例	・いつの間にかホームページの内容が変更されている。

		・B2B、あるいはB2Cのビジネスで、発受注の内容が不正に書き換えられる。
	否認	B2B、あるいはB2Cのビジネスにおいてネットワーク上で送受信されているデータの正当性の証明を実施する手当をしていない場合に、発注側または受注側から発注や受注の事実を否定される。

図表2　ネットワークに対する各種の脅威

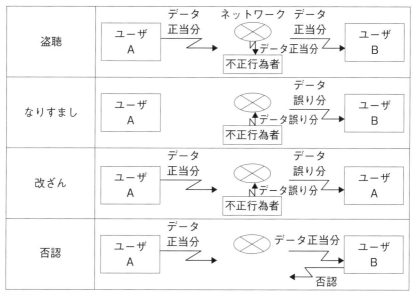

(出所)　筆者作成

③コンピュータウイルス

概念	次のいずれか1つでも保有しているものと定義される。	
	自己感染機能	自らの機能により他のシステムに伝染。
	潜伏機能	一定時間経過するか特定時間に到達することで初めて発病。
	発病機能	コンピュータシステムになんらかの障害を生じさせる。

種類 (図表3)	システム常駐型ウイルス		ハードディスクに感染して常駐するウイルス。
	ファイル感染型ウイルス		プログラムファイルに感染するウイルス。
	マクロウイルス		WORDやEXCELのマクロ言語で作成され、アプリケーションの文書ファイルやデータファイルに付着・感染。
		具体例	Melissa等。eメールの添付文書などで感染が拡大。
	ワーム型ウイルス		添付ファイル経由で感染して自己を複製するタイプ。
		具体例	Nimda等。アドレス帳にあるアドレスへの自動送信や、パスワード、ユーザIDを窃取。
	トロイの木馬		プログラムの一部を不正プログラムに入れ替えて、一見すると正常な稼働にみせながら、ユーザがプログラムを実行したとたんにデータの不正コピー・改ざん、破壊などを行うウイルス。
	サラミ法（Salami Technique）		最小単位の端数を切り取ってそれを集積させて窃取するウイルス。
		具体例	預金の利子の処理で円単位未満を盗むプログラムをしのばせておく手法。

図表3　各種のコンピュータウイルス

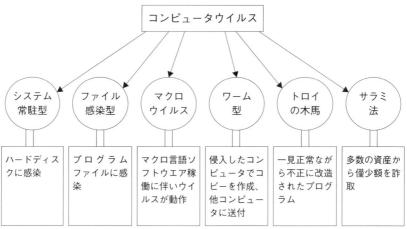

（出所）　筆者作成

④コンピュータに対する脅威

スキャビンジング	業務終了後に、システム自体やその周辺に残っているデータを盗み出す手口。	
ソーシャルエンジニアリング	不正行為を企てる外部者が、企業のシステム要員やシステムのユーザに働きかけて、コンピュータを誤作動させたり、ID、パスワードを盗み出す手口。	
	具体例	外部者が社員になりすまして、パスワードを忘れたので教えてくれと電話をして不正にパスワードを入手。

セキュリティ対策

①情報資産

概念	情報セキュリティマネジメントの対象となる情報システム関連の有形、無形の資産。	
情報資産の洗出し	ハードウエア	サーバ、パソコン、ディスク等
	ソフトウエア	アプリケーション、ミドルウエア、開発ウエア等
	データ	データベース、データファイル、転送中のデータ、バックアップファイル、ログ情報等

		記録媒体	ディスク、バックアップ、リムーバル等
		ネットワーク	通信回線、通信機器等
		設備、施設	コンピュータ収容設備、消火設備、電源、空調等
		ドキュメント	規定類、マニュアル、顧客との契約書等
		人間	社内のシステム開発要員、オペレータ、ユーザー、顧客等
情報資産の存在場所、管理状態の確認	存在場所の確認		情報資産の分散化といった企業環境の大きな変化をふまえて行うことが重要。
		ホストコンピュータ方式	情報のセキュリティを集中管理することが可能。
		クライアントサーバ方式	・ネットワークで結ばれた複数のコンピュータによる情報の分散処理システム。
			クライアント / サービスを要求するコンピュータ
			サーバ / サービスを提供するコンピュータ
			・情報の分散管理について組織全体の統一的な基準を策定して、整合性を持ったマネジメントを実施することが必要。
	管理状態の確認		情報資産がコピーされて持ち出されるとか、メールで外部に流されることにならないように、管理状態を厳格に行うことが重要。

②**物理的セキュリティ**（図表４）

概念	情報資産に対する物理的脅威に対抗して物理的セキュリティ対策を講じ、セキュリティへのリスクを削減。	
	脅威の内容	・地震、火災、風水害等による故障、破壊。 ・不法侵入、暴動、産業スパイ等による破壊。

システムに障害が生じた場合の対策	フェールソフト		システムの障害の部分を切り離してシステムを継続運行（フォールバック運転）すること。
	フェールセーフ		システムに障害が発生した場合にデータの消失、他のシステムへの伝播等を防ぎ、安全な方向に作動するようにシステム設計を行うこと。
不法侵入防止策	・人的警備（警備会社への委託を含む）やビデオカメラによる監視 ・IDカード、パスワード、バイオメトリクス（指紋、手のひら、顔、虹彩）認証システム ・専用施設やサーバルームにセキュリティ区画とわかる表示を出さないことやセキュリティ区画での納品、出荷は行わない。		
ハードウエア障害対策	サーバ障害	ミラーサーバ	オリジナルサーバに障害が発生したときにそれと同じ機能を果たすサーバ。
		ミラーサイト	ミラーサーバをオリジナルサーバとは別の遠隔地に配置、ネットワークで接続。
	ハードディスク障害		RAID（Redundant Arrays of Independent (Inexpensive) Disks）によるハードディスクを複数台接続してハードディスクの信頼性を向上。（例）ディスクミラーリング：一方のディスクへ書込み、更新等を行うと、自動的に他方のディスクにも反映される仕組み。
停電、ブレーカの遮断	自家発電機による対応		
	UPS（Uninterruptible Power Supply）		無停電電源装置：電源異常が発生したときにサーバに通知して、ファイルの破壊を防止する機能を具備。

	CVCF（Constant Voltage Constant Frequency）	定電圧定周波数装置：電源異常が発生したときに自家発電機に短時間で切替えを行い、自家発電機の電流の安定化を行う装置。
ユーザデータ消去防止策	金融機関のようにデータが生命線であり、それが刻々と変化する業務においては、リアルタイムでコピーを作成。	
	全バックアップ	コピーするつどデータの最初からすべてをバックアップ
	差分バックアップ	全バックアップを実施した時点から追加されたデータをバックアップ
	増分バックアップ	前回のバックアップ以降追加されたデータをバックアップ

図表4　情報システムの物理的セキュリティ

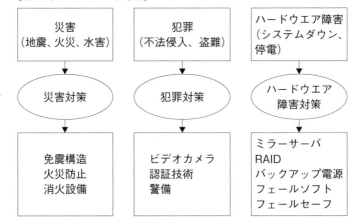

（出所）　筆者作成

③論理的セキュリティ

概念	情報資産に対する論理的脅威に対抗して論理的セキュリティ対策を講じ、セキュリティへのリスクを削減。		
誤操作対策	システム設計	・システムのユーザーが誤操作を起こさないようなシステム設計。 ・操作の手順、画面のレイアウト、キーの操作性等の工夫。	

	データチェック	データ入力時にそれが正確であるかどうかをチェックする仕組み。	
		フォーマットチェック	データがあらかじめ定めた一定のフォーマットに従ったものかをチェック。
		妥当性チェック	たとえば、年月で13月というデータ入力は拒否するというように数値等に妥当性があるかチェック。
		チェックデジットチェック	データの最後にチェック用の数字を付加して、データの正確性、完全性をチェック。
		レンジチェック	データがあらかじめ決められたレンジ内かをチェック。
		カウントチェック	入力されたデータの数から、入力もれや二重入力がないかをチェック。
		トータルチェック	データの値等を合計して、データの正確性、完全性をチェック。
認証技術、アクセス制御技術	使用権限のない者がアクセスした場合にはエラーメッセージや警告メッセージが出る仕組み。		
新規アプリケーションの障害対策	・テスト段階で発見されなかったバグが潜んでいるリスクが存在。 ・応急措置として即座に古いアプリケーションで稼働して、業務継続を維持することができるように準備しておくことが重要。		

④**インターネットに対するリスク対策**

暗号化			仮に第三者が盗み見しても内容が判読できないようにする機能。
メッセージ認証			データの改ざんがあったかどうかをチェックする機能。
デジタル署名			送信の相手が真の受信者であるかどうかを確認する機能。
暗号化			データを一定のルールに従って暗号化して、復号化のアルゴリズムがなければ解読できないようにする仕組み（図表5）。
	機能		・データの盗聴の防止。 ・データの改ざんを検知。
方式	秘密かぎ暗号方式	代表的方式	DES（Data Encryption Standard）方式 AES（Advanced Encryption Standard）方式
		内容	送信データを暗号化する暗号化かぎと受信データを復号化する復号化かぎが同一の秘密かぎとする方式。
		特徴	受信者の秘密かぎを送信者に送付中に盗聴されないようにする必要がある。
	公開かぎ暗号方式	代表的方式	RSA（Rivest、Shamir and Adelman）方式
		内容	・送信データを暗号化する暗号化かぎと受信データを復号化する復号化かぎが異なる方式。 ・送信者は受信者が公開している公開かぎを使って送信データを暗号化。受信者は自分が持つ秘密かぎを使って復号化。
		特徴	秘密かぎ暗号方式に比べてセキュリティは高く、また不特定多数の相手とデータの交換をする場合に適した方法。

認証	\multicolumn{3}{l	}{ITで認証という場合には、アクセスがあった場合に、それが正当な権利（アクセス権）を持ったユーザによるものかどうかを確認する仕組みを意味する。}
	ユーザーID	\multicolumn{2}{l	}{システムに登録されているユーザかどうかをチェック。}
	パスワード	\multicolumn{2}{l	}{暗証番号により本人であるかどうかを確認。}
	メッセージ認証	\multicolumn{2}{l	}{公開かぎ暗号方式を使用。}
		送信者	・電子文書を圧縮データ化。 ・これを送信者の秘密かぎを用いて暗号化し、デジタル署名として電子文書と一緒に送信。
		受信者	・送信者の公開かぎを用いてデジタル署名を復号化して圧縮データに戻す。 ・一緒に送信されてきた電子文書を圧縮したうえで、それを復号化された圧縮データと比較。 ・この両者が一致すればデータは真の送信者のものであり、送信途中で改ざんされていないとの確認が可能。
デジタル署名	\multicolumn{3}{l	}{公開かぎ暗号方式を使用。}
	送信者	\multicolumn{2}{l	}{自分の秘密かぎで署名を暗号化して送信。}
	受信者	\multicolumn{2}{l	}{・送信者が公開している公開かぎを使用して復号化して真の送信者であることを確認 (注)。 ・仮に正当な送信者でないものが暗号化して送信してきても、真の送信者の公開かぎでないと復号化できない。 ・これにより第三者のなりすましを検知することが可能。}

図表5　暗号化技術の2方式

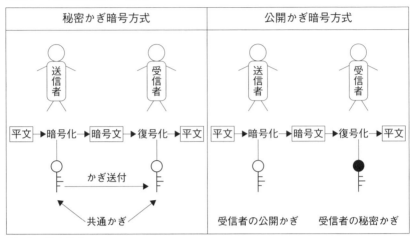

（出所）　筆者作成

情報セキュリティポリシー

概念

企業保有の情報資産保護に対する企業の取組みスタンス、および社員の行動指針を示した倫理規定。

基本構造

3層から構造される（図表6）。	
第1層：情報セキュリティ基本方針	・企業の基本とするセキュリティへの考え方を述べたもの。 ・基本的なセキュリティ対策、管理方法、企業として守るべき資産、遵守すべきことを定める。
第2層：情報セキュリティ対策基準	・情報セキュリティ基本方針に沿ってなにをすべきかを定めたもの。 ・物理面、技術面、運用管理面のすべてにわたり、予防、発見、極小化、復旧の観点からすべきことや、問題発生のときの対応について定める。

第3層：情報セキュリティ対策実施手順	システムの安全性を高めるためのシステム構築のあり方や、システムの安全性維持のためのシステムの運用のあり方等、セキュリティ対策の実施手順をマニュアル的に記述したもの。

図表6　情報セキュリティポリシーの基本構造

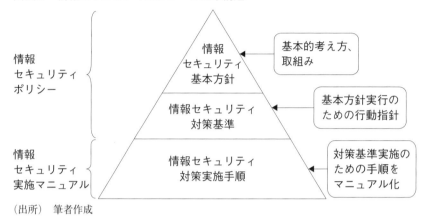

（出所）　筆者作成

情報セキュリティの国際基準

　情報セキュリティの国際標準規格を制定している国際機関には、ISO（国際標準化機構）、IEC（国際電気標準会議）等がある。ここでは、国際基準規格の主要なものと、その日本への適用をみる（図表7）。

ISO/IEC15408

・「ITセキュリティ評価基準」と呼ばれる国際基準規格。
・ITベンダーがユーザーに提供する情報処理システムやこれを構成するハード、ソフト等の情報処理製品に装備（「実装」という）されているセキュリティ技術を国際基準で評価。

構成要素	①セキュリティ評価の導入と一般的なモデル	・情報処理システムや情報処理製品に実装されるITセキュリティ技術を客観的に評価するためのアプローチ。 ・セキュリティ基本設計書やセキュリティ要求仕様書の作成方法を規定。

	②セキュリティ機能に必要とされる要件	セキュリティ監査、暗号サポート、ユーザーデータ保護、識別と認証、セキュリティ管理、プライバシー等の機能要件ごとに対策を詳細に規定。
	③セキュリティ保証の要件	・セキュリティ基本設計書(セキュリティターゲット)やセキュリティ要求仕様書(プロテクションプロファイル)の評価、テスト、脆弱性検査、保証の維持。 ・特にテストについては、テスト範囲の分析(テストの十分性、テストの完全性)、テスト詳細度の分析、機能テスト、テスト環境を詳細に規定。

ISO/IEC17799

・セキュリティマネジメントを実際に運用するための規範に関する国際基準規格。
・システムを使用する企業が、情報セキュリティポリシーの策定、運用を適切に実施しているかを国際基準で評価。

構成要素	①情報セキュリティマネジメントの実践のための規範	セキュリティの基本方針、組織のセキュリティ、資産の分類および管理、人的セキュリティ、物理的および環境的セキュリティ、通信および運用管理、アクセス制御、システムの開発および保守、事業継続管理、適合性について規定。
	②情報セキュリティマネジメントの仕様	・情報セキュリティマネジメントを実装するフレームワークを規定。 ・リスクを評価したうえで、情報セキュリティマネジメントの対象とするリスクを決定、具体的にいかにリスクに対応して情報セキュリティマネジメントを遂行していくかを詳細に規定。

ISMS（情報セキュリティマネジメントシステム）適合性評価制度

・国際基準規格を日本の実情にマッチするように手直しした日本版の認証制度。
・企業の情報セキュリティマネジメント水準が評価基準に達していることが、審査機関に認証されるとJIPDEC（日本情報処理開発協会）に登録され、情報セキュリティマネジメントに関する外部保証規格を取得することができる。
・ISMS適合として認証されるためには、情報セキュリティポリシーの策定、リスクマネジメントアプローチの確立、情報セキュリティポリシーの実装等が要求されている。

（注）　送信者の公開かぎが、本当に送信者のものであることを認証局が証明することが前提。

図表7　情報セキュリティの国際基準

名　称		内　容
ISO/IEC 15408	ITセキュリティ評価基準	・ITセキュリティ確保のフレームワーク ・それに必要な機能要件、保証要件
ISO/IEC 17799	ITセキュリティマネジメント評価基準	・ITセキュリティの管理体制の評価 ・システムトラブル発生の際の事業継続計画の評価
ISMS	ITセキュリティマネジメントシステムの実装ガイドライン	・ITセキュリティの設備、運用面の評価 ・ITセキュリティマネジメントの評価

（出所）　筆者作成

MBO、LBO

金融 | 証券化 | 証券取引 | 保険 | リスクマネジメント | デリバティブ | 環境
外国為替 | ITフィンテック | 金利 | ポートフォリオ | ファンド | 電力取引

MBO、LBOとは？

MBO、LBOは、いずれも企業買収の形態である。

MBO（Management Buy-out、マネジメントバイアウト）

買収の対象となる会社、または事業部門の経営者が会社の所有者となる形の企業買収。	
EBO（Employee Buy-Out、エンプロイーバイアウト）	従業員がバイアウトの主体となる形の企業買収。
MBI（Management Buy-In、マネジメントバイイン）	MBOを実施した後に外部から経営陣を招聘する形の企業買収。

LBO（Leveraged Buy-Out、レバレッジバイアウト）

買収の際にレバレッジを利かせて資金調達を行う形の企業買収。

MBO

①MBOの基本的なステップ

(i)MBOのための会社設立	MBOの対象となる企業の株式を買い取るための受け皿となる新会社を設立。	
(ii)株式買取のファイナンス	新会社が株式を買い取る資金を自己資金、バイアウトファンドの出資、金融機関からの借入金等で調達。	
	金融機関借入金	株式買取のファイナンスを金融機関からの借入金でまかなう場合には、一般的にシニアと優先株等のメザニンに分ける。
(iii)バイアウトの実行	新会社がMBOの対象となる企業の株式を買い集める。	

(ⅳ)MBOの成立	MBO対象企業と新会社が合併することにより、MBOが成立。		

②**MBOの具体的なケース**

子会社・事業部門を対象とするMBO	親企業がノンコア事業を行う子会社・事業部門を当該子会社や事業部門のマネジメント層に売却するケース。		
	金融機関等の働きかけによるケース	親企業と取引関係にある金融機関や主幹事証券会社が、企業の財務体質の改善策として親企業に対してMBOを提案することが一般的。	
		親企業のメリット	競争関係にある同業他社に子会社・事業部門を売却して自社の持つノウハウを知られることになるよりは、身内に対して売却するMBOの形をとるほうが得策。
	親会社から子会社・事業部門のマネジメントが決別するケース	・親会社から子会社・事業部門に対する経営資源のサポートが十分でないケース。 ・ビジネスプランについて親会社と子会社・事業部門との間で意見の一致をみないケース。	
	子会社・事業部門のマネジメントのメリット	・子会社や事業部門の優れたマネジメント層が親会社からのコントロールにとらわれず、自己の事業方針に沿って会社を経営する自由度を獲得。 ・この結果、会社にそれまでみられなかったような活気が生まれることも期待可能。	
事業継承を行うためのMBO	中小企業の創業者であり大株主のオーナーが、現経営陣に対して事業継承を行うためにMBOを活用。		
	オーナーのメリット	・株式の大量放出を回避可能。 ・競争関係にある同業他社への身売りを回避。	

LBO

概念

企業買収の際に、自己資金だけではなくレバレッジを利かせて資金調達を行う手法。

バイアウトファンドによるLBO

バイアウトファンドは、ファンドに対する資金拠出に加えて、レバレッジを利かせて資金調達を行うケースが一般的。	
ノンリコースローン	・買収の対象となる企業の資産や企業が先行き生み出すキャッシュフローを担保に資金を借り入れ、これを買収資金の一部として使用。 ・借入れ形態は、企業の買収主体となるファンドに対して債務が遡及されることはなく、買収対象企業の資産や将来キャッシュフローだけが返済原資となるという形のノンリコースローン。

MBS、RMBS、CMBS

| 金融 | 証券化 | 証券取引 | 保険 | リスクマネジメント | デリバティブ | 環境 |
| 外国為替 | ITフィンテック | 金利 | ポートフォリオ | ファンド | 電力取引 |

MBS、RMBS、CMBSとは？

MBS（Mortgage Backed Securities）

不動産を担保とする貸付債権をプールしたものを裏付資産とする証券化商品。	
RMBS （Residencial Mortgage Backed Securities） （注1）	住宅ローン債権を対象とした証券化商品。
CMBS （Commercial Mortgage Backed Securities）	オフィスビルやスーパーマーケット、ショッピングセンター、賃貸マンション、ホテル、倉庫等の商業用不動産担保貸付債権を対象とした証券化商品。

（注1） RMBSを単にMBSということも少なくない。したがって、MBSには、RMBSとCMBSをあわせた広義のMBSとRMBSを意味する狭義のMBSがある。

RMBS

①RMBSの特徴

モーゲージ担保証券	多くの件数の住宅ローン債権をまとめて、これを裏付資産として発行。米国の住宅金融市場で発展した（図表1）。
裏付資産の特徴	企業向けの貸出に比べると、住宅ローン債権の貸付条件は均質的であり、多くの債権をまとめて証券化することが容易。

②RMBSのメリット

金融機関	住宅ローン債権のオフバラ化	
	住宅ローン	・長期貸付となり、金融機関にとって資金の固定化の一因。 ・固定金利ローンであれば、金融機関

			は長期にわたって金利リスクを背負うこととなる。
	RMBS		・預金による資金調達ができないモーゲージバンクにとって資金調達の有力な手段。 ・住宅ローン債権を証券化して期前売却することにより、住宅ローン債権のオフバラが可能。 ・ローンポートフォリオの弾力的調整により効率的ALMを実施可能。
投資家	オルタナティブ投資		
	投資対象の多様化		RMBSへの投資により実質的に住宅ローン債権を取得する効果が得られる。
	オルタナティブ投資		ポートフォリオの中にRMBSを組み込むことは、伝統的金融資産に代替するオルタナティブ投資の1つ。

図表1　米国の住宅金融市場

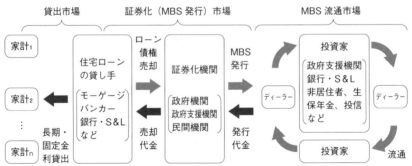

(出所)　二宮拓人・菅野浩之・植木修康・加藤毅「米国MBS市場の現状とわが国へのインプリケーション」日本銀行金融市場局、マーケット・レビュー2002年8月

③RMBSのリスク

デフォルトリスク (default risk)	サブプライム危機	・裏付資産となる住宅ローン債権の中には債務不履行となるケースが発生することも予想され、その場合には、RMBSのキャッシュフローに影響を及ぼし、投資家が損失を被る。

			・RMBSのデフォルトリスク発生の典型例がサブプライム危機。
	リスク回避策		・デフォルトリスクに対して各種の信用補完を講じる。 ・デフォルトが発生しても代位弁済により処理。
期限前償還リスク（prepayment risk）	住宅ローンの期限前償還		・RMBSには、ほかの資産担保証券にはない期限前償還リスクが存在。 ・期限前償還によりRMBSの原債権が生むキャッシュフローが不規則に減少、RMBSの元利金の支払いに影響を及ぼすリスクがある。
	期限前償還の理由	①金利低下による借換え	借入人が固定金利借入れを行い、その後金利水準が低下した場合には、期限前償還して低利の新規借入れに乗り換える動きが生じる。
		②住替え	不動産市況の上昇により、既往借入れで購入した住宅を売却して住み替える場合に期限前償還が生じる。
		③自己資金による期限前償還	退職金や相続による資金流入により期前返済が生じる。
	期限前償還予測モデル		・住宅ローンの期限前償還によりRMBSのキャッシュフローが変化。 ・RMBSのプライシングを行うにあたっては、期限前償還が先行きどのように発生するかの将来予測を織り込んで評価する必要がある。 ・日本証券業協会では、PSJ（Prepayment Standard Japan）モデルを発表。このモデルの活用により、RMBSの期限前償還率についての市場参加者の予測値を統計的に分析できるほか、取引の相手方が想定するRMBSのキャッシュフローの評価、理解が可能。

	リスク回避策	期限前償還リスクを回避するために下記のCMOが開発された。
パイプラインリスク（pipeline risk）		・証券化を前提とする住宅ローンを行う場合に、住宅ローン実行の時点と住宅ローン債権証券化の時点との間に時間差が発生。 ・この期間中に金利が上昇した場合に、金融機関に金利リスクが発生。これを「パイプラインリスク」という。 ・パイプラインは、一般的になんらかの作業中という意味に使われるが、ここでは、住宅ローン債権が発生してからそれを証券化するまでの期間を指す。

④モーゲージ・パススルー証券、CMO

RMBSは、さまざまな種類が発行、流通されているが、その基本的なパターンは、モーゲージ・パススルー証券とCMOに大別される。		
モーゲージ・パススルー証券（mortgage pass-through securities）	・住宅ローンの借り手から元利金が支払われると、その資金をそのままパススルーする形でRMBSの投資家に対する支払いに充てる。 ・RMBSの投資家は期限前償還リスクを持つ。	
CMO（Collateralized Mortgage Obligation）	住宅ローンの借り手からの元利金支払いに手を加えてさまざまなキャッシュフローにしたうえでRMBSの投資家への支払いに充てる。	
	投資家のリスク	投資家のリターン
	期限前償還リスクを回避。	利回りが低いトランシェ。
	進んで期限前償還リスクをとる。	利回りが高いトランシェ。

⑤TBA（To-Be-Announced）取引

概念	MBSの売買約定時点では、MBSのプール（受渡銘柄）は特定せず、基本的な事項のみ決めておいて、決済日の48時間前までに実際の受渡銘柄が決定される取引（注2）。	
	TBA取引時点で決定される事項	
	受渡適格銘柄の条件	MBSの発行体（例：ファニーメイ）、当初満期（例：30年）、クーポンレート
	取引内容	額面金額、取引価格、決済日

メリット	MBS取引の問題点	個別銘柄でキャッシュフローが異なる、額面が小さい、端数が付く等、取引上の不便がある。
	TBA取引のメリット	約定時に個別銘柄の属性や端数を気にかけることなく、ある程度まとまった区切りの良い額面を単一の取引で実行可能。 MBS固有の属性が捨象され、市場流動性が高まる。
活用	米国エージェンシーMBSの売買取引で活用（注3）。	

（注2） TBAで定めた事項と、決済時の内容に若干の差異が生じる可能性があることから、米国債券市場協会は許容される差異の範囲のガイドラインを設定している。
（注3） 政府関係機関の支払保証付きのMBSを「エージェンシーMBS」、政府関係機関の関与がいっさいなく民間金融機関だけで組成、販売されるMBSを「ノンエージェンシーMBS」という。

CMBS

①CMBSの特徴

商業用不動産担保証券	・商業用不動産から生じるキャッシュフローを裏付けとして証券化して、投資家に販売。 ・裏付不動産から得られる収益を投資家に分配。
証券化による不動産の流動性付与	・不動産は、1件ごとの規模・金額はもちろん、ロケーション、老朽度、地形、土壌等、質的にも属性が異なる。 ・こうした特性から不動産は本質的に流動性が乏しいが、証券化により流動性を付与することが可能。

②CMBSのメリット

企業	不動産のオフバラ化等	①本社ビルのセール・アンド・リースバックによるオフバラ化。 ②遊休不動産の売却、生産拠点の海外への移転による国内不動産の流動化。 ③集中と選択の戦略推進による撤退部門関係の不動産売却。

投資家	分散投資効果	実質的な商業用不動産投資	CMBSに投資することにより、実質的に商業用不動産自体に投資したのと同じ効果。
		分散投資	機関投資家にとりポートフォリオの分散投資効果を狙うことが可能。

③CMBSの種類

資産流動型	特定の不動産を裏付けにして受益権や資産担保証券として流動化・証券化するタイプ。
ファンド型	・複数の不動産に投資してそれから得られる収益を投資家に分散するタイプ。 ・J-REITはファンド型。
デット型	証券化が社債発行等の形で行われ、投資家に対して定期的に金利が支払われるタイプ。
エクイティ型	・投資者は出資者のステータスとなり、債務を支払った残りを配当やキャピタルゲインの形で受け取るタイプ。 ・キャピタルロスを被るリスクを持つ。

（関連用語）　オルタナティブ投資（294頁）、サブプライム危機（498頁）、J-REIT（169頁）

MM理論

金融　証券化　証券取引　保険　リスクマネジメント　デリバティブ　環境
外国為替　ITフィンテック　金利　ポートフォリオ　ファンド　電力取引

MM理論とは？

MM理論（Modigliani-Miller Theory）は、モジリアニとミラーの2人の学者により提示された自己資本と負債との構成や、配当政策等のコーポレートファイナンスに関する理論である。

MM理論の第1命題

命題の内容

・企業の資本構成（自己資本と負債の割合）の違いは、企業価値に影響を与えない。
・営業利益の予想が同一の企業にあっては、その企業の資本構成がいかに異なろうとも企業の価値は同一。

命題の式

$V_U = S_U = S_L + B_L = V_L$
→　$V_U = V_L$
S＝自己資本の市場価値
B＝負債の市場価値
$V = S + B$＝企業価値
L：借入れのある企業、U：借入れのない企業

命題のインプリケーション

キャッシュ（アウト）フローが利子の形（借入れ）をとろうと配当の形（株主資本）をとろうと関係なく、キャッシュフローの合計額が企業価値を決める。
→企業が借金をしようとしまいと、企業価値にはなんらの影響を与えない。

MM理論の修正命題

MM理論の第1命題

| 前提 | 企業が支払う利子も配当も法人税がかからない。 |

現実	利子	法人税がかからない（損金計上）。
	配当	法人税がかかる。

MM理論の修正命題では、第1命題をより現実的なものとするために法人税のある世界に修正された。	
修正命題の内容	企業が借金をした場合には、増資をした場合に比べて借金の利子の額に法人税率をかけた額だけ企業価値は大きい。
修正命題の式	$V_L = V_U + \tau B$ （V_LはV_Uに比べてτBだけ大きい） $V = S + B = $ 企業価値 L：借入れのある企業、U：借入れのない企業 $B = $ 負債の市場価値 $\tau = $ 法人税率
修正命題のインプリケーション	・「借金のある企業」→債権者に帰属する負債利子のキャッシュフローには課税されない。 ・「借金のない企業」（全額自己資本により資金調達をする企業）に比べると企業価値の減少は少なくてすむ。

MM理論の第2命題

第2命題の内容

企業は借金をすればするほど期待収益率は大きくなる。

第2命題の式

$E(y) = E(\pi) + (E(\pi) - r)(1 - \tau) B_L/S_L$
$\sigma(y) = (1 + B_L/S_L) \sigma(\pi)$

$E(y)$：期待投資収益率
$E(\pi)$：期待事業利益（利払い前利益）率
r：利子率
τ：法人税率
$S = $ 自己資本の市場価値
$B = $ 負債の市場価値
$V = S + B = $ 企業価値
L：借入れのある企業、U：借入れのない企業
$\sigma(\pi)$：営業リスク
$B_L/S_L \sigma(\pi)$：財務リスク

第2命題のインプリケーション

・負債の自己資本に対する割合(B_L/S_L=レバレッジ)が高ければ高いほど、投資収益率の期待値は高くなる。
・負債の増加・自己資本の減少は、投資1単位当たりのリスク量が増えることを意味し、この結果、投資家が要求する期待収益率は大きくなる。

MM理論の配当の中立性命題

配当の中立性命題の内容

企業の配当政策(増減配、自社株買い)は、企業価値ないし株価に中立である。

増配のケース

①増配により内部留保は減少。
②資本構成は不変とすれば、増資が必要となる。
①+②=企業価値ないし株価に中立的

減配のケース

①減配により内部留保は増加。
②株主のキャピタルゲインは増加。
③株主は持株の一部を売ってキャッシュフローを得る。
④減配で株主のキャッシュフローが減った影響は中立化。
①+②+③+④=企業価値ないし株価に中立的

自社株買いのケース

配当を行うことと、配当をするかわりにその資金を使って自社株の買付けを行うこととは、企業価値ないし株価への影響効果は変わらない。
①配当を行う→資金が社外流出→企業の時価総額は減少
②配当のかわりに自社株買いを行う→資金が社外流出→企業の時価総額は減少
①−②

MM理論の応用

MM理論は、実物投資と財務とを切り離す等、モデルに汎用性を持たせるために一定の条件が付されていることから、そのまま現実の世界に適用することはできない。そこで、この理論を極力現実に適用すべく、いくつかのファクターが考

慮され付加されている。

①企業の資金調達政策

倒産の可能性	MM理論	法人税が存在する世界においては借金をすればするほど企業価値が高まる。		
	現実	借金過多企業の価値は、倒産のリスクが高く倒産コストがかかることから下落。		
		倒産コスト	現実に倒産した場合	処理費用
			倒産の恐れが高まった場合	・金融機関からの借入条件の悪化（借入金利上昇等）。 ・取引先からの仕入条件の悪化（手形サイトの短期化、手形から現金決済への変更等）。 ・製品の売行き不振、製品価格の下落等。
エージェンシーコスト	MM理論	エージェンシーコストを考慮していない。		
	現実	株主資本にも負債にもエージェンシーコストがかかり、この２つのエージェンシーコストの合計値が最小になるところが資本と負債の最適構成となる。		

エージェンシーコスト（図表１）		
エージェンシー理論	プリンシパル（経済主体＝委託者）とエージェント（経済主体の代理）との契約に関わる理論。	
	MM理論のコンテキスト	プリンシパル＝株主ないし債権者 エージェント＝経営陣
エージェンシーコスト	モニタリングコストとボンディングコストから構成される。	

モニタリングコスト	プリンシパルが、エージェントのとる行動がプリンシパルの利益に反していないかどうかを監視するためにかけるコスト。
ボンディングコスト	エージェントが、プリンシパルに対して自らが的確な行動をとっていることを示すためにかけるコスト。
株主資本のエージェンシーコスト	ディスクロージャーや公認会計士による監査等にかかるコスト。
負債のエージェンシーコスト	・債権者は経営陣が元利金の支払いの確実性を脅かすようなリスクの高いプロジェクトに走らないように、たとえば債務制限の財務制約条項（コベナンツ）を付ける。 ・これは経営陣からみればビジネスチャンスを失うコストとなる。

図表1　エージェンシーコストの最小化と資本構成

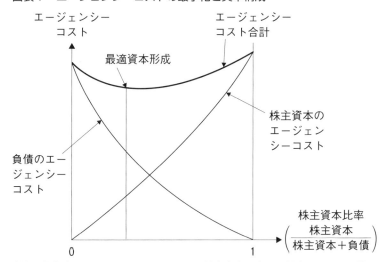

（注）　株主資本のエージェンシーコストは株主資本比率が上昇するにつれ上昇し、逆に負債のエージェンシーコストは株主資本比率が上昇するにつれ（負債比率が下落するにつれ）下落。そして、この2つのエージェンシーコストの合計値が最小になるところが資本と負債の最適構成となる。
（出所）　大村敬一『現代ファイナンス』有斐閣ブックス、1999年

②企業の配当政策

MM理論	配当政策は企業価値ないし株価に無関係。
現実	増配の情報で株価が上がり、逆に減配あるいは無配転落の情報で株価が下落。

MM理論の主張する配当の中立性命題と現実のギャップを説明する要因	
配当の情報効果	増配、減配は企業のパフォーマンスの良し悪しのシグナル。
株主の選好	・株主の中には先行き不透明な含み益（キャピタルゲイン）よりも現実にキャッシュとして受け取ることができる増配を選好する投資家が存在。 ・もっとも、逆に税金のかかる配当より含み益として利益の実現を先送りすることを選好する投資家も存在。 ・このように企業の増配政策に対して必ずしも株主がこぞって歓迎するわけではない。
エージェンシーコストとモニタリング機能	・配当を増加させればそれだけ外部調達の必要性は強まり、その結果モニタリング機能は高まる。 ・もっとも、〔配当の増加→内部留保不足→倒産リスク増加〕を考えると、増配が企業価値に一概にプラスになるとは限らない。

MSCB

[金融] [証券化] [証券取引] [保険] [リスクマネジメント] [デリバティブ] [環境]
[外国為替] [ITフィンテック] [金利] [ポートフォリオ] [ファンド] [電力取引]

MSCBとは？

　MSCB（Moving Strike Convertible Bond、転換価額修正条項付転換社債型新株予約権付社債）は、株式に転換するオプションの行使価格（＝転換価額）が、社債の発行時点で確定されるのではなく、マーケットで取引される株価にリンクする形で変動する転換社債である。

転換社債とMSCBの比較

共通点

転換社債（注1）	・転換価額を権利行使価格とするオプション付きの社債。
MSCB	・すなわち、転換価額で社債を株式に転換できる権利が付いた社債。

相違点

転換社債（注1）	転換価額は、社債の発行時点であらかじめ定められている。
MSCB	転換価額が、マーケットで取引される株価にリンクする形で変動する。

（注1）　2002年の商法改正により正式名称が「新株予約権付社債」とされたが、実務界では転換社債と呼ぶことが多い。

MSCBの転換価額の修正方式

転換価額の設定

　当初設定される転換価額も、その後、転換価額修正条項に従って修正される転換価額も、市場で形成されている相場の90％に設定されることが多い。

修正のインターバル

　毎日、毎週、毎月とか、定期的ではなく転換期間中1回とか2回、特定の日に行うこととされる等まちまち。

転換価額の変化の方向

上方、下方いずれの方向にも修正するものがあるが、下方のみ修正するものが多い。

上下限の設定

修正後の転換価額に上限や下限を設定するケースが多い。

MSCBの活用

MSCB発行企業と投資家との間に存在する情報の非対称性への対応策（注2）

通常の転換社債の発行	企業自体は株価下落を予想していないが投資家の間に株価下落予想が強まった場合、通常の転換社債の発行では投資家は投資を躊躇。
MSCBの発行	先行き株価下落があっても下方修正された転換価額により株式に転換できることから、投資家はたとえ株価下落予想を持ってもMSCBへの投資に魅力を持つことになる。

機動的かつ簡便な資金調達手法

MSCBを第三者割当ての形で発行。 ・通常の公募増資に比べて手続が簡略。 ・発行コストの抑制が可能。 ・株価が下落しても転換可能であることから、たとえ経営不振企業であってもMSCBにより資金調達を行うことが可能。

（注2） アブレウ・山田聖子、土村宜明「転換社債発行のアナウンス効果」証券アナリストジャーナル2009年1月、122頁

ライブドアによるMSCBの発行ケース

発行時期

2005年

発行額

800億円

発行目的

ライブドアがフジサンケイグループに仕掛けた企業買収戦におけるニッポン

	放送株式の公開買付けのための資金調達

割当先

	全額をリーマンブラザーズアジアに割当て

転換価額

発行当初	450円
その後	前週の水、木、金の売買高加重平均株価を3で割った値の90％に修正
転換価額の下限	157円

株式貸借と空売り

- 当時のライブドア社長堀江貴文氏は、自己所有のライブドアの株式をリーマンブラザーズアジアに貸借することを合意。
- リーマンブラザーズアジアは、この合意に基づいて行った借株を空売り。その結果、転換価額が下落、転換により得られる株式数が増加したとみられている。

株式の希薄化

　MSCBにはさまざまな商品設計がみられるが、商品設計内容や投資家の行動いかんにより、株価や既存株主へ悪影響を及ぼす恐れがある。
　この点で特に問題と指摘されていることは、投資家の空売りによる株価下落と既存株主に対する希薄化（dilution）の影響である。

転換社債

①発行後に株価が下落した場合には、転換が進まないために、投資家にとっては低いクーポンの支払いを受けるにとどまり、また、発行会社にとっては資本増加につながらない。
②株式への転換がある場合には、希薄化が発生、既存株主が不利益を被る。

MSCB

①株価が下落した場合に転換価額も下落するタイプが多い。したがって、MSCBの保有者には空売りを行って株価を下げて転換するインセンティブが生まれる。
②株価下落により株式への転換がある場合：

既存株主→二重の不利益を被る。	(i)株価下落による損失。 (ii)MSCBを転換して得られる株式数の増加から、株式価値の希薄化がよりいっそう強まる。
MSCBの保有者→利益を得る。	低い転換価額で取得した株式で空売りを決済して利益を得ることができる。

東京証券取引所の企業行動規範等

　MSCBは、その条件設定や利用方法いかんによって、MSCBの所有者に株式への転換のインセンティブを与える性格の商品性を有することになり、この結果、株式の希薄化等によって既存株主の利益が損なわれることになる恐れがある。
　こうしたことから、東京証券取引所と日本証券業協会は、2007年、MSCB発行についての留意事項等を公表。

①東京証券取引所

東京証券取引所では、2007年、上場企業に対してMSCB発行についての留意事項を公表、また、適切な対応を求める事項をまとめた企業行動規範を制定、MSCBの発行に関する募集について、次の義務を課している。	
項目	株式の希薄化の規模の合理性の確認・検討と株主の権利への配慮
内容	MSCBを発行する場合には、調達資金の使途、新株予約権等の行使条件の合理性、MSCBの発行数量および当該発行に伴う株式の希薄化の規模の合理性等について十分に確認・検討を行ったうえで、流通市場への影響および株主の権利に十分配慮する。
項目	MSCBのスペック等の説明義務
内容	MSCBの発行を行う際は、当該資金調達方法を選択した理由、調達する資金の使途、発行価額、転換価額、転換価額の修正条項、行使期間などの発行条件の合理性等について、わかりやすく具体的な説明を行う。
項目	行使数量の上限
内容	原則として月間の行使数量が上場株式数の10%を超えないように必要な措置を講じる。
項目	適時開示義務

| 内容 | MSCBの行使状況(月間行使状況および大量行使)について適時開示を義務付ける。 |

②日本証券業協会

日本証券業協会では、2007年に証券会社がMSCBの引受けを行う際の留意点や、市場の公正性および既存株主に配慮した商品設計(原則として月間の行使数量が発行済株式数の10%を超えないようにする等)に関する取扱いを制定している。

OIS

[金　融] [証券化] [証券取引] [保　険] [リスクマネジメント] [デリバティブ] [環　境]
[外国為替] [ITフィンテック] [金　利] [ポートフォリオ] [ファンド] [電力取引]

OISとは？

　OIS（Overnight Index Swap）は、一定期間の無担保コールレート（O/N）と数週間から2年間程度までの固定金利とを交換する金利スワップ取引である。
　OISは、変動金利と固定金利の交換取引であり、プレーンバニラスワップのカテゴリーに属する。

変動金利

　一定期間の無担保コールレート。具体的には、日本銀行が公表する無担保コールレート（O/N）の加重平均値。

固定金利

　数週間から2年間程度までの固定金利

OISの内容と取引状況

内容

　一定期間の翌日物レート（複利運用）と、数週間から2年間程度までの固定金利とを交換する金利スワップ（注）。

取引状況

・日本銀行が公表している無担保コールレート（O/N）の加重平均値を取引対象とする取引が、OTCで行われている。
・これは、翌日物レートを取引対象とする初めての本格的なデリバティブ取引である。

（注）　大岡英興・長野哲平・馬場直彦「わが国OIS（Overnight Index Swap）市場の現状」日銀レビュー2006年8月

日本銀行の2006年の量的緩和政策解除とOIS

2006年の量的緩和政策解除

・日銀は、2006年、量的緩和政策を解除、金融市場調節の操作目標を、当座

預金残高から無担保コールレート（オーバーナイト物、O/N）に変更。その後、無担保コールレートの誘導目標水準をおおむね0.25％に引き上げた。
・この結果、翌日物レートやターム物レート（1週間物、3カ月物等、翌日物を超える期間の資金取引レート）も強含みに推移。

OIS取引の活発化

上述の短期金融市場の水準変化やボラティリティの高まりを背景に、ターム物レートに対するヘッジ需要の拡大を映じてOIS取引が活発化。

OISの機能

効率的なリスク管理が可能

原資産が翌日物レートのため、翌日物資金の運用・調達につき、3カ月物、6カ月物金利を原資産とするとするデリバティブと比べ、より効率的なリスク管理が可能。

ヘッジニーズにマッチした商品設計が可能

日本のOISはOTCで取引されているため、スタート日やターム等をヘッジニーズにマッチさせる形で設計可能。

現物債の金利変動リスクのヘッジや現物債との裁定取引が可能

FB等の現物債券との裁定手段となりうる。具体的には、たとえばFBレートの上昇をみて低水準のOISレートとの間で次のポジションの構築により、①FBレートの変動リスクヘッジと、②裁定益を得ることが可能。
FB買い＋OIS固定金利払いのペイヤースワップ

資金効率の向上

OISを現物債券の代替取引として活用することにより、少ない資金で取引可能。

政策金利に対するマーケットの見通しをみる指標

OISは、政策金利である翌日物レートの予想を取引対象としていることから、政策金利に対するマーケットの見通しをみる指標となる。

OISの活用

金融機関のALM

金融機関が保有する短期ポジション(無担保コール、短期預金・貸出)を含むALMに活用可能。

市場参加者のリターン獲得

市場参加者は、OIS取引による資金の効率的使用により、リターンの獲得を指向することが可能。

翌日物レポ市場との相乗効果

FB等の国債投資の資金調達マーケットとしての翌日物レポ市場の活発化のもと、OIS取引に対するニーズが拡大する見込み。

Ｐ２Ｐレンディング

金融　証券化　証券取引　保険　リスクマネジメント　デリバティブ　環境
外国為替　ＩＴフィンテック　金利　ポートフォリオ　ファンド　電力取引

Ｐ２Ｐレンディングとは？

　Ｐ２Ｐ（Peer to Peer）は、ネットワーク上の端末間を相互に接続し、データを送受信する通信方式をいう。そして、Ｐ２Ｐレンディング（Peer to Peer Lending、Ｐ２Ｐ融資、Ｐ２Ｐ金融）は、ネットワーク上で資金の借り手と資金の貸し手との間の資金貸借を結び付ける融資仲介ビジネスである。

　Ｐ２Ｐレンディングは、ソーシャルレンディング、ソーシャル融資、ソーシャルファイナンスとも呼ばれる。

Ｐ２Ｐレンディングの借り手、貸し手、仲介業者

　Ｐ２Ｐレンディングの借り手、貸し手は、個人であることも法人（企業）であることもある。また、仲介業者は、借入希望者からの借入希望をもとに融資審査を行い、融資の諸条件を提示して、貸し手を募ることとなる。

Ｐ２Ｐレンディングによる資金貸借のプロセス

　Ｐ２Ｐレンディングによる資金貸借のプロセスは、次のようなステップを踏むことが一般的である。

①借り手の借入希望の表明

　借り手が、ウェブを使って金額や期間等、借入れを希望する条件を仲介業者に対して表明する。

②仲介業者の融資審査

　仲介業者は、借り手が表明した情報に基づいて融資の審査を実施する。

③貸し手の募集

　仲介業者は、審査をクリアした借入案件を、ウェブを使って公開、貸し手の募集を行う。

④貸し手の融資表明

　貸し手は、仲介業者が示した融資条件（資金使途、金額、金利、期間、担保

等）をみて融資を判断。

⑤資金貸借の実行

借り手と貸し手との間で資金貸借が実行される。

⑥借り手の元利金支払い

借り手は、仲介業者を通じて、貸し手に対して元利金を支払う。

P2Pレンディングの特徴

　P2Pレンディングの貸し手にとっては、借り手の信用度合いがポイントとなる。P2Pレンディングでは、SNSやビッグデータ等を活用して、資金使途、借り手の信用度等の情報を分析のうえ、融資の可否や条件が決定される。

　ここで、SNS（Social Networking Service）は、登録された利用者同士が交流できるウェブサイトの会員制サービスをいう。SNSにより、密接な利用者間のコミュニケーションが可能となり、個人間の情報交換や会社の広報等に活用されている。

　P2Pレンディングは、借り手にとっては金融機関からの調達が困難であるケースでも、借入れがアベイラブルとなる可能性があり、また、貸し手にとっては、少額の資金での貸付ができ、また貸付先の多様化でリスクの分散効果を期待することができる。

PER、PCFR、PBR、トービンのQ、配当利回り、配当性向、株式益回り、イールドスプレッド、イールドレシオ、株価売上高比率

`金融` `証券化` `証券取引` `保険` `リスクマネジメント` `デリバティブ` `環境`
`外国為替` `ITフィンテック` `金利` `ポートフォリオ` `ファンド` `電力取引`

PER、PCFR、PBR、トービンのQ、配当利回り、配当性向、株式益回り、イールドスプレッド、イールドレシオ、株価売上高比率とは？

いずれも株式・債券投資の主要指標である。

株式の個別銘柄の選択指標

PER、PCFR、PBR、トービンのQ、配当性向、株式益回り、株価売上高比率

株式投資か債券投資かの選択指標

配当利回り、株式益回り、イールドスプレッド、イールドレシオ

PER（Price Earnings Ratio）

$$株価収益率 = \frac{株価}{1株当たり利益}$$

活用

- この式を使って現実のPERを算出する一方、配当割引モデル等を使って理論PERを算出。
- 両者を比較して現実に市場で成立している株価の割高、割安を判断。

PCFR（Price Cash-Flow Ratio）

$$株価キャッシュフロー倍率 = \frac{株価}{1株当たりキャッシュフロー}$$

活用

- PERの分母をキャッシュフローに置き換えたもの。
- 株価がEPS（1株当たり利益）の何倍かをみるPERでは、EPSの利益自体が会計上の概念であり、会計処理の方法いかんでは正確な数値が得られない恐れ。
- 特にアナリストの間では、恣意性が入り込む余地のないPCFRを分析に活用することが少なくない。
- 国際間の比較を行うに際しても、会計制度の相違を排除できるPCFRが活用される。

PBR（Price to Book value Ratio）

$$株価純資産倍率 = \frac{株価}{1株当たり純資産}$$

活用

- 純資産は、貸借対照表の資産から負債を引いた差で原則として自己資本に等しくなる。
- 原価会計のもとでは、PBRが1を割ると株価が解散価値を下回っているとみられ、買いのシグナルを発しているとの見方がされる。
- PBRを、ゴードンモデルをもとに展開すると、次のようになる。

$$PBR = \frac{ROE - gn}{k - gn}$$

この式は、次の内容を意味する。

ROE＞要求利益率 k 　　　株価＞1株当たり純資産
ROE＜要求利益率 k 　　　株価＜1株当たり純資産

設例

A社の自己資本利益率10％、配当性向30％、PBR2.0倍とすると、期待収益率は次のように計算できる。

$$P_0 = \frac{DPS_1}{k-g} \text{ から } k = g + \frac{DPSD_1}{P_0}$$

$$g = ROE \times 内部留保率$$
$$= 0.1 \times 0.7 = 0.07$$

$$\frac{DPS_1}{P_0} = \frac{E(1-内部留保率)}{P_0} = \frac{E}{B} \times \frac{B}{P_0} \times (1-内部留保率)$$

$$= \frac{ROE}{P_0/B} \times (1-内部留保率)$$

$$= \frac{0.1}{2.0} \times (1-0.7)$$

$$= 0.015$$

$$k = g + \frac{DPS_1}{P_0}$$

$$= 0.07 + 0.015 = 0.085 = 8.5\%$$

E:期待収益
DPS_1:1株当たり配当
B:1株当たり純資産

トービンのQ(Tobin's Q)

$$トービンのQ = \frac{負債の時価+株式の時価}{資産の再取得価額}$$

活用

PBRのバリュエーションの1つ。トービンのQの算定式の分母に当たる資産の再取得価額は、企業が所有している資産を個別に時価評価した合計額。	
トービンのQ>1	・その企業は個別資産の合計以上の価値を持つ、とマーケットが評価。 ・したがって、その企業は、マーケットで資金調達をして投資することが期待されている。
トービンのQ≦1	・その企業はビジネスを続けるよりも資産を売ったほうが価値がある、とマーケットが評価。 ・こうした企業は企業買収の格好の対象になる。

配当利回り(dividend yield)

$$配当利回り = \frac{1株当たり年間配当}{株価}$$

活用
- 株式への投下資金に対してどれだけのインカムゲインが得られるかを示す指標であり、株式投資を債券投資と比較する際に活用。
- 成熟企業で、先行き大きな成長が予想されない企業に有効な指標となる。

配当性向（payout ratio）

$$配当性向 = \frac{1株当たり年間配当}{1株当たり当期純利益}$$

活用

配当性向が高い企業	・内部留保に回す割合が少ない。 ・先行き大きく成長する余力がない成熟企業であることが多い。
配当性向が低い企業	・内部留保に回す割合が多い。 ・先行き大きく成長するポテンシャルを持つ企業であることが多い。

株式益回り（stock yield）

$$株式益回り（PERの逆数） = \frac{1株当たり税引利益}{株価}$$

活用
- 株式益回りが高いほど株価が割安であるとみる。
- 債券投資と株式投資の優劣比較の際に活用。すなわち、イールドスプレッド（長期金利－株式益回り）やイールドレシオの大小ないしその変化に注目して、債券市場と株式市場のどちらに妙味があるかの目安とする。

イールドスプレッド（yield spread）

イールドスプレッド＝長期金利－株式益回り

活用

債券市場と株式市場のどちらに妙味があるかの目安。すなわち、イールドスプレッドが大きい（小さい）ほど、株式相場は割高（割安）であるとみる。

イールドレシオ (yield ratio)

$$\text{イールドレシオ（倍）} = \frac{\text{長期金利}}{\text{株式益回り}}$$

活用

- 債券市場と株式市場のどちらに妙味があるのかの目安。すなわち、イールドレシオが大きい（小さい）ほど、株式相場は割高（割安）であるとみる。
- イールドレシオが指標としてより優れている。

イールドレシオ	長期金利と株式益回りの比率
イールドスプレッド	長期金利と株式益回りの絶対値の差

株価売上高比率 (price to sales ratio)

$$\text{株価売上高比率} = \frac{\text{時価総額（株価×発行済株式数）}}{\text{年間売上高}}$$

活用

株価売上高比率が高いほど、株が割高とみることができる。
- 一般的にはPER、PBR、ROE等、他の指標とあわせた総合判断をする。

PEファンド

金融 | 証券化 | 証券取引 | 保険 | リスクマネジメント | デリバティブ | 環境
外国為替 | ITフィンテック | 金利 | ポートフォリオ | ファンド | 電力取引

PEファンドとは？

PEファンド（Private Equity fund、プライベートエクイティファンド）は、非上場株式を投資対象とするファンドである。

PEファンドは、投資対象により広義と狭義に分けられる。

広義のPEファンド

・ベンチャー企業や成熟企業を対象。
・上場株式を非上場にすることもある。

狭義のPEファンド

・成長した企業を対象。
・ベンチャー企業を対象とする場合には、「ベンチャーキャピタルファンド」となる。

PEファンドの特徴

①投資目的

企業の経営に関与、企業価値を高めたうえで、株式を売却してリターンを獲得。

②投資と回収

投資	・ファンドの投資期間が設けられ、その期間中にコミットメント方式で資金を拠出。 ・コミットメント方式とは、実際に資金が必要となったときに運用者は投資家に対してあらかじめコミットした金額の範囲内で資金拠出を要請する契約。
回収	投資対象の企業の株式公開（IPO）や他ファンド等、第三者への売却、M&Aにより回収。

③投資期間

一般的に長期間。

④投資家
一般的に私募の形式をとり、少人数の投資家、または機関投資家から資金を集める。

⑤流動性
運用期間中に解約することはできない制約が課せられていることが多く、流動性に乏しい。

PEファンドの種類

ベンチャーキャピタルファンド
高い成長が見込まれる企業の未公開株式を取得、経営支援をしながら企業価値を増大して、株式上場により利益の獲得を狙うファンド。

再生ファンド
過去の事業多角化等からコア事業以外の部門が足を引っ張っている企業を対象に投資、ビジネスの再編を促しながら事業再生を図り、利益の獲得を狙うファンド。

バイアウトファンド
業績の冴えない非上場会社の株式を取得して、低生産性部門の切離しや人員のリストラ等、経営戦略の見直しにより効率経営を推進、企業価値の増大・株価の上昇により利益の獲得を狙うファンド。

PEファンドのスキーム

PEファンドは、一般的に組合のスキームを用いる。

ファンドが活用する組合には、任意組合、匿名組合、投資事業有限責任組合のタイプがある。

①任意組合

根拠法	民法	
構成	出資者が組合員となる。	
契約	・出資者が事業を共同して行うことに合意して契約成立。 ・出資形態は金銭でも労働の提供でも可能。	
責任	出資者である組合員全員が無限責任を負う。	
課税	課税対象	組合を構成する個々の組合員

	非課税	任意組合
その他	ファンド運営のプロが、金融機関や機関投資家を勧誘して組合員としたうえで成立させるケースがみられる。	

②匿名組合

根拠法	商法	
構成	・出資者＝匿名組合員 ・ビジネスを行う者＝営業者（注1）	
契約	・匿名組合が各々営業者と個別に組合契約を締結。 ・個々の投資家にはほかにだれが投資家かわからない匿名性がある。	
責任	匿名組合員	有限責任（注2）
	営業者	無限責任
課税	課税対象	営業者と匿名組合員
	非課税	匿名組合
その他	・リターンを生むことを任務とする営業者に対して、リターンを得ることを期待する匿名組合が資金を提供する形。 ・匿名組合員は多数の小口投資家から構成されることが少なくない。	

③投資事業有限責任組合（図表1）

根拠法	投資事業有限責任組合契約に関する法律（LPS法、ファンド法）	
構成	・ファンドの運用者 ＝ジェネラルパートナー（GP） ・投資家 ＝リミテッドパートナー（LP）	
契約	出資者が事業を共同して行うことに合意して契約成立。	
責任	ファンドの運用者	無限責任
	投資家	有限責任（注2）
課税	課税対象	組合を構成する個々の組合員
	非課税	投資事業有限責任組合
その他	投資家の有限責任性から、任意組合よりも投資事業有限責任組合をとるファンドが多い。	

（注1） 営業者はSPC（特別目的会社）であり、実際の資金運用はファンドマネジャー

が行う。
(注 2) 出資金の範囲内でのみ責任を負う。
(関連用語) ベンチャーキャピタルファンド（826頁）、バイアウトファンド（720頁）

図表 1　PE ファンド（投資事業有限責任組合タイプ）の基本スキーム

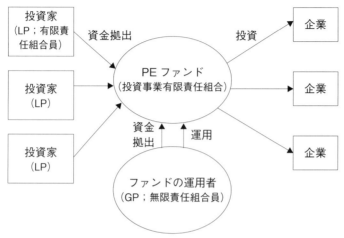

(出所) 筆者作成

PTS、ATS、ECN、MTF

[金融] [証券化] [証券取引] [保険] [リスクマネジメント] [デリバティブ] [環境]
[外国為替] [ITフィンテック] [金利] [ポートフォリオ] [ファンド] [電力取引]

PTS、ATS、ECN、MTFとは？

　いずれもホストコンピュータを設置、売り買いの注文を価格優先・時間優先（price and time priority）に従って付け合わせるインフラを提供して、手数料を得ることをビジネスとする私設電子取引システムである。

PTS（Proprietary Trading System）

私設取引システム
日本で使われる用語

ATS（Alternative Trading System）

代替取引システム
米国で使われる用語

ECN（Electric Communication Network）

電子情報ネットワーク
PTSの一種

MTF（Multilateral Trading Facilities）

多角的取引システム
欧州で使われる用語

　私設電子取引システムは、米国で急速な成長を遂げ、その後、日本においても日本版金融ビッグバン改革の一環として取引所集中義務の撤廃にあわせて正式に認められた。

米国における私設電子取引システム

私設取引システム設立の経緯

機関投資家が証券会社に取引所取引を委託する手数料が高いことに対する低コストのインフラ提供という形で出現。

スキーム

> 機関投資家の注文を私設取引システムが提供するコンピュータで付合せ。

特徴

①低コスト	・売り買いのスプレッドから鞘をとるマーケットメイカーや仲介業者の介在がない。 ・取引所の自主規制機能（Self Regulatory Organization、SRO）を備えていないことから、低コストで取引が可能。
②取引時間の制約なし	すべてコンピュータにより処理がなされることから、取引時間の制約を受けない。
③匿名性	投資家の発注から付合せまでの間に人手が介在することはなく、投資家の匿名性を確保。

ECNの取引拡大

> ・1997年、証券取引委員会（SEC）がNASDAQの運営・監督主体のNASDに対してNASDAQ市場のマーケットメイカーのスプレッドを縮小して投資家保護を図る必要があると要請。
> ・これを契機にマーケットメイカーが介在せずスプレッドをとらない方式の付合せ仕法（オーダードリブンタイプ）をとるECNが急速にマーケットシェアを拡大。
> ・ECNの台頭に対してNASDAQはスーパーモンタージュを導入して防衛。

ECNは証券業者か取引所か？

①SECの従来の方針	ECNは法律上の取引所に代替する取引システム（ATS）であり、法律上の取引所ではない。
②取引所の主張	ATSは実質的に取引所と同様の機能を持つにもかかわらず自主規制機能を果たさず、この結果、低廉なコストで投資家を誘引していることは不公平。
③SEC、従来の方針を変更	・取引所登録をしたATSは、取引所として自主規制機能を担う。 ・取引所登録をしないATSは、証券業者としてレギュレーションATSと呼ばれる規則が適用され、またNASDの会員としてNASDの自主規制に従う。

日本における私設電子取引システム

私設取引システム設立の認可

1998年の証券取引法の改正により、私設取引システム（PTS）の開設・運営が認められた。		
背景	①取引所集中義務の廃止	上場株式についても取引所外取引が認められた。
	②情報通信技術の発達	注文の回送・取引執行・相場情報の提供等のプロセスが証券取引所以外においても容易に構築することが可能となった。
狙い	①マーケットの効率性向上	市場間競争を通じるマーケット全体の効率性向上。
	②投資家の利便性向上	流動性の低い証券の流通市場の整備を通じる投資家の利便性向上。

法的な位置付け

- PTSは証券取引所ではなく、証券業の1つとして位置付けられる。
- 通常の証券会社の登録のほかに総理大臣の認可が必要。

PTSの売買価格決定方法

法令により次の4つのパターンに限定。取引所で行われているオークション方式は認められない。	
市場価格売買方式	取引所で取引された終値やVWAP（Volume Weighted Average Price、売買高加重平均価格）を使用する方式。
顧客間交渉方式（ネゴシエーション方式）	PTSの場で顧客と顧客が価格や数量を交渉しながら取引成立に持ち込む方式。
顧客注文対当方式	ある顧客の指値と他の顧客の指値と合致したときに取引を成立させる方式。
売買気配提示方式（マーケットメイク方式）	証券会社が売り買い双方の気配を提示して、これに顧客が注文をぶつけて取引を成立させる方式。

REIT、J-REIT

| 金融 | 証券化 | 証券取引 | 保険 | リスクマネジメント | デリバティブ | 環境 |
| 外国為替 | ITフィンテック | 金利 | ポートフォリオ | ファンド | 電力取引 |

REIT、J-REITとは？

REIT（Real Estate Investment Trust、リート）は、上場不動産投資信託である。

不動産投資信託

> 多くの投資家から投資資金を集めて、それを不動産に投資、それから得られる不動産賃料や売却益を投資家に分配。

取引所上場

> 証券取引所に上場され、個人投資家も手軽に投資可能。

J-REIT

> 日本のREITは、一般にJ-REIT（日本版REIT）と呼ばれている。

REITのメリット

①不動産の所有者

不動産の特性	不動産は、金融資産と異なり、物理的規模・金額はもちろんのこと、ロケーションや老朽度、地形、土壌等の質的な面もすべて1件ごとに属性が異なり流動性に乏しい。
不動産の流動化効果	不動産がREITの形になることにより多数の投資家の投資対象となり、不動産の所有者は不動産を流動化、オフバラにすることが容易、資産効率の向上を図ることが可能。

②投資家

正確な情報開示	不動産を投資対象にする場合、情報の不足が致命的なものとなっていたが、これが証券化、上場されることによって投資家に対して正確な情報開示が行われる体制が整備。

機関投資家の分散投資効果	REIT投資により実質的に不動産自体に投資したと同じ効果があり、ポートフォリオの分散投資効果が向上。
個人投資家の不動産投資機会増大	・小口資金により実質的に不動産を購入することが可能。 ・取引所上場商品であり、資金の必要があればいつでも売却して換金可能。

米国のREIT市場

上場取引所

ニューヨーク証券取引所（NYSE）、アメリカン証券取引所（AMEX）、ナスダック（NASDAQ）

種類

エクイティREIT	・実物不動産を所有・経営するREIT。 ・エクイティREITは、リース、不動産開発、テナント業等、種々のビジネスを展開。		
	不動産会社との相違点	一般の不動産会社	不動産の開発を終え、これを売却して利益をあげることを目的。
		エクイティREIT	ポートフォリオの中に不動産を所有、それを運営して継続的に収益をあげることを目的。
モーゲージREIT	不動産会社に直接資金を貸し付けたり、不動産担保債権や不動産担保証券を取得。		
ハイブリッドREIT	・エクイティREITとモーゲージREITの両者によりポートフォリオを構成。 ・稼働不動産を所有してレント収入を得るとともに、不動産担保ローンの貸付、不動産担保ローン貸付債権やその証券化商品の取得からの収入を得る。		

投資対象

物件	各種対象に幅広く投資するREIT	ショッピングセンター、アパート、倉庫、オフィスビル、ホテル等。

	ある部門に特化して投資するREIT	・ショッピングセンター専門 ・直売店専門 ・ヘルスケア専門（病院、リハビリセンター、養護ホームなどに集中投資）等
地理	米国全土に幅広く投資しているREITもあれば、ある地域の不動産に特化して投資しているREITも存在。	

REIT指数

NAREIT（National Association of Real Estate Investment Trusts）：ニューヨーク証券取引所、アメリカ証券取引所、ナスダックの3証券取引所に上場されているREITの相場を指数化したもの（注）。

（注） 米国における不動産投資のパフォーマンスを評価するために活用されているもう1つの指標にNCREIF（National Council of Real Estate Investment Fiduciaries）がある。これは、年金基金、信託基金が保有している投資信託が取得した不動産のパフォーマンス（収益）の実績を指数化したものである。

わが国のREIT市場

①J-REITの概要

上場取引所	東京証券取引所	
タイプ	REITのタイプには、一般の投資信託同様、会社型投信と契約型投信の2種類があるが、実際には、すべて会社型投信となっている。	
スキーム（図表1）	会社型投信タイプのスキーム	
	①投資法人の設置	証券化のために投資法人（証券化のSPCに相当）を作る。
	②投資法人への不動産譲渡	不動産の保有者は投資法人に不動産を譲渡。
	③投資法人による証券発行	投資法人はその不動産を裏付けとして証券を発行。不動産の運用を行うファンドマネジャーは、投信委託業者が行う。
	④投資家の証券入手	投資家は、投資法人に出資する形で証券を入手。
	⑤取引所におけるREITの売買	投資家は、配当を投資法人から受け、またREITを売買するときは取引所で行う等、個別株式と同じ扱いになる。

投資対象	・オフィスビルや商業施設、レジデンス、ホテル、物流施設等。 ・このうち、商業施設については都市型商業施設と郊外型商業施設に分類される。 (i)オフィスビルを対象にするとか物流施設を対象にする等、あるカテゴリーの投資対象不動産に特化するタイプ。 (ii)いくつかのカテゴリーを組み合わせて持つタイプ。		
	開発型REIT	既存物件の取得だけではなく、未完成の開発型案件の取得を行うREIT。	
投資リスク	・J-REITの投資対象は、不動産であることには変わりない。 ・投資にあたっては、対象不動産自体のグレード、経年、メンテナンス、土壌等、質的な面や、J-REITの投資対象が立地等でリスク分散が図られているか等、十分チェックすることが重要。		
REITの売買と市場情報	①売買	取引所で行われている株式売買と同様の方法で取引される。	
		注文	指値、成行など
		呼び値	REITの相場水準に応じて決定
		制限値幅	同上
		売買単位	投資証券1口
		信用取引	制度信用取引、貸借取引の対象
	②市場情報	相場、売買高、売買代金のほか、3本気配、寄前気配、VWAP等の情報が提供される。	

図表1　J-REIT（会社型投信タイプ）の基本スキーム

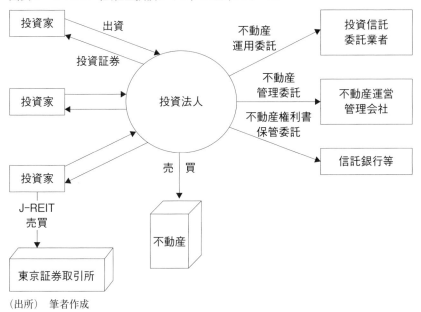

(出所)　筆者作成

②東証REIT指数

東証REIT指数	東証上場のREITの全銘柄を対象とした指数。	
	算出開始時期	2003年4月1日
	対象銘柄	上場REIT全銘柄
	算出方法	時価総額加重平均
	算出式	東証REIT指数＝算出時の時価総額÷基準時の時価総額×1,000 算出時の時価総額：算出対象ごとに価格に上場口数を掛けてこれを全銘柄合計 基準時の時価総額：2003年3月31日の終値
	公表	リアルタイムグラフと4本値を公表。
東証REIT用途別指数	東証上場の各REITが保有する物件の用途別に分類した指数。	
	算出開始時期	2010年6月21日
	対象銘柄	上場REIT全銘柄を物件用途別に分類
	指数の種類	・東証REITオフィス指数 ・東証REIT住宅指数 ・東証REIT商業・物流等指数

算出方法	時価総額加重平均
算出式	東証REIT用途別指数＝算出時の時価総額÷基準時の時価総額×1,000 算出時の時価総額：算出対象ごとに価格に上場口数を掛けてこれを用途別銘柄合計 基準時の時価総額：2010年2月26日の終値
公表	リアルタイムグラフと4本値を公表。

③東証のREIT上場基準

運用資産等	①ポートフォリオの70％以上が不動産等になる見込み。 ②ポートフォリオの95％以上が不動産等、不動産関連資産および流動資産等になる見込み。
財務内容等	①純資産総額10億円以上 ②資産総額50億円以上 ③1口当たり純資産総額5万円以上
投資家の分布状況	①上場投資口数　4,000口数以上、投資主1,000人以上 ②大口投資主（上位10位）の所有口数　上場投資口数の75％以下
情報開示	投資法人の業務状況や運用資産、決算等について、株式と同じ厳格なディスクロージャー義務が課せられる。

ROA、ROE、EPS、EVA

| 金融 | 証券化 | **証券取引** | 保険 | リスクマネジメント | デリバティブ | 環境 |
| 外国為替 | ITフィンテック | 金利 | ポートフォリオ | ファンド | 電力取引 |

ROA、ROE、EPS、EVAとは？

いずれも企業の収益力をみる代表的な指標である。

ROA（Return On Asset）
総資産事業利益率

ROE（Return On Equity）
株主資本純利益率

EPS（Earnings Par Share）
1株当たり利益

EVA（Economic Value Added）
経済的付加価値

ROA、ROE、EPS、EVAの算出と活用

①ROA

算式	ROA（総資産事業利益率）＝ $\dfrac{\text{事業利益（税引前利益＋金融費用）}}{\text{総資産}}$ 事業利益＝営業利益＋受取利息＋受取配当金＋持分法投資損益 総資産＝貸借対照表の負債と資本の部の合計
活用	・投下総資本を使用して獲得したリターン（株主＋債権者に帰属するリターン）の投下総資本に対する割合。株主にとっても債権者にとっても重要な指標。 ・企業が総資本をどの程度効率的に活用してリターンをあげているかという企業経営の効率性をみることが可能。 ・経営効率について業界内の他社との比較をする場合にも、規模の大小を捨象して純粋に効率面の比較をすることが可能。

②ROE

算式	$$\text{ROE（株主資本純利益率）} = \frac{\text{当期税引後純利益}}{\text{自己資本}}$$ 自己資本＝株主資本＝貸借対照表の資本の部の金額
活用	・自己資本を使用して獲得したリターン（株主に帰属するリターン）の自己資本に対する割合。特に株主にとって重要な指標。 ・企業が自己資本をどの程度効率的に活用してリターンをあげているかという企業経営の効率性をみることが可能。 ・経営効率について業界内の他社との比較をするような場合にも、規模の大小を捨象して純粋に効率面の比較をすることが可能。

③EPS

算式	$$\text{EPS（1株当たり利益）} = \frac{\text{当期税引後純利益}}{\text{発行済株式数}}$$
活用	株主のサイドからみた企業収益指標。 単独での指標として用いられるほか、PER（株価収益率＝$\frac{\text{株価}}{\text{EPS}}$）の分母となるなど、他の指標との組合せで重要な役割を果たす。

潜在株式調整後EPS

EPSの調整等		EPSは、表面上の数字のみをみていると、ミスリーディングな結果となることがあり、それを回避するためには、(i)他の数値を重視するとか、(ii)数値の調整が必要。
(i)株式の分割		・株式の分割により既存株主の持分自体が細分化される。 ・この場合に収益性をみるには、EPSではなく、会社の利益総額の伸びに着目する必要がある。
(ii)潜在株式調整後EPS	希薄化効果	・企業が転換社債型新株予約権付社債や新株予約権付社債を発行、投資家がまだ権利行使していない場合には、先行き権利行使があり、その結果、株式数が増加をみて既存株主の持分が低下する可能性がある。 ・こうした既存株主の持分低下効果を「希薄化効果」（dilution effect）という。
	潜在株式調整後EPS	発行済みの転換社債型新株予約権付社債や新株予約権付社債が仮にすべて権利行使されたとした場

			合のEPSの数値が「潜在株式調整後EPS」（注1）。	
		転換社債型新株予約権付社債	権利行使により社債が消滅して株式に転換。	
			分子（利益）	転換で社債残高が減少、支払利子の減少だけ利益増。
			分母（株数）	株式が増加。
		$潜在株式調整後EPS = \dfrac{当期税引後純利益 + 利払い減少分}{発行済株式数 + 転換される可能性のある株式数}$		
		新株予約権付社債	権利行使により投資家が資金を払い込んで株式を取得することになり社債は残存。	
			分子（利益）	権利行使されても社債は消滅しないことから調整なし。
			分母（株数）	「権利行使があった場合の株式数」から「権利行使により流入のある金額と同額の資金を、仮に時価発行増資をして調達をしたとする場合の株式数」を引いた差で出てくる株式数を発行済株式数に加える。
		$EPS = \dfrac{当期税引後純利益}{発行済株式数 + (権利行使があった場合の株式数 - 資金流入相当株式数)}$		

④EVA（注2）

算式	EVA（経済的付加価値）＝会計上の税引後純利益－資本コスト 会計上の税引後純利益＝売上高－（原材料、販売管理費、税金等） 資本コスト＝配当等＝自己資本にかかるコストの合計

活用	・投資家が企業に期待している利益は、企業が生む付加価値であり、この付加価値は、会計上の利益からさらに資本コストを引いた後の利益のEVAである。 ・EVAには、資本効率が明示的に利益の概念に入っている。 ・EVAは会社全体のパフォーマンスをみるのに使われるほか、部門別の収益状況をみる場合にも活用されている。 （例）工場を建設するような場合とか製品在庫を積み増すような場合には、EVAがその是非を問う重要な判断材料となる。

（注1） 希薄化効果のない潜在株式の場合には、こうした計算を行いEPSの調整をする必要はない。
　　　　希薄化効果のない潜在株式は、次のようなケースが考えられる。
　1. 転換社債型新株予約権付社債：転換した結果のEPSを計算すると、株式数（分母）の増加に比べて、利払い減による利益（分子）の増加が大きく、この結果、EPSの増加をみる。
　2. 新株予約権付社債：権利行使した結果の発行済株式数を計算すると、権利行使による株式数の増加に比べて、権利行使による資金流入相当分にあたる株式数のほうが大きく、この資金を使った自己株の買入れにより、結果として株式数が減少をみる。
（注2） EVAは米国のコンサルタント会社であるスターン・スチュアート社が開発した指標で、同社の登録商標となっている。

S&L危機

`金融` `証券化` `証券取引` `保険` `リスクマネジメント` `デリバティブ` `環境`
`外国為替` `ITフィンテック` `金利` `ポートフォリオ` `ファンド` `電力取引`

S&L危機とは？

S&L危機（S&L crisis）は、米国のS&L（Savings&Loan Association、貯蓄貸付組合）の多くが1980年代に深刻な経営危機に陥ったことをいう。

S&Lは、主として小口の預金を集め、それを原資にして住宅ローンを行う金融機関である（注1）。

(注1) ジェームズ・スチュアートが主人公の映画「素晴らしき哉、人生！」ではS&Lが舞台となっている。

S&L危機の原因

概観

3－6－3	S&Lのビジネスモデルは3－6－3と呼ばれていた。
	3	3％で預金を吸収。
	6	6％で住宅ローンを貸出。
	3	3時にはS&Lの経営陣はゴルフ場でプレー。
オイルショック	・1980年代前半にオイルショックの影響から金利が高騰。 ・S＆Lから他の高金利商品（特にMMMF（Money Market Mutual Fund）等の短期投資信託）へ資金が流出し、これが多くのS&Lの経営危機へと発展。

危機の原因

S&Lの短期借・長期貸の運用・調達構造		
・預金：短期		
・住宅ローン：長期（注2）		
イールドカーブの変化とS&Lの危機		
長短金利の関係	イールドカーブの形状	S&Lの損益
長期金利＞短期金利	順イールドカーブ	利益
長期金利＜短期金利	逆イールドカーブ	損失

危機の契機

Fedの金利引上げ	1980年代、Fed（Federal Reserve Board、米国連邦準備制度）が行った金利引上げにより短期金利が急上昇、順イールドが逆イールドに転換。
運用調達の逆鞘	S&Lはこれにより運用と調達が大きな逆鞘となり、多くのS&Lが危機に直面。

（注2） 米国の伝統的住宅ローンは30年固定金利型。

S&L危機の深刻化と対応策

危機の深刻化

業務規制緩和	・1980年代前半に多くのS&Lが破綻。 ・米国議会や州政府はこれに対処するため、S&Lの業務規制の大幅緩和に踏み切ったが、これがさらに大きなS&L危機を呼ぶことになった。
運用規制緩和	・S&Lの業務規制緩和により、特に資金運用面で大幅な裁量が与えられたことが危機の深刻化を招来。 ・S&Lは本来、アメリカンドリームである自家取得を目的とした金融機関であったが、規制緩和により住宅ローン以外にも貸出が認められた。
商業用不動産貸出債権の不良化	・S&Lによる商業用不動産の開発向け資金の貸出が著増、その後の不動産価格の下落により債権の多くが不良化。 ・1980年代後半〜1990年代前半に深刻なS&L危機を招き、この結果、S&L業界に対して多額の税金が投入された。

S&Lとファニーメイ、フレディマックとの取引

住宅ローン債権の売買	S&Lは多額の住宅ローンをファニーメイ（連邦住宅抵当金庫）、フレディマック（連邦住宅貸付抵当公社）等の政府関係機関に売却し、財務構造の改善を図る。
MBS発行	これを買い受けた政府関係機関は、住宅ローンを証券化したMBSを組成、それに政府関係機関の保証を付けて売り出した。

住宅ローン債権の証券化

米国の住宅ローン債権の証券化は、S&Lの経営危機の副次効果により大きく発展。	
OTDモデル	政府関係機関の住宅ローン債権の証券化を眺めて、住宅ローンの貸し手であるモーゲージバンクの間には、当初から証券化を想定して住宅ローンを組む動きが拡大。これをOTDモデル（Originate-To-Distribute model）と呼んでいる。

（関連用語）　ファニーメイ（759頁）、フレディマック（759頁）

S&Pケース・シラー住宅価格指数

| 金融 | 証券化 | 証券取引 | 保険 | リスクマネジメント | デリバティブ | 環境 |
| 外国為替 | ITフィンテック | 金利 | ポートフォリオ | ファンド | 電力取引 |

S&Pケース・シラー住宅価格指数とは？

ケース・シラー住宅価格指数

1980年代にCSW社の研究部門責任者であるカールE・ケースとロバートJ・シラーの2人が開発。

S&Pケース・シラー住宅価格指数（S&P/Case-Shiller Home Price Indices）

その後、この開発に格付会社のスタンダード&プワーズ社が加わり、指数の名称はS&Pケース・シラー住宅価格指数となった。

| 指数の活用 | 米国における住宅価格の動向を観察するうえで最も信頼できる指数とされる。 |

S&Pケース・シラー指数の開発目的

住宅の価格動向の把握

・家計資産に占める住宅資産のウェイトが大きく、それが家計の消費、さらには経済全体に与える影響は甚大。
・そのため、住宅の価格動向を的確に把握できる客観的な指数が必要。

住宅価格変動リスクのヘッジ手段

S&Pケース・シラー指数の活用により住宅価格の変動リスクのヘッジが可能。

S&Pケース・シラー住宅価格指数の算出方法

①データの収集

・S&Pケース・シラー指数は、住宅価格の「変動度合い」を観察することを目的にしている。
・したがって、指数の算出作業は一定の期間中に行われた住宅の売買データを幅広く収集することから始まる。

②対象住宅の売買履歴とその内容チェック

売買履歴の有無	一定の期間中に売買された住宅で、以前にも売買されたことがある住宅を対象（新築住宅は除外）。	
売買価格の妥当性	以前にも売買されたことがある場合には、以前の売買およびその後の一定の期間中における売買が正当に市場価格を反映したものであるかどうかを検証。	
データの選別	検証過程で、次のケースは市場価格を示したものではないとして除外。	
	改築・改装	以前の売買とその後の一定の期間中に行われた売買との間で大幅な改築・改装を実施。
	近親者売買	身内の売買。

③価格変動の算出

②の検証でデータを絞ったうえで、以前の売買価格とその後の一定の期間中に行われた売買価格を比較、その間の価格変動を把握。

④指数化

以上のプロセスを経て得た住宅価格の変動を指数化。
基準時点：2000年3月末＝100

指数の種類

全米指数

・戸建てとマンションのタイプ別。
・全米指数のほか、主要20都市と主要10都市も公表。

地域別の指数

・戸建てとマンションのタイプ別。
・地域によっては住宅価格を高額、中間、低額の3つに分類。

S&Pケース・シラー指数の特徴と活用

特徴

・住宅の転売価格のデータをフォローすることにより住宅価格のトレンドを把握。

・この手法は、その後、連邦住宅金融監督局（the Office of Federal Housing Enterprise Oversight、OFHEO）等も導入。

活用

①住宅ローン市場をさまざまな角度から分析・把握するために不可欠の指標。
・住宅ローンの借り手の管理
・期限前返済の推計
・貸倒れ損失の計測
・住宅ローンポートフォリオのマネージメント等
②シカゴマーカンタイル取引所（CME）上場の住宅価格指数先物・オプションの原資産として使用。

NAR指数とOFHEO指数

米国の主要な住宅価格指数には、S&Pケース・シラー指数のほかに、NAR指数やOFHEO指数がある。

NAR（全米不動産業界協会）指数

算出手法	住宅価格の中央値をとってこれを指数化。
欠点	・対象地域に高級住宅や、逆に簡易住宅が集中して新設された場合には、それによって中央値が大きく変動、住宅価格のトレンドを正確に把握できない欠点。 ・これまでも全体の住宅価格のトレンドにさして変化がないにもかかわらず、NAR指数が大幅に変動するといったケースがみられている。

OFHEO（連邦住宅金融監督局）指数

算出手法	・S&Pケース・シラー住宅価格指数と同様に、転売が行われた住宅を対象。 ・OFHEO指数の対象は、フレディマック（連邦住宅貸付抵当公社）やファニーメイ（連邦住宅抵当金庫）の適格住宅担保ローンで購入された住宅に限定。
欠点	・高額住宅は除外され、低価格帯の住宅が中心というバイアスが存在。 ・たとえば、カリフォルニア州の住宅はほとんどが対象から外れている。

S&Pケース・シラー住宅価格指数先物・オプション

上場取引所

シカゴマーカンタイル取引所。上場年月2006年5月。

対象地区

ボストン、シカゴ、デンバー、ラスベガス、ロサンゼルス、マイアミ、ニューヨーク（注1）、サンディエゴ、サンフランシスコ、ワシントンDCの10都市にある単世帯住宅の販売価格を指数化。

指数の算出

加重平均値により指数化

特徴

3カ月移動の住宅価格指数を原資産とすることにより、住宅価格の一時的な変動ではなくトレンドとしての住宅価格を対象とした先物、オプションとしている。

標準的なS&Pケース・シラー指数	・前四半期末のデータをベースとした指数が各四半期末に発表される。 ・1時点の住宅価格を指数化したもの。
先物・オプションの対象とする指数	・毎月、最終火曜日に発表される指数。 ・発表日から4～2カ月前の1四半期（3カ月間）の住宅販売のデータをベースとしたもの。 ・移動平均法により指数化したS&Pケース・シラー住宅価格指数を対象。

（注1） ニューヨークにある住宅だけではなく、ニューヨークへ通勤する人口が多いニュージャージーやコネティカットを含む。

不動研住宅価格指数

東京証券取引所では、2011年4月から東証住宅価格指数を試験的に算出、公表してきたが、2015年1月から日本不動産研究所がこれを引き継ぎ、「不動研住宅価格指数」として算出、公表している（注2）。

目的

既存住宅の価格動向に関する国際的に比較可能な指標として、今後海外からの日本既存住宅への投資も増大すると予想されており、既存住宅流通市場の

活性化を図ることを目的として実施。

対象

既存マンション（中古マンション）

データソース

東日本不動産流通機構により提供された首都圏既存マンションの成約価格情報。

指数の種類

・不動研住宅価格指数（首都圏総合）
・不動研住宅価格指数（東京）
・不動研住宅価格指数（神奈川）
・不動研住宅価格指数（千葉）
・不動研住宅価格指数（埼玉）

指数の算出

同一物件の価格変化に基づいて算出。	
物件の同一性	所在地、築年月日等、さまざまな属性データにより同質性を有すると判断される物件。
除外物件	・増改築等により変化がある物件 ・短期売買等
計算方法	リピートセールス法： 同一物件が2度売買されたときの価格のペアに基づいて既存マンションのそれぞれの時点の価格水準を回帰計算により指数化。

基準日基準値

2000年1月100ポイント

（注2）　日本不動産研究所「不動研住宅価格指数について」2015年1月

SIV

`金融` `証券化` `証券取引` `保険` `リスクマネジメント` `デリバティブ` `環境`
`外国為替` `ITフィンテック` `金利` `ポートフォリオ` `ファンド` `電力取引`

SIVとは？

　SIV（Structured Investment Vehicle、仕組み投資ビークル）は、特別目的会社の一種である。

　SIVは、短期で調達した資金を長期のリスク資産に投資することによってリターンを稼ぐことを目的とした投資ビークルで、欧米銀行がリスク資産運用の器として設立。

SIV設立の背景

欧米銀行によるSIV設立

・1988年に米シティグループが最初のSIVを設立。
・その後、主として欧米の銀行が次々とSIVを設立。

SIV設立の目的

銀行本体ではなく、別働隊でリスク資産に投資。

SIVの性格

・シャドーバンクの一種。
・銀行の連結対象ではないものの、実質的に銀行のコントロール下に置かれた投資ビークル。

SIVの調達・運用とリスク・リターン

調達・運用

調達	短期
	・銀行等からの出資
	・ABCPやMTN等
運用	長期
	・MBS
	・CDO
	・ABS等

リスク・リターン

リスク	・典型的な短期調達・長期運用という長短ミスマッチのパターン。 ・ABCP等による調達が円滑にロールオーバーされないリスクを包含。このリスクがサブプライム危機で表面化。
リターン	長短金利差からのリターン リスク資産への投資リターン

SIVの主要な調達手段

①ABCP（Asset-Backed Commercial Paper）

CPとの相違点	CP（コマーシャルペーパー）	信用力が高い企業が発行する無担保の約束手形。
	ABCP（資産担保コマーシャルペーパー）	主として金融債権を裏付けとした有担保のCP。
スキーム	銀行が取引先から売掛債権や手形債権、リース債権等の短期金融資産を買い取り、それを裏付けに発行。	
特徴	総じて低コストでの調達が可能。その理由は次のとおり。 (i) SIVのスポンサーである銀行の保証が付けられている。 (ii) 裏付けが短期金融資産であり、ABCPの平均期間は半年程度。	

②MTN（Medium-Term Note、ミディアムタームノート）

内容	債券発行会社は一定の枠内であれば、随時、中期債券の発行が可能。	
スキーム	発行枠の設定	債券発行会社とその引受証券会社との間であらかじめ中期債券の発行総額の枠を設定。
	随時発行	発行会社はMTNプログラムの枠内で、随時発行可能。
特徴	発行会社は機動的に、また債券発行手続きの負担を軽減して、資金調達が可能。	

SIVとサブプライム危機

①サブプライム危機では、SIVの運用・調達両面で問題が表面化

運用	・SIVの投資対象にRMBSのエクイティやメザニンといった信用リスクの高いトランシェに多額の投資を行っているケースがあり、また、証券化商品全般の価格崩落から多額の評価損が発生。 ・この結果、スポンサーである銀行が傘下のSIVが持つ証券化商品を引き取るケースも増加。
調達	・ABCPの裏付資産自体がSIVの投資対象であるRMBS等であることから、裏付資産の質が問題視され、ABCPに対する投資家の買い意欲が急速に減退。 ・この結果、ABCP市場は、流動性が枯渇、事実上の機能マヒに陥り、SIVによるABCPの発行が極めて困難化。

②SIV問題の波及

スポンサーの銀行への影響	SIVに対する資金流動性の供給	銀行は、傘下のSIVの資金流動性リスク対応のため、SIVに設定していたバックアップ・ライン発動により資金を供給。
	銀行本体のポートフォリオ損失拡大	銀行本体のポートフォリオが抱えているRMBSやCDO等の評価損が累増。
	クレジットクランチ	銀行は、一般の融資スタンスを抑制せざるをえなくなり、この結果、クレジットクランチ（信用収縮）が発生。
	金融・証券市場全般の混乱	・SIVの資金繰り逼迫により、SIVがポートフォリオに持っているMBSやCDOのみならず、その他サブプライムにまったく関係のない証券等の投げ売りにより資金を手当。 ・この結果、一般の金融・証券市場の混乱に拍車。

SIV等に対するバーゼルIII規制

規制項目
流動性規制の強化

内容
ABCP等の短期の負債を含むストラクチャードファイナンス・ファシリティを有する銀行は、これらのファシリティから発生する流動性リスクを十分に考慮しなければならない(バーゼルIIIの流動性規制についてはバーゼル規制の項、参照)。

流動性リスクの内容
・満期を迎える債権のリファイナンスが困難化。
・ストラクチャーの取決めに、資産の返還が可能であるとか、資産の移管主体に対して流動性の供給を求めることによって実質的に資金調達が30日以内に終了するといった流動性プットが組み込まれていること、等。

ストラクチャードファイナンスの留意事項(注)
SPEやSIV等を介してストラクチャードファイナンスを行う際には、それが連結か否かに関係なく、
・SPEやSIV等の債務の期日
・移管された資産の返還
・流動性のニーズが発生する可能性のあるオプション
等を統合してみる必要がある。

(注) 欧米金融機関の中には、それまで非連結であったSIVを連結対象とする動きもみられる。
(関連用語) サブプライム危機(498頁)、ABCP(1頁)、バーゼル規制(709頁)

SPV、SPC、SPE

　金　融　│　証券化　│　証券取引　│　保　険　│　リスクマネジメント　│　デリバティブ　│　環　境　
　外国為替　│　ITフィンテック　│　金　利　│　ポートフォリオ　│　ファンド　│　電力取引　

SPV、SPC、SPEとは？

SPV（Special Purpose Vehicle、特別目的ビークル）

資産の証券化スキームで、原資産の保有者から資産の譲渡を受けてこれを証券化するビークル（器）。

SPC（Special Purpose Company、特別目的会社）

会社形態をとるSPV。

SPE（Special Purpose Entity、特別目的組織）

SPVと同義。

SPVの機能（図表1）

コンデュイット（conduit、導管）

資産の保有者（オリジネーター）と最終投資家をつなぐ仲介機関。
①オリジネーターから原資産を取得してその管理を行い、その原資産を裏付けにして証券化商品を組成。
②証券化商品を投資家に販売、資金調達をして、これを資産の購入代金としてオリジネーターに支払う。

ビークル（vehcle、器）

SPVはあくまでも器にすぎないことから、証券化のフレームワークに関わるアレンジャーやサービサー等が当事者となり、分担して事務を処理。	
アレンジャー	・投資家のニーズをふまえた証券化スキームの企画。 ・オリジネーターに対する証券化スキームの提案。 ・証券化商品の引受け、販売。
サービサー	債務者から金利と元本を回収、これを投資家に支払う。

倒産隔離

- SPVは、オリジネーターの倒産から隔離される。
- この結果、SPVはオリジネーターより高い格付を取得することが可能。

優先劣後構造

SPVは、資産から生じるキャッシュフローを投資家が持つさまざまなリスク・リターンの選好にマッチするように組み替えて（トランチング）、いくつかの種類の証券（トランシェ）にして発行。

図表1　資産証券化スキームの中のSPVの役割

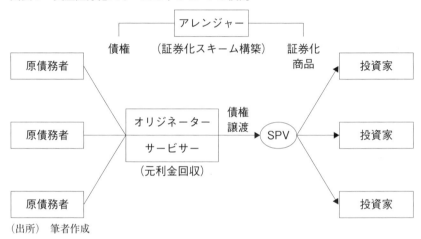

（出所）　筆者作成

SPCに関わる法整備

日本では、特定債権法（特定債権等に係る事業の規制に関する法律）、SPC法（特定目的会社による特定資産の流動化に関する法律）、資産流動化法（資産の流動化に関する法律）が成立・施行、証券化に向けての法整備がなされている（図表2）。

特定債権法（1993年）

対象	リース、クレジット債権の流動化を促進することを目的として制定。
意義	この法律が日本の証券化マーケットの枠組みを形成するベースとなっている。

SPC法（1998年）

| 特定資産を裏付けとして証券を発行する特定目的会社の制度を制定。 |

資産流動化法（2000年）

SPC法改正	SPC法が改正され、資産流動化法となった。
証券化対象の拡大	証券化の対象が財産権一般へと大幅緩和されるなど、日本の証券化の動きを一段と促進する内容となった。

図表2　SPC法と資産流動化法の比較

	SPC法	資産流動化法
証券化の対象	貸付債権などの指名金銭債権、不動産、およびこれらの資産を信託する信託受益権	財産権一般
SPCの最低資本金	300万円	100万円
SPCの設立手続	登録制	届出制
SPCの組織形態	会社型	会社型のほか、信託型（特定目的信託）を導入

（出所）　筆者作成

SPVの種類

SPVは、会社等の法人格や信託という形で形成される。

①TMK

根拠法	資産流動化法	
	SPCとTMK	・特別目的会社は一般にSPCと表す。 ・しかし、資産流動化法によらない特別目的会社もあり、それと区別するために資産流動化法上では特定目的会社とされ、一般的にTMK（Tokutei Mokuteki Kaisya）の略字で表される。
活用	主として、大型案件や長期にわたる案件等に用いられる。	
メリット	・社債の発行ができる。	

		・会社更生法の適用がない。
TMKに関する用語	特定社債	TMKが発行する社債
	特定出資	TMKに対する出資
	優先出資	特定出資に優先する出資
	特定目的借入	TMKが資産取得のために行う金融機関借入れ

②合同会社

根拠法	会社法（2006年5月施行）	
活用	会社法において、流動化・証券化のSPCとして利用されたことを念頭に導入。このスキームを「GK－TKスキーム」とか「GK＋TKスキーム」（GK＝新会社法に定める合同会社、TK＝商法に定める匿名組合）と呼んでいる。	
	匿名組合形式	合同会社をSPCとして用いる場合には、投資家からの出資は商法で定める匿名組合形式で行うことが一般的。
	二重課税回避	これにより、SPCと投資家の双方で課税される二重課税の問題を回避することが可能。
メリット	(i)合同会社の社員は有限責任。 (ii)会社更生法の適用がない。 (iii)計算書類の公告義務も監査役の設置義務もない。 (iv)社員数は1名で良いとされ、コスト節減が可能。	

③取締役会非設置会社

根拠法	会社法（2006年5月施行）
活用	株式会社をSPCに用いる場合には、取締役と株主総会を設置すれば、取締役会や監査役は設置することなく、以前の有限会社とほぼ同じスキームで作ることが可能。
合同会社との相違点	・合同会社とは異なり、会社更生法の適用除外とはならない。 ・仮にSPCとしての取締役非設置会社が会社更生法の適用を受けると、資産の流動化・証券化のスキームに重大な障害が生じる恐れ。 ・合同会社が有限会社の後継者として有力なSPCになりうるのに比べて、取締役非設置会社をSPCとして用いる場合には特に以上の点に留意する必要がある。

④特定受益証券発行信託

根拠法		信託法改正により新たに認められた信託の形態。
活用	信託受益権	信託法の改正前は、信託受益権は、有価証券と認められなかったが、特定受益証券発行信託が発行する証券は有価証券となる。
	倒産隔離機能	・信託制度は、強固な倒産隔離機能を持っている。 ・資産の流動化・証券化に信託をSPCとして用いることにより信託制度が持つ倒産隔離機能を活用可能。
スキーム		・委託者であるオリジネーターが受託者となる信託銀行に資産を譲渡。 ・信託銀行はこれを信託勘定に組み入れたうえで、信託受益権を発行。

⑤海外SPC

根拠法		SPC設置拠点の法律が適用される。
活用	拠点	ケイマン等のタックスヘイブンに置くケースがみられる。
	案件	主として中・小型案件や短期案件、機動的な流動化・証券化を要する案件に用いられる。
チャリタブルトラスト（Charitable Trust、慈善信託）	倒産隔離	・資産の流動化・証券化においては、仮にオリジネーターが倒産した場合には、その影響がSPCに波及してSPCの業務に支障が生じることがないように倒産隔離をスキームの中に組み込むことが必要となる。 ・海外SPCでは倒産隔離の手法としてチャリタブルトラストが活用される。
	慈善信託	チャリタブルトラストは英米法特有の信託の制度。これは、信託期間終了時には信託の残余財産をすべて慈善団体に寄付することを事前に約束した信託。
	倒産隔離の仕組み	・チャリタブルトラストを活用した倒産隔離の仕組みは、ケイマン諸島に設立されたチャリタブルトラスト保有のSPCが国内のSPCの議決権を保有するスキームとなる。

	・これによって、国内のSPCの議決権はチャリタブルトラストという中立的な第三者により保有されることとなる。 ・チャリタブルトラストが保有する議決権は、事実上行使されることがないことから倒産隔離が実現。

⑥中間法人

根拠法	中間法人法
性格	・社員の共通の利益を図ることを目的にし、剰余金を社員に分配しないこととする社団。 ・PTAや親睦団体といった営利法人と公益法人の中間的な団体が想定される。
有限責任中間法人	中間法人には、無限責任中間法人と有限責任中間法人の2種類があるが、このうち有限責任中間法人をSPCとして用いる。
活用	中・小型案件や短期案件を流動化・証券化する際に用いられる。

（関連用語）　サービサー（448頁）、優先劣後構造（869頁）

TRS

| 金融 | 証券化 | 証券取引 | 保険 | リスクマネジメント | デリバティブ | 環境 |
| 外国為替 | ITフィンテック | 金利 | ポートフォリオ | ファンド | 電力取引 |

TRSとは？

　TRS（Total Return Swap、トータル・リターン・スワップ）は、正式には、TRORS（Total Rate of Return Swap、トータルレート・オブ・リターンスワップ）と呼ばれるクレジットデリバティブの一種である。

　信用リスクを取引の対象とするクレジットデリバティブの代表的な商品にはCDS（クレジットデフォルトスワップ）があるが、TRSはCDSに次いで活発に取引されている。

CDSとTRSの相違点

CDS

内容	特定のクレジットイベントが発生したときに補償金が支払われる取引。
クレジットイベント	クレジットイベント発生時に初めて受払いが行われる。

TRS

内容	貸付債権や社債等の参照債務が生むすべての損益（トータルリターン）と変動金利とを交換する取引（図表1）。
クレジットイベント	クレジットイベントの特定、発生なしに受払いが行われる。

図表1　TRSの基本スキーム

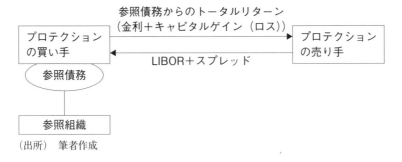

（出所）　筆者作成

TRSの概要

取引当事者

プロテクションの買い手	信用リスクをヘッジする主体。
プロテクションの売り手	信用リスクを引き受ける主体。

フレームワーク

プロテクションの買い手	受取り（注）	変動金利：LIBOR＋スプレッドが用いられることが多い。 参照債務が値下りした場合にはその値下り分。
	支払い（注）	貸付債権や社債等の参照債務からのクーポン。 参照債務が値上りした場合にはその値上り分。
プロテクションの売り手	受取り（注）	貸付債権や社債等の参照債務からのクーポン。 参照債務が値上りした場合にはその値上り分。
	支払い（注）	変動金利 参照債務が値下りした場合にはその値下り分。
上述を、参照債務のインカムゲイン、キャピタルゲイン（ロス）の受払いという概念で整理すると次のとおり。		
プロテクションの買い手	受取り（注）	変動金利＋参照債務のキャピタルロス相当額

	支払い（注）	参照債務のインカムゲイン＋キャピタルゲイン
プロテクションの売り手	受取り（注）	参照債務のインカムゲイン＋キャピタルゲイン
	支払い（注）	変動金利＋参照債務のキャピタルロス相当額

特徴

- 当事者間で、実質的に参照債務の貸し借りを行う効果がある。
- すなわち、参照債務の経済価値はプロテクションの売り手に移転されるが、現金によるネット決済となり、参照債務そのものの移転は生じない。

（注）受払い時期は、定期的に行われることもあれば一括して行われることもある。
（関連用語） CDS（56頁）

TRSの具体例

取引当事者

プロテクションの買い手：A社
プロテクションの売り手：B銀行

参照債務

C社の社債

前提

A社はポートフォリオの中にC社の社債を大量に保有。ところが、B社の業況不振から債券の値下り、さらにはデフォルトの懸念も出てきた。しかし、A社にとってC社は重要なクライアントであり、社債の売却はB社との間の取引関係に悪影響を及ぼす恐れがある。

TRS取引の内容

A社は、取引先のC銀行との間でTRSを締結。
(i) A社は、B銀行に対してC社債のトータルリターンを支払う。
(ii) B銀行は、A社に対してLIBORにスプレッドを上乗せした変動金利を支払う。

TRS期間中	①C社債が値下り、またはデフォルトを起こした場合	B銀行はA社に対して値下り分、またはデフォルトのケースでは債券の元本を支払う。

| | ②C社債が値上りした場合 | A社は値上り分をB銀行に支払う。 |

TRS取引のメリット

A社	実際に社債を手放すことなく信用リスクから解放される。
B銀行	実際に社債を買わなくてもそれに投資したのと同様の効果が得られる。

VAR

金融 | 証券化 | 証券取引 | 保険 | リスクマネジメント | デリバティブ | 環境
外国為替 | ITフィンテック | 金利 | ポートフォリオ | ファンド | 電力取引

VARとは？

　VAR（Value At Risk、バリュー・アット・リスク）は、文字どおりにはリスクにさらされている価値を意味するが、マーケットで取引されている商品の価格が先行き想定される範囲内で動いたときに、最大、どの程度の損失が発生するかを計測する手法である。

　国際決済銀行（BIS）の自己資本規制（バーゼルⅡ）において、各金融機関が自己開発したリスクモデル（内部モデル）においてリスク量を計測する標準的尺度として、VARが選ばれている。

VARの機能と対象リスク

機能

・リスク管理の手法。
・日常的に発生するほど頻繁ではないものの、過去の経験からすると一定の確率で発生するイベントがポートフォリオに与える影響を測定。

対象リスク

マーケットリスク	金利リスク、為替リスク、株価リスク等のマーケットリスクを共通の尺度で計測してそれを合計することで、全体としてのリスク量を客観的に把握可能。
信用リスク	マーケットリスクに限らず信用リスクにも応用（注）。

（注）　マーケットリスクを計測するために一般的に活用されていた手法にベーシスポイントバリュー法（Basis Point Value method、BPV法）がある。これは、金利が1ベーシスポイント（100分の1％）上昇または下降した場合に、個別商品またはポートフォリオの価値がどれだけ変化するかを計測する方法である。BPV法は、金利のほかに為替や株価変動に対する感応度をみるのに使用されてきたが、金利、為替、株価等の変動が相互にどのように作用するかの相関関係が考慮されていない等の欠点がある。

VARの算出

手法

①過去一定の期間（観測期間）に発生した価格変動の実績をベースにして、リスク管理の対象となる有価証券やポートフォリオが一定の期間（保有期間）において、一定の確率（信頼水準）のもとで想定される最大損失額を計測。

②VARの計測は、パラメータにより算出されるリスク量が変動することから、リスク管理の目的に沿った客観的なパラメータを選択することが特に重要。

パラメータ

観測期間 （observation period）	・過去の価格変動データの採取期間。 ・過去の価格変動をみる場合に、どの時期を起点としてどのくらいの期間をとるかを決める必要がある。
保有期間 （holding period）	・リスクの予測期間。すなわち、リスク計測対象のポートフォリオの保有期間。 ・保有期間が長くなるほど、市場流動性リスクが大きくなり、VARで計測されるリスク量は大きくなる。 （例）トレーディング対象のポートフォリオは、明日にも売買の発生可能性があり、保有期間を1日と置く。
信頼水準 （confidence interval）	・一定の確率。たとえば、信頼水準を99％と設定すればVARで測定される損失額は、100回（100日）に99回の確率で発生する価格変動における最大損失額を示す。すなわち、100回のうち99回はVARで算出された最大損失額をオーバーすることはないが、1回はそれをオーバーする可能性があることを意味する。 ・バーゼルⅡの自己資本規制の内部格付手法の信頼水準は99.9％であり、バーゼルⅢも基本的にこれを踏襲している。

VARの活用

①統合的リスク管理

金利・債券、株式、外国為替等から構成されるポートフォリオのマーケットリスクを全体として把握することにより、統合的リスク管理が可能。

②リスクの共通言語

組織内の活用	・組織全体でリスクを「共通言語」として統一的に理解できることにより、リスク管理が効率化。 ・ポートフォリオの構成要素の担当各部門が持つVARが把握できれば、それにより、各部門がどのくらいのリスクをとっているか、またそのリスクが適量か否かを把握することが可能。
ステークホルダーへの情報発信	VARは、トレーディングや投資に関わるマーケットリスク量を社内のみならず、株主や債権者に伝達する方法としても活用可能。

③リスク資本の適正配分

・各部門が抱える適正なリスク量に見合った資本(リスク資本)配分を実施。
・たとえポジションが思わぬロスを被っても、これに耐えられる財務構造を構築することが可能。

④具体例

あるポートフォリオの保有期間1日のVARが99％の信頼区間で1億ドルであるという場合には、次の(i)、(ii)を意味する ((i)=(ii))。
(i)このポートフォリオの最大損失は、100日中99日の確率で1億ドルに収まる。
(ii)このポートフォリオが1億ドルを超える損失を被る可能性は、100日に1日、つまり約3カ月に1回の確率である。

VARショック

VARショックの内容

2003年夏、10年物国債金利が急上昇。

VARショックの原因

・邦銀大手行は、それまで短期ゾーンの国債投資のリターンの低下から、中長期ゾーンの国債投資にシフトし、保有国債のデュレーションを長期化。 ・しかし、ボラティリティの急激な上昇から中長期ゾーンの国債のリスク量が急拡大。

VARショックの結果

このため、VARがリスク管理の上限をオーバー。大手各行はこれをみて一斉に国債を売却、この結果、国債価格は急落、国債金利は0.4%→1.6%に急上昇。

VARショックの教訓

テイルリスク	VARは、過去のデータをベースにして算出されることから、マーケットが過去と異なる動きを示したときには、VARによるリスク計測の問題が表面化。
VAR普及によるハーディング	・VARが多くの金融機関等により採用されている状況下、マーケットが急速に過去のパターンと異なる動きに変わった場合には、多くの金融機関等が一斉に同じ方向でポートフォリオの調整に走る可能性。 ・こうしたハーディング（herding）現象（群集行動）が一段とマーケットの混乱を招来する恐れ。

ファットテイル

ファットテイルの概念

・VARのモデルの中に、資産の価格変動が正規分布に従うとの仮定が置かれている。 ・しかし、マーケットがストレス下にある場合には、正規分布が想定している以上の変動を示し、最大損失額もVARによる計算結果よりも大きくなる。 ・この場合、分布の形状は正規分布に比べて釣鐘の裾が厚くなる。これをファットテイル（fat tail）という（図表1）。

図表1　ファットテイルのイメージ

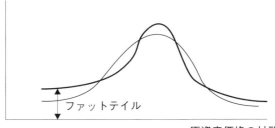

（出所）　筆者作成

ファットテイル発生の背景

モデルが、ボラティリティ、およびマーケット間や資産相互間の相関関係について、マーケットが平時にある時の計数を前提にして構築されていることによる。

VARの限界と補完ツール

テイルリスク

VARでは、リターンの分布について正規分布を前提としているために、ファットテイルを把握することができず、この結果、マーケットがストレス下にあり、ボラティリティが大きくなる状況では、大幅な価格変動の発生する確率を過小評価する欠点を持つ。この過小評価リスクをテイルリスク（tail risk）という。

VARの補完ツール

①ストレステスト	市場参加者は、VARの持つ欠陥を補完する手法としてストレステストを活用。
②条件付VAR（Conditional VAR）またはEVT（Extreme Value Theory）	・ポートフォリオの損益の「全体」を確率分布でモデルにするのとは別に、損失の最大値である「テイルの部分」に着目して分析する手法。 ・この手法では、損益のテイルの部分のうち、問題にしている「損」が大きくなる部分に着目して、それがどのような確率分布に従っているかを分析。

	・具体的には、通常のVARを計算して、そのVAR以下の部分の平均値をとるという形で条件付期待値を出す。そして、これをベースにして正規分布を前提にVARを計算。 ・この結果、条件付VARは、通常のVARより大きな値となり、保守的な計測が可能となる。なお、こうした手法は、保険料率の計算などに活用されている。

クレジットVAR

　VARは、統計的手法を使用していることからリスクを定量的に把握でき、損失限度額との比較も容易である。このため、VARはマーケットリスクのみならず、信用リスク等の定量的リスクの計測にも活用されている。こうしたVARの信用リスクへの適用を「クレジットVAR」と呼んでいる。
　もっとも、クレジットVARでは、保有期間や発生確率等の点でマーケットリスクとは異なることに留意する必要がある。

保有期間

マーケットリスク	・保有期間は、ポジションの手仕舞いに要する期間やポートフォリオの運用方針のレビューの頻度等を勘案のうえ決める。 ・したがって、日々変動するマーケットリスクでは保有期間は1日からせいぜい数週間と極めて短期間をとる。
信用リスク	・信用状態の変動は、長い期間の中でみられることが一般的。 ・したがって、保有期間は、マーケットリスクの場合よりもはるかに長く設定される。

発生確率

マーケットリスク	利益・損失が正規分布で左右対称に同じ確率で裾野が広がる形状を想定。
信用リスク	・信用リスクは、リスクが表面化することなく推移する確率が圧倒的に大きい。したがって、信用リスクでは損失が生じる確率は小さくなるが、いざそれが現実化すれば金額は大きなものとなるこ

とから、釣鐘型の裾野が厚いファットテイルの形をとる。

・VARは一定の期間に一定の確率で発生する最大損失額を示したもので、一定の確率以下のところで発生する損失額はいくらになるかを示したものではない。

・したがって、損失が生じる確率は小さいものの、いざそれが現実化すれば金額は大きなものとなる信用リスクの特性が表面化した場合には、VARではそのリスクの大きさ自体は明らかにされない。

VIX

金融 | 証券化 | 証券取引 | 保険 | リスクマネジメント | デリバティブ | 環境
外国為替 | ITフィンテック | 金利 | ポートフォリオ | ファンド | 電力取引

VIXとは？

VIX（Volatility Index）は、シカゴオプション取引所で最も活発に取引されているS&P500オプションのプレミアムから逆算されるインプライド・ボラティリティを指数化したものである。

VIXの活用

投資家の先行き相場をみるセンチメントを測ることができる指標。

VIX＝恐怖指数

・VIXの上昇は、多くの投資家が先行き株式相場が荒れ模様の展開になることを予想している兆候である、とされる。
・こうしたことから、VIXは、「恐怖指数」（fear index）とも呼ばれる。

VIXのデータ

対象指数

・S&P500
・ダウ工業株平均（DJIA）
・ナスダック100
・ラッセル2000
単に、VIXという場合にはS&P500オプションのVIXを指す（図表１）。

図表1　VIX（S&P500）の推移

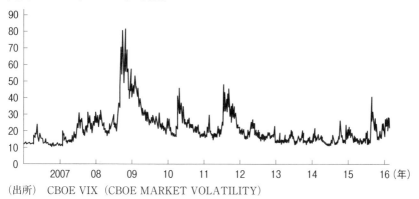

(出所)　CBOE VIX（CBOE MARKET VOLATILITY）

期間

・1986年1月からのデータを公表。
・これにより、1987年10月のブラックマンデーの株価大暴落の前後のVIXを分析することが可能。

間隔

分刻みで算出、公表。

過去においてVIXが高水準を記録したケース（平穏時：20前後）

	イベント	VIX指数
1990年8月	イラクのクウェート侵攻	36
1997年10月	アジア通貨危機	38
1998年8月	ロシア危機とLTCM破綻	45
2001年9月	米国同時多発テロ	44
2002年7月	エンロンの不正経理事件発覚	45
2003年3月	米国のイラク侵攻	34
2008年9月	リーマンブラザーズの破綻	42
2008年10月	グローバル金融危機の深刻化	81
2011年8月	ユーロ危機による世界同時株安	50

インプライド・ボラティリティとVIXの算出

インプライド・ボラティリティ

・実際にマーケットで取引されているオプション価格から逆算して導出されたボラティリティ。
・市場参加者が先行きの株価変動をどのように予想しているかを示す指標。

上昇	先行きの株式相場の展開が波乱含みとなることを予想。
下落	先行きの株式相場の展開が平穏であることを予想。

インプライド・ボラティリティの平均回帰

大きなイベントがあったときにインプライド・ボラティリティは急上昇するが、その後、しばらくすると平時の水準に落ち着く。このような性格を「ボラティリティの平均回帰」という。

VIXの算出

S&P500オプションの幅広い権利行使価格をカバーするコールオプションとプットオプションの双方について、満期までの期間が短いアットザマネー（ATM）とアウトオブザマネー（OTM）オプションを対象にしたオプションの価格を加重平均して１本の値で表す。

恐怖指数（fear index）

株価下落予想

・VIXの上昇は、多くの投資家が、先行き株式相場が荒れ模様の展開になることを予想している兆候である、とされる。
・すなわち、VIXの上昇はインプライド・ボラティリティの上昇を意味し、したがって、先行き投資家が株価の大幅変動を予想しているシグナルの発信とみることができる。
・過去の統計から株式市場の平穏時のVIXは20前後であり、VIXが35辺りの水準を超えるまで上昇すると、投資家が神経質となったことを示すとされる。

株価上昇予想

・VIXの上昇は株価の下落局面だけではなく、1995年初や1997年央のように株価の上昇局面のように投資家が神経質であるときにみられることがある。

・しかし、VIXの上昇は、株価上昇局面よりも株価下落局面において顕著に観察されることが実証研究で明らかにされている。
・これは、株式ポートフォリオを保有している投資家が、株価下落のヘッジのためにプット買いに走るためにプットの価格が上昇し、その結果、インプライド・ボラティリティの上昇、すなわちVIXの上昇につながることによると考えられている。

情報発信

ウォールストリートジャーナルやCNBC、ブルームバーグ等では、ダウ平均やS&P500の株価指数と同時に、株式相場を予想する指標としてVIXを報じている。

（関連用語）　ボラティリティ（843頁）

アクティビストファンド

| 金融 | 証券化 | 証券取引 | 保険 | リスクマネジメント | デリバティブ | 環境 |
| 外国為替 | ITフィンテック | 金利 | ポートフォリオ | ファンド | 電力取引 |

アクティビストファンドとは？

　アクティビストファンド（activist fund）は、上場企業の株式を取得したうえで、株主発言権を背景に経営陣に対してさまざまな要請を行い、この結果、株価が上昇したところで、株式を売却してキャピタルゲインを狙うファンドである。

　こうしたことから、アクティビストファンドは「もの言う株主」と呼ばれることもある。

アクティビストファンドの対象企業と活動内容

対象企業

典型的な例は、非効率な経営から株価が割安に放置されている企業。

対象企業の選択

アクティビストファンドが投資対象企業を探索する場合の代表的な指標
・PBR（株価純資産倍率）
・配当性向
・剰余金の水準
・不稼働資産の存在等

活動内容

①経営陣に対する要請	経営陣に対する提案や意見交換の形をとりながら、企業価値の増大・株価の上昇を図るための戦略見直しや増配等、会社経営方針に関するさまざまな要請を行う。
②要請の具体例	・不稼働不動産の早期売却による資産の効率化向上 ・不採算部門の切捨てによる企業経営の適正化 ・増配 ・自社株買い
③出口戦略 （exit strategy）	株価がフェアプライスの水準まで上昇したと思われるところで、保有株式を売却してエグジット（exit）、キャピタルゲインを獲得。

アクティビストファンドの特性

アクティビストファンドの特性をバイアウトファンドとの比較でみると、次のとおり。

特性

アクティビストファンド	経営に口を出す。
バイアウトファンド	経営に手を出す。

活動内容の特徴

株式取得	アクティビストファンド	対象企業の数％から多くても数十％の株式取得にとどめる。
	バイアウトファンド	対象企業の株式の過半数を取得して支配権を掌握。
具体的活動内容	アクティビストファンド	あくまでも現在の経営陣を前提として、経営方針の変更を迫り、その結果、企業価値の増加を図りエグジットする。
	バイアウトファンド	企業のビジネスプランの練り直しから、必要があれば現経営陣を追い出して新経営者を送り込んだり、スタッフのリストラ等、実質的な経営改革を行い、その結果、企業価値の増加を図りエグジットする。
投資からエグジットまでの期間	アクティビストファンド	短期決戦の戦略。
	バイアウトファンド	長い期間をかけて企業価値を増やすことを指向。

アクティビストファンドの機能

アクティビストファンドの機能に対しては、相対立する評価がある。

批判的な見方

・目先の利益しか眼中になく、性急で無謀な要求を突きつける。
・一時的な株価上昇の効果はあるとしても、必ずしも企業の中長期的成長ないし企業価値の増大に資することにならない。

肯定的な見方

・株主として厳しく企業経営の監視を行うコーポレートガバナンスの機能を果たす。
・マネジメント層に対して経営の適正化、規律強化に向けての緊張感を与える。

経営陣のアクティビストファンドへの対処

・アクティビストファンドの要請を自社の経営に反映させた場合の真の効果を十分分析する必要がある。
・要請を取り入れるかどうか、取り入れるとすればどのようなタイミングで、どのような内容にするのが長期的にみて企業価値増大に資するかを慎重に検討する必要がある。

(関連用語)　PBR（157頁）、配当性向（157頁）、バイアウトファンド（720頁）

アクティブ運用、パッシブ運用

[金融] [証券化] [証券取引] [保険] [リスクマネジメント] [デリバティブ] [環境]
[外国為替] [ITフィンテック] [金利] [ポートフォリオ] [ファンド] [電力取引]

アクティブ運用、パッシブ運用とは？

アクティブ運用（active management）、パッシブ運用（passive management）は、ポートフォリオの運用手法で、アクティブ運用は市場に非効率性が存在することを前提とし、パッシブ運用は効率的市場仮説をベースとする。

運用手法

アクティブ運用	市場の効率性と株価の見方	市場の効率性	必ずしも効率的ではない。
		株価の見方	本来の価値を的確に反映していないこともある。
	指向するリターン		株価の歪みを捉えることにより市場のパフォーマンスを上回るリターンの獲得を指向。
パッシブ運用	市場の効率性と株価の見方	市場の効率性	常に効率的であることを前提。
		株価の見方	株価は各種の情報を的確に反映して形成されている。
	指向するリターン		マーケットを上回るリターンを得ることは難しいとして、市場のパフォーマンスに極力近いリターンの獲得を指向。

アクティブ運用の具体的手法

①ティルト戦略（tilt strategy）

内容	・さまざまなファクターの中から、相対的に高いリターンをもたらすファクターを選択。 ・ベンチマークに比べてそのファクターのウェイトを高くする運用手法。
特性	ベンチマークを基準にしてそれから高リターンのファクターに傾斜させる手法であり、パッシブ運用をベースにしたアクティブ運用。
具体例	ティルトさせるファクターの具体例： 割安株、成長株、低PER株、高配当株等。

②シナリオ運用(scenario management)

内容	資金運用者が、先行きのマーケットの展開のシナリオを想定して、この想定シナリオに沿った形でポートフォリオを運用。
運用ステップ	トップダウンアプローチで銘柄選択を行う。 ・まず、マクロ経済の姿やマーケットの先行きについての予想作業を実施。 ・次に、これをもとにして将来有望な業種を選択。 ・続いて、その業種から有望な銘柄の株を選択。

③マーケットタイミング(market timing)

内容		マーケットの状況次第によって、市場感応度の指標であるβ(ベータ)を大きくしたり小さくしたりする手法。
	相場上昇の局面	βを大きくする。
	相場下降の局面	βを小さくする。
運用の具体的方法	現物による方法	・ポートフォリオの中のβ値が低い株から高い株への入替え、あるいはその逆の取引を行う。 ・取引コストが嵩むとか、流動性が薄い場合には思うように運用できない流動性リスクがある。
	デリバティブを活用する方法	・上げ相場にあるときは先物を買うかコールオプションを買い、逆に下げ相場に入ったときには先物を売るかプットオプションを買う。 ・デリバティブ取引が持つ低コストと厚い流動性の特徴を活用することができる。

パッシブ運用の具体的手法

　パッシブ運用は、マーケット全体のパフォーマンスに追随(トラック)するポートフォリオを構築する手法である。

マーケット全体に相当するもの	一般的に日経平均株価、TOPIX、S&P500等の株価インデックスを使用。

| インデックス運用 | パッシブ運用は「インデックス運用」（index management、index investment）とも呼ばれる。 |

①完全法（perfect match）

内容		ポートフォリオの構成ウェイトを、インデックスの構成銘柄とまったく同じウェイトにする方法。
特性	メリット	トラッキングエラーがない。
	デメリット	インデックスは広範にわたる銘柄から構成されていることから、資金量、流動性、取引コスト、インデックスの構成内容の変化への追随コストを要する。

②層化抽出法（stratified sampling）

内容	母集団をいくつかの層にグループ分けして、そのグループの中から適宜サンプルとなる銘柄をピックアップする手法。
運用ステップ	(i)インデックスを構成する全銘柄を母集団として、それを業種、株価の高低、会社の時価総額の大小等の基準によっていくつかの層にグループ分けする。 (ii)各々の層の中からその層の代表となる銘柄をいくつか選択する。 (iii)各層から選択した銘柄をコンバインしてポートフォリオを構築する。
特性	採用銘柄が多数にのぼるTOPIXのような指数をトラックする場合に、より少ない銘柄数でインデックスのパフォーマンスに近似できる手法として実務的で幅広く採用されている。

③最適化法（optimization）

内容	インデックスと同じ動きをするように、二次計画法等を用いて条件設定をしたうえで最適解を求める方法。
運用の具体的方法	ポートフォリオを構成する各銘柄に共通であるコモンファクターリターンとポートフォリオの構成

	銘柄が持つ固有リターンとの分散を最小化することにより、最適ポートフォリオを構築。
活用	実務に適した手法であり、パッシブ運用を行う際に幅広く採用されている。

(関連用語) CAPM（26頁）、効率的市場仮説（416頁）、PER（157頁）、オプション（273頁）、オプション戦略（279頁）

アセットアロケーション

金融　証券化　**証券取引**　保険　リスクマネジメント　デリバティブ　環境
外国為替　IT フィンテック　金利　ポートフォリオ　ファンド　電力取引

アセットアロケーションとは？

アセットアロケーション（asset allocation）
運用資金をどの「資産クラス」にどれだけ配分するかを決めること（図表1）。

図表1　アセットアロケーションの基本スキーム

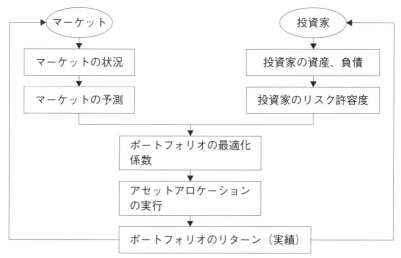

(出所)　筆者作成

資産クラス（asset class）
株、債券、現金ないし現金同等物等の区分。

アセットアロケーションの目的

分散投資
アセットアロケーションにより、資産クラスのレベルで分散投資を行うことを指向。

具体例	株のみといった特定の資産クラスに集中投資をすることを避け、株、債券、現金等への分散投資を行う。

最適ポートフォリオの構築

分散投資によるリスク削減効果により、最小のリスクで最大のリターンを得る効率的ポートフォリオの構築を指向。

各種のアセットアロケーション戦略

①戦略的アセットアロケーション

Strategic Asset Allocation、SAA（注）
中長期的なアセットアロケーションを実施。

②戦術的アセットアロケーション

Tactical Asset Allocation、TAA
短期間にアセットアロケーションの見直し作業を頻繁に実施。

③ダイナミックアセットアロケーション

Dynamic Asset Allocation、DAA
頻繁にアセットアロケーションの見直しを実施、中長期的に望ましい成果をあげることを指向。

（注） Policy Asset Allocation、PAAともよばれる。

SAA、TAA、DAAの対比表

戦略

①SAA	目的	中長期的に最適ポートフォリオ構成を指向。
	リバランスの頻度	たとえば1～3年に1回というように、リバランスは頻繁には行わない。
	マーケットの状況	マーケットの状況に左右されない。
	投資家の資産負債状況	投資家の資産、負債状況に左右されない。
②TAA	目的	マーケットの一時的な歪みを捉えて利益をあげることを指向。

	リバランスの頻度	マーケットの状況変化に応じてリバランスを頻繁に行う。
	マーケットの状況	マーケットの状況変化に応じてあらためて予測を実施、それをアセットミックスに反映。
	投資家の資産負債状況	投資家の資産、負債状況に左右されない。
③DAA	目的	マーケットの状況悪化からポートフォリオ価値の減少を防ぐ一方、フォローの動きがあれば、それから利益をあげることを指向。
	リバランスの頻度	マーケットの状況変化に応じてリバランスを頻繁に行う。
	マーケットの状況	マーケットの状況変化の実勢に応じてアセットミックスを変更。
	投資家の資産負債状況	投資家の資産、負債状況が投資家のリスク許容度にインパクトを及ぼし、これに応じアセットミックスを変更。

SAA、TAA、DAAの概要

①SAA（戦略的アセットアロケーション）

目的	中長期的なリターン獲得。
リバランスの頻度	たとえば、3年に1回見直しを行い、株○割、債券○割、現金同等物○割等といった形に決定。
運用手法	・見直しを行った後、次の見直しが行われるまではアセットクラスの割合を一定に置くコンスタントミックス戦略を採用。 ・期間収益、リスク、期間は一定との前提を置く。
マーケットの状況	短期間のマーケットの状況変化は予測値に反映されず、マーケットの状況と予測作業は分断。
投資家の資産負債状況	・いったんアセットミックスの割合が決定されたら、投資家の資産・負債状況によりこれを変えることはない。 ・投資家の資産・負債の状況の変化がリスク許容度に影響を与えないとの前提。

②TAA(戦術的アセットアロケーション)

目的	マーケットの非効率性によりアセットクラス間に一時的に価格の歪みが生じた場合には、そのタイミングを捉えてアロケーションを変更、リターンを獲得。	
リバランスの頻度	短期間のうちにアセットアロケーションを見直す。	
運用手法	株、債券、現金等の間のスイッチを頻繁に行う。	
	逆張り	マーケットで株価上昇時には割高と判断して株を売り、逆に株価下落時には割安と判断して株を買い増す逆張り運用となる。
マーケットの状況	転々と変わるマーケットの状況を常時ウオッチして最新のデータをベースにして将来の期待収益やリスク等の予測を行い、その結果、利益獲得の機会があると、機動的にこれをアセットアロケーションの変更に結び付ける。	
投資家の資産・負債状況	投資家のリスクは、投資家の資産・負債状況に左右されず一定との前提を置く。	

③ダイナミックアセットアロケーション(Dynamic Asset Allocation、DAA)

目的	短期的なマーケットの状況から利益を得るというより、投資家の投資目標に沿って中長期的に望ましい成果をあげることを指向。	
リバランスの頻度	TAA同様、頻繁にアセットアロケーションの見直しを行う。	
運用手法	フロア	アセット(株と無リスク資産の合計)の水準が最低限度(フロア)を割り込まないように運用。すなわち、ポートフォリオの資産規模がフロアを上回る幅が大きくなれば株への投資を増やし、逆に資産がフロアまで落ち込んだ場合には資産全額が無リスク資産に運用される。
	順張り	TAAとは逆に株価が上昇すれば株のウェイトを高め、株価が下落すれば株のウェイトを減らす順張り運用となる。
マーケットの状況	・投資期間中は、期待利益、リスク、相関は一定とする。したがってマーケット状況の変化が期待利益等に変化を及ぼすことはない。	

	・マーケットの状況、予測と期待利益、リスク、相関とは分断。
投資家の資産負債状況	・投資家のリスク許容度に敏感に影響を及ぼす。すなわち、資産規模が大きくなればリスク許容度は大きくなり、株への投資割合が大きくなり、逆に資産規模が小さくなればリスク許容度は小さくなり、無リスク資産への投資割合が大きくなる。 ・資産規模がフロアへ接近するにつれて株への投資割合がだんだんと減っていって、フロア到達の際にはポートフォリオは、株ゼロ、無リスク資産100％の構成となる。

アセットファイナンス

| 金融 | 証券化 | 証券取引 | 保険 | リスクマネジメント | デリバティブ | 環境 |
| 外国為替 | ITフィンテック | 金利 | ポートフォリオ | ファンド | 電力取引 |

アセットファイナンスとは？

アセットファイナンス（asset-backed finance）は、保有資産を活用した資金調達手法の総称である。

すなわち、企業は、資金を調達してそれを原材料、商品の仕入資金や設備投資に振り向けてビジネスを展開、リターンを獲得するが、こうしたビジネスを展開するプロセスでさまざまな資産を保有することとなる。

そして、企業が保有するある特定の資産を活用して資金調達をする手法がアセットファイナンスである。

コーポレートファイナンスとアセットファイナンスの比較

企業の伝統的な資金調達方法であるコーポレートファイナンスと新たな資金調達方法であるアセットファイナンスを比較すると次のとおり（図表1）。

資金調達の裏付け

アセットファイナンス	・企業が保有する特定の資産。 ・企業が保有する特定の資産から生まれることが予想される収益ないしキャッシュフローが裏付け。
コーポレートファイナンス	・企業の価値ないし信用力全体。 ・企業全体から生まれることが予想される収益ないしキャッシュフローが裏付け。

企業保有の売掛債権の例

アセットファイナンス	信用力査定の対象	企業の信用力ではなく、あくまでも売掛債権が生むキャッシュフローに焦点が置かれ、売掛債権の債務者の信用力が査定のポイントになる。
	デフォルトの場合	資金回収の対象：企業保有の特定の売掛債権に限定。
コーポレートファイナンス	信用力査定の対象	金融機関は、企業の信用力全体を融資判断の基礎に置いて審査を行う。

| | デフォルトの場合 | 資金回収の対象：企業が保有するすべての資産が対象。 |

図表1　コーポレートファイナンスとアセットファイナンスのイメージ

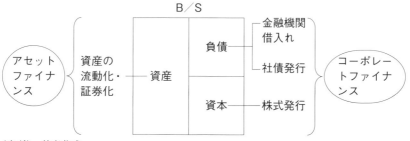

(出所)　筆者作成

アセットファイナンスの種類

①資産の証券化（securitization of asset）

概念	文字どおり、資産を有価証券の形にして市場で流通させる。
特徴	金融機関借入れは、基本的に金融機関と借り手との間の1対1の「相対（あいたい）取引」であるが、アセットファイナンスは多くの投資家を対象とする「市場取引」をその本質とする。

②ABL（Asset-Based Lending、Asset-Based Loan、動産担保融資）

概念	金融機関が行う融資において、企業の原材料、売掛債権、商品在庫に着目、そうした資産から生まれるキャッシュフローを担保とする融資。
特徴	企業活動そのものに担保価値を見出す新たなファイナンス手法。

(関連用語)　ABL（5頁）、売掛債権証券化（251頁）

アレンジャー

金融 | 証券化 | 証取引 | 保険 | リスクマネジメント | デリバティブ | 環境
外国為替 | ITフィンテック | 金利 | ポートフォリオ | ファンド | 電力取引

アレンジャーとは？

アレンジャー（arranger）は、資産の証券化スキームやプロジェクトファイナンスの組成、構築にあたって、中心的な役割を果たす主体をいう。

アレンジャーの代表的なケース

①資産の証券化スキームにおけるアレンジャー

機能		・資産の証券化スキームでは、SPV（Special Purpose Vehicle、特別目的ビークル）がオリジネーターから原資産を譲受して、証券化。 ・SPVは器にすぎないことから、実際に証券化事務を処理する当事者が必要。アレンジャーは、こうした実働部隊の主要な当事者。
アレンジャーとなる主体		多くの場合、銀行や証券会社、ファイナンス会社。
具体的業務	①証券化スキームの企画	証券化商品の投資家のニーズをくみ取り、それをふまえた証券化スキームを企画。
		スキームの内容: (i)証券化商品のスペック（発行金額、期間、優先劣後構造のトランチングの構築内容、金利等） (ii)投資家の払込金の運用方法 (iii)信用補完
	②証券化実行プランの決定	アレンジャーが企画したスキームをオリジネーターに提案、協議のうえ、証券化実行プランを固める。
	③証券化商品の引受け・販売	SPVが発行した証券化商品を引き受けて、それを投資家に販売。

②シンジケートローンにおけるアレンジャー

機能	協調融資団の主幹事としての役割を果たす。
アレンジャーとなる主体	金融機関。多くの場合、シンジケートローンの借り手となる企業のメインバンク。
具体的業務	(ⅰ)企業や投資家の情報をもとに融資条件を固める。 (ⅱ)参加金融機関の募集を行う。 (ⅲ)参加金融機関が決定したら、融資額の割当調整、融資契約書の作成を行う。 (ⅳ)シンジケートローンのスキームに従って融資の実行を行う。

(関連用語) SPV（191頁）、証券化（542頁）、優先劣後構造（869頁）、信用補完（578頁）、シンジケートローン（556頁）

イールドカーブ

`金融` `証券化` `証券取引` `保険` `リスクマネジメント` `デリバティブ` `環境`
`外国為替` `ITフィンテック` `金利` `ポートフォリオ` `ファンド` `電力取引`

イールドカーブとは？

イールドカーブ（yield curve）は、期間別の金利の水準を曲線で表したものである。イールドカーブは、通常、縦軸に利回りを、横軸に期間をとって描く（図表1）。

順イールドカーブ（positive yield curve）

> 長期金利が短期金利より高い関係にある。

逆イールドカーブ（negative yield curve）

> 短期金利が長期金利より高い関係にある。

長短金利の動き

金利が変動する場合に、短期金利と長期金利が歩調をあわせて同じ方向に同じ幅だけ上下する保証はない。たとえば、目先き景気の回復期待が高まって短期金利が急上昇する一方、長期金利は短期金利に比べると上昇の動きが鈍い場合には、イールドカーブはフラットになるほうに動く。逆に、短期金利より長期金利のほうが上昇幅が大きい場合には、イールドカーブは立つことになる。

各種のイールドカーブの形状変化パターン（図表1）

パラレルシフト（parallel shift）	イールドカーブが短期から長期に至るまで一定の幅で上昇するか下降する平行移動するパターン
フラットニング（flattening）	短期の金利上昇、長期の金利下落等からイールドカーブの傾きが緩くなるパターン
スティープニング（steepening）	短期の金利下落、長期の金利上昇等からイールドカーブの傾きが急になるパターン
ポジティブバタフライ（positive butterfly）	短期、長期上昇、中期下落となるパターン
ネガティブバタフライ（negative butterfly）	短期、長期下落、中期上昇となるパターン

図表1　イールドカーブ

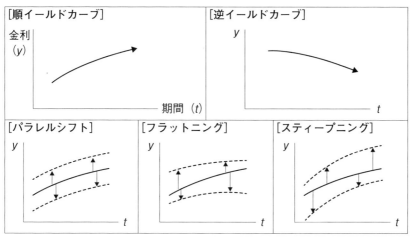

（出所）　筆者作成

一括決済方式

金融 | 証券化 | 証券取引 | 保険 | リスクマネジメント | デリバティブ | 環境
外国為替 | ITフィンテック | 金利 | ポートフォリオ | ファンド | 電力取引

一括決済方式とは?

一括決済方式は、債権者と債務者、それに債務者の取引先金融機関の三者間で行われる契約に基づく決済方式である。

一括決済方式は、親企業が下請企業に下請代金の支払いを行う手法に活用されている。

債権・債務者、および仲介

債権者	下請企業	
	一括決済方式採用の場合	金融機関から下請代金相当額の貸付や支払いを受ける。
債務者	親企業	
	一括決済方式採用の場合	下請代金相当額を金融機関に支払う。
債権者・債務者の仲介	金融機関	
	一括決済方式採用の場合	・親企業から下請代金相当額を受け取る。 ・下請企業に下請代金相当額を貸し付け、または支払う。

一括決済方式の種類

一括決済方式には、①債権譲渡担保方式、②ファクタリング方式、③併存的債務引受方式の3種類がある。

①債権譲渡担保方式

下請業者が売掛債権を担保にして金融機関から融資を受ける方式。

②ファクタリング方式

下請業者が売掛債権を金融機関に譲渡して、金融機関から支払いを受ける方式。	
信託方式	ファクタリング方式には、信託を用いて投資家に

	信託受益権を譲渡することにより下請企業が売掛債権を回収する方式も含まれる。

③併存的債務引受方式

金融機関が親企業が持つ買掛債務を引き受け、下請業者に支払う方式。

ファクタリング方式の具体例

一括決済方式の具体例をファクタリング方式でみると、次のようなステップで行われる（図表1）。

①売掛債権・買掛債務の発生

・下請企業は親企業に対して部品を納入。 ・この結果、下請企業に売掛債権が、親企業に買掛債務が発生。

②売掛債権の買取り

・親企業は、多くの下請企業に対する買掛債務データを一括して自分の取引先銀行に送付。 ・親企業は下請企業の代理として、取引先銀行に対して下請企業保有の売掛債権の買取りを依頼。

③下請企業の代金回収

以下の選択をすることが可能。	
期日前決済	・売掛債権の流動化による期日前に代金回収。 ・銀行に対して一定の割引料を支払う。
期日決済	売掛債権の期日に代金回収。

④買掛債務の決済

親企業は、期日到来時に一括して銀行に買掛債務の金額を支払う。

図表1　一括決済方式の基本スキーム（下請企業が親企業に対して売掛債権を保有するケース）

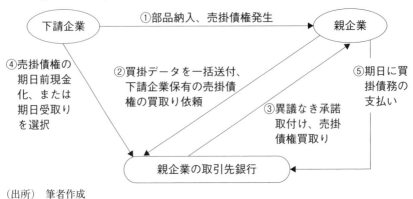

（出所）　筆者作成

一括決済方式に関する公正取引委員会指針

　一括決済方式は、親企業主導のもとに実施されることが多く、一括決済方式をとることにより下請業者の不利益となることがないよう、公正取引委員会では指針を発出して適正運用を促進している。

下請業者が不利益となる事例

・下請業者が売掛債権の回収に際して不利な条件に変更される。
・下請業者にとって金融機関の選択肢が狭められる等。
公正取引委員会の指針の主要項目をピックアップすると次のとおり（注）。

一括決済方式への加入

> ・下請業者の自由な意思によることとする。
> ・加入下請業者に対し、支払条件を不利に変更したり、一括決済方式への変更費用を負担させたりしてはならない。

契約期間

> ・1年以内とし、相当の予告期間をおいて中途契約を可能とする。
> ・契約の自動更新は、当分の間、文書により下請業者に対して更新の意思の有無を確認すること。

手形との併存

一括決済方式に加入した下請業者が、下請代金の一部について手形による支払いを希望する場合にはこれに応じること。

代金決済期間

下請代金の支払期日から下請代金債権相当額を金融機関に支払う期日までの期間（手形交付日から手形の満期までの期間に相当）は、120日以内（繊維業の場合は90日以内）とすること。

(注)　「一括決済方式が下請代金の支払手段として用いられる場合の下請代金支払遅延等防止法及び独占禁止法の運用について」（昭和60年12月25日事務局長通達第13号）、改正 平成11年7月1日事務総長通達第16号、「一括決済方式が下請代金の支払手段として用いられる場合の指導方針について」（昭和60年12月25日取引部長通知）、改正 平成11年7月1日取引部長通知

移動平均線

[金融] [証券化] [証券取引] [保険] [リスクマネジメント] [デリバティブ] [環境]
[外国為替] [ITフィンテック] [金利] [ポートフォリオ] [ファンド] [電力取引]

移動平均線とは？

　移動平均線（Moving Average、MA）は、テクニカル分析の一手法で、たとえば直近5日の株価を毎日算出してそれを連続するグラフにしたものである。

　移動平均線をみることにより、相場の一時的な動きを捨象して趨勢的な動きを把握することができる。

移動平均線の対象期間

短期線

5〜10日

長期線

200日まである。

移動平均線の算出

設例：10日移動平均線

第1日目	直近10日の終値の合計÷10
第2日目	一番古い日を捨てて、かわりに直近日の終値を追加した合計÷10
第3日目	一番古い日を捨てて、かわりに直近日の終値を追加した合計÷10

これを繰り返して、その結果をグラフにすることにより10日移動平均線となる。

移動平均線の特徴

ノイズの排除

価格のランダムな変動からノイズ（noise）を取り除いて、価格のトレンドを把握可能。

遅行指標

過去の価格を基準とすることから、価格の動きに遅行。

移動平均法の種類

代表的な種類は次のとおり。

単純移動平均（Simple Moving Average、SMA）

・一定の期間の価格の単純平均値。 ・一般に移動平均といえば、単純移動平均を指す。

指数移動平均、加重移動平均（Exponential Moving Average、EMA）

近い日の価格にウェイトを置いた平均値。

移動平均法の活用

①相場動向の把握

相場の方向	上昇トレンド、下降トレンド
相場の局面	支持線、抵抗線

②買い局面、売り局面の把握

(i)ファスト曲線、スロー曲線	たとえば5日と25日という日数の異なる移動平均線を2本引く。	
	ファスト曲線 (fast curve)	日数の少ない移動平均線（たとえば5日）
	スロー曲線 (slow curve)	日数の多い移動平均線（たとえば25日）
(ii)ゴールデンクロス、デッドクロス（図表1）	ゴールデンクロス (golden cross)	・ファスト曲線がスロー曲線を下から上にクロス ・買いのシグナル
	デッドクロス (dead cross)	・ファスト曲線がスロー曲線を上から下にクロス ・売りのシグナル

図表1　ゴールデンクロスとデッドクロスのイメージ

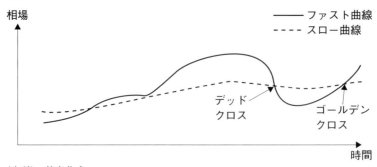

(出所)　筆者作成

イミュニゼーション戦略

金融 / 証券化 / 証券取引 / 保険 / リスクマネジメント / デリバティブ / 環境
外国為替 / ITフィンテック / 金利 / ポートフォリオ / ファンド / 電力取引

イミュニゼーション戦略とは？

イミュニゼーション戦略（immunization strategy）は、金利変動に対して債券ポートフォリオの価値を中立化する戦略である。

イミュニゼーション

金利の変動により債券ポートフォリオの価値が影響を受けることを免疫化（immunize）。

免疫化の手法

金利変動に伴う「債券ポートフォリオ価値の増減」を「クーポンの再投資利益の増減」が相殺。

リバランス

免疫化のために債券ポートフォリオの構成を変更することを「リバランス」（rebalance）という。

イミュニゼーション戦略の基本

金利の変動リスク

金利の上昇	金利変動が債券ポートフォリオの価値に与える影響	キャピタルロス＝債券ポートフォリオの元本価値の減少
	イミュニゼーション戦略の狙い	金利上昇からクーポン収入の再投資利益が増加、これがキャピタルロスを相殺。
	イミュニゼーション戦略の内容	債券投資の期間＝債券ポートフォリオのデュレーション
金利の下落	金利変動が債券ポートフォリオの価値に与える影響	キャピタルゲイン＝債券ポートフォリオの元本価値の増加
	イミュニゼーション戦略の狙い	金利下落からクーポン収入の再投資利益が減少、これがキャピタルゲインを相殺。

イミュニゼーション戦略の内容	債券投資の期間＝債券ポートフォリオのデュレーション

イミュニゼーション戦略の手法

①現物ベースの取引

内容	手持ちの債券を入れ替える手法。
特性	・債券の売買にかかる手数料が嵩む。 ・債券の現物の流動性が薄い場合には、債券売買によるマーケットインパクトを伴う恐れ。

②債券先物取引

内容	債券の現物ポートフォリオはそのままにして、債券先物取引によりイミュニゼーション戦略を行う手法。
特性	先物が持つ手数料の安さと、流動性の厚さを活用することができる。

設例：イミュニゼーション戦略

①債券現物を使ったイミュニゼーション戦略

前提	債券ポートフォリオマネジャーは、下表の内容の債券ポートフォリオの構成を検討。		
投資期間	ポートフォリオの投資期間：2.5年		
リスク	マネジャーは、先行き景気回復から金利が上昇し、債券ポートフォリオの価値が減少するリスクを懸念。		
ヘッジ戦略	債券のデュレーションを投資期間に等しくする「イミュニゼーション戦略」によるヘッジを指向。		
債券ポートフォリオの構成		債券A	債券B
	額面	100円	100円
	残存期間	2年	3年
	クーポン	4％	5％
	利払	年1回	年1回
	最終利回り	4％	5％

(i) まず債券A、債券Bのデュレーションを求める。

(債券A)

t (年)	CF (キャッシュフロー)	PVCF (キャッシュフローの現在価値)	t×PVCF
1	4	$4/1.04 = 3.8462$	3.8462
2	104	$104/(1.04)^2 = 96.1538$	192.3077
		100.0	196.1539

$$\frac{196.1539}{100} = 1.96 \text{年}$$

(債券B)

t (年)	CF (キャッシュフロー)	PVCF (キャッシュフローの現在価値)	t×PVCF
1	5	$5/1.05 = 4.7619$	4.7619
2	5	$5/(1.05)^2 = 4.5351$	9.0702
3	105	$105/(1.05)^3 = 90.7029$	272.1087
		100.0	285.9408

$$\frac{285.9408}{100} = 2.86 \text{年}$$

- 債券Aのデュレーション　1.96年
- 債券Bのデュレーション　2.86年

(ii) 次に債券A、Bのデュレーションの加重平均値が投資期間2.5年に等しくなるようにウェイト付けをする。

債券Aの組入れ比率をa、債券Bの組入れ比率をb (= 1 − a) とすると、
　　　$1.96a + 2.86b = 1.96a + 2.86(1 − a) = 2.5$

- 債券Aの組入れ比率：a　0.4
- 債券Bの組入れ比率：b　1 − a = 0.6

(iii) イミュニゼーション戦略の結果

ポートフォリオの構成	債券A = 40%、債券B = 60%
デュレーションと投資期間	ポートフォリオのデュレーション＝投資期間の2.5年
イミュニゼーション	これによりポートフォリオは金利変動に対して中立化

②債券先物を使ったイミュニゼーション戦略

前提	債券ポートフォリオマネジャーは、時価10億円の国債を運用。	
債券ポートフォリオのデュレーション	10年	
リスク	ファンドマネジャーは、先行き景気回復から金利が上昇し、国債価格が下落するリスクを懸念。	
ヘッジ戦略	債券のデュレーションを投資期間に等しくするイミュニゼーション戦略によるヘッジを指向。	
債券先物	債券先物相場	125
	債券先物のデュレーション	8年

(i) 債券先物1枚の価格を求める。
　　125×1億円÷100＝1億2,500万円
(ii) 金利変動があってもポートフォリオの価値が変わらない債券先物枚数を、デュレーションを使って求める。
　　　債券現物ポートフォリオの価額変化
　　　　＋債券先物ポートフォリオの価額変化＝0
　　〔債券ポートフォリオの時価×デュレーション×金利変動〕
　　　＋〔債券先物枚数×債券先物1枚の価格×デュレーション×金利変動〕
　　　＝0
　　(10億円×8×金利変動)＋
　　　(債券先物の枚数×1億2,500万円×金利変動)＝0
　　上式から債券先物の枚数＝6.4
(iii) イミュニゼーション戦略の結果
　債券先物を7枚売れば債券現物ポートフォリオは金利変動にほぼ中立化。

インターネットバンキング

金融 | 証券化 | 証券取引 | 保険 | リスクマネジメント | デリバティブ | 環境
外国為替 | ITフィンテック | 金利 | ポートフォリオ | ファンド | 電力取引

インターネットバンキングとは？

　インターネットバンキング（Internet Banking、IB）は、顧客がパソコンやスマートフォン等のモバイル端末を使って預金の残高照会、入出金照会、振込み、振替え等、金融機関のサービスを利用することをいう。ネットバンキングと略称することが多い。

　インターネットバンキングは、顧客と金融機関を結ぶ主要なチャネルまで発展、金融ITが生みだしたシンボルともいえる存在となっている。

ネットバンキングのメリット

　ネットバンキングは、顧客にも金融機関にも大きなメリットをもたらしている。

顧客

預金の出し入れや振込み、送金のみならず、各種金融取引がパソコン等を使用して可能となり、金融機関の店頭に足を運ぶ必要がない。

金融機関

出店コストや人件費の削減に大きく寄与。

ネットバンキングのセキュリティ

　ネットバンキングを悪用した不正な払出しが増加をみている。そして、その手口は従来型から最新型へと変化している。

　たとえば、MitB攻撃について、ID盗取型⇒取引偽造型⇒取引改ざん型へと高度化がみられる。ここで、MitB（Man-in-the-Browser）攻撃は、パソコンに感染したウイルスが、不正なログイン画面をポップアップさせてネットバンキングのログイン情報を抜き取るとか、取引偽造・改ざん等を行う攻撃をいう。あたかもブラウザの中に人がいて操作を行っているかにみえることから、こうした名称が付されている。

ネットバンキングによる不正払出しの手口

従来型

不正払出しの内容		犯罪者がIDとパスワードを入手、本人になりすまして送金を操作。
不正払出しの手口	フィッシング（Phishing）	・金融機関を装ったメールを送信、顧客の住所、氏名、口座番号、クレジットカード番号等の情報を詐取する行為。 ・顧客を「情報確認のため」と称してメールのリンクから偽サイト（フィッシングサイト）に誘導して個人情報を入力させる手口が一般的。
	ウイルス	ID／パスワード等を盗聴し、外部に送信するウイルス。
	ウイルスとフィッシングの融合	・利用者がアクセスすると、画面表示のHTML文に不正コードを挿入、ログイン画面等で乱数表や秘密の質問等の入力を促すポップアップ画面が表示される等の手口。 ・ID盗取型MitB攻撃。

最新型

不正払出しの内容		ウイルスが利用者のパソコンを乗っ取り、本人の意思に反して送金を操作。
不正払出しの手口	ウイルスが裏で気づかれないよう送金を指示	本人がID／パスワードを入力してログインした後にウイルスが活動を開始するため、犯罪者はIDやパスワードを盗む必要がない。 ・取引偽造型MitB攻撃
	ウイルスがユーザーの取引を改ざん	不自然な画面が表示されることが一切ないため、ユーザーが事前に気づくことは極めて困難。 ・取引改ざん型MitB攻撃

（出所）　中山靖司「ネットバンキングのセキュリティ」日本銀行金融研究所情報技術研究センター、2014年11月26日をもとに筆者作成

ネットバンキングによる不正払出しの対策

ネットバンキングは、キャッシュカードを使うATM取引とは異なり、ユーザーのパソコン等が金融機関の管理範囲外にあることから、ネットバンキングのセキュリティ対策の基本は、ユーザー自身の自己防衛となる。

セキュリティ対策の具体例

ユーザー	パソコン等のソフト対策	・ウイルス対策ソフトの利用。 ・OSやブラウザのセキュリティパッチの適用。 ・ネットバンキング専用に用意したパソコンの利用。 ・USB等で保護された専用環境を立ち上げ。 ・ブラウザの保護。
	パソコン等の操作	・怪しいサイト、メールに注意。 ・不審に感じたらID等を入力しない。
金融機関	・ユーザーへの啓蒙に注力。 ・取引パターンに基づく不正取引の検知（リスクベース認証）。 ・振込先の事前登録。	
	従来の対策強化：本人認証	・取引指図を行った人が正規の顧客かどうかを確かめる本人認証を強化。 ・多要素認証等の導入等、ID／パスワードのみに頼らない認証。 ・ID／パスワード盗取型にはある程度有効。
	今後導入の検討が必要：取引認証	・取引の内容が正規のユーザーの意図したものかどうかを確認する取引認証導入の検討が必要。 ・具体的には、トランザクション署名、多端末を用いた確認等。 ・利便性への配慮から、新規振込先登録にのみ取引認証を行うことも一法。

（出所）　中山靖司「ネットバンキングのセキュリティ」日本銀行金融研究所情報技術研究センター、2014年11月26日をもとに筆者作成

インダストリーロス・ワランティ

金融　証券化　証券取引　**保険**　リスクマネジメント　デリバティブ　環境
外国為替　ITフィンテック　金利　ポートフォリオ　ファンド　電力取引

インダストリーロス・ワランティとは？

　インダストリーロス・ワランティ（Industry Loss Warranty、ILW）は、あらかじめ特定されたカタストロフィ・イベントによる保険業界全体の損害（保険金支払総額）の指標が一定の水準を超えた場合には、プロテクションの買い手がプロテクションの売り手から資金を受け取る契約である。

　インダストリーロス・ワランティは、米国で活用されている再保険ツールの一種である。

インダストリーロス

カタストロフィ等で「保険業界全体」（インダストリー）が被った損失。

ワランティ

イベント発生の場合、資金の受払いがなされる契約。

　インダストリーロス・ワランティは、保険・再保険会社が属している元（オリジン）となる保険業界全体の損失を基準として資金の受払いが行われることから、「オリジナルロス・ワランティ」（Original Loss Warranty、OLW）とも呼ばれる。

インダストリーロス・ワランティの指標

　インダストリーロス・ワランティには、PCS指標が使用される。

PCS（Property and Claims Service）

機能	ISOの1部門（unit）で、損害保険に関する各種の情報を提供する機能を担う民間組織。米国、プエルトリコ、バージン諸島をカバーする。
データ	カタストロフィにより損害保険業界全体が被る損失額の推計値を公表。
推計方法	・カタストロフィで損害（保険金支払い）を被る恐れのある70の損保会社に対して調査を実施。 ・PCS自身がカタストロフィ発生後に損害状況の実地調査を行うケースもある。

カタストロフィの概念

規模	合計2,500万ドル以上の損失をもたらすことが予想されるイベント。
損失対象	保険対象となっている建物、建物の中にある機器類、営業中断による損失、自動車、ボート等。

被害推計値の公表

地域	・各州の被害推計額を公表。 ①全米指数 ②地域ごと（西部、中西部、東部、北部、南東部）の5つの指数 ③リスクの高い地方（カリフォルニア、フロリダ、テキサス）の3つの指数 ・①～③で米国のカタストロフィ・リスクマーケットの約80％をカバー。
指数	・計算期間のスタート時点＝ゼロ。 ・期間中に保険対象資産の損害が1億ドルあるごとに1ポイント付加。
ロスデベロップメント期間	追加的な情報を織り込んで損害額の見直しを行う期間（ロスデベロップメント期間）を6カ月間または1年間、設定。

PCS推計値の活用

PCSが推計した業界損失額は、保険業界関連の極めて重要な指標として活用。 （例） ・インダストリーロス・ワランティ ・取引所取引の先物、オプション ・CATボンド ・カタストロフィ・スワップ

インダストリーロス・ワランティのフレームワーク

①対象とするリスク

ハリケーン、台風、洪水、竜巻、暴風、冬嵐、地震、津波、地滑り、地盤沈下、落雷、雪害、氷結、雹、火山の噴火等

日本関連	これまで取引された対象リスクは、日本の台風、地震等。

②カバーする期間

1カ月から3年まで各期間にわたるケースがみられるが、大半は1年。

③トリガー

2種類のトリガーが設定され、この双方を満たすことにより資金の受払いが発生。	
トリガーの種類	(ⅰ)プロテクションの買い手となる保険・再保険会社が一定の水準以上の損失を被ったとき。 (ⅱ)インダストリーロスがあらかじめ定めておいた水準を上回ったとき。
受払いの決定	・(ⅰ)はインダストリーロス・ワランティをデリバティブ商品ではなく保険商品として会計処理するためのもので、ネグリジブルな水準に設定。 ・実際には(ⅱ)のトリガーで受払いが決まる。

インダストリーロス・ワランティの具体例

目的

1回の巨大カタストロフィ・リスクによる巨額の損失をカバー。

取引対象リスク

すべての自然災害

リスク発生地域

米国全土

期間

2015年1月からの1年間

受払いの上限額

1,000万ドル

トリガー

以下の2つのトリガーがともに発動されたときに受払いが行われる。	
第1のトリガー	プロテクションの買い手の損失額　1万ドル
第2のトリガー	保険業界全体の損失額　200億ドル

インダストリーロス・ワランティの指数

PCS

（関連用語）　CATボンド（33頁）、カタストロフィ・スワップ（313頁）

ウェアラブル端末

| 金 融 | 証券化 | 証券取引 | 保 険 | リスク
マネジメント | デリバティブ | 環 境 |
| 外国為替 | IT
フィンテック | 金 利 | ポート
フォリオ | ファンド | 電力取引 |

ウェアラブル端末とは？

　ウェアラブル端末は、身体に装着する型の端末で、手首に装着するリストバンド型（腕輪型）、腕時計型、頭に装着するメガネ型等がある。

　スマートフォンの普及が一巡したことや、半導体技術の進展により小型化・高性能化が可能となったこと、さらにはビッグデータ、IoT等によりインターネットの活用が一段と進んできていることから、今後、新たな端末としての地位を高めていくことが見込まれている（注）。

　また、金融機関にとっては、ウェアラブル端末と金融サービスが融合すれば、顧客と金融機関がより緊密につながり、利用者に対して容易に金融サービスの提供が可能となると期待される。

（注）　総務省「平成26年版情報通信白書」2014年7月

ウェアラブル端末の種類

ウェアラブル端末の型

リストバンド型	使用方法	・腕に装着する。 ・常時装着が可能な軽量設計。 ・スポーツ、ヘルスケア分野に活用（心拍、歩数、活動量、消費カロリー、負荷等の測定）。
	開発企業 と製品	・ナイキのNIKE FUELBAND ・ドコモのムーヴバンド
腕時計型	使用方法	・スマートウォッチとも呼ばれる。 ・腕に装着する点はリストバンド型に似ているが、画面を具備して情報の表示や操作が可能。 ・通信機能を具備するタイプも存在。
	開発企業 と製品	・ソニーのSmartWatch 2　SW 2 ・サムスンのGALAXY Gear、Gear 2 ・Apple Watch
メガネ型	使用方法	・両目か片目の視野部分が透過型ディスプレイとなっている。

| | 開発企業と製品 | ・映像や画像を立体的にみることができる。
・グーグルのGoogle Glass
・ムラタシステムの手術準備支援システム |

（出所）　総務省「ICTの進化がもたらす社会へのインパクトに関する調査研究」2014年等をもとに筆者作成

ウェアラブル端末の活用例

　金融機関では、ウェアラブル端末を活用した金融サービスの開発、提供が進行中である。

企業名

MasterCard	活用例	・商品のメニューをGoogle Glassに表示、利用者は口頭で指示することにより商品を購入できるサービスを実験中。 ・Google Glassの機能である自然言語処理技術により利用者は言語だけで操作が可能。
Eaze	活用例	・オランダのEaze社は、Google Glassやスマートウォッチ、ブレスレット、リング等のウェアラブル端末から決済できるウェアラブル・ワレット（wearable wallet）のシステムを開発中。 ・たとえば、顧客が買い物で会計をする際に、店員は請求書にかえてタブレットに表示したQRコードを顧客に提示。顧客がGoogle Glassに支払いを指示するとGoogle Glassは、QRコードを読み込み、支払金額を表示。顧客がこれを確認して頷くと支払いが実行される。
Westpac	活用例	・Google Glassによるオンラインバンキングを開発中。 ・顧客はGoogle Glassから、送金、残高照会、ATMの位置検索等を行うことが可能。
みずほ銀行	活用例	・みずほ銀行、野村総合研究所、MoneySmartの3社が連携してみずほダイレク

		トアプリのApple Watch対応サービスを提供。 ・具体的には、Apple Watch上から、預金口座残高の照会ができるほか、家賃の振込みや貯蓄預金への振替えなどあらかじめ登録した振込みや振替えの予定日が通知される等の機能を具備。

（出所）　総務省「平成26年版情報通信白書」2014年7月や各社の資料をもとに筆者作成

売掛債権証券化

`金融` `証券化` `証券取引` `保険` `リスクマネジメント` `デリバティブ` `環境`
`外国為替` `ITフィンテック` `金利` `ポートフォリオ` `ファンド` `電力取引`

売掛債権証券化とは？

売掛債権証券化（securitization of Accounts Receivable、AR）は、期日到来前に売掛債権をSPCに譲渡、SPCがこれを証券化して投資家に売却する資産流動化の一手法である（図表1）。

図表1　売掛債権証券化

（出所）　筆者作成

売掛債権証券化とABCP

売掛債権証券化は、売掛債権をABCPに証券化する方法がとられる。

ABCP（Asset-Backed Commercial Paper、資産担保CP）

企業や銀行が保有する資産から生じるキャッシュフローを裏付けとして元利金の支払いが行われるコマーシャルペーパー。

コマーシャルペーパー（CP）

企業や銀行が短期資金のファイナンスのために発行する約束手形。

売掛債権とABCP

売掛債権は短期の企業信用を中心とすることからABCPを活用。

売掛債権証券化のスキーム

①一般的な証券化スキームを使うステップ

(ⅰ)売掛債権の譲渡	企業保有の多数の件数にのぼる売掛債権を束にしてSPCに譲渡。
(ⅱ)SPCによる証券化	SPCが売掛債権のプールを裏付資産としてシニア部分をABCPに証券化、投資家に販売。
(ⅲ)SPCから売掛債権購入代金支払い	SPCは、ABCPの発行代り金を企業からの売掛債権の購入代金に充てる。
(ⅳ)売掛債権の回収と投資家への支払い	企業はサービサーとして売掛先から債権の回収を行い、その回収金を原資にABCPへの投資家に対して元利払いを行う。

②信託スキームを使うステップ

(ⅰ)売掛債権の信託譲渡	企業は、信託銀行との間で信託契約を結び、それに基づいて売掛債権を信託譲渡。
(ⅱ)信託受益権の発行	信託銀行は信託受益権を発行する。
(ⅲ)信託受益権の譲渡	企業は信託受益権をSPCに譲渡。
(ⅳ)SPCによる証券化	SPCは受益権を裏付資産としてシニア部分をABCPに証券化、投資家に販売。
(ⅴ)売掛債権の回収と投資家への支払い	企業はサービサーとして売掛先から債権の回収を行い、その回収金を原資にABCPへの投資家に対して元利払い。

売掛債権証券化のメリット

売掛債権保有企業のメリット

①資金調達チャネルの多様化	手形割引や一般の融資のほかに、新たな資金調達手段の選択肢となる。
②オフバラ効果	売掛債権証券化により、企業は期日まで売掛債権をバランスシート上に保有することなく、財務基盤の改善に結び付けることが可能。

投資家のメリット

①投資対象の多様化	投資対象の選択肢が増加。

| ②最適ポートフォリオの構築 | 売掛債権の証券化商品を既往のポートフォリオに組み入れることにより、最適ポートフォリオの構築を指向することが可能。 |

中小企業売掛債権の証券化

①中小企業金融の問題点

中小企業金融の金融機関借入れ依存構造	伝統的コーポレートファイナンス	間接金融	金融機関からの融資
		直接金融	株式、社債の発行
	直接金融の問題	中小企業にとり直接金融の手段は、次の理由から実際問題として容易ではない。	
		財務基盤	脆弱
		コスト	証券発行コストが高い
		調達額	小口
		知名度	低い
	間接金融への依存	中小企業の資金調達チャネルは、金融機関からの借入れへの依存度が極めて高い状況にある。	
間接金融偏重の問題点	金融機関の融資スタンスの変化	金融機関の資金繰りや信用リスクへの対応スタンスの変化に伴うローンポートフォリオの調整により、中小企業の資金繰りが不安定化する恐れ。	
	バブル崩壊後の経験	バブル崩壊後の金融機関の貸出態度の変化により、中小企業は大きな影響を受けた。	

②中小企業金融の金融機関借入れ依存構造の是正ツール

| 中小企業の売掛債権の保有額 | 中小企業の売掛債権を合計すると、中小企業が金融機関から借り入れている短期借入残高にほぼ匹敵する大きさ。 |

中小企業の売掛債権の証券化	アセットファイナンス	中小企業の売掛債権を証券化、これをマーケットに提供することにより資金調達。
	中小企業金融の調達チャネル多様化	中小企業売掛債権の証券化は、中小企業金融の金融機関借入れの依存構造の是正に資する。

③中小企業売掛債権の証券化のメリット

中小企業にとってのメリット	信用リスクの主体	金融機関借入れ	借り入れる中小企業。
		中小企業売掛債権の証券化商品	オリジネーターである中小企業ではなく、中小企業の取引先である売掛債権の債務者。
	中小企業の取引主体		中小企業の取引先には、大企業もあれば公共機関も含まれ、中小企業よりも信用度が高くなるケースが多い。
	売掛債権の信用リスク		中小企業の信用力をバックとした金融機関融資よりも、中小企業の売掛債権証券化のほうが低コストによる資金調達を期待可能。
投資家にとってのメリット	売掛債権の性格		中小企業の売掛債権は小口ロットのものが多い。
	分散効果		多数にのぼる売掛債権を束ねて、これを裏付けに証券化されることから、証券化商品が持つ信用リスクの分散効果を期待可能。

中小企業売掛債権証券化のスキームへの参加者

①セラー

売掛債権証券化のオリジネーター

②サービサー

売掛債権証券化では、セラーである企業がサービサーを兼務することが大半。

③アレンジャー

企業に対して売掛債権証券化を提案することから始まり、その後のスキーム全体を組成する主体。	
取引先金融機関	・アレンジャーは、一般的に中小企業の取引先金融機関が担当。 ・取引先金融機関は、常日頃から企業のビジネスをフォロー、売掛債権の内容も把握していることから、証券化の審査等を白紙から行う必要はない。

売掛債権の証券化に関わるリスク

売掛債権の証券化に関わる重要なリスクには、フロードリスク（詐欺リスク）と希薄化リスクがある。

①フロードリスク（fraud risk）

内容	売掛債権に関わる詐欺行為（fraud）により、証券化商品への投資家に資金が予定どおり回らないリスク。	
リスク発生の可能性	企業間の取引にはデータが確実に記録されていないものもあり、その場合にはフロードリスクが生じるリスクが大きくなる。	
具体例	架空の売掛債権	証券化の裏付けとなる売掛債権が存在しないにもかかわらず、あたかもこれが存在するかのようにみせかけて証券化して、投資家に売りつけるケース。
	売掛債権の二重譲渡	売掛債権は存在するものの、すでに第三者に譲渡されているものを証券化して投資家に売りつけるケース。

②希薄化リスク（dilution risk）

内容	買掛債務者が売掛債権者に対して持つ抗弁によって売掛債権からのキャッシュフローが滞り、この結果、売掛金の証券化商品を購入した投資家に渡るキャッシュフローに累が及ぶリスク。	
具体例	債権債務の相殺	売掛債権が買掛債務により相殺されるケース。

		（設例） ・A社が多くの件数にのぼる売掛債権を証券化商品にして投資家に販売。その売掛債権の中に、A社がB社に部品を販売した売掛債権が存在。 ・一方、B社はA社に製品を販売、A社に対する売掛債権を保有。そこで、B社は、A社のB社に対する売掛債権とB社のA社に対する売掛債権を相殺。 ・これにより、A社の売掛債権証券化商品への投資家に予定どおりキャッシュフローが流れない希薄化リスクが発生する恐れ。
	値引き、返品等	債務者が債権者に対して、値引きや返品等を行うケース。

③売掛債権の証券化に関わるリスク回避策

異議なき承諾	基本契約の段階で債務者の異議なき承諾をあらかじめ組み込んだ内容にする。	
対抗要件の具備	債権譲渡の際に対抗要件を具備する。	
問題点	以下の事情から、異議なき承諾や債務者対抗要件等を具備していないケースが数多くみられる。	
	債権者側	債務者の心理的な抵抗から取引関係に悪影響を及ぼすようなことはしたくないといった事情が存在。
	債務者側	相殺権や値引き等の権利を保持しておきたいといった事情が存在。
信用補完措置	売掛債権の希薄化リスクが発生した場合に備えて信用補完措置を講じることが一般的。	

（関連用語） SPV（191頁）、貸付債権の流動化・証券化（311頁）、サービサー（448頁）

エキゾチック・オプション

[金　融] [証券化] [証券取引] [保　険] [リスクマネジメント] [デリバティブ] [環　境]
[外国為替] [ITフィンテック] [金　利] [ポートフォリオ] [ファンド] [電力取引]

エキゾチック・オプションとは？

　エキゾチック・オプション（exotic option）は、標準的なコールオプション、プットオプションではなく、顧客のさまざまなニーズにきめ細かく応じることができるよう、バリエーションを持たせたオプションである（図表1）。

ゼロコストオプション（zero-cost option）

概念

オプションの売りと買いを組み合わせることにより、オプションのプレミアム（オプション料）の支払いが不要となるように設計されたオプション。

種類

レンジフォワード（レンジ予約）と変額予約がある。		
①レンジフォワード（range forward）、レンジ予約	コール、プットの単位数は同数とし、行使価格で両者のプレミアムが同一になるように調整するタイプのオプション。 （例）輸出企業が低い行使価格100円のプットの買いと高い行使価格110円のコールの売りの組合せでゼロコストオプションを形成（図表2）。	
	権利行使時点の相場	輸出企業のドル売り。
	100円未満の円高	プットを権利行使、100円でドル売り。
	100〜110円	実勢相場でドル売り。
	110円超の円安	コールの権利行使を受けて110円でドル売り。
②変額予約	権利行使価格を予約時点の相場よりも有利な水準で設定できるが、権利行使時点の相場が権利行使価格よりも有利な水準になった場合には、実行額をたとえば2倍とか3倍に増額して実行しなければならないとする契約。	

図表1 エキゾチック・オプションの種類

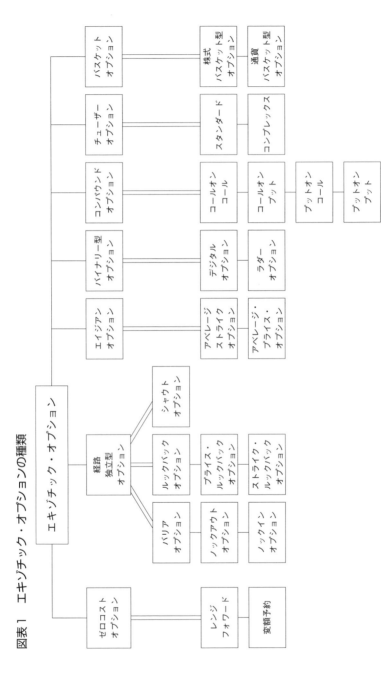

(出所) 筆者作成

図表2　レンジフォワードの具体例

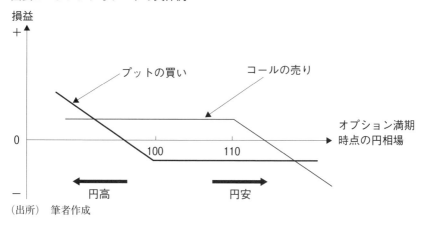

(出所)　筆者作成

経路依存型オプション（path-dependent option）

概念

オプション期間中の原資産価格の経路（path）次第で、オプションの価値が変わるオプション。	
経路依存型オプションに対するオプション	経路独立型オプション（path-independent option）：コールオプション、プットオプションのようにオプションのペイオフは満期に至るまでの原資産価格の経路はまったく関係なく、オプションの満期時点における原資産価格と権利行使価格の相対関係でペイオフが決まるオプション。

種類

バリアオプション、ルックバックオプション、シャウトオプション等。		
①バリアオプション（barrier option）	原資産価格の変動の範囲にあらかじめ一定のバリア（柵）を設定、オプション期間中に原資産価格がバリアに到達するとオプションが発生したり消滅したりするタイプのオプション。	
	ノックアウトオプション（knock-out option）	オプション期間中に原資産価格がバリア（ノックアウト価格）に到達するとオプションが消滅するタイプのオプション。

	ノックインオプション（knock-in option）	オプション期間中に原資産価格がバリア（ノックイン価格）に到達するとオプションが発生するタイプのオプション。
	バリアオプションの大半はノックアウトオプション。	
②ルックバックオプション（look back option、look back）	オプションの満期時点でオプションの期間全体を振り返り（ルックバック）、オプションの買い手に最も有利になるようにオプションの期間中の原資産価格の最大値、または最小値を権利行使価格または決済価格として採用するタイプのオプション。	
	プライス・ルックバックオプション（price look back option）	ルックバックによりオプションの買い手に最も有利になるようにオプションの期間中の原資産価格の最大値または最小値を「決済価格」に採用するタイプのオプション。
	ストライク・ルックバックオプション（strike look back option）	ルックバックによりオプションの買い手に最も有利になるようにオプションの期間中の原資産価格の最大値または最小値を「権利行使価格」に採用するタイプのオプション。
③シャウトオプション（shout option）	・オプションの買い手は、期間中一度だけ本源的価値が最大となったとみた時点で、オプションの売り手にその時点の本源的価値を確保する旨を通告（シャウト）することができる。 ・この結果、オプションの買い手はその時点における本源的価値を最低受取額として確保。	

アジアオプション、エイジアンオプション（Asian option）

概念

・ペイオフがある期間の原資産価格の平均に依存するタイプのオプションで、経路依存型オプションに属する。
・アベレージオプション（average option）とか「平均価格オプション」とも呼ばれる。

平均期間のとり方	連続タイプ、離散タイプ
平均方法	算術平均、幾何平均

活用

通貨やコモディティ等の原資産の売買を、一定の金額、ないし一定の数量ずつ、定期的・継続的に行う企業が有効なヘッジ手段として活用。

種類

アベレージストライクオプションとアベレージ・プライス・オプションがある。

①アベレージストライクオプション（average strike option、average strike rate option）	オプションの「権利行使価格」につき、オプションの期間中の原資産価格の平均をとるタイプのオプション。
②アベレージ・プライス・オプション（average price option、average price rate option）	オプションの「原資産価格」につき、オプションの満期時点ではなく、オプションの期間中の平均をとるタイプのオプション。

バイナリー型オプション（binary option）

概念

原資産価格が一定の価格に達すると一定の受払いが発生、達しなければ無価値となるオプション。

種類

狭義のバイナリーオプションとラダーオプションがある。

①狭義のバイナリーオプション	・権利行使期間内に原資産が一定の価格に到達したら、あらかじめ決められた金額の受払いが生じるオプション。 ・「デジタルオプション」、「オールオアナッシングオプション」ともいう。
②ラダーオプション（ladder option）	あらかじめ複数の価格を階段（ラダー）状に設定しておいて、オプションの期間中に原資産価格が到達したラダーに応じて支払額を決めるタイプのオプション。

コンパウンドオプション (compound option)

概念

・一定時点でオプションを購入する権利を有するオプション。
・オプションを原資産とするオプションで、「オプショナルオプション」ともいう。

種類

・4種類がある。
・コンパウンドオプションの期間より、原資産となるオプションの期間のほうが長い。

コンパウンドオプションの種類	コンパウンドオプションの内容
コールオンコール	コールを買う権利を持つオプション
コールオンプット	プットを買う権利を持つオプション
プットオンコール	コールを売る権利を持つオプション
プットオンプット	プットを売る権利を持つオプション

チューザーオプション (chooser option)

概念

・オプションの買い手が期間中の一定時点において、原資産の動きをにらんでコールかプットかを選択する権利を持つタイプのオプション。
・「アズユーライクオプション」(as you like option) ともいう。

種類

スタンダードとコンプレックスの2種類がある。	
①スタンダード	コールとプットが同一の価格、同一の満期のタイプのチューザーオプション。
②コンプレックス	コールとプットが異なる価格で、かつ満期も異なるタイプのチューザーオプション。

バスケットオプション (basket option)

概念

・複数の種類の原資産を対象とするオプション。
・通常のオプションは原資産が1つだけであり、「プレーンバニラオプション」という。

種類

株式、通貨等のバスケット型オプションがある。	
株式バスケット型オプション	複数銘柄の株式の組合せを原資産とするオプション。
通貨バスケット型オプション	複数の通貨の組合せを原資産とするオプション。
その他	債券、金利等のバスケット型オプションがある。

（関連用語）　オプション（273頁）、オプション戦略（279頁）

エルニーニョ現象、ラニーニャ現象

| 金融 | 証券化 | 証券取引 | 保険 | リスクマネジメント | デリバティブ | 環境 |
| 外国為替 | ITフィンテック | 金利 | ポートフォリオ | ファンド | 電力取引 |

エルニーニョ現象、ラニーニャ現象とは？

エルニーニョ現象（El Niño）(注1)

太平洋赤道辺りから南米ペルー沿岸の広範囲の海域の水温が異常に高くなった状態が1年前後にわたって続く現象。数年の周期で起きる傾向がある。

エルニーニョ・南方振動（El Niño-Southern Oscillation、ENSO、エンソ）

エルニーニョ現象が発生すると、海面の水温が上昇して暖かい水域が東に広がり赤道付近の地上気圧も東に移動する。こうした地上の気圧振動を「エンソ」という。

ラニーニャ現象（La Niña）(注2)

エルニーニョ現象とは反対に、海面の水温が異常に低くなった状態が半年から1年前後にわたって続く現象。数年の周期で起きる傾向がある。

(注1) エルニーニョはスペイン語で男の子を意味する。
(注2) ラニーニャはスペイン語で女の子を意味する。

エルニーニョ現象、ラニーニャ現象発生のケース（図表1）

エルニーニョ現象　1982年

米国：殺人的な猛暑
日本：記録的な暖冬
インド、アフリカ：深刻な旱魃

エルニーニョ現象　1997年

米国：記録的な暖冬
その他、世界中でさまざまな天候異変を観測

ラニーニャ現象　2010年

日本をはじめ各国：記録的な厳寒、豪雪

エルニーニョ現象　2014～15年

日本の気象庁は、2014年夏に発生したエルニーニョ現象は2015年11月から12月にかけて最盛期となった、としている（注）。
すなわち、12月のエルニーニョ監視海域の海面水温の基準値との差は摂氏＋3.0℃で、エルニーニョ現象の最盛期の値としては1997年11月の＋3.6℃と1982年12月の＋3.3℃に次ぐ大きさであった、としている。

（注）　気象庁地球環境・海洋部「エルニーニョ監視速報」2016年1月12日

エルニーニョ現象と天候デリバティブ

1997年のエルニーニョ現象

・1997年、20世紀最大といわれるエルニーニョ現象が発生。
・この結果、米国は記録的な暖冬に襲われ、多くの企業が深刻な打撃を被った。

天候デリバティブの開発

その後、こうした異常気象による被害をヘッジするために天候デリバティブが開発され、同年にその第1号が取引されてから、爆発的な伸びを示した。

天候デリバティブ第1号

取引主体	米国のエネルギー会社エンロン社とエネルギーをはじめとする多様な商品を手がけるコングロマリットのコーク社。
取引対象	ミルウォーキーとウィスコンシンの温度の指数。

図表1　エルニーニョ、ラニーニャ現象

[平常時]

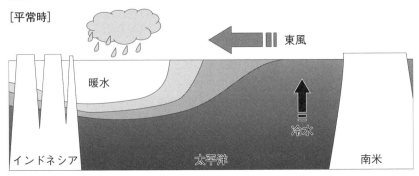

[エルニーニョ現象時]

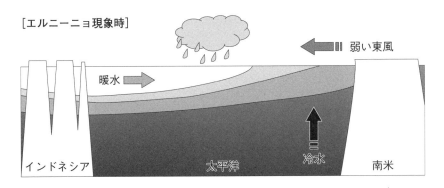

[ラニーニャ現象時]

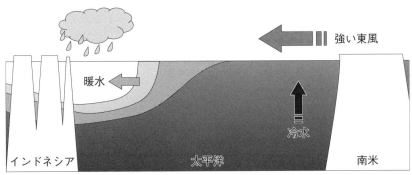

(出所)　気象庁「エルニーニョ、ラニーニャ現象に関する知識」

大口信用供与規制

金融　証券化　証券取引　保険　リスクマネジメント　デリバティブ　環境
外国為替　ITフィンテック　金利　ポートフォリオ　ファンド　電力取引

大口信用供与規制とは？

　大口信用供与規制は、銀行資産の危険分散等の観点から、同一の者（同一のグループ）に対する信用供与等に上限を設ける規制である。

　すなわち、大口信用供与規制は、銀行等に対して特定の企業やグループに対する貸出等の信用供与等が銀行等の自己資本の一定割合を超えることを禁止することを内容とする規制である。

　大口信用供与規制の対象は、銀行その他の預金取扱金融機関および銀行持株会社である。

大口信用供与規制の具体的内容

　2013年の金融商品取引法の一部改正により、銀行法等の定める大口信用規制が改定され、2014年から施行されている。

改正の趣旨

日本の大口信用供与規制は、規制の対象範囲を形式的に規律しているほか、国際基準（バーゼル・コア・プリンシプル）と乖離しており、IMFのFSAP（金融セクター評価プログラム）においても規制の強化が求められていた。

改正の内容（注1）

・規制の実効性確保：名義分割や迂回融資等による規制の潜脱を防止するための規定を設ける。
・その他国際基準にあわせた規制の見直し。

信用供与等の範囲

従来の規制	銀行間取引（コールローン、預け金等）、コミットメントライン、デリバティブ取引、公募社債等は適用除外。
規制の見直し	従来の適用除外を原則、規制対象とする。

信用供与等の限度額（受信者グループ）

従来の規制	銀行（グループ）の自己資本の40％

| 規制の見直し | 銀行（グループ）の自己資本の25% |

受信者グループの範囲

従来の規制	受信者およびその子会社・親会社・兄弟会社（議決権50%超の形式的支配関係で判断）。
規制の見直し	議決権による支配関係のほか、経済的な相互関連性（実質支配力基準）に基づき判断。

(注1) 金融庁「金融商品取引法等の一部を改正する法律（平成25年法律第45号）に係る説明資料」2013年6月

バーゼル委員会による大口エクスポージャーに関するルール（注2）

2014年4月、バーゼル委員会は、銀行の大口エクスポージャー規制に関する最終規則を公表した（注3）。なお、この規制はバーゼルⅢ後に追加されたものである。

規制改定の理由

・自己資本比率規制の補完：単一の債務者グループへの信用集中を防止、銀行の健全性確保。
・G-SIB（Global Systemically Important Banks）間のリスク伝播を軽減させ、金融システム全体の安定性確保。

規制改定の骨子

概要	銀行が保有する特定の債務者グループに対するエクスポージャー÷基準自己資本（Tier1）≦25%（G-SIB間取引は15%）
	・与信者である「銀行」は、連結ベース。 ・「債務者グループ」は、債務者本人との「支配関係」または「経済的相互依存関係」の有無の2つの基準により判断。 ・原則としてすべてのエクスポージャーを規制の対象とする（貸出金のほか、コミットメントやデリバティブ取引等も対象）。ただし、ソブリン（国債等）については規制を適用せず。銀行グループ内エクスポージャーは今回の検討の対象外。 ・規制上限は基準自己資本の25%。銀行がG-SIBである場合、別のG-SIBに対して有するエクスポージャーに

	は、より厳格な上限（15％）を適用。
大口信用供与規制の資本ベース	従来：総自己資本 改定：Tier 1
大口信用供与の閾値と上限	閾値（大口信用供与の定義）：Tier 1の10％ 上限：Tier 1の25％（従来は総自己資本の25％であり、Tier 1をベースにすることにより厳格化）

	G-SIB間の信用供与の上限	・Tier 1の15％ ・G-SIB以外のG-SIFIs向けのエクスポージャーについては、各国の裁量のもとで厳しい基準を設けることが適当。 ・ノンバンクG-SIFIs向けのエクスポージャーについては、将来より厳格な基準の設定を予定。

（注2） 金融庁、日本銀行「大口エクスポージャーの計測と管理のための監督上の枠組に関するルールテキストの公表」2014年4月
　　　　小立敬「バーゼル委員会による大口信用供与規制に関する最終規則の公表」野村市場クォータリー2014年Summer
（注3） Basel Committee on Banking Supervision, "Standards : Supervisory framework for measuring and controlling large exposures", 2014.4.

バーゼル大口信用規制におけるエクスポージャーの計測

大口エクスポージャーの計測
原則としてバーゼルⅢのリスクベース資本規制で計測されるエクスポージャーとする。

銀行勘定のオンバランス

貸出、証券	原則として、引当金や評価調整額を相殺した後の会計上の価値による。
OTC（店頭）デリバティブ取引	2017年初から適用される新標準方式（SA-CCR、Standardized Approach for Counterparty Credit Risk）によるデフォルト時エクスポージャー（EAD、Exposure At Default）による。

銀行勘定のオフバランス
信用状等のコミットメントは、10％をフロアとしてリスクベース資本規制と

同様、CCF（Credit Conversion Factor）の掛け目を適用。

トレーディング勘定

カウンターパーティリスクを持つあらゆる金融商品が対象。			
株式、債券	市場価値による。		
デリバティブ	個々の原資産のポジションに分解したうえでエクスポージャーを計測。		
	クレジットデリバティブ	プロテクションの売り：デフォルト発生時に補填する金額−プロテクションの市場価値	
	オプション	コールのロング、ショート	市場価値
		プットのロング、ショート	権利行使価格−市場価値
	相殺	同一銘柄	相殺可。
		異銘柄	ショートがロングに劣後または同順位の場合：同一カウンターパーティの異銘柄間の相殺可。
		勘定間	銀行勘定とトレーディング勘定間の相殺不可。

バーゼル大口信用規制における特定のエクスポージャー

ソブリン等向けエクスポージャー

次のエクスポージャーは規制対象から除外。 ・ソブリン向け ・中央銀行向け ・リスク資本規制下でソブリンとして扱われる公共法人向け ・ソブリン保証の金融商品等

銀行向けエクスポージャー

日中のインターバンクエクスポージャーは規制対象から除外。

カバードボンド

元本の20％を下限としてリスクベース資本規制におけるエクスポージャーとする。

集団投資スキーム、証券化SPC（特別目的会社）等

裏付資産の個別エクスポージャー＜資本ベースの0.25％	・ルックスルー不要。 ・エクスポージャーは投資元本で測定。
裏付資産の個別エクスポージャー≧資本ベースの0.25％	ルックスルーにより、裏付資産のカウンターパーティリスクを確認する必要がある。

CCP向けエクスポージャー

CCP（Central Counter Party、集中クリアリングハウス）向けエクスポージャーについては、次の項目を考慮する必要がある。
・取引エクスポージャー
・分別管理されていない当初証拠金
・CCP基金に対する預託金
・CCPに対する持分

バーゼル大口信用規制の実施時期と影響等

規制改定の実施

・2019年初までに完全適用することが求められている。
・経過措置は設けない。

銀行の報告義務

当局に対して以下の内容を報告する必要がある。
・Tier 1の10％以上に該当するエクスポージャー。
・リスク削減手段（Credit Risk Mitigation、CRM）適用前に10％以上に該当するエクスポージャー。
・Tier 1の10％以上に該当する規制対象外のエクスポージャー。
・規制対象大口エクスポージャーのうち上位20位。

規制改定の影響

・G-SIFIs間の信用供与の上限設定により、レポ取引やOTCで行われるデリバティブ取引における取引相手方の分散の動きや、取引規模自体の縮小の動

きが考えられる。
・日本の大口信用供与規制のさらなる厳格化が予想される。

オプション

| 金融 | 証券化 | 証券取引 | 保険 | リスクマネジメント | デリバティブ | 環境 |
| 外国為替 | ITフィンテック | 金利 | ポートフォリオ | ファンド | 電力取引 |

オプションとは？

オプション（option）

将来の一定の期日または期間内に、オプションの契約時に決めておいた価格で、ある資産等（原資産、underlying asset）を買う権利、または売る権利。

オプション取引（options trading）

オプションという権利自体を売買する取引。	
オプションの買い手	権利を行使するか放棄するかの選択権を持つ。
オプションの売り手	オプションの買い手が権利行使をした場合に、それに応じる義務を負う。

現物オプションと先物オプション

現物オプション

原資産が株式や債券等の現物であるオプション。

先物オプション

・原資産が先物であるオプション。
・先物オプションの権利行使によって先物ポジションとなる。

権利行使価格と刻み

権利行使価格（exercise price）

オプションの契約時にあらかじめ決めておく原資産の売買価格。

権利行使価格の刻み

上場オプションの権利行使価格は、取引所が一定間隔の刻みでいくつかの価格を設定、その中から取引当事者が選択。

オプション料(プレミアム)

オプションは権利であり、その権利の価格をオプション料とかプレミアムという。オプションプレミアムの理論値を導出する代表的なモデルに、ブラック・ショールズモデルがある。

オプションの買い手

売り手に対してオプション料(プレミアム)を支払う。

オプションの売り手

買い手からオプション料を得るかわりに、買い手から権利行使を受けたときには、市中価格より低い価格で原資産を売る義務(コール)、または市中価格より高い価格で原資産を買う義務(プット)がある。

コールオプション、プットオプション(図表1)

コール

原資産を買う権利。	
買い手	原資産の相場が上昇して権利行使価格を上回れば、権利行使価格により原資産を買い、利益を得ることができる。
売り手	コールの買い手が権利行使すれば、相場よりも安い価格で原資産を売る義務を負う。

プット

原資産を売る権利。	
買い手	原資産の価格が下落して権利行使価格を下回れば、権利行使価格により原資産を売り、利益を得ることができる。
売り手	プットの買い手が権利行使すれば、相場よりも高い価格で原資産を買う義務を負う。

図表1　コールオプションとプットオプションの損益図

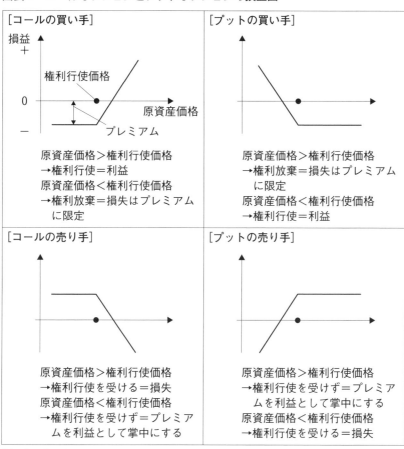

(出所)　筆者作成

オプションの買い手が権利行使できるタイミング（注）

①ヨーロピアンオプション（European-style option）
オプションの期の途中には権利行使することができず、満期日のみ権利行使できるオプション。

②アメリカンオプション（American-style option）
オプションを取引したときから満期日までの間、いつでも権利行使できるオプション。

③バーミューダオプション（Bermudan-style option）

> オプションの満期日までの間で、権利行使できる期日を複数回、間隔を空けて設定されるオプション。
> 債券を原資産とした場合には権利行使ができる日をクーポンの支払日とすることが多い。

（注）ヨーロピアンオプション、アメリカンオプションの名称は、その地域で活発にそのスタイルのオプションが取引されているというわけではない。また、バーミューダオプションは、アメリカンオプションとヨーロピアンオプションの中間に位置する性格であることからこうしたネーミングとなった。

オプションの損益

原資産価格と権利行使価格の相対関係からみてオプションが利益を生むか否かで次の3種類に分類される（図表2）。

インザマネー（ITM）

オプションの買い手が権利行使をすることにより利益が出る状態。	
コール	原資産価格＞権利行使価格
プット	原資産価格＜権利行使価格

アウトオブザマネー（OTM）

オプションが利益を生まない状態。オプションの売り手は買い手の権利行使を受けることなく、プレミアム収入が利益となる。	
コール	原資産価格＜権利行使価格
プット	原資産価格＞権利行使価格

アットザマネー（ATM）

原資産価格と権利行使価格が一致した場合 コール、プットとも 原資産価格＝権利行使価格

図表2　オプションのITM、ATM、OTMと時間価値、本源的価値（コールのロング）

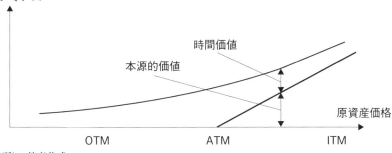

（出所）　筆者作成

通常の証券オプションとトータル・リターン・オプション

通常の証券オプション

ペイオフ（損益）：原資産価格と権利行使価格の差。

トータル・リターン・オプション（total return option）

コール	原資産価格に配当や利子を加えた値と権利行使価格とを比較して、ペイオフの金額を計算。
プット	原資産価格から配当や利子を差し引いた値と権利行使価格とを比較して、ペイオフの金額を計算。

オプションの本源的価値と時間価値

オプションのプレミアム＝本源的価値＋時間価値
　設例：コールの市場価格＝15、原資産価格＝110、権利行使価格＝100のとき
　本源的価値：110−100＝10
　時間価値：　15−10＝5

本源的価値、本質的価値（Intrinsic value）

仮にオプションの買い手が現時点で権利行使した場合の価値。	
コール	原資産の価格＞権利行使価格の場合、その差。
プット	原資産の価格＜権利行使価格の場合、その差。

時間価値（time value）

現時点からオプションの満期までの間に株価が変動することによって、オプ

ションから生じると期待される利益。時間価値は、ボラティリティが大きいほど大きくなる。

時間価値＝オプションプレミアム－本源的価値

時間価値とタイムディケイ（図表3）

満期までの残存期間が長いオプション

原資産が変動する可能性大→時間価値大

満期までの残存期間が短いオプション

原資産が変動する可能性小→時間価値小

タイムディケイ（time decay）

時間経過とともにオプションの残存期間が短くなり、時間価値が減少すること。

（関連用語）　ブラック・ショールズモデル（778頁）、オプションのリスクファクター（285頁）、オプション戦略（279頁）、エキゾチック・オプション（257頁）

図表3　オプションのタイムディケイ

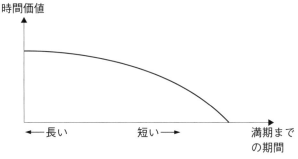

（出所）　筆者作成

オプション戦略

`金融` `証券化` `証券取引` `保険` `リスクマネジメント` `デリバティブ` `環境`
`外国為替` `ITフィンテック` `金利` `ポートフォリオ` `ファンド` `電力取引`

オプション戦略とは？

オプション戦略（option strategy）は、オプションを活用してヘッジ取引や投機取引、裁定取引等、多様な展開を行う戦略である。

オプション戦略の組合せ

オプション戦略の種類

オプションと現物

プロテクティブプット、カバードコール

オプションと先物

先物オプション、コンバージョン、リバーサル

オプションとオプション

コンビネーション（combination）	コールの買い＋プットの買い
	コールの売り＋プットの売り
	ストラドル（straddle）
	ストラングル（strangle）
スプレッド（spread）	コールの買い＋コールの売り
	プットの買い＋プットの売り
	ブルスプレッド（bull spread）
	ベアスプレッド（bear spread）

その他

ターゲット・バイイング（target buying）

代表的なオプション戦略

①プロテクティブプットとカバードコール（図表1）

| プロテクティブプット（protective put） | 組合せ | 現物＋プットの買い |
| | 目的 | 保有資産の相場下落による損失をヘッジ。 |

カバードコール	組合せ	現物＋コールの売り
（covered call）	目的	プレミアム稼ぎ。

図表1　プロテクティブプットとカバードコール

[プロテクティブプット]

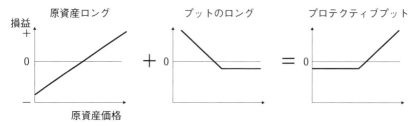

[カバードコール]

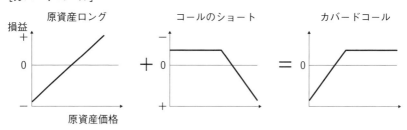

（出所）　筆者作成

②ストラドルとストラングル

ストラドル	組合せ	ロングストラドル	権利行使価格、限月ともに同一のコールの買い＋プットの買い
		ショートストラドル	権利行使価格、限月ともに同一のコールの売り＋プットの売り
ストラングル	組合せ		限月は同一であるが、コールの権利行使価格がプットの権利行使価格よりも大きいオプションの組合せ。
	目的		ストラドルに比べてリスクは小さいものの、同時に期待できるリターンも小さなものとなる。

③ブルスプレッドとベアスプレッド

ブルスプレッド	組合せ	権利行使価格が低いコールの買い＋権利行使価格が高いコールの売り
	目的	原資産価格が上昇する見通しのときに活用
ベアスプレッド	組合せ	権利行使価格が低いプットの買い＋権利行使価格が高いプットの売り
	目的	原資産価格が下落する見通しのときに活用

④コンバージョンとリバーサル

コンバージョン （conversion）	組合せ	(i)＋(ii)の組合せ (i)限月、権利行使価格とも同一のコールの売り＋プットの買い＝合成の先物売り (ii)マーケットで取引されている先物の買い
	目的	先物価格＜理論先物価格のときや、コールが割高でプットが割安のときに、裁定利益を得る。
リバーサル （reversal）	組合せ	(i)＋(ii)の組合せ (i)限月、権利行使価格とも同一のコールの買い＋プットの売り＝合成の先物買い (ii)マーケットで取引されている先物の売り
	目的	先物価格＞理論先物価格のときや、コールが割安でプットが割高のときに、裁定利益を得る。

⑤ターゲット・バイイング（target buying）

戦略の内容	アウトオブザマネーのプットを売却	
目的	ある商品について押目買いをしたい需要を持っている場合に、ここまで価格が落ちたら買いを入れたい水準（ターゲット）に権利行使価格を設定。	
	商品の価格が下落、プットがイン・ザ・マネーになった場合	・オプションの買い手から権利行使を受けて狙ったターゲット価格でその商品を買う。 ・商品購入の実質的なコスト＝権利行使価格－プレミアム収入

		商品の価格が小動き、または上昇、アウトオブザマネーで推移した場合	プットのプレミアムをそのまま利益として掌中に収める。
活用		ディーラーの間では「タゲバイ」とか「ターバイ」と略称されており、債券店頭オプションや個別株オプションで活用されている。	

⑥ その他のオプション戦略

コンドル（condor）	内容	・4つのオプションの組合せ ・典型的な組合せ： 権利行使価格が異なるコールの買い2単位＋その低いほうの行使価格における直近下位の権利行使価格と、高いほうの権利行使価格における直近上位の権利行使価格のコール各1単位売り
	特徴等	・利益限定・損失限定 ・損益線がバタフライより幅広い翼の形をしていることからこの名称が付いている。
アイアンバタフライ（iron butterfly）	内容	ストラドルの買いとストラングルの売り、またはストラドルの売りとストラングルの買いを組み合わせて合成バタフライを形成。
	特徴等	ペイオフ（損益特性）はバタフライと同じく損失限定・利益限定となる。
イールドカーブ・オプション（yield curve option）	内容	イールドカーブ上の期間の異なる利回りの開き（スプレッド）を取引対象とするオプション。
	特徴等	スプレッドが開いたときに利益を生むことにするか、縮まったときに利益を生むことにするかは、当事者のニーズ次第で決める。
タンデム・オプション（tandem option）	内容	一定の期間をいくつかに区切り、その各々の区分につき同じタイプで異なる権利行使価格のオプションを取引するもの。区切られた期間をつなぎ合わせた形となることからこの名称が付されている。

	例		1〜12月の期間のコールで、1〜3月権利行使価格100、4〜6月同105、7〜9月同110、10〜12月同115を各1単位取引。
タイム・ディスカウント・オプション（time discount option）	内容		・オプションの満期時点においてプレミアムの受払いを行う。 ・プレミアムの額はオプションの期間中、何日間インザマネーにあったかにより決まる。
	特徴等		コンティンジェントプレミアムオプションの一種。
エクスチェンジ・オプション（exchange option）（注）	異なる資産を交換するオプション。		
	例	オプションの内容	オプションの買い手がAと交換にBを取得できるオプション。
		資産の価格	$A = P_A$ $B = P_B$
		ペイオフ	$\max(P_B - P_A、0)$
	特徴等		・実質的に、資産間の価格差を受払いするオプション。 ・主として外国為替や株式・債券市場で取引される。
スプレッド・オプション（spread option）（注）	2つの原資産価格の差額と行使価格の大小によりペイオフが決定されるオプション。		
	例	オプションの内容	A、Bの価格差と権利行使価格との比較でペイオフが決まるオプション。
		資産の価格	$A = P_A$ $B = P_B$
		権利行使価格	K
		ペイオフ	$\max\{(P_A - P_B) - K、0\}$
	特徴等		原資産には、異なる企業の株価、長短金利等がある。

レンジ・アクルーアル・オプション (range accrual option)	内容	オプションのタイプ	ペイオフ
		通常のオプション	権利行使価格と原資産価格の相対関係。
		レンジ・アクルーアル・オプション	あらかじめ決められた一定の価格帯（レンジ）と原資産価格の相対関係。
		通常のオプションは、権利行使価格と原資産価格の相対関係で損益が決まるが、レンジ・アクルーアル・オプションはあらかじめ決められた一定の価格帯（レンジ）と原資産価格の相対関係で損益が決まる。	
	例	100から105をレンジに設定、原資産価格がオプションの期間中に何日間このレンジ内にあったかによりペイオフを決める。	

(注) 中村一岳「相関デリバティブのリスク特性やリスク管理手法に関する考察：コンポジット・オプションを例に」金融研究2003年5月

(関連用語) オプション（273頁）、オプションのリスクファクター（285頁）、プロテクティブプット（796頁）、カバードコール（796頁）、ストラドル（587頁）、ストラングル（587頁）、限月間スプレッド取引（407頁）

オプションのリスクファクター

金融　証券化　証券取引　保険　リスクマネジメント　デリバティブ　環境
外国為替　ITフィンテック　金利　ポートフォリオ　ファンド　電力取引

オプションのリスクファクターとは？

オプションのリスクファクター（risk factors affecting option price）は、オプションのプレミアムの変動にインパクトを与える以下の5つの要因をいう。
①原資産価格
②権利行使価格
③原資産のボラティリティ
④満期までの期間
⑤短期金利

オプションのリスクパラメータ

オプションのリスクファクターが各々一定幅変動した場合にオプションのプレミアムにどの程度の影響を及ぼすかをみる指標を「オプションのリスクパラメータ」という（図表1）。これは、デルタ（δ）、ガンマ（γ）、ベガ（v）、セータ（シータともいう）（θ）、ロー（ρ）のギリシャ文字（グリーク）で表される。

①デルタ（δ：delta）

デルタの概念	原資産価格が1変化したときのプレミアムの変化	
算式	デルタ（δ）= $\dfrac{\text{オプション価格の変化}}{\text{原資産価格の変化}}$	
デルタの動き	コールのプレミアム	原資産価格が上がれば上昇し下がれば下落→デルタは正値。
	プットのプレミアム	原資産価格が上がれば下落し下がれば上昇→デルタは負値。
デルタの位置付け	プレミアムは原資産価格の動きに大きく左右されることから、デルタはオプションのリスク管理上最も重要なリスクパラメータとなる。	

②ガンマ（γ：gamma）

ガンマの概念	原資産価格の変化に対するデルタの変化

算式	$\text{ガンマ}(\gamma) = \dfrac{\text{デルタの変化}}{\text{原資産価格の変化}}$
ガンマの動き	コール、プットともに買いは正値、売りは負値。
ガンマの位置付け	ATMのガンマが最大値、残存期間が短くなり、またボラティリティが低下するとガンマは増大。

③ベガ（v：vega）

ベガの概念	原資産価格のボラティリティの変化に対するオプションプレミアムの変化
算式	$\text{ベガ}(v) = \dfrac{\text{オプション価格の変化}}{\text{ボラティリティの変化}}$
ベガの動き	ボラティリティが大きいほどプレミアムは大きくなることから、ベガは常に正値。
ベガの位置付け	ベガは、オプションのプレミアムと原資産価格のボラティリティとの間の緊密な関係を示す指標。

④セータ（θ：theta）

セータの概念	オプションの期間が1日経過するごとにプレミアムがいくら減少するかを示す指標。
算式	$\text{セータ}(\theta) = \dfrac{\text{プレミアムの変化}}{\text{満期までの期間の減少}}$
セータの動き	オプションの期間が経過するにつれてプレミアムは減少することから、セータは常に負値。
セータの位置付け	時間価値が大きなATMのセータが最大値、残存期間が短くなるにつれてそのマイナス値が増大。

⑤ロー（ρ：rho）

ローの概念	短期金利の変化に対するオプションプレミアムの感応度。
算式	$\text{ロー}(\rho) = \dfrac{\text{プレミアムの変化}}{\text{短期金利の変化}}$
ローの動き	短期金利が上昇すると、権利行使価格の現在価値が下落。コールのプレミアムは上昇、プットのプレミアムは下落。

| ローの位置付け | 他の4つのリスクパラメータに比べると、ローがプレミアムに与える影響度は小さい。 |

図表1　オプションのリスクパラメータ

[デルタ]

	デルタ
コール買い	0～1
コール売り	▲1～0
プット買い	▲1～0
プット売り	0～1

[ガンマ]

残存期間が短くなると、またボラティリティが低下すると、ATMのガンマは増大（点線）

[セータ]

残存期間が短くなると、ATMのセータのマイナス値は増大（点線）

[ベガ]

残存期間が短くなると、ベガは低下（点線）

（出所）　筆者作成

オプションのリスクファクターの動きがプレミアムに与える影響

リスクファクターの動き	コールのプレミアム	プットのプレミアム
原資産価格の上昇	↑	↓
権利行使価格の上昇	↓	↑
ボラティリティが大きい	↑	↑
満期までの期間が長い	↑	↑
短期金利が高い	↑	↓

（関連用語）　オプション（273頁）、オプション戦略（279頁）

オペレーショナルリスク

金融 | 証券化 | 証券取引 | 保険 | リスクマネジメント | デリバティブ | 環境
外国為替 | ITフィンテック | 金利 | ポートフォリオ | ファンド | 電力取引

オペレーショナルリスクとは？

オペレーショナルリスク（operational risk）は、役職員が的確な業務処理を怠ることにより発生するリスクや、企業活動のプロセス、システムが期待したように機能しない等、内部要因により発生するリスク、および②外部要因によって生じるリスクをいう。

具体的には、業務執行、商品デリバリー等の過程で生じるリスク、役職員の不正事件、職場の安全問題からくる事故、システムの不具合からくる業務遂行への支障等、極めて広範囲のリスクを包含する。

オペレーショナルリスクの種類

オペレーショナルリスクは広範囲にわたるが、その代表的な種類は次のとおり。なお、オペレーショナルリスクの一種にITリスクがあるが、ITリスクは「ITリスク」の項参照。

①事務リスク

リスクの内容	社員がルーティンワークを遂行するにあたって発生するリスク。
具体例	伝票の金額の桁間違い、ファクスの送信先間違い。

②内部不正行為

リスクの内容	意図的に企業に損害を与える行為。
具体例	虚偽の財務報告、企業の財産の横領。

③評判リスク（レピュテーションリスク）

リスクの内容	会社にとって不利になる情報が株式市場や顧客の間に流れて、自社の評判が悪化することによって損失を被るリスク。
具体例	評判リスクのもとになる情報は、②のような真実の情報もあれば、真実の情報が誇張されたもの、さらには風説の流布もある。

オペレーショナルリスクの特性

①多種多様なリスク
リスクの発生源は、単純な定型業務から複雑かつ最新の専門性を必要とする業務まで多種多様。

②計測の難しさ
・リスクのタイプが多岐にわたることに加えて、発生頻度が頻繁ではないことから来るデータの制約もあり、定量化は難しく、従来、定性的なリスクとして把握されてきた。
・しかし、BIS銀行監督委員会の自己資本規制（バーゼルⅡ）でオペレーショナルリスクが対象に追加された。

バーゼルⅡによるオペレーショナルリスクの測定

　企業のリスク管理の高度化、精緻化から、オペレーショナルリスクについても、これを数値化して把握したうえでリスク管理を行う手法が開発され、バーゼルⅡでは、従来の信用リスクや市場リスクに加えて、オペレーショナルリスクが規制対象として追加された。
　バーゼルⅡによるオペレーショナルリスクの計算手法は、①基礎的手法、②標準的手法、③先進的手法の3つから銀行が選択することとなっている（注）（図表1）。なお、バーゼルⅢにおいても、オペレーショナルリスクの規制内容は基本的に変更されていない。

①基礎的手法（Basic Indicator Approach、BIA）

内容	・銀行の粗利益に一定の係数を乗じたものを最低所要資本額とする簡便法。 ・計算の基礎に粗利益を用いるのは、粗利益がリスク感応度を一番良く示すものであると考えられるほか、粗利益の段階であれば計数の裁量の余地が少ないことによる。
特徴	・個別銀行の業務の特性等がまったく勘案されない手法。 ・ビジネス領域が単純で、規模の小さな銀行向けの手法。

②標準的手法（Standardized Approach、TSA）

内容	銀行の業務を8つのビジネスラインに分けて、各々のビジネスラインの粗利益に各々の係数を乗じて合計したものを最低所要資本額とする手法。

	リテールバンキング	12（%）
	コマーシャルバンキング	15
	決済	18
	リテールブローカレージ	12
	トレーディング・セールス	18
	コーポレートファイナンス	18
	代理業務	15
	アセット運用	12
特徴	・各銀行のビジネスの内容をリスクプロファイルに反映させることによりオペレーショナルリスクを把握。 ・基礎的手法より1歩進んだ手法。	

③先進的手法（the Advanced Measurement Approach、AMA）

内容	銀行自身のこれまでのオペレーショナルリスクによる損失データをベースにして最低所要資本額を計算する手法。
特徴	銀行自身の既往のオペレーショナルリスクに対するマネジメントのパフォーマンスがリスク量の計算、ひいては自己資本の計算に反映。

（注）　このうち、②標準的手法、③先進的手法は、金融庁長官の承認を受けたときに採用することができる。

図表1　バーゼルIIによるオペレーショナルリスクの計算方法

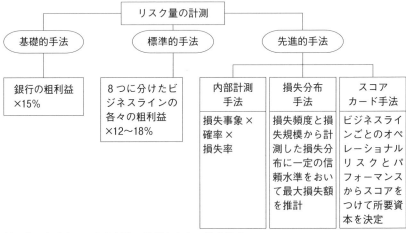

（出所）　金融庁、日本銀行等の資料をもとに筆者作成

バーゼルⅡの先進的手法によるオペレーショナルリスクの計算手法

先進的手法による計算手法には、3つの方法がある。

①内部計測手法

(i)まず各ビジネスラインと損失事象タイプを組み合わせて期待損失を計算。	
ビジネスラインの分類	標準的手法でみた分類。
損失タイプ	内部または外部不正行為、顧客に対する義務違反、商品の品質上の問題、取引実行、デリバリー上の問題、システム障害等に分類。
損失結果	資産の損失または価値の低下、銀行の法的支払責任、補償、請求権の逸失等に分類。
(ii)損失事象に対してそれが現実化する確率、および現実化した場合の損失率を乗じる。それを合計したものが銀行全体のオペレーショナルリスク量となり、所要自己資本額となる。	

②損失分布手法

・過去発生した損失の分布からオペレーショナルリスクを計算する手法。
・具体的には、過去において発生の損失の頻度と損失額の規模をもとにして損失金額の分布を予想して、一定の信頼水準から最大損失額を推計。
・過去発生した損失データに基づいて計測されることから、当該銀行の現在ないし先行きのオペレーショナルリスクのマネジメントの水準が十分に反映されない問題がある。

③スコアカード手法

(i)まず会社、またはビジネスラインごとに所要資本を仮置き。	
(ii)ビジネスラインごとにオペレーショナルリスクとそのマネジメントのパフォーマンスを評価したスコアカードを作成、それに基づいて仮置きした所要資本を調整。	
特徴と留意点	・統計的な手法を使用するリスク計測手法ではなく、特別のシステムを使用する必要がない。 ・スコアカードのチェック項目をどうするかが重要なポイントとなるほか、スコアカードをつける責任者の裁量が働く余地があることに留意する必要がある。

(関連用語) ITリスク (114頁)

オムニチャネル

金融 / 証券化 / 証券取引 / 保険 / リスクマネジメント / デリバティブ / 環境 / 外国為替 / ITフィンテック / 金利 / ポートフォリオ / ファンド / 電力取引

オムニチャネルとは？

　オムニチャネル（omni channel）は、あらゆる種類の販売・流通チャネルを統合して、顧客に対して同じ商品を、どのようなチャネルからも同質の利便性で提供できる環境を構築することをいう。ちなみに、オムニは、すべての、という意味を持ち、オムニチャネルの文字どおりの意味は、全チャネルとなる。統合対象となる販売・流通チャネルには、店舗、オンラインモールの通販サイト、ダイレクトメール、テレビやカタログ通販等がある。

　また、オムニチャネルと類似する概念を表す用語にO2Oがある。O2O（Online to Offline & Offline to Online）は、ネット店舗（Online）と実店舗（Offline）が連携して、双方の販売チャネルが融合する仕組み・取組みを意味する。

　なお、シングルチャネルから発展した仕組みにマルチチャネルがある。マルチチャネルは、実店舗と通販サイト等の複数のチャネルを顧客に提供する点ではオムニチャネルに似ているが、マルチチャネルは、顧客がどのチャネルを使うかによりサービスの内容が異なるのに対して、オムニチャネルは、すべてのチャネルを通じて顧客に同質のサービスを提供する点に大きな違いがある。

オムニチャネルのメリット

　顧客にとっては、オムニチャネルにより、パソコンや携帯電話、スマートフォン、タブレット端末等を使用して、いつでもどこからでも、販売先にアクセスして商品を購入することが可能となる。

　また、販売主体も、多くの顧客を誘引できるほかに、店舗の在庫が払底した場合にオンラインを活用して別の販売チャネルからの販売に顧客を誘導するとか、企業内において在庫をチャネル間で繰り回す等、顧客と在庫を一括管理するサプライチェーンマネジメントに活用することができる。

オムニチャネルの活用

　オムニチャネルは、顧客にパソコンやスマートフォン等が普及し、この結果、小売の実店舗による売上げが通販等の売上げに押される状況下、小売店がオムニチャネルにより、販売・流通チャネルを統合して、さまざまなチャネルからアクセスするすべての顧客を取り込む目的で導入され始めたものである。

具体的には、米百貨店メーシーズを皮切りに、ウォルマート等、数多くのリテールビジネスがオムニチャネルを導入、活用している。
　また、日本では、セブン＆アイやイオンを皮切りに、現在では多くの小売店がオムニチャネル導入に取り組んでいる。

金融機関によるオムニチャネルの活用

　金融機関の実店舗（リアル店舗）への来客は、ATMやネットバンキングの普及に伴い減少傾向にある。特に、金融機関によるネットバンキングのサービスの多様化、利便性の向上が進展して、顧客が店舗に足を運ぶことなく各種手続き等が可能となったことが、実店舗への来客数の減少を加速しているとみられる。
　こうした状況下、ビッグデータを活用してどのようなニーズ、属性をもった顧客がネットバンキングを活用しているのか、また、対面型のオフラインバンキングはどのようなニーズに適しているか等、顧客行動を分析、把握して、デジタルチャネルのシステムの拡充や、実店舗の規模やサービスの提供メニュー、対面する職員の質的向上等、オンラインバンキング、オフラインバンキングの双方について、見直しを行う金融機関が増加する傾向にある。

オルタナティブ投資

金融　証券化　証券取引　保険　リスクマネジメント　デリバティブ　環境
外国為替　ITフィンテック　金利　ポートフォリオ　ファンド　電力取引

オルタナティブ投資とは？

　オルタナティブ投資（alternative investment、代替投資）は、市場で取引されている伝統的な金融、証券商品である株式、債券、投資信託以外の商品に投資することをいう。
　伝統的な投資に代替する投資という意味でオルタナティブ投資と呼ばれる。

オルタナティブ投資の機能

①投資対象の選択肢の拡大

投資家は投資対象の選択肢の拡大により機動的、弾力的な投資が可能。

②分散投資効果の向上

伝統資産に対する投資に加えてオルタナティブ投資を行うことにより、分散投資効果の一段発揮が期待可能。

オルタナティブ投資の特徴

市場流動性

・一般的に市場流動性が潤沢でないことから適正価格（fair price）の把握が難しい。
・もっとも、オルタナティブ投資対象の市場流動性の程度はまちまち。

市場流動性が薄い商品	エマージングマーケットの株式、債券は概して流動性が薄い。
市場流動性が厚い商品	REIT等は、証券化により多くの投資家の投資対象とすることにより厚い市場流動性を形成。

オルタナティブ投資の種類

金融商品

・エマージングマーケットへの証券投資
・プライベートエクイティへの投資

- ・各種証券化商品への投資
- ・外国為替等

コモディティ
- ・不動産
- ・原油等のエネルギー物
- ・貴金属
- ・穀物等

金融商品＋コモディティ

ヘッジファンド等

その他
- ・CAT（カタストロフィ）ボンド
- ・天候デリバティブ等

オルタナティブ投資の具体例

①エマージングマーケット（emerging market）への証券投資

特徴点	成長率	概して高い成長率を示現。
	変革	・金融・経済、政治面で大きな変革が進行。 ・変革は、金融市場の自由化、国際貿易や国際資本取引の自由化、規制緩和、国営企業の民営化等にみられる。
	投資機会	高い経済成長にインフラの整備が追いつかず、この結果、実物投資の機会が存在。
投資のメリット	リターン	高い成長から総じて高いリターンが期待できる。
	分散投資	エマージングマーケットへの投資リターンは概して先進国への投資リターンとの相関性が低いことから、分散投資効果が期待可能。
投資の留意点	資本規制	資本移動につき自由化措置が十分でない場合には、経済の混乱が生じたときに資本規制が発動され、資本の引揚げが困難

		になるリスクが存在。
	税制	海外投資に対する税制の内容が必ずしも明確ではないケースが少なくない。
	ハイリスク	マーケットの流動性の薄さや政治、経済情勢の不安定等からボラティリティは概して高く、ハイリスクの投資。
	投資コスト	先進国への投資に比べると総じて取引コストは高い。
	情報	ディスクロージャー制度の未整備や会計制度の相違、さらには言語障壁等から情報量が十分に得られない可能性がある。

②プライベートエクイティ（private equity）への証券投資

特徴点	未公開株式	未公開会社の株式への投資。
	成長力	潜在成長力の高い企業に対して早い段階から投資。
	投資期間	一般的に長期間の投資を行う。
	資金調達	投資の裏付けとなる資金は長期調達を行う。
投資のメリット	出口戦略	投資対象企業が新規上場（Initial Public Offering、IPO）にこぎ着けること等により株価が上昇したときに、これを売却してキャピタルゲインを得る。
	分散投資	プライベートエクイティをポートフォリオの一部として位置付け、分散効果を狙うことが有効な投資策となる。
投資の留意点	リスク・リターン	投資が成功するか否かの不確実性は高く、ハイリスク・ハイリターンの投資となる。

（関連用語）　プライベートエクイティファンド（774頁）、ヘッジファンド（815頁）、CATボンド（33頁）、天候デリバティブ（641頁）

カーボンファンド

金融 / 証券化 / 証券取引 / 保険 / リスクマネジメント / デリバティブ / **環境**
外国為替 / ITフィンテック / 金利 / ポートフォリオ / ファンド / 電力取引

カーボンファンドとは?

　カーボンファンド（carbon fund、炭素基金）は、企業から募った資金を元手にして、温暖化ガス排出削減プロジェクトに投資をしたり、温暖化ガス排出削減プロジェクトからクレジット（排出権）を購入して、その結果獲得できたクレジットをファンドに出資した企業に配分するスキームである。

　カーボンファンドは、証券投資で活用されているファンド（投資信託）のコンセプトを環境問題に応用した一例である。

カーボンファイナンスとカーボンファンド

①カーボンファイナンス

カーボンファイナンスの概念	温室効果ガス削減プロジェクトに対する資金供給が円滑な形で行われる仕組み。
カーボンファイナンスの種類	・環境プロジェクトに個別に資金等を拠出するケース。 ・カーボンファンドに対して資金を拠出するケース。
温室効果ガス削減プロジェクトの特徴	投資からその成果である排出量削減が現れるまで、長期間を要する。
プロジェクトに要する資金の特徴	資金供給には、長期にわたるプロジェクトの遂行に関わるさまざまなリスクが潜在。

②個別にプロジェクトへ参画するケースとカーボンファンドに資金拠出するケース

(i)個別にプロジェクトへ参画するケース	排出削減プロジェクトへの参画	以下の選択肢がある。 ・プロジェクトに対する投資 ・プロジェクトに対する融資 ・プロジェクトに対する技術提供	
	個別にプロジェクトへ参画するケースの特徴点	ノウハウリスク	・高度のノウハウが必要。 ・投融資の対象となるプロジェクトにより想定される排出量の削減・排出権の創

			出が実現できるか不透明であるリスクが存在。
	個別にプロジェクトへ参画する主体		実際には、商社や電力会社等の大手企業に限定される。
(ii)カーボンファンドに資金拠出するケース	スキーム		次のステップを踏んで実行。
		資金拠出	カーボンファンドに対して多くの企業が資金を拠出。
		排出削減プロジェクトへの投資	プールされた資金をカーボンファンドの運営会社が排出削減プロジェクトに投資。
		排出権等の配分	カーボンファンドが得た排出権等を資金拠出企業に配分。
機能	一般企業にとって、排出権をより簡便に、かつリスクを軽減した形で取得可能。		
メリット	分散投資効果		個別プロジェクトとの比較
		個別プロジェクトに資金等拠出	技術リスク、経済リスク、政治リスク等の各種リスクが潜在。
		カーボンファンドに資金拠出	カーボンファンドは複数のプロジェクトを対象にすることが多く、個別プロジェクトへの直接投融資に比べてリスクが軽減。
	排出削減プロジェクトの選択		・どの排出削減プロジェクトに資金拠出するか、ファンドマネジャーのエキスパータイズに委ねることが可能。 ・専門能力を持つマネジャーが投資した結果生まれたリターンは、クレジットとして出資者に対して配分。
種類	現物支給方式		投資家に対して排出クレジットを分配する方式。
	現金支給方式		ファンドが排出クレジットを売却、それから得た現金を配当として支給する方式。

出資者	・電力、石油、化学、鉄鋼、電機等の幅広い業界でカーボンファンドへ出資。 ・商社もカーボンファンドに対して活発に出資しているが、これは獲得した排出権をメーカー等に転売することを前提とした出資。

カーボンファンドと信託

カーボンファンドには、信託機能を活用するタイプもみられる。

信託機能のメリット

カストディ機能	信託会社が政府等の承認手続や排出権取得契約の手続を行うカストディ機能を活用。
決済リスクの回避等	小口のニーズへの対応や決済リスクの回避メリットも享受可能。

信託機能活用のスキーム

①金銭の信託	排出権の取得を望む企業が委託者となって信託会社に対して金銭を信託。
②信託受益権	企業は、信託会社から信託受益権を取得。
③信託会社による排出権の獲得	信託会社は、委託者にかわって委託者が望む条件に一致する排出量削減プロジェクトに参加、排出権を獲得。
④信託財産の記録	信託会社は信託の持分割合に応じて委託者の口座に信託財産を記録。

カーボンファンドの具体例

①世界銀行によるカーボンファンド

世界銀行は、プロトタイプカーボンファンドをはじめとしていくつかのカーボンファンドを立ち上げている。	
目的	・質の高い排出削減クレジットの獲得。 ・排出削減プロジェクトを通じて技術開発のノウハウが幅広くシェアされることを期待。 ・官民こぞっての出資により排出削減に向けて固い絆を形成。

種類	プロトタイプカーボンファンド（Prototype Carbon Fund、PCF）	・小水力発電や風力発電等の再生可能エネルギーやバイオマス利用。 ・5カ国の政府および日本の国際協力銀行、および日本の6電力会社と2商社の8企業を含む17の民間企業が出資。 ・2000～12年の運用期間。 ・中国等の東南アジアや中南米、アフリカ等多くの地域にわたる多種多様なプロジェクトを対象。 （例）メタン回収等の技術の活用	
		中国	炭鉱メタン発電プロジェクト
		ブルガリア	地域熱供給プロジェクト
	バイオカーボンファンド（Bio Carbon Fund、BioCF）	・主として植林および再植林事業を対象とした炭素吸収源および樹木種回復プロジェクトからの排出権を購入。 ・中南米や中国、フィリピン等で実施。	
	コミュニティ開発カーボンファンド（Community Development Carbon Fund、CDCF）	・排出削減プロジェクトの推進によって開発途上国の貧困地域の生活向上を図ることが目的。 ・中南米やネパール等の小水力発電やバイオマス等、小規模の排出削減プロジェクトから排出権を購入する特徴を持つ。	

②国際協力銀行と日本政策投資銀行等によるカーボンファンド

日本温暖化ガス削減基金（Japan GHG（Greenhouse Gas）Reduction Fund、JGRF）は、官民共同で設立した日本のカーボンファンド第1号（図表1）。

設立年	2004年
出資主体	国際協力銀行、日本政策投資銀行、電気、ガス、石油、製造業、商社等、31の民間企業
スキーム	(i)国際協力銀行と日本政策投資銀行を中心とする日本温暖化ガス削減基金の大口出資者によって設立された日本カーボンファイナンス株式会社（Japan Carbon Finance ltd、JCF）が、排出削減プロジェクトから生じる排出権を取得。 (ii)日本カーボンファイナンスは、取得した排出権を日本温暖化ガス削減基金に転売。 (iii)日本温暖化ガス削減基金は、これをファンドに対する出

資者間に配分。

図表1　日本温暖化ガス削減基金の基本スキーム

（出所）　磯根周二「日本温暖化ガス削減基金の業務概要について」日本貿易会月報2005年2月 No.622をもとに筆者作成

価格優先・時間優先の原則

金融 / 証券化 / 証券取引 / 保険 / リスクマネジメント / デリバティブ / 環境 / 外国為替 / ITフィンテック / 金利 / ポートフォリオ / ファンド / 電力取引

価格優先・時間優先の原則とは？

価格優先・時間優先の原則（the principle of price/time priority）は、競争売買市場（オークション・マーケット）に適用される原則である。

価格優先の原則

マーケットに出されている最も低い価格の売り注文と最も高い価格の買い注文の間で付合せ（取引執行）が行われる原則。

時間優先の原則

同一価格の売り注文、または買い注文が複数重なった場合には、先に注文したほうを優先する形で付合せが行われる原則。

価格優先・時間優先の原則適用の具体例

価格優先の原則

前提	・ある銘柄の株に99円、100円、101円の売り注文が各1単位マーケットに出ている。 ・そこに、成行きの買い注文が1単位入った。
価格優先	この成行きの買い注文に付け合わされるのは、最も低い価格の99円の売り注文となる。

時間優先の原則

前提	上述例で、仮に99円の売り注文が複数の異なる市場参加者から各々1単位マーケットに出されているとする。
時間優先	その場合には、そのうち早く注文を出した市場参加者のほうの1単位が成行きの買い注文と付け合わされることになる。

ザラバと板寄せ

ザラバ

概念	競争売買（競り、オークション）による付合せ。
語源	注文が場にさらされることからきた用語。
適用	寄付と引けの間の取引時間中において実施。

板寄せ

概念	取引開始前や終了前の一定時間帯に売り買いの注文を集めて、売りの注文と買いの注文を価格優先の原則に従って順次相対させながら、売り注文と買い注文との数量がバランスする値段を求めたうえで、単一の値段で取引を成立させる方法。
語源	注文控えを意味する「板」を寄せることにより付合せを行うことからきた用語。
適用	・日本の株式取引や金利先物取引等において実施。 ・板寄せ制度は、大量の注文を一度に集中して付合せができるメリットがあり、日本の取引所が開発した優れた制度として海外では「Itayose」（single price auction）とそのままの言葉で使われることもある。

格付、格付会社

| 金融 | 証券化 | 証券取引 | 保険 | リスクマネジメント | デリバティブ | 環境 |
| 外国為替 | ITフィンテック | 金利 | ポートフォリオ | ファンド | 電力取引 |

格付、格付会社とは？

格付（rating）

企業の一般的な信用力、または債券をはじめとする特定の債務についての履行能力ないしデフォルトリスクの測定。

格付会社（rating agency）

格付家の結果を記号化して投資家に提供する会社。

金商法の格付会社規制

日本の格付については、従来、金融商品取引法（金商法）に基づく開示制度等において利用される格付機関を明らかにするために、指定格付機関制度が設けられていた。指定格付機関の指定にあたっては、格付機関のうち、金融庁長官がその格付実績、人的構成、組織、格付の方法および資本構成その他発行者からの中立性に関する事項等を勘案して指定することとされていた。しかし、指定格付機関制度は、信用格付業者に対する規制（平成21年金融商品取引法等の一部改正）導入後に廃止されて、信用格付業者の制度に統合された。

信用格付業者に対する金商法の規制においては、信用格付が将来の不確定な信用リスクについての専門的知見に基づき表明される意見であることから、個々の信用格付の実質的内容そのものを規制対象とすることは適当でないとの考え方がとられており、「金融庁長官が信用格付業者に対して法令に基づく権限を行使する際には、個別の信用格付又は信用評価の方法の具体的な内容について関与しないよう配慮すること」が明確化されている（金融商品取引業等に関する内閣府令金商業等府令第325条）。こうしたことから、規制の主な内容は、格付会社の体制整備や情報開示規制となっている。

登録制度

信用格付業を行う法人は、内閣総理大臣の登録を受けることができると規定されている。そして、金商法でいう信用格付業者は内閣総理大臣の登録を受けた法人である。

信用格付業者登録一覧 （2012年1月31日現在）	株式会社日本格付研究所 ムーディーズ・ジャパン株式会社 ムーディーズSFジャパン株式会社 スタンダード＆プアーズ・レーティング・ジャパン株式会社 株式会社格付投資情報センター フィッチ・レーティングス・ジャパン株式会社 日本スタンダード＆プアーズ株式会社

（出所）　金融庁

無登録格付

上述のとおり、金商法は、格付会社に対する登録制度を導入すると同時に、無登録の格付会社（信用格付業者以外の信用格付業を行う者）が付与した格付については、当該信用格付を付与した者が登録を受けていない者である旨および当該登録の意義や格付の限界等、内閣府令で定める事項を告げることなく提供して、金融商品取引契約の締結の勧誘をする行為を禁止している。これは、投資者保護の観点から信用格付業者に一定の情報を公表することが義務付けられていることから、これと同程度の説明義務を課するものである。

なお、金商法に基づく登録会社（信用格付業者）の一定のグループ会社（無登録）が付与した格付については、特例（グループ指定制度）を設けて、無登録格付の利用についての通常の説明義務を簡素化する措置がとられている。

主要な格付会社

米国

Standard & Poor's（S&P）、Moody's、Fitch等

日本

格付投資情報センター（R&I）、日本格付研究所（JCR）等

格付の機能

投資家の債券投資等の材料

投資家は、格付を投資判断の材料として債券投資等を行うことができる。

デフォルトリスクの把握	債券のデフォルトリスクは、債券発行企業の信

	用状態を分析することにより計測することが可能。
企業の信用状態の調査、分析	数多くの債券について、その発行企業の信用状態を投資家が調査、分析することは、不可能ではないとしても効率的ではない。

記号化によるデフォルトリスクの把握

デフォルトリスクを記号にして表すことによって、投資家が債券の信用リスクを容易に把握することが可能。

格付の手法

債券の格付は、当該債券発行企業についてビジネスの環境、企業の経営状態、財務基盤等の諸要素と格付の対象となる債券の属性を評価して、デフォルトリスクの程度を判断。

①ソブリンリスクの分析

債券発行会社が主として事業を展開する国の経済成長、為替動向、金利やインフレ動向、さらには資本規制、税制、社会状態を広範にわたって分析。

②格付対象企業が属する業界の分析

その企業が属している業界の成長性、安定性、競争状態等の動向を分析。

③対象企業の分析

業界ないしマーケットにおける対象企業のポジション、企業の財務状況(収益力、資産・負債の状況、キャッシュフローの状況等)をはじめ、ビジネスの効率性、ビジネスプラン、経営者の経営能力、経営に取り組むスタンス、金融機関の融資態度、等を分析。

④対象債券の属性の評価

格付の対象となる債券に財務制限条項が付されているかどうか、付されている場合にはその内容はなにか等、当該債券の属性を評価。

⑤格付の決定

以上の分析をふまえて、総合判断をして債券の銘柄ごとに記号を付ける。
記号の付け方は、各社で若干の違いがあるが、AAAやAaaは、元利金の支

払い能力は十二分にあるという最高の格付で、BBやBa以下は、元利金の支払いには投機的である、といった内容とされる（図表1）。

図表1　格付投資情報センターの長期個別債務格付

AAA	信用力は最も高く、多くの優れた要素がある
AA	信用力は極めて高く、優れた要素がある
A	信用力は高く、部分的に優れた要素がある
BBB	信用力は十分であるが、将来環境が大きく変化する場合、注意すべき要素がある
BB	信用力は当面問題ないが、将来環境が変化する場合、十分注意すべき要素がある
B	信用力に問題があり、絶えず注意すべき要素がある
CCC	債務不履行に陥っているか、またはその懸念が強い。債務不履行に陥った債権は回収が十分には見込めない可能性がある
CC	債務不履行に陥っているか、またはその懸念が極めて強い。債務不履行に陥った債権は回収がある程度しか見込めない
C	債務不履行に陥っており、債権の回収もほとんど見込めない

（注）　プラス（＋）、マイナス（－）表示：AA格からCCC格については、上位格に近いものにプラス、下位格に近いものにマイナスの表示をすることがある。なお、CC格では、契約の内容や回収の可能性などを反映し、長期個別債務格付を発行体格付と異なる符号にする場合、プラス、マイナスを付けることがある。プラス、マイナスも符号の一部。
（出所）　格付投資情報センター「格付符号と定義」

証券化商品と格付会社

①MBS等の証券化商品の格付

オリジネーターからみた格付の機能	・アレンジャー等は、証券化商品について一定の格付を取得することを目標に、これにマッチしたスキームを構築。 ・格付会社は、裏付資産の情報をもとにアドバイスを提供。	
	トランチング	それまで蓄積してきた定性的・定量的データをもとにトランチングと各トランシェの配分をアドバイス。

	信用補完	信用補完の手段、内容。
	バックアップサービサー	バックアップの程度とバックアップサービサーの選択。
投資家からみた格付の機能	投資判断の材料	格付を投資判断の参考指標として活用。
	情報の非対称性への対応	・社債等の伝統的な金融商品が持つリスク・リターンプロファイルに比べると、資産の証券化商品が持つリスク・リターンの特性は格段に複雑でその把握には専門的な知識が必要。 ・格付は、オリジネーターと投資家の間に存在する情報の非対称性による情報ギャップを埋める重要な役割を担う。
	格付の前提と情報開示	・格付会社も、さまざまな前提を置いたうえで格付を実施。投資家としては、格付会社がどのような前提を置いているかを十分認識する必要がある。 ・そのために格付会社は、格付の前提や格付のプロセス等について幅広い開示を推進する必要がある。
	投資家の自己責任原則	格付はあくまでも投資の判断材料であり、最終的には投資家の自己責任で投資判断をすることが重要。
ウイークリンク（weak link）		・資産の証券化商品の格付にあたっては、証券化スキーム構成要素の最も弱い要素が格付の基準となる。 ・証券化商品の格付は、スキームの最も弱い要素の格付を超えることはできない。 ・これは、スキームの要素の1つでも機能不全となれば、証券化商品が生むキャッシュフローは滞ることになるとの考えによる。

②証券化商品に対する格付のポイント

真正売買と倒産隔離	オリジネーターからSPVに対する資産の譲渡が確

		実に行われていて、たとえオリジネーターが倒産しても投資家に対するキャッシュフローに累が及ばないスキームとなっているか。
信用補完		原債権者が債務不履行を起こしても、一定の信用補完の手当が行われるスキームとなっているか。
サービサー、バックアップサービサー		資金回収業者であるサービサーに事故があっても、それをバックアップできるスキームとなっているか。

③証券化商品のトランシェと格付の典型例

トランシェ (tranche)	シニア (senior)	構成比	約8割
		格付	AAA
		販売	投資家に販売。
	メザニン (mezzanine)	構成比	約1～2割
		格付	AAまたはA
		販売	投資家に販売。
	エクイティ (equity)	構成比	1割弱
		格付	無格付
		販売	一般的に、オリジネーターが保有、シニア部分とメザニン部分の信用補完機能を果たす(注)。

(注) サブプライムブーム期においては、ハイリスク・ハイリターンのエクイティ部分も、過去のデフォルト率が低いとのデータから投資家が積極的に投資対象とするケースが増加した。

サブプライム危機と格付け

　サブプライム危機が深刻さを増す2007年6～7月にかけて、米格付会社ムーディーズとS&Pは、大量にのぼるサブプライム関連のMBSやCDO等の格下げを発表した。このように、米国の大手格付会社が多くの銘柄のサブプライム証券化商品について短期間のうちに大幅格下げを実施したことから、投資家の間に大きな衝撃が走り、格付のあり方に対する強い不信感が台頭した。

　そして、これにより投資家にとって格付はあくまで絶対的な投資判断の指標ではなく投資を行うための参考材料であり、最終的な投資判断は投資家の自己責任において行うべきであるとする投資の自己責任原則があらためて強調されること

となった。

CATボンドの格付

CATボンドの特性

多くの件数を束にする証券化商品ではないものの、カタストロフィ・リスクの性格から、最終投資家にとってリスク・プロファイルの把握が難しい特性を持つ。

CATボンドの格付

・一般の社債の格付と同じような形で表される。
・社債のデフォルトリスクと同様、カタストロフィ・リスクの発生がトリガーに抵触する確率と期待損失を計測のうえ、記号化して投資家に提供。

CATボンドに対する格付の機能

・CATボンドの発行主体であるリスクヘッジャーとCATボンドに投資するリスクテイカーとの間に存在する情報の非対称性が緩和。
・格付の活用により、CATボンドの投資家が、保険・再保険会社からマネーマネジャーやミューチュアルファンド、年金基金、ヘッジファンド、CATボンド専門ファンドへと裾野が拡大。

貸付債権の流動化・証券化

`金融` `証券化` `証券取引` `保険` `リスクマネジメント` `デリバティブ` `環境`
`外国為替` `ITフィンテック` `金利` `ポートフォリオ` `ファンド` `電力取引`

貸付債権の流動化・証券化とは？

貸付債権の流動化・証券化は、金融機関の企業向け貸付債権を投資家に売却することをいう。

貸付債権の流動化

・貸付債権を束にして売却するか、貸付債権を投資家が購入しやすいように小口化して売り出す手法。
・貸付債権の証券化を含む概念。

貸付債権の証券化

貸付債権を有価証券の形にしたうえで、市場で幅広く売り出す手法。

貸付債権の流動化・証券化の機能

金融機関は、貸付債権の流動化・証券化により貸付債権をオフバランス（off-balance、オフバラ）化することができる。特に、バブル崩壊後、不良債権処理を迫られた金融機関にとって貸付債権の流動化・証券化は有効なツールとなった。

貸付債権の流動化・証券化の種類

①バルクセール（bulk sale）

概念	多数の不良債権を束にしてファンド等、特定の投資家に対して一括売却する手法。
プライシング	・将来、債権を生むことが見込まれるキャッシュフローを現在価値に引き直すDCF法（Discounted Cash Flow Method、ディスカウント・キャッシュフロー法）が用いられる。 ・借入れ企業の返済能力が乏しい場合には、債権の額面を大幅にディスカウントして売却される。

②貸付債権の証券化

> 資産担保証券（ABS、Asset-Backed Security）等の形に証券化、不特定多数の投資家に販売する手法。

貸付債権証券化の活用

金融機関

オリジネーター＆サービサー	金融機関のバランスシートから貸付債権を切り離すオリジネーター（原債権者）であるとともに、貸付債権の債務者から返済金を回収するサービサーの役割を果たす。
投資家	金融機関は、自己のローンポートフォリオ最適化を指向して、証券化商品の投資家として関わることもある。

クレジット会社、リース会社

ノンバンク	クレジット会社やリース会社は、預金吸収ができないノンバンク。
金融機関依存の問題点	従来、所要資金の大半を金融機関借入れでまかなってきたことから、金融機関の貸出態度いかんが資金調達に大きく影響、ひいてはビジネスの展開にも支障をきたす恐れ。
貸出債権の証券化のメリット	貸出債権の証券化は、クレジット会社やリース会社の資金調達手段を金融機関依存の姿から脱却させることに大きく資することとなり、さらに、財務体質の強化が図られるメリットもある。

カタストロフィ・スワップ

`金融` `証券化` `証券取引` `保険` `リスクマネジメント` `デリバティブ` `環境`
`外国為替` `IT フィンテック` `金利` `ポートフォリオ` `ファンド` `電力取引`

カタストロフィ・スワップとは？

カタストロフィ・スワップ（catastrophe swap）は、保険・再保険会社や企業が2当事者間でカタストロフィ・リスクを交換するスワップ取引である。

カタストロフィ・スワップの特性

取引主体
保険・再保険会社

取引目的
保険・再保険会社が保有する保険リスクをグローバル規模で分散、最適保険ポートフォリオを構築。

取引形態
・2当事者間で相対により行われるOTC（店頭）取引。
・当事者双方のニーズをくみ取ったテイラーメイド。

カタストロフィ・スワップの種類

①カタストロフィ・リスクスワップ
異なるカタストロフィ・リスクの交換取引。

②カタストロフィ・再保険スワップ
カタストロフィ・リスクとプレミアムの交換取引。

カタストロフィ・リスクスワップ

基本スキーム
・特定のカタストロフィ・リスクを回避してリスクを分散したいとする2当事者が、各々が抱えるカタストロフィ・リスクを交換する取引。
・「純粋カタストロフィ・スワップ」（pure catastrophe swap）とも呼ばれる。
・再保険ブローカーを通して行われることが多い。

取引内容

コストゼロの取引	両当事者間のポートフォリオから適宜リスクを選択、それを計量化して同量リスクの交換に組み立てることにより、両当事者にとってコストゼロとすることが可能。
リスク差のあるケース	交換するカタストロフィ・リスク間にリスクエクスポージャーの差がある場合には、両当事者間でその差が現金で受払いされる。

メリット

分散効果	1カ所で1時期に発生して巨額の損失をもたらす特性を持つカタストロフィ・リスクの地理的、時間的分散を図ることが可能。
オルタナティブ投資	当事者が直接アクセスできないカタストロフィ・リスクも、ポートフォリオに組入れ可能。

リスク発生の場合の決済

・当事者間で保険金の支払い義務が交換されることになる。
・実務上の処理:たとえば、日本に地震が発生したときには、日本の保険会社が地震保険の契約者に保険金を支払い、それを補填する形で米国の保険会社がカタストロフィ・リスクスワップに従って日本の保険会社に資金を支払う。

カタストロフィ・リスクスワップの具体例

異種カタストロフィ・リスクスワップ	日本の保険会社が持つ地震リスクのポートフォリオの一部⇔フランスの保険会社が持つ暴風リスクのポートフォリオの一部
同種カタストロフィ・リスクスワップ	日本の保険会社が持つ地震リスクのポートフォリオの一部⇔米国の保険会社が持つ地震リスクのポートフォリオの一部

具体例:これまで行われた日本に関わるカタストロフィ・リスクスワップ

南関東の地震リスク⇔ニューマドリッドの地震リスク
南関東の地震リスク⇔カリフォルニアの地震リスク
南関東の地震リスク⇔欧州の暴風リスク
日本の台風リスク⇔欧州の暴風リスク

| モナコの地震、日本の台風、欧州の暴風の3つのリスクの組合せ↔カリフォルニアの地震リスク |

カタストロフィ・再保険スワップ

基本スキーム
・リスク回避主体がリスク引受け主体に固定金額のプレミアムを定期的に支払うのと引換えに、カタストロフィ・リスクが発生した場合には、リスク引受け主体から補償金として変動金額の支払いを受ける取引。
・機能が再保険と類似していることから、こうした名称が付けられている。

取引内容

リスクの削減	ポートフォリオの中にある特定のカタストロフィ・リスクの量が過大である保険・再保険会社は、それを削減することが可能。
リスクの引受け	過剰資本を持つ保険・再保険会社は、ポートフォリオの中にカタストロフィ・リスクを追加して組み入れることが可能。

特性

コスト	CATボンド等の保険リンク証券（ILS）と同様の効果があるが、リスクの証券化のように複雑でコスト高とならない。
信用リスク	CATボンドのように資金が信託勘定に入り担保される枠組みではないことから、一般のOTCスワップ取引と同様、相手方の信用リスクを負う。

（関連用語） CATボンド（33頁）、カタストロフィ・リスク取引所（319頁）

カタストロフィ・モデル

[金融] [証券化] [証券取引] [保険] [リスクマネジメント] [デリバティブ] [環境]
[外国為替] [ITフィンテック] [金利] [ポートフォリオ] [ファンド] [電力取引]

カタストロフィ・モデルとは？

　カタストロフィ・モデル（catastrophe model、CATmodel、CATモデル）は、カタストロフィ・リスクを定量化するモデルである。

　カタストロフィ・リスクの特性から、その発生確率と損失の推計には、伝統的な保険数理による推計ではなく、CATモデルが活用される。

カタストロフィ・リスクの特性

頻度・損害

交通事故等の保険リスク	高頻度・低損害
カタストロフィ・リスク	低頻度・高損害

大数の法則

交通事故等の保険リスク	プールされたリスクが相互に独立であることを前提に成り立つ大数の法則の適用が可能。
カタストロフィ・リスク	時間的、地理的な分散がない。 ・リスク発生の場合には、多くの件数の保険金請求が同時に保険会社に押し寄せる。 ・同時性と巨大性を併せ持つカタストロフィ・リスクには、大数の法則は適用できない。

発生確率、被害金額の推計

交通事故等の保険リスク	大数の法則を適用して、リスクの平均をかなりの程度、正確に推計可能。
カタストロフィ・リスク	・低頻度・高損害の特質から、過去のデータから発生確率や被害金額の推計を行うことは極めて困難。 ・時間の経過とともに被害の対象や環境が大きく変化するために、既往のデータを将来の損失推計に活用するには制約がある。

保険料

交通事故等の保険リスク	保険会社は、〔平均的な損失＋諸費用＋リスク引受料〕を保険料として徴求。
カタストロフィ・リスク	カタストロフィ・リスクの低頻度・高損害、非均質性から、保険料の算定は、モデルに依存せざるをえない。

保険金

交通事故等の保険リスク	現実の損失が予想損失よりも大きくなる形で乖離しても、基本的に保険会社の資本でカバー可能。
カタストロフィ・リスク	・保険金の支払いが一時的に集中して膨大なものとなり、保険業界に深刻なダメージを与える恐れ。 ・保険会社の資本毀損から保険会社の経営危機を招来する恐れ。

CATモデルの概要

機能

先行きのイベントの生起確率分布を構築、それに沿って期待損失と最大損失を推測。

活用

ユーザーは、特定のカタストロフィ・リスクが、さまざまなシナリオのもとでどのような損失を発生させる可能性があるかを把握。

ARTマーケット	CATボンド等の保険リンク証券のリスク分析
保険業界	・リスク引受け、移転 ・保険金請求審査 ・ポートフォリオのリスク管理等

モデル設計会社

代表的な会社：
AIR Worldwide（AIR）
Risk Management Solutions（RMS）
等

対象リスク

ハリケーン、地震、洪水、火災、テロ、パンデミック等

モデルリスク

CATモデルは、前提を単純化して多くのデータを定量化することから、そのプロセスで誤差を生むモデルリスクが存在。	
テイルリスク	低頻度のイベントは、統計上のテイルリスク（tail risk）を正確に測定することが難しく、損失の過小評価となる可能性。

カタストロフィ・モデルの種類

①決定モデル

過去のデータと限られた数のシミュレーションを現有のポートフォリオに適用して予想損失額を推計する手法。	
短所	数多くの変数からなるカタストロフィ・リスクを的確に推測するためにはおのずから限界がある。

②確率モデル

・膨大な数にのぼるシミュレーションと物理的、科学的なアルゴリズムを使用してポートフォリオの損失の確率分布を導出する手法。
・現在では大半のモデルが確率モデルとなっている。

長所	モデルから次の数値をアウトプットすることが可能。	
	アタッチメント確率	一定の数値を超える確率
	イグゾーション確率	損失が上限を超える確率
	期待損失	アタッチメントとイグゾーションの間の当該リスクに対する期待損失
	ユーザーの置かれた環境において、発生の頻度と発生した場合の平均的な損失や、最大損失をより現実的な形で推計することが可能。	

（関連用語）　CATボンド（33頁）、カタストロフィ・リスク取引所（319頁）

カタストロフィ・リスク取引所

[金融] [証券化] [証券取引] **[保険]** [リスクマネジメント] [デリバティブ] **[環境]**
[外国為替] [ITフィンテック] [金利] [ポートフォリオ] [ファンド] [電力取引]

カタストロフィ・リスク取引所とは？

　カタストロフィ・リスク取引所（CATEX）は、1994年に創設されたニューヨークを拠点とする取引所である。
　CATEXは、保険・再保険会社や企業がウェブ上でカタストロフィ・リスクを交換することができるプラットフォームを提供する。

カタストロフィ・リスク取引所の機能

ハイブリッド仲介機能

・標準品を上場して取引を行う機能を持つ公式の取引所ではない。
・複数の市場参加者のリスク移転ニーズとリスク引受けニーズを1カ所に集中、それを組織立てた形で取引に持ち込む仲介機能を持つ。
・さまざまな市場参加者のニーズをマッチさせる「取引所取引」の持つメリットを「OTC取引」に織り込んだハイブリッド仲介機関。

信用リスク

・取引所の清算機構が持つCCP（セントラルカウンターパーティ）機能は提供しない。
・したがって取引当事者は相手方の信用リスクを負う。

カタストロフィ・リスク取引所における取引内容等

取引内容

主として保険・再保険会社や企業が保険リスクを束ねて、それを地理的に離れたカタストロフィ・リスクと交換するカタストロフィ・スワップ。

取引の具体的手法

・スワップ取引では、リスクが等価である必要があり、リスク量とリスクの質が定量化、標準化されたうえで、それを100万ドルの単位で取引。
・カタストロフィ・リスク取引所は、リスクを地域と種類別に分類して、異なるリスクの比率を相対関係として情報提供。

メリット

参加者は自己のポートフォリオが持つカタストロフィ・リスクの地理的な分散を図ることが可能。

カタストロフィ・リスク取引所における取引の仕組み

①リスク移転オファーの掲示

取引所に登録した参加者は、リスク移転のニーズが発生した場合に、取引所のITプラットフォームを使ってその内容を掲示。

②オファーへのリスポンス

別の参加者がその取引に興味を持った場合には、その旨を取引所を通じて連絡。

③2参加者間の交渉・契約

・2参加者との間で、相対で取引内容を交渉。
・その結果、交渉成立となれば、2参加者が直接に契約を締結。

カタストロフィ・リスク取引所の参加者

保険会社・再保険会社

ニューヨーク州保険局に登録した保険会社と再保険会社

企業

自家保険を行う企業

(関連用語)　カタストロフィ・スワップ（313頁）

株価指数オプション、個別株オプション

金融　証券化　証券取引　保険　リスクマネジメント　デリバティブ　環境
外国為替　ITフィンテック　金利　ポートフォリオ　ファンド　電力取引

株価指数オプション、個別株オプションとは？

株価指数オプション（stock index option）、個別株オプション（individual stock option）は、各々株価指数と個別株を原資産とするオプションである。

株価指数オプション取引の仕組み

取引対象指数

日経225オプション：日経平均株価（日経225）
TOPIXオプション：東証株価指数（TOPIX）

上場商品

指数を原資産とするコールオプションとプットオプション

取引単位

日経平均株価×1,000円、TOPIX×10,000円

取引最終日

各限月の第2金曜日の前日

限月

日経225オプション	TOPIXオプション
・通常オプション 　6、12月の10限月 　3、9月の3限月 　それ以外の直近の6限月 ・Weeklyオプション 　（各週の金曜日（第二金曜日を除く）の前営業日を取引最終日とする限月取引（週次設定限月取引））	3、6、9、12月の5限月、それ以外の直近3限月

| 直近の連続 4 週次設定限月取引 |

権利行使時期

| ヨーロピアンスタイル |

決済

| ・転売・買戻し、または権利行使。
・権利行使による決済は、差金（現金）決済による。 |

個別株オプション取引の仕組み

　大阪取引所は、個別株オプションを「有価証券オプション」（略称、「かぶオプ」）の名前で上場、取引している。

取引対象銘柄

| ・全国証券取引所の上場有価証券のうち大阪取引所が選定する銘柄。
・現在、約200銘柄が上場されている。 |

上場商品

| 個別株式を原資産とするコールオプションとプットオプション |

取引単位

| ・オプション 1 単位は、原資産である株券の最低売買単位を買い付ける（コールオプション）、または売り付ける（プットオプション）ことができる権利。
・たとえば、対象株券の最低売買単位が1,000株の場合、オプション 1 単位は1,000株の株券の売買ができる権利。 |

取引最終日

| 各限月の第 2 金曜日の前日 |

限月

| 直近の 2 カ月とそれ以外の 3 、 6 、 9 、12月のうち 2 限月の合計 4 限月 |

権利行使時期

| ヨーロピアンスタイル |

決済
・転売・買戻し、または権利行使。
・権利行使による決済は、現物株の受渡しによる。

(関連用語)　オプション（273頁）、オプション戦略（279頁）、オプションのリスクファクター（285頁）

株価指数先物

| 金融 | 証券化 | 証券取引 | 保険 | リスクマネジメント | デリバティブ | 環境 |
| 外国為替 | ITフィンテック | 金利 | ポートフォリオ | ファンド | 電力取引 |

株価指数先物とは？

株価指数先物（stock index futures）は、株価指数を原資産とする先物である。

株価指数先物の原資産となる主要株価指数

日本
日経平均株価（日経225）、TOPIX、JPX日経インデックス400等

米国
ダウジョーンズ工業株30種平均（DJIA）、S&P500

英国
FT100

仏
CAC40

独
DAX

株価指数の算出方式と特徴

算出方式

株価加重平均方式 （単純株価平均方式）	算出方法	・株価指数を構成する銘柄の株価でウェイト付けする方式。 ・すなわち、株価指数を構成する各銘柄を1株ずつ保有した場合の合計株価を銘柄数で除した値を指数とする方式。
	特徴と活用	・特徴：値嵩株が指数に大きな

			影響を及ぼす。 ・活用：個人投資家が株式市場をみるときに活用。
	代表的な株価指数		日経平均株価（注） ダウ平均株価
時価総額加重平均方式	算出方法		・株価指数を構成する銘柄の株式の時価総額を、基準となる時点における時価総額で除した値を指数とする方式。 ・すなわち、銘柄をその時価総額（株価×株式数）に比例する形で保有した場合の平均株価を指数化する方式。
	特徴と活用		・特徴：大型株が指数に大きな影響を及ぼす。 ・活用：多数の銘柄から構成されるポートフォリオの運用パフォーマンスのベンチマークに活用。
	代表的な株価指数		TOPIX、日経株価指数300、JPX日経インデックス400、S&P500指数、バリューライン指数、NYSE総合指数、MSCI、FT100、CAC40、DAX、ユーロトップ

（注）　日経平均株価は、日経グループが1975年にダウ社と提携してダウの名前を利用する権利を取得のうえ、日経ダウ平均株価の名前で公表していたが、日経平均先物の上場に向けての検討が始まったことを機に、1985年から現在の日経平均株価に名称を変更している。

日経225先物、TOPIX先物の仕様

	日経225先物	TOPIX先物
1単位	日経平均株価×1,000円	TOPIX×10,000円
呼び値の単位	10円	0.5ポイント
限月	3、6、9、12月の5限月取引	3、6、9、12月の5限月取引

決済	差金決済	差金決済

株価指数先物の理論価格

①キャリーコストモデル（the cost of carry model）

株価指数先物の理論価格
＝株価指数＋ネットキャリーコスト
＝株価指数＋株価指数×（株式購入代金調達利率－配当利回り）×先物の期間

②キャリーコストモデルの前提

キャリーコストモデルは、次の前提を置いていることに留意する必要がある。

コスト	先物取引、現物取引とも委託手数料、ビッド・アスクスプレッド等、取引にかかるコストは考慮に入れていない。
ファイナンス	資金調達、貸出に制約はない。
信用取引	現物空売りに制約はない。

③設例

前提	日経平均株価1万円 金利（年率）1％、配当利回り（年率）0.5％ 先物の期間3ヵ月
先物理論価格の算出	3ヵ月先物の理論価格 ＝1万円＋1万円×（0.01－0.005）×3/12 ＝10,012.5円

株価指数先物の活用

①ヘッジ取引

取引内容	株式ポートフォリオの運用を行っているところに、目先き株式相場の下落の見通しが強くなった場合に、株価指数先物を売り建てる。
メリット	・先物市場の流動性の厚さとコスト効率性を活用。 ・現物株式の売買に伴う売買手数料やマーケットインパクトを軽減することが可能。
設例	ファンドマネジャーAが、株式ポートフォリオを運用。 Aは、先行き相場の下落を予想、日経225先物によりヘッジす

		ることにした。	
	前提	株式ポートフォリオの時価	10億円
		株式ポートフォリオ変動の先物指数変動に対する感応度	$\beta = 0.92$
		先物指数の水準	2万
	ヘッジ取引に必要な先物の単位数 $= \dfrac{株式ポートフォリオ時価 \times \beta}{先物指数 \times 乗数}$ $= \dfrac{10億円 \times 0.92}{2万 \times 1,000}$ $= 46単位の売建て$		

②スペキュレーション取引

取引内容	株式相場の先行き予想	株価指数先物取引	
	上昇	買建て	
	下落	売建て	
限月の選択	何本か立っている限月のうちどれを使うかの選択を行う必要がある。		
	限月の選択基準	予想スパン	投資家がどの程度のスパンで株式相場を予測しているか。
		流動性	どの限月が市場流動性が厚いか。
	現実にはマーケットインパクトを重視して、市場流動性の厚い直近限月を使いロールオーバーするケースが大半。		

③裁定取引—裁定機会と裁定利益

取引内容	マーケットで取引されている株価指数先物相場が先物理論価格から乖離した場合に、裁定機会が存在。		
設例	前提	ある株価指数と同じ構成の現物株式ポートフォリオの時価	100万円
		資金調達コスト	2％

		配当利回り	1％
		1年物の株価指数先物相場	110万円
		現物株式ポートフォリオの1年先の理論先物価格 ＝100万円＋100万円×（0.02－0.01） ＝110万円＜現実の先物相場110万円 裁定取引—キャッシュ・アンド・キャリー取引	
	現時点	キャッシュ・アンド・キャリー取引（買い裁定）	
		現物買い	調達コスト2％で資金を借りて現物買い。
		先物売り	1,100円で先物を売建て。
	1年後	投資家のキャッシュフロー	
		収入	配当	100万円×0.01＝1万円
			先物決済	110万円（先物の買い手に現物引渡し）
		支出	借入返済	100万円＋利子（100万円×0.02）＝102万円
		収支	＋9万円＝裁定利益	
	裁定取引の効果	裁定利益は、マーケットで成立している先物価格から理論先物価格を引いた差に一致。 裁定利益＝先物の市場価格－先物の理論価格 ＝110万－101万＝9万円 現物買い・先物売りの裁定取引がマーケットで活発化 ↓ 割高な先物価格は下落、逆に現物価格は上昇 ↓ マーケットにおける先物価格と理論先物価格とは一致	
	売り裁定	これと逆の場合には、逆の裁定取引を行うことになるが、これを「リバース・キャッシュアンドキャリー取引」、または「売り裁定」という。	

④裁定取引—限月間スプレッド取引（カレンダー・スプレッド取引）

取引内容	異なる2つの限月のうち一方の限月を買い付け、他方の

			限月を売り付けて2つの限月間スプレッドの変化から利益を得る。
取引所上場商品	上場取引所		大阪取引所では、TOPIX先物、日経225先物等を対象に、限月間スプレッドをストラテジー取引として執行可能。 この取引を行うことにより、期近限月と期先限月を各々取引するのではなく1取引で成立させることが可能。
	メリット		・市場流動性が薄いときに発生する執行リスクの回避可能。 ・執行リスク：1つの限月が執行できても、もう一方の限月が同時に執行されないリスク。執行リスクが発生すると、円滑なロールオーバーや、裁定取引の機動的実行等に支障をきたす恐れ。 ・取引所において限月間スプレッド取引をすれば、2限月同時執行が確実となり、執行リスクはなくなる。

⑤裁定取引―インターコモディティ・スプレッド

取引内容	異なる株価指数先物間の売買から鞘を抜く。			
設例A	日経225先物とTOPIX先物のインターコモディティ・スプレッド ある投資家は、先行き相場は強含みに推移するが、それを引っ張るのは値嵩株であると予想。			
	日経株価平均	株価加重平均指数 値嵩株の値動きの影響大		
	TOPIX	時価総額加重平均指数 大型株の値動きの影響大		
	インターコモディティ・スプレッド	現時点	日経225先物	1単位を1万1,000円で買付け
			TOPIX先物	1単位を1,000円で売付け
		1カ月後	日経225先物	1単位を1万2,000円で転売
			TOPIX先物	1単位を1,050円で買戻

		損益(キャッシュフロー)		
			日経225先物	TOPIX先物
		売り(+)	+1万2,000	+1,000
		買い(−)	−1万1,000	−1,050
			+1,000	−50
		乗数	×1,000	×1万
		損益	=+100万	=−50万
		裁定益=+100万−50万=+50万		
設例B	NT倍率とインターコモディティ・スプレッド ・日経平均株価とTOPIXとの関係を「NT倍率」〔日経平均株価÷TOPIX〕でフォロー。 ・NT倍率が従来みられた数値から大きく乖離した場合を捉えて、TOPIX先物と日経225先物との間で裁定取引を実施。			

気温デリバティブ

[金融] [証券化] [証券取引] [保険] [リスクマネジメント] [デリバティブ] [環境]
[外国為替] [ITフィンテック] [金利] [ポートフォリオ] [ファンド] [電力取引]

気温デリバティブとは？

　気温デリバティブ（temperature derivatives）は、天候デリバティブの一種で、気温を原資産とする先物、オプション、スワップ等のデリバティブである。
　気温デリバティブは、大半がOTC（店頭）市場で取引されているが、シカゴマーカンタイル取引所（CME）では、関連先物、オプションを上場、取引している。

HDD、CDD

①HDD、CDDの概念

米国のエネルギー業界においては、伝統的に華氏65度（摂氏18.33度）が暖房と冷房の分かれ目の基準とされている。	
HDD （Heating Degree Days）	寒さの度合い＝ 暖房を必要とする度合いを示す指標。
CDD （Cooling Degree Days）	暑さの度合い＝ 冷房を必要とする度合いを表す指標。

②HDD、CDDの計算方法と設例

HDDの計算方法	華氏65度－1日の平均気温 ・1日の平均気温は、その日の（最高気温＋最低気温）÷2 ・HDDが高いほど暖房の必要度合いが強くなる。 ・HDDが計算の結果マイナスの場合にはゼロとする。		
	HDDの計算式	デイリーHDD	MAX（0、65－（1日の最高気温＋最低気温）÷2）
		期間HDD（累計HDD（Cumulative HDD））	Σデイリーデイリー HDD
	設例	(i)ある日の最高気温50度、最低気温30度とする。 平均気温＝（50＋30）÷2＝40	

		HDD＝65－40＝25 (ii)別の日の最高気温77度、最低気温57度とする。 平均気温＝（77＋57）÷2＝67 HDD＝65－67＝－2＝0	
CDDの計算方法	1日の平均気温－華氏65度 ・1日の平均気温は、その日の（最高気温＋最低気温）÷2 ・CDDが高いほど冷房の必要度合いが強くなる。 ・CDDが計算の結果マイナスの場合にはゼロとする。		
	CDDの計算式	デイリーCDD	MAX（0、（1日の最高気温＋最低気温）÷2－65）
		期間CDD（累計CDD（Cumulative CDD））	ΣデイリーCDD
	設例	(i)ある日の最高気温80度、最低気温70度とする。 平均気温＝（80＋70）÷2＝75 CDD＝75－65＝10 (ii)別の日の最高気温71度、最低気温57度とする。 平均気温＝（71＋57）÷2＝64 HDD＝64－65＝－1＝0	

③HDD、CDDのデータ提供機関

米国立天候データセンター	全米各地のHDDとCDDの実績値を計測、公表。

気温デリバティブのOTC（店頭）取引

①取引内容

スペック	当事者間のニーズにあわせて取引内容を自由に設定。	
	基準温度	必ずしも華氏65度を基準温度とする必要はない。
	対象期間	1カ月単位とか、冬季はHDD10～3月、夏季CDD5～8月とするケースが多い。

		DDV (Degree Day Value)	DDVは、当事者間で決める1HDD、または1CDD当たりの金額で、これが想定元本に相当する。
	取引とペイオフ		当事者が一定期間のHDD指数、CDD指数を予想、その数値とHDDまたはCDDの実績を比較して、その差に、想定元本に相当する1HDD、または1CDD当たりの乗数を掛けた金額を受払いする。

②設例

CDD	取引ニーズ	・家電の量販店A社は冷夏による夏場のエアコンの売上げの落ち込みを懸念。 ・A社の過去のデータでは、6～8月の3カ月間のCDD累計指数が600を下回ると、1CDD当たり200万円の損失が発生。	
	取引内容	A社とB保険会社との間の気温デリバティブ取引	
		期間	6～8月
		気温測定地	A社の営業店が集中しているX都市
		CDD指数	600
		DDV（乗数）	200万円
		受払い上限	1億円
		プレミアム	800万円
	ペイオフ	その夏はA社の懸念どおり冷夏となった。	
		X都市の3カ月間のCDD指数の実績値	540
		A社がB保険会社から受け取る金額	(600－540)×200万円 ＝1億2,000万円→上限1億円
		A社のネット収入	1億円－プレミアム800万円＝9,200万円，エアコンの売上げ減による収益減をヘッジ
HDD	取引ニーズ	灯油の卸売会社C社は、暖冬による売上げの落ち込みを懸念。	
	取引内容	C社と天候デリバティブのディーラーD社との間の気温デリバティブ取引	

		期間	1～2月
		気温測定地	C社の営業店が集中しているY都市
		HDD指数	1,000
		DDV（乗数）	30万円
		受払い上限	5,000万円
		プレミアム	100万円
	ペイオフ	その冬はC社の懸念どおり暖冬となった。	
		Y都市の3カ月間のHDD指数の実績値	950
		C社がディーラーD社から受け取る金額	（1,000－950）×30万円＝1,500万円
		A社のネット収入	1,500万円－プレミアム100万円＝1,400万円→灯油の売上げ減による収益減をヘッジ

シカゴマーカンタイル取引所（CME）上場の気温デリバティブ

①上場商品の内容

対象地域	・全米主要都市の24地域と豪州。 ・日本は東京、大阪、広島の3カ所。	
上場商品	先物、オプション	
仕様	気温計測期間	月間、季節、週間 季節の気温は、11～3月のHDD期間と5～9月のCDD期間。
	HDD、CDD	3種類の期間の毎日の平均気温をベースとしたHDD指数とCDD指数が原資産。
	取引対象	日々のHDD、CDDの値を1カ月合計したHDD、CDDに20ドルの乗数を掛けた金額が1単位。
	米国内地域	HDD指数とCDD指数の計算の基礎となる気温は華氏65度。 その他地域：摂氏18度等
	限月	先物は各々7連続月、先物オプションは、5連続月。

②設例

取引ニーズ	清涼飲料会社E社は、冷夏による売上げの落ち込みを懸念。	
取引内容	シカゴマーカンタイル取引所で気温デリバティブ取引を実施。	
	先物取引実施時期	4月
	対象地区	シンシナティ
	先物取引の内容	CDD先物7月限の売り
	CDD指数	324
	売建枚数	1,000枚
ペイオフ	その夏はE社の懸念どおり冷夏となった。	
	7月限の満期日のCDD指数	164.5
	E社の利益	（324CDD－164.5CDD）×20ドル＝319万ドル
	E社の予想が外れた場合	ヘッジ取引により損失を被るが、清涼飲料の売上げ好調から本業の利益が増加、ヘッジ取引の損失をカバー。

東京電力と東京ガスとの気温デリバティブ取引

　東京電力と東京ガスとの気温デリバティブ取引は、取引の一方が保険会社や銀行等ではなく、ヘッジの主体同士が直接取引当事者となった特殊なケースである。

ヘッジ対象となるリスク

東京電力	冷夏リスク：エアコン稼働のための電力需要減から減収となるリスク
東京ガス	猛暑リスク：給湯のためのガス需要減から減収となるリスク

気温デリバティブ取引の内容

コールオプションとプットオプションを組み合わせたカラー＝ゼロコストオプション	
東京電力	コールオプションの売り＋プットオプションの買い
東京ガス	コールオプションの買い＋プットオプションの売り

オプション取引の対象

気温	2001年8月1日〜9月30日の61日間の平均気温
データの採取	平均気温は、東京管区気象台（大手町）が1時間ごとに発表する24回分の気温の平均値

権利行使気温

25.5度と26.5度（基準気温＝26.0度）

ペイオフ

対象期間の平均気温＞26.5度　東京電力が東京ガスに対して支払い	
対象期間の平均気温＜25.5度　東京ガスが東京電力に対して支払い	
キャップ	対象期間の平均気温が基準気温の26.0度を2.0度超えて上回る、または下回る場合には受払額が約7億円となり、これを上限とする（注）。
	カラー	この天候デリバティブ取引が効果を発揮するのは、24.0度から28.0度の範囲で効果が発揮されるカラー取引となる（図表1）。

図表1　東京電力と東京ガスとの気温デリバティブ取引

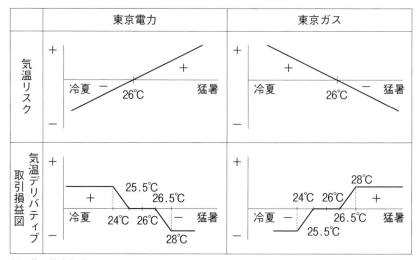

（出所）　筆者作成

ヘッジ取引の効果

東京電力	デリバティブ取引	冷夏	受取り
		気温上昇	支払い
	電力売上げ	冷夏	収益減
		気温上昇	収益増
東京ガス	デリバティブ取引	冷夏	支払い
		気温上昇	受取り
	ガス売上げ	冷夏	収益増
		気温上昇	収益減

（注）　ヒストリカルデータからみて、このレンジから外れた気温になる確率は極めて低いと判断されたことによる。

キャッシュ・アンド・キャリーモデル、キャッシュ・アンド・キャリー取引、リバースキャッシュ・アンド・キャリー取引

金融 | 証券化 | 証券取引 | 保険 | リスクマネジメント | デリバティブ | 環境
外国為替 | ITフィンテック | 金利 | ポートフォリオ | ファンド | 電力取引

キャッシュ・アンド・キャリーモデル、キャッシュ・アンド・キャリー取引、リバースキャッシュ・アンド・キャリー取引とは？

キャッシュ・アンド・キャリーモデル（Cash and Carry model、C&C model）

- 先物理論価格を算出するモデル。
- cost of carry modelと同義。
- 「キャリーコストモデル」と略称される。

キャッシュ・アンド・キャリーとリバースキャッシュ・アンド・キャリー

キャッシュ・アンド・キャリー（Cash and Carry、C&C）	リバースキャッシュ・アンド・キャリー（reverse Cash and Carry、reverse C&C）
・現物買い・先物売りの裁定取引。 ・「買い裁定」ともいう。	・現物売り・先物買いの裁定取引。 ・「売り裁定」ともいう。

キャッシュ・アンド・キャリーモデルによる先物理論価格の導出

キャッシュ・アンド・キャリーモデルのコンセプト

先物価格
＝現時点で原資産（キャッシュ）を購入してそれを将来の一時点まで保有（キャリー）する場合にかかる総コスト

算式（株価指数先物）

株価指数先物の理論価格
＝株価指数＋ネットキャリーコスト

＝株価指数＋株価指数（購入代金調達利率－配当利回り）×先物期間

設例

前提	日経平均株価	1万円
	金利（年率）	1％
	配当利回り（年率）	0.5％
	先物期間	3カ月
算出	期間3カ月の日経225先物の理論価格 ＝1万円＋1万円×（0.01－0.005）×3/12 ＝10,012.5円	

キャッシュ・アンド・キャリーモデルの主な前提

・先物取引、現物取引とも取引委託手数料、執行手数料、ビッド・アスクスプレッド（買い注文と売り注文の価格差）等のコストは考慮に入れない。
・資金調達、貸出に制約はない。
・現物空売りに制約はない。

キャッシュ・アンド・キャリー取引、リバースキャッシュ・アンド・キャリー取引

　キャッシュ・アンド・キャリー取引とリバースキャッシュ・アンド・キャリー取引は、先物理論価格とマーケットで取引されている先物価格との間に差がある場合に、安いほうを買い、高いほうを売って、その差が解消したときに反対取引を行って利益を得ることを目的にした裁定取引である。

キャッシュ・アンド・キャリー取引

マーケットの先物価格と理論先物価格の相対関係	マーケットの先物価格＞理論先物価格
裁定取引	現物買い・先物売り（買い裁定）

リバースキャッシュ・アンド・キャリー取引

マーケットの先物価格と理論先物価格の相対関係	マーケットの先物価格＜理論先物価格
裁定取引	現物売り・先物買い（売り裁定）

(設例) キャッシュ・アンド・キャリー (買い裁定)

現時点

前提	ある株価指数と同じ構成の株式ポートフォリオの価値	100万円
	資金調達コスト	2%
	配当利回り	1%
	1年物の株価指数先物の相場	110万円
理論先物価格の算出	株式ポートフォリオの1年先の理論先物価格 =100万円+100万円×(0.02−0.01) =101万円	
裁定取引	・株価指数先物の相場＞理論先物価格 ・したがって、現物買い・先物売りのキャッシュ・アンド・キャリー取引 (買い裁定) を実行。	
	現物買い	調達コスト2％で資金を借りて現物を買う。
	先物売り	マーケットで先物を110万円で売る。

1年後

裁定取引の決済	配当受取り (＋)	100万円×0.01=＋1万円
	先物の決済 (＋)	：先物の買い手に現物を引き渡し、110万円を受け取る。 ＋110万円
	借入金の返済 (−)	100万円×(1＋0.02) =−102万円
	裁定益	配当−調達コスト＋(売り付けた先物価格−買い付けた現物価格) =1万−2万＋(110万−100万) =9万円
	裁定益は、マーケットで取引されている先物価格から理論先物価格を引いた差に一致。 裁定益 =先物の市場価格−先物の理論価格 =110万−101万=9万円	

先物価格の理論値への収斂	・裁定益をリスクなしで得られることから、現物買い・先物売りの裁定取引がマーケットで活発化。 ・この結果、割高な先物価格は下落、逆に現物価格は上昇。 ・マーケットにおける先物価格と理論先物価格が一致。

キャップ、カラー、フロア

金融 | 証券化 | 証券取引 | 保険 | リスクマネジメント | デリバティブ | 環境
外国為替 | ITフィンテック | 金利 | ポートフォリオ | ファンド | 電力取引

キャップ、カラー、フロアとは？

　キャップ、カラー、フロアは、いずれも金利の水準に一定の限度を設定した金利オプションである。

キャップ（cap）

・変動金利があらかじめ当事者間で決めておいた水準を上回った場合には、上回った幅に想定元本を乗じた金額をキャップの売り手がキャップの買い手に支払う取引。
・キャップは、コールオプションと同じペイオフとなる。

カラー（collar）

・キャップとフロアの組合せ。
・金利上昇（下落）をヘッジする一方、金利低下（上昇）によるメリットはギブアップするペイオフとなる。

フロア（floor）

・変動金利があらかじめ当事者間で決めておいた水準を下回った場合には、下回った幅に想定元本を乗じた金額をフロアの売り手がフロアの買い手に支払う取引。
・フロアは、プットオプションと同じペイオフとなる。

キャップ

①フレームワーク

用語等	市場金利	LIBOR（London Inter Bank Offered Rate、ロンドン市場銀行間貸借出し手金利）等を使う。
	キャップレート	取引当事者間であらかじめ決めておく金利水準。
	キャップ料	キャップの買い手が売り手に支払うリスクの引受料。

取引内容	LIBOR等＞キャップレート	キャップの買い手が売り手から〔元本×（LIBOR等－キャップレート）〕を受け取る。
	LIBOR等≦キャップレート	資金の受払いは発生せず、キャップ料はキャップの売り手の利益となる。
取引ニーズ	キャップの買い手	市場金利の上昇による資金調達コストの増加をヘッジ。
	キャップの売り手	市場金利の上昇リスクを引き受けて、キャップ料収入を獲得。

②活用例―キャップ付変動金利住宅ローン

キャップは単独で取引されるほかに、たとえば金融機関が住宅ローンの変動金利借入れにキャップを組み込んだキャップ付変動金利ローンを取り扱っている。

キャップ付変動金利住宅ローン	(i)変動金利の住宅ローン	金利上昇により資金調達コストが上昇。
	(ii)キャップの買い	金利上昇により（変動金利－キャップレート）×元本だけ利益が発生。
	(i)+(ii)＝キャップ付変動金利住宅ローン	・キャップにより、借り手は金利上昇に対するヘッジを行うことができる。 ・借り手は、通常の変動金利借入れローンにキャップ料を上乗せした調達コストとなる（図表１）。
設例	前提	キャップ期間	３カ月後から６カ月
		変動金利	６カ月LIBOR＋１％
		キャップレート	４％（年率）
		キャップの想定元本	１億円
		キャップのプレミアム	200万円

	変動金利＞キャップレートのケース	3カ月後にLIBORが5％のとき 1億円×（6－4）％×6/12カ月＝100万円 キャップの売り手は買い手に100万円支払う
	変動金利＜キャップレートのケース	3カ月後にLIBORが3％のとき 資金の受払いは発生せず、キャップの売り手はプレミアム200万円を掌中にする（図表2）。

図表1　キャップ付変動金利住宅ローン

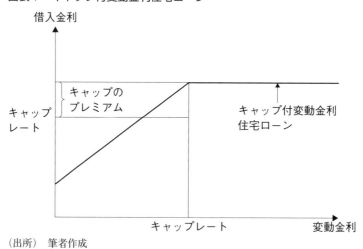

（出所）　筆者作成

図表2　キャップのペイオフ・ダイアグラム（設例）

このペイオフ・ダイアグラムは、キャップが変動金利を原資産とするコールオプションの一種であることを示している。
（出所）　筆者作成

③各種のキャップ

アベレージ・レート・キャップ (average rate cap)	普通のキャップ	市場金利がキャップレートを上回ると、キャップの売り手から買い手に差額を支払う。
	アベレージ・レート・キャップ	キャップの買い手の累積平均支払金利が累積キャップレートと等しくなったところで初めて、累積ベースで比較した差額の受払いが行われる。
ピリオディック・キャップ (periodic cap)	普通のキャップ	キャップレートは、取引当初に決められて、キャップの期間中に変わることはない。
	ピリオディック・キャップ	キャップ期間中、たとえば6カ月ごとというように、一定のインターバルでキャップレートを変更。

カラー

①フレームワーク

取引内容	キャップとフロアを組み合わせて構築するオプション戦略。 (i)キャップの買いとフロアの売り、または、 (ii)キャップの売りとフロアの買い

②活用例

変動金利による資金の借り手	(i)キャップの買いとフロアの売りのカラー取引 ・金利上昇をヘッジする一方、金利低下によるメリットはギブアップ。 ・フロアの売却代金収入でヘッジコストを節減。
変動金利による資金の貸し手	(ii)キャップの売りとフロアの買いのカラー取引 ・金利下落をヘッジする一方、金利上昇によるメリットはギブアップ。 ・キャップの売却代金収入でヘッジコストを節減。

フロア

①フレームワーク

用語等	市場金利	LIBOR等を使う。
	フロアレート	取引当事者間であらかじめ決めておく金利水準。
	フロア料	フロアの買い手が売り手に支払うリスクの引受料。
取引内容	LIBOR等≦フロアレート	フロアの買い手が売り手から〔元本×(フロアレート−LIBOR等)〕を受け取る。
	LIBOR等＞フロアレート	資金の受払いは発生せず、フロア料はフロアの売り手の利益となる。
取引ニーズ	フロアの買い手	市場金利の下落による資金運用リターンの減少をヘッジ。
	フロアの売り手	市場金利の下落リスクを引き受けて、フロア料収入を獲得。

②活用例

フロアは、資金運用面における金利下落リスクのヘッジに活用される。			
設例	前提	フロア期間	3カ月後から6カ月
		変動金利	6カ月LIBOR
		フロアレート	4％（年率）
		フロアの想定元本	10億円
		フロアのプレミアム	200万円
	変動金利＞フロアレートのケース	3カ月後にLIBORが5％のとき 資金の受払いは発生せず、フロアの売り手はプレミアム200万円を掌中にする。	
	変動金利＜フロアレートのケース	3カ月後にLIBORが2％のとき フロアのペイオフ 10億円×（4−2）％×6/12カ月＝1,000万円 フロアの売り手は買い手に1,000万円を支払う（図表3）。	

図表3　フロアのペイオフ・ダイアグラム（設例）

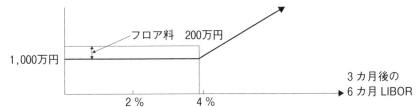

このペイオフ・ダイアグラムは、フロアが変動金利を原資産とするコールオプションの一種であることを示している。
（出所）　筆者作成

キャプティブ

[金融] [証券化] [証券取引] [**保険**] [リスクマネジメント] [デリバティブ] [環境]
[外国為替] [ITフィンテック] [金利] [ポートフォリオ] [ファンド] [電力取引]

キャプティブとは？

　キャプティブ（captive）は、1企業、または複数の企業が出資して設立する保険会社である。
　キャプティブは、出資企業やそのグループ企業に専属（captive）して、保険契約を一手に引き受けることを目的にして設立される。

キャプティブの特性

性格

自家保険の一種。

取り扱うリスクの種類

・統計的に予測可能で、事前にある程度の確度を持って損失額が推定できる高頻度・低損害のリスク。
・保険をかけようとしてもできないような低頻度・高損害のリスク。

引き受けたリスクの扱い

・キャプティブがリスクを保有するケース。
・キャプティブがリスクを出再するケース。
・キャプティブがリスクを金融資本市場に移転するケース。

キャプティブの機能

①統合的リスクマネジメント

キャプティブ所有の親会社は、キャプティブを通じて企業グループ全体のリスクを横断的に管理する「統合的リスクマネジメント」を図ることが可能。

②情報の非対称性の解消

・企業とキャプティブは事実上一体であり、保険会社と企業との間に存在する情報の非対称性が完全に解消。
・したがって、保険の対象となるリスクの範囲を拡大することが可能。

③費用の節減

プレミアム節減	企業は、保険会社に対して手数料や人件費、それに利益が加算されたプレミアムを支払うよりも、コストが安い自家保険をかけることができる。
スケールメリット	個別に保険をかけるのではなく、保険契約を一括して束ねることでスケールメリットを期待できる。
税務上の扱い	企業がキャプティブに対して支払う保険料の損金処理をめぐる税務上の扱いが明確化されているかどうかが、重大な問題となる。

④保険マーケットの情報収集

・キャプティブが再保険市場を利用する場合には、親会社およびグループ企業は、キャプティブを通じて実質的に世界の主要な保険市場に直接アクセスすることとなる。
・この結果、保険市場におけるプレミアムの動向等を迅速、的確に把握することが可能。

キャプティブの種類

ダイレクト方式

企業が直接キャプティブを設立して、そのキャプティブ（元受キャプティブ）が企業から直接リスクを引き受ける方式。

フロンティア方式

・いったん、企業と元受保険会社（フロンティング保険会社）とが保険契約を締結し、それを受けて元受保険会社が当該企業が設立したキャプティブ（再保険キャプティブ）に出再する方式（図表1）。
・キャプティブは、元受保険業務ほど規制が厳しくない再保険業務として行われることが大半であり、多くのキャプティブはフロンティア方式により再保険会社として設立される。

図表1　ダイレクト方式とフロンティア方式

[ダイレクト方式]

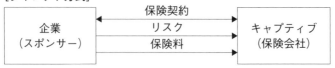

[フロンティア方式]

（出所）　筆者作成

シングルペアレント・キャプティブ

単一会社がキャプティブを設立するタイプ。このタイプが全体の7割を占める。	
純粋キャプティブ	スポンサー1社のリスクのみを引き受けるタイプ。
シスターキャプティブ	自社グループ企業全体のリスクを引き受けるタイプ。

マルチペアレント・キャプティブ（注）

・複数の企業の共同出資により設立され、それらの企業のリスクを引き受けるキャプティブ。 ・経費節約のために設立されることが多い。

組合キャプティブ（association captive）

業界で組成している協会がその会員のために設立するタイプ。 医者、病院、弁護士等が職業上のリスクを個別に付保した場合には保険料が割高になることから、共同でリスクをカバーする目的で利用される。

レンタ・キャプティブ

第三者が設立したキャプティブを企業に貸すタイプ（図表2）。	
メリット	企業は、レンタ・キャプティブに対してプレミアムと運営費の支払いだけで、キャプティブの設立や管理に関わるコストや手数を節約できる。

活用例	①キャプティブを設立するコストとエネルギーを費やすことを避けたいとする企業。 ②試験的にキャプティブを利用して、その効果を見極めてから自社独自のキャプティブ設立を検討したいとする大企業。 ③自前のキャプティブを設立するまでには保険の規模が大きくない中小企業。

図表2　レンタ・キャプティブ

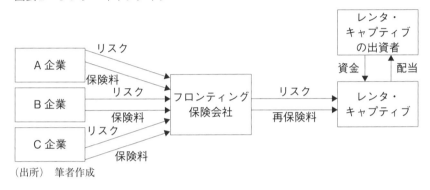

(出所)　筆者作成

保護セルキャプティブ（Protected Cell Captive、PCC）

レンタ・キャプティブにリスクを移転した企業間でリスクが混在することのないように、レンタ・キャプティブの中に区画（cell）を設けて、そのセルごとに1つの企業グループのリスクが管理される分別勘定方式のキャプティブ。

(注)　グループ・キャプティブとか共同キャプティブとも呼ばれる。

日本企業のキャプティブ

設立拠点

日本の現行保険業法では、国内で設立されるキャプティブは、通常の保険会社と同一の基準が適用されることから、資本金やソルベンシー・マージンの基準等、保険業法で課せられている諸規制をクリアする必要がある。このため、大手のメーカーや商社は、海外にキャプティブを設立している。

方式

保険業法によって、海外の企業が賠償責任保険を元受けすることは禁止されていることから、日本企業がキャプティブを活用するためには、フロンティ

ア方式をとる必要がある。

設立数

大手メーカーや総合商社を中心に、約100社が海外にキャプティブを設立（図表3）。

図表3　日本企業のキャプティブ（1968〜2003年）

設立拠点	設立数
バミューダ*	33
シンガポール*	23
アイルランド*	16
ハワイ	9
ルクセンブルク*	8
ガーンジー*	7
ケイマン諸島*	4
香港*	3
スイス*	3
バーモント	3
マン島*	2
アリゾナ	1
チャネル諸島	1
アイオワ	1
合計	114

（注1）　設立数には閉鎖分を含む。
（注2）　＊はタックスヘイブン税制国。
（出所）　リスクファイナンス研究会『リスクファイナンス研究会報告書〜リスクファイナンスの普及に向けて〜』経済産業省、2006年3月、41頁をもとに筆者作成

京都議定書（プロトコル）

金融　証券化　証取引　保険　リスクマネジメント　デリバティブ　**環境**
外国為替　ITフィンテック　金利　ポートフォリオ　ファンド　電力取引

京都議定書とは？

　京都議定書（The Kyoto Protocol、KP）は、1997年、京都で開催された国連気候変動枠組条約の締結国間の第3回会合（Conference Of the Parties 3、COP3）で採択された地球温暖化等の環境問題に対する世界的取組みに向けての協調行動である。

京都議定書の骨格

①排出削減の目標決定
・先進国別に温暖化ガスの排出削減の数値目標を決定。
・先進国全体の温室効果ガス排出量を削減。

②排出権取引

排出権を対象とする取引を認める。	
京都メカニズム	環境問題への対応に初めてマーケットメカニズムを持ち込んだ画期的な内容であり、「京都メカニズム」と呼ばれる。

京都議定書の特徴

①数値目標の義務化

先進国に対して数値目標を義務付け。

②排出権取引の許容

数値目標の義務達成のために排出権取引を許容。			
柔軟措置	・自力で排出枠内に収めることが達成できない場合のために、他から余裕枠を購入する柔軟措置を導入。 ・これにより取決めの実効性を確保。		
参加国による選択	選択肢	排出量削減	自らコストをかけて排出量を削減。
		排出権購入	他から排出権を購入。

京都議定書で削減対象となる温室効果ガス

削減対象となる温室効果ガス

6種類	
二酸化炭素	CO_2
メタン	CH_4
亜酸化窒素（一酸化二窒素）	N_2O
ハイドロフルオロカーボン類	HFCs
パーフルオロカーボン類	PFCs
六フッ化硫黄	SF_6

温暖化に対する二酸化炭素の寄与率が6割強と過半を占める。

地球温暖化係数

6種類が地球温暖化に与える影響度合いは、二酸化炭素を1とする「地球温暖化係数」で表される。	
CO_2	1
CH_4	21
N_2O	310
HFCs	140 − 11,700
PFCs	6,500 − 9,200
SF_6	23,900

京都メカニズムと排出権取引

①キャップ・アンド・トレード

制度の内容	温室効果ガス排出量の数値目標設置国の間で排出権の売買を行って、排出枠の余裕のある国から不足の国に枠の移転を認める制度。
AAU	・先進国間に当初割り当てられた排出枠をAAU（Assigned Amount Unit）という。 ・AAUの余裕枠がキャップ・アンド・トレードの対象となる。

②クリーン開発メカニズム（Clean Development Mechanism、CDM）

制度の内容	・先進国が、開発途上国に対して技術や資金を提供して、温室効果ガスの排出削減や植林等による吸収

		増大の効果を持つプロジェクトを実施。 ・その結果生じた排出削減量や吸収増大量に基づき発行されるクレジットを、技術や資金を提供した先進国の間でシェア。
投資国とホスト国	投資国	投資を行う先進国。
	ホスト国	プロジェクトが実施される途上国。
CER		・クリーン開発メカニズムで創出された排出権をCER（Certified Emission Reduction）という。 ・CERを技術や資金の提供国間でシェア。

③共同実施（Joint Implementation、JI）

制度の内容	先進国間で共同して削減事業を実施。
ERU	・共同実施により創出される排出権をERU（Emission Reduction Unit）という。 ・ERUをプロジェクトを実施した先進国間でシェア。

④吸収源プロジェクト

制度の内容	先進国により吸収源プロジェクトを実施。
RMU	・吸収源プロジェクトにより創出される排出権をRMU（Removal Unit）という。 ・RMUを吸収源プロジェクトを実施した先進国間でシェア。

京都クレジット

AAU（Assigned Amount Unit）

AAUの余裕枠がキャップ・アンド・トレードの対象。

CER（Certified Emission Reduction）

クリーン開発メカニズムで創出された排出権。

ERU（Emission Reduction Unit）

共同実施により創出される排出権。

RMU（Removal Unit）

吸収源プロジェクトにより創出される排出権。

金融EDI

金融　証券化　証券取引　保険　リスクマネジメント　デリバティブ　環境
外国為替　ITフィンテック　金利　ポートフォリオ　ファンド　電力取引

金融EDIとは？

　金融EDI（Electronic Data Interchange）は、物流情報と決済情報を連動させ、企業間決済にかかわる取引関連データを電子的に交換する仕組みをいう（注1）。

　金融EDIは、商品の発注から資金決済までの一連のプロセスを、すべて電子的に行うSTP（Straight Through Processing）のコンセプトをベースとする仕組みである。

（注1）　日本銀行決済機構局「企業間決済の高度化に向けた銀行界の取組み」日銀レビュー2011年8月

金融EDIのメリット

　金融EDIの活用によって、企業は手作業で行ってきた請求データと入金データの照合事務負担を自動処理で行うことができる。

　すなわち、請求企業は、入金案内が来たところでどの取引に関わる支払いであるか、確認のために売掛金の消込みを行うことになるが、これを手作業で行う場合には、振込人の略称によって特定が困難であるケースや、振込手数料を差し引いた金額での入金のケース、多くの取引に関わる代金を合計して振込みされることから特定が困難であるケースがある。

　しかし、手作業にかえて金融EDIがこれを行うことにより、事務の正確性の確保と効率化を実現することができる。

金融EDIの推進

　金融EDIの特徴は、「商流情報」と「金流情報」を連動させることにあり、したがって、金融EDIを推進するためには、産業界と金融界との間で資金決済サービスの連携強化を図る必要がある。2014年6月に公表された政府の「「日本再興戦略」改訂2014」においても、「国内送金における商流情報（EDI情報）の添付拡張についても、流通業界と金融機関との共同システム実験の結果等もふまえつつ、産業界と金融機関の連携強化によるすみやかな対応が図られるよう促す」とされている（注2）。

（注2）　首相官邸「「日本再興戦略」改訂2014―未来への挑戦―」2014年6月、77頁

金融EDI推進に向けての課題

　金融EDI、決済作業の効率化に大きな効果を発揮することが期待されるが、その推進には、産業界と金融界とが協調して、主として次のような課題を解決していく必要がある。

課題

産業界によって異なるフォーマットが使用されている	課題への取組み	・フォーマットの標準化 ・業種に関わらず標準化が容易な請求書の電子化の促進
ネットワークの外部性を高める必要性	課題への取組み	多くの振込先によるEDI入力等の実現に向けて、金融EDIへの参加者増加を目的とする情宣
金融EDIの実現に要するコスト負担	課題への取組み	・金融EDIが産業界、金融界にもたらすメリットの認識 ・事務コストの削減による業務効率化効果のベネフィットと金融EDI実現のためのコストの比較検討

（出所）　小早川周司「わが国における決済高度化を巡る議論」日本銀行決済機構局、2014年10月9日をもとに筆者作成

金融安定理事会

金融 | 証券化 | 証券取引 | 保険 | リスクマネジメント | デリバティブ | 環境
外国為替 | ITフィンテック | 金利 | ポートフォリオ | ファンド | 電力取引

金融安定理事会とは？

　金融安定理事会（Financial Stability Board、FSB）は、金融システムの脆弱性対応や金融システム安定を役割とする当局間の協調促進を目指して2009年に設立された組織である。

　金融安定理事会の前身は1999年設立の金融安定化フォーラム（Financial Stability Forum、FSF）。

金融安定化フォーラムから金融安定理事会へ

金融安定化フォーラム

- 独ブンデスバンクの総裁であったチートマイヤーの提唱により、1999年のG7財務省・中央銀行総裁会議で設立を決定。
- 各国の規制当局、金融機関の協調のもとに、国際金融システムの安定を指向。

金融安定理事会

- 2008年、G20は、金融安定化フォーラムのメンバーを広範とすることを提唱。
- これによって、より強固な基盤のもとに金融機関の脆弱性に対応し、金融システムの安定のために強固な規制政策を企画、実行することを指向。
- 2009年のG20首脳サミットで、金融安定理事会の設立を決定。

金融安定理事会の組織構成と目的、活動内容

組織構成

- 主要25カ国・地域の中央銀行、金融監督当局、財務省の代表
- 主要な基準策定主体（注）の代表
- IMF（国際通貨基金）、世界銀行、BIS（国際決済銀行）、OECD（経済協力開発機構）等の代表
- 事務局：BISに設置

目的

- 金融機関の規制、監督の国際的協調。
- 金融機関の規制、監督の向上により、金融システムの安定を指向。

主要な活動

- 金融システムの脆弱性の評価とその対応策の監督。
- 金融システム安定を担う当局間の情報交換と協調の促進。
- 市場監視と市場動向の規制内容に対するインプリケーションの分析。
- 規制遵守のための最適な措置の勧告。
- 主要な基準策定主体との協調により最適な基準策定を指向。

(注) バーゼル銀行監督委員会（BCBS）、グローバル金融システム委員会（CGFS）、保険監督者国際機構（IAIS）、証券監督者国際機構（IOSCO）等。

金利先物、金利先渡し

金融　証券化　証券取引　保険　リスクマネジメント　デリバティブ　環境
外国為替　ITフィンテック　金利　ポートフォリオ　ファンド　電力取引

金利先物、金利先渡しとは？

　金利先物（interst rate futures）は、先行きある時点から始まる金利を現時点において予想して取引する取引所上場商品である。これを図示すると、図表1のⒶ～Ⓑの期間の短期金利を現時点で取引する内容が金利先物取引になる。

　一方、店頭（OTC）で取引される金利先物は、金利先渡し（Forward Rate Agreement、FRA）と呼ばれる。

図表1　金利先物のイメージ

（出所）　筆者作成

金利先物と金利先渡しの基本的な相違点

取引場所

金利先物	取引所
金利先渡し	店頭（OTC）

取引条件

金利先物	単位、限月、呼び値等、すべてが標準化された仕様となっている。
金利先渡し	取引当事者間のニーズ次第でカスタマイズされる。

建値

金利先物	100.00から年利（％、365日ベース）を引いた値。

金利先渡し	こうすることにより金利変動に対する売買の方向が、金利先物取引と同じカテゴリーである債券先物取引との間で同一となる。	
	例	金利が2％であれば、98.00と表示（図表2）。
	金利そのものをベースとして取引。金利変動に対する売買の方向が、金利先物、債券先物取引と逆方向になる。	
	例	金利が2％であれば、そのまま2％と表示。

図表2　金利先物の理論値

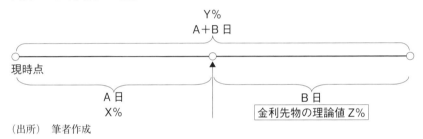

（出所）　筆者作成

取引

金利先物	金利上昇予想	先物の売り
	金利下落予想	先物の買い
金利先渡し	金利上昇予想	FRAの買い
	金利下落予想	FRAの売り

東京金融取引所のユーロ円3カ月金利先物

上場年

1989年

取引対象

3、6、9、12月の第3水曜日にスタートする3カ月銀行間円預金金利

取引単位

原資産は、名目元本1億円、期間3カ月の金利

相場表示方法

100.00から年換算した利率（％、90/360日ベース）を引いた数値（ユーロマーケットにおいては1日＝360日）

呼び値

0.5ティック（1ティックは0.01％）＝0.005％ 最小変動幅＝1億円×0.005％×90日/360日＝1,250円

限月

3、6、9、12月を限月として、12本の限月 先物取引期間の最長＝3年（3カ月×12限月＝36カ月＝3年）

取引最終日

各々の限月の第3水曜日の2営業日前

決済

ユーロ円TIBOR（Tokyo Inter-Bank Offered Rate）

金利先物の理論価格

　金利先物の理論価値を「インプライドフォワードレート」（implied forward rate）という。インプライドフォワードレートは、現物の金利を使って現物金利に織り込まれている（implied）先物金利を導出する。具体的には、現時点から始まる異なる期間の金利を2つ使って算出する。

①インプライドフォワードレート

金利先物の理論値の算出は、図表2の現時点から数えてA日経過した時点（↑の記号のある時点）より始まるB日間に相当する金利を求めることになる。	
算式	現時点から1年間運用した結果得られる元利合計 ＝現時点から6カ月間運用した元利金をさらに6カ月後から6カ月間運用した元利金
具体例	金利Y％で（A＋B）日間運用して得られる元利金 ＝金利X％でA日間運用した結果得られる元利金をさらにB日間、先物の金利Z％で運用して得られる元利金 Z％がインプライドフォワードレートとなる。

②ユーロ円3カ月金利先物の理論価格

	ユーロ円3カ月金利先物は、次のように表される。
算式	ユーロ円3カ月金利先物の価格 ＝100×（1－先物金利（％）/100）
具体例	先物の残存期間がA日、 原資産となる預金の期間を90日間（図表3）。 この場合、3つの金利の間には、次の裁定式が成立。 $$(1+A/360 \times X/100)(1+90/360 \times Z/100) = 1 + \frac{A+90}{360} \times \frac{Y}{100}$$ すなわち、 　現時点から金利X％でA日間運用した結果得られる元利金（1＋A/360×X/100）をさらに90日間、先物の金利Z％で運用（1＋90/360×Z/100を掛ける）して得られる元利金（左項全体） 　＝現時点から金利Y％で（A＋90）日間運用して得られる元利金（右項） この裁定式から先物の理論金利Z％を算出。 ただし、金利先物は100×（1－金利先物（％）÷100）で価格表示するので、Z％を金利先物（％）のところに代入して金利先物の価格を求める。 　ユーロ円3カ月物金利先物の理論価格 $$= (1 + \frac{A}{360} \times \frac{X}{100})(1 + \frac{90}{360} \times \frac{Z}{100})$$ $$= 1 + \frac{A+90}{360} \times \frac{Y}{100}$$

図表3　ユーロ円3カ月金利先物の理論価格

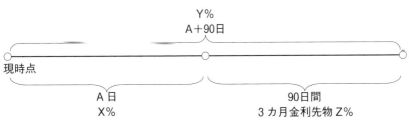

(出所)　筆者作成

金利先物取引の機能

金利先物は、金利変動に対するヘッジツールとして機能。

①金利先物によるヘッジ取引

ヘッジ取引	内容	先物市場において、現物市場で持つポジションと反対方向のポジションをとる。
	ヘッジ効果	現物市場（キャッシュマーケット）で保有、または将来保有することが予定されている金融資産・負債の金利変動リスクを回避。
金利変動と取引内容	先行きの金利上昇、下落による損失を防ぐためのヘッジ取引と金利先物の売り、買いの対応は、債券先物の売り買いと同一の対応関係となる。	
	金利先物の売り＝債券先物の売り	金利上昇による損失回避を目的とする取引
	金利先物の買い＝債券先物の買い	金利下落による損失回避を目的とする取引

②設例

(i)ショートヘッジ（売りヘッジ）の具体例	現時点	ヘッジニーズ		・A社は、半年後に100億円を3カ月の期間で資金調達する予定。 ・景気は回復の兆しをみせており、長期間続いた低金利が上昇することも考えられる。こうした見通しのもと、半年待つまでに金利が上昇するリスクを回避したい。
		ヘッジ取引	現在の相場	ユーロ円3カ月金利先物の相場＝99.50（金利、0.5％）
			取引内容	・金利先物のショートヘッジを行い、現時点で資金調達コストを確定。 ・借入予定額100億円相当分のユーロ円

					3カ月金利先物100枚を99.50で売付け。
	半年後	相場の展開		金利はジリ高をたどり、半年後には0.75％となり、金利先物相場は99.25。	
		取引内容		半年後に売建玉を99.25で買い戻し、手仕舞った。	
		ショートヘッジの効果	金利上昇による支払利息の増加	100億円×（0.75－0.5）×90/365＝－616万4,000円	
			先物取引によるヘッジ損益	100単位×（9,950－9,925）×2,500＝＋625万円	
			合計	＋8万6,000円	
		ヘッジ効果		ヘッジがなければ支払利息増により600万円の損失となったところ、先物の利益で金利上昇のインパクトはほぼ中立化。	
		金利下落のケース		予想に反して金利が下落した場合には、先物で損が出るが、そのときは資金調達コストの減少が先物の損失を相殺。	
(ⅱ) ロングヘッジ（買いヘッジ）の具体例	現時点	ヘッジニーズ		・B社は、半年後に50億円のキャッシュインフローがあり、これを3カ月の預金で運用予定。 ・景気の悪化状況からみると半年後には一段の金利低下が予想される。こうした見通しのもと、半年待つ間に金利が低下するリスクを回避したい。	
		ヘッジ取引	現在の相場	ユーロ円3カ月金利先物の相場＝98.25（金利、1.75％）	
			取引内容	・金利先物のロングヘッジを行い、現時点で資金運用リタ	

				ンを確定。 ・運用予定額50億円相当分のユーロ円3カ月金利先物50枚を98.25で買付け。
	半年後	相場の展開		金利はジリ安をたどり、半年後には1.5％となり、金利先物相場は98.50。
		取引内容		半年後に買建玉を98.50で転売し、手仕舞った。
		ロングヘッジの効果	金利下落による運用リターンの減少	50億円×（1.5 - 1.75）×90/365 = -308万2,000円
			先物取引によるヘッジ損益	50単位×（98.50 - 98.25）×2,500 = +308万2,000円
			合計	0円
		ヘッジ効果		ヘッジがなければ運用リターン減により300万円の損失となったところ、先物の利益で金利下落のインパクトは中立化。
		金利上昇のケース		予想に反して金利が上昇した場合には、先物で損が出るが、そのときは運用リターンの増加が先物の損失を相殺。

金利スワップ

金融 | 証券化 | 証券取引 | 保険 | リスクマネジメント | デリバティブ | 環境
外国為替 | ITフィンテック | 金利 | ポートフォリオ | ファンド | 電力取引

金利スワップとは？

　金利スワップ（interest rate swap）は、取引当事者間で決めた金額の元本から将来発生が見込まれる異なる種類の金利を交換する取引である。
　金利スワップ取引は、一部の取引所が上場している例があるが、大半は、企業と仲介業者（金融機関）、あるいは金融機関と金融機関の間の店頭（OTC）取引で行われている。

金利スワップの種類

①プレーンバニラ・スワップ（plain vanilla swap）

内容	・固定金利と変動金利を定期的に交換するスワップ。 ・金利スワップの原型という意味でジェネリック・スワップ（generic swap）ともいう。		
	固定金利	スワップ金利という。	
	変動金利	LIBOR＋a、TIBOR＋a等が使用される。	
	レシーバー	固定金利受取り・変動金利支払いの取引当事者	
	ペイヤー	固定金利支払い・変動金利受取りの取引当事者	
設例	前提	想定元本	1億円
		期間	5年
		スワップ金利	2％
		変動金利	LIBOR＋0.5％
		金利交換インターバル	半年ごとにスワップ
	スワップ取引	ペイヤー→レシーバー	半年ごとに［1億円×2％×1/2］
		レシーバー→ペイヤー	半年ごとに［1億円×LIBOR＋0.5％×1/2］
		・このほか、スワップの仲介業者は、コミッションを得る。 ・実務上は、この受取額と支払額とを差し引きしたネット額を一方が他方に支払う形をとる（図表1）。	

図表1　金利スワップの活用

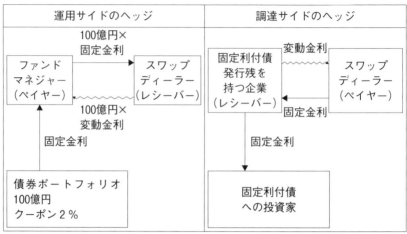

(出所)　筆者作成

②プレーンバニラ・スワップのバリエーション

固定金利と変動金利を交換するスワップには、プレーンバニラ・スワップのほかに、次のような各種スワップがある。		
アベレージ・レート・スワップ (average rate swap)	変動金利は、前回金利更改時点から今回金利更改時点までの期間にわたる変動金利の平均をとり、それを固定金利と交換。	
CMTスワップ (Constant Maturity Treasury swap)	・変動金利サイドに短期金利ではなく、中長期金利を使うスワップ。 ・中長期金利には、通常、残存期間が一定の国債 (CMT) 金利を使う。	
ゼロクーポン・スワップ (zero coupon swap)	変動金利の受払い	定期的に行う。
	固定金利の受払い	スワップ期間中はいっさい行わず (したがって、ゼロクーポン・スワップという)、満期日に一括受払いを行う。
プリペイドスワップ (pre-paid swap)	変動金利の受払い	定期的に行う。
	固定金額の受払い	キャッシュフローを現在価値に割り引いた金額をスワップ開始時点

	で一括して支払う。 プロジェクトファイナンス等に活用。
ハイクーポンスワップ (high-coupon swap)	固定金利をスワップの締結時の市場金利より高く設定、その分スワップの終了時に受払額を調整。
ディスカウント・スワップ（discount swap）	固定金利をスワップの締結時の市場金利より低く設定、その分スワップの終了時に受払額を調整。
セミフィックスト・スワップ (semi-fixed swap)	・固定金利が2つの水準に設けられているタイプ。 ・どちらの固定金利を適用するかは、変動金利の基礎となるLIBORが前回の金利交換から今回の期間中に一定の水準（トリガーポイント）に達したかどうかで決まる。
リバーシブルスワップ (reversible swap)	取引当事者の一方が、スワップ開始後あらかじめ決められた期間が経過したところで、固定金利と変動金利の受払いの関係を逆転させる権利を持つスワップ。
デュアルクーポン・スワップ (dual coupon swap)	・取引当事者の一方が、当初スワップで決められた通貨とは別の通貨で受払いする権利を持つ。 ・プレーンバニラ・スワップにコールオプションが組み込まれたスワップ。
ドロップロック・スワップ（drop-lock swap）	固定金利を決定した時点から実際にスワップを開始するまでの間に、固定金利を決定するベースとなった指標が大幅に変化した結果、固定金利とそのベースとしている指標が大きく乖離した場合には、固定金利の決定をやり直す条件の付いたスワップ。
レバレッジド・スワップ（leveraged swap）	・変動金利のキャッシュフローの計算式に乗数が組み込まれていてレバレッジを利かせることにより、市中金利の変動の何倍ものインパクトで損益に影響を与えるスワップ。 ・レシオ・スワップ（ratio swap）、パワー・スワップ（power swap）ともいう。

③その他の各種スワップ

ベーシス・スワップ (basis swap)	・異なる種類の変動金利と変動金利を交換するスワップ。フローティング・フローティングスワップ (floating-floating swap) ともいう。 ・長期金利と短期金利、LIBORとCDレート、3カ月LIBORと6カ月LIBOR、TIBORと短期プライムレート等がある。	
イールドカーブ・スワップ (yield curve swap)	イールドカーブのパターンの変化を予想して、債券の入替取引を機動的に行うことにより、利益を得る取引。	
	スティープニング (イールドカーブの右上がりの傾きが急になると予想)	債券ポートフォリオのデュレーションを短くする方向で銘柄の入替えを行う。
	フラットニング (イールドカーブの傾きが緩くなると予想)	債券ポートフォリオのデュレーションを長くする方向で銘柄の入替えを行う。

金利スワップと想定元本

金利スワップの決済

元本金額の交換は発生せず、金利のみの交換を行う。

想定元本 (notional principal)

元本は、金利計算のために想定された元本であることから、これを「想定元本」という。

想定元本の増減

想定元本は、スワップの期間中一定であるのが一般的であるが、中にはスワップの期間が経過するにつれて増減する型がある。	
期中、不変	ブレット・スワップ (bullet swap)
期中、増加	アクレッティング・スワップ (accreting swap)
期中、減少	アモーチゼーション・スワップ (amortization swap)
期中、増減	ローラーコースター・スワップ (roller coaster swap)

金利スワップの活用

①運用サイドのヘッジ

設例	取引ニーズ	・あるファンドマネジャーがクーポン2％の債券ポートフォリオ100億円を運用。 ・このファンドマネジャーは、先行きの金利上昇を懸念しているが、債券売却によりポートフォリオの構成を変えることは回避したい。
	スワップ取引	・金利スワップ取引により、金利上昇による債券ポートフォリオの損失をヘッジ。 ・ペイヤー：手持ちの債券ポートフォリオが生む固定金利を支払い、その交換に変動金利を受け取るスワップをスワップディーラーとの間で組む。 (図表1左)
	ヘッジ効果	・固定金利受けから変動金利受けにキャッシュフローのポジションをシフト。 ・金利上昇をみた場合には、変動金利が上昇して、スワップからのキャッシュフローが増加、これが債券ポートフォリオの時価の減少をカバーする形でヘッジ。

②調達サイドのヘッジ

設例	取引ニーズ	・ある企業は、以前に固定利付債を発行。 ・この企業は、先行きの金利の低下を予想、固定利付債に付いている高クーポンの負担を軽減したいと考えている。
	スワップ取引	・金利スワップ取引により、金利下落によるリターンで高クーポンの負担を軽減。 ・レシーバー：固定金利受取り・変動金利支払いのスワップをスワップディーラーとの間で組む。 実質的に固定利付債の発行残を変動利付債の発行残にスイッチする効果をあげることができる。 (図表1右)

| | ヘッジ効果 | 実質的に固定利付債の発行残を変動利付債の発行残にスイッチする効果をあげることができる。 |

③ALMのツール

金融機関の一般的な資金調達・運用	調達	短期の預金≒変動金利調達
	運用	中長期の貸付≒固定金利運用
金融機関のヘッジニーズ		金利上昇局面では預金金利のほうが貸出金利よりも早く上昇。 →金利上昇リスク大→金利上昇のヘッジニーズ
ALMのツールとしてのスワップ取引		ペイヤー：固定金利支払い・変動金利受取りのスワップにより、金利上昇リスクをヘッジ（図表2）。

図表2　ALMのツール

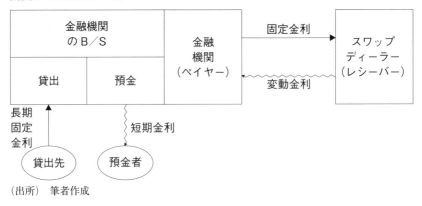

（出所）　筆者作成

④投機目的

先行きの金利下落からのリターン狙い	スワップ取引	レシーバースワップ＝固定金利受取り・変動金利支払い
	効果	実質的に短期資金を借り入れ、これを固定利付債に投資したのと同様の効果を持つ。
先行きの金利上昇からのリターン狙い	スワップ取引	ペイヤースワップ＝固定金利支払い・変動金利受取り
	効果	実質的に固定利付債を空売り

		して、その代金で短期資金運用したのと同様の効果を持つ。

プレーンバニラ・スワップのプライシング

①キャッシュフローの現在価値

金利スワップのスタート時点	取引当事者間で資金の授受は発生しない。
固定金利合計と変動金利合計	将来、受払いされる固定金利の合計額の現在価値 ＝将来、受払いされる変動金利の合計額の現在価値

②現在価値とディスカウントファクター（図表３）

固定金利サイドのキャッシュフロー	金利の支払いが行われる各々の期間のスポットレートを使って現在価値に引き直す。	
変動金利サイドのキャッシュフロー	・金利先物相場や債券相場で成立している金利を使って将来の変動金利の理論値を算出して、この理論値により現在価値を導出する。	
	ディスカウントファクター	この理論値をディスカウントファクター（DF）という。 i 期のディスカウントファクター $DF = 1/(1+r_i)^i$
	設例	期間90日のディスカウントファクター $DF = 1/1 + r \times 90 \div 360$ r はユーロ円３カ月物金利を使う。 ユーロ円３カ月物金利が１％とすると、 $DF = 1/1 + 0.01 \times 90 \div 360$ $= 0.99571$ 金利１％のとき、90日後の１円の現在価値は0.99571円。

図表3　現在価値とディスカウントファクター

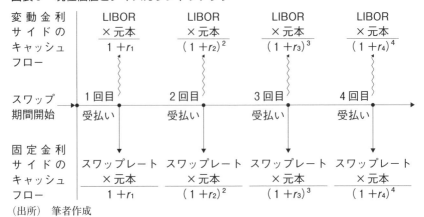

(出所)　筆者作成

金利スワップの信用リスクと再構築コスト

金利スワップの原資産

金利のみ

金利スワップの信用リスク

金利

スワップの相手方が倒産した場合の信用リスク

スワップの残存期間に発生する金利の受払いというキャッシュフロー。	
ネット受取りがプラスのとき	相手に対する信用リスクが存在。
ネット受取りがマイナスのとき	信用リスクはない。

再構築コスト（replacement cost）

・信用リスクは、仮に残存期間のスワップ分について他の相手方とあらためてスワップ取引を再構築するとしたときのコストに等しくなる。
・これを「再構築コスト」という。

設例

金利スワップ取引の内容	想定元本	1億円
	固定金利	3％
	変動金利	LIBOR＋0.5％

		期間	5年	
		金利受払インターバル	半期ごと	
信用リスクの発生		スワップ期間が3年経過したところでペイヤー（固定金利支払い・変動金利受取りサイド）が破綻、スワップ契約の履行ができなくなった。		
	レシーバー	固定金利受取り	ケース1：この時点のLIBOR＝1.5%	3%
			ケース2：この時点のLIBOR＝3.5%	3%
		変動金利支払い	ケース1：この時点のLIBOR＝1.5%	LIBOR1.5%＋0.5%＝2%
			ケース2：この時点のLIBOR＝3.5%	LIBOR3.5%＋0.5%＝4%
		ネットの受払い	ケース1：この時点のLIBOR＝1.5%	受取り：プラス
			ケース2：この時点のLIBOR＝3.5%	支払い：マイナス
		信用リスク	ケース1：この時点のLIBOR＝1.5%	あり
			ケース2：この時点のLIBOR＝3.5%	なし

クラウドファンディング

| 金融 | 証券化 | 証券取引 | 保険 | リスクマネジメント | デリバティブ | 環境 |
| 外国為替 | ITフィンテック | 金利 | ポートフォリオ | ファンド | 電力取引 |

クラウドファンディングとは？

　クラウドファンディング（crowd-funding）の文字どおりの意味は、多くの人々（crowd）から資金調達を行うこと（funding）であるが、クラウドファンディングの大きな特徴は、資金提供者の応募、および資金提供者からの資金提供がオンラインプラットフォームを活用して行われることにある。

　具体的には、プロジェクトの起案者（クリエーター）がクラウドファンディングのプラットフォームとなるサイトに、プロジェクトの内容や規模、完成時期、資金所要額と調達構成（自己資金、借入れ、出資等）、調達コスト、資金提供者に対するリスクとリターン等の情報を公開する。そして、資金提供者（支援者）は、その情報をもとにして、融資、または出資を行う。

　なお、プロジェクトの起案者は、サイト運営者にシステム開発費、サーバーコスト等のインフラコストと決済手数料を支払う。

　クラウドファンディングは、2000年以降、米国で始まり、特に2008年に開設のIndieGoGOや2009年に開設のKickstarterが有名である。また、日本では、2011年にREADYFORが開設されたことを皮切りとしていくつかのサイトが開設されている。

クラウドファンディングの種類

　クラウドファンディングは、支援者に対するリターンの有無やリターンの種類によって3つに大別される。

種類

金融型	支援者のリターン	・金銭的なリターンを得るタイプ ・リターンの種類による分類	
		投資型	利益が出た場合に配当を支払う。
		株式型	資金拠出と交換に株式を配布。
		融資型	借入れの形をとり金利を支払う。
	プロジェクトの具体例	・未上場企業への投資 ・不動産投資 ・海外投資	

	サイト運営会社の具体例	CrowdBank（日）ミュージックセキュリティーズ（日）、AQUUSH（日）、maneo（日）	
購入型	支援者のリターン	・商品やサービス（チケット等）、制作に参加する権利等を得るタイプ。 ・報酬型とも呼ばれる。	
	プロジェクトの具体例	・新製品開発 ・映画作品、アート作品	
	サイト運営会社の具体例	Kickstarter（米）、IndieGoGO（米）、CAMP-fire（日）、READYFOR（日）、GREEN FUNDING（日）	
寄付型	支援者のリターン	・リターンなし ・支援者は、プロジェクトへの貢献を資金提供の形で行う。	
	プロジェクトの具体例	・被災地支援 ・新興国支援	
	サイト運営会社の具体例	JustGiving（日）、Kiva Japan（日）	

クラウドファンディングのメリット

プロジェクトの起案者

・知名度がないこと等から、金融機関や既往の投資家からの資金調達が困難な起業家が、多くの資金提供者から資金を集めることができる。
・オンラインプラットフォームの使用により、資金調達に要するコストも低くなる。
・サイトを通じて、資金提供者のニーズをくみ取ってそれをプロジェクトに反映させることができる。

資金提供者

・サイトを通じて、資金需要があるプロジェクトの内容を容易に把握することができる。
・少額の資金で、融資や出資をすることができる。

クラウドファンディングに対する規制

〔米国〕

米国では、2012年にクラウドファンド法（Jumpstart Our Business Startups Act、JOBS法）が成立した。

1933年証券法では、証券の発行者は、原則として、SECに登録届出書を提出しなければならないとされているが、JOBS法では、この規定の適用除外を設けて、投資型クラウドファンディングによる資金調達が可能となった。

すなわち、以下の要件が満たされる場合には、発行者は、SECへ登録届出書を提出することなく証券を発行できることとなった。

・募集総額要件
・投資者の投資額要件
・発行者が一定の要件を満たすこと
・一定の要件を満たした仲介者により取引が行われること

米国の投資型クラウドファンディングの制度概要

法規制	JOBS法施行により可能となった。
制度内容	・募集総額、各投資者の投資額の上限規制 ・投資者の一定期間の譲渡制限
仲介者	SEC登録のブローカーまたはファンディング・ポータル
仲介者規制	・SECの監督 ・リスク情報等の提供義務 ・発行者による詐欺のリスク軽減措置を講じる義務等
発行者規制	SEC、投資者、仲介者への情報提供義務等
自主規制機関	あり

（出所）金融庁総務企画局「金融審議会：新規・成長企業へのリスクマネーの供給のあり方等に関するワーキング・グループ第4回事務局説明資料」2013年9月10日をもとに筆者作成

〔日本〕

日本では、2013年に金融審議会で投資型クラウドファンド導入の方向性が示され、その翌年の2014年に金融商品取引法が改正された（注）。

それによれば、改正前の金融商品取引法では、有価証券を勧誘するためには、金融商品取引業者としての登録が必要とされた。

有価証券の勧誘

株式の勧誘	業者の種類	第一種金融商品取引業者

ファンドの勧誘		規制内容	兼業規制	あり
			最低資本金	5,000万円
	業者の種類	第二種金融商品取引業者		
		規制内容	兼業規制	なし
			最低資本金	1,000万円

　また、非上場株式の勧誘は、日本証券業協会の自主規制で原則禁止されていた。しかし、改正後の金融商品取引法によれば、参入要件の緩和が図られるとともに、投資者保護のためのルールが整備されている。

(注)　金融庁「金融商品取引法等の一部を改正する法律（平成26年法律第44号）に係る説明資料」2014年5月

金融商品取引法改正に伴う投資型クラウドファンディングの利用促進

項目

内容	参入要件の緩和等	・少額（発行総額1億円未満、1人当たり投資額50万円以下）の者のみを扱う業者について、兼業規制等を課さないこととする。 ・同上業者に付き、登録に必要な最低資本金基準を次のように引き下げる。		
		対象業者	第一種金融商品取引業者	
		最低資本金	改正前	5,000万円
			改正後	1,000万円
		対象業者	第二種金融商品取引業者	
		最低資本金	改正前	1,000万円
			改正後	500万円
	投資者保護のためのルールの整備	詐欺的行為に悪用されることがないよう、クラウドファンディング業者に対して、次の内容を義務付ける。 1．ネットを通じた適切な情報提供 2．ベンチャー企業の事業内容のチェック		

(出所)　金融庁「金融商品取引法等の一部を改正する法律（平成26年法律第44号）に係る説明資料」2014年5月、2頁をもとに筆者作成

クラック・スプレッド、スパーク・スプレッド、クラッシュ・スプレッド

| 金融 | 証券化 | 証券取引 | 保険 | リスクマネジメント | デリバティブ | 環境 |
| 外国為替 | ITフィンテック | 金利 | ポートフォリオ | ファンド | 電力取引 |

クラック・スプレッド、スパーク・スプレッド、クラッシュ・スプレッドとは？

クラック・スプレッド（crack spread）、スパーク・スプレッド（spark spread）、クラッシュ・スプレッド（crush spread）は、いずれもインターコモディティ・スプレッドに属する取引手法である。

スプレッド取引

概念

・2つの価格差を対象とする取引。
・スプレッド取引は、一般に「スプレッド」と略称される。

種類

①インターコモディティ・スプレッド	異なる「商品」のスプレッド
②インターマーケット・スプレッド	同一商品の異なる「受渡場所」のスプレッド
③インターデリバリー・スプレッド、カレンダー・スプレッド	同一商品の異なる「受渡時点」のスプレッド

特徴

売り買い双方の建玉を持ち、一般的にリスクの小さな取引。

①エネルギー物を原資産とするスプレッド

クラック・スプレッド	原油価格と石油精製品（ガソリンや灯油価格等）との間の価格差に着目した取引。

スパーク・スプレッド	燃料価格（石油や石炭、天然ガス等）と電力価格との間の価格差に着目した取引。	
	ダーク・スプレッド (dark spread)	スパーク・スプレッドのうち、石炭と電力価格との間の価格差に着目した取引。

②穀物を原資産とするスプレッド

クラッシュ・スプレッド	穀物原料と穀物製品との間の価格差に着目した取引。

クラック・スプレッド

クラック・スプレッドとクラック・スプレッド取引

①クラック・スプレッド

石油精製事業者のビジネス	原油を原材料として、ガソリン、ヒーティングオイル等の石油精製品を生産。			
石油精製事業者が持つ価格変動リスク	原油と石油精製品の間の価格差変動リスク （利益の縮小要因） ・先行きの原油価格上昇 ・先行きの石油製品価格下落			
クラック・スプレッド	原油と石油精製品との間の価格差。 〔原油1バレルを使って精製したガソリン、ヒーティングオイル等の精製商品の価格〕－〔原油1バレルの価格〕			
	原油価格＋石油精製品価格		クラック・スプレッド	石油精製事業者の利益
	下落	上昇	拡大	縮小
	上昇	下落	増加	減少

②クラック・スプレッド取引

ヘッジ取引	価格変動リスクの回避		
	取引内容	原油価格上昇のリスクヘッジ	(ⅰ)原油先物買持ち
		石油精製品価格下落のリスクヘッジ	(ⅱ)石油精製品先物売持ち

			(i)+(ii)=クラック・スプレッド取引	
		効果	クラック・スプレッド取引により、製油所は先行き原油価格や石油製品価格がどのように変動しようと、現時点で利益を確定させることが可能。	
投機取引		マーケットに流動性を供給。		
		取引内容	2つの間にある価格差の拡大、または縮小から利益を獲得する狙い。	
			クラック・スプレッド拡大予想：原油の先物売り・石油製品の先物買い	
			クラック・スプレッド縮小予想：原油の先物買い・石油製品の先物売り	
		効果	その後、スプレッドの拡大または縮小をみたときに反対売買を行ってポジションを手仕舞い（解消）して利鞘を獲得。	
製油所の収益構造の模倣		クラック・スプレッドを活用して、製油所を経営して利益をあげるビジネスと同じ損益を模倣。		
		取引内容	原油の売持ち＋石油精製品（ガソリンや灯油等）の買持ち	
		効果	製油所の原料となる原油価格が上昇（下落）	コストが増加（減少）
			製油所の製品となる石油精製品の価格が上昇（下落）	収入が増加（減少）
			この結果、製油所と同様の収益構造となる。	
NYMEXのクラック・スプレッド・スワップ先物		上場商品	クラック・スプレッドの先物自体を商品として上場、これにより市場参加者は1つの取引でヘッジ可能。	
			商品の仕様	NYMEXに上場されている直近限月の各種のガソリン先物価格から直近限月の原油等の先物価格を差し引いたスプレッドを商品として上場

	クラック・スプレッド・スワップ取引	石油精製事業者が持つ原油と石油精製品の価格変動リスクは、クラック・スプレッドを対象としたスワップ取引を行うことによって回避可能。	
		取引の内容	原油と石油精製品との間の価格差であるクラック・スプレッドと固定価格とのスワップ（注）。
		効果①：価格変動リスクのヘッジ	・原料の原油価格の変動リスクと製品の石油精製品価格の変動リスクの双方を1つの取引で回避することが可能。 ・先行き原油や石油製品の価格がどのように変動しようと、現時点で利益を確定させることが可能。
		効果②：執行リスクの回避	・「執行リスク」は、市場の流動性が薄いことから売り注文と買い注文が同時に執行されないリスクをいう。 ・クラック・スプレッド取引では、石油精製業者は原油の先物マーケットと石油製品の先物マーケットで2つの取引を行う必要があるが、特に市場の流動性が薄い場合には、執行リスクが表面化。 ・しかし、スプレッド自体を商品化してそれを取引すれば、こうした執行リスクは回避可能。

（注）　ある商品と別の商品の価格差であるスプレッドと固定価格の交換取引は一般的に

「ディファレンシャル・スワップ」(differential swap)と呼ばれる。したがって、クラック・スプレッド・スワップはディファレンシャル・スワップの一種である。

スパーク・スプレッド

スパーク・スプレッドとスパーク・スプレッド取引

①スパーク・スプレッド

発電事業者のビジネス	燃料を原材料として、電力を生産。		
発電事業者が持つ価格変動リスク	燃料と電力の価格変動リスク		
	先行きの燃料価格の上昇	利益の縮小要因	
	先行きの電力価格の下落	利益の縮小要因	
スパーク・スプレッド	燃料と電力との間の価格差。		
	ダーク・スプレッド	スパーク・スプレッドのうち、石炭と電力価格との間の価格差。	
	スパーク・スプレッド＝電力価格−〔燃料価格×ヒートレート〕	・スパーク・スプレッドは、発電する場合に発電施設がどのくらい効率的であるか、すなわち1単位の電力生産にどれだけの燃料を使用するかが重要な要素。 ・発電効率は「ヒートレート」で表され、ヒートレートが高いほど発電効率が悪い。	
	燃料価格の下落・電力価格の上昇	スパーク・スプレッド拡大 発電事業者の利益増加	
	燃料価格の上昇・電力価格の下落	スパーク・スプレッド縮小 発電事業者の利益減少	

②スパーク・スプレッド取引

ヘッジ取引	価格変動リスクの回避		
	取引内容	燃料価格上昇のリスクヘッジ	(i)原油、石炭、天然ガス等の先物買持ち
		電力価格下落のリスクヘッジ	(ii)電力先物売持ち
		(i)+(ii)=スパーク・スプレッド取引	
	効果	発電事業者は先行き燃料価格や電力価格がどのように変動しようと、現時点で利益を確定させることが可能。	
投機取引	マーケットに流動性を供給。		
	取引内容	2つの間にある価格差の拡大、または縮小から利益を獲得する狙い。	
		スパーク・スプレッド拡大予想：割安のスパーク・スプレッド買い	
		スパーク・スプレッド縮小予想：割高のスパーク・スプレッド売り	
	効果	実際にスプレッドの拡大または縮小をみたときに反対売買を行ってポジションを手仕舞い（解消）して利鞘分の利益を獲得。	
発電所の収益構造の模倣	スパーク・スプレッドを活用して、発電所を経営して利益をあげるビジネスと同じ損益を模倣。		
	取引内容	石油や石炭、天然ガス等の燃料のショートポジションと電力のロングポジションを組み合わせる。	
	効果	発電所の原料となる燃料価格の上昇（下落）	コストの増加（減少）
		発電所の製品となる電力価格の上昇（下落）	収入の増加（減少）
		この結果、発電所と同様の収益構造となる。	
スパーク・スプレッド・オプション	概念	スパーク・スプレッドを原資産とするオプション	
	活用	電力の自由化が進んだ欧米では、発電所のビ	

			ジネスプランを構築する際にスパーク・スプレッド・オプションのコンセプトが重要となる。
	発電所の運営費を無視した場合	スパーク・スプレッドがプラス	電力を生産すればするほど利益が出る。発電所は稼働率を高める。
		スパーク・スプレッドがマイナス	電力を生産しても損失となる。発電所は稼働率を低下、または停止させる。
	ペイオフ		上述は、電力会社がスパーク・スプレッドを原資産とするコールオプションのロングポジションを持つことを意味する（図表1）。

図表1　スパーク・スプレッド・オプション

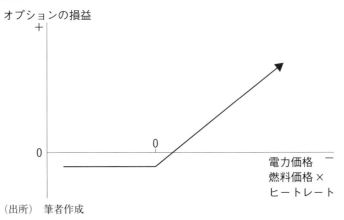

（出所）　筆者作成

クラッシュ・スプレッド

大豆油・大豆粕製造業者のビジネス

大豆を原材料として、大豆油・大豆粕を生産。

大豆油・大豆粕製造業者が持つ価格変動リスク

大豆と大豆油・大豆粕の価格変動リスク

・先行きの大豆価格の上昇は利益の縮小要因。
・先行きの大豆油・大豆粕価格の下落も利益の縮小要因。

クラッシュ・スプレッド

大豆と大豆油・大豆粕との間の価格差。	
大豆価格下落、大豆油・大豆粕価格上昇	クラッシュ・スプレッド拡大 大豆油・大豆粕製造業者の利益増加
大豆価格上昇、大豆油・大豆粕価格下落	クラッシュ・スプレッド縮小 大豆油・大豆粕製造業者の利益減少

グリーン取引所

| 金融 | 証券化 | 証券取引 | 保険 | リスクマネジメント | デリバティブ | **環境** |
| 外国為替 | ITフィンテック | 金利 | ポートフォリオ | ファンド | 電力取引 |

グリーン取引所とは？

　グリーン取引所（Green Exchange）は、シカゴマーカンタイル取引所（CME）が2010年に創設した総合環境取引所である。
　グリーン取引所は、当初、ニューヨークマーカンタイル取引所（NYMEX）が設立を計画していた。しかし、2008年にシカゴマーカンタイル取引所がNYMEXを吸収合併したことから、CMEグループが大手銀行や投資銀行、排出権ブローカー、商社等との共同事業体として立ち上げた。

グリーン取引所の機能

京都議定書と排出権のプライシング

・京都議定書のもとで行われる二酸化炭素排出権取引は、排出権のプライシングが妥当であることが大前提。
・排出権がマネーゲームの対象となり、排出権取引価格が乱高下すれば、京都議定書が想定した各国の合理的な選択行動を期待することはできない。

取引所の価格発見機能

取引所が持つ価格発見機能（price discovery function）の発揮による排出権の適正価格の実現を指向。

グリーン取引所の概要

①上場商品

排出権	・欧州共同体の排出権取引制度で認められた排出権 ・二酸化硫黄（先物、オプション）や窒素酸化物（先物）の排出権 ・RGGI制度に関わる排出権（注）
先物・オプション	京都メカニズムに基づく排出権を対象とする先物、オプション

②**市場参加者と取引決済インフラ**

市場参加者（清算会員）	米国みずほ証券をはじめ、ゴールドマンサックスやJPモルガン、BNPパリバ・コモディティフューチャーズ、シティグループ証券・グローバルマーケッツ等14社。
取引決済インフラ	・決済はシカゴマーカンタイル取引所の清算機関を使用。 ・値洗いや証拠金、CCP（集中決済機能）等のセーフティガードによって履行の確実性を担保。

（注） RGGI制度は米国で最初に温室効果ガス削減義務を課した制度。米国においては、一部の州レベルですでに排出権取引制度を導入して稼働している例がみられ、その代表例が2009年から米国北東部10州の発電所を対象にして導入された排出権取引制度である。これは地域温室効果ガス削減イニシアティブ（RGGI）と呼ばれるもので、2020年までに温室効果ガス排出量を20％削減することにしている。そして、この排出枠の割当ては、オークション方式でなされ、排出権取引はキャップ・アンド・トレード方式が採用されている。

グリーン取引所の上場商品を活用した取引

京都メカニズムをベースとした取引は、一般的に現物取引が中心となっているが、グリーン取引所では、先物やオプションを取引することができる。

以下の活用例にみられるように、これが契機となり企業の排出量削減努力に拍車がかかることが期待できる。

活用例1

企業が排出量削減投資を行うか否かの判断を下す場合	CO_2排出権の先物取引が存在すれば、先行きの投資の費用対効果が明確となり、投資判断が格段に容易化。

活用例2

企業が先行きCO_2の削減効果を持つ設備にリプレースする計画を持つ場合	・CO_2排出権の先物取引が存在すれば、先行き削減できる排出量の価格が把握可能。 ・それを参考にしながらCO_2排出削減のための設備投資の規模や内容、さらには実施のタイミング等を検討することが可能。

クレジットイベント

金融 | 証券化 | 証券取引 | 保険 | リスクマネジメント | デリバティブ | 環境
外国為替 | ITフィンテック | 金利 | ポートフォリオ | ファンド | 電力取引

クレジットイベントとは？

　クレジットイベント（credit event、信用事由）は、クレジットデリバティブ取引等で資金の受払いのトリガーとして特定される信用状態の変化をいう。

標準的なクレジットイベント

　クレジットイベントで標準的な事由とされている項目には、6つのイベントがある。これは、ISDA（国際スワップデリバティブ協会）が契約書のひな型で取り上げている主要なクレジットイベントである。

6 CE（6 Credit Events）

①倒産（bankruptcy）

・債務者の清算手続
・民事再生
・会社更生手続の開始決定等

②債務不履行（failure to pay）

債務支払いの猶予期限を経過して、かつ最低支払い不履行額を超える支払い不履行が生じた場合。		
債務支払い猶予期限	債務者の実質的な支払い不履行に該当しないような送金ミス等、技術的な支払い不履行でイベント発動とならないように、あらかじめ当事者間で支払い猶予期限を設定しておく。	
最低支払い不履行額	わずかな金額の支払い不履行でイベント発動とならないように、あらかじめ当事者間で最低額を決めておく。	
クレジットデリバティブの債務不履行	一般的なクレジットデリバティブの場合	企業が抱える多くの債務のうちの1つでも債務の支払い不履行を起こした場合にすべて適用。

	債権の証券化商品を対象とするクレジットデリバティブの場合	裏付債権となった特定の債務の支払い不履行がクレジットイベント。

③オブリゲーション・アクセレレーション（obligation acceleration）

本来の債務期限の到来前に、期限到来を宣言された場合。期限の利益の喪失がこれに当たる。

④オブリゲーション・デフォルト（obligation default）

本来の債務期限の到来前に、デフォルトが宣言された場合。

⑤履行拒否・支払猶予（repudiation/moratorium）

参照組織が債務の履行を拒否したり、債務の有効性について異議を唱えたりした場合。

⑥リストラクチャリング（restructuring）

既存債務の元本の減額、金利減免、元本または利息の支払期限の延長が債権者との間で合意された場合。

3 CE（3 Credit Events）

実務界で民間の会社や金融機関を参照組織とするときには、倒産、債務不履行、リストラクチャリングの3つのイベントを使うことが一般的。これを3 CE（3 Credit Events）という。

2 CE（2 Credit Events）

3 CEの中でも倒産と債務不履行は特に使われることが多く、これを2 CEという。

その他のクレジットイベント

ISDAのスタンダードイベント以外のクレジットイベントの代表例として格下げがある。すなわち、民間格付会社が参照組織の格付を、たとえばBB以下にした場合にはクレジットイベントが発生したとするものである。

クレジットスプレッド

`金融` `証券化` `証券取引` `保険` `リスクマネジメント` `デリバティブ` `環境`
`外国為替` `ITフィンテック` `金利` `ポートフォリオ` `ファンド` `電力取引`

クレジットスプレッドとは？

　クレジットスプレッド（credit spread、信用リスクスプレッド）は、債券間の信用リスクの差であり、信用リスクの大きな債券の利回りは高く、信用リスクの小さな債券の利回りは低くなるという形のクレジットスプレッドとなる。
　このように、クレジットスプレッドは2債券の信用リスクの差であるが、一般的には、ある社債の信用リスクと、事実上、信用リスクがないとみられる自国の国債の信用リスクとの差をクレジットスプレッドと呼んでいる。

質への逃避とクレジットスプレッド

質への逃避（flight to quality）

投資対象を信用リスクの高い（質の悪い）資産から、信用リスクの低い（質の良い）資産へ入れ替えること。
（例）一国の経済情勢が大幅悪化を示すと、おしなべて企業の信用リスクが高まる。そこで、投資家は企業の信用リスクの表面化を恐れて、社債から安全な国債への投資に振り替える行動をとる。

質への逃避によるクレジットスプレッド

・社債から国債に資金が流れた場合には、国債の価格上昇（利回りの低下）・社債の価格下落（利回りの上昇）となる。
・もともと、信用リスクの差から国債の利回りは社債の利回りより低いことから、この資金の流れによって、国債と社債のスプレッドは一段と拡大をみる。

設例：クレジットスプレッドの変化からリターンを狙う取引

①異なる国が発行する国債間のシフト	・投資家が新興国の経済の先行きに弱気の見方を持った場合、新興国の国債を売り、先進国の国債を買う。 ・予想どおり新興国の経済が悪化した場合に価格が下落した新興国の国債を買い戻し、先進国の国債を買うことにより利鞘を得ることができる。

②社債から国債へのシフト	・投資家が他者に先駆けて経済情勢の全般にわたる悪化とそれに伴う社債から国債へのシフトを予測できれば、そのような質への逃避が生じる前に、自分のポートフォリオの中の社債を国債に入れ替えて国債のウェイトを増やしておく。 ・実際に質への逃避現象が発生して国債の価格が上昇（利回りの低下）したところでポジションを元に戻す。このように、国債を安く買い高くなったところで売るとともに社債を高く売り安くなったところで買い戻す裁定取引によりリターンを得ることができる。	
③社債間のシフト	設例1：クレジットスプレッド拡大を予想した取引	(ⅰ)A社発行のA債券とB社発行のB債券があるとする。A債券のほうがB債券より信用格付が上で、したがって、A債券の価格がB債券を上回っているが、現状、両者の間には大きな差はない。 (ⅱ)投資家はB社の業績悪化から格付は下がり、B債券の価格が下落するとの予想を持った。そこで、相対的に信用度の高いA債券を買って、信用度の低いB債券を売る。 (ⅲ)その後、マーケットにB社の業績悪化の情報が流れ、この結果、B債券の価格が下落し、A債券が買い進まれた。そこで、投資家は、値下りしたB債券を買って値上りしたA債券を売って利鞘を掌中にする。
	設例2：クレジットスプレッド縮小を予想した取引	・設例1とは逆のケースでは、クレジットスプレッドが先行き縮小することを予想して、相対的に信用度の低い債券を買って、信用度の高い債

	券を売る。 ・その後、実際にクレジットスプレッドが縮小したところで逆の売買を行って利鞘を掌中にする。

クレジットデリバティブ

金融 | 証券化 | 証券取引 | 保険 | リスクマネジメント | デリバティブ | 環境
外国為替 | ITフィンテック | 金利 | ポートフォリオ | ファンド | 電力取引

クレジットデリバティブとは?

クレジットデリバティブ(credit derivative)は、原資産から信用リスクを切り離して信用リスク自体を取引対象にした商品である。

クレジットデリバティブの原資産

貸付債権、個別債券、債券ポートフォリオ、信用状などのほか、信用リスクを対象とした各種指数。

クレジットデリバティブ市場のユーザー

銀行が大きな地位を占め、それに保険会社、証券会社、ヘッジファンド等が続く。

クレジットデリバティブの機能

信用リスクの移転

・クレジットデリバティブ取引により、貸付債権や社債等が持つ信用リスクと信用リスク引受料(プレミアム)とが交換される。
・この結果、たとえば債権者は債務者の信用力低下に伴い発生する損失リスクを取引の相手方に移転することが可能。

クレジットデリバティブとその他のツールとの比較

①バルクセール(bulk sale)との対比

バルクセール	・バブル崩壊後、金融機関が不良債権をオフバラ化する(バランスシートから外す)手法として貸付債権の束(bulk、バルク)を売却するバルクセールが行われた。 ・この取引では、投資家はディスカウントされたとはいっても貸付債権の金額を対価として支払う必要がある。
クレジットデリバティブ	レバレッジ効果により投資家はわずかな元手資

| | 金を用意するだけで貸付債権を購入することが可能。 |

②債務保証との対比

債務保証	債務保証では、たとえば銀行が貸出債権を満期まで保有することを前提として付保。
クレジットデリバティブ	・貸出債権からリスクのみを取り出して取引することとなり、より機動的なリスク管理が可能。 ・たとえば、銀行では、いったん貸出を行ったら貸出債権を満期まで持つ「オリジネート＆ホールド型」がごく一般的なパターンであったが、クレジットデリバティブの活用により貸出債権はそのままに保有しながら信用リスクだけを他の主体に移転する「オリジネート＆ディストリビュート型」取引が行われている。

③シンジケートローンとの対比

シンジケートローン	満期以前に貸付債権を手放すことが想定されている。
クレジットデリバティブ	より幅広い債権についてマーケットでの売買を可能とした点でリスク管理面に大きな効果を発揮。

クレジットデリバティブで使われる用語とフレームワーク

①プロテクション

・信用リスクのヘッジを意味する。 ・クレジットデリバティブは、プロテクションの売買取引。	
プロテクションの買い手	信用リスクを回避するヘッジャー
プロテクションの売り手	信用リスクを引き受けてリターン獲得を狙うスペキュレーター

②プレミアム

・プロテクションの買い手がプロテクションの売り手に支払う信用リスクの引受料。

・半期に1度というように一定期間ごとに支払うこともあれば、デリバティブの契約時に一括払いすることもある。

③**参照債務（reference obligation）**

・クレジットデリバティブの対象となる貸出債権や社債等。
・参照債務は、単独特定の債務であることもあれば、複数の債務を束ねてバスケットにすることもある。

④**参照組織（reference entity）**

・参照債務のクレジットリスクの主体。
・参照組織が法人である場合には「参照法人」ということもある。たとえば、貸付債権が参照債務の場合には、借り手企業が参照法人となる。
・参照組織には国家（ソブリン）も含まれ、その場合の参照債務は国債となる。

⑤**クレジットイベント（credit event、信用事由）**

・クレジットデリバティブ取引で信用リスクが表面化、補償金の受払いが生じる場合に、資金の受払いのトリガーとして特定される信用状態の変化をクレジットイベントという。
・典型的なクレジットイベントとしては、債務不履行、破産、会社更生、民事再生、元本や金利の減免、猶予等の条件変更がある。

クレジットデリバティブの種類

①**クレジットデフォルトスワップ（Credit Default Swap、CDS）**

マーケットで最も活発に取引されているクレジットデリバティブであり、国際スワップデリバティブ協会（ISDA）により契約のひな型（マスターアグリーメント）が定められている。

CDSの売買主体	買い手	信用リスクをヘッジする側。
	売り手	信用リスクの担い手。
CDSの締結		CDSの買い手は売り手に対して、信用リスクの引受料として一定金額のプレミアムを支払う。
CDS期間中	クレジットイベント発生	CDSの売り手は買い手に補償を行う。
	クレジットイベント発生せず	CDSの売り手はプレミアムをそのまま掌中にする。

② トータルレート・オブ・リターンスワップ（Total Rate Of Return Swap、TRORS、略称、Total Return Swap、TRS、トータルリターンスワップ）

マーケットでCDSに次いで活発に取引されているクレジットデリバティブ。			
TRSのペイヤー	信用リスクをヘッジする側。		
TRSのレシーバー	信用リスクの担い手。		
TRSの内容	ペイヤー	受払い	レシーバーからLIBORにスプレッドを加えた変動金利を受け取る。
		効果	原資産を手放すことなくクレジットリスクから解放される。
	レシーバー	受払い	原資産（たとえば債券）が生む金利やキャピタルゲイン（ロス）を合わせたトータルリターンを受け取る。
		効果	原資産を買うことなく、それに投資したと同様のリターン（ロスになることもありうる）が得られる。

（関連用語）　クレジットイベント（390頁）、CDS（56頁）、TRS（197頁）

クレジットリスク

`金融` `証券化` `証券取引` `保険` `リスクマネジメント` `デリバティブ` `環境`
`外国為替` `ITフィンテック` `金利` `ポートフォリオ` `ファンド` `電力取引`

クレジットリスクとは？

　クレジットリスク（credit risk、信用リスク）は、取引の相手方が債務不履行を起こすことにより被る損失リスクをいう。

　クレジットリスクは、カウンターパーティリスク（counterparty risk）、デフォルトリスク（default risk）、倒産リスク（bankruptcy risk）とも呼ばれる。もっとも、クレジットリスクが発生するケースは、企業が倒産した場合だけではない。

クレジットリスクの計測

　クレジットリスクの計測には、デフォルト確率と回収率が基本的な要素となる。

①デフォルト確率の推計

デフォルト確率	デフォルト確率は、当該企業のパフォーマンスのほか、企業が属する産業の成長度、競争状態、技術革新等の要因によっても左右される。
デフォルト確率の推計	デフォルト確率の推計には、当該企業のパフォーマンスのほか、同業他社の既往のデータや外部の格付会社等のデータを使用。
CRD協会による財務データの提供	CRD（Credit Risk Database）協会では、信用保証協会や金融機関から取引先中小企業の財務データを収集・蓄積して、会員に対して集積データから構築されたクレジットリスク測定モデルによる経営評価情報や、中小企業の各種財務指標等を提供。

②回収率の推計

回収率	貸付債権や債券にデフォルト発生の場合に、デフォルト企業の資産売却等により回収できる金額の元本に対する割合。

回収率の推計	・保証人や担保資産の属性、与信期間等から判断。 ・たとえば不動産担保の場合には、時価に比べて担保処分価格が相当低くなる可能性もあり、回収率もかなり保守的に推計する必要がある。

　デフォルト確率と回収率を推計したら、それをもとに貸出利益率と予想損失率を計算する。

貸出の期待利益率	デフォルトしない場合	（1－デフォルト確率）×（1＋利子）
	デフォルトの場合	デフォルト確率×回収率
	合計	貸出の期待利益率
予想損失率	デフォルト確率×（1－回収率）	

決済サービスの改革

`金融` `証券化` `証券取引` `保険` `リスクマネジメント` `デリバティブ` `環境`
`外国為替` `ITフィンテック` `金利` `ポートフォリオ` `ファンド` `電力取引`

決済サービスの改革とは？

　従来、決済サービスは金融機関中心のビジネスであるとみられてきたが、FinTechに象徴される金融ビジネスとITとの融合の進展によって、決済ビジネスの担い手も、決済サービスの態様もドラスティックな変化がみられる。

　また、決済ビジネスの機能についても、決済を正確、迅速に行うといった決済処理自体のほかに、決済プロセスで入手されるさまざまなデータを活用するといった動きもみられている。

　こうした状況下、金融審議会は2014年10月に「決済業務等の高度化に関するスタディ・グループ」を立ち上げて、さまざまな角度から検討を重ね、2015年4月に中間報告、その後ワーキング・グループに拡大して議論が重ねられ、同年12月に報告書がまとめられた（注1）。

(注1)　金融審議会決済業務等の高度化に関するワーキング・グループ「決済業務等の高度化に関するワーキング・グループ報告～決済高度化に向けた戦略的取組み～」金融庁、2015年12月17日

モバイル決済

　決済サービスの改革の具体例にモバイル決済がある。モバイル決済は、店舗の端末、または顧客の端末の少なくとも一方でスマートフォン等のモバイル端末を使用して決済を行うサービスである。

　モバイル決済は、その活用法により次のように分類することができる。

モバイル決済の種類

インストアペイメント（店舗内決済）、近接型ペイメント	決済方法	店舗内で店員と顧客が対面、モバイル端末を使用して取引の決済を行う。
リモートペイメント（遠隔決済）、Mコマース（注2）	決済方法	店員と顧客が対面することなく、インターネット上で取引の決済を行う。
SMS送金（注3）	決済方法	携帯電話を使用して送金する。

(注2)　Mコマース（mobile commerce）とは、Eコマース（electronic commerce）の一種で、スマートフォン等のモバイル端末を使用した電子商取引である。

(注3) SMS（Short Message Service）とは、アドレスに電話番号を使用することにより、小容量のメールを送受信するサービスをいう。SMS送金は、SMSを活用した送金である。SMS送金は、金融機関に口座を開設することなく低コストで送金できることから、新興国等から海外に出稼ぎに出た人が家族等に仕送りするケース等に活用されている。

決済サービスの具体例

①PayPal……PayPalは、オークションサイトeBayの子会社である。PayPalのビジネスは、以下の3分野から構成されており、このうち、日本ではPayPalが提供されている。

なお、PayPalは、2013年に日本で顔パス支払いの体験イベントを実施、2014年4月からテストマーケティングを実施している。

サービスの名称	サービスの内容
PayPal	クレジットカード番号にかえてPayPalアカウントを利用して決済を行う。
Payflow Gateway	利用者とeBayとの間で活用される情報交換のゲートウェイ
Bill Me Later	・クレジットカード番号にかえて社会保障番号を利用して決済を行う。 ・米国で提供されているサービス。

（出所）　PayPal資料

②楽天銀行……楽天銀行は、2014年、日本で初めてFacebookを利用した送金サービスを開始した。このサービスは、振込先の銀行の支店番号や口座番号を知らなくても、Facebookの友達であれば、簡単に振込みを行うことができることが特徴となっている（注4）。

このサービスを利用する条件は、次のようにされている。
・Facebookアカウントを持っている
・楽天銀行口座を保有していて、楽天銀行アプリを利用している
・受取人とFacebook上で友達である
・受取人が日本国内の銀行口座を保有している

そして、振込先が楽天銀行の場合、手数料無料、他行の場合、一律165円（税込）で振込みは即時に実行される。

(注4)　小出俊行「決済の構造変化と銀行への影響」NTTデータ経営研究所2014年10月9日、20頁

決済情報の活用

　決済サービス改革の進展により、決済ビジネスの効率化、多様化だけではなく、決済ビジネスのプロセスで得られる情報をマーケティング等に活用するケースが増加している。

分野	具体例
マーケティング	・CLO（Card Linked Offer）サービスは、消費者の購買履歴を把握してクレジットカードを利用したタイミングを契機に、一人ひとりにあったお得情報（クーポンなど）を消費者に提供するサービスである。 ・CLOサービスは、クレディセゾン、三井住友カード、セディナが展開中である（注5）。
小売業と金融業の融合	・イオンは、小売業と金融業を融合させて、単なる決済事業ではなく顧客の行動に根差す決済、金融事業を展開。 ・具体的には、消費者の買い物にかかわる行動をトータルにカバーして、決済手段の複数提供、貯蓄・借入れ、資金管理までワンストップで提供。
貸付	・アマゾンジャパンは2014年より、アマゾン　ジャパンの仮想モールの出店者向け融資制度を開始した。 ・具体的には、3～6カ月の短期運転資金の融資で、融資額は10万～5千万円、金利は8.9～13.9％（年率）に設定されている。

（注5）　小出俊行「決済の構造変化と銀行への影響」NTTデータ経営研究所2014年10月9日、8頁
（出所）　小出俊行「決済の構造変化と銀行への影響」NTTデータ経営研究所2014年10月9日をもとに筆者作成

限月

`金融` `証券化` `証券取引` `保険` `リスクマネジメント` `デリバティブ` `環境`
`外国為替` `ITフィンテック` `金利` `ポートフォリオ` `ファンド` `電力取引`

限月とは？

限月（delivery month）は、取引所上場の先物、オプションの満期が到来する月である。

先物取引は、「将来の一定の日」にあらかじめ定めた価格で商品を売買することを約束する取引であるが、将来の一定の日は標準化されていて、その日の属する月が限月となる。

限月制

目的

・取引所上場のデリバティブ商品は、流動性を厚くするために標準化がなされる。
・期日の標準化においては複数の限月が設けられ、市場参加者はこの中から自分のニーズにマッチした限月を選択可能。

内容

・たとえば3、6、9、12月の各第2金曜日というように複数の限月を設定。
・直近の限月が満期になれば、その限月は上場廃止となり、それにかわって新たな限月が上場。
・これにより、常に一定数の限月が上場。

当限、期近限月、期先限月、新甫

設例

現在X1年12月で、ある商品についてX2年3、6、9、12月の4限月が上場される。

当限（とうぎり）

取引最終日が最も早く到来する限月。設例ではX2年3月限（さんがつぎり）が当限。

期近限月（きじかげんげつ）
当限と同義であるが、当限に近い限月を含む意味に使うこともある。

期先限月（きさきげんげつ）
取引最終日が最も先に到来する限月。設例ではＸ２年12月限が期先限月。

限月の上場廃止と新規上場
・時が経過してＸ２年３月になると、Ｘ２年３月限が満期となって決済が行われＸ２年３月限は上場廃止となる。
・そして、そのかわりにＸ３年３月限が新たに上場され、Ｘ２年６、９、12月とＸ３年３月の４限月となる。

新甫と新甫発会	商品（コモディティ）取引では、このケースで新たに限月となったＸ３年３月を新甫（しんぽ）と呼ぶ。また、新たな限月の最初の取引を新甫発会（しんぽはっかい）という。

シリアル限月

目的
・限月ごとの流動性をみると一般的に期近限月の流動性が厚く、投資家のニーズは期近のところが強いことがわかる。
・こうした投資家のニーズをくみ取るために、商品によっては四半期末限月に加えて、期近で連続限月を設定。

内容
たとえば、現在Ｘ１年12月で、Ｘ２年３、６、９、12月の４限月のほかに、Ｘ２年１、２月の限月を上場。

主要先物商品の限月

株価指数先物

大阪取引所	日経225先物 ３、６、９、12月の13限月
	TOPIX先物、JPX日経インデックス400先物 ３、６、９、12月の５限月
シカゴマーカンタイル取引所	S&P500先物 ３、６、９、12月の８限月

金利・債券先物

大阪取引所	長期国債先物 3、6、9、12月の3限月
東京金融取引所	ユーロ円3カ月金利先物 3、6、9、12月の20限月と直近の2連続月
シカゴマーカンタイル取引所	ユーロドル先物 3、6、9、12月の40限月と直近の4連続月

(関連用語)　限月間スプレッド取引（407頁）

限月間スプレッド取引

金融 / 証券化 / 証券取引 / 保険 / リスクマネジメント / デリバティブ / 環境 / 外国為替 / ITフィンテック / 金利 / ポートフォリオ / ファンド / 電力取引

限月間スプレッド取引とは？

　限月間スプレッド取引（inter-delivery month spread）は、同一の原資産の異なる2つの限月のうち一方の限月を買い付け、他方の限月を売り付けて、2つの限月間のスプレッド（価格差）の変化から利益を得ることを目的とした取引である。

　限月間スプレッド取引は、カレンダー・スプレッド（calendar spread）取引とも呼ばれる。

限月間スプレッド取引の特徴

リスクエクスポージャーが小
一方の限月を買い、他方の限月を売る取引で、リスクが少ない。

売りと買いの同時執行
流動性が厚いマーケットでの取引が前提となる。

取引所上場の限月間スプレッド取引

　大阪取引所と東京金融取引所では、限月間スプレッドを別々の限月の2つの取引ではなく、1取引で執行可能としている。これにより、市場参加者は市場の流動性が薄いことから売り注文と買い注文が同時に執行されない「執行リスク」を回避することができる。

①大阪取引所

対象商品株価関連指数	日経225先物、日経225mini、TOPIX先物、ミニTOPIX先物、JPX日経インデックス400先物、TOPIXCore30指数先物、東証REIT指数先物、東証業種別株価指数先物、配当指数先物等
国債先物関連	長期国債先物、中期国債先物、ミニ長期国債先物

②東京金融取引所対象商品

ユーロ円3カ月金利先物、無担保コールオーバーナイト金利先物、ユーロ円LIBOR6カ月金利先物

①、②の取引内容の典型例

スプレッドの買い	期近の限月の買い＋期先の限月の売り
スプレッドの売り	期近の限月の売り＋期先の限月の買い

設例：金利先物の限月間スプレッド取引

設例1	前提		イールドカーブが順イールドの金利体系。	
	金利予想		先行きの金利上昇を予想。	
		イールドカーブの変化予想	投資家が短期金利よりも長期金利の上昇幅が大きいイールドカーブのスティープニングを予想。	
		金利先物の予想	金利先物の指標	100－金利水準
			金利先物と債券先物価格の整合性	これにより金利の変動による金利先物価格が債券先物価格と同じ方向に動く
		スティープニングの予想	期近限月の金利先物の価格よりも期先限月の金利先物の価格のほうが大きく値下りすることを予想。	
	限月間スプレッド取引の内容		期近限月の買い・期先限月の売りのブルスプレッド（bull spread）。	
設例2	前提		イールドカーブは順イールドの金利体系。	
	金利予想		先行きの金利下落を予想。	
		イールドカーブの変化予想	投資家が短期金利よりも長期金利の下落幅が大きいイールドカーブのフラットニングを予想。	

		金利先物の予想	フラットニングの予想	期近の限月の金利先物の価格よりも期先の限月の金利先物の価格のほうが大きく値上りすることを予想。
	限月間スプレッド取引の内容	期近限月の売り・期先限月の買いのベアスプレッド（bear spread）。		

（関連用語）　限月（404頁）

原油デリバティブ

[金融] [証券化] [証券取引] [保険] [リスクマネジメント] [デリバティブ] [環境]
[外国為替] [ITフィンテック] [金利] [ポートフォリオ] [ファンド] [電力取引]

原油デリバティブとは？

　原油デリバティブ（crude oil derivatives）は、原油を原資産とするデリバティブである。

　原油をはじめとするエネルギー・デリバティブマーケットは、金融デリバティブにキャッチアップする形で、取扱商品、取引手法の両面にわたって拡大の一途をたどってきた。この結果、現在では、上場商品については、先物、オプションが上場されており、また、店頭（OTC）市場においても、先渡契約、キャップ、フロア、カラー、スワップ等が活発に取引されている。

原油デリバティブの原資産と原油デリバティブマーケット

①原油デリバティブの原資産

原油にはさまざまな油種があるが、スポット取引（現物取引）でもデリバティブ取引でも、標準的な価格指標となる原油（「マーカー原油」と呼ばれる）がベンチマークに使われることが一般的である。

各地域のマーカー原油	全世界、特に米国	ウエスト・テキサス・インターミディエイト（West Texas Intermediate、WTI）	・テキサス産出のライトスイート原油（light sweet crude oil、軽質油）。ガソリンやジェット燃料に製品化される。 ・WTIの生産量自体はさほど多くないが、WTIを原資産とするデリバティブは極めて活発に取引されており、原油の国際的な指標銘柄（ベンチマーク）になっている。
	欧州	ブレント原油	・英国北海ブレント油田から産出されるライトスイート原油。 ・主としてガソリンに製品化。

	アジア	中東産原油	ドバイ原油（重質油）とオマーン原油（軽質油）

②原油デリバティブマーケット

原油価格	かつては、OPECが絶大な価格支配力を持っていたが、現在は、デリバティブ市場が大きな影響を持つ。
原油取引	スポット取引（現物取引）とデリバティブ取引に分かれるが、取引高はデリバティブ取引のほうが圧倒的に大きく、デリバティブ取引が原油価格の形成を支配。
原油取引の市場参加者	機関投資家	伝統的な金融商品に代替する投資（オルタナティブ投資）の対象として、原油等のコモディティをポートフォリオに組み込む動きが広範化。
	投機家	さまざまな思惑を持つ投機資金が原油市場に流入。

原油の取引所取引

　原油の取引所取引は、東京商品取引所、ニューヨークマーカンタイル取引所やインターコンチネンタル取引所等で行われている。

上場商品

東京商品取引所（TOCOM）	ドバイ原油およびオマーン原油の平均価格を指標とする中東産原油の先物。
ニューヨークマーカンタイル取引所（NYMEX）（注1）	WTI原油の先物、オプション。
インターコンチネンタル取引所（ICE）	・ブレント原油の先物、オプション。 ・WTI原油の先物、オプション。

限月

東京商品取引所（TOCOM）	6連続月のシリアル限月。
ニューヨークマーカンタイル取引所（NYMEX）（注1）	60カ月のシリアル限月と6、12月を4年分、これを合わせると9年間にわたり先物取引が可能。
インターコンチネンタル取引所（ICE）	限月は72カ月のシリアル限月に、6、12月を3年分追加、これを合わせると9年間に

わたり先物取引が可能。

取引単位

東京商品取引所（TOCOM）	50キロリットル
ニューヨークマーカンタイル取引所（NYMEX）（注1）	1,000バレル（4万2,000ガロン）（注2）
インターコンチネンタル取引所（ICE）	1,000バレル（4万2,000ガロン）

決済

東京商品取引所（TOCOM）	現金決済。
ニューヨークマーカンタイル取引所（NYMEX）（注1）	・先物は現物決済。 ・オプションはアメリカンスタイルの先物オプション。
インターコンチネンタル取引所（ICE）	・先物は現物決済が原則であるが、現金決済を選択することも可能。 ・オプションはアメリカンスタイルの先物オプション。

（注1）　NYMEXは、以前はニューヨークに本拠を置くエネルギー物の先物取引所であったが、2008年にCMEグループに吸収合併されて、現在ではCMEグループのエネルギー部門となっている。

（注2）　NYMEXは場立ち取引であるが、これとは別に、小口投資家向けにe-miNYの名称で電子取引により原油等の先物取引を行うマーケットを設けている。e-miNYの元本は通常の商品の40％に小口化した仕様とされている。

降雪デリバティブ、降雨デリバティブ、霰デリバティブ

| 金融 | 証券化 | 証券取引 | 保険 | リスクマネジメント | デリバティブ | 環境 |

| 外国為替 | ITフィンテック | 金利 | ポートフォリオ | ファンド | 電力取引 |

降雪デリバティブ、降雨デリバティブ、霰（あられ）デリバティブとは？

　天候デリバティブには、気温を原資産とする気温デリバティブのほかに、降雪、降雨、霰（あられ）等の気象状況を原資産とするものがある。

　降雪、降雨、霰デリバティブは、店頭（OTC）で取引されているほか、シカゴマーカンタイル取引所に上場されている。

降雪デリバティブ

①降雪リスク

大雪	・地方公共団体等の除雪費用増加。 ・レジャーランドやサッカー・野球をはじめとするプロスポーツ等の屋外ビジネスへの被害。 ・建設業界等の工事進捗への被害。
小雪	・スキー場やスキー関係の器具メーカー・販売業者、スキー場近辺のホテル、旅行業者等への被害。

②降雪デリバティブの具体例

日本における天候デリバティブ取引の第1号は、1999年に行われた以下の内容の降雪デリバティブである。

取引主体	三井海上火災保険（現、三井住友海上）とスキー用品等販売会社の（株）ヒマラヤ
目的	暖冬になった場合のスキー用品の売上げ不振からヒマラヤが被る収益減をヘッジする。
取引内容	積雪量が一定以下の日数が、一定日数を超えた場合にはヒマラヤが補償金を受領するコールオプション取引。すなわち、積雪量が10cm以下の日数が多くなるほど、ヒマラヤは、オプション取引から得られる利益が大きくなる。

オプションの買い手	ヒマラヤ
オプションの売り手	三井海上火災保険
プレミアム	1,000万円
対象	積雪量が10cm以下の日数
積雪量の観測地	ヒマラヤの販売主力地区の近辺に所在する長野と岐阜のスキー場に近い3つの気象観測所
オプション期間 (積雪量の観測期間)	・12月中の31日間。 ・12月は、冬季のはじめでかつボーナス月であることもありスキー用品の売上げが最も多い月。
権利行使日数	75日(積雪量の観測地は3カ所であり積雪量が10cm以下の日数の最大数は、93日)
決済	観測地3カ所における12月中の積雪量が10cm以下の日数の合計が75日を超えた場合には、その超えた日数に応じて計算される金額をヒマラヤが三井海上火災保険から受け取る。

降雨デリバティブ

①降雨リスク

多雨	・レジャーランドやサッカー・野球をはじめとするプロスポーツ等の屋外ビジネスへの被害。 ・建設業界等への被害。 ・農業等への被害。
少雨	・水力発電への被害。 ・農業等への被害。

②降雨デリバティブの具体例

水力発電会社が早魃による水不足の度に発電量の大幅低下をきたし、他社からの電力買入れのコスト負担が収益を大きく圧迫。このため、他社からの電力購入コスト増加のヘッジのために降雨デリバティブ取引を実施。	
取引主体	米エネルギー会社のアキラとカリフォルニアの水力発電会社サクラメント電力

目的	少雨による電力購入コスト増加のヘッジ。
取引内容	一定の降雨量以下となった場合に、サクラメント電力がアキラから代替の電力を現物で受け取るか、または電力を購入する資金を受け取る。

効率的市場仮説、アノマリー

| 金融 | 証券化 | 証券取引 | 保険 | リスクマネジメント | デリバティブ | 環境 |
| 外国為替 | ITフィンテック | 金利 | ポートフォリオ | ファンド | 電力取引 |

効率的市場仮説、アノマリーとは？

効率的市場仮説（Efficient Market Hypothesis、EMH）

| 先行きの相場に影響を与える可能性のある情報は、すでに現在の相場の中に織込み済みであるとする仮説。 |

アノマリー（anomaly）

| 効率的市場仮説では説明ができないマーケットの変則的な事象。 |

効率的市場仮説と投資スタイル

現代ポートフォリオ理論（Modern Portfolio Theory、MPT）

| 分散投資効果を理論付けた現代ポートフォリオ理論は、効率的市場仮説を前提とする。 |

投資スタイル

効率的市場仮説によると、ある情報に基づいて投資しても市場の平均的なパフォーマンスを上回ることはできないことになる。	
パッシブ運用 （passive management）	インデックス運用をはじめとするパッシブ運用は、効率的市場仮説を前提とした運用スタイル。

効率的市場仮説の3つのタイプ

効率的市場仮説は、市場にインプットされる情報の性格と、情報が価格にどの程度織り込まれていくかにより、3つのタイプに分類される。

①ウイーク型効率的市場仮説

現在の相場に織り込まれている情報	過去の相場の推移から発せられる情報。
インプリケーション	過去のケイ線をはじめとするチャート分析等

| | のテクニカル分析は、投資手法としてさしたる有効性はない。 |

②セミストロング型効率的市場仮説

現在の相場に織り込まれている情報	利用可能な公開情報。
インプリケーション	マスコミ情報や有価証券報告書等の財務諸表、配当予想等に基づいて行うファンダメンタルズ分析は投資判断材料としてさしたる有効性はない。

③ストロング型効率的市場仮説

現在の相場に織り込まれている情報	公開、非公開を問わず利用可能なすべての情報。
インプリケーション	たとえインサイダー情報に属する類の情報を投資判断材料として投資を行ったとしても、市場の平均的パフォーマンスを上回ることは難しい。

アノマリーが持つ意味

効率的市場仮説とアノマリー

アノマリーの存在は、効率的市場仮説が現実のマーケットにおいては完全には機能していないことを事実として証明。

アノマリーと投資

投資家やファンドマネジャーは、マーケット参加者の多くが気が付いていないアノマリーを逸早く見出して、その変則性にあわせて株式ポートフォリオを組むことにより高パフォーマンスを狙うことが可能。

アノマリーの典型例

低PER株効果

・低PERの銘柄の株は高リターンをもたらす。
・実証的にも多くのケースで低PER効果の存在が認められている。

小規模株効果

・小規模の株（小型株）は大規模の株（大型株）より高リターンをもたらす。規模の大小は時価総額を基準とする。
・時価総額が小さいほど投資のリスクは大きく、したがって要求収益率は高くなるとの理屈が付けられる。

高配当株

高配当利回りの銘柄の株式は低配当利回りの銘柄の株式より高リターンをもたらす。

1月効果

他の月に比べると1月の収益率が高い、つまり1月は株価が概して高くなる傾向がある。これは、米国の課税年度末が12月のために投資家が12月に含み損を持つ株を売って売却損を出して税制上の恩恵を受けたうえで、1月になってこれを買い戻す操作を行うことからきているといわれる。

コーラブル債、プッタブル債、ステップアップ・コーラブル債

金融　証券化　証券取引　保険　リスクマネジメント　デリバティブ　環境
外国為替　ITフィンテック　金利　ポートフォリオ　ファンド　電力取引

コーラブル債、プッタブル債、ステップアップ・コーラブル債とは？

　コーラブル債、プッタブル債、ステップアップ・コーラブル債は、いずれも通常の債券にオプションが組み込まれて、債券の発行者または投資家が買戻し権を持つ債券である（図表1）。なお、通常の債券は、ブレットボンド（bullet bond）と呼ばれる。

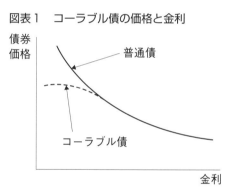

図表1　コーラブル債の価格と金利

普通債は、金利低下につれて価格上昇。コーラブル債は、金利低下につれて繰上償還の確率が高まり、価格上昇は頭打ち。
（出所）　筆者作成

コーラブル債（callable bond）

・債券発行者が期限前償還権を持つ債券。
・債券発行者は、あらかじめ決められた期間内に、あらかじめ決められた価格により、債券保有者（投資家）に対して債券の買戻しを行う権利を持つ。

プッタブル債（puttable bond）

・債券保有者が期限前償還権を持つ債券。
・債券保有者は、あらかじめ決められた期間内に、あらかじめ決められた価格により、債券発行者に対して債券の買戻しを請求できる権利を持つ。

ステップアップ・コーラブル債（step-up callable、callable step-up bond）

概念

クーポンが、債券の期間中に上昇（ステップアップ）するコーラブル債（図表2）。

図表2　ステップアップ・コーラブル債の具体例

```
期間3年
当初1年　1％
2〜4年　2％
のクーポン
```

当初1年間	発行体 ──1％──→ 投資家	
2〜4年	市場金利≧4％のケース 発行体 ──4％──→ 投資家	
	市場金利＜4％のケース 発行体 ──期限前償還──→ 投資家	

（出所）　筆者作成

ステップアップのタイミング

クーポン支払い時期に一致させることが多い。

期限前償還の可能性

・市中金利が上昇トレンドにないときには、債券発行者にとっては借換えを行ったほうが有利。
・したがって、通常のコーラブル債に比べてステップアップ・コーラブル債のほうが期限前償還の可能性は高い。

（関連用語）　オプション（273頁）、オプション戦略（279頁）

国債管理政策

| 金融 | 証券化 | **証券取引** | 保険 | リスクマネジメント | デリバティブ | 環境 |
| 外国為替 | ITフィンテック | **金利** | ポートフォリオ | ファンド | 電力取引 |

国債管理政策とは？

　国債管理政策（government bond management policy）は、可能な限り財政負担の軽減を図りながら、国債が国民経済に無理なく受け入れられるよう、国債の発行・消化・流通・償還にわたり実施される種々の政策をいう。

国債のペーパーレス化

内容

・2003年からスタートした新振替決済制度により、ペーパーレス化。
・国債の売買取引は、各保有者が金融機関に開設した振替口座への記録により行われる。

メリット

・券面の紛失、偽造の防止
・取引の迅速化、効率化
・元利金受払の明確化等

公募入札方式への一本化

従来の方式
以下の2つの方式が存在。

(ⅰ)シ団引受方式	金融機関と証券会社でシンジケート団が結成されて、このシンジケート団が国債の引受けを行う。
(ⅱ)公募入札方式	直接公募して発行価格を決める。

公募入札方式
国債の大量発行に対応するため、シ団引受け方式による発行シェアは段階的に引き下げられて、2006年にシ団引受けが廃止され公募入札方式に一本化。

コンベンショナル方式	・発行者があらかじめクーポンレート、発行額を提示して、入札参加者が希望価格（利回り）で希望金額を入札する方式。

	・各落札者は、自ら入札した価格で国債を取得。 ・短期国債（6カ月、1年）、中期国債（2、5年）、長期国債（10年）、超長期国債（20、30年）等に適用。
ダッチ方式	・発行者はクーポンレートを設定せず、発行額のみを提示して、入札参加者が希望利回り（価格）で希望金額を入札する方式。 ・クーポンレートは、入札結果に基づき事後的に設定される。 ・希望利回りの低い（価格の高い）札から順に発行額に達するまで募入が決定され、落札額全額を最高落札利回りの単一条件で発行される。 ・各落札者は自己の応札利回りとは関係なく、最低価格で国債を取得する。 ・40年の超長期国債に適用。

即時銘柄統合（即時リオープン）方式

内容

・2001年から導入。
・新発国債の元利払日とクーポンレートが既発国債と同一である場合に、既発債と同一銘柄の国債として追加発行（リオープン）。

目的

新発国債を既発国債と同一銘柄として取り扱うことにより、国債の流動性が高まる。

流動性供給入札

内容

・2006年から導入。
・流動性の不足している銘柄を追加発行。

目的

国債流通市場の流動性の維持・向上。

国債市場特別参加者制度

内容

- 2004年から導入。
- 欧米各国で行われているプライマリーディーラー制度を参考にしたもので、国債の安定的な消化の促進、国債市場の流動性の維持・向上等を目的とする。

特別参加者の責任

応札責任	発行予定額の3％以上の応札を行う。
落札責任	発行予定額の一定割合（原則1％）以上の落札を行う。
流動性供給	流通市場に十分の流動性を供給。
情報提供	財務省に国債取引に関する情報を提供。

特別参加者の資格

国債市場特別参加者会合への参加	財務省との間の意見交換に参画。
入札	買入償却入札への参加。
ストリップ債の分離・統合	ストリップ債の分離・統合の申請が可能。
非価格競争入札への参加	競争入札と同時に行われる非価格競争入札への参加が可能。
流動性供給入札への参加	流動性の維持・向上を目的に行われる流動性供給入札への参加が可能。
金利スワップ取引への優先的参加	財務省が行う金利スワップ取引の優先的取引相手となることが可能。

WI取引の導入

国債の発行手順

- 入札アナウンスメント
- 入札
- 国債の発行

WI（When Issued）取引

- 国債の入札アナウンスメントが行われた日（原則入札日の1週間前）から発行日前日までに行われる取引（図表1）。

・日本の国債市場においては、以前から入札後・発行日前の取引が行われていたが、2004年からこれを拡大、入札前取引についても実施することになった。

図表1　WI取引

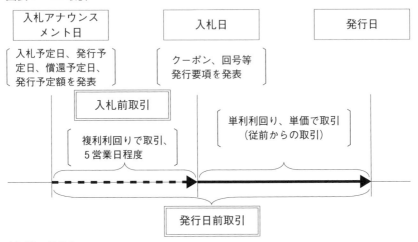

(出所)　財務省

目的

発行市場と流通市場との連関を強め、入札の不確実性を減少。	
市場参加者	市場動向をより把握しやすくなり、国債入札の一段の円滑化が期待できる。
投資家	発行日前に入手できる新発債の価格を事前に確認できる。

個人向け国債等の発行

個人向け国債

国債の保有主体	銀行等が4割弱と最も多く、家計はわずか3％(図表2)。
個人向け国債発行	2003年から変動・10年債を、またその後、固定5年、固定3年も導入。
目的	国債の安定的な保有を期待できる個人層の投資拡大。

図表2　国債の所有者別内訳（2015年9月末速報）

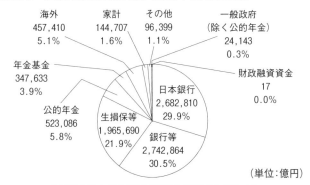

合計898兆4,759億円（割引短期国債を除く）

（注1）「国債」は財投債を含む。
（注2）「銀行等」にはゆうちょ銀行、「証券投資信託」および「証券会社」を含む。
（注3）「生損保等」にはかんぽ生命を含む。
（出所）　財務省「資金循環と国債の保有構造」
（原典）　日本銀行「資金循環統計」

一般の利付国債の新型窓口販売方式

・2007年から、個人向け国債に加えて、一般の利付国債（2、5、10年利付国債）の新型窓口販売方式を導入。
・それまで郵便局のみで行われていた募集取扱い方式による国債の窓口販売が一般の民間金融機関でも取扱い可能。

物価連動国債の発行

内容

2004年から、元金額が物価の動向に連動して増減する全国消費者物価指数に応じた物価連動国債を発行。

保有主体

機関投資家、公的機関等に限定され、個人は購入できない。

仕様

期間	10年
表面利率	発行時に固定、全利払いを通じて同一。

| 元本 | 物価（消費者物価）の変動に連動。 |

特性

物価が上昇すれば、利息収入と元本の双方が増加。逆に、物価下落の場合には、2008年度までに発行された物価連動国債については元本保証はないが、2013年度以降に発行された物価連動国債については、償還時の元本保証（フロア）が設定された。

ストリップス債（Separate Trading of Registered Interest and Principal of Securities、STRIPS Bond）の導入

内容

・2003年から導入。
・利付国債の元本部分と利札部分とを切り離して、別々の証券として流通させることや、過去に分離されたストリップス債を再度統合して元の利付国債を復元することのできる債券（図表3）。

目的

| 投資家 | 利付債の元本と利息のうち必要なほうを保有して、自らのリスク・リターンのニーズに応じたキャッシュフローを構成することが可能。 |
| 国債市場 | 利付債と割引債（ゼロクーポン債）との間の裁定機能が高まり、国債市場の効率性の向上に資することが期待できる。 |

図表3　ストリップス債のイメージ

2年固定利付債（額面金額1億円、表面利率2％、2016年3月15日償還）

分離元本振替国債（元本部分）

（例）　2014年3月に発行される額面金額1億円の2年固定利付国債（表面利率2％、2016年3月15日償還）があるとする。
　　この利付国債は、半年ごとに100万円ずつの利息が計4回支払われる。この利付国債を保有している証券会社が、この利付国債を元本部分と利息部分に分ける（ストリップス化する）と、1億円分の分離元本振替国債（元本部分）と、100万円分の分離利息振替国債（利息部分）4つに分離され、投資家のニーズにあわせて、満期の異なる5つの国債（割引債）として、それぞれ独立して売買することが可能になる。

（出所）　財務省「国債流通市場」

国際パリティ関係

金融 | 証券化 | 証券取引 | 保険 | リスクマネジメント | デリバティブ | 環境
外国為替 | ITフィンテック | 金利 | ポートフォリオ | ファンド | 電力取引

国際パリティ関係とは？

国際パリティ関係（international parity relations）は、各国のインフレ率、金利と為替相場の間に存在する一定の関係を式にしたものである。

国際パリティ関係には、①購買力平価、②フィッシャー関係式、③先渡しパリティ、④金利パリティがある。

国際パリティ関係式の説明で使う用語、記号

直物相場 （スポットレート）	記号	S
	内容	外貨1単位の自国通貨表示の価格
	（例）	$1＝¥110はS＝110
先渡相場 （フォワードレート）	記号	F
	内容	外貨1単位の自国通貨表示の価格
	（例）	$1＝¥100はF＝100
金利	記号	r
	内容	金利差は外国金利－自国金利
	（例）	米金利4％－日本金利1％＝3％
インフレ率	記号	I
	内容	インフレ差は外国インフレ率－自国インフレ率
	（例）	米インフレ率4.5％－日本インフレ率1.5％＝3％

購買力平価（Purchasing Power Parity、PPP）

内容

・為替相場で換算後の外国の物価水準は自国の物価水準に等しい。
・2国間の物価水準の差は、為替相場により調整される。
・海外の商品の価格は、為替相場で自国通貨に換算すると、国内の商品価格と一致する「一物一価」を内容とする。

インプリケーション

- A国の物価水準を為替相場により調整するとB国の物価水準と一致する。
- 高インフレ国の通貨は、低インフレ国の通貨に対して減価する。
- したがって、ある資産の投資収益率は、いかなる国の投資家にとっても同じになる。

算式

$$直物相場の期待変化率 = \frac{1期間経過後の直物相場 - 現時点の直物相場}{現時点の直物相場}$$

$$= \frac{1期間経過後の直物相場}{現時点の直物相場} - 1$$

$$= 外国のインフレ率 - 自国のインフレ率$$

設例

設例1:為替相場の変化	前提:今後1年間でA国の物価が2％上昇予想 　　　B国の物価が3％下落予想 B国通貨のA国通貨に対する変化率を購買力平価から計算。
	為替相場変化率＝B国物価上昇率－A国物価上昇率 　　　　　　　＝－3－2＝－5％ B国通貨はA国通貨に対して5％高くなる。
設例2:投資収益率	前提:A国の証券投資収益率10％、インフレ8％ 　　　B国のインフレ2％
	A国通貨は対B国通貨で6％の減価となる。したがって、A国証券に対してA国の投資家が投資してもB国の投資家が投資しても、為替相場調整後でみた実質収益率は同一となる。 　A国投資家のA国証券に対する実質収益率 　10－8＝2％ 　B国投資家のA国証券に対する実質収益率 　（10－6）－2＝2％

現実世界における適合性

中長期的な為替相場の動き	・中長期的に、高インフレ国通貨は、低イン

	フレ国通貨に対して切り下がる。 ・現実にも購買力平価から大きく乖離した状況が長く続いた後には、収斂への動きが発生している。
短期の為替相場の動き	次の理由から適合しない。 ①各国の物価指数が各国共通の消費財の品目やウェイトにより構成されていない。 ②消費者の嗜好の相違。 ③購買力平価は効率的市場のもとにおける2国間の裁定取引を前提にしているが、現実には、輸送費、税金、輸入規制等から効率的市場が成立している公算は小。

フィッシャー関係（Fisher Relationship）

内容

・2国間の名目金利差は、2国間の期待インフレ率の差に等しい。
・名目金利＝実質金利（要求利子率）＋期待インフレ率（インフレプレミアム）

インプリケーション

・名目金利ではなく実質金利に着目して投資を行うとするフィッシャー効果をベースにした理論。
・名目金利ではなく実質金利に着目して投資を行う投資家行動が国際的に幅広く行われれば、結局、国際間の実質金利は、均衡することになる。
・すなわち、各国間の実質金利にバラツキがあれば、高い実質金利の国の資産を目指して海外から資金が流入。こうした資本移動により、結局、各国の実質金利は等しくなる。

算式

自国の名目金利＝自国の実質金利＋自国の期待インフレ率
外国の名目金利＝外国の実質金利＋外国の期待インフレ率
自国の名目金利－外国の名目金利＝（自国の実質金利－外国の実質金利）＋（自国の期待インフレ率－外国の期待インフレ率）
ここで、自国の実質金利＝外国の実質金利
したがって、自国の名目金利－外国の名目金利＝自国の期待インフレ率－外国の期待インフレ率

設例

前提：C国のインフレ率が6％
　　　D国のインフレ率が2％
C、D国の名目金利の相対関係は、
6％－2％＝4％
となり、C国の名目金利はD国の名目金利に比べて4％高くなる。

現実世界における適合性

・グローバル化の進展から各国の資本市場は、一段と緊密な関係が構築されている。こうした国際的な資本市場の統合の進展は、各国の実質金利がグローバルな資本の需給により決定されることを意味し、各国の間で実質金利の大きな乖離は長続きしないと考えられる。
・しかし、次の理由から、時として各国間で実質金利に相当のバラツキが出るのが実態である。
①各国の景気循環局面の相違
②税制の相違
③資本移動に対する規制等

先渡しパリティ（Unbiased Forward Rate、UFR）

内容

期待直物相場は先渡しレートと一致する。

インプリケーション

現時点の先渡相場は、先渡しの期限における直物相場に等しく、仮に先渡しパリティが成立しない状態においては、裁定取引が盛行することにより先渡しパリティが成立する。

算式

1期先の先渡相場＝1期先の期待直物相場

設例

1年先の先渡相場が1ドル100円＝マーケットが1年先の直物相場を1ドル100円とみている。

現実世界における適合性

先渡しパリティの適合性は、次の理由から必ずしも実証されていない。

①先渡しパリティが現在から先渡しの期限までの間に起こりうる為替相場に影響を与えるさまざまなイベントを想定していない。
②リスクプレミアムを組み込んだ場合には、直物相場は、必ずしも先渡相場に一致する保証はない。

金利パリティ（interest rate parity）

内容

為替の直物と先渡しのレート差は自国と外国の無リスク利子率の差に等しい。

インプリケーション

・金利パリティは、自国通貨を単純に自国の無リスク利子率で運用した金額と、自国通貨を直物レートにより外貨に替えたうえで外国の無リスク利子率で運用してその結果を先渡為替の売却で確定しておいた場合の金額とは一致する、という裁定関係から導出される。
・金利パリティは、2国間に金利差があり、たとえば金利の低い国の投資家が金利の高い国に投資しても、フォワードレートとスポットレートの差で金利差は調整されて、結局高いリターンを得ることはできないとする理論である。

算式

$$\frac{1期間経過後の先渡相場}{現時点の直物相場} = \frac{1+外国の金利}{1+自国の金利}$$

直物相場の期待変化率＝外国の金利−自国の金利

設例

前提：直物相場1ドル120円
1年物円金利0.1％
米ドル金利3.0％

先物プレミアム＝0.1％−3.0％＝−2.9％
1年先の先物相場＝120円×（1−0.029）＝116.52円

現実世界における適合性

・先進国では、かなりの適合性が実証されている。
・しかし、効率的市場が成立していない発展途上国等においては十分な立証が困難である。

コミットメント・ライン

金融　証券化　証券取引　保険　リスクマネジメント　デリバティブ　環境
外国為替　ITフィンテック　金利　ポートフォリオ　ファンド　電力取引

コミットメント・ラインとは？

コミットメント・ライン（commitment line）は、金融機関が一定期間にわたって一定額の融資枠を設定して、その枠内であれば借り手企業の請求に応じて融資を実行することを約束（コミット）する契約である。

コミットメント・ラインの機能と限界

企業の流動性リスク対策

・一般の融資申込みでは、たとえ相手がメインバンクであっても、融資資金の使途や金利、返済条件、担保等についての個別の交渉と融資審査手続を踏むことが必要。
・これに対して、コミットメント・ラインを設定しておけば、こうした交渉等を要することなく、スピーディな融資を受けることが可能。

資金効率の向上

企業はコミットメント・ライン設定により、通常の業務に充てる以上の手元流動性を持つ必要がない。

限界

コミットメント・ラインでは、災害・事故発生の際や、借り手企業の信用力が大幅に低下した場合には、企業が融資申込みをしても金融機関の資金貸付義務が免責になる条項が付けられることが少なくない。これをフォース・マジュール（force majeure、不可抗力）条項とか、MAC（Material Adverse Change、重大な悪化）条項、MAE（Material Adverse Effect、重大な悪影響）条項という。

コミットメント・ラインのフレームワーク

コミットメント・ラインの設定

・企業が融資の請求ができる期間と融資の上限額となる融資枠を決める。
・融資請求可能期間は、大半のケースが1年以内。

コミットメント・ラインの発動

> 企業のコミットメント・ラインによる融資請求が可能なためには、一定の財務条件を満たさなければならないとの条項が付されるのが一般的。

コミットメント・フィー

> ・企業は、コミットメント・ラインを設定する対価として銀行にコミットメント・フィーを支払う。
> ・コミットメント・フィーは、企業がコミットメント・ライン設定の期間中に融資要請をすることがなかった場合にも、支払う義務がある。

コミットメント・ライン

`金融` `証券化` `証券取引` `保険` `リスクマネジメント` `デリバティブ` `環境` `外国為替` `ITフィンテック` `金利` `ポートフォリオ` `ファンド` `電力取引`

コミットメント・ラインとは？

　コミットメント・ライン（commitment line）は、金融機関が一定期間にわたって一定額の融資枠を設定して、その枠内であれば借り手企業の請求に応じて融資を実行することを約束（コミット）する契約である。

コミットメント・ラインの機能と限界

企業の流動性リスク対策

・一般の融資申込みでは、たとえ相手がメインバンクであっても、融資資金の使途や金利、返済条件、担保等についての個別の交渉と融資審査手続を踏むことが必要。
・これに対して、コミットメント・ラインを設定しておけば、こうした交渉等を要することなく、スピーディな融資を受けることが可能。

資金効率の向上

企業はコミットメント・ライン設定により、通常の業務に充てる以上の手元流動性を持つ必要がない。

限界

コミットメント・ラインでは、災害・事故発生の際や、借り手企業の信用力が大幅に低下した場合には、企業が融資申込みをしても金融機関の資金貸付義務が免責になる条項が付けられることが少なくない。これをフォース・マジュール（force majeure、不可抗力）条項とか、MAC（Material Adverse Change、重大な悪化）条項、MAE（Material Adverse Effect、重大な悪影響）条項という。

コミットメント・ラインのフレームワーク

コミットメント・ラインの設定

・企業が融資の請求ができる期間と融資の上限額となる融資枠を決める。
・融資請求可能期間は、大半のケースが1年以内。

コミットメント・ラインの発動

企業のコミットメント・ラインによる融資請求が可能なためには、一定の財務条件を満たさなければならないとの条項が付されるのが一般的。

コミットメント・フィー

・企業は、コミットメント・ラインを設定する対価として銀行にコミットメント・フィーを支払う。
・コミットメント・フィーは、企業がコミットメント・ライン設定の期間中に融資要請をすることがなかった場合にも、支払う義務がある。

コミングルリスク

`金融` `証券化` `証券取引` `保険` `リスクマネジメント` `デリバティブ` `環境`
`外国為替` `ITフィンテック` `金利` `ポートフォリオ` `ファンド` `電力取引`

コミングルリスクとは？

コミングルリスク（commingling risk）は、文字どおり資金が混合する（commingle）リスクである。コミングルリスクは、さまざまな局面で発生する可能性があるが、資産の流動化・証券化のスキームの中で発生するリスクをいうことが多い。

資産の流動化・証券化のスキームとコミングルリスク

資産の流動化・証券化スキーム

- サービサーは、原債権からキャッシュフローを回収して、それをSPCを通じて流動化・証券化商品の投資家に渡す役割を果たす。
- サービサーは大半の場合、オリジネーターが兼ねる。

コミングルリスク

サービサーが破綻したときに、当該サービサー自身の資金と原債権からの回収金とが混合するリスク。

コミングルリスクの発生とそれによる影響

コミングルリスクの発生

- 法律上、金銭については占有と所有とが一致。
- サービサーが回収した金銭をSPCに渡す前に倒産した場合には、回収資金はサービサーが占有＝所有していることとなる。

コミングルリスク発生の影響

回収資金は、サービサーの資産の中に混合しているとみなされ、破産財団に組み入れられてSPCの手に渡らなくなる恐れ。
- SPCはサービサーに対して無担保の債権を有するにすぎない。無担保の破産債権は倒産手続においてその程度はともかくとして、減額となることは不可避。
- サービサーが経営破綻をきたした直後に投資家に資金を支払った分も、破産管財人が否認権を行使して投資家に対して資金の返済請求を行う恐れ。

コミングルリスクへの対応

①送金手続の効率化

・原債権の債務者からサービサーに入金があったら即座にSPCに送金をして、サービサーに資金が滞留しないようにする。

・原債務者からの回収金を、サービサーを通すことなく直接SPC名義の口座に送金。

②入金予定額の仮払い

サービサーに入金がある前に事前に入金予定額をサービサーからSPCへ仮払い。

③バックアップサービサー

サービサー破綻の事態に備えてあらかじめバックアップサービサーを指定。

コモディティファンド

金融　証券化　証券取引　保険　リスクマネジメント　デリバティブ　環境
外国為替　ITフィンテック　金利　ポートフォリオ　ファンド　電力取引

コモディティファンドとは？

　コモディティファンド（commodity fund、商品ファンド）は、投資家から集めた資金を主として農産物、エネルギー、貴金属等、コモディティと総称される商品に投資をしてリターンを稼ぎ、それを投資家に分配することを目的とするファンドである。

コモディティファンド（狭義）

先物取引を主体とするコモディティファンド（図表1）

図表1　コモディティファンドの基本スキーム（組合型）

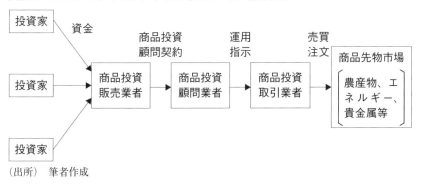

（出所）　筆者作成

現物ファンド

現物取引のみを行うコモディティファンド

商品ファンド法

　わが国の商品ファンド法（正式名称は「商品投資に係る事業の規制に関する法律」）は、1990年の業者による不正事件を契機に、投資家の保護策を講じる必要性が高まったことを背景にして、1992年に施行された。

目的

投資家の保護のためにコモディティファンドの組成、販売を行う事業者やコモディティファンドの運用を担う商品投資顧問業者に対する諸規制を定めたもの。

事業者の許可

商品ファンド法によってファンドの組成・販売事業を行う者は、主務大臣(首相、農水相および経産相)の許可を得る必要がある。

事業者に対する規制

・顧客への書面・報告書交付義務
・クーリングオフ
・不当勧誘の禁止
・誇大広告の禁止等

運用

・主務大臣の許可を得た商品投資顧問業者により行われることが必要。
・運用業者に対しても、ファンドの組成業者と同じく、さまざまな規制が定められている。

コモディティファンドの運用対象

多くの場合、コモディティへの運用とあわせて、資産の一部を株式、債券、転換社債等の有価証券にも運用。

コモディティファンド

穀物、エネルギー、貴金属等

現物ファンド

競走用馬、映画、絵画、鉱業権

コモディティファンドの運用手法とメリット

運用手法

先物やオプションを駆使してレバレッジを高めて取引する運用手法をとる。

投資家のメリット

分散投資効果	株式や債券等の伝統的な金融商品とは価格の相関性が低いコモディティに対する投資を行うことにより、投資家が保有するポートフォリオの分散投資効果を高めることが可能。
投資機会の多様化	コモディティという一般の投資家にとっては投資判断が難しい投資対象にも、専門家の手を借りて投資をすることが可能。
インフレヘッジ	現物ファンドについては、貴金属やエネルギーに対する投資を行い、インフレヘッジ的な効果を期待可能。

コンタンゴ、バックワーデション

| 金融 | 証券化 | 証券取引 | 保険 | リスクマネジメント | デリバティブ | 環境 |
| 外国為替 | ITフィンテック | 金利 | ポートフォリオ | ファンド | 電力取引 |

コンタンゴ、バックワーデションとは？

コンタンゴ、バックワーデションは、いずれもコモディティマーケット（商品市場）で、先物の理論価格と現物価格との関係を示したものである。

コンタンゴ（contango、順鞘）

| 先物理論価格＞現物価格 |

バックワーデション（backwardation、逆鞘）

| 先物理論価格＜現物価格 |

コンタンゴ

コモディティの先物理論価格を導出するコスト・オブ・キャリーモデルによれば、コモディティの価格の期間構造は、コンタンゴになる。

先物の理論価格

| コスト・オブ・キャリーモデルにより算出。
　　　先物理論価格＝現物価格＋キャリーコスト |

コモディティマーケット

先物理論価格	先物理論価格＝現物価格＋キャリーコスト（金利－リース料等） キャリーコスト＝現物を保有することに要する金融費用（資金借入れによる支払金利）から、現物のリース等により得られる利益を差し引く。
キャリーコスト	一般的に、金利のほうがコモディティのリース料等運用収益よりも高い。
コンタンゴ（順鞘、順ザヤ）	・キャリーコストは正の値をとる。 ・したがって、先物理論価格＞現物価格となる。

バックワーデション

バックワーデション（逆鞘、逆ザヤ）

・価格の期間構造が現物＜先物となること。
・コモディティマーケットの過去の例をみると、必ずしもコンタンゴではなく、その逆のバックワーデション（現物高・先物安）になることがある。

コモディティマーケットのバックワーデション

・現物の需給が大きく振れやすい性格を持っており、エネルギー価格がコンタンゴになったり、バックワーデションになったりする。
・また、コンタンゴの状況にあっても、マーケットの先物価格が先物理論価格を下回っているケースが少なくない。

コンビニエンス・イールド

コモディティマーケットにおけるバックワーデションの現象については、種々の説明が試みられているが、その1つにコンビニエンス・イールド（convenience yield）の理論がある。

コンビニエンス・イールド理論

コモディティの現物の流動性がややもすれば不足することや、コモディティの現物を保有していることのメリットが大きい点を根拠とする理論。

コンビニエンス・イールド

・コモディティを先物ではなく、現物の在庫として保有することにより、現物の保有者が得ることができる便益。
・特に、ある商品が一時的に品不足の状態に陥った場合には、その商品を現物で保有していることにより大きな便益を得ることができる。

過去の経緯	バックワーデションの状況は、概してスポット市場がなんらかの事情により逼迫するような場合に発生。
事例①メーカー	メーカーは生産工程において現物の原材料在庫をある程度余裕を持って保有することにより、たとえ原材料の供給元がなんらかの事情で供給ができなくなったとしても、その在庫を使い尽くすまで生産を続けることができる便益がある。

事例②エネルギー使用業種	・原油などエネルギー商品は、戦乱、政治不安などにより常に供給面で大きな不安定要因を抱えている。 ・エネルギーを使用してビジネスを行う業種は、エネルギーの供給が突然止まることにより生産など企業活動が大きなインパクトを受け多大な損害を被ることを考えると、多少余分のコストを払ってでも在庫を多めに持ちたいと考える。 ・とりわけ、スポットマーケットの需給が逼迫するようなときには、予備在庫を持ちたいとするニーズが増加して現物価格が上昇し、この結果、現物高・先物安のバックワーデションの状態となる。 ・逆に、現物の需給が緩んでいるようなときにはそうした動機も弱くなり、現物安・先物高のコンタンゴの状態となる。

コンティンジェント・キャピタル

金融 証券化 証券取引 保険 リスクマネジメント デリバティブ 環境
外国為替 ITフィンテック 金利 ポートフォリオ ファンド 電力取引

コンティンジェント・キャピタルとは？

　コンティンジェント・キャピタル（contingent capital）には、(1)企業が大規模なリスク発生後に資金手当を行う意味と、(2)銀行が破綻時を想定した自己資本（gone concern capital）の補強を図るために証券等を発行する意味がある。

リスク発生後の企業の資金手当

コンティンジェント・キャピタルの概念と機能

概念	・カタストロフィ・イベント等により、緊急に資金を必要とする事態が発生したときに、企業が、あらかじめ定めた期間内に、あらかじめ定めた条件で、借入れができたり、債券や株式、仕組み商品等を発行できたりすることを、資金供給者との間であらかじめ取り決めておくこと。 ・コンティンジェント・キャピタルは、自己資本、他人資本双方を含むファイナンスの方法である。
機能	・一般的に損害填補という保険的な要素はなく、資金流動性の確保の機能を持つ。 ・低頻度・高損害のカタストロフィ・リスク等への対応策であり、高頻度・低損害を対象とする保険との間で補完関係を構築する。

コンティンジェント・キャピタルの種類

①コンティンジェント・ローン	スキーム	資金の借入れや債券の発行によるファイナンス。
	シンジケートローン	大規模リスクの発生による資金需要に備える性格から、設定金額は、一般のコミットメント・ラインよりも格段に大きい。したがって、シンジケートローンの形をとって複数の金融機関がリスクをシェアすることが少なくない。

	コミットメント・ラインとの違い	・コミットメント・ラインでは、大災害における金融機関の免責条項が付されるのが一般的である。 ・コンティンジェント・ローンは、免責条項が付されず、災害対応型の融資枠予約の性格を持つ。こうしたことからコンティンジェント・ローンは、「コンティンジェント・コミットライン」とも呼ばれる。
②コンティンジェント・エクイティ	スキーム	株式発行によるファイナンス。
	発行例	このカテゴリーのコンティンジェント・キャピタルが、実際に行われている例は少ない。

銀行が発行するコンティンジェント・キャピタル

コンティンジェント・キャピタルの概念と機能

概念		あらかじめ定められたトリガーイベントに抵触するケースが発生した場合に、自動的に（強制的に）①普通株式に転換されるか、②元本の削減が行われる商品。
機能	①株式への転換	銀行はコンティンジェント・キャピタルの額面相当額の資本補強が行われることになり、自己資本の維持に資する。
	②元本の削減	銀行はコンティンジェント・キャピタルの元本削減により債務の削減となり、それによる利益増加が損失を吸収する効果を発揮する。

バーゼルⅢとコンティンジェント・キャピタル

バーゼル委員会の見解	G-SIBs（グローバルなシステム上重要な銀行）の追加的損失吸収要件は、普通株式等Tier 1のみで満たす必要があるが、各国が設定したより高い損失吸収要件を満たす資本証券としてコンティンジェント・キャピタルを利用することは支持する、との見解。

コンティンジェント・キャピタルがバーゼルⅢ適格のTier 2 資本と認められる要件	実質的な破綻状態となった場合に損失吸収力を確保するための最低要件を具備している必要がある。 ・最低要件：あらかじめ定められたトリガーイベントに抵触するケースが発生した場合に、当局の判断により、普通株式に転換されるか、元本の削減が行われる商品であること。 ・トリガーイベント：①、②のいずれか早く発生したイベント。 ①当局が元本削減をしない限り銀行が存続不可能になるとして元本削減が必要であると決定したとき。 ②当局が公的資金の投入等の支援がない限り銀行が存続不可能になるとして支援を決定したとき。
コンティンジェント・キャピタルがバーゼルⅢ適格のTier 2 資本と認められるために厳格な要件が設定されている背景	・グローバル金融危機において、公的資本の注入等が行われているにもかかわらず、バーゼルⅡにおいてTier 2 として認められていた商品がgone concern capitalとしての機能を果たさなかった。 ・こうした経験に基づいて銀行がgone concernとなった場合には、株主資本に続いて資本性を持つ各種証券も資本性の強いものから順に損失を負担すべきであるとの基本的な考えに沿ってコンティンジェント・キャピタルとしての認定を厳格化。
コンティンジェント・キャピタルの発行例	ココ・ボンド（COCOs、Contingent Convertible Bonds）：英国のロイズバンキング・グループやオランダのラボバンクが、自己資本比率が一定の水準を下回ることをトリガーとして発行（ココ・ボンドの項、参照）(注)。

(注) Culp, C.L., "Contingent Capital: Integrating Corporate Financing And Risk Management Decisions," *Journal of Applied Corporate Finance*, Volume21, Number4, A Morgan Stanley Publication, Fall, 2009.
（関連用語） COCOs（ココ・ボンド）(69頁)

コンテンツファンド

金融 | 証券化 | 証券取引 | 保険 | リスクマネジメント | デリバティブ | 環境
外国為替 | IT | 金利 | ポートフォリオ | ファンド | 電力取引

コンテンツファンドとは？

コンテンツファンド（contents fund）は、音楽、映像、ゲームソフト、アニメ、アイドルの写真集、イベント、遊園地等のエンターテイメントや、出版、情報提供などのコンテンツ制作のために投資家から出資を募り、その資金をコンテンツ制作に投資して、それからあがる事業収益を得ることを狙いとするファンドである。

コンテンツビジネスの概念、特性、リスク

コンテンツビジネスの概念

コンテンツは、物理的な通信媒体であるメディアの中身を意味する用語として使われていた。しかし、現在ではエンターテイメント目的の著作物ないしソフトを指すことが一般的となっている。こうしたソフトの製作を対象とするビジネスを総称してコンテンツビジネス（contents business）と呼ぶ。

コンテンツビジネスの特性

将来の収益の見通し	大ヒットすることもあれば採算割れとなって失敗に終わることもあり、さらには製作途上で中止になることもある等、将来の収益の見通しが極めて難しい。
資金調達	コンテンツビジネスに携わる事業者は、金融機関から資金を調達するための十分な担保を保有していないことが多く、企業の物的信用力をバックとした製作費の調達がビジネス遂行上の大きな課題となる。

コンテンツビジネスのリスク

コンテンツビジネスが将来生むキャッシュフローの不確実性と企業保有の担保不足から、プロジェクトへの着手をあきらめるとか、コンテンツの製作途中で行き詰まるケースも少なくない。

製作委員会方式とコンテンツファンド

①製作委員会方式によるファイナンス

組合の組成	コンテンツビジネスが抱える資金調達上の課題を解決するために、コンテンツの流通事業に関わる業者等が中心となって任意組合や有限責任事業組合（LLP）を作り、それに出資することにより製作資金を調達する方法。
製作委員会方式	業界内で共同事業体を作り、内部資金調達を実施する方式を「製作委員会方式」という。この方式では、参加企業が資金を提供するとともに、コンテンツビジネスの遂行も行う。
製作委員会方式の事例	たとえば、映画製作にあたっては作品ごとに任意組合やLLPの形態で製作委員会を立ち上げて、これにスポンサーとなる企業が資金を拠出するといった形の資金調達を行う手法がとられる。

②コンテンツファンドによるファイナンス

・コンテンツ業界の外部からの投資家による資金拠出による手法。
・任意組合やLLPの形態をとる。
・コンテンツファンドに対する投資家の募集は私募、公募のいずれのケースもあるが、公募によれば多数の投資家から資金を集めることができ、大規模なコンテンツビジネスの資金調達も可能となる。

コンテンツファンドに対する投資家のリスクとリターン

投資家のリスク

リスク特性	ハイリスク・ハイリターン
ノンリコース性	コンテンツへの投資は、製作会社に対してではなく、特定の作品ないしプロジェクトに対して投資をする。コンテンツが失敗に終わっても、投資家は製作会社の固有財産に対しては手を付けることができないノンリコース性（non-recourse character）を備えている。

投資家のリターン

単にリターンを求めるだけではなく、投資家自身の嗜好に応じたファンドに投資することにより、金銭以外の満足感を得る副次的な効果も期待できる。

サービサー、バックアップサービサー

金融 / **証券化** / **証券取引** / 保険 / **リスクマネジメント** / デリバティブ / 環境 / 外国為替 / ITフィンテック / 金利 / ポートフォリオ / ファンド / 電力取引

サービサー、バックアップサービサーとは？

サービサー（servicer）
資産の流動化・証券化スキームの中で、原債権の金利と元本を回収してこれを投資家に支払う役割を担う。

バックアップサービサー（backup servicer）
サービサーが破綻する事態に備えてあらかじめ指定される予備のサービサー。

サービサーの機能と種類

①機能

元利金の回収・支払い	SPV（Special Purpose Vehicle、特別目的ビークル）にかわって原債権が生む元利金を回収して投資家に支払う。
オリジネーターの兼務	・サービサーはオリジネーターが兼務することが多い。 ・これにより、たとえ債権がSPVに譲渡された後でも、債務者は、当初借入先の銀行等に債務履行をすればよいこととなる。

②種類

プライマリーサービサー	正常債権を扱う。
スペシャルサービサー	延滞債権や貸倒債権を扱う。
マスターサービサー	多数のサービサーのモニタリングやその他証券化スキームにおいて必要となる諸々の業務を行う。
サブサービサー	スペシャルサービサーやプライマリーサービサーの補助的役割を果たす。

バックアップサービサー

①機能

サービサーが破綻する事態が発生したときにも原債権からのキャッシュフローがスムーズに投資家の手に渡ることを確実にするために、あらかじめバックアップサービサーを指定。

②種類

ホット・バックアップサービサー	サービサー破綻の際には直ちに業務を引き継いで開始できるように、サービサーから裏付資産のデータ等を入手、常時、並行してシステムを走らせる体制をとる。
ウォーム・バックアップサービサー	サービサーと同様の最新データを持つところまでにはいかないものの、いざとなったらシステムを稼働させることができる体制をとる。
コールド・バックアップサービサー	サービサー破綻が生じた後にシステムの手当を行う。

サービサーからバックアップサービサーへのスイッチ

留意点

クレジット債権のように債務者が多数にのぼる債権の証券化スキームでサービサーが破綻したときには、バックアップサービサーへの移管は、多くの借り手に対して、返済先の変更の通知をする必要がある等、多大な事務負担を強いられる。

対策

バックアップサービサーへのスイッチを行う場合のプロセスをあらかじめ決めておき、その事態が起きても事務が整然と実施されるようにデータの整備、システム対応等、事前にインフラ整備を行っておくことが重要。

サープラスノート

| 金融 | 証券化 | 証券取引 | **保険** | リスクマネジメント | デリバティブ | 環境 |

| 外国為替 | ITフィンテック | 金利 | ポートフォリオ | ファンド | 電力取引 |

サープラスノートとは？

サープラスノート（surplus note）は、米国の保険会社が発行する無担保の債務証書である。

サープラス（注）
- 投資リスクを含む危険準備金の性格を有する剰余金。
- サープラスは、米生命保険会社のソルベンシー（保険金支払い能力）の観点から財務健全度を測る重要な指標。

サープラスノート
- 1892年にニューヨーク州で法制化。
- 1990年代からいくつかの保険会社が発行。

サープラスノートの活用

株式会社化していない保険相互会社では、株式発行による資金調達ができないため、サープラスノートの発行をファイナンスの手段として活用。

（注）　生命保険文化センター「英和生命保険用語辞典」のsurplusの項

サープラスノートの会計処理

財務会計の原則

無担保の債務証書であり、債務として計上。

米国の規制
- 債務ではなく、自己資本として計上可能。
- 保険会社はサープラスノート発行により、負債を増加させることなく資産を増加させ、その結果、ネット資産となるサープラスの増加を図ることが可能。
- 発行には、規制当局の承認が必要。

コンティンジェント・サープラスノートの概念と機能

概念
保険会社と投資家との間で、災害が発生した場合にサープラスノートをあらかじめ定めておいた額面と条件で発行できることを、約束しておくもの。

期間
5～30年

機能
- 保険会社は、再保険市場がハード化した結果、プレミアムが上昇しても、あらかじめ決めておいた条件によるサープラスノートの発行による資金調達が可能。
- サープラスノートは、資本規制上の観点から発行されてきたが、最近では、保険会社のハイブリッドエクイティの1つとして発行されるケースが増加。

コンティンジェント・サープラスノートのフレームワーク（図表1）

信託勘定
- 保険会社は、コンティンジェント・サープラスノートの発行を確実にするために、その引受けを約束した投資家に対し、信託勘定にコンティンジェント・サープラスノートの額面相当額をあらかじめ預入れることを要求。
- 信託勘定は、資金をコンティンジェント・キャピタルが要求されるまで、財務省証券やレポ（債券現先取引）等、質の高い（信用リスクの小さい）流動性証券で運用。

保険会社

信託からオプションを買う。	
オプションの内容	・リスクが発生したら、あらかじめ定めておいた条件で直ちにサープラスノートを発行することができる権利。 ・保険会社が信託に支払う手数料（コミットメントフィー）は、オプションのプレミアムに相当。
トリガー	たとえば保険会社保有のポートフォリオの損失が一定額を超えて、規制により保険会社に要求される最低の自己資本が脅かされる水準に設定。

権利行使	(i)トリガーに抵触するカタストロフィ・イベントが発生した場合には、保険会社は信託に対してサープラスノートを発行。 (ii)信託は、担保の財務省証券等を処分、その代金でサープラスノートを購入。 (iii)この時点から投資家に対して支払われる元利金の原資は、信託保有のサープラスノートに対する保険会社の元利金支払いに依存。 (iv)保険会社は、サープラスノートの発行により規制をクリアできる水準まで自己資本を補強、維持することが可能。
権利行使なし	投資家は信託勘定が担保として保有する財務省証券等の金利に加えてコミットメントフィーを掌中にすることができる。

図表1　コンティンジェント・サープラスノートの基本スキーム

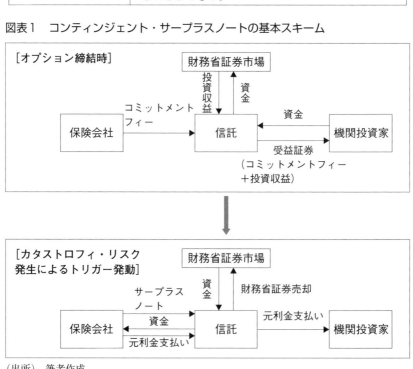

（出所）　筆者作成

債券先物、債券先物オプション、債券店頭オプション

| 金融 | 証券化 | 証券取引 | 保険 | リスクマネジメント | デリバティブ | 環境 |
| 外国為替 | ITフィンテック | 金利 | ポートフォリオ | ファンド | 電力取引 |

債券先物、債券先物オプション、債券店頭オプションとは？

債券先物（bond futures）

原資産	現物の債券
取引場所	取引所
内容	将来のある時点に、あらかじめ定めておいた価格で債券の売買を行う契約。

債券先物オプション（options on bond futures）

原資産	債券先物
取引場所	取引所
内容	将来のある時点に、あらかじめ定めておいた価格で債券先物の売買を行う権利の売買。

債券店頭オプション（OTC bond options）

原資産	現物の債券
取引場所	店頭（OTC）
内容	将来のある時点に、あらかじめ定めておいた価格で債券の売買を行う権利の売買。

債券先物を活用したヘッジ取引

ヘッジの種類

売りヘッジ	現物債保有の買い手が先行きの債券価格下落に備えて先物売り。
買いヘッジ	先行き現物債を購入予定の投資家が購入時点までの間の債券価格上昇に備えて先物買い。

最適ヘッジのための取引量

・売りヘッジにしても買いヘッジにしても、保有債券ないし保有予定債券と先物の原資産とが一致しないミスマッチを調整して、最適のヘッジ枚数を求めることが重要なポイント。
・債券先物の原資産があくまで架空の標準物の債券であるため、現実に受渡しされる銘柄と標準物との間のクーポンと満期のミスマッチの調整が必要。

最適ヘッジ取引量の計算方法

回帰モデル (regression model)	保有債券の価格の変化と先物価格の変化を回帰分析することにより、ヘッジ比率を求める方法。
価格感応度モデル (price sensitivity model)	・保有債券の価格が金利変化により受ける影響をヘッジすることを目的とするところに直接焦点を当てるコンセプトから作られたモデル。 ・金利変化に対する債券価格の感応度には、デュレーションを使用。

債券先物の理論価格

債券先物の理論価格は、キャリーコストモデル(コスト・オブ・キャリーモデル)を使って計算する。

債券のキャリーコスト

現物保有に伴うコスト=調達金利-債券利回り
調達金利:短期の金利を使う。
債券利回り:長期の利回りを使う。

理論先物価格

現物価格(1+先物の期間(調達金利-債券利回り))

ポジティブキャリーとネガティブキャリー

ポジティブキャリー

長期金利>短期金利=順イールド
債券利回り>調達金利
理論先物価格<現物価格

ネガティブキャリー

長期金利＜短期金利＝逆イールド
債券利回り＜調達金利
理論先物価格＞現物価格

設例

前提

債券先物の受渡適格銘柄	期間10年、クーポン6％、マーケットの価格パー
3カ月先の限月の先物価格	105
3カ月物の金利	1％（年利）

この前提で、マーケットで100を付けている債券現物と105を付けている債券先物の裁定取引を行う。

現時点の取引

・100の資金を3カ月間、年利1％で借り入れる。
・その資金を使って債券の現物を買い付ける。
・それと同時に、マーケットで先物を105で売る。

現時点の取引のキャッシュフロー	①借入れ	＋100
	②債券購入	－100
	③先物売り	—
	合　計	0
	先物の取引時点では、買い手、売り手の間に資金の授受は発生せず、キャッシュフローはゼロ。	

3カ月後の取引

①売り建てておいた先物の期限到来により、債券の現物を引き渡し、売却代金を受け取る。
②借り入れていた資金に金利を上乗せして返済する。

3カ月後の取引のキャッシュフロー	①先物の決済	＋106.5
	②元利金返済	－100.25
	合　計	＋6.25
	・先物の決済は、先物取引の際の先物価格105と3カ月間の経過利子（100×0.06×3÷12＝1.5）の合計106.5	

	・3カ月物金利は1％、したがって100×（0.01×3÷12）＝0.25の金利となり、元本とあわせて100.25を返済。

裁定益

- 一連の取引で6.25の利益を得ることができる。
- 裁定益は先行きの価格がいかになろうとも、現時点ですでに確定している。

受渡適格銘柄と最割安銘柄

①期日決済

金利先物	差金決済
債券先物	現物の債券による受渡決済

②受渡適格銘柄とデリバリーオプション

受渡適格銘柄	取引所は、あらかじめ複数の銘柄を「受渡適格銘柄」に指定。
デリバリーオプション	債券の売り手は、受渡適格銘柄から自己にとって一番有利な銘柄を選ぶ権利（デリバリーオプション）を持つ。

③転換係数と最割安銘柄の選択

転換係数 （Conversion Factor、CF）	・標準物である債券先物の取引対象と受渡適格銘柄との間の調整には、転換係数を使用。 ・転換係数は、標準物の価値1に対して受渡銘柄がいくらになるかを示したもの。
転換係数と先物価格、決済単価（受渡適格銘柄の価格）の関係式	決済単価＝先物価格×転換係数、したがって 先物価格＝決済単価÷転換係数
最割安銘柄 （Cheapest To Deliver、CTD）	受渡適格銘柄の数だけ上式ができ、債券の売り手は、デリバリーオプションにより最も安い先物価格の算定結果が出る受渡適格銘柄が選ぶ。これを最割安銘柄という。

大阪取引所の国債先物とCMEグループ上場の財務省証券先物の概要

対象となる標準物

大阪取引所	超長期国債先物	6％、20年
	長期国債先物	6％、10年
	中期国債先物	3％、5年
	ミニ長期国債先物	長期国債標準物の価格
シカゴ商品取引所（CBOT）	財務省証券先物（注1）	6％、30年

売買単位

大阪取引所	超長期国債先物	額面1億円
	長期国債先物	
	中期国債先物	
	ミニ長期国債先物	10万円に長期国債標準物の価格の数値を乗じて得た額
シカゴ商品取引所（CBOT）	財務省証券先物（注1）	額面10万ドル

受渡適格銘柄

大阪取引所	超長期国債先物	残存18年以上21年未満の20年利付国債
	長期国債先物	残存7年以上11年未満の10年利付国債
	中期国債先物	残存4年以上5年3カ月未満の5年利付国債
	ミニ長期国債先物	――
シカゴ商品取引所（CBOT）	財務省証券先物（注1）	残存15年以上25年未満の30年利付国債

限月

大阪取引所	超長期国債先物	3、6、9、12月の3限月取引、最長9カ月
	長期国債先物	
	中期国債先物	
	ミニ長期国債先物	

| シカゴ商品取引所
(CBOT) | 財務省証券先物
(注1) | 3、6、9、12月の限月取引 |

最終決済

大阪取引所	超長期国債先物	受渡決済
	長期国債先物	
	中期国債先物	
	ミニ長期国債先物	差金決済
シカゴ商品取引所 (CBOT)	財務省証券先物 (注1)	受渡決済

（注1）　シカゴ商品取引所では、このほかに2、3、5、10年物の財務省中期証券先物、残存25年以上の財務省超長期先物を上場している。

大阪取引所の長期国債先物オプション、シカゴ商品取引所の財務省証券先物オプション、債券店頭オプションの概要

対象

大阪取引所	長期国債先物オプション	長期国債先物プット、コール
シカゴ商品取引所 (CBOT)	財務省10年証券先物オプション（注2）	財務省10年証券先物プット、コール
日本のOTC	債券店頭オプション	債券現物プット、コール

売買単位

大阪取引所	長期国債先物オプション	長期国債先物取引の額面1億円分
シカゴ商品取引所 (CBOT)	財務省10年証券先物オプション（注2）	財務省10年証券先物の額面10万ドル分
日本のOTC	債券店頭オプション	1億円以上（1億円以上であれば端数も可）

限月

| 大阪取引所 | 長期国債先物オプション | 3、6、9、12月の直近2カ月とその他の直近2限月 |
| シカゴ商品取引所
(CBOT) | 財務省10年証券先物オプション（注2） | 3、6、9、12月の直近4カ月とその他の直近3限月 |

| 日本のOTC | 債券店頭オプション | 取引当事者で決定 |

権利行使時期

大阪取引所	長期国債先物オプション	アメリカンスタイル
シカゴ商品取引所（CBOT）	財務省10年証券先物オプション（注2）	アメリカンスタイル
日本のOTC	債券店頭オプション	取引当事者で決定

（注2）　シカゴ商品取引所では、このほかに5年物の財務省5年物財務省証券オプションを上場している。

再生ファンド

`金融` `証券化` `証券取引` `保険` `リスクマネジメント` `デリバティブ` `環境`
`外国為替` `ITフィンテック` `金利` `ポートフォリオ` `ファンド` `電力取引`

再生ファンドとは？

　再生ファンド（revival fund）は、経営破綻に陥った企業とか、経営状態が悪化してそのままでは破綻の途をたどることになる企業に対して投資を行い、この結果、文字どおり企業再生を果たすことによりリターンの獲得を狙うファンドである。

再生ファンドの投資対象

　再生ファンドが対象とする企業は、大企業から中堅、中小企業までさまざまな規模にわたる。

ターゲットファンド

・大企業の再生を手がけるファンドは、所要資金も多額にのぼることから、その企業だけを狙いとするファンドを組成することが一般的。
・単独企業に投資するファンドを「ターゲットファンド」という。

複数企業に対する投資

中堅、中小企業を対象とする再生ファンドは、多くの場合、リスク分散等の観点から複数企業に対して投資を行う。

企業再生の財務戦略

　事業再生にあたっては、ビジネス戦略の見直しはもちろん、財務面のリストラを行う必要がある。

一般的な財務戦略

・債務免除。
・元利金の減免ないし支払猶予。
・ビジネスの新たな展開に伴う資金需要への対応。

DES（Debt to Equity Swap、Debt for Equity Swap）

企業の債務の軽減を図るにあたり、企業が新規に株式を発行してこれを債務

と交換する形で債権者に渡す手法。

DIPファイナンス（Debtor-In-Possession financing）
再生には当事者間で行われる私的整理と民事再生手続等を経る法的整理があるが、後者の法的整理のケースでの新規融資の1手法。

再生ファンドの投資手法

投資枠の設定
一定の投資枠を設定して、その範囲内で投資家を募集する。

キャピタルコール（capital call）
・資金調達は、キャピタルコールで行うことが少なくない。
・キャピタルコールは、当初から出資予定額を全部出資することはせず、実際に資金が必要になったところでファンドが投資家に出資を要請する（コールをかける）方式。
・これにより資金の効率的な使用が可能。

投資手法

①デット型（debt type）	金融機関から債権を買い取ったうえで債権放棄するとか、買取債権をデット・エクイティスワップにより株式化して債務を圧縮する手法。
②エクイティ型（equity type）	・投資対象企業の既存株主から株式を買い取るとか、企業の増資による新株引受権を行使する手法。 ・再生ファンドの戦略は、財務面からの支援だけではなく、コアビジネスに対して抜本的な立直しを図る形で支援を行うケースが少なくない。特に、エクイティ型は、事業再構築を行うことにより収益力の回復を図る戦略をとる。

地域再生ファンド

概念
再生ファンドの中でも、地域の企業の再生に特化したファンドを「地域再生ファンド」という。

機能

| 地域金融機関の取引先である地域の中小企業の再生を図る重要な機能を担う。 |

自治体がリーダーシップをとるケース

| ・地域再生ファンドは、地元中小企業の再生を通して地域の振興を図るといった目的を持って、自治体がリーダーシップをとって組成に取り組む事例もみられる。
・こうした地域再生ファンドに対しては、中小企業基盤整備機構、日本政策投資銀行、地方公共団体等が出資して支援を行っている。 |

REVIC

地域経済活性化支援機構（Regional Economy Vitalization Corporation of Japan、REVIC）は、前身の企業再生支援機構（2009年設立）を改組する形で2013年に設立された株式会社である。

REVICの設立根拠法

| 株式会社地域経済活性化支援機構法（機構法） |

REVICの資本金等

| 資本金：約231億円。預金保険機構への政府および金融機関からの出資・拠出金に基づく同機構からの出資等により組成。
事業資金：市中から政府保証付きで借入れを行うことにより調達。 |

REVICの業務

①事業再生支援（企業再生支援機構から引き継いだ業務）	
②地域経済の活性化に資する事業活動の支援	
①事業再生支援	・債務調整機能や出融資機能、高度な経営人材の派遣等、機構が有する包括的な事業再生支援機能と支援に係る枠組みを活用し、中小企業者等の事業再生支援に係る業務を実施。 ・2013年の機構法改正： (i)機構の支援期間が3年以内→5年以内に延長され、より足の長い事業再生支援が可能となった。 (ii)大規模事業者以外は、その名称等を公表せ

	ずに支援を受けることが可能となる等、中小企業者等にとって使い勝手が良くなった。
②地域経済活性化事業支援	・事業再生ファンドや地域活性化ファンド、金融機関やその事業再生子会社等に対する専門家派遣や出資（GP）等を通じて、中小企業者等の事業再生と地域活性化に資する支援を実施。 ・2014年の機構法改正： (i)事業再生ファンドや地域活性化ファンドに対するLP出資による出資機能の強化 (ii)貸付債権等の信託引受け (iii)専門家派遣先の範囲拡大

REVICキャピタル株式会社

・2013年に設立されたREVIC子会社で、事業再生ファンドおよび地域活性化ファンドの運営業務を担っている。
・狙い：REVICはこの子会社を通じてファンド運営に関与することで地域の再生現場の強化を図るとともに、事業再生や新事業・事業転換を目指す事業者や地域活性化事業を行う事業者に対する支援の取組みを推進。

特定経営管理業務と特定組合出資業務（図表１）

特定経営管理業務：従来のファンド運営業務 特定組合出資業務：ファンド出資業務	
①特定経営管理業務	REVICが金融機関等の民間事業者と共同して、事業再生・地域活性化ファンドの運営を行うもの。 REVICと民間事業者との共同運営ファンドは、事業再生を図ろうとする事業者や地域の活性化に資する業務を行う事業者の資金ニーズ、人的支援に応える役割を担う。 また、ファンドの共同運営を通じて、REVICの持つノウハウを金融機関等に移転し、金融機関等の支援能力の向上に寄与。
②特定組合出資業務	REVICが事業再生・地域活性化ファンドに対し有限責任組合員（LP）として出資を行うもの。機構が出資を行い呼び水となることで、民間によるリスクマネーの供給や事業再

生・地域活性化ファンドの組成が促され、ひいては地域の事業再生・地域活性化支援の担い手である地域金融機関等の支援能力の向上が図られることを期待可能。

（関連用語）　DES（72頁）、DIPファイナンス（72頁）

図表1　REVICの特定経営管理業務と特定組合出資業務

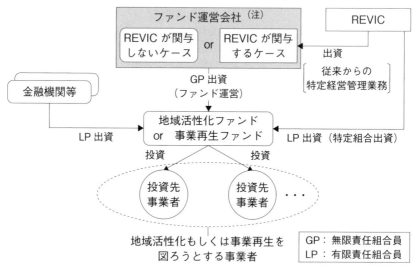

(注)　ファンド運営会社については、機構が関与するケース（従来からの機構の特定経営管理業務）と、機構がまったく関与しない民間のファンド運営会社のみのケースがある。
(出所)　地域経済活性化支援機構資料

裁定取引

金融 | 証券化 | **証券取引** | 保険 | リスクマネジメント | **デリバティブ** | 環境
外国為替 | ITフィンテック | **金利** | ポートフォリオ | ファンド | 電力取引

裁定取引とは？

裁定取引（arbitrage trading）は、マーケットで取引されている商品等の価格の間に歪みがある場合に安いほうを買い高いほうを売って、価格の歪みが是正されたところで反対売買を行いリターンの獲得を狙う取引である。

2種類の裁定取引

ベーシストレーディング （basis trading）	現物と先物との間の裁定取引
スプレッドトレーディング （spread trading）	先物と先物との間の裁定取引

ベーシス取引

概念

マーケットで取引されている現物相場と先物相場との間の歪みがある場合に、そこから裁定益を得ることを狙った取引。

裁定機会

マーケットで取引されている先物相場が、コスト・オブ・キャリーモデルにより導出される先物の理論価格から乖離した場合には、裁定機会が存在。

裁定取引

買い裁定（キャッシュ・アンド・キャリー取引）	マーケットで取引されている先物相場＞先物理論価格→現物買い・先物売りのベーシス取引
売り裁定（リバースキャッシュ・アンド・キャリー）	マーケットで取引されている先物相場＜先物理論価格→現物売り・先物買いのベーシス取引

設例

前提	・ある株価指数と同じように構成された現物の株式ポートフォリオの時価が100万円。 ・資金調達コスト2％ ・配当利回り1％ ・マーケットで1年物の株価指数先物が110万円の相場を付けている。	
株式ポートフォリオの1年先の理論先物価格	コスト・オブ・キャリーモデルで算出。 100万円＋100万円×（0.02－0.01）＝101万円	
買い裁定（キャッシュ・アンド・キャリー取引）	・マーケットで高値を付けている先物を110万円で売る。 ・調達コスト2％の資金を借りて現物を買う。	
1年後の裁定益	配当	受取り　100万円×0.01＝1万円
	先物決済	先物の買い手に現物を引き渡し、110万円の代金を受取り。
	借入返済	借入元利金100万円×（1＋0.02）＝102万円支払い
	裁定益＝配当－調達コスト＋（売り付けた先物価格－買い付けた現物価格） 　　　＝1万－2万＋（110万－100万）＝9万円 裁定益は、現実にマーケットで成立している先物価格から理論先物価格を引いた差に一致。 　　裁定益＝先物の市場価格－先物の理論価格 　　　　＝110万－101万＝9万円	
裁定取引による先物価格と理論先物価格の収斂	こうした裁定益はリスクなしで得られる結果、現物買い・先物売りの取引はマーケットで活発に行われ、割高な先物価格は下落、逆に現物価格は上昇、結局マーケットにおける先物価格と理論先物価格は一致。	

スプレッド取引

　スプレッド取引には、取引をする2市場間、2商品間、または2限月間の価格の相対関係の変化から裁定益を得ようとする取引がある。

①市場間アービトラージ (inter-market arbitrage)

裁定機会	2つの異なる市場で同一の商品が取引されている場合に、一方の価格が他方の価格より高い一物一価が成立していない状態が発生することがある。	
	市場流動性と裁定機会	マーケットに大きなイベントがインプットされた場合には、市場流動性の厚い、薄いでイベントの消化速度が異なり、それによって短時間、価格差が生じるケースがみられる。
裁定取引	高いほうの市場で売り付け、安いほうの市場で買い付ける。	
裁定益	先行き価格関係が同一になったところで反対売買を行うか、または満期までこの裁定ポジションを持って決済をして利益を得る。	

②商品間アービトラージ
（インターコモディティ・スプレッド、inter-commodity spread）

裁定機会	似通った商品の間で通常みられる価格差の関係から乖離した状態になっているケースを捉える。
裁定取引	安いほうの商品を買い、高いほうの商品を売る。
裁定益	双方の商品が、通常みられる価格差に戻ったところで反対売買を行い裁定益を得る。

設例

設例1：株価指数先物	・日経平均株価とTOPIXとの関係をNT倍率（日経平均株価（N）÷TOPIX（T））の推移によってフォロー。 ・NT倍率が従来みられた数値から大きく乖離した場合を捉えてTOPIX先物と日経225先物との間で裁定取引を行う。	
	投資家の予想	・小型・値嵩株主導で先行き相場は強含みに推移すると予想。 ・株価単純平均により算出される日経平均株価は、時価加重平均のTOPIXに比較すると、小型・値嵩株の値動きにより大きなインパクトを受ける性格がある。
	裁定取引	日経225先物を買い、TOPIX先物を売る。
	裁定益	その後予想どおり日経225の上昇がTOPIXを上回ったところで手仕舞いをして裁定益

設例2：金利先物と債券先物	・東京金融取引所のユーロ円3カ月金利先物と大阪取引所の長期国債先物との間での裁定取引。	
	投資家の予想	・景気後退の深刻化から資金運用先として長期国債が買い進まれて、長期金利が短期金利を下回る逆イールドにある。 ・しかし、あるディーラーは、中央銀行の量的金融緩和から短期金利の下落傾向が強まり、現在の逆イールドは近い将来に順イールドに変わると予想。
	裁定取引	・長短金利の体系を価格ベースに引き直すと、現在は短期金利物の価格が低く、長期金利物の価格が高いパターンにある。 ・このディーラーは、先行きはこれが逆転し、短期金利物の相場が高く、長期金利物の相場が低い価格関係に変化すると予想。 ・ユーロ円3カ月金利先物を買い付け、債券先物を売り付ける。
	裁定益	予想どおりのイールドカーブの変化が起きたところで手仕舞って裁定益を得る。

③限月間スプレッド取引（callender spread）

裁定機会	同一商品を対象にした異なる限月間で、価格の歪みがある場合。
裁定取引	割安の限月を買い、割高の限月を売る。
裁定益	両限月が、通常の価格差に戻ったところで反対売買を行い裁定益を得る。

設例

限月間スプレッド取引は、特に金利先物取引でイールドカーブの形状変化を予想して行われる。		
ブルスプレッド	投資家の予想	・いま順イールドの金利体系にあるとする。 ・金利の先行きについて、短期金利よりも長期金利の上昇幅が大きいイールドカーブのスティープニングを予想。
	裁定取引	・金利先物は、100から金利水準を引いた

			金融指標を取引。 ・したがって、短期金利よりも長期金利の上昇幅が大きいときは、期近限月の金利先物の価格よりも期先の限月の金利先物の価格のほうが大きく値下りすることを予想。 ・期近限月の買い・期先限月の売りの「ブルスプレッド」を行う。
		裁定益	予想どおり短期金利よりも長期金利が大きく上昇したところで期近限月転売、期先限月買戻しを行ってポジションを手仕舞いして裁定益を得る。
ベアスプレッド	投資家の予想		・いま順イールドの金利体系にあるとする。 ・金利の先行きについて、短期金利よりも長期金利の下落幅が大きいイールドカーブのフラットニングを予想。
	裁定取引		短期金利よりも長期金利の下落幅が大きいときは、期近限月の金利先物の価格よりも期先の限月の金利先物の価格のほうが大きく値上りすることを予想。 ・期近限月の売り・期先限月の買いの「ベアスプレッド」を行う。
	裁定益		予想どおり短期金利よりも長期金利が大きく下落したところで期近限月買戻し、期先限月転売を行ってポジションを手仕舞いして裁定益を得る。

以上をまとめると次のようになる。

ブルスプレッド

> 順イールドカーブの金利体系のもとで、イールドカーブのスティープニングを予想して、期近限月買い、期先限月売りを実施(逆イールド下では逆の取引となる)。

ベアスプレッド

> 順イールドカーブの金利体系のもとで、イールドカーブのフラットニングを予想して、期近限月売り、期先限月買いを実施(逆イールド下では逆の取引

となる)。

取引所上場商品の限月間スプレッド

対象商品	大阪取引所	日経225先物、国債先物、TOPIX先物等
	東京金融取引所	ユーロ円3カ月金利先物
限月間スプレッド取引	1つの約定をするだけで限月間スプレッド取引が可能。	
	取引内容	・直近の取引とそれ以外の限月との間の限月間スプレッド取引。 ・すなわち、限月間スプレッド1枚の約定で、期近限月の買い(売り)1枚と期先限月の売り(買い)1枚が成立。
	メリット	買い、または売り一方の取引だけが成約できて他方ができないといった執行リスクを回避することが可能。

裁定取引と価格発見機能

価格発見機能		・裁定取引は、マーケットの価格発見機能に大きく寄与。 ・大量の裁定取引が行われれば、割高、割安といった価格の歪みも縮小、解消して裁定機会はなくなり、この結果、適正価格が形成される。
設例	①イベント発生	いま、相場を大きく下げる恐れがあるイベントが発生したとする。
	②投資家の行動	大口の現物ポジションを抱えている投資家は、まずもって流動性の厚い先物市場でショートヘッジを行う。
	③先物相場と現物相場の関係	②の結果、先物相場が下落、先物割安・現物割高となり、裁定機会が発生。
	④裁定取引	割安の先物買いと割高の現物売りの裁定取引が活発化。
	⑤投資家の行動	・ショートヘッジで先物売りポジションを持っている投資家は、流動性が厚くなっているマーケットで、

| | | 先物買い・現物売り。
・投資家の先物ポジションは相殺されて、結果として本来目的としていた現物売りを実施できる。 |
| | ⑥価格発見機能 | ・裁定取引は相場の歪みが是正されて裁定機会が消滅するまで行われる。
・この結果、先物相場の下落は裁定取引を通じて現物相場の下落に伝播されて、現物相場はマーケットにインプットされたイベントを反映した適正価格となる。 |

サイドカー

金融　証券化　証券取引　保険　リスクマネジメント　デリバティブ　環境
外国為替　ITフィンテック　金利　ポートフォリオ　ファンド　電力取引

サイドカーとは？

　サイドカー（reinsurance sidecar、sidecar）は、カタストロフィ・リスク等の引受けキャパシティを補強するために、元受保険会社や再保険会社が保険の引受けリスクを移転させる器（ビークル）として設置する特別目的再保険ビークル（Special Purpose Reinsurance Vehicle、SPRV）である。

特別目的再保険ビークル

特性

伝統的な再保険に似ているものの、直接、金融資本市場にアクセスして負債、または資本の形でファイナンスするツール。

対象とする保険リスク

・あまりに頻度の低いカタストロフィ・リスクを対象とすると、多額の資金を調達する必要があり、その組成が困難になる。
・したがって、特定のカタストロフィ・リスクについて、たとえば10年に1度といったように比較的高い確率で発生するリスクの再保険を提供。

設置場所

多くの場合、バミューダに設置される。

サイドカーの基本スキーム（図表１）

特別目的再保険ビークル

リスクの引受け主体。

設置

	持株会社の傘下に設置され、持株会社、またはサイドカーが株式や債券の発行によって資金を調達。
債券発行	さまざまなリスク選好を持つ投資家のニーズに応えるために、ABS（Asset-Backed Security、資産担保証券）等の債券を発行。
株式発行	2011年以降のサイドカーの資金調達は、株式発行による調達に絞るケースが増加。
信託	・調達資金は信託に移され、サイドカーが再保険契約で背負う保険金の支払い原資となる。 ・サイドカーが再保険契約により得たプレミアムも担保として信託勘定に預託される。

運営

・スポンサー会社に依存。
・スポンサー会社は、その経費の補填と手数料を得る。

再保険契約

特別目的再保険ビークルが保険・再保険会社と再保険契約を締結して再保険のキャパシティを提供。

プレミアムと保険金支払い

サイドカーには、再保険契約によるプレミアムが入る一方、再保険契約による再保険金の支払い責任を負う。

投資家

・保険・再保険会社からのリスク移転は、特別目的再保険ビークルとの間で通常のクオータ再保険契約により行われる。
・投資家は保険ポートフォリオのリスクのうち、あらかじめ定められた比率（クオータ）を保有。

図表1　サイドカーの基本スキーム

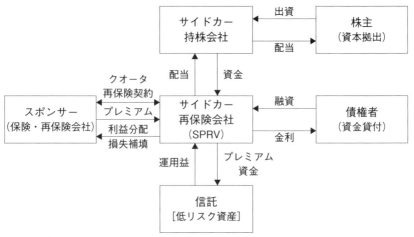

(出所)　筆者作成

保険リスクの発生

カタストロフィ・リスク発生

再保険契約に従って信託勘定から保険金が支払われる。

カタストロフィ・リスク発生せず

・サイドカーの期限到来とともに信託勘定にある資金はすべて投資家に配分される。
・サイドカーと持株会社はここで解散する。

サイドカーの機能とメリット

①機能

保険市場がハード化した一時的なニーズに対応。	
特徴	・サイドカーは先行きハードマーケットの状況になった場合のことを考えてあらかじめ設置して、実際にそうした事態となったときに初めて再保険契約を行う。 ・サイドカーの設置当初は資金を必要としない。
存続期間	・一般的に限られたものとなる。

			・ハードマーケット期に立ち上げて、ソフトマーケット期になると消え去るケースが大半。

② メリット

保険・再保険会社	伝統的な手法	\multicolumn{2}{l	}{カタストロフィ・リスクが発生、保険金の支払いが嵩むと、保険会社は資金の補填が最優先事項となる。}
		対策	プレミアムの引上げ
		問題点	効果を現すまでには時間を要する。
		対策	増資、借入れ
		問題点	・株式の希薄化 ・借入比率の上昇による財務基盤の弱体化 ・格下げの恐れ
	サイドカー	\multicolumn{2}{l	}{サイドカーのスポンサーとなる保険会社は、再保険市場がハード化したときに機動的にキャパシティを補完して、顧客に対して積極的にカタストロフィ・リスクに対応する保険を提供可能。}
投資家	伝統的な手法	\multicolumn{2}{l	}{保険会社の株式に投資することも可能であるが、これによると保険会社が抱えるすべての保険リスクにさらされることとなり、また、株式相場全体の動きにも影響を受けることとなる。}
	サイドカー	\multicolumn{2}{l	}{・サイドカーへの投資によりさまざまな影響を捨象した特定のカタストロフィ・リスクのみを対象としてリターンを狙うことが可能。 ・サイドカーに対する資金提供の大きな特徴である機動的、効率的な資本の活用が可能。 ・投資家にとって、サイドカーへの投資により、ポートフォリオを構成する伝統的な資産クラスと相関性がなく、リターンが高い新たな資産クラスが加わるオルタナティブ投資（代替投資）が持つメリットを享受することが可能。}

投資家

主要な資金提供者

特定のリスクをとることによってリターンを獲得することを指向し、それが達成されたらすばやく投下資金を回収する出口戦略を展開するといったカテゴリーに属する投資家にとっては大きな魅力。
・ヘッジファンド
・プライベートエクイティ
・保険・再保険会社

ヘッジファンド

特に、多くのヘッジファンドがサイドカーを非伝統的な投資対象として重点投資を行っている。

(関連用語)　ヘッジファンド (815頁)

サイバーセキュリティ

[金融] [証券化] [証券取引] [保険] [リスクマネジメント] [デリバティブ] [環境]
[外国為替] [ITフィンテック] [金利] [ポートフォリオ] [ファンド] [電力取引]

サイバーセキュリティとは？

　サイバーセキュリティ（cyber security）は、サイバー攻撃に対する防止等、情報の安全管理のために必要な措置や、情報システムおよび情報通信ネットワークの安全性および信頼性の確保のための措置等をいう。

サイバーセキュリティ基本法

　2015年1月にサイバーセキュリティ基本法が施行された。この法律は、サイバーセキュリティに関する施策の総合的、効果的な推進を目的として、サイバーセキュリティの基本理念等を定めて国の責務を明確にしている。

　この法律によって、内閣にサイバーセキュリティ戦略本部が設置され、また、内閣官房情報セキュリティセンターは内閣サイバーセキュリティセンターに改組された。

　このうち、サイバーセキュリティ戦略本部は、セキュリティ戦略案の作成、行政機関のセキュリティ基準の策定、行政機関で発生したセキュリティインシデントの調査等を行う。

　また、内閣サイバーセキュリティセンター（National center of Incident readiness and Strategy for Cybersecurity、NISC）は、省庁横断的にサイバー攻撃に対処する司令塔の役割を担うことになる。

金融庁のサイバーセキュリティ強化の取組方針

　金融庁では、現状、日本の金融システムは総体として健全で安定しているが、次の3点からサイバー空間からの攻撃が金融システムの安定に影響を及ぼしかねないものとなってきているとしている。

①イノベーションの進展

- 金融機関のコンピュータシステムはインターネット等のオープンな情報通信ネットワークとのつながりを強めており、外部からの悪意ある接続等によるサイバー攻撃に対する堅牢性の確保が重要。
- 顧客とのチャネルも、インターネットバンキング等、インターネットを介して取引サービスの普及が進展。

②サイバー攻撃の高度化

・手口の巧妙化により、防御が困難化。
・攻撃者自身が技術を有していなくとも、攻撃手段へのアクセスが容易化。

③サイバーテロの脅威の高まり

・経済目的ではなく社会秩序を混乱させる目的でのサイバー攻撃。
・金融を含む重要インフラでは、政府と事業者が一丸となった取組み強化が必要。

　金融庁では、こうした認識のもと、金融分野へのサイバー攻撃の脅威に対抗するために2015年7月に「金融分野におけるサイバーセキュリティ強化に向けた取組方針について」を策定した。この方針では、金融分野のサイバーセキュリティ強化に向けた5つの方針が掲げられている。

①サイバーセキュリティに係る金融機関との建設的な対話と一斉把握

・金融機関等との間で最近の攻撃の動向や取組みについて日常的に情報交換を実施。
・各金融機関等のサイバーセキュリティ管理態勢の取組み状況やその実効性について実態把握を実施、その結果をフィードバックする。

②金融機関同士の情報共有の枠組みの実効性向上

・金融機関同士の情報提供・活用により、ある金融機関が攻撃を受けた際、他の金融機関が同種の攻撃手法への備えをあらかじめ講じられるようになるほか、先進的な金融機関のスキルやノウハウの共有が期待できる。
・金融機関に対して金融ISAC（Information Sharing and Analysis Center）をはじめとする情報共有機関等を活用した情報収集・提供およびこれをふまえた脆弱性情報の迅速な把握・防御技術の導入等の意義について、機会を捉えて周知。
・業界団体（「銀行等CEPTOAR」）等を通じた情報提供についても、金融庁から積極的に情報発信。
・金融情報システムセンター公表の「FISCサイバーセキュリティ参考情報」の活用も期待される。

③業界横断的演習の継続的な実施

・演習の実施を通じて、経営層から担当者に至る関係者の実戦能力を向上させるとともに、対応体制・手順の有効性を確認し、PDCAサイクルを回していくことが有用。
・規模が大きくない金融機関等では、国・関係機関等の関係者が連携し、実

戦的な演習の実施等を通じた取組み強化の支援が有用。また、先進的金融機関でも関係機関（金融庁・情報共有機関・他の金融機関等）との連携のあり方についてあらかじめ確認しておくことが必要。
・関係者を含めた業界横断的な演習を速やかに実施することを計画。

④金融分野のサイバーセキュリティ強化に向けた人材育成

サイバーセキュリティ関係者の質の向上に向けて、以下の取組みを行う。
ア．金融機関等の経営層の意識向上を目的としたセミナー等の開催
イ．金融機関等でサイバーセキュリティに関与する職員として求められる人材およびその育成方法等について関係者との議論・検討
ウ．金融庁担当者のさまざまな専門性確保（外部登用・内部育成）

⑤金融庁としての態勢構築

・サイバーセキュリティ向上に強力に取り組むため、金融庁内部において情報・知見を一元的に集約し、組織横断的に企画・調整を行う部署を、総括審議官のもと、総務企画局政策課に設置。
・金融機関等に対するサイバー攻撃事案が発生した際の金融庁の対応手順の整理を実施。
・金融庁の立場から、金融システム全体での強靭性を高めるべく金融機関等のサイバーセキュリティ強化を支援していく方策がないか、不断に検討。

サイバー攻撃の種類

サイバー攻撃は、無差別攻撃型と標的型攻撃に大別される。

無差別攻撃型	・ターゲットを特定せずに不特定多数の個人、企業、組織を対象とするサイバー攻撃。 ・ウイルスや迷惑メール（スパムメール、バルクメール）を無差別に送信して、受信者側のシステム障害等のトラブルを発生させる。
標的型攻撃	・特定の企業、組織を標的としたサイバー攻撃。 ・標的型攻撃が、企業等の対策にあわせて継続的に行われることから、従来実施していた対策を潜り抜けて漸次、目的の情報等に迫るタイプをAPT攻撃（Advanced Persistent Threat）という。 ・企業、組織の機密情報の窃取、システム障害、機能停止、不正取引等を目的とする。

サイバー攻撃のタイプ

サイバー攻撃は、5つのタイプに分類することができる。

タイプ	内容	
正規ウェブサイト閲覧によるウイルス感染（情報窃取）	・ユーザーが改ざんされたウェブサイトを閲覧すると、ウイルス配布サイトに誘導と感染が発生、認証情報等の窃取とバックドアの設置。 ――バックドアとは、攻撃者が一度サーバ等の侵入に成功した後に何度も侵入するために仕掛けておく秘密の入り口。 ・窃取された認証情報の利用により、攻撃利用基盤が拡大。	
標的型メール攻撃（情報窃取）	・ウイルスが付いたメールを特定組織に送信、ユーザーが開封するとサーバへのバックドアが設置される。 ――特定組織を目標としたメールの送信があることから標的型メール攻撃という。 ・情報システム内の情報が漏洩。	
ウェブ改ざんによる誘導	・ユーザーがサイトにアクセスすると、別の無関係なサイトへと誘導される。 ・誘導先サイトは、ウイルスに感染しているサイト。	
媒体介在ウイルス感染（情報窃取）、制御系システム攻撃	・USB媒体等に混入したウイルスが情報システムに混入、システム内へのネットワーク感染拡大とサーバへのバックドアを設置。 ・ネットワーク、サーバ障害の発生と、システム内の情報の窃取が発生。	
複合DDoS攻撃における攻撃基盤部分	DoS攻撃（Denial of Services attack）	・サーバ等のサービスを拒否する状態にする、すなわち、サーバを機能不全の状態にする攻撃。 ・大量の接続要求を送信してサーバ等の負荷や通量を増加させる等の手口が使われる。

	DDoS攻撃（Distributed Denial of Service attack）	・DoS攻撃が、分散する形で多元的に行われる。 ・サーバ等に対して複数のコンピュータが一斉に接続要求を送信して負荷や通量を増加させ、機能不全にさせる手口。
	複合型DDoS攻撃（Compound DDoS）	・複数の機能分散化されたウイルスが連携して各種攻撃動作を行う。

(出所)　情報処理推進機構「「新しいタイプの攻撃」の対策に向けた設計・運用ガイド改訂第2版」2011年11月、19頁等をもとに筆者作成
(原典)　内閣官房情報セキュリティセンター（NISC）「リスク要件リファレンスモデル作業部会報告書」2010年3月

標的型攻撃への対策

　前述のとおり、標的型攻撃にはさまざまな手口が存在し、さらに新たな手口が出現しているが、標的型攻撃が特定の企業等のシステムをターゲットにしている以上、まずは自己のシステムの脆弱な点を把握して、セキュリティ対策を講じることが重要となる。
　一般的に、サイバー攻撃対策は、入口対策、出口対策、内部対策に分類される。

対策		内容と具体例	
①入口対策	内容	外部からの攻撃の予防・防御。	
	対策の具体例	・ファイアーウォール：インターネットを通して侵入してくる不正なアクセスから企業のネットワークを守るための防壁（firewall）。 ・侵入検知システム ・ウイルス対策ソフトの導入 ・不正プログラム対策ソフトの導入 ・パッチ適用による脆弱性対策	
②出口対策	内容	不正プログラムに侵入されることを前提として、情報の持ち出しを防止。	
	対策の具体例	端末対策	セキュリティパッチの適用

			状況管理等
		ネットワーク対策	アプリケーション／ユーザーレベルでの通信制御等
		サーバ対策	記録と問題発生時の解析等
③内部対策	内容		・不正プログラムに侵入されることを前提として、データの窃取、盗聴、改ざん、破壊およびシステムの機能不全を防御。 ・不正プログラムの早期発見も含まれる。
	対策の具体例		・ID、パスワードの管理、パスワードの変更管理 ・ファイル、データベースの暗号化

（出所） 金融情報システムセンター「金融機関におけるサイバー攻撃対応に関する有識者検討会報告書」2014年2月26日、25頁等をもとに筆者作成

金融機関のサイバーセキュリティ

　金融ビジネスにITが浸透するにつれて、その内容が高度化するとともに、サイバーセキュリティの重要性が一段と増大している。金融機関の情報セキュリティの目標と情報セキュリティ技術をみると図表1のようになる。

図表 1　情報セキュリティの目標と技術

情報セキュリティの目標		情報セキュリティ技術	
カードの偽造防止 データの盗聴・改ざん防止 不正な処理の防止・検知・追跡 機器や処理データの改ざん防止 パスワードの漏洩防止	⇒	基盤技術	暗号アルゴリズム
		物理媒体のセキュリティ技術	・ICカードの耐タンパー技術
		認証技術	・パスワード認証 ・生体認証（静脈認証等） ・電子認証 ・人工物メトリクス
		ネットワーク・セキュリティ技術	・暗号通信（SSL通信） ・ウイルス／不正侵入検知 ・スパム対策・クラウド・IPv6 ・フィッシング対策
		ログ管理技術	・デジタル・フォレンジック

（出所）　中山靖司「第16回情報セキュリティ・シンポジウム：金融サービスにおける技術進歩と課題：CITECS設立10周年記念講演」日本銀行金融研究所情報技術研究センター2015年3月11日、3頁

再保険

| 金融 | 証券化 | 証券取引 | **保険** | リスクマネジメント | デリバティブ | 環境 |
| 外国為替 | ITフィンテック | 金利 | ポートフォリオ | ファンド | 電力取引 |

再保険とは？

再保険（reinsurance）は、元受保険会社が企業や個人から引き受けたリスクを再保険会社にシフトするための保険である。また、再保険会社がさらに他の再保険会社に再々保険（re reinsurance）としてリスクをシフトさせるケースも少なくない。

元受保険会社と再保険会社

元受保険会社

- 元受保険会社が引き受けたリスクの顕現化により経営基盤に大きな影響を及ぼす恐れがあると判断した場合には、引き受けたリスクを自己の保険ポートフォリオに保有するのではなく、再保険をかけるケースが多い。
- 元受保険会社は、再保険により保有リスクを平準化して、最適リスクポートフォリオを構築、この結果、元受保険会社の段階で大数の法則が適用できる。

再保険会社

リスクの種類や時間、地域等を勘案のうえ、リスクを組み合わせて適切に分散化したポートフォリオを構築。		
代表的な再保険会社	海外	ミュンヘン再保険会社、スイス再保険会社、ハノーバー再保険会社、バークシャー・ハサウェイ、ロイズ等。
	日本	東京海上日動、損保ジャパン日本興和ホールディングス（損害保険ジャパンと日本興亜損害保険等の持株会社）、トーア再保険、三井住友海上等。

出再と受再

出再

元受保険会社が再保険をかけること。	
出再保険会社	再保険契約の当事者となる元受保険会社。

受再

出再を再保険会社が受けること。	
受再保険会社	元受保険会社から保険を受け入れる再保険会社。

元受契約と再保険契約の独立性

・顧客と元受保険会社間の元受契約と、元受保険会社と再保険会社間の再保険契約は、2つの独立した契約。
・仮に元受保険会社が経営難から顧客への保険金支払いの不履行に陥ったとしても、顧客は再保険会社に直接保険金の支払い請求をすることはできない（図表1）。

図表1 一般家庭向け地震保険の基本スキーム

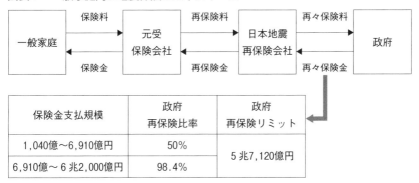

保険金支払規模	政府再保険比率	政府再保険リミット
1,040億～6,910億円	50%	5兆7,120億円
6,910億～6兆2,000億円	98.4%	

（出所） 損害保険料率算出機構「日本の地震保険 平成24年4月版」をもとに筆者作成

再保険マーケット

再保険マーケットのスキーム

再保険マーケットは、再保険ブローカーが介在して、国際ネットワークを通してリスクの取引が行われるグローバルマーケットを構築。	
再保険	再保険は、再保険ブローカーが仲介して元受保険会社と再保険会社との間の相対取引。

| 再々保険 | 再保険会社が他の再保険会社にリスクを移転する再々保険も活発に行われている。 |

再保険マーケットの機能

	時間的・地理的に、一時点・一カ所で発生して巨額の損失をもたらすカタストロフィ・リスクでも、再保険マーケットの活用により、リスクの時間的・地理的な分散が可能。

アンダーライティング・サイクル

保険マーケットのハード化とソフト化の循環

- 保険需要の強（ハード化）弱（ソフト化）によって発生。これをアンダーライティング・サイクルと呼んでいる。
- これにより保険のプレミアムが大きく変動。ハード化＝プレミアム高、ソフト化＝プレミアム安

保険契約のロールオーバー

たとえ保険をかけるときのプレミアムが低い水準にあっても、それをロールオーバーする時点にハードマーケット化している状況にあれば、プレミアムの支払いが嵩む恐れ。

再保険の種類

①任意再保険（facultative reinsurance）

概念	出再保険会社と受再保険会社との間で、ケースバイケースで契約内容を決めるテイラーメイド型の再保険。
特徴	・契約内容は期間を含めて弾力的で極めてカスタマイズされたもの。 ・対象となるリスク分析に多大のエネルギーと時間を要し、コスト高。
保険対象リスク	・特定のリスクを対象。 ・カバーされるリスクカテゴリーは、カタストロフィ・リスクに代表されるように、通常、発生頻度が低く大規模の損害を引き起こすようなリスク。
出再保険会社	・自己の保険ポートフォリオを分析したうえで、

	その中から個別のリスクを取り出して出再。 ・受再する再保険会社に対して再保険に出すリスクについての詳細な情報を提供する必要がある。
受再保険会社	・元受保険会社の出再要請に対して再保険会社が受再するか否かはまったく任意（任意再保険の名称もここからきている）。 ・出再保険会社の情報をもとに厳格な審査（デューデリジェンス、DD）のもとにリスク分析を行い、これに応じるか否かを決定。

②特約再保険（treaty reinsurance）または義務的再保険（obligatory reinsurance）

概念	・元受保険会社と再保険会社との間であらかじめ再保険のガイドラインを設定、この条件に合致する保険を再保険にする。 ・ガイドラインの内容は、年に１回程度、見直しのための交渉を実施。
特徴	任意再保険のように多大のエネルギーと時間を要しない。
保険対象リスク	自動車保険や火災保険等のように大量の件数にのぼる同質のリスクを対象とする高頻度・低損害の保険リスク。
出再保険会社	受再保険会社の裁量に左右されず、リスクカバーが必要なときには必ず再保険でカバー可能。
受再保険会社	・リスクごとの再保険ではなく、ガイドラインに沿ったすべてのリスクを個々のリスクを点検することなく限度いっぱいまで受再に応じる義務がある。 ・再保険の中には、必ずしも利益を生まないものも混在する恐れがあるが、元受保険会社との間の継続的な関係から、長期的にみれば利益を得ることが可能。 ・したがって、元受保険会社と再保険会社との間で長期にわたる厚い信頼関係が構築されていることが前提。

③プロポーショナル再保険とノンプロポーショナル再保険

任意再保険と特約再保険は、責任分担の方法により、各々、プロポーショナル再保険とノンプロポーショナル再保険に分類される。	
プロポーショナル再保険（比例的再保険）	・出再保険会社と受再保険会社の責任が、保険金額をベースとして決められる再保険。 ・再保険料も再保険金も、出再保険会社の保有額と受再保険会社の引受額に応じて按分（プロポーション）される。
ノンプロポーショナル再保険（非比例的再保険）	・出再保険会社と受再保険会社の責任分担が保険金額按分ではなく、両社が別に定めた条件に従って、受再保険会社が責任を負う再保険。 ・ノンプロポーショナル再保険の代表例は、超過損失再保険。

④超過損失再保険（Excess of Loss Cover、ELC、またはeXcess Of Loss reinsurance、XOL）

概念	損失額があらかじめ決めておいた一定額よりも少ない場合には元受保険会社の自己負担となるが、それが一定額をオーバーすると、再保険会社の保険金支払い義務が発生することになる再保険。	
	エクセスポイント（アタッチメントポイント）	・再保険会社に保険金支払い義務が発生することとなる一定額。 ・エクセスポイント未満の損失額は再保険会社にとっての免責額となる。
出再保険会社	損失額が巨額となるカタストロフィ・リスクの保険引受けキャパシティを拡大させるため超過損失再保険を活用。	
レイヤー	引き受けた保険リスクを、複数のレイヤー（階層）に切り分けたうえで、受再保険会社との間で超過損失契約を締結。	
	低レイヤー（下層）	高頻度・低損害のリスク
	高レイヤー（上層）	カタストロフィ・リスクのような低頻度・高損害のリスク

	イグゾーションポイント	・レイヤーには上限と下限が設けられ、レイヤーの上限設定により再保険支払いの限度が決まる。 ・レイヤーの再保険支払限度額をここで支払打止めとの意味を込めて「イグゾーションポイント」（exhaustion point）という。	
超過損失再保険契約	切り分けたレイヤーごとに再保険を契約。		
	設例	1,000億円までのレイヤー	元受保険会社が自家保有。
		1,000億〜2,000億円のレイヤー	ある再保険会社と超過損失再保険を契約。
		2,000億〜3,000億円のレイヤー	別の再保険会社と超過損失再保険を契約。

先物取引

金融 | 証券化 | 証券取引 | 保険 | リスクマネジメント | デリバティブ | 環境
外国為替 | ITフィンテック | 金利 | ポートフォリオ | ファンド | 電力取引

先物取引とは？

先物取引（futures trading）には、狭義と広義がある。

狭義の先物取引

標準化された商品を取引所のインフラを使って取引するもの。	
先渡取引	これに対してOTC（Over-The-Counter、店頭）取引は、先渡取引と呼ばれる。

広義の先物取引

狭義の先物に加えて先渡しも含めることが一般的であり、さらにそれ以上の広義の先物となると、オプション、スワップ等も含めたデリバティブ全般を意味することもある。

本項目では、このうち狭義の先物取引についてみることとする。

先物取引の概念と特徴

①先物取引の概念

概念	特定の商品の、一定量を、将来の一定の日に、あらかじめ定めた価格で、売買することを現時点で約束する取引。		
標準化	特定の商品	名称	原資産
		内容	農畜産物から始まって、通貨、債券・金利、株価指数、個別株等の金融商品、金属、エネルギー物等のコモディティ、天候、排出権等の無形財産がある。
	一定量	名称	取引単位
		内容	取引の最小単位が定められていて、当事者のニーズによりこれの何倍かを取引する。
	将来の一定の日	名称	限月

		内容	・何月の何日と決められている。 ・1本ではなく、たとえば3、6、9、12月の各第2金曜日というように何本かの限月の中から当事者が選択可能。
	あらかじめ定めた価格	名称	先物価格
		内容	先物価格は、最小の刻みで設定される。
標準化の目的	市場参加者のニーズを幅広く吸い上げて流動性の厚いマーケットを形成する。		

②先物取引の特徴

先物取引の特徴を店頭（OTC）の先渡取引に比べてみると次のとおり。

標準化 (standardization)	先物取引	取引の対象、単位、決済期日、価格変動最小単位等のスペックが定型化。
	先渡取引	取引の当事者間で自由に取引単位、決済期日等を決める。
期日前決済（offset）	先物取引	・期日決済のほかに期日前の反対売買による差金決済が可能。 ・実際の取引状況をみると、期日決済を行う割合はごくわずかで、期中に転売・買戻しを行うケースが大半。
	先渡取引	原則として期日前に手仕舞いをすることはできない。
信用リスク (counterparty risk)	先物取引	取引所の清算機構が必ず一方の相手方になることにより、当事者は相手方の信用リスクを懸念することなく取引可能。
	先渡取引	2当事者間の契約となり、双方が互いの信用リスクを負う。
値洗い（Mark-To-Market、MTM）	先物取引	建玉は毎日、取引所の清算機構により現在価値に引き直され、取引

		当事者の損失が累積して満期になってデフォルトに陥る事態を防止。
	先渡取引	原則として値洗い制度はなく、決済日に至って累積した含み損益の決済を一括して実施。
証拠金 (performance bond、margin)	先物取引	・取引の履行を保証するために、市場参加者は証拠金を預託する必要がある。 ・証拠金は、現物取引の決済代金に比べると少額で、これにより先物のレバレッジ効果が生まれる。
	先渡取引	正式の証拠金システムは存在しないものの、当事者間で担保金を積む等の信用補完措置を講ずる例がみられる。

先物取引の損益図（ペイオフ・ダイアグラム）

　先物のペイオフ・ダイアグラム（損益線）は、横軸の原資産価格が上昇、または下落すると、それと同じように縦軸の損益が線形的に増減する（図表1）。

図表1　先物取引の損益図

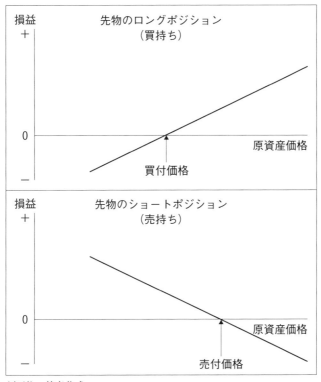

(出所)　筆者作成

金融先物取引の種類

①通貨先物

原資産	外国為替相場
主要上場取引所	シカゴマーカンタイル取引所（CME） ・先進国の通貨間で24種類、先進国通貨と発展途上国通貨間で17種類の通貨先物を上場。 ・日本円がペアの一方となっている通貨先物は、米ドル、ユーロ、英ポンド、加ドル、豪ドル、スイスフラン、人民元の7種類。

②債券先物

原資産	国債
主要上場取引所	大阪取引所 ・長期国債先物、中期国債先物、ミニ長期国債先物 シカゴ商品取引所（CBOT） ・Tボンド先物、Tノート先物、Tビル先物等

③金利先物

原資産	金利
主要上場取引所	東京金融取引所 ・ユーロ円3カ月金利先物 シカゴマーカンタイル取引所 ・ユーロドル先物等

④株価指数先物

原資産	株価指数
主要上場取引所	大阪取引所 ・日経225先物、日経225mini、日経300先物等 ・TOPIX先物、ミニTOPIX先物、TOPIX Core30先物、JPX日経400先物等 シカゴ商品取引所 ・ダウ工業株30種平均先物 シカゴマーカンタイル取引所 ・S&P500

サステイナブル成長率

[金融] [証券化] **[証券取引]** [保険] **[リスクマネジメント]** [デリバティブ] [環境]
[外国為替] [ITフィンテック] [金利] [ポートフォリオ] [ファンド] [電力取引]

サステイナブル成長率とは？

　サステイナブル成長率（sustainable growth rate）は、企業の収益見通し、レバレッジの見通し、配当政策等から導出される先行きの成長率である。

　企業の先行き成長率を予想する方法としては、たとえばその企業の過去の実績を分析して先行きを予想する方法や、その企業が属する業界全体の動向を勘案して総合的に判断する等の方法が考えられるが、サステイナブル成長率は、企業自身が決定する経営方針に含まれる数値をベースとして導出するものである。

サステイナブル成長率の概念と計算式

概念

企業が増資なしで、すなわち内部留保のみにより達成できる1株当たり利益、配当の成長率。

計算式

サステイナブル成長率＝自己資本利益率×内部留保率
　　　　　　　　　　＝自己資本利益率×（1－配当性向）

サステイナブル成長率の計算式のコンセプト

前提

サステイナブル成長率は、内部留保のみにより達成できる。

コンセプト

企業の成長は、①企業の収益力と、②その収益をどれだけ内部留保に振り向けるかにかかっている。

サステイナブル成長率の計算式の導出

サステイナブル成長率

＝今期の純利益の増加分÷前期の純利益
＝（今期の純利益－前期の純利益）÷前期の純利益

前期の純利益	＝前期の自己資本の簿価×前期の自己資本純利益率（ROE） なぜならROE＝純利益／自己資本 自己資本簿価×純利益／自己資本＝純利益
前期の純利益	＝（前期の自己資本簿価＋前期の内部留保）×今期のROE なぜなら今期のROE＝今期の純利益／今期の自己資本＋前期の内部留保

ROEは安定して前期、今期、さらには今後とも一定とする。
　　今期のROE＝前期のROE＝ROE
上記の式は、次のようになる。

サステイナブル成長率

＝（今期の純利益－前期の純利益）÷前期の純利益 ＝（前期の自己資本簿価＋前期の内部留保）×ROE－（前期の自己資本簿価×ROE）／前期の純利益 ＝前期の内部留保／前期の純利益×ROE＝b×ROE

ここから、冒頭のサステイナブル成長率の算式が導出される。

サステイナブル成長率

＝自己資本利益率×内部留保率 ＝自己資本利益率×（1－配当性向）

この式から、サステイナブル成長率は、内部留保率が高いほど、また、自己資本利益率が高いほど、高くなる。

設例

以下のA社のT年3月期の決算およびT+1年3月期の決算予想から、
①A社のサステイナブル成長率と
②A社のT+1年4月1日の理論価格を計算する。
なお、A社の要求収益率は3％とする。

	T年3月期実績	T+1年3月期予想
売上高	180億円	200億円
経常利益	16億円	20億円
当期純利益	8億円	10億円
1株当たり当期純利益	5円	7円
1株当たり配当金	3円	3円
総資産	450億円	500億円
純資産	230億円	250億円

①A社のサステイナブル成長率

（T+1年3月期初の純資産額を用いて計算）
サステイナブル成長率＝ROE（1－配当性向）
　　　　　　　　　＝10/230×（1－3/7）
　　　　　　　　　＝0.0248＝2.48％

②A社のT+1年4月1日の理論価格

$P_0 = D_1/r - g$
　＝3（1＋g）/0.03－g
　＝3（1＋0.0234）/0.03－0.0234＝464

サブプライム危機

`金融` `証券化` `証券取引` `保険` `リスクマネジメント` `デリバティブ` `環境`
`外国為替` `ITフィンテック` `金利` `ポートフォリオ` `ファンド` `電力取引`

サブプライム危機とは？

　サブプライム危機（subprime crisis）は、米国の住宅ローン（図表1）のデフォルト増加を引き金として発生したグローバル規模の金融危機をいう。

図表1　サブプライムローン証券化の基本的な枠組み

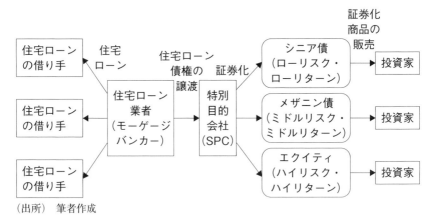

（出所）　筆者作成

サブプライム危機の背景

> 2007年まで一本調子で上昇してきた米国の住宅価格の伸びが2008年に入ると鈍化、その後はバブルがはじける形で価格が急落。

サブプライムローンのデフォルト増加

> この影響を受けてサブプライムローン（subprime mortgage loan）と呼ばれる信用リスクの大きな住宅ローンのデフォルトが増加。

グローバル金融危機へ拡大

> サブプライムローンの証券化商品を中心にマーケットが大混乱に陥り、米国のみならず世界の金融市場が危機的様相を呈した。

米国の住宅ローンの種類

①借り手の信用リスクからの分類

プライムローン（prime conforming loan）	政府関係機関発行・保証の住宅ローン債権証券化商品であるエージェンシー債の担保資産として適格要件を満たす住宅ローン。
サブプライムローン（sub-prime loan）	・信用力が低い借り手に対するローン。 ・具体的には、過去において債務延滞の履歴を持つ、自己破産の経歴がある、所得に対する返済率が高い、クレジットスコアが低い等の借り手に対するローン。 ・クレジットスコアは、一般的にフェアアイザック社（Fair Isaac Corporation）が開発したスコアリングモデルであるFICOスコアを使用して算出、660以下のFICOスコアがサブプライムローンとなる。
オルト-A（Alternative-A Loan、Alt-A Loan）	・借り手の信用力はサブプライムローンを上回っているが、正式の所得証明書がない等、信用力審査のための書類が不備であるにもかかわらず供与された住宅ローン。 ・正式の書類ではなく代替書類で審査されることからAlt（Alternative）-Aと呼ばれる。

②住宅ローンのタイプからの分類

固定金利住宅ローン	米国では、期間30年のローンが典型。	
変動金利住宅ローン（注）	ハイブリッド型変動金利住宅ローン（hybrid ARMs）	・借入れ当初の数年間は固定金利での貸付けであるが、その後は変動金利を適用する住宅ローン。 ・固定金利期間と変動金利期間との振分け（年）で2/28とか3/27とかいう形で表す場合もあれば、固定金利期間と変動金利移行後の変動金利見直しインターバルを3/1とか5/1という形で表す場合もある。後者の

		場合、3/1は、最初の固定金利適用期間が3年間で、その後変動金利に移行してからの変動金利見直しインターバルは1年に1回であることを示す。
	転換権付変動金利ローン（Convertible Adjustable Rate Mortgage、Convertible ARM）	借り手に、変動金利から固定金利に転換する権利がある変動金利不動産ローン。
	I-O型変動金利住宅ローン（Interest-Only（I-O）ARMs）	借入れ当初の3～10年間は元本の支払いは不要で、金利支払いのみの住宅ローン。 しかし、その後は、毎月の元本返済が通常のローンに比べて多額となる。
	ペイメントオプション型変動金利住宅ローン	借り手が数個のケースのオプションから元利金の支払い方法を自由に決めることができる住宅ローン。典型的なオプションには、次のようなものがある。 ・元利金を通常どおり支払う。期間は15、30、40年間等がある。 ・期間中、金利のみを支払う。 ・期間中、通常の金利支払額より少ない金額を支払う。
	バルーンローン（balloon mortgage loan）	借入期間中は金利の支払いだけで元本の分割返済はないとする元本一括満期返済型のローンや、毎月の金利支払い、毎月の元利金返済を通常より少なくする形のローン。この結果、借り手には満期に多額の（バルーンのような）返済負担がかかることになる。たとえば期間10年のローンで、毎月の元本返済額は30年物ローンをベースに計算し

| | | て、10年経過した満期時点で残存元本すべてを支払う形にするもの。 |

③政府支援機関の買取適格性からの分類

コンフォーミングローン (conforming loan)	ファニーメイやフレディマックの買入適格に該当する信用力のある住宅ローン。
ノンコンフォーミング・モーゲージローン (non conforming loan)	同上の買入不適格ローン。
ジャンボローン (prime jumbo)	・ファニーメイやフレディマックといった政府支援機構（GSE）の買取適格となる金額をオーバーするローン。 ・ローンの金額が大きいことを除けば借り手の信用力等に特に問題はなく、したがってジャンボローンはサブプライムローンのカテゴリーには属さない。

④その他

ネガティブアモタイズドローン（negative amortized loan）	・時期が経過するにつれて元本が増加するローン。 ・毎月の金利支払いが必要額よりも低く設定されるタイプでは不足分が元本に加算されて元本が漸増する。
ピギーバックローン (piggy back loan)	通常、住宅購入時には、購入資金の一部を頭金として自己資金でまかなってその残りについて住宅ローンを組むのが一般的であるが、その頭金の全部または一部を借入れに依存するローン。
ホームエクイティローン (Home Equity Loan、HEL)	・不動産担保ローンの一種。住宅の時価が上昇して住宅ローンで設定された第1抵当権の金額以上になった場合、その差額である住宅の正味資産を第2抵当にして新たに組んだローン。 ・住宅の時価と第1抵当権の差額を「ホームエクイティ」という。ホームエクイティロー

	ンの使途は、住宅以外の一般消費に充てることが多い。
忍者ローン（ninja loan）	・所得なし（no income）、職業なし（no job）、資産なし（no asset）の借り手に対する住宅ローン。 ・住宅を担保にとっている限り、貸付資金が回収できるとみる住宅価格の右上がり神話から、横行した。
略奪的ローン （predatory lending）	当初から返済能力が十分にない借り手に対して金融機関が言を弄して貸付けを行い、その後、返済不能となると抵当不動産を競売にかけて資金を回収するローン。

（注）　FRB, "*Consumer Handbook on Adjustable-Rate Mortgages*".

住宅ローン債権の証券化（図表2）

証券化の主体

・米国の証券会社
・政府支援機関：モーゲージブローカーや金融機関から買い取った住宅ローン債権を証券化して、これを投資家に発行、販売。
(i)ファニーメイ（Fannie Mae、Federal National Mortgage Association、連邦住宅抵当公庫）
(ii)フレディマック（Freddie Mac、Federal Home Loan Mortgage Corporation、連邦住宅金融抵当金庫）

エージェンシーMBS（agency MBS）

・政府支援機関により発行されている証券化商品。
・信用力のある住宅ローン（コンフォーミングローン、conforming loan）を裏付けにしているほかに、政府関係機関が証券に保証を付す。

証券会社等により発行された住宅ローン債権の証券化商品

MBS	住宅ローン担保証券
CDO of MBS	MBSを裏付けとしたCDO（債務担保証券）
CDO二乗 （CDO squared）	CDO of MBSを裏付資産とするCDO

証券化商品に対する投資主体

> グローバル運用を行うファンドや銀行、信託、保険等の機関投資家が中心。

図表2　米国の住宅ローン債権証券化の基本スキーム

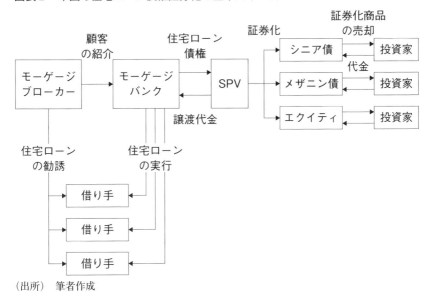

（出所）　筆者作成

サブプライム危機の拡大と教訓

①危機の拡大

> ・米国の住宅バブルが崩壊、サブプライムローンのデフォルトが増加すると、証券化商品に投資していた各国の機関投資家は、グローバルな規模で一斉に投資を慎重化。
> ・この結果、市場流動性は枯渇、証券化商品はフェアプライス（適正価格）で取引できる状況ではなくなった。その影響で証券化の流通市場だけでなく発行市場も鎮静化。
> ・信用リスクから流動性リスク、そしてマーケットリスクへとリスクは増幅しながら伝播、グローバル金融危機へと拡大。

②危機の教訓

信用リスクの過小評価	・サブプライム問題が発生する前の米国経済は、低金利持続のもとで長期にわたる安定成長の状況

	(great moderation) にあり、デフォルト率は低水準に推移。この結果、多くの市場参加者は、信用リスクを過小評価。 ・モーゲージバンクや金融機関の一部は、信用リスクの移転を前提としたオリジネート・トゥ・ディストリビュート型（Originate-To-Distribute model、OTD model）の証券化の枠組みを悪用して貸出審査を緩くしたモラルハザードが存在。
証券化商品の複雑化とディスクロージャー	・サブプライムローンの証券化商品のスペックが極めて複雑なものが登場、リスクとリターンのプロファイルも複雑化。 ・投資家は、こうした商品のリスクとリターンのプロファイルを正確に把握したうえで投資判断することが必要。 ・これには格付会社の格付も極めて重要な役割を持つ。

仕組み債

`金融` `証券化` `証券取引` `保険` `リスクマネジメント` `デリバティブ` `環境`
`外国為替` `ITフィンテック` `金利` `ポートフォリオ` `ファンド` `電力取引`

仕組み債とは？

　仕組み債（structured bond）は、通常の債券にデリバティブを組み込むことにより、債券が生むキャッシュフローを投資家のニーズにマッチするように組み替えた債券である。

　仕組み債のクーポンレートや償還額は、市中金利や、株価、為替相場、商品相場等の動きに伴い変動するように仕組まれている。

仕組み債のフレームワークと特徴

フレームワーク

商品設計	証券会社等のブローカーがアレンジャーとなって、債券の発行体と投資家の双方のニーズをくみ取って債券の具体的なスペックを構築。
投資家への販売	ブローカーの提案をベースにして発行された仕組み債を投資家に販売。

特徴

複雑なスペック	・多くの仕組み債は、標準物ではなくテイラーメイド。 ・リスク・リターンプロファイルが複雑。
適正価格	・適正価格の把握がなかなか難しいことが少なくない。 ・投資にあたっては、 ①投資家が評価モデルを構築、それを使い妥当な価格を計算するか、または ②少なくとも証券会社等が提示する売り値が妥当なものかどうかの判断ができるエキスパータイズを持っていることが必要。

仕組み債の種類

　仕組み債には、さまざまな種類があるが、代表的な仕組み債を取り上げると次のとおり。

コーラブル債（callable bond）

発行体が満期前に投資家から買い戻すことができる条件の付いた期限前償還条項付債券。

プッタブル債（puttable bond）

投資家が満期前に発行体に売ることができる条件の付いた期限前償還条項付債券。

ステップアップ条項付債券（step-up bond）

・当初は低クーポンの支払いで、その後期間を経るごとにクーポンが高くなる債券。

劣後債 （subordinated bond）	・ステップアップ条項は劣後債に付けられることが多い。 ・劣後債は一般に長期債で満期までに発行体が期限前償還することができる内容となっている。 ・発行体が期限前償還できるタイミングで債券の金利が上昇（ステップアップ）する。これにより、投資家は債券がいつ期限前償還となるか、すなわち債券の実際の満期を予想できる。

コモディティリンク債、商品リンク債（commodity-linked bond）

・債券の償還金が、貴金属や原油、農畜産物等のコモディティの先物相場に応じて決まるもの。
・単一のコモディティの先物相場にリンクさせるもののほかに、いくつかのコモディティをバスケットにしたもの、さらにはコモディティ指数にリンクする債券等、さまざまな種類がある。

株価リンクノート（equity-linked notes）

・リターンが、ある株式もしくは株価指数に連動するように設計された債券。
・クーポンはゼロクーポンのケースや、低く抑えられた水準となる。

ターンズ（Target Redemption Notes、TARNS）

・インデックスリンク債の一種。
・債券の利払い累計があらかじめ設定した一定の額に到達したところで期限前償還となる条件付の債券。あらかじめ設定の一定の額を「ターゲットキャップ」という。

インバースフローター（in-verse floater）の仕組み債	ターンズの代表例としては、最初のクーポン支払いは固定金利とするが、その後は、LIBORとは逆の動きをするインバースフローターとするもので、低金利期に投資家に人気を博した。

変動利付要求払い債券（Variable Rate Demand Obligation、VRDO）

・各週、各月というように定期的に金利が見直される債券。
・投資家は債券の発行体に対して額面で期限前償還することを要求することができる。

デュアルカレンシー債（dual currency bond）（図表1上）

・元本払込みとクーポンが同一通貨（通常、投資家が属する国の通貨）で償還が別の通貨（通常、債券発行会社が属する国の通貨）である債券。

リバース・デュアルカレンシー債（図表1下）、逆デュアルカレンシー債（reverse dual currency bond）

・元本の払込み・償還が同一通貨（通常、投資家が属する国の通貨）、クーポンが元本受払いとは別の通貨（通常、債券発行会社が属する国の通貨）である債券。
・日本では通常、元本が円貨、クーポンが円貨とは別の高金利通貨といった組合せが多い。
・投資家の為替リスクはクーポン部分のみで元本にはかからない。

図表1　デュアルカレンシー債とリバース・デュアルカレンシー債

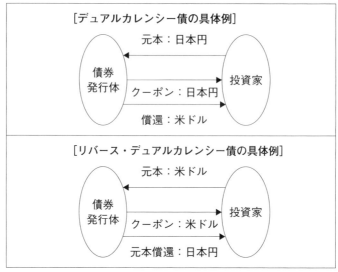

(出所)　筆者作成

リバースフローター債（reverse floaters）、インバースフローター債（inverse floaters）

短期金利が下落した場合に債券の利回りが上昇し、逆に短期金利が上昇した場合に債券の利回りが下落する変動利付債。

レンジ・フローター債（range floater）

金利があらかじめ決めておいた一定の幅の中で推移すれば高クーポンが得られるが、一定の幅を超えた場合には金利の受取りがゼロとなる債券。

MTNプログラム（Medium Term Note Program、MTN Program）

債券の発行者が、起債関係人との間であらかじめ債券の発行限度枠、通貨の種類、発行形態等の起債条件等を包括的に定めた契約書や目論見書（もくろみしょ）を作成しておくことにより、市場動向の変化等をにらんで機能的、弾力的に債券発行を可能とする仕組み。

モーゲージストリップ証券（mortgage-stripped securities）、ストリップモーゲージ証券（strip mortgage-backed securities）

モーゲージ証券（Mortgage Backed Securities、MBS）の元本部分と利息部

IO（Interest Only）証券	利息の部分の証券化商品
PO（Principal Only）証券	元本の部分の証券化商品

分を切り離して、別々に流通させるもの（図表2）。

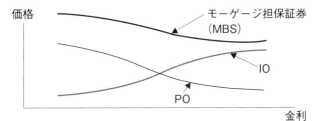

図表2　IO、POの価格と金利の関係

（出所）　Fabozzi, Frank J., *Bond Markets, Analysis and Strategies*, Prentice Hall, 2000 Chapter 12をもとに筆者作成
（原典）　Carlton, Steven J. and Timothy D. Sears, "Stripped Mortgage Pass-Through" in Frank J. Fabozzi, *The Handbook of Mortgage-Backed Securities*, McGraw-Hill, 2000

ミスマッチFRN（mismatched FRNs）

・変動利付債（Floating Rate Notes、FRNs）の一種。
・クーポンレートを決定するにあたり、基準となる金利（LIBOR等）を毎月あるいは毎週とり、それを半期まとめて平均した水準とするもの。

フリッパー（flipper）

期の途中で変動金利から固定金利に変わる債券。

フリップフロップFRN（flip-flop FRN）

永久債、または長期債の変動利付債（FRN）を、発行者が事前通告して利回りの低い短期、または中期のFRNに切り替えることができる債券。

フロアFRN（floored FRN）

・仕組み債の一種。
・変動利付債（FRN）に金利フロアを合成、これにより金利に下限を設定。

ペイスルー証券（pay-through securities）

モーゲージ証券（Mortgage Backed Securities、MBS）の1つ。	
期限前返済リスク	・流動化・証券化の裏付資産のキャッシュフ

	ローを加工、再構成して異なるキャッシュフローにしたうえで投資家に支払う形をとる流動化・証券化商品。 ・元利金の流れに差異を持った複数の証券を発行することにより期限前返済リスクをコントロールすることが可能。
モーゲージ担保証券（CMO）	ペイスルー証券の代表的なものに、モーゲージ担保証券（Collateralized Mortgage Obligation、CMO）がある。

パススルー証券（pass-through securities）

流動化・証券化の裏付資産となる債権のキャッシュフローがそのまま投資家のキャッシュ（イン）フローに結び付く債権の流動化・証券化商品。			
期限前返済リスク	RMBS（住宅ローン債権担保証券）がパススルー証券の場合には、投資家は住宅ローン債権の期限前償還の影響をダイレクトに受ける。		
パススルー証券の種類	パススルー証券には、シークエンシャルやプロラタ等の種類がある。		
	シークエンシャル（sequential）		複数のトランシェの元本償還について時間差を付ける方式。たとえば、上位のトランシェが全額償還されるまで下位にある次のトランシェの償還が始まらない方式。
	プロラタ（pro rata）		複数のトランシェの元本償還について時間差を付けることなく各トランシェの残高で按分して同時に償還を行う方式。

インデックスボンド、インデックス債（index bond）

・ある指数に連動して元利金の支払いが決まる債券。
・連動する指数は、株価や、コモディティ相場、為替相場、物価指数等。

レバレッジ・フローター（leveraged floater）

変動利付債の1つで、変動利率がある一定の指標金利（LIBOR等）の変動率を上回る（1を上回る乗数とする）ように設計されたもの。

永久変動利付債(Perpetual Floating Rate Notes、Perpetual FRNs)

永久債で、半年ごとに金利が変わる変動利付債。

永久債(perpetual bond)

発行会社が存続する限り償還する必要のない社債。	
特徴	・通常、元本を返済する必要がないことから株式に似た性格を持つ。 ・発行会社にとって安定的な資金を調達する効果がある。

(関連用語) コーラブル債(419頁)、プッタブル債(419頁)

自己資本規制比率（証券会社）

金融 / 証券化 / 証券取引 / 保険 / リスクマネジメント / デリバティブ / 環境 / 外国為替 / ITフィンテック / 金利 / ポートフォリオ / ファンド / 電力取引

自己資本規制比率（証券会社）とは？

　証券会社の自己資本規制比率は、証券会社の財務の健全性を図る重要な指標である。

　証券業は、マーケットの状況いかんにより業績が大きく左右される代表的な市況産業である。したがって、証券会社の経営にあたっては、たとえマーケットに強いアゲンストの風が吹いても財務の健全性を維持して、投資家保護に万全を期すことが重要となる。

自己資本規制比率の算出

　自己資本規制比率の算出は、金融商品取引法と、金融商品取引業に関する内閣府令に定められている。

算出式のコンセプト

> 証券会社が証券の売買を大量に反復して行うという業務の特性から、証券取引の決済が確実に遂行されるように、保有証券の価格変動のリスクをカバーするだけの流動資産を常に保有している必要がある、という考え方を基本に策定。

算出の基本

> 自己資本から固定的な資産を控除した「固定化されていない自己資本」を「リスク相当額」で除する。

算出式

$$\text{自己資本規制比率} = \frac{\text{固定化されていない自己資本}}{\text{リスク相当額}}$$

$$= \frac{\text{基本的項目} + \text{補完的項目} - \text{控除資産}}{\text{市場リスク相当額} + \text{取引先リスク相当額} + \text{基礎的リスク相当額}}$$

分子	基本的項目	資本金、資本剰余金、利益剰余金、評価差額金（-の場合）、自己株式
	補完的項目	引当金、劣後債務、評価差額金（+の場合）
	控除資産	固定的資産（会計上の固定資産とは異なる）
分母	市場リスク相当額	保有する有価証券等の価格の変動等により発生するリスクに相当する額。
	取引先リスク相当額	取引の相手方の契約不履行等により発生するリスクに相当する額。
	基礎的リスク相当額	事務処理ミス等日常的な業務遂行上発生するリスクに相当する額。

自己資本規制比率のディスクロージャー

金融商品取引法

証券会社は、毎年各四半期末月末日時点の自己資本規制比率を記載した書面を3カ月間、営業所で公衆の縦覧に供する義務がある。

自己資本規制比率の見方

自己資本規制比率を高めることと自己資本の有効活用にはトレードオフの関係があり、投資家は自己資本規制比率以外の財務指標とあわせて総合判断をする必要がある。

自己資本規制比率に基づく指導、規制

自己資本規制比率の動向により、金融庁や東京証券取引所、大阪取引所から、次の規制が行われる。

自己資本規制比率

140%を下回る	金融商品取引法等に基づく規制	金融庁に対する届出

		取引所の取引参加者規程等に基づく規制	東京証券取引所および大阪取引所に対する報告
120％を下回る		金融商品取引法等に基づく規制	金融庁は、業務方法の変更、財産の供託、その他監督上必要な事項を命ずることができる。
		取引所の取引参加者規程等に基づく規制	東京証券取引所および大阪取引所における有価証券の売買等の停止、制限を行うことができる。
100％を下回る		金融商品取引法等に基づく規制	金融庁は、3カ月以内の期間、業務の全部または一部停止を命ずることができる。
		取引所の取引参加者規程等に基づく規制	同上。

資産流動化法（新SPC法）

`金融` `証券化` `証券取引` `保険` `リスクマネジメント` `デリバティブ` `環境`
`外国為替` `ITフィンテック` `金利` `ポートフォリオ` `ファンド` `電力取引`

資産流動化法（新SPC法）とは？

　日本では、1993年の特定債権法、1998年の特定目的会社法（旧SPC法）の制定に続いて、2000年に、旧SPC法を改正する「特定目的会社による特定資産の流動化に関する法律等の一部を改正する法律」が制定され、これにより、資産流動化の環境整備は大きく前進した。この新法を「資産流動化法」とか「新SPC法」と呼んでいる。

資産流動化法の主要内容

①流動化の対象資産

・財産権一般。
・旧SPC法では、流動化対象資産は、不動産、指名金銭債権、および、これらの信託受益権に限られていたが、資産流動化法では、著作権とか特許権等の無形財産を含むすべての資産が流動化の対象。

②特定目的会社の設立の届出制

旧SPC法では登録制がとられていたが、資産流動化法ではこれが届出制へと簡素化。

③特定目的会社の最低資本金

特定目的会社の最低資本金は旧SPC法の300万円から10万円へと大幅減額。

④特定目的会社の取締役数

1名以上と最低限に抑えることが可能。

⑤特定持分信託制度

特定目的会社の倒産隔離のために特定目的会社の持分を信託する「特定目的信託」（Special Purpose Trust、SPT）制度を導入。これは、「日本版チャリタブルトラスト」と呼ばれている。

TMK、SPT

①TMK
・資産流動化法に基づいて設立された特定目的会社。
・特別目的会社はSPC（Special Purpose Company）と表すが、資産流動化法によらない特別目的会社もあることから、それと区別するために資産流動化法では、特定目的会社とされ、Tokutei Mokuteki Kaisyaの日本語の頭文字をとってTMKと表す。

TMKのメリットと活用	メリット	社債の発行が可能。 会社更生法の適用なし。
	活用	主として、大型案件や長期にわたる案件等に活用。

②SPT（Special Purpose Trust、特定目的信託）
・資産流動化法に基づく制度で、委託者が金銭債権や不動産等の資産を信託財産として拠出して、受託者となる信託銀行等から取得した信託受益権を分割して投資家に販売する仕組み。
・資産流動化スキームでは特定目的会社は設定されず、信託が資産流動化スキームのビークルとなって証券を発行。
・特定目的信託の信託受益権は、有価証券とされ流動性を具備。

市場型間接金融

金融 証券化 証券取引 保険 リスクマネジメント デリバティブ 環境
外国為替 ITフィンテック 金利 ポートフォリオ ファンド 電力取引

市場型間接金融とは？

市場型間接金融は、伝統的な間接金融と直接金融のチャネルを融合したハイブリッド型の金融パターンである。

間接金融

金融機関と企業が基本的に1対1で取引する金融の形態。

直接金融

マーケットを介して不特定多数の投資家が企業に対して資金を供給する金融の形態。

市場型間接金融

資金の運用・調達の一方、または双方で、伝統的な間接金融の世界にマーケットが持つ機能を持ち込む形で構築された金融の形態。	
運用面	金融機関が資金提供者から供給を受けた資金を企業に直接貸し付けることはせず、市場で取引されている商品に投資する形の金融。
調達面	金融機関がバランスシートに保有している資産を証券化等により市場で売却することにより、資金調達を行う形の金融。

市場型間接金融の機能と発展

機能

間接金融偏重の問題点	・日本の金融システムは間接金融に大きく依存。その結果、企業の信用リスクは金融機関に大きくのしかかることになる。 ・特に、バブル崩壊後の金融機関は、信用リスクの表面化⇒不良債権の累増という厳しい状況に直面。
間接金融偏重からの脱却	市場型間接金融では、多くの投資家を引き込む

| | こととなる結果、リスクが分散される効果が期待可能。これにより従来、間接金融のもとで金融機関が背負っていた信用リスクが軽減。 |

発展の鍵

リスクの分散と所在	市場型間接金融では、リスクの分散により最終的なリスクの保有者はだれで、どこまでリスクを負担しているか等や、リスク分散のプロセスでリスクが複雑化、増幅化されないか等の諸点が、不透明になる恐れ。
マーケットの透明性	市場型間接金融が金融のデリバリーチャネルとして発展するためには、リスクシェアリングとリスク移転のプロセスを、投資家に対して明確にディスクローズするインフラ整備が重要。

市場型間接金融の基本的なパターン

①資金の調達面

　金融機関の貸出債権が持つ信用リスクを、市場を通じて移転するパターンでみると、貸出債権の流動化、貸出債権の証券化、クレジットデリバティブに大別される。

貸出債権の流動化	・金融機関の不良債権の売却 ・リース会社・クレジット会社の債権の流動化 ・シンジケートローン
貸出債権の証券化	・金融機関が企業向けの貸出債権を証券化して売却 ・住宅ローンやカードローンの証券化 ・CDO（資産担保証券）、CLO（ローン担保証券）等
クレジットデリバティブ	・デリバティブにより、貸出債権から信用リスクを取り出して、それを市場で売買する手法。 ・クレジットデフォルトスワップ（CDS）、トータルリターンスワップ（TRS）、クレジットリンク債（TRS）等

②資金の運用面

　金融機関が資金提供者の資金を吸収してそれを市場で運用する形の市場型間接

金融は、「集団的投資スキーム」と呼ばれる。これは、投資信託、年金、ファンドに大別される。

投資信託	複数の投資家から資金を集めて、それを１つのファンドにしたうえで、運用の専門家が、株式や債券などに運用して、その成果を投資家に分配する商品。投資信託は、資産運用型の市場型間接金融で中核的な役割を演じている。
年金	確定拠出年金、変額年金等の商品が開発、売り出されている。こうした商品は、いわゆる投資型年金として、そこに組み込まれている個別商品とそのポートフォリオがどのような分散効果を発揮して、投資家にとって最適なリスク・リターンミックスとなっているかをチェックすることが重要。
ファンド	・公募ファンドから私募ファンド、オルタナティブ投資としてのベンチャーファンド等、各種ファンドが設定、売り出されている。 ・こうしたファンドのうち私募ファンドはその性格上、ディスクロージャーを要しないが、その他のファンドでは、運用の方針、対象、リスクの程度等を明確にして、投資家が不測の損失を被ることがないよう、市場を整備することが重要。

市場型間接金融のメリット

①投資家サイド

リスクの分散効果	・多くの資産を束ねることによって、リスクの分散効果を図ることが可能。 ・さらにそれを組み替えることにより、投資家のリスク選好（risk preference）にマッチするような形に商品化することも可能。	
小口投資家の投資機会	不動産	一般の小口投資家がこれに直接投資することは容易ではない。
	受益権ないし証券化で小口ロットとする	小口投資家も投資に参加することが可能。
投資対象の多様化	・資産の流動化・証券化によりさまざまなリスク・リターンプロファイルを持った商品を作り出すことが可	

	能。 ・投資家は多種多様な商品の中から適宜取捨選択して自己のポートフォリオに組み入れることにより、最適ポートフォリオの構築を指向することが可能。

②資金調達サイド

資金調達チャネルの多様化	資金調達の選択肢が増加。 金融機関や証券市場へのアクセスができない中小企業やベンチャー企業等も、市場型間接金融のツールを活用可能。
資金調達コストの合理的決定	資産の保有者にとっては、資産が市場取引の対象となり、そのプロセスで価格発見機能が発揮され、資金調達コストが合理的に決定される。

③金融システム

間接金融に大きく依存したシステムは金融機関が抱えるリスク負担がそれだけ大きくなるが、市場型間接金融は、こうした問題に対応するソリューションとなる。すなわち、市場型間接金融は、金融に絡むリスクが銀行部門に集中する日本の金融システムが抱える問題を解決する有力なツールとなる。

市場型間接金融の展望と課題

金融技術の活用

情報技術革新とそれを活用した金融革新によって、金融仲介機能は、大きく変貌。

商品の多様化	・金融技術の進展に伴い多種多様な商品が開発されている。 ・それが多くの企業や投資家にとり資金調達・運用のさまざまな選択肢を提供、多様なマーケットの形成につながる。 ・この結果、企業も投資家も機動的、弾力的に最適ルートでの調達・運用を実施することを期待可能。
資産仲介ルートの効率化	多様な選択肢の中で裁定が働いて、伝統的な間接金融と直接金融、それに市場型間接金融が、相互補完的に作用しながら、資金仲介マーケット全体の効率化が期

		待可能。

金融商品と金融市場の透明性の拡充

金融商品のリスク・リターンプロファイル	・集団投資スキームから生まれる商品は、株式や債券といった単体ではなく、各種資産が組み合わされたものや、資産が生み出すキャッシュフローがさまざまな形に組み替えられている特性を持つ。 ・投資家にとって商品の持つリスク・リターンの特性の把握が難しいケースが少なくない。
金融市場におけるリスクの顕在	・集団投資スキームには多数の投資家が関与することとなり、そのプレーヤーが持つリスク自体も考慮する必要がある。 ・最終的にリスクがどこで持たれているのかといったリスクの所在が不明確になる恐れ。
透明性拡充の必要性	リスクの所在やリスクの分担を明確にして、集団投資スキームから生み出されるさまざまな金融商品に対して投資家が安心して投資することができるインフラを整備する必要がある。

地震保険

| 金融 | 証券化 | 証券取引 | **保　険** | リスクマネジメント | デリバティブ | **環　境** |
| 外国為替 | ITフィンテック | 金利 | ポートフォリオ | ファンド | 電力取引 |

地震保険とは？

日本の地震保険は、制度上、①住宅を対象とする「一般家庭向け地震保険」と、②事業所や工場等を対象とする「企業向け地震保険」に分類されている。

①一般家庭向け地震保険

1966年に制定された「地震保険に関する法律」により、政府が再々保険を引き受ける形となっている。

②企業向け地震保険

・保険金額がどのような結果になっても保険会社が100％負担。
・こうした地震リスクの引受けには保険会社のキャパシティに限界があり、再保険や代替的リスク移転（Alternative Risk Transfer：ART）を活用してリスクの移転が行われる。

一般家庭向け地震保険（図表1）

①スキーム

保険会社のリスクを政府が一部引き受けることで保険会社のリスクを軽減。	
元受保険会社の出再	元受保険会社は、一般家庭から引き受けた地震保険を、地震保険を専門に扱うために設立された日本地震再保険株式会社に出再。
政府の受再	日本地震再保険株式会社は、その一部を政府に再々保険として出再し、残りを元受保険会社に出再する（図表2）。

図表1　一般家庭向け地震保険

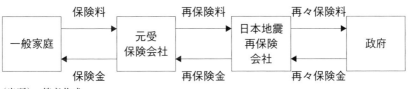

(出所)　筆者作成

図表2　地震保険再保険

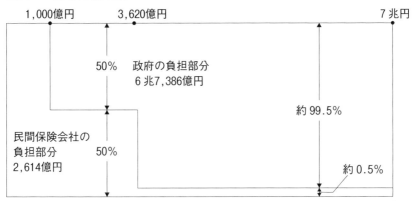

(出所)　損害保険料率算出機構「日本の地震保険　平成26年7月版」をもとに筆者作成

②民間保険会社と政府との役割分担

総支払限度額	・1回の地震等による保険金総支払限度額は、2012年4月以降、6.2兆円とされている。 ・この限度額は、関東大震災級の巨大地震が発生した場合にも保険金の支払いに支障がないように定めたもの。			
民間保険会社と政府との負担割合	1災害による支払額	1,040億円以下の場合	民間保険会社が100％負担	
		それをオーバーした場合	1,040億円超〜6,910億円以下の部分	民間保険会社と政府が各50％負担
			6,910億円超〜6兆2,000億円以下の部分	民間保険会社が約1.6％、政府が約98.4％負担

1災害による支払限度額	民間保険会社	4,880億円	
	政府	5兆7,120億円	
	合計	6兆2,000億円	

③一般家庭向け地震保険の補償内容等

被災者の生活安定を目的	・一般家庭向け地震保険は、地震の被災者の生活安定に寄与することが目的。 ・保険の対象は、専用住宅、併用住宅、家財に限定。 ・地震保険は、火災保険とセットで契約。		
地震保険＋火災保険	地震保険の契約金額は火災保険の契約金額の30～50％の範囲内で決められ、また建物は5,000万円、家財は1,000万円が限度。		
	補償内容	火災保険	火災被害のほか、風害、雪害、雹害
		地震保険	地震・噴火・津波を直接または間接の原因とする火災・損壊・埋没・流失による損害

（関連用語）　CATボンド（33頁）

時点ネット決済、即時グロス決済

`金融` `証券化` `証券取引` `保険` `リスクマネジメント` `デリバティブ` `環境`
`外国為替` `ITフィンテック` `金利` `ポートフォリオ` `ファンド` `電力取引`

時点ネット決済、即時グロス決済とは？

時点ネット決済（designated-time net settlement）
・多くの取引から生じる債権、債務の決済をプールしたうえで、一時点で受払いの差額を決済する方式。
・時点決済とも呼ばれる。

即時グロス決済（Real Time Gross Settlement、RTGS）
・取引1件1件につき、そのつど、決済を行う方式。
・RTGSと呼ばれることが多い。

時点ネット決済

内容

時点決済	多くの取引から生じる債権・債務の決済を、午前9時とか午後1時、3時、5時といったある時点までプール。
ネット決済	その時点において各取引当事者の受取りと支払いの差額のみを決済。

メリット

資金等の効率性向上	取引当事者にとって、取引1件ごとに資金や証券を用意する必要がなく資金や証券の受払いの差額だけを用意すれば足りることとなり、資金繰りや証券繰り、あるいは事務処理の効率性が向上。

デメリット
決済時点と次の決済時点との間に取引当事者の債権・債務が累増、この結果、以下の点が問題となる。

決済不履行の可能性	取引当事者の債権・債務が大きくなれば決済不履行になる可能性は大きくなり、また、そのダメー

	ジも大きくなる。
全体の決済がストップするリスク	・多数の当事者で行われる多くの件数にのぼる決済のうち、1件でも決済不履行が生じた場合には、全体の決済がストップするリスクが存在。 ・具体的には、たとえ1件でも不履行となれば、その時点においてすべての決済作業を中止、決済不履行を起こした決済参加者に関連した受払いをすべて除外したうえで、再び決済参加者の受払額を計算し直すという複雑で手間のかかる作業が必要。
システミックリスク	決済不履行を起こした参加者から入金を見込んでいた参加者は、入金のあてが外れて、この結果、その参加者も決済不履行を起こすといったシステミックリスクが生じる恐れ。

システミックリスク（systemic risk）

概念

決済システム全体の機能マヒを起こすリスク。	
プロセス	・ある1社（A社）が決済不履行を引き起こすと、これがA社と取引をしていたB社の資金繰り難を招き、この結果、B社は取引先のC社に対する支払いを履行できなくなる、C社はB社からの資金受取りをあてにしてD社への支払いを予定していたがそれができなくなる、という具合に1社の決済リスクの現実化がどんどん他社に伝播。 ・そして、結局それが決済システム全体の機能マヒにつながるシステミックリスクを惹起。
ドミノリスク	システミックリスクはドミノ的な決済リスクの拡大に起因することからドミノリスク（domino risk）とも呼ばれる。

システミックリスク発生の背景

企業のデフォルトリスクの伝播	・現代の商取引は、商売のネットワークが多くの取引参加者間に張りめぐらされて多角的な取引が錯綜しながら行われる状況にあり、これに伴う取引決済も複雑に絡み合いながら実施される。

	・この一方で資金の効率化の観点から各企業は極力、余分の手元流動性を持たないスタンスをとる。 ・この結果、決済システム全体として1社のキャッシュフローマネジメントの失敗が他社に伝播しやすい素地が形成される。
金融機関のデフォルトリスクの伝播	システミックリスクは、商取引に起因して発生する可能性があるほかに、資金の決済機能を担う金融機関で破綻が生じた場合には、これが他の金融機関に波及してその金融機関も破綻、それがまた他の金融機関へと破綻の連鎖が拡大していく恐れ。

システマティックリスク防止の重要性

・決済は、金融取引を最終的に完結させる重要なプロセス。
・したがって、決済機能がマヒすれば金融取引自体に重要な支障をきたし、ひいては金融システム自体の機能マヒ＝システマティックリスクにつながる恐れ。

システマティックリスクへの対応

決済システムの安全性	・システマティックリスクは、決済システムの安全性確保の最終責任当局である中央銀行が最も警戒するリスク。 ・一国の決済システムがマヒすれば当該国の金融経済全体の活動がマヒするどころか、グローバリゼーションのもとでは世界全体の決済機能のマヒを引き起こし、ひいてはグローバル規模での経済活動のマヒにつながるリスクを内包。
中央銀行の対応	・各国とも安全で信頼度の高い決済システムの構築に注力。 ・日本銀行が導入したRTGS（下記）は、金融機関の決済をまとめて行わずにそのつど行うことによって、金融機関が持つ債権・債務の積上がりを防いで決済リスクを削減する機能を発揮。

即時グロス決済（RTGS）

内容

・取引1件1件につき、そのつど、決済を行う方式。 ・RTGSは時点決済に対する決済方法ということができる。

メリット

・決済時点と決済時点との間に取引当事者の債権、債務が積み上がるという問題を回避することができる。 ・決済システム全体をマヒさせるシステマティックリスクの表面化を防止。

デメリット

取引当事者にとって、取引1件ごとに資金や証券を用意する必要があり、時点決済とは対照的に資金繰り等の効率性が悪い。

適用

①日本銀行は、当座預金と国債の決済にRTGSを適用（注）。 ②日本銀行は、金融機関が一時的な決済資金不足に対応できるように日中当座貸越のファシリティを提供。この日中当座貸越は、金融機関があらかじめ差し入れている担保の範囲内で無利子で貸し付けるもので、金融機関は当座貸越日の終業時点までに返済しなければならない。

（注）　国債の取引は、1件当たりのロットが通常10億円以上と大口であり、また、毎日の決済金額も大規模なものとなっている。また、国債は、事実上信用リスクがないことから、市場参加者の売買、レポ取引の対象債券として活用されている。したがって、国債の決済が滞った場合には、それが1金融機関に限らず、金融システム全体に幅広い影響を及ぼし、ひいてはシステミックリスクを惹起する恐れがある。こうしたことから、国債決済システムを提供している日本銀行では、2001年初から当座預金決済のRTGS化にあわせて国債決済についてRTGSを導入している。

　しかし、市場参加者の間では、国債決済についても、資金、証券の効率性向上の観点から、決済の前工程としてネッティングをすることへの要請が強く、この結果、市場参加者の間での清算を行って、その後に日本銀行との間でRTGSでの決済を行うという形をとることになり、2004年に国債の清算業務を行うための日本国債清算機関（JGBCC）が設立された。その後、2013年に、日本国債清算機関は、日本証券クリアリング機構（JSCC）と合併した。

私募投資信託（私募投信）

金融 | 証券化 | 証券取引 | 保険 | リスクマネジメント | デリバティブ | 環境
外国為替 | ITフィンテック | 金利 | ポートフォリオ | **ファンド** | 電力取引

私募投資信託（私募投信）とは？

　私募投資信託（私募投信）は、特定の投資家、または少数の投資家に限って資金を集めて運用する投資信託である。私募投信は、私募ファンド、または単にファンドとも呼ばれる。

　投資信託は、1998年の投資信託法改正前までは、不特定多数の投資家から資金を集めて運用する公募投信のみ認められていたが、同年の投資信託法の改正（新信託法）により私募投信が認められた。

私募投信のタイプ

　私募投信には、特定の投資家として適格機関投資家を相手に募集する投信と、少人数を相手に募集する投信の2種類があるが、多くは適格機関投資家私募投信とみられる。

①適格機関投資家私募投信（プロ私募投信）

有価証券投資に専門的な知識と経験を持つ適格機関投資家を対象とする投資信託で、通常、「プロ私募投信」と呼ばれる。

適格機関投資家	銀行、証券会社、保険会社、投資信託会社、証券投資法人等のほか、一定以上の有価証券残高を持ちかつ当局に届出を行った法人や個人。
契約型投信	プロ私募投信では、いったん発行された証券がその後、適格機関投資家以外の投資家に渡る恐れがないことが必要であり、一般的に会社型ではなく契約型をとる。
ファンドの名称	受益証券を記名式にするほか、ファンドの名称に適格機関投資家の文言を入れる。

②一般投資家私募投信（少人数私募投信）

50人未満の少数の投資家を勧誘の相手とした投資信託で、通常、「少人数私募投信」と呼ばれる。

少人数の制限	50人未満という制限は、あくまでも勧誘される投資

	家の数であり、実際に私募投信を購入した投資家の数ではない。
譲渡制限	いったん発行された証券がその後、50人以上の投資家に渡る恐れがないことも必要であり、受益証券を記名式にして転売制限を課するとか、受益証券が無記名式の場合には約款に分割譲渡制限を課する方策がとられる。

私募投信に対する規制

規制面からみた私募投信と公募投信の大きな違いは、ディスクロージャーと運用面にある。

①ディスクロージャー

> 私募投信への投資家は、投資に対する知識や経験が一定以上の水準にあるとみられ、一般投資家に対するような詳しい説明は必要がない。

有価証券報告書等の作成・交付

公募投信	有価証券届出書等の規制当局に対する提出義務や目論見書の投資家への交付義務が課せられる。
私募投信	有価証券報告書や目論見書などの作成・交付は不要。私募投信の運用会社は投資の受益者のみに運用情報を提供することとなり、費用削減が可能。

②運用面

私募投信への投資家のリスク許容度は、一般投資家に比べて大きいとみられる。		
デリバティブ取引等への規制	公募投信	・デリバティブ取引について一定の規制がかけられる。 ・私募債や非上場有価証券等、流動性の乏しい商品の投資信託への組入れ比率に一定の上限が課せられる。
	私募投信	・投資家のニーズにマッチさせる形でカスタマイズして設計される。 ・したがって、デリバティブ等を活用してハイリスク・ハイリターンを狙うような運用が可能。

住宅金融支援機構MBS

`金融` `証券化` `証券取引` `保険` `リスクマネジメント` `デリバティブ` `環境`
`外国為替` `ITフィンテック` `金利` `ポートフォリオ` `ファンド` `電力取引`

住宅金融支援機構MBSとは？

住宅金融支援機構MBS（Mortgage Backed Securities）は、住宅金融公庫の後身である住宅金融支援機構が発行している住宅ローン債権を裏付けとしたMBSである。正式名称は、「貸付債権担保住宅金融支援機構債券」という。

住宅金融公庫発行のRMBS（貸付債権担保住宅金融公庫債券）

住宅金融公庫RMBS発行

財政投融資改革に先行する形で2001年3月から貸付債権の証券化をスタート。	
背景	住宅金融公庫が財投資金のみに依存することなく、資金調達の多様化を図る狙い。
発行実績	まとまった金額が継続的に発行されたことから、わが国のRMBS市場発展に大きく寄与。

スキーム（注）

(i)金融機関によるフラット35の貸出	金融機関は、住宅金融公庫と提携して商品化した長期（35年）固定金利の住宅ローン、フラット35を借入人に対して実行。
(ii)ローン債権の住宅金融公庫への譲渡	金融機関は、住宅ローン債権を束ねて住宅金融公庫に譲渡。
(iii)ローン債権の信託	住宅金融公庫は住宅ローン債権のパッケージを信託銀行に対して信託。
(iv)住宅金融公庫RMBSの発行	住宅金融公庫は住宅ローン債権担保の債券を発行。

買取型と保証型

2007年、住宅金融公庫にかわって住宅金融支援機構が設置された。同機構の主たる業務は、民間金融機関による長期固定金利の住宅ローンの供給を支援する証券化業務となった。

具体的には、住宅金融支援機構では「買取型」と「保証型」の2つのタイプで、証券化の支援を行っている（図表1）。

①買取型

スキーム	・民間金融機関が行った住宅ローンを住宅金融支援機構が買い上げる。 ・これを裏付けとして住宅金融支援機構が債券を発行して投資家に販売。 ・このスキームによる証券化商品を「住宅金融支援機構MBS」とか「機構MBS」と呼ぶ。
RMBS市場の指標	買取型に基づく民間金融機関の住宅ローンは、証券化を前提にスペックが設定されていることから、これを裏付資産とする機構MBSは、RMBS市場を代表する指標的な商品となっている。

②保証型

スキーム	民間金融機関が行った住宅ローンに対して住宅金融支援機構が、住宅ローンの借入人が返済不能となった場合には保険金を支払い、また、返済不能となった当該住宅ローンを裏付資産として発行されたRMBSの元利金の支払いを保証するスキーム。

図表1　住宅金融支援機構による証券化支援事業

[買取型]

[保証型]

●信託受益権を投資家に販売するスキーム

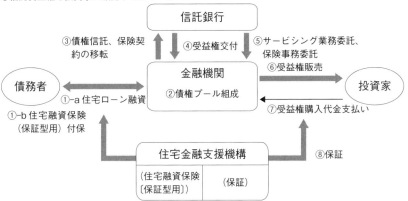

① 金融機関は、顧客（債務者）に対して証券化支援事業（買取型）の対象となる買取基準を満たす長期固定金利の住宅ローンを実行する。
② 金融機関は、住宅ローンを実行した後、当該住宅ローン債権を機構に売却する。なお、機構が金融機関から買い受けた住宅ローン債権に係る管理・回収業務については、当該金融機関に手数料を支払い、委託する。
③ 機構は、②により金融機関から買い受けた住宅ローン債権を、信託銀行等に担保目的で信託する。
④ 機構は、③により信託した住宅ローン債権を担保として、住宅金融支援機構債券（※）を発行する。
（※）この債券は住宅ローンを担保としたいわゆる資産担保証券（MBS：Mortgage Backed Security）である。
⑤ 機構は、MBSの発行代金を投資家より受け取る。
⑥ 機構は、MBSの発行代金により、金融機関に対し、住宅ローン債権の買取代金を支払う。
⑦ 金融機関は、当該譲渡債権に係る管理・回収業務の受託者（サービサー）として顧客（債務者）から元利金の返済を受ける。
⑧ 金融機関は顧客（債務者）からの返済金を機構へ引き渡す。
⑨ 機構は、顧客（債務者）からの返済金を元に、発行したMBSについて、投資家に対し元利払いを行う。
（出所） 住宅金融支援機構「証券化支援事業・参加手続き」

住宅金融支援機構MBSの基本的なスキーム

機構MBSのスキームをステップ順でみると、図表1のようになる。

住宅金融支援機構MBSのリスク（図表2）

①資産担保型の財投機関債

機構MBSは、100％政府出資の独立行政法人である住宅金融支援機構が発行する資産担保型の財投機関債。

デフォルトリスク	住宅ローンがデフォルトとなった場合には、機構が信託財産から当該債権を解約するスキームとなっており、投資家は住宅ローン債権のデフォルトリスクから隔離されている。

②機構MBS裏付ローン債権の均質性とリスク分散

均質性	機構MBSの裏付資産である住宅ローン債権プールは、フラット35という均質の商品群から構成。
リスク分散	フラット35は、日本全国の民間金融機関から買い取ることから、地域分散が高い。

③住宅金融支援機構の信用補完

デフォルト発生の場合	機構MBSの裏付資産である住宅ローン債権がデフォルトとなった場合：	
	3カ月までの延滞	延滞がなかったものとして住宅金融支援機構が元利金を支払う。
	4カ月以上延滞	デフォルト債権となるが、住宅ローンの任意繰上償還が発生したときと同様に、住宅金融支援機構から元利金の繰上償還が行われる。
格付	十分な超過担保が設定されており、格付もAAAを取得。	

④パススルーMBS

・機構MBSは、裏付資産である住宅ローン債権の元本の返済が投資家に対する支払いに反映するパススルーMBS。
・この結果、住宅ローンの借り手の期限前償還の状況が機構MBSの元本償還に変化を与える。

PSJモデルによる期限前償還の推計	機構MBS日本では、PSJモデルにより期限前償還を推計することができ、機構MBSに対する投資家のために、このPSJモデルによる機構MBSの期限前償還予測値を公表。

(注) 住宅金融公庫では、金融機関からの住宅ローン債権の買取型に加えて、2005年度から住宅金融公庫自体が貸し付けた住宅ローン債権を信託して、それを担保にしたRMBSの発行を行った。

図表2　住宅金融支援機構の証券化支援事業（買取型）のリスク分担

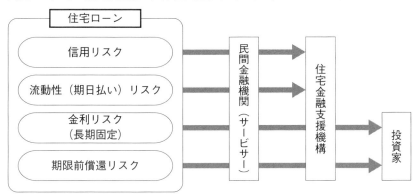

(出所)　住宅金融支援機構「証券化支援業務（買取型）の概要」

種類株式

| 金融 | 証券化 | 証券取引 | 保険 | リスクマネジメント | デリバティブ | 環境 |
| 外国為替 | ITフィンテック | 金利 | ポートフォリオ | ファンド | 電力取引 |

種類株式とは？
種類株式（class stock）は、普通株式の権利等と異なる内容を持つ株式である。

株主平等の原則
株式会社は「株主平等の原則」が適用される。	
内容	株主が株式の内容および数に応じて平等な取扱いを受ける権利。

株主平等の原則に基づく権利
①剰余金配当請求権
②残余財産分配請求権
③議決権

普通株式と種類株式
普通株式	株主平等の原則に基づく権利をすべて具備した株式
種類株式	普通株式以外の株式

種類株式発行の目的

従来の商法
種類株式は配当請求権等に関するものに限定されていた。

2006年施行の新会社法
以下のように、さまざまなタイプの種類株式が認められている。

①キャッシュフロー型（例無議決権優先株式）	・会社も株主も、それぞれが持つニーズにマッチした株式を選好することが可能。 ・リスクマネーが活発に資本市場に流入することが期待可能。

②議決権型 (例)多議決権株式)	議決権が異なる種類株式を発行することにより買収防衛等を拡充。

種類株式のタイプ（注）

①剰余金配当請求権に関する種類株式

株主に対して支払う配当について異なる扱いをする種類株式。具体的には、優先株式、劣後株式等がある。

優先株式	参加型優先株式	一定の配当を普通株式に優先して受け取った後、さらに配当可能利益がある場合に普通株式とともに配当を受け取ることができる優先株式。
	非参加型優先株式	一定の配当を普通株式に優先して受け取った後、さらに配当可能利益があってもそれ以上受け取ることができない優先株式。
	累積型優先株式	企業の業績悪化等により、ある期に配当優先株式が予定している配当を受け取ることができない場合に、次期以降にその分を受け取ることができる優先株式。
	非累積型優先株式	次期以降にその分を受け取ることができない優先株式。 非参加型で累積型優先株式は、社債に近い性格を持つということができる。

②残余財産分配請求権に関する種類株式

株式会社が解散した場合に、残余財産の分配について異なる扱いをする種類株式。具体的には、優先株式、劣後株式がある。

混合株式	配当は優先して残余財産分配は劣後する等の種類株式。

③議決権に関する種類株式（議決権種類株式）

株主総会における議決権について異なる扱いをする種類株式。具体的には、完全無議決権株式、議決権制限株式、多議決権株式、少議決権株式があり、こうした種類株をまとめて「議決権種類株式」と呼んでいる。

議決権種類株式発行目的	小資本のベンチャー企業等において、大株主の議決権行使による経営撹乱を防止する等の目的のために発行するケースが考えられる。

議決権種類株式発行限度枠	株式会社には、会社の承認なしに株式を譲渡することが可能とする会社と、株式譲渡を制限する会社がある（下記④）。	
	株式を無制限に譲渡することが可能な一般の株式会社	議決権制限株式の発行は、発行済株式数の2分の1を超えることができない。
	株式譲渡制限会社	発行限度枠はない。
完全無議決権株式	優先株式は、完全無議決権株式とされることが少なくない。	
議決権制限株式	取締役の選解任やその他の重要事項について議決権のない株式。	
多議決権株式	普通株式よりも議決権数を多くして、議決権の優先的地位を付与する種類株式。	
	普通株式	1単元に1議決権が付与される。
	多議決権株式	1単元当たりの議決権数が多い種類株式。
		目的　中堅企業等における創業者や従業員等により保有されるケースが考えられる。
		上場　取引所への多議決権株式の上場は、認められない。
少議決権株式	多くの単元数を持ってはじめて1議決権が付与される種類の株式。	

④株式の譲渡制限に関する種類株式

株式の譲渡について、事前に会社の承認を得ることを必要とする制限を付ける種類株式。		
普通株式	株式の譲渡制限を付することはできない。	
譲渡制限株式	株式の譲渡制限が可能。	
	目的	企業買収の防衛策等を目的として発行されるケースがある。 また、たとえばDES（債務の株式化）において特定の株主に対して優先株式を発行する場合に、優先株式を譲渡制限株式にすることも考えられる。
	上場	上場会社は、譲渡制限株式の発行は認められない。

⑤株主による株式買取請求に関する種類株式(取得請求権付株式)

・株主が会社に対して株式買取を請求することができる権利が付いた種類株式で「取得請求権付株式」と呼ばれる。
・会社が株主に渡す対価は、現金でも他の種類の株式や社債、新株予約権でも可能であるが、あらかじめ定款で対価の種類、数または算定方法を定めておく必要がある。

⑥会社による株式取得に関する種類株式(取得条項付株式)

・会社が、一定の条件が発生したときに株主から強制的に株式を買い取ることができる権利が付いた種類株式で「取得条項付株式」と呼ばれる。
・会社が株主に渡す対価は、現金でも他の種類の株式等も可能であるが、あらかじめ定款で対価の種類、数または算定方法を定めておく必要がある。

⑦会社による種類株式取得に関する種類株式(全部取得条項付株式)

会社が、株主総会の特別決議により株主から強制的に当該種類株式の全部を取得することができる権利が付いた種類株式で「全部取得条項付株式」と呼ばれる。

全部取得条項付株式の発行目的	全額減資	全部取得条項付株式の発行により、全額減資を会社更生や民事再生等の倒産手続によることなく可能。
	企業防衛策	MBOや買収防衛策にも活用することが可能。

⑧株式会社の決議事項に種類株主総会の決議を要する種類株式(黄金株、拒否権付株式)

会社がある事項について決議する場合に、株主総会の決議のほかに種類株式総会の決議を要するとする種類株式で「黄金株」とか「拒否権付株式」と呼ばれる。黄金株の名称は、普通株主の決議に対して、実質的に種類株主が拒否権を持つものであり、種類株主にとって重要な意味を持つことから付けられたもの。

黄金株の発行目的	たとえば、民営化企業で、安全保障や公益上の理由から国が一定の事業に対して拒否権を持つ株式を保有する必要があるといったケースが考えられる。

⑨種類株主総会決議による取締役、監査役の選任が可能な種類株式

・通常の株主総会のほかに、種類株主総会からも取締役と監査役の選任がで

きるとする種類株式。
・この種類株式は、公開会社や委員会設置会社では、発行することができない。
・これによって、種類株主の利益を代表する取締役、監査役を選任することができる。

種類株主総会決議を必要とするケース	・会社がある種類株式に対して損害を発生させる恐れのある行為をするときには、損害を被る恐れのある種類株式の株主で構成される種類株主総会の決議を必要とする。 ・こうした行為には、たとえば、株式の種類の変更や内容の変更に関する定款変更や、株式の併合、分割、無償割当て、合併等がある。

(注) 株式価値が、当該株式を発行した企業の価値ではなく、当該企業の特定の事業部門や子会社の業績に連動(トラック)するトラッキング・ストックも種類株式の一種である。

種類株式の上場等

東京証券取引所では、議決権種類株式の上場対象について次のように定めている。

①上場会社の場合

・無議決権株式。
・すなわち、上場会社の場合には、すでに上場している普通株式に加えて、無議決権株式を上場することができる。

②新規上場申請者の場合

普通株式と無議決権株式を発行している場合	新規上場時に、①無議決権株式のみを上場するか、②無議決権株式を普通株式と並行して上場することができる。
多議決権株式と少議決権株式を発行している場合	新規上場時に、少議決権株式のみを上場することができる。

種類株式等の不適正使用

東京証券取引所の上場廃止措置

①上場会社が種類株式等を用いて不適切な買収防衛策を導入して株主の権利

内容およびその行使が制限されている場合で、かつ
②株主・投資家の利益を侵害する恐れが大きいと東京証券取引所が判断した場合には、その会社を上場廃止する。

種類株式を用いた不適切な買収防衛策の類型

拒否権付種類株式	拒否権付種類株式のうち、取締役の過半数の選解任その他の重要な事項について種類株主総会の決議を要する旨の定めがなされたものの発行。
上場株券等	上場株券等について、株主総会において議決権を行使することができる事項のうち取締役の過半数の選解任その他の重要な事項について制限のある種類株式等への変更。
多議決権株式	多議決権株式の発行。

証券化

`金融` `証券化` `証券取引` `保険` `リスクマネジメント` `デリバティブ` `環境`
`外国為替` `ITフィンテック` `金利` `ポートフォリオ` `ファンド` `電力取引`

証券化とは？

証券化（securitization）は、さまざまな資産をその保有者から分離して、投資家にとって魅力のあるキャッシュフローを生むような証券にして、マーケットに流通させることをいう。

証券化の特質と機能

証券化の特質

保有資産を活用して資金調達するアセットファイナンスの一種。

証券化の機能

資産に流動性を付与して市場取引の対象にする。		
相対取引と市場取引	（例）金融機関の貸出債権の証券化	
	相対取引	金融機関と借り手との間の取引で生まれた貸出債権は、マーケットでの売買対象となることは想定されていない。
	市場取引	何件かの債権を束ねて証券化したうえでそれから生まれるキャッシュフローに工夫を施すことにより、多くの投資家の投資対象とすることが可能。

証券化の裏付資産と証券化商品

証券化の対象となる裏付資産と証券化商品を、①企業関係と、②消費者関係、それに、③不動産関係に分けると、次のようなものがある。

①企業関係裏付資産

企業向け貸付債権、社債、リース債権、売掛債権、手形債権		
証券化商品	CLO（Collateralized Loan Obligation）	企業向け貸付債権の証券化商品

	CBO（Collateralized Bond Obligation）	社債の証券化商品
	CDO（Collateralized Debt Obligation）	CLOとCBOをあわせた債権の証券化商品

②消費者関係裏付資産

消費者ローン・カードローン債権、ショッピング・クレジット債権、オートローン債権		
証券化商品	ABS（Asset-Backed Security）	上記②の債権の証券化商品

③不動産関係裏付資産

住宅関係：住宅ローン債権、アパートローン債権 商業関係：商業用不動産担保ローン債権、商業用不動産			
証券化商品	MBS（Mortgage Backed Securities）	不動産ローンの証券化商品	
		RMBS（Residential Mortgage Backed Securities）	住宅ローン債権の証券化商品
		CMBS（Commercial Mortgage Backed Securities）	商業用不動産担保ローン債権の証券化商品

証券化金融商品の種類

証券化金融商品 （大分類）	裏付資産	証券化金融商品 （小分類）
CDO （債務担保証券） キャッシュCDO シンセティック CDO	貸付債権 社債	CLO CBO
	CDO ABS RMBS CMBS	CDO^2 ABS CDO （CDO of ABS） RMBS CDO （CDO of RMBS） CMBS CDO （CDO of CMBS）

ABS (資産担保証券)	リース債権	リース債権ABS
	消費者ローン・ショッピングクレジット債権	消費者ローン・ショッピングクレジット債権ABS
	売掛債権	売掛債権ABS
	住宅ローン債権	RMBS
	商業用不動産ローン債権	CMBS

証券化のフレームワーク

①証券化のマーケットへの参加者

SPV（Special Purpose Vehicle、特別目的事業体）	資産の所有者から資産を譲り受けて、その資産が生み出すキャッシュフローを裏付けとして証券を発行して投資家に売却する事業体。 SPVは、導管（コンデュイット）の一種。	
	SPC（Special Purpose Company、特別目的会社）	・SPVの組織形態には、株式会社や有限会社、信託、組合ないしリミテッドパートナーシップ等がある。 ・このうち、会社の形態をとるものをSPCという。
オリジネーター（originator）セラー（seller）	・SPVに対して資産を譲渡して、その代金を受け取ることにより資金調達を行う当事者。資産の保有者が証券化の源となる（originate）ことからオリジネーターという。またオリジネーターがSPVに資産を売却する点を捉えてオリジネーターを「セラー」ということもある。 ・たとえば、貸付債権の証券化では、銀行やリース会社がオリジネーターとなり、売掛債権の証券化では企業がオリジネーターとなる。	
サービサー（servicer）	・原債務者から資金を回収して、投資家に支払う機能を担う主体。 ・オリジネーターがサービサーを兼務することが一般的。	
投資家	証券化商品に投資する主体。	
保証会社（insurance company）	譲渡対象となる債権の履行保証等をすることにより、証券化スキームの信用補完や流動性補完を果たす。	
格付会社（rating company）	・独立の立場で証券化商品の格付を行い、これを投資家に公表する会社。	

	・証券化商品には、仕組みが複雑なものが少なくなく、第三者である格付会社による格付が、投資の重要な判断材料となる。

②証券化の基本的なステップ

債権を裏付資産とした証券化の基本的なステップをみると、次のような流れとなる（図表1）。

(ⅰ)SPVへの債権譲渡	オリジネーターは、原債務者に対して持つ債権をSPVに譲渡。
(ⅱ)SPVの代金支払い	SPVはオリジネーターに代金を支払う。
(ⅲ)SPVの証券発行・売却	SPVは、譲渡された債権を裏付けにして証券を発行して市場で投資家に売却。
(ⅳ)サービサーの資金回収	サービサーは原債務者から資金を回収して、それからサービサーの手数料を引いた金額をSPVに支払う。
(ⅴ)SPVの元利払い	SPVはその資金を原資として投資家に証券の元利払いをする。

図表1　証券化の基本スキーム

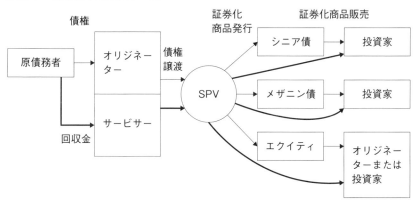

（注1）　オリジネーターがサービサー（債務者から資金を回収して投資家に支払う業務を行う業者）を兼ねることが一般的である。→は回収金の流れを示す。
（注2）　債務者からの回収金は、シニア債、メザニン債の順に支払われ、残った資金がジュニア債ないしエクイティの部分に支払われる。なお、エクイティの部分はオリジネーターが引き続き保有して、メザニン債やシニア債の信用補完をすることが少なくない。
（出所）　筆者作成

証券化のメリット			

①資産の保有主体のメリット

資金調達の多様化	企業自身が保有する資産を活用して資金調達をするのが可能となり、企業の資金調達の選択肢が増加。	
信用リスクの判断基準	伝統的なデットファイナンス	金融機関は企業の信用をベースに融資を審査。
	証券化	・投資家は、企業ではなく、あくまでも証券化商品の収益力、安定性等を投資の判断材料とする。 ・信用力が低い中小企業でも効率的な資金調達が可能。
オフバラ	保有資産の証券化により資産をオフバランスにすることができ、財務体質の強化を図ることが期待可能。	

②証券化商品に対する投資家のメリット

投資対象の多様化	投資家にとって、大口ロットの投資案件や住宅ローン債権等、これまで一般的に投資対象とすることが容易ではなかった資産にも投資機会が生まれる。	
分散投資効果	リスク・リターンの多様化	金融技術を駆使して、資産から生じるキャッシュフローを組み替えてさまざまなリスク・リターンプロファイルを持つ商品を投資家に提供。
	最適ポートフォリオの構築	投資家は、伝統的なアセットクラスで構成される証券化商品を組み入れることにより、分散投資効果を効かせた最適ポートフォリオの構築を指向することが可能。

証券化の特徴

①ノンリコース性

・証券化商品の投資家への元利金の支払いは、証券化の対象となった資産（裏付資産）が生むキャッシュフローに依存し、裏付資産を保有していたオリジネーターの信用リスクには依存しない。
・証券化商品がデフォルトになっても、オリジネーターに遡及（recourse）

することはできないことから、ノンリコースと呼ばれる。
・証券化のスキームに、こうしたノンリコース性をビルトインさせる仕組みが、倒産隔離と真正売買である。

倒産隔離 （bankruptcy remote）	・「オリジネーターの信用リスク」と「証券化の対象となる資産、債権の信用リスク」とを完全に分離すること。 ・この結果、証券化が行われて証券が投資家の手に渡った後にオリジネーターが倒産する事態が生じた場合でも、原資産から整斉と投資家にキャッシュフローが支払われる。
真正売買（true sale）	・オリジネーターからSPVへの資産、債権の売買が法的に完全なもので、第三者対抗要件を備えていることが必要。 ・真正売買は、裏付資産をオリジネーターの信用リスクから独立させる効果を持つ倒産隔離を実現するための最も重要な前提条件。

②優先劣後構造

・裏付資産の証券化が、支払い順位に優劣が付くリスク・リターンプロファイルを異にするいくつかの証券に分けられる形で行われ、裏付資産が生むキャッシュフローが、その優先順位に従って支払われる。
・優先順位が高い証券は、ローリスク・ローリターンで、一番劣後する証券は、ハイリスク・ハイリターンとなる。これにより、劣後証券は、損失吸収力を持つ。

（関連用語）　SPV（191頁）、サービサー（448頁）、信用補完（578頁）、格付（304頁）、優先劣後構造（869頁）

消費者ローン債権の証券化

`金融` `証券化` `証券取引` `保険` `リスクマネジメント` `デリバティブ` `環境` `外国為替` `ITフィンテック` `金利` `ポートフォリオ` `ファンド` `電力取引`

消費者ローン債権の証券化とは?

消費者金融会社、銀行、信販会社、カード会社等から、各種の消費者ローン商品が提供されている。消費者ローン債権の証券化は、こうしたさまざまなタイプの会社が顧客に対して保有する債権の証券化を意味する。

消費者ローン債権の証券化の機能

消費者ローン提供会社のファイナンス
消費者ローン債権の証券化は、従来のファイナンスが持つ弱点をカバー。

従来の方法	・所要資金の大半を金融機関借入れで調達。 ・これによると取引先の金融機関の貸出態度いかんが資金調達に大きく影響しかねない。
消費者ローン債権の証券化	・消費者ローン提供会社の資金調達手段を金融機関依存の姿から脱却させる。 ・金融機関との借入れ交渉力の強化にも資することが期待可能。

消費者ローン債権の証券化の手法

消費者ローン債権の証券化の手法には、信託方式とABCP(資産担保CP)発行方式の手法があるが、多くは信託方式が採用されている。

信託方式による消費者ローン債権の証券化のステップ

①消費者ローン債権の信託
消費者ローン提供会社がオリジネーターとなり、消費者ローン債権を束にして信託銀行に信託。

信託銀行	受託者
消費者ローン提供会社	受益者

②優先受益権等の交付

信託銀行は、消費者ローン提供会社に優先受益権やPI受益権、SI受益権を交付。

③SPCに対する優先受益権の譲渡

消費者ローン提供会社は、優先受益権をSPCに譲渡。

④SPCによる証券化商品の発行

SPCは、優先受益権を裏付けにして消費者ローンの証券化商品を発行。

消費者ローン債権の証券化の特徴

①消費者ローン債権の特性と信託債権残高の変動

消費者ローン債権の特性	・消費者ローン債権は、サイクルが短く、ローンと返済が繰り返される特性を持つ。 ・一般の消費者ローンは、当初の契約に与信枠が設けられ、その枠内で利用者は借入れと返済を繰り返すこととなり、消費者ローン残高は変動。
信託債権残高の変動	・債権の特性から、信託へ譲渡する信託債権残高も変動。 ・債権残高の変動がそのまま投資家に対するキャッシュフローの変化につながれば、投資家は先行きのキャッシュフローの見通しを立てることが困難。 ・そこで、残高の変動を吸収するために、以下の売り手受益権(Seller's Interest、SI)を発行。

②PIとSI

証券化スキーム	・信託を使用した証券化スキームは、受託者は優先受益権と、買い手受益権(Purchaser's Interest、PI)、売り手受益権(Seller's Interest、SI)を発行してオリジネーターに渡す。 ・オリジネーターは、優先受益権をSPCに渡しSPCはこれを裏付けにして証券を発行、投資家に販売する。 ・買い手受益権と売り手受益権はオリジネーターが保有。
買い手受益権(PI)	・PIは劣後受益権。 ・これをオリジネーターが保有することにより、優先

	受益権に対して信用補完をする役割を果たす。
売り手受益権 (SI)	・SIは、受託者に信託された消費者ローン債権の残高が変更するクッションとしての役割を果たす。 ・すなわち、消費者ローン債権の残高は、債務者からの返済によって減少するが、これによって取得した回収金により受託者はオリジネーターから新たな消費者ローン債権を購入することにより残高を一定水準に維持することができる。

新株予約権付社債

| 金融 | 証券化 | 証券取引 | 保険 | リスクマネジメント | デリバティブ | 環境 |
| 外国為替 | ITフィンテック | 金利 | ポートフォリオ | ファンド | 電力取引 |

新株予約権付社債とは？

　新株予約権付社債（bond with warrants）は、一定の条件で株式を取得する権利が付与された社債である。

　2002年の商法改正により、新株予約権制度が正式に制定され、この結果、次のようになった。

新株予約権付社債

| 従来のワラント債のうち、非分離型（注1）（注2） |

転換社債型新株予約権付社債

| 従来の転換社債 |

　本項目では、従来のワラント債としての新株予約権付社債について述べ、転換社債型新株予約権付社債は別項とする。

(注1)　従来のワラント債のうち、分離型は、新株予約権と社債を同時に発行する商品となり、新株予約権付社債のカテゴリーには入らない。

(注2)　2002年の商法改正を契機として新株予約権付社債（従来のワラント債）の発行は大幅な減少となっている。これは、商法改正前は株式コールオプションが単独で発行できないことから、普通社債に株式コールオプションを付加するワラント債の形で迂回発行されていたが、改正商法下では新株予約権という形で株式コールオプションが正式に法制化されたことから、ワラント債の形で発行する必要性が薄れたことによるとみられる（岩村充「ハイブリッド商品の意義と発展可能性」証券アナリストジャーナル2007年3月号、15頁）。

新株予約権付社債のスキーム

新株予約権（warrants）

先行き一定の期間内にあらかじめ定められた価格で株式を買い付ける権利。	
オプション	新株予約権は、株式を原資産とするコールオプション。

新株予約権付社債

| 新株予約権を組み込んだ社債。 |

オプションの買い手	新株予約権付社債への投資家。
オプションの売り手	新株予約権付社債の発行企業。

新株予約権の付与率

付与率

新株予約権付社債の額面に対して、購入することができる株式の金額。	
算式	付与率 $= \dfrac{株式の金額}{新株予約権付社債の額面} \times 100$

設例

次の新株予約権付社債の付与率を計算。

前提	①新株予約権付社債の額面　100万円 ②購入可能株式数　2,000株 ③新株予約権付社債の権利行使価格　500円 ④株式の金額＝②×③＝100万円
付与率	付与率 $= \dfrac{100万円}{100万円} \times 100 = 100\%$

新株予約権の価値

①希薄化

通常のコールオプション	原資産	発行済みの株式を原資産とする。
	権利行使	株価＞権利行使価格
	権利行使による希薄化の有無	希薄化なし。
新株予約権社債	原資産	新株予約権社債発行企業は新株を発行したうえで、それを新株予約権の権利行使をした投資家に引き渡す。
	権利行使	株価＞権利行使価格
	権利行使による希薄化の有無	権利行使により企業の発行済株式数は増加、希薄化が発生。

②新株予約権行使による企業価値の増加と株式数の増加

権利行使後の企業価値	（権利行使前の株式数×権利行使前の株価）＋（新株予約権数×権利行使価格）	
	新株予約権数×権利行使価格	権利行使により、これだけの資金が企業に払い込まれることになり、それによって企業価値が増加。
	算式	新株予約権の権利行使後の企業価値 $= nVB + qX$ VB：新株予約権の権利行使前の株価 X：新株予約権の権利行使価格 n：新株予約権の権利行使前の株式数 q：新株予約権の数
新株予約権行使による株式数の増加	権利行使後の企業の発行済株式数 ＝権利行使前の株式数＋権利行使による株式数増 $= n + q$	

③新株予約権の権利行使後の1株当たりの価値

権利行使後の1株当たりの価値	$\dfrac{\text{ワラントの権利行使後の企業価値}}{\text{ワラントの権利行使後の株式数}} = \dfrac{nVB + qX}{n + q}$		
	設例	次の内容の新株予約権の権利行使による株価の変化を算出。	
	前提	ある企業の発行済株式数	1,000株
		新株予約権の権利行使前の株価	480円
		ある企業の新株予約権発行数	100株
		新株予約権の権利行使価格	ケース①　500円 ケース②　400円
	計算	新株予約権が権利行使されたとすると、企業価値は次のようになる。	
		企業価値	権利行使前の企業価値＋権利行使による資金流入＝権利行

		使後の企業価値
	ケース①	(1,000株×480円) + (100株×500円) =53万円
	ケース②	(1,000株×480円) + (100株×400円) =52万円
権利行使後の株式数 ケース①、②とも、1,000株+100株=1,100株 権利行使後の1株当たりの価値（株価）		
	ケース①	$\dfrac{53万円}{1,100株} = 482円$
	ケース②	$\dfrac{52万円}{1,100株} = 473円$
権利行使の有無 権利行使後の想定される株価であるケース①482円、ケース②473円と新株予約権の権利行使価格500円とを比較		
	ケース① 株価＜新株予約権 の権利行使価格	権利行使 の有無	権利行使をしても利益は出ない。
	ケース② 株価＞新株予約権 の権利行使価格	権利行使 の有無	権利行使をして株式を取得、これを市場で売却すれば、（482円−400円）×100株=8,200円の利益。

（注：表の最後の2行は4列構成）

転換社債型新株予約権付社債と新株予約権付社債

　転換社債型新株予約権付社債と新株予約権付社債との間の類似点、相違点をみると次のとおり。

①類似点

債券の性格	・両者とも、債券発行企業の新株を買う権利が組み込まれた債券。 ・すなわち、債券＋コールオプションの性格を持つ。

持分の希薄化	・両者とも、権利行使がなされると、発行企業は新株を発行したうえでこれを権利行使した債券保有者に引き渡す。 ・したがって、両者とも権利行使により企業価値の持分の希薄化が発生。

②相違点＝払込み手段

転換社債型新株予約権付社債	・権利行使すると、社債額面のうち権利行使に相当する分を発行企業に返し、それと交換に新株の交付を受ける。 ・この結果、社債の残高は減少。
新株予約権付社債	・現金により払い込むことから、社債の残高は不変。 ・しかし、新株予約権付社債においても、社債により代用払込みが認められているケースもあり、その場合には転換社債型新株予約権付社債と同じになる。

シンジケートローン

`金融` `証券化` `証券取引` `保険` `リスクマネジメント` `デリバティブ` `環境`
`外国為替` `ITフィンテック` `金利` `ポートフォリオ` `ファンド` `電力取引`

シンジケートローンとは?

シンジケートローン (syndicate loan) は、複数の金融機関がシンジケート団を組成して、単一の契約書で借入人に対して貸付けを行う形の協調融資である。

シンジケートローンにより組成されるローンは、一般に大口のローンとなるが、借入企業は必ずしも大企業だけではなく、中堅企業や再生を目指す企業にも活用されている。

シンジケートローンの特徴

複数金融機関の協調融資

複数の金融機関が同一の案件に対して協調して融資を実行。

単一の融資契約

貸付を行う金融機関すべてにわたり金額を除く主要な約定条件が均一化され、単一の契約書により実施。

シンジケートローンのメリット

①企業サイドからみたメリット

多額の資金調達	金融機関1行からでは調達が難しい多額の資金調達が可能。
調達先金融機関の多様化	これまで付合いのなかった金融機関もシンジケート団に参加する可能性があり、調達先金融機関の多様化を図ることが可能。
事務負担の軽減	大口ローンであっても借入交渉の窓口が1つとなり、交渉に要するさまざまな事務負担が軽減。

②金融機関サイドからみたメリット

経済合理性に基づいた融資条件	融資先企業との長年のウエットな付合いから生じる要因を排除、純粋に経済合理性に基づいて借り手の信用力に見合った金利や担保条件等の設定を行うことが可能。

	情報開示	・企業には、これまで取引のなかったシンジケートローン参加金融機関に対しても積極的に情報開示を行うことが必要。 ・金融機関にとって企業の情報開示の内容いかんが貸出判断を下す重要な材料。
信用リスクの分散		複数の金融機関が協調融資することから、たとえ大口借入れであっても企業の信用リスクの分散が可能。
貸付債権の転売		融資の主要条件が統一化されることから、金融機関にとり貸付債権をセカンダリーマーケットで転売しやすくなる。
	貸付債権ポートフォリオの最適化	貸付債権を弾力的、機動的に譲渡することにより、貸付債権ポートフォリオの信用リスクの適切な管理を実施することが可能。

シンジケートローンのセカンダリーマーケット

オリジネート・トゥ・ディストリビュート（Originate-To-Distribute、OTD）
当初貸付けをした金融機関が先行き、貸付債権を第三者に譲渡することを想定。

貸付債権の流動化	シンジケートローンは、貸付債権が将来、流動化されることを前提とした貸出である要素が貸付当初に織込み。
シンジケートローンの契約	金融機関と企業との間で締結されるシンジケートローンの契約は、一般的に先行きの貸付債権の譲渡を前提とした内容。

価格発見機能による貸付条件の適正化

貸付債権がマーケットで売買取引されることにより、マーケットの価格発見機能によりアウトプットされた情報がその後の融資取引にもフィードバックされ、貸付条件の改善、適正化に資することが期待可能。

シンジケートローンとメインバンク制

メインバンク制

貸出条件決定の要素	メインバンクは企業との間の長期の取引関係から当該企業の情報を蓄積、過去からの諸々の情報をもとにして貸出条件を決定。
貸出審査	メインバンクは、企業の新規プロジェクトのための融資申込みに対して、 ・新規プロジェクトの採算 ・当該案件以外の既存取引 ・先行きの企業業績の見通し を総合勘案のうえ、融資の是非と、融資する場合にはその条件を決定。

シンジケートローン

貸出条件決定の要素	プロジェクトから生じるキャッシュフロー。
貸出審査	あくまでも当該プロジェクトから生じるキャッシュフローの見通しないし、プロジェクトの採算が審査のポイント。

シンジケートローンの基本スキーム

シンジケートローンは、基本的に企業とシンジケート団参加金融機関との間の融資契約となるが、アレンジャーとエージェントがその間を取り持つ役割を果たす（図表1）。

一般的に、アレンジャーとエージェントは、当該企業のメインバンクが担う。

図表1　シンジケートローンの基本スキーム

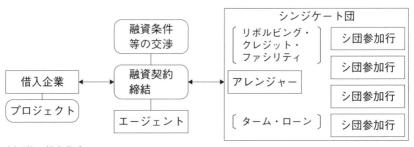

（出所）　筆者作成

①アレンジャー

シンジケート団の主幹事	・シンジケート団の組成や貸付条件の設定等の役割を果たす。 ・具体的には、資金調達者と資金運用者の間に入り、双方の情報をもとに融資条件等を固める。	
主な機能	(i)資金ニーズの把握	まず企業の資金ニーズを把握。
	(ii)企業の信用リスク評価	企業の定量的、定性的双方の情報を包括的に蓄積、企業の信用リスクを評価。
	(iii)投資家ニーズの把握	シンジケートローンに参加しそうな金融機関の意見や、セカンダリーマーケットにおけるシンジケートローンの売買状況から投資家のニーズを把握。
	(iv)インフォメーションメモの作成	融資の主要条件を記載した「インフォメーションメモ」を作成、参加金融機関を募集。
	(v)融資契約書の作成	参加金融機関が固まったら、融資額割当てを調整、また融資内容を統一した融資契約書を作成。

②エージェント

融資銀行の代理	シンジケートローン組成後の各種事務処理や資金の受払いをシンジケートローン団参加銀行の代理として実施。
資金受払いと情報提供	すべての参加金融機関の窓口となって、融資の元利金の受払いをはじめ、借り手企業の決算情報等の情報伝達を実施。

③パーティシパント

シンジケート団参加の金融機関	アレンジャーからの招聘を受けてシンジケートローンに参加する金融機関。

| パーティシパントと企業との取引履歴 | パーティシパントの中には、それまで当該企業とまったく取引がなかった金融機関も含まれる可能性。 |

シンジケートローンの取引形態

シンジケートローンの取引形態の典型例に、リボルビング・クレジット・ファシリティとターム・ローンがある。

資金需要の内容による借入れ総額の振分け

| リボルビング・クレジット・ファシリティ（revolving credit facility） | 機動的な資金調達が必要な部分に対応。 |
| ターム・ローン（term loan） | 長期的に安定した資金が必要な部分に対応。 |

①リボルビング・クレジット・ファシリティ

概念		・一般的に大口ロットであり、借り手の企業はローン契約成立後すぐに全額の資金を必要とすることはまれ。 ・したがって、企業が、定められた期間内で一定の限度額まで自由に借り入れたり返済したりできる枠を設定。これを「リボルビング・クレジット・ファシリティ」（revolving credit facility）という。
	コミットメント・ライン	・企業は、実際にファシリティを使用しなくても当該融資枠に対して一定の手数料を支払う。 ・金融機関は当該限度枠内で融資を行うコミットをする。 ・リボルビング・クレジット・ファシリティは「コミットメント・ライン」（commitment line）とも呼ばれる。

②ターム・ローン

| 概念 | 大型プロジェクトの遂行が資金需要の要因となることから長期資金が必要となる。この長期資金の貸付を「ターム・ローン」（term loan）と呼ぶ。 |

シンセティックCDO

`金融` `証券化` `証券取引` `保険` `リスクマネジメント` `デリバティブ` `環境`
`外国為替` `ITフィンテック` `金利` `ポートフォリオ` `ファンド` `電力取引`

シンセティックCDOとは？

　シンセティックCDO（synthetic collateralized debt obligation、合成債務担保証券）は、ローン債権の証券化商品（CDO、Collateralized Debt Obligation、債務担保証券）の一種で、オリジネーター保有の債権をSPCに譲渡することはせず、債権が持つ信用リスクとリターンを移転するスキームで組成されるCDOである。

　シンセティックCDOは、証券化とデリバティブのハイブリッド商品である。

キャッシュCDOとシンセティックCDO

キャッシュCDO

オリジネーターが保有する債権をSPC（特別目的会社）に譲渡する手法。

シンセティックCDO

デリバティブを活用することによって、オリジネーター保有の債権をSPCに譲渡することなく、債権が持つ信用リスクとリターンを移転する手法。	
CDS	・債権から信用リスクを取り出す手法にクレジットデフォルトスワップ（CDS）を活用。 ・CDOとクレジットデリバティブが合成（シンセティック）されたハイブリッド商品。
シンセティックCLO	裏付資産が貸付債権であるシンセティックCDO。
シンセティックCBO	裏付資産が債券であるシンセティックCDO。

シンセティックCDOのスキーム

　シンセティックCDOが構築される手順とシンセティックCDOの期中のキャッシュフローは次のとおり（図表1）。

図表1 シンセティックCDOのイメージ

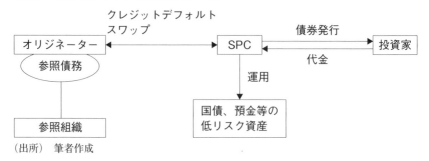

(出所) 筆者作成

①オリジネーターとSPCとのクレジットデフォルトスワップ（CDS）契約

債権者がオリジネーターとなって、SPCとの間で、複数企業を参照債務とするCDSを締結。			
CDS	CDSの参照債務となる貸出債権や社債の信用リスクを売買する契約。		
	プロテクション	買い手	オリジネーター
		売り手	SPC
	信用リスクのヘッジ	CDSの買い手は売り手に一定のプレミアムを支払うことにより、損失補填保証であるプロテクションを買うことにより信用リスクをヘッジ。	
	クレジットイベント	発生の場合	CDSの買い手は売り手から損失補填を受ける。
		発生しなかった場合	CDSの売り手はプレミアムを掌中にする。

②SPCによるシンセティックCDOの発行

SPCは、シンセティックCDOの発行によって投資家から資金を調達。	
複数のトランシェの組成	優先劣後構造によってリスク・リターンのプロファイルを異にする複数のトランシェを組成。
投資家	・投資家は自己のリスク・リターンの選好にマッチしたトランシェに投資。 ・投資家は、参照債務の信用リスクと期待リターンを保有。

③SPCによるシンセティックCDO発行代り金の運用

キャッシュCDO		SPCはCDOの発行代り金をオリジネーターから貸出債権等を購入する代金の支払いに振り向ける。
シンセティックCDO	信用リスク	SPCによる貸出債権等の購入は行われず、信用リスクのみを取引。
	運用資産	SPCはシンセティックCDOの売却代金を国債や金融機関預金といった安全資産に運用。
	自行預金	オリジネーターが金融機関の場合には、調達資金を自行に対する預金(自行預金)とするケースが少なくない。

④オリジネーターのプレミアム支払いとSPCの利息支払い

プレミアム支払い	・CDSの締結により、オリジネーターはSPCに対して定期的にもしくは一括してプレミアムを支払う。 ・SPCは、参照債務にクレジットイベントが生じたときにオリジネーターに対して補償金を支払うことをコミット。
SPCの利息支払い	SPCは、オリジネーターからのプレミアム収入とシンセティックCDOの発行代り金の運用益を原資として、投資家にシンセティックCDOの利息を支払う。

⑤クレジットイベント発生の有無

発生の場合		SPCはオリジネーターに対して補償金を支払う。
	支払原資	SPCは、シンセティックCDOの発行代り金の運用対象である国債を売却するか、金融機関の預金を引き出す。
発生しなかった場合		SPCは、シンセティックCDOの期日に投資家に対して元本の償還をする。
	支払原資	その場合のSPCの支払原資も、国債売却か金融機関預金の引出しにより得た資金が充てられる。

シンセティックCDOの特性と活用

貸付債権の非オフバラ

金融機関がオリジネーターとなって貸付債権を流動化する場合にシンセティックCDOを活用すると、貸付債権はオフバランスとはならない。

シンセティックCDOのメリット

キャッシュCDOの場合		・貸付債権をSPCに譲渡するキャッシュCDOでは、対抗要件を具備するために、債務者承諾を取得したり、登記手続を行う必要がある。 ・こうした手続は、借入人との交渉や事務的な手続に多くのエネルギーを費やさなければならない。
シンセティックCDOの場合	プロテクションの買い手	・貸付債権は金融機関が引き続き保有することになり、対抗要件を具備するための手間は不要。 ・金融機関のリスクマネジメントの機動性、弾力性が格段に高まる。
	プロテクションの売り手	・信用リスクをテイクすることにより収益をあげようとしている金融機関や機関投資家は、従来は融資や社債の購入による手段に限定。 ・シンセティックCDOに対する投資により、投下資金も少なく、かつ購入後も必要とあれば市場で売却することができるという形で、資金効率の向上を図りながら収益を得ることが可能。

シンセティックCDOのリスクマネジメント

　キャッシュCDOと比べると、シンセティックCDOの商品スペックは複雑であり、リスクマネジメントに格段の配慮をする必要がある。

キャッシュCDO

参照法人の信用リスクを検討。

シンセティックCDO

- 参照法人の信用リスク
- CDSのカウンターパーティの信用リスク
- CDOの発行代り金の運用対象となっている資産の信用リスク、市場リスク等

バランスシート型シンセティックCDOとアービトラージ型CDO（図表2）

①バランスシート型シンセティックCDO（balance sheet synthetic CDO）

- オリジネーターがすでにバランスシート上に保有している資産を対象にしてシンセティックCDOを組成するスキーム。
- 信用リスクのヘッジという実需をもとにした取引。

金融機関の自己資本規制	・金融機関は、貸付資産のリスク管理、自己資本規制対応としてバランスシート型シンセティックCDOを活用。 ・金融機関はシンセティックCDOによりバンキング勘定の貸付債権の信用リスクを第三者に移転することが可能。 ・この結果、信用リスクの削減効果が発揮されて、自己資本規制の計算式の分母となるリスク資産が減少。	
バーゼル自己資本規制への対応	シンセティックCDOをBISの自己資本規制への対応に用いるためにはクレジットイベントが、 (i)支払い不履行 (ii)破産・更生手続の開始決定 (iii)債務のリストラクチャリング でなければならない。	
	信用リスクの100％削減	上記の3つの事由をすべてカバーしている場合には信用リスクの100％削減効果がある。
	60％の削減効果	(iii)の債務のリストラクチャリングがカバーされていない場合には60％の削減効果となる。
	信用リスクの主要な部分の第三者移転	BISの自己資本規制における証券化の要件の1つに、信用リスクを優先劣後構造にして、信用リスクの主要な部分を第三者に移転することが必要であるとされている。

金融機関のポートフォリオ管理	シンセティックCDOは、金融機関のポートフォリオの信用リスクを機動的、弾力的に調整するためにも活用されている。	
	譲渡禁止特約	貸付債権が裏付資産で、譲渡禁止特約が付けられていると、それが債権の流動化、証券化の大きな障害となる。しかし、シンセティックCDOを活用すれば、たとえ譲渡禁止特約があっても実質的に譲渡したと同じ効果が得られ、法律上の対抗要件の取得という問題に煩わされることはない。
カスタマー・リレーションシップ	シンセティックCDOの組成後も、金融機関と債務者との関係はそれによって変わることはなく、良好なカスタマー・リレーションシップにダメージを与えるような事態を回避可能。	

②アービトラージ型CDO（arbitrage synthetic CDO）

オリジネーターが、当初バランスシート上に裏付資産を保有していない状態でのシンセティックCDOのアービトラージ（裁定取引）を行うタイプ。	
投機取引	信用リスクのトレーディングで、投機取引に属する。
裁定益	シンセティックCDOの価格変動から収益をあげることを狙いとしたアービトラージ。

（関連用語）　CDO（51頁）、CDS（56頁）、クレジットイベント（390頁）、バーゼル規制（709頁）

図表2　シンセティックCDOの基本スキーム

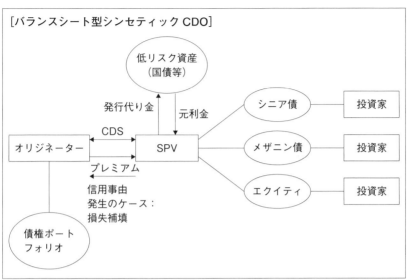

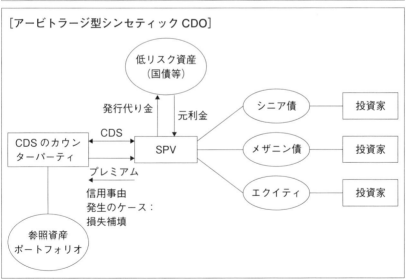

(出所)　筆者作成

信用取引

| 金融 | 証券化 | 証券取引 | 保険 | リスクマネジメント | デリバティブ | 環境 |
| 外国為替 | ITフィンテック | 金利 | ポートフォリオ | ファンド | 電力取引 |

信用取引とは？

信用取引（margin trading、margin）は、投資家が、証券会社に所定の保証金を差し入れて資金や株券を借りて行う株式の売買取引である。

信用取引の機能

投資家層の裾野の拡大

資金や株式がない投資家にとってもマーケットに参加することが可能。

流動性供給の補完

流動性は基本的に現物取引によって供給されるが、それに加えて信用取引により潜在的な株式売買の動機（仮需給）をマーケットに取り込んで流動性供給を補完。

価格発見機能の拡充

現物取引と信用取引が相まって現物市場に厚い市場流動性が形成され、マーケットの価格発見機能を拡充。

信用取引の種類（図表１）

①制度信用取引

品貸料（株式の貸付料金）、弁済期限（信用取引の決済期限）などが取引所の規則により一律に決められている取引。

弁済期限	6カ月
買方金利	資金を借りて株式を買い付けた買付顧客は、借入資金に対する金利（買方金利）を証券会社に支払う。
売方金利	株式を借りて市場で売却した売付顧客は、売却代金に対する金利（売方金利）を証券会社から受け取る。
制度信用銘柄	制度信用取引を行うことのできる銘柄。市場流動性の高い銘柄等が望ましいことから、内国上場銘柄のうち一定の基準を満たした銘柄に限定。

②貸借取引

証券会社は、制度信用取引で必要となる資金や株式が証券会社の内部でまかなえない場合には、外部から調達する必要がある。			
証券金融会社	制度信用取引に必要な資金や株式を証券会社に貸し付ける専門金融機関。		
貸借取引	証券会社と証券金融会社との間で行われる資金や株式の貸借。		
	貸借銘柄	貸借取引では、制度信用銘柄のうち、さらに流通株式数、株主数、売買高、値付率、企業業績について一定の基準に適合した銘柄の中から株式調達可能量を勘案して証券取引所と証券金融会社が協議のうえ、貸借銘柄を選定。	
	非貸借銘柄	貸借取引で資金の貸借を行う場合	貸借銘柄のみならず非貸借銘柄も含むすべての制度信用銘柄が対象となる。
		貸借取引で株式の貸借を行う場合	貸借銘柄だけが可能であり、非貸借銘柄は貸借取引で株式の貸借を行うことはできない。

③一般信用取引

- 投資家と証券会社との間で、品貸料、弁済期限などを自由に決めることができる取引。
- 弁済期限について期限を設けないものもある。
- 一般信用取引を行うことのできる銘柄は、上場廃止基準に該当する銘柄以外、原則として制限はない。

証券会社内部での資金・株式調達	証券会社は、一般信用取引では、制度信用取引のように証券金融会社から資金や株式を調達する貸借取引を利用できないことから、証券会社の内部で資金や株式をまかなう必要がある。

図表1　信用取引の基本スキーム

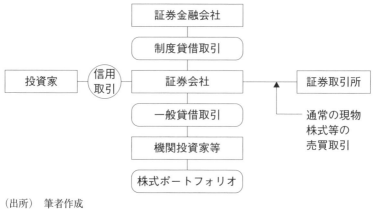

（出所）　筆者作成

信用取引のレバレッジと委託保証金

委託保証金

信用取引を行う投資家は、証券会社に対して約定金額の一定の率の委託保証金を差し入れる。	
委託保証金率等	・信用取引を行った売買の約定金額の30％ ・最低委託保証金30万円 ・委託保証金の最低維持率20％（委託保証金維持率は、委託保証金を建玉で割ることによって求める）
委託保証金率の引上げ	相場が過熱した場合には、信用取引抑制措置として、委託保証金率の引上げが行われ、レバレッジの効果が抑えられることがある。
ヘアカット	・委託保証金は現金以外に有価証券で代用可能。 ・この場合、有価証券の時価に一定の掛け目（ヘアカット）を乗じた代用価格が委託保証金となる。掛け目はたとえば、株式は80％、国債は95％等。

レバレッジ

・信用取引は、投資家が小額の資金でそれより大きな株式のエクスポージャーを持つことが可能であり、レバレッジ（てこ）を利かせた株式取引である。
・信用取引のレバレッジは、1÷0.3＝3.3倍

値洗い、追証

値洗い

信用取引で未決済の残高である建玉は、日々の株価により時価に評価替えする値洗いが行われる。	
建玉の損益決済	値洗いにより発生する建玉の損益は、委託保証金の残高の取崩しまたは積上げで処理。

追証、追加証拠金

投資家の思惑に反して株価が動き、建玉に損失が発生、その結果、委託保証金の取崩しにより委託保証金残高が最低維持率の20％を下回った場合には、投資家は証拠金を追加（追証、おいしょう）して少なくとも最低維持率の20％まで戻す必要がある。

建玉の強制手仕舞い

投資家が追証を期限（追証発生日から起算して3日目の正午）までに差し入れることができない場合には、証券会社は建玉を強制的に反対売買して手仕舞うことが可能。

信用取引における証券会社の資金、株式の調達チャネル

①信用買い

社内対当、喰合い	・証券会社が投資家の信用買いのために必要となる資金の借入需要に社内で対応。 ・すなわち、別の投資家が信用売りを行った場合に担保として証券会社に差し入れる株式代金を、信用買いを申し込んできた投資家に貸付け。
自己融資	喰合いでまかなうことができない部分は、証券会社の自己資金や金融機関借入れに依存。
貸借取引	証券金融会社からの融資。

②信用売り

社内対当、喰合い	・証券会社が投資家の信用売りのために必要となる株式の借入需要に社内で対応。 ・すなわち、別の投資家が信用買いを行った場合に担保として証券会社に差し入れる株式を、信用売りを申し込んできた投資家に貸付け。

自己貸株	喰合いでまかなうことができない部分は、証券会社の手持ち株式に依存。
貸借取引	証券金融会社からの貸株。

信用取引における証券金融会社の機能

証券金融会社は、貸借取引によって証券会社に対して制度信用取引に必要な資金や株式を貸し付ける。

①融資

証券会社に対して融資を行う。	
貸借担保金	証券会社は融資の担保として貸借担保金を差し入れるが、それは買い付けた株式を証券金融会社が留め置く形で行われる。

②貸株

証券会社に対して貸株を行う。	
貸借担保金	証券会社は貸株の担保として貸借担保金を差し入れるが、それは株式の売却代金を証券金融会社が留め置く形で行われる。

貸株代り金と貸借取引貸株料

①貸株代り金

・証券金融会社が証券会社から貸株の新規申込みを受けた場合に、証券会社から担保として受け入れる金銭。
・証券金融会社は貸株代り金金利を、証券会社に支払う。

②貸借取引貸株料（貸株料）

証券金融会社が証券会社に対して貸株を行った場合に徴収する料金。

貸借取引の値洗い

返済と新規借入れ

・貸借取引の期限は6カ月。これは貸付けの翌日を返済日として、証券会社から返済申込みをしない限り返済と同時に新規借入れを行ったとして、実質的に翌日まで返済日を延ばすことを繰り返す形で最長6カ月までとするため。

・この仕組みは、貸借取引の残高を時価評価する値洗いを行うためのもの。

値洗い

貸借値段	・毎日行われる新規貸付けは、「貸借値段」で実行。 ・貸借値段は、貸付金額や貸借株式の価額を決定する株式の時価で、証券取引所の終値を使用。	
値洗いによる損益決済	貸借値段による値洗いにより融資金額や貸株の担保で差し入れられている貸株代り金が変動。	
	株価上昇のとき	証券金融会社と証券会社との間では、融資の貸増しや貸株代り金の追加徴収を実施。
	株価下落のとき	融資の一部返済や貸株代り金の一部返済という形で、更新差金を受払い。

信用取引の弁済

信用取引は、あらかじめ決められた期間内に証券会社から借りた資金や株式を返済することによって決済される。これを「信用取引の弁済」という。弁済の方法には反対売買（差金決済）と現引き・現渡し（実物決済）の方法があるが、多くは反対売買で弁済される。

①差金決済と転売、買戻し

信用買い	転売	投資家は、証券会社に担保として差し入れている買付株式を当該証券会社を通じて市場で売却、その売却代金を証券会社からの借入資金の返済に充当。
信用売り	買戻し	投資家は、証券会社に担保として差し入れている株式売却代金を使って市場から信用売りを行ったと同種同量の株式を購入、その購入株式を証券会社から借り入れた株式の返済に充当。

②実物決済と現引き、現渡し

信用買い	現引き (げんびき)	投資家は、買付代金相当の現金を証券会社に渡して担保となっている買付株券を受け取る。
信用売り	現渡し (げんわたし)	投資家は、証券会社から借りた株式と同種同量の株式を証券会社に渡して、担保となっている買付代金を受け取る。

日歩、逆日歩、貸借取引貸株料

①日歩

・融資残高が貸株残高を上回っている場合に、売り手は、日歩（ひぶ）を受け取ることができる。
・現在、日歩は０％に据え置かれている。

②逆日歩

品貸料	証券金融会社が証券会社に貸す株が払底した場合には、機関投資家等の外部から入札形式で株を調達することになる。この入札で決定された金額を「品貸料」（しながしりょう）という。
逆日歩	品貸料は、当該銘柄の売り手全員が負担することになり、これを「逆日歩」（ぎゃくひぶ）という。特に信用取引の売りの増加が著しい場合には、売り方に高額の逆日歩の負担が発生するリスクがある。

信用取引の活用

①ヘッジ目的

投資家が保有している株式の値下りが予想されるものの、保有株がなんらかの事情により売却ができない場合には、その銘柄と同じ銘柄の株式を信用売りをしてヘッジすることが可能。

②投機目的

信用取引は、先行きある銘柄の株価が下落（上昇）すると予想すれば、その銘柄の株式を信用売り（買い）することにより、少額の資金でより大きなエクスポージャーをとることが可能。

③つなぎ売り

株式の公募・売出しを申し込んでいる投資家が、目先の株価下落を予想して実際に株式を手にした段階では公募・売出し価格を下回る恐れがあるとみた場合には、現時点で信用取引を行い当該銘柄の株式を売り付けておくことで株価下落リスクをヘッジすることが可能。

信用取引の規制

①取引所の措置

日々公表銘柄への指定	・信用取引の過度の利用を事前防止するために、信用取引残高、株価、売買高等につき一定の基準に達した銘柄には、日々、前日の信用取引残高を個別に公表。こうした銘柄を「日々公表銘柄」という。 ・この公表は、注意喚起のためのものであり、日々公表銘柄も通常の銘柄と同様、信用取引の利用が可能。
信用取引の規制措置	・委託保証金率の引上げ。 ・委託保証金の一部現金徴求の義務付けによる代用有価証券の使用制限。 ・代用有価証券の代用掛け目の引下げにより、実質的に投資家の委託保証金の負担引上げ。

②証券金融会社の措置

貸株利用の制限措置	貸株注意喚起銘柄	証券会社が貸借銘柄における株券調達が困難になる恐れがある場合に、貸株利用の制限措置を講じる可能性のある銘柄を「貸株注意喚起銘柄」として公表。
	貸株利用制限銘柄	実際に貸株が困難となった場合には、貸株利用の制限措置を講じる。これを「貸株利用制限銘柄」という。
貸株超過銘柄等	公表	証券金融会社は証券会社に対する貸株残高が融資残高を上回ったときには、当該銘柄を貸株超過銘柄として公表するとともに、超過株数も公表する。
	追加申込み	証券金融会社は貸株超過銘柄について超過株数の圧縮ないし、超過状態の解消を目的に融資申込みや貸株返済等についての追加申込みを受付。

申込制限措置	証券金融会社が注意喚起を行った銘柄について、さらに信用売り残高の増加がみられ、貸付株式の調達に困難をきたし受渡決済に支障が生じる恐れがある場合には、証券金融会社は当該銘柄について証券会社1社の1日当たりの申込株数を制限する措置を発動。
申込停止措置	証券金融会社が申込制限措置を実施してもさらに信用売り残高の増加がみられ、受渡決済に支障が生じる恐れが一段と強まったときには証券金融会社は当該銘柄について証券会社からの貸株申込みの受付を停止。

空売り

空売り（からうり）は、株式を他人から借りて売却することをいう。

①株式の貸主による分類

信用取引による空売り	投資家が証券会社から借り入れるケース。
信用取引以外の空売り	投資家が銀行、生損保等の機関投資家から直接借り入れるケース。

②空売りと価格規制（注）

空売りには、一定の要件に該当した場合に価格規制がかかる。	
トリガー方式	・株価が基準値（前日終値）から10％以上値下りした場合に価格規制が発動される。 ・価格規制の対象銘柄は、東京証券取引所が「空売り価格規制トリガー抵触銘柄」として公表。
価格規制の発動	価格規制発動の場合には、翌日の取引終了時点まで、51単元以上の信用新規建て等の空売り注文に一定の規制がかかる。

価格規制は、価格の上昇局面と下落局面とで内容が異なっている（図表2）。

株価の上昇局面

直近の約定値段「未満」での発注はできない。	
具体例	現在、価格が上昇局面にあり直近の約定値段が100円とする。

	この場合には、99円以下での空売りはできないが、100円以上での空売りは可能。

株価の下落局面

直近の約定値段「以下」での発注はできない。	
具体例	現在、価格が下落局面にあり直近の約定値段が100円とする。 この場合には、100円以下での空売りはできないが、101円以上での空売りは可能。

規制適用除外

・個人投資家が1回当たり50単位以内の信用取引の売付けを行う場合には、規制の適用が除外される。

・もっとも、価格規制を回避するために複数回に分けて発注した合計が50単位を超えた場合には、たとえ1回当たりの売付けが50単位以内であっても価格規制の対象となることがある。

(注) 2013年11月5日より、金融商品取引法施行令第26条の4および有価証券の取引等の規制に関する内閣府令第12条で定める空売り規制が改正となり、価格規制が一定の要件に該当した場合に適用されることとなった。

図表2　空売りの価格規制のイメージ

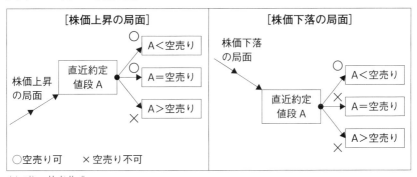

(出所)　筆者作成

信用補完

`金　融` **`証券化`** `証券取引` `保　険` `リスクマネジメント` `デリバティブ` `環　境`
`外国為替` `ITフィンテック` `金　利` `ポートフォリオ` `ファンド` `電力取引`

信用補完とは？

　信用補完（credit enhancement）は、取引の相手方の信用を高めることにより信用リスクを軽減する手当をいう。
　信用補完は、たとえば資産の流動化・証券化商品の持つ信用リスクを削減するための手当として活用される。

内部信用補完と外部信用補完

　信用補完措置を行う結果、信用リスクを負う主体がだれになるかにより、①内部信用補完と、②外部信用補完の2種類に大別されるが、実際にはそのうちのいずれか一方を行うというより、内部、外部双方の信用補完をあわせて行うことが一般的となっている。

①内部信用補完（internal credit enhancement、structural credit enhancement）

信用補完主体	流動化・証券化のスキームに参加する主体。
優先劣後構造 （tranching）	・流動化・証券化に際してシニア（senior）、メザニン（mezzanine）、エクイティ（equity）等の形にしたうえで、原債権からのキャッシュフローの支払い順位に優先劣後の順位を付ける。 ・信用リスクが最も大きいエクイティ部分は投資家に販売せず、オリジネーターが引き続き保有することが多い。 ・これにより、投資家に販売されるシニアやメザニンの信用リスクが相対的に低下する信用補完効果が得られる。
過剰担保 （over collateralization）	・流動化・証券化商品の発行額をオリジネーターから譲渡される原債権の金額よりも小さくする手法。 ・原債権からのキャッシュフローが予想より少なくても、投資家に対する元利金の支払いに波及することがないようにできる。

	・原資産の金額から流動化・証券化商品の発行額を差し引いた超過担保分は、オリジネーターのSPCに対する延払債権となり、「セラーリザーブ」（seller's reserve）と呼ばれる。
スプレッドアカウント（spread account）	・SPCに対して譲渡された資産が生むキャッシュフローを意図的に低く設定。 ・それとSPCが投資家に対して支払う元利金やサービサーに支払う手数料との間に差（スプレッド）を設けて、その差額をSPCの内部に留保する手法。 ・スプレッドはSPCの現金準備となり、これを「スプレッドアカウント」として積み立てる。 ・なんらかの事情で原資産が生み出すキャッシュフローが、SPCが投資家に支払う元利金を下回れば、スプレッドアカウントから資金を引き出して不足分を補填。

②**外部信用補完（third party credit enhancement）**

信用補完主体	流動化・証券化スキームに直接関係しない第三者。
現金担保 （cash collateral account）	・原資産のデフォルトによりキャッシュフローが不足をきたすケースに備えて、オリジネーターが金融機関に対して預金をしておく形で現金を用意する手法。 ・信用補完を行う主体はオリジネーターであるが、オリジネーターは原資産をSPCに対して譲渡した後はスキームの外部に位置することから、現金担保による信用補完は外部信用補完のカテゴリーに属する。
支払保証 （wrapped securities）	・原債権の債務者がデフォルトを起こした場合に備えて銀行や保険会社、保証会社から支払保証をとっておく方法。 ・保証対象はフルラップ型（fully wrapped securities）と部分型（partially wrapped securities）に区分される。 ・実際には、部分型をとるケースが大半。
	フルラップ型	流動化・証券化スキームすべてを対象として保証するタイプ。

	部分型	・スキームの一部のみを保証するタイプ。 ・第三者が上述の信用リスクの高いエクイティ部分を引き受ける形の外部信用補完もある。

(関連用語)　ストラクチャードファイナンス（583頁）、優先劣後構造（869頁）

スイングオプション

金融 | 証券化 | 証券取引 | 保険 | リスクマネジメント | デリバティブ | 環境
外国為替 | ITフィンテック | 金利 | ポートフォリオ | ファンド | 電力取引

スイングオプションとは？

　スイングオプション（swing option）は、当事者間であらかじめ一定期間に売買取引ができる最小・最大取引量を決めておき、その範囲内で自由に売買ができる権利である。権利行使時期や回数、1回当たりの取引量も、当事者間であらかじめ設定する。

スイングオプションの活用

業界

　需要のボリュームやタイミングの不確実性が大きい電力業界や天然ガス業界、およびそのユーザーにより活用されている。

例

・メーカーが製品の需要増から生産量を増加することになれば、追加的な電力が必要となる。
・電力等のユーザーは、ビジネスの展開次第で電力等の購入についてボリュームとタイミングに柔軟に適応することが求められる。

スイングオプションの特徴

　スイングオプションは、ユーザーのニーズの柔軟性に対応するいくつかの特徴を持っている。

①取引量

弾力性	・スイングオプションの権利行使で購入することができるボリュームは弾力的。 ・権利行使で購入できる量には、たとえば1週間当たりとか1カ月当たりの合計で上限と下限が設定され、オプションの買い手はその限度内であれば、権利行使による購入量を自由に決めることが可能。

| 上限超過とペナルティ | オプションの買い手が上限を上回る量を買うことができるスイングオプションもあり、この場合にはオプションの買い手は売り手にペナルティを支払う。 |

②権利行使時期

弾力性	・権利行使のタイミングが弾力的。 ・電力等のユーザーであるオプションの買い手は、権利行使をオプションの期間中いつでも、または、オプションの期間中の一定の日数にわたって権利行使を行うことが可能。
アメリカンオプション	オプションには、オプションの満期日のみ権利行使できるヨーロピアンオプションと、オプションの期間中であればいつでも権利行使できるアメリカンオプションがあるが、スイングオプションはこのうちのアメリカンオプションの一種。

③権利行使価格

弾力性	権利行使価格の設定が弾力的。
権利行使価格の設定	権利行使価格はオプションの全期間中一定にするケースも、あらかじめオプションの期間中をいくつかに分けておいて、その区分ごとに権利行使価格を変えるケースもある。

④テイク・オア・ペイ条項

仮にオプションの買い手の権利行使が一定の期間で購入しなければならない下限を下回った場合には、「テイク・オア・ペイ条項」によりオプションの買い手にペナルティが課される。

テイク	オプションの買い手が取引不足分を第三者に振り分ける（テイク）権利を持つ。
ペイ	オプションの売り手がそれによって被った損害を補填する（ペイ）。

⑤スイング

オプションの買い手が買う権利を第三者に渡すことをスイングといい、ここからスイングオプションの名称が付されている。

（関連用語）　オプション（273頁）

ストラクチャードファイナンス

`金融` `証券化` `証券取引` `保険` `リスクマネジメント` `デリバティブ` `環境`
`外国為替` `ITフィンテック` `金利` `ポートフォリオ` `ファンド` `電力取引`

ストラクチャードファイナンスとは？

　ストラクチャードファイナンス（structured finance）は、さまざまな資産をその保有者から分離して、投資家にとって魅力のあるキャッシュフローを生むような形の証券等にしてマーケットに流通させる一連の仕組み（ストラクチャー）をいう。資産の流動化・証券化によるアセットファイナンスは、ストラクチャードファイナンスとほぼ同義である。

コーポレートファイナンスとアセットファイナンス

コーポレートファイナンス（corporate finance）

・企業が資金を調達する伝統的な手段。
・デットファイナンスとエクイティファイナンスの総称。

デットファイナンス（debt finance）	金融機関借入れ、社債発行
エクイティファイナンス（equity finance）	株式発行

アセットファイナンス（asset-backed finance）

企業が保有する資産を流動化してマーケットから資金調達を行う。

ファイナンスの裏付け

コーポレートファイナンス

資金調達を行う企業の信用力全体。

アセットファイナンス

企業が保有する特定の資産が生む収益ないしキャッシュフロー。

アセットファイナンスの対象

企業関係

企業向け貸付債権、社債等、リース債権、売掛債権、手形債権

消費者関係

消費者ローン・カードローン債権、ショッピングクレジット債権、オートローン債権

不動産関係

住宅ローン債権、アパートローン債権、商業用不動産担保ローン債権、商業用不動産

ストラクチャードファイナンスのフレームワーク

ストラクチャードファイナンスのステップは、次のような流れとなる。ここでは、流動化・証券化される資産は複数の債権を束ねたものであるとする。

①資産保有主体からSPVへの資産移転

資金調達を図る主体は、資産の流動化・証券化を行うために設置されたビークルに債権を譲渡。

オリジネーター	資金調達主体が資産の流動化・証券化の源泉的なステータスとなることから、これを「オリジネーター」という。	
SPV	オリジネーターから資産を譲り受けてこれを流動化・証券化するビークルを「SPV」(Special Purpose Vehicle、特別目的ビークル) とか「SPE」(Special Purpose Entity、特別目的組織) と呼ぶ。	
	SPC	SPVは会社形態をとることが多いが、その場合には「SPC」(Special Purpose Company、特別目的会社) という。
特別目的組織	ここで特別目的という名称が付されているのは、この組織は資産の流動化・証券化という特別の目的で設置されたものであることによる。	

②SPVによる証券の組成

SPVは、オリジネーターから譲渡された資産を裏付けにして、証券を組成。

優先劣後構造	証券化する場合には、さまざまなリスク・リターンの選好を持つ投資家のニーズにマッチするように優先劣後構造に従って組成。	
	シニア債	ローリスク・ローリターン
	メザニン債	ミドルリスク・ミドルリターン
	エクイティ	ハイリスク・ハイリターン

③投資家へ証券販売
SPVは、②で組成した証券化商品を投資家に販売。

④SPVからオリジネーターに資金支払い
SPVは、③で投資家に販売して得た代金を原資として、オリジネーターに原資産の購入代金を支払う。

⑤サービサーの資金回収
資金回収業者のサービサーは原債務者から資金を回収して、それからサービサーの手数料を引いた金額をSPVに支払う。

⑥SPVによる元利払い
SPVはその資金を原資として投資家に証券の元利払いをする。

ストラクチャードファイナンスの機能

リスク分散効果
多くの件数の原資産をプールすることにより、個別の資産よりも安全な金融資産を構築できるといった信用リスクの分散効果が期待可能。

投資家の多様なニーズにマッチ
原資産のリスクを、ローリスク・ローリターン、ミドルリスク・ミドルリターン、ハイリスク・ハイリターンというように階層別に切り分けた優先劣後構造にすることにより、リスク・リターンの選好を異にするさまざまな投資家のニーズをくみ取ることが可能。

ファイナンス手段の多様化
・伝統的なデットファイナンスやエクイティファイナンスと異なるアセットファイナンスの手段を企業に提供。

・これまで金融機関借入れに大きく依存してきた中小企業が、自己保有の売掛債権を証券化することで新たなファイナンスの途を拓くことが可能。

信用リスクの合理的なプライシング

ストラクチャードファイナンスが生む証券等にさまざまな投資家が投資することにより、信用リスクの合理的なプライシングが行われ、ひいては資金調達コストの低減も期待可能。

(関連用語) アセットファイナンス（224頁）、SPV（191頁）、SPC（191頁）、優先劣後構造（869頁）

ストラドル、ストラングル

金融 | 証券化 | 証券取引 | 保険 | リスクマネジメント | デリバティブ | 環境
外国為替 | ITフィンテック | 金利 | ポートフォリオ | ファンド | 電力取引

ストラドル、ストラングルとは？

　同一の原資産でコールオプションとプットオプションを組み合わせて作るオプション戦略は、コンビネーション（combination）と呼ばれているが、その代表例にはストラドルとストラングルがある。

　この2つのストラテジーは、原資産のボラティリティを予想して、そこからリターンを狙うボラティリティトレーディングに活用される（図表1）。

①ストラドル（straddle）

同一の権利行使価格、同一の限月であるコールオプションとプットオプションを組み合わせたオプション戦略。

②ストラングル（strangle）

・限月は同一であるものの、権利行使価格が異なるコールオプションとプットオプションを組み合わせたオプション戦略。
・ストラドルに比べてリスクは小さいものの、同時に期待できるリターンも小さなものとなる。

図表1　ストラドルとストラングル

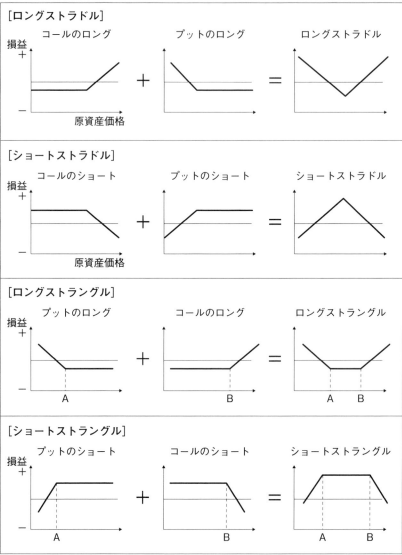

(注)　ストラドルのペイオフ・ダイアグラムは尖っているが、ストラングルのペイオフ・ダイアグラムは2つの権利行使価格の間では水平になるという違いがある。
(出所)　筆者作成

ストラドル

ストラドルの買い（ロングストラドル）

権利行使価格、限月ともに同一のコールの買いとプットの買いの組合せ。	
取引の狙い	相場が上がるか下がるかの方向は予想がつかないが、先行きボラティリティが高まり相場が大きく動くとの見方のときに活用。
プレミアム	コールとプットのプレミアムを二重に支払う必要がある。

ストラドルの売り（ショートストラドル）

権利行使価格、限月ともに同一のコールの売りとプットの売りの組合せ。	
取引の狙い	相場が揉み合いの膠着症状になるとの見方のときにとる戦略。
プレミアム	予想どおりとなったときにはコール、プットとも無価値に終わりコールとプットのプレミアムが二重に入る魅力がある。
リスク	相場が上下いずれかに大きく動くと、損失が無限大となるリスクがある。

ストラングル

ストラングルの買い（ロングストラングル）

限月は同一であるものの、権利行使価格が異なるコールの買いとプットの買いの組合せ。	
権利行使価格	コールの権利行使価格をプットの権利行使価格よりも高くする。
取引の狙い	相場が上がるか下がるかの方向は予想がつかないが、先行きボラティリティが高まり相場が大きく動くとの見方のときに活用。
リターン	ストラドルに比べると期待できるリターンは小さい。
プレミアム	コールとプットのプレミアムを二重に支払う必要がある。

ストラングルの売り(ショートストラングル)

限月は同一であるものの、権利行使価格が異なるコールの売りとプットの売りの組合せ。	
権利行使価格	コールの権利行使価格をプットの権利行使価格よりも高くする。
取引の狙い	相場が揉み合いの膠着症状になるとの見方のときにとる戦略。
プレミアム	予想どおりとなったときにはコール、プットとも無価値に終わりコールとプットのプレミアムが二重に入る魅力がある。
リスク	相場が上下いずれかに大きく動くと損失が無限大となるリスクがあるが、ストラドルに比べるとリスクは小さい。

ストリップ証券

金融 | 証券化 | 証券取引 | 保険 | リスクマネジメント | デリバティブ | 環境
外国為替 | ITフィンテック | 金利 | ポートフォリオ | ファンド | 電力取引

ストリップ証券とは？

　ストリップ証券（stripped securities）は、債券から生まれるキャッシュフローを、元本部分とクーポン部分に分割して、それぞれを証券化したものである。

PO（Principal Only strips）

元本部分の証券化商品

IO（Interest Only strips）

クーポン部分の証券化商品

ストリップMBS

　住宅ローン債権の証券化商品のRMBSの組成において、住宅ローン債権から発生するキャッシュフローを元本部分と利息部分に切り離して、その各々をIOとPOとに証券化した商品をストリップMBS（Stripped Mortgage Backed Securities、SMBS）という。

ストリップ証券のIO、POの特性（図表1）

①IOの特性

金利下落	・IOの相場は、市中金利が低くなると下落。 ・これは、住宅ローンの借り手が市場金利の下落をみて低利の借入れへの乗換えの動きを強めることから、住宅ローンの期限前返済が増加して、その結果、金利を生む元本が想定以上のスピードで減少、これにつれてIOへの投資家の利子収入が減少することによる。
金利上昇	・IOの相場は、市中金利が上昇すると上昇。 ・これは、住宅ローンの借り手が市場金利の上昇をみて借換えを控えることから元本の残存期間が長期化、これにつれて長い期間にわたって利子収入が得られることによる。

②POの特性

POの相場は、ゼロクーポン債と同じような動きをする。	
金利下落	・POの相場は、市中金利が低くなると上昇。 ・これは、市中金利の下落で期限前返済が増加して、その結果、元本が前倒しで償還されることによる。
金利上昇	・POの相場は、市中金利が上昇すると下落。 ・これは、市中金利の上昇で借換えの動きは減少して、元本の残存期間が長期化することや、元本を現在価値に引き直す割引率の上昇から元本の現在価値が小さくなることによる。

（関連用語）　MBS（135頁）

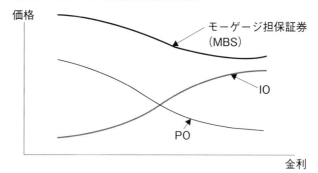

図表1　IO、POの価格と金利の関係

（出所）　Fabozzi, Frank J., *Bond Markets, Analysis and Strategies*, Prentice Hall, 2000 Chapter 12をもとに筆者作成
（原典）　Carlton, Steven J. and Timothy D. Sears, "Stripped Mortgage Pass-Through" in Frank J. Fabozzi, *The Handbook of Mortgage-Backed Securities*, McGraw-Hill, 2000

ストリップヘッジ、スタックヘッジ

```
金融  証券化  証券取引  保険  リスクマネジメント  デリバティブ  環境
外国為替  ITフィンテック  金利  ポートフォリオ  ファンド  電力取引
```

ストリップヘッジ、スタックヘッジとは？

ストリップヘッジ、スタックヘッジは、長期間にわたり資産または負債をヘッジする場合の2つの手法である。

①ストリップヘッジ（strip hedge）

限月をつなぎ合わせることにより、長期間のヘッジを行う手法。

②スタックヘッジ（stack hedge）

直近限月の1限月のみで集中取引することにより、長期間のヘッジを行う手法。

ストリップヘッジ

手法

長期間のヘッジを行う場合、何本もの限月をつなぎ合わせる手法。たとえばユーロ円3カ月金利先物を2限月連続で取引をすれば6カ月間のヘッジを、4限月連続で取引をすれば1年間のヘッジを行った効果を持つ。

長所

ヘッジ実行時において各期間対応の先物取引を行うことで、先物価格をヘッジ取引時点に固めてコストを確定可能。

短所

・概して期先限月の流動性が薄いことから、期先限月の取引が容易に執行できない「執行リスク」が発生する恐れ。
・大ロットのストリップヘッジを行う場合には、期先限月の取引でマーケットインパクトが大きくなる等、執行コストが嵩む恐れ。

スタックヘッジ

手法
・長期間のヘッジを行う場合、直近限月の1限月に集中してヘッジ取引を行う手法。スタックヘッジを行った後、直近限月が満期に接近するか、もしくは満期が到来したときに、建玉のうち直近限月に期間が対応している部分の先物は決済して手仕舞う。そして、それ以上に長い期間対応の建玉は次限月に一括ロールオーバーをする。
・たとえばユーロ円3カ月金利先物を6カ月間とか1年間ヘッジするために、直近限月で必要単位数をすべて取引する。

長所
一般的に、直近限月の流動性は厚く、執行リスクが小さい。

短所
・ヘッジ実行時においてコストが確定することができない。
・金利先物でスタックヘッジを行った場合にイールドカーブがパラレルシフトするとは限らず、その形状がフラット化またはスティープニングとなった場合には、ロールオーバー時に不測の損益が生ずる「ロールオーバーリスク」を抱える。

ストリップヘッジとスタックヘッジの具体例（図表1）

前提
ある原油の購入業者が、翌年1月から毎月10万バレルの原油を先行き3カ月間にわたり合計30万バレル買い付ける計画を策定した。

リスクの所在
この業者は、先行き原油価格が上昇した場合に、買付代金が増加してコストが嵩むことを懸念。

ヘッジ

取引所に上場されている原油の先物買い。	
ストリップヘッジ	取引所の原油先物の直近限月の1月限（ぎり）から第3限月の3月限まで各々10万バレルに相当する先物を買う。
スタックヘッジ	①直近限月である1月限を30万バレル分、買い建てる。

		②その後、時間が経過して１月限の期日が接近してくると、買い建ててある１月限のうち10万バレルに相当する先物を売って、２月限を20万バレル相当買い建てる。この２月限は、１月限の期日が到来すると、直近限月になる。 ③その後、時間が経過して２月限の期日が接近してくると、買い建ててある２月限のうち10万バレルに相当する先物を売って、３月限を10万バレル相当買い建てる。 ④そして、３月限の期限到来と同時に取引所でのヘッジも終了。
	ロールオーバーとスタック・アンド・ロールヘッジ	・直近限月を手仕舞って、次の限月に乗り換える取引を「ロールオーバー」という。 ・スタックヘッジは、ロールオーバーとパッケージで行われることから、「スタック・アンド・ロールヘッジ」ともいう。

図表1　ストリップヘッジとスタックヘッジ

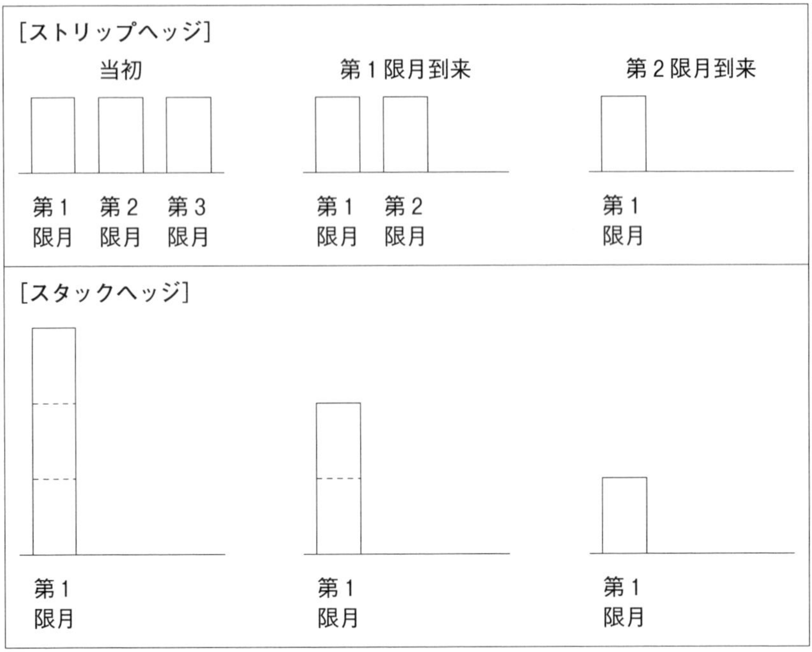

[ストリップヘッジ]

当初　　　　　　　第1限月到来　　　　　第2限月到来

第1　第2　第3　　　第1　第2　　　　　　第1
限月　限月　限月　　　限月　限月　　　　　　限月

[スタックヘッジ]

第1　　　　　　　　第1　　　　　　　　第1
限月　　　　　　　　限月　　　　　　　　限月

（出所）　筆者作成

ストレステスト

`金融` `証券化` `証券取引` `保険` `リスクマネジメント` `デリバティブ` `環境`
`外国為替` `ITフィンテック` `金利` `ポートフォリオ` `ファンド` `電力取引`

ストレステスト (stress test) とは?

ストレス

> VARでは想定していないような、ごくまれに発生する価格の激変や、流動性の枯渇、信用リスクの顕現化等の異常事態が、キャッシュフローや資産、担保の価値に及ぼす負荷。

ストレステスト

ストレステスト (stress test) は、ストレスが現実化した場合のポジションの耐久力をチェックするために行うテスト。	
"What if"	・ストレステストはリスクの計測において、"What if"という危機到来の場合のポジション評価手法。 ・What if分析では、定量分析ではなく流動性リスク等の定性分析も必要。

ストレステストの手法

ストレステストは、価格、金利、ボラティリティなど各種変数をもとに計算する。

ストレステストの手法にはシナリオ分析とモンテカルロ・シミュレーション法がある。

①シナリオ分析

いくつかのシナリオを想定してその各々のシナリオで自己のポジションの損益がどのように変化するか計算する手法。	
シナリオ設定と裁量	・想定するシナリオは、企業が予測する先行きのマーケットの動向に従って設定。 ・リスク分析担当者の裁量が入る余地があることに留意の必要がある。

②モンテカルロ・シミュレーション法

コンピュータによりランダムにシナリオを作り、それをベースにして自己のポジションの損益を計算する手法。

モデルリスク	シミュレーションのモデルを構築する次元において、作成者のバイアスがかかる「モデルリスク」があることに留意する必要がある。

ストレステストとリスク管理への活用

機能

VAR等の標準的なリスク管理手法が想定する市場環境に比べて、よりシビアな状況において最大どれだけのクレジット・エクスポージャーないし損失となるかの目途を付けるときに有効。

活用の目的

万が一というテイルリスクが現実化した際に企業の保有する資本、財務基盤でこれに耐えることができるか否かを検証。

ストレステスト結果への対応

VARの枠を越えたポートフォリオの価値変動のテイルのエリアに着目したストレス状況への対応は、自己資本と資金調達力という企業の基礎体力との兼ね合いにおいて判断。

コンティンジェンシープラン

・ストレステストの結果を組織のリスクマネジメントのデータベースに組み込む。
・マーケットがストレス状況となるという緊急事態が発生した場合に、冷静に対応できるように事前にコンティンジェンシープラン(危機対応策)を立て、これを各部署に周知させておくことが重要。

リバランス	自己が保有するポートフォリオの構成内容を適正化する手順を事前に検討しておく必要がある。
損切り	どの時点で損切りすることが適当かを事前に検討しておく必要がある。

(関連用語) VAR (201頁)

スワップション

金融 証券化 証券取引 保険 リスクマネジメント デリバティブ 環境
外国為替 ITフィンテック 金利 ポートフォリオ ファンド 電力取引

スワップションとは？

スワップション（swaption）は、先行きスワップを実行するか否かのオプション（選択権）で、スワップションの買い手は先行きスワップを実行するか否かを選択する権利を持つ。

スワップション＝スワップを原資産とするオプション＝スワップ＋オプション

各種のスワップション

①金利スワップション

・原資産が金利スワップの金利オプション。
・権利行使価格はスワップの固定金利。

ペイヤーズスワップション（コールスワップション）	スワップションの買い手が固定金利払い・変動金利受けのペイヤースワップを実行する権利を取得。
レシーバーズスワップション（プットスワップション）	スワップションの買い手が固定金利受け・変動金利払いのレシーバースワップを実行する権利を取得。

②アモタイジング・スワップション（amortizing swaption）

通常のスワップションは、スワップションの期間中、想定元本が一定であるが、アモタイジング・スワップションは、期の途中で原資産となるスワップの想定元本が漸減するタイプのスワップション。

③アクレティング・スワップション（accreting swaption）

アモタイジング・スワップションとは逆に、期の途中で原資産となるスワップの想定元本が漸増するタイプのスワップション。

④クロスカレンシー・スワップション（cross-currency swaption）

・通貨スワップを原資産とするオプション。
・スワップションの買い手が、将来の一定期日にある通貨の金利を受け取

り、別の通貨の金利を支払う通貨スワップを締結するか否かを選択する権利を持つ。

スワップションの活用例

金利スワップション

ペイヤーズワップ	・固定金利貸出を行っている金融機関が先行きの金利上昇を予想する場合には、ペイヤーズワップを組むことが考えられる。 ・しかし、これによると先行き、金利が低下した場合には固定金利貸出から得られる高い金利をギブアップすることになる。	
ペイヤーズスワップション	ペイヤーズワップを原資産とするペイヤーズスワップションを買う。	
	金利上昇のケース	権利行使をしてスワップを実行。
	金利下落のケース	権利放棄をして固定金利貸出から得られる金利をそのまま受け取る。

(関連用語) スワップ取引(601頁)、金利スワップ(367頁)

スワップ取引

`金　融` `証券化` `証券取引` `保　険` `リスクマネジメント` `デリバティブ` `環　境`
`外国為替` `ITフィンテック` `金　利` `ポートフォリオ` `ファンド` `電力取引`

スワップ取引とは？

　スワップ取引（swap trading）は、2当事者間で、経済価値が等価であると認識した先行き発生が見込まれるキャッシュフローを、一定期間にわたって交換する契約である。

スワップの対象

金融スワップ	金利スワップ、エクイティ・スワップ、通貨スワップ等
コモディティスワップ等	・原油等のエネルギー商品、貴金属、農産物等。 ・将来発生する気象条件やカタストロフィにより予想される損失リスクの交換。

スワップ取引

海外の主要取引所に上場されている例もあるが、大半が企業と仲介業者（金融機関）との間、あるいは金融機関と金融機関との間でのOTC（店頭）取引。

原資産によるスワップの分類

①金融スワップ

金利スワップ	・想定元本をベースにしてこれに金利を乗じて計算されるキャッシュフローを当事者間で交換する取引。 ・元本は交換しないことから「想定元本」という。		
	プレーンバニラ・スワップ (plain vanilla swap)	・将来、発生する固定金利と変動金利を定期的に交換。 ・金利スワップの基本型。「円・円スワップ」ともいう（図表1）。	
		変動金利	LIBORが代表的。このほかにTIBOR、短期プライムレート、長期プライムレート、CPレート等がある。

		ペイヤー		固定金利支払い・変動金利受取り側に立つ当事者。
		レシーバー		固定金利受取り・変動金利支払い側に立つ当事者。
	ベーシススワップ			異なる種類の変動金利と変動金利を交換するスワップ。 （例）LIBOR↔CDレートやCPレート、長期金利↔短期金利。
通貨スワップ (cross-currency interest rate swap、cross-currency swap)	・異なる通貨間の金利および元本を交換する取引。 ・通貨の種類が違うことから、通常、金利だけではなく元本も交換。			
	金利交換			通貨スワップの金利交換は、固定と固定、変動と変動、固定と変動といった組合せがある。
	活用例	前提		本邦企業Aは、米ドル建債券を発行済み。
		ヘッジニーズ		企業Aは先行きの米ドル高・円安を予想、この債券を実質的に円建て債券に変更したと同様の効果を得たい。
		通貨スワップの活用		・米ドル・円の通貨スワップを活用。 ・これにより、発行済みの米ドル建債券はそのままで、実質的に円建てで借り入れ、円建ての元利金を返済するのと同等の効果が得られる。
エクイティ・スワップ（equity swap、equity-linked swap)	①ある特定の株価指数または個別株の株価の変化率に基づいて計算されるキャッシュフローと変動金利（たとえばLIBOR）とを交換する取引。 （例）日経平均株価のパフォーマンスとTIBORとの交			

		換、S&P500のパフォーマンスとLIBORとの交換。 ②スワップの受払いの双方がある特定の株価指数や株式の変化率にリンクするように設計されたスワップ。
	特徴	金利スワップと同様、一定の想定元本をベースとして計算することになり、元本自体の交換は行われない。
	活用例①	前提	投資家が変動利付債を保有。
		取引ニーズ	これを手放すことなく、実質的に幅広い銘柄の株式に投資したのと同様の効果を得たい。
	活用例②	前提	機関投資家が株式ポートフォリオを保有。
		ヘッジニーズ	先行きの株価下落を予想して、株式ポートフォリオ自体には手を付けることなく、これを実質的に変動利付債に置き換えたと同様の効果を得たい。
	活用例①、②の取引	株価指数と変動金利のエクイティ・スワップ取引。

図表1　プレーンバニラ・スワップの概念図

　　　　スワップ仲介業者は、コミッションとして＋αを得る
（出所）　筆者作成

②コモディティスワップ
　ここでは、エネルギースワップについてみることとしたい。

エネルギースワップ	天然ガス等の固定価格と変動価格とを交換する取引。		
	レシーバースワップ	固定価格受取り・変動価格支払いのスワップ	
	ペイヤースワップ	固定価格支払い・変動価格受取りのスワップ	
	活用例	天然ガス等の生産・販売業者	安定収入を指向してのニーズ レシーバースワップ
		消費者	購入価格の上昇リスク回避のニーズ ペイヤースワップ
原油スワップ	JCCスワップ	JCC (Japan Crude Cocktail)	全日本に輸入される原油の月間加重平均入着価格（CIF、Cost, Insurance and Freight、運賃、保険料込み））。
		JCCスワップ	・JCCと固定価格を交換するスワップ取引。 ・わが国で活発に取引されている原油スワップ。
	取引主体	・原油を原材料として使用する企業は原油価格の変動リスクを回避。 ・金融機関や大手商社等がカウンターパーティになる。	

エクステンダブル・スワップとキャンセラブル・スワップ（図表2）

エクステンダブル・スワップ（extendable swap）
　当初設定したスワップ期間をさらに延長できる権利を当事者の一方が持つスワップ。

スワップ延長権利をペイヤーが持つケース	スワップ期間終了時において市中金利がスワップの固定金利を超える水準にある場合に、ペイヤーは延長権を行使、延長後は市中金利より低い固定金利を支払うメリットを享受できる。
スワップ延長権利をレシーバーが持つケース	スワップ期間終了時において市中金利がスワップの固定金利を下回る水準にある場合に、レシー

| | バーは延長権を行使、延長後は市中金利より高い固定金利を受け取るメリットを享受できる。 |

キャンセラブル・スワップ（cancellable swap）

スワップの期間中にそれ以降のスワップを取りやめる権利を当事者の一方が持つスワップ。

コーラブルスワップ （callable swap）	・キャンセル権をペイヤーが持つケース。 ・スワップ期間中に市中金利が低下した場合に、権利を行使、当初のスワップによる高い固定金利の支払いを終了させ、新たに低い市中金利をベースにしたスワップを組むことができる。
プッタブルスワップ （puttable swap）	・キャンセル権をレシーバーが持つケース。 ・スワップ期間中に市中金利が上昇した場合に、権利を行使、当初のスワップによる低い固定金利の受取りを終了させ、新たに高い市中金利をベースにしたスワップを組むことができる。

（関連用語）　金利スワップ（367頁）、スワップション（599頁）

図表2 エクステンダブル・スワップとキャンセラブル・スワップ

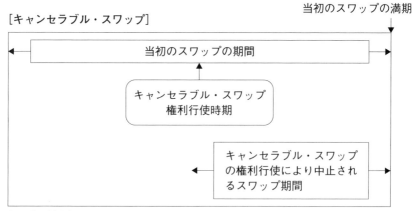

(出所) 筆者作成

制限値幅、更新値幅、特別気配、サーキットブレーカー

| 金融 | 証券化 | 証券取引 | 保険 | リスクマネジメント | デリバティブ | 環境 |
| 外国為替 | ITフィンテック | 金利 | ポートフォリオ | ファンド | 電力取引 |

制限値幅、更新値幅、特別気配、サーキットブレーカーとは？

①制限値幅

| 個別銘柄に対する措置 | 株価が1日に変動する最大の幅。 |

②更新値幅

| 個別銘柄に対する措置 | 直前に成約した価格から一定の幅以内での価格の注文のみが付け合わせられる。この値幅を「更新値幅」という。 |

③特別気配

| 個別銘柄に対する措置 | 買い注文と売り注文とのバランスが著しく偏っている場合に、注文を誘い出すことを目的に、取引所が直前の成約価格からあまり乖離していないところに表示する気配。 |

④サーキットブレーカー

| 全銘柄または個別銘柄に対する措置 | 相場が激変した場合にこれを緩和するために取引を一時停止する措置。 |

制限値幅（daily price limit）（注1）

概念

証券取引所は、株価が1日に変動する最大の幅を決める。この幅を「制限値幅」という。

目的

・マーケットに大きなニュースが飛び込んできたような場合には、株価が大幅な変動を示すことがあるが、値動きがあまりに激し過ぎると、投資家に不

測の損害を与える恐れがある。
・取引所は、一定の幅以上に株価が変動することを制限。

制限値幅の決定方法

・制限値幅は、前日の終値を基準として設定。	
・制限値幅は、値嵩株は大きく、逆に低位株は小さく設定。	
基準値段	前日の終値
ストップ高	当日の株価が値幅制限の上限に達した場合。
ストップ安	当日の株価が値幅制限の下限に達した場合。

値幅制限制度

（例）大阪取引所の日経225先物（日経225miniも同じ）の一部分	
当該銘柄の基準値段	制限値幅
7,500円以上1万円未満	上下各1,500円
1万円以上1万2,500円未満	上下各2,000円

臨時措置

なんらかのイベントから目先き、株価の大暴落が予想されるときには値幅制限の縮小措置がとられることがある。
（例）米国同時多発テロの翌日、東京証券取引所は値幅制限を通常の2分の1に縮小。

（注1） 米国の証券取引所は、値幅制限を導入していない。

更新値幅と特別気配

更新値幅

概念	取引所は、直前に成約した価格から一定の幅以内での価格の注文のみを付け合わせることとしている。この値幅を「気配の更新値幅」という。
目的	・マーケットの流動性が薄い場合とか、ビッグニュースにより、価格のジャンプが起こる可能性がある。 ・こうした状況では、成行注文がとてつもない価格での成約につながる可能性があり、投資家は注文を出すことを躊躇することになりかねない。そうなると、一段と流動性は薄くなり、この結果、さらに値

	が飛ぶという悪循環を招来する恐れがある。 ・そこで、取引所は、気配の更新値幅を設定して価格が乱高下することを防止している。
更新値幅の決定方法	気配の更新値幅は、株価の水準により設定。たとえば、ある銘柄の株の直前の約定値段が750円とすると、この株の更新値幅は10円であり、したがって740円から760円の範囲内であれば即時に売買が成立。

特別気配

概念	取引所は、気配が更新値幅のレンジから出る場合には、特別気配を表示。
目的	買い注文と売り注文とのバランスが著しく偏っていることを市場参加者に知らせて注文を誘い出す。
特別気配の決定方法	・直前の成約価格からあまり乖離していないところに表示。 ・特別気配は、一定の時間表示されて、それでも注文が成約に結び付かない場合には、乖離幅を更新した特別気配を表示して、注文を誘い出す。このように注文が出て、売買のバランスがとれるまで徐々に特別気配を更新。

サーキットブレーカー

概念

・相場が激変した場合にこれを緩和するために取引を一時停止する措置。
・株価指数の水準によりサーキットブレーカーが発動される値幅に差が設けられている。

目的

冷却期間 (cooling-off)	・マーケットに大きなインパクトを及ぼすような情報がインプットされた場合に、市場参加者がその情報を冷静に評価して判断する時間を設ける。 ・これにより、マーケットが適正な価格形成を行う本来的機能を回復できることが期待される。
投資家保護	需給の大幅な偏りや過剰投機等から、相場が短期間のうちに大幅な変動、これにより投資家が不測の損

害を被ることを防ぐ。

サーキットブレーカー

（例）大阪取引所の日経225先物（日経225miniも同じ）の一部分			
日経225先物の基準値段（注2）	7,500円以上1万円未満	変動幅	750円を超える変動 取引再開後1,100円を超える変動
		サーキットブレーカー	15分間の取引中断 再び15分間の取引中断
	1万円以上1万2,500円未満	変動幅	1,000円を超える変動 取引再開後1,500円を超える変動
		サーキットブレーカー	15分間の取引中断 再び15分間の取引中断

（注2）　前日の終値をもとに取引所が決定するが、基本的には前日の終値と同じ。

ソーシャルメディア

金融 | 証券化 | 証券取引 | 保険 | リスクマネジメント | デリバティブ | 環境
外国為替 | ITフィンテック | 金利 | ポートフォリオ | ファンド | 電力取引

ソーシャルメディアとは？

ソーシャルメディア（social media）は、だれでも参加できる情報発信技術を活用して、情報の発受信、やり取りが可能となるメディアである。

ソーシャルメディアでは、情報の発信者と受信者がつながり、かつ同一人が情報の受信者であると同時に発信者となることが可能となり、この結果、情報の拡散が発生しやすい特徴がある。

ソーシャルメディアの種類

ソーシャルメディアにはさまざまな種類があるが、その具体例をあげると次のようなものがある。

種類	内容
電子掲示板（Bulletin Board System；BBS）	・開設者がウェブ上にタイトルやテーマを決めて電子掲示板を開設し、それに参加者がウェブ上から書き込みを行い、それを他の参加者が読みさらに書き込みを連ねることができる仕組み。ビジネス関連の連絡や、仲間の間のコミュニケーションに活用される。 ・文字情報のほかに、画像、ファイル等を添付することができる掲示板も少なくない。 ・掲示板でのやり取りが乱暴になったり、自己の主張を繰り返して相手の反論を封じ込める等、掲示板を悪用するケースもみられる。
ブログ	・ブログ（blog）は、web（インターネット上で使われる文書の公開、閲覧システム）とlog（データ通信や情報を記録したデータ）とを合成した和製英語で、投稿された内容を日記のように時系列的に表示するサイト。正式には、ウェブログ（weblog）という。 ・個人が活用する場合には、自己の行動記録や時事問題等に対するコメント等を投稿する場合が多い。 ・企業や公的機関が利用する場合には、不特定多数の

		人に情報や基本ポリシー、フィロソフィ等を広く伝達することを目的に投稿する場合が多い。
SNS（Social Network Service）		・人と交流したり情報発受信ができるウェブ上のサービス。 ・ヒューマンネットワークの構築・拡大や、仲間同士のコミュニケーションのツールとして活用される。したがって、単に利用情報の伝達というよりも、情報の送り手と受け手の関係が強いコミュニケーション目的の媒体である。 ・メールアドレス等を登録する会員制が取られる。したがって、ブログのようにオープンではなく、クローズドサービスに属する。 ・地域SNS：行政当局等が開設、運営するSNSで、地域のコミュニティ向上や情報共有等、地域活性化に活用されている。
画像・動画共有サイト		・画像や動画を投稿して、それを多数の参加者で共有するサービス。 ・画像や動画を投稿する場合には会員登録が必要であるが、投稿された画像や動画は会員登録なしにみることができる。また、会員登録により、投稿された画像や動画にコメントすることもできる。

金融機関によるソーシャルメディアの活用

　ソーシャルメディアは、小売業界を中心にマーケティングやプロモーション、キャンペーン等のツールとして活用されている。
　一方、金融機関は、こうした動きにやや遅れながらも、金融機関と顧客との間でコミュニケーションの強化を図ること等を目的にして、公式twitterアカウント、公式Facebookページ等を設置してソーシャルメディアの活用に取り組む動きが広がっている。
　金融機関がソーシャルメディアを活用する目的には、たとえば次のようなものがある。

顧客、ステークホルダーからの情報収集

・顧客からの問合せや苦情の受付には、コールセンターがある。
・金融機関の役職員が顧客、ステークホルダーから生の声を聴くことにより、経営の改善に生かすことを目的にする。

ソーシャルメディア・マーケティング

・金融機関から、顧客に対して新商品や新サービス提供等の情報を幅広く発信。
・また、それに対する顧客のフィードバックを収集して、今後の商品開発等に生かすというように、ソーシャルメディアが持つインタラクティブな特性を活用。

ソーシャルメディア活用のリスク

企業がソーシャルメディアを活用するにあたっては、たとえば次のようなリスクがある。

個人の意見と会社の公式見解の混同

社員が個人の意見を述べたことが、企業の公式見解と受け止められるリスク。

企業の機密情報の漏えい

社員が知りえた内部情報をソーシャルメディアを通じて幅広く流出する機密漏えいリスク。

社員による競争相手等に対する誹謗中傷

社員が競争相手等に風評を流し、それに対してカウンターパーティが反論するといった形でいわゆるフレーム（炎上）に発展、その結果、顧客からの信頼を損ねる評判リスク。

ソーシャルメディアが持つリスクへの対応

多くの企業は、ソーシャルメディアが持つリスクに対応するために、ソーシャルメディアポリシーやソーシャルメディア利用規約等によって、企業がソーシャルメディアの利用にあたっての基本方針と注意事項等を制定している。
たとえば、みずほ銀行のソーシャルメディア利用規約は、次の項目から構成されている（注）。
第1条　本利用規約の適用および変更
第2条　運営時間
第3条　基本情報へのアクセス
第4条　禁止事項
第5条　知的財産権の取扱い

第6条　免責事項等
第7条　準拠法・管轄ソーシャルメディア利用規約
　そして、第4条の禁止事項には、次のような項目が列挙されている。
・当行のソーシャルメディア公式アカウントの運営を妨げる行為、または妨げる恐れがある行為
・当行（当行従業員を含む）または第三者に不利益、損害、迷惑を与える行為、または与える恐れがある行為
・当行（当行従業員を含む）または第三者、およびその商品・サービスを誹謗中傷する行為
・当行（当行従業員を含む）または第三者の著作権、商標権、その他知的財産権を侵害する行為、または侵害する恐れがある行為
・本人の承諾なく個人情報を掲載する等、第三者のプライバシーを侵害する行為
・政治活動、選挙活動、宗教活動、またはこれらに類似する行為
・法令や公序良俗に反する行為、または反する恐れがある行為
・有害、わいせつ、暴力的な表現の掲載、その他利用者が不快と感じる可能性のある行為
・犯罪に結び付く行為、または結び付く恐れがある行為
・当行を含む第三者になりすます行為
・各ソーシャルメディア運営会社が禁止している行為
・その他当行が不適切と判断する行為
（注）　みずほ銀行資料

大数の法則

[金融] [証券化] [証券取引] [**保険**] [リスクマネジメント] [デリバティブ] [環境]
[外国為替] [ITフィンテック] [金利] [ポートフォリオ] [ファンド] [電力取引]

大数の法則とは？

大数の法則（law of large numbers）は、統計的に相関のない独立したイベントが多くの件数が存在する場合には、その損失額は予測可能であり、実際に観察される損失額が予想から大きく乖離する確率は極めて小さいとする統計上の法則である。

大数の法則と保険リスク

保険リスク
・大数の法則に適合するリスクが、保険の対象に適したリスクカテゴリーとなる。
・その集合体が保険市場を形成。

保険ポートフォリオ
・保険会社は、同種類のリスクを多くの件数保有。
・1件ごとのリスクは不安定でも、総体として安定したリスクの保険ポートフォリオを構築することが可能。

保険会社のリスクエクスポージャー

保険会社は、大量の同種リスクを束ねることによりリスク発生による損害を大数の中に分散することが可能。	
リスクの生起確率	保険会社は、同質のリスクエクスポージャーを持つ顧客のリスクをプールすることにより、リスクの生起確率を一定の範囲で評価することが可能。

大数の法則と自動車事故にかける保険

大数の法則
多くの件数の保険契約であれば損失の推計確度が高まり、保険料の設定を的確に行うことが可能。

大数の法則と保険

・保険市場は、ランダムに発生するリスクによる損失が一定の確度で推計可能。 ・大数の法則はリスクを被る対象に相関性がないときに最も効率的に機能。	
損失リスクの分散	大数の法則が働く場合には、損失は多数の保険契約者の間で効率的に散りばめられて、元受保険会社が保険金の支払い不履行に陥るリスクを極小化。

自動車事故保険

大数の法則が働く典型例。	
確率推計	・事故発生確率は、統計的に推計することが可能。 ・自動車事故保険は、同質のリスクの大きな母集団の中で、相互に独立した形で保険金支払いの原因となるイベントがランダムに発生。その頻度や損害額を定量的に推測することが可能。
リスクの時間的・地理的分散	・自動車事故は、時間的・地域的に分散して発生する特性がある。 ・保険対象となる自動車事故が分散して発生することにより、リスクの時間的・地理的分散効果が得られ、自動車事故保険を扱う保険会社は、ビジネスとしてこれが成り立つことになる。

直接金融、間接金融

`金融` `証券化` `証券取引` `保険` `リスクマネジメント` `デリバティブ` `環境`
`外国為替` `ITフィンテック` `金利` `ポートフォリオ` `ファンド` `電力取引`

直接金融、間接金融とは?

直接金融(direct finance)
企業が株式や社債の発行によりマーケットから直接に資金調達を行う方法。

間接金融(indirect finance)
企業が金融機関から資金調達をする方法。

直接金融と間接金融の比較

	直接金融	間接金融
金融仲介機関	証券会社	金融機関
金融のツール	本源的証券 (株式、社債)	間接証券(預金証書)
資金の出し手	投資家	預金者
信用リスクの担い手	投資家	金融機関

直接金融

ブローカー業務
証券会社は、原則として証券の売買取引の仲介業として自己が売買主体とはならない。

ディーラー業務
証券会社が自己売買を行う場合には、証券会社自身が売買の取引主体(カウンターパーティ)となる。

間接金融

資金仲介機能と資産変換機能

預金による資金調達の金利や期間は、預金を原資として貸出をする金利や期間とは異なる。

金融機関の機能	資金仲介機能	資金の余剰主体から不足主体へのパイプ役。
	資産変換機能	資金のパイプの中で資産内容を変換。

信用リスクの担い手

・金融機関は、資産変換機能を行うにあたって資金の取り手・貸し手として自己が取引の主体となる。
・金融機関が貸出をする場合には、借り手の信用リスクを背負う。

直接金融と間接金融の相互補完関係

金融・証券市場の機能

金融・証券市場において、直接金融と間接金融の両者が車の両輪として、ともにフルに機能を発揮している状態が望ましい。

金融・証券市場の相互補完

具体的なケース	・金融・証券市場の一方が不調となる事態では、2つのパイプは、相互補完的な関係にあることが期待される。 ・たとえば、金融機関が不良債権処理に追われてリスク負担能力が低下している場合には、資本市場がその代替的な機能を発揮して、間接金融を補完しなければならない。
直接・間接金融のバランス	特にわが国の金融は、伝統的な間接金融中心の構造から、直接金融と間接金融のバランスのとれた構造に転換することが重要。

通貨オプション

金融　証券化　証券取引　保険　リスクマネジメント　デリバティブ　環境
外国為替　ITフィンテック　金利　ポートフォリオ　ファンド　電力取引

通貨オプションとは？

　通貨オプション（currency option）は、将来、一定の外国為替相場の水準で外貨と円貨、または外貨と別の外貨の売買ができる権利である。

通貨オプションの活用例

設例①

前提	輸入業者が3カ月先にドル建て輸入代金の支払いを予定。	
ヘッジニーズ	1ドル120円を超える円安・ドル高での支払いは避けたい。	
通貨オプション取引	3カ月先に期限が到来する1ドル120円の権利行使価格のドルコールを買う。	
3カ月先の円ドル相場	1ドル130円の円安・ドル高	権利行使をして、1ドル120円でドルを買う。
	1ドル100円の円高・ドル安	権利放棄をして、マーケットで1ドル100円でドルを買う。

設例②

前提	輸出業者が3カ月先にドル建て輸出代金の受取りを予定。	
ヘッジニーズ	1ドル110円を超える円高・ドル安での受取りは避けたい。	
通貨オプション取引	3カ月先に期限が到来する1ドル110円の権利行使価格のドルプットを買う。	
3カ月先の円ドル相場	1ドル120円の円安・ドル高	権利放棄をして、外国為替市場において1ドル120円でドルを売る。
	1ドル100円の円高・ドル安	権利行使をして、1ドル110円でドルを売る。

通貨オプションとプロテクティブプット

　通貨オプションを活用して外国為替リスクをヘッジする代表的な手法にプロテクティブプットがある。

設例

前提	企業が米ドル債権を保有。
ヘッジニーズ	・先行き円高・ドル安による為替差損をヘッジしたい。 ・しかし、円安・ドル高となった場合には、そこから為替差益を得たい。
プロテクティブプット戦略	米ドル債権を原資産とするドルプットオプションを購入。
先行きの円ドル相場	円高・ドル安	権利行使をして、市場価格より高い行使価格で米ドルを売却。
	円安・ドル高	・権利放棄。 ・保有の米ドル債権から為替差益が生まれる。

通貨オプションとノックアウトオプション

オプションの買い手は売り手に対してオプション料（プレミアム）を支払う必要があるが、このオプション料を安くする戦略が活用されている。その代表的なものがノックアウトオプションである。

ノックアウトオプション

原資産の価格が一定の水準に到達したときにオプションが消滅。	
オプションの買い手	通常のオプションよりオプション料は安い。

設例

前提	輸出業者が3カ月先にドル建て輸出代金の受取りを予定。
ヘッジニーズ	・1ドル110円を超える円高・ドル安での受取りは避けたい。 ・輸出業者は1ドル100円を超える円高になることはまずないと予想、プレミアム支払いを節減するために1ドル100円の水準をノックアウトプライスとする。
通貨オプション取引	3カ月先に期限が到来する1ドル110円の権利行使価格、1ドル100円をノックアウトプライスとするドルプットを買う。
3カ月先の円ドル相場	1ドル100円の円高・ドル安	オプションが消滅。輸出業者は外国為替リスクのヘッジを行うことはできず、外国為替市場の実勢相場の1ドル100円でドルを売る。

1ドル105円の円高・ドル安	権利行使をして、1ドル110円でドルを売る。
1ドル130円の円安・ドル高	権利放棄をして、外国為替市場の実勢相場の1ドル130円でドルを売る。

通貨オプションのバリエーション

コンポジット・オプション（composite option）（注）

原資産	外貨建債券、株式等	
権利行使価格	円貨	
為替レート	オプション期間中変動	
ペイオフ	コール	$\max(SX-K,\ 0)$
	プット	$\max(K-SX,\ 0)$
	オプション満期時の外貨建原資産価格：S 円貨／外貨の為替レート：X 権利行使価格：K	
特徴	（例）原資産が外貨建債券のケース	
	オプションのタイプ	権利行使価格（円貨）
	通常の外貨建債券オプション	為替レートによって変動。
	コンポジット・オプション	円貨で確定。

クォント・オプション（quant option）（注）

原資産	外貨建債券、株式等	
権利行使価格	円貨	
為替レート	約定時に固定	
ペイオフ	コール	$\max(S-X-K,\ 0)$
	プット	$\max(K-SX,\ 0)$
	オプション満期時の外貨建原資産価格：S 固定為替レート：-X 権利行使価格：K	
特徴	為替レートが固定されていることから、為替レート変動リスクはない。	

（注）　中村一岳「相関デリバティブのリスク特性やリスク管理手法に関する考察：コン

ポジット・オプションを例に」金融研究、日本銀行金融研究所、2003年11月
（関連用語）　オプション（273頁）、オプション戦略（279頁）、プロテクティブプット（796頁）

デュレーション

| 金融 | 証券化 | 証券取引 | 保険 | リスクマネジメント | デリバティブ | 環境 |
| 外国為替 | ITフィンテック | 金利 | ポートフォリオ | ファンド | 電力取引 |

デュレーションとは？

デュレーション（duration）は、債券が生むキャッシュフローの平均満期を算出して、これを1つの尺度で表したものである。

デュレーションは、金利の変化に対して債券の市場価値がどの程度変化するかの尺度として活用される。

デュレーションは、これを案出した人の名前をとって、マコーレーデュレーション（Macaulay duration）とも呼ばれる。

デュレーションが持つ意味

①投資資金の回収期間

債券に投資した資金の平均回収期間

②金利感応度

金利変化に対する債券価格の感応度

デュレーション算出のコンセプト

①キャッシュフローの現在価値の算出

将来受け取るキャッシュフローを最終利回りで割り引いて現在価値を計算。

②期間による①の加重平均

将来受け取るキャッシュフローを受け取るまでの期間を、①で求めたキャッシュフローの現在価値をウェイトとして用いて加重平均。

債券の現在価値	〔定期的なクーポン受取り＋元本償還〕の現在価値	
	クーポン	・残存期間が同一の債券の間にあっても、クーポンに違いがあればキャッシュフローの現在価値は異なり、債券の現在価値も異なる。 ・クーポンが高い（低い）とキャッシュフローは前倒し（後倒し）となる。

マコーレーデュレーションと修正デュレーション（modified duration）の計算

マコーレーデュレーション

①キャッシュフローの割引現在価値の算出	t時点におけるキャッシュフローの割引現在価値を計算。
②キャッシュフローのウェイトの算出	①で計算したキャッシュフローの現在価値が債券価格の中で占めるウェイトを計算。
③期間による加重平均	②で計算したウェイトで各々のキャッシュフローの支払いがあるまでの期間を加重平均。
④マコーレーデュレーション	この結果は、債券の平均満期期間 ＝マコーレーデュレーション

修正デュレーション

修正デュレーションの算出	$\dfrac{マコーレーデュレーション}{1＋金利}$
修正デュレーションの活用	・修正デュレーションは、金利に対する債券の価格感応度を示したもの。 ・実務では、修正デュレーションの方がより活用されている。

設例

	マコーレーデュレーションと修正デュレーションを計算する。	
前提	債券の額面	100円
	クーポンレート (CF：Cash-Flow) CFの現在価値（PVCF： Present Value of Cash Flows）	3％、利払い年2回
	残存期間（t：time）	5年
	最終利回り（y：yield)	3％

期	t	CF	$\dfrac{CF}{(1+\dfrac{y}{2})^{2t}}=PVCF$	$t \times PVCF$
1	0.5	1.5	1.4778	0.7389
2	1.0	1.5	1.4560	1.4560
3	1.5	1.5	1.4345	2.1518
4	2.0	1.5	1.4133	2.8266
5	2.5	1.5	1.3924	3.4810
6	3.0	1.5	1.3718	4.1154
7	3.5	1.5	1.3515	4.7303
8	4.0	1.5	1.3316	5.3264
9	4.5	1.5	1.3119	5.9036
10	5.0	101.5	87.4592	437.2960
			100.0000	468.0259

マコーレーデュレーション	4.6803
修正デュレーション	$\dfrac{4.6803}{1+\dfrac{0.03}{2}}=4.6111$

デリバティブ

金融 | 証券化 | 証券取引 | 保険 | リスクマネジメント | デリバティブ | 環境
外国為替 | ITフィンテック | 金利 | ポートフォリオ | ファンド | 電力取引

デリバティブとは？

デリバティブ（derivative、派生商品）は、その価値が、他の商品の価値に依存して決まる商品の総称である。

原資産（underlying asset）

デリバティブの価値が依存する商品、デリバティブの取引対象商品

デリバティブ

原資産から派生した商品

デリバティブの原資産

金融関係

株式、株価指数、金利、債券、通貨（外国為替相場）、信用リスク等

コモディティ関係

農畜産物、原油等のエネルギー物、貴金属類等

無形物

天候（気温、降雪、降雨、風速、日照等）、電力、二酸化炭素等

その他

デリバティブ（デリバティブを原資産とするデリバティブ）等

デリバティブ取引のカテゴリー

①先物・先渡取引

将来、ある原資産をあらかじめ当事者で合意した価格で売買することを現時点において約束する取引。	
双務契約	将来、原資産の相場がいかになろうとも取引当事者双方は契約を履行する義務を負う。

先物	取引所において取引される。
先渡し	取引所以外で相対取引（店頭取引、Over-The-Counter、OTC）により行われる。

②オプション取引とオプション料

原資産をあらかじめ決めておいた時点（あるいは期間内）に、あらかじめ決めておいた価格で買い入れ、または売却する権利（選択権）の売買。			
片務契約	オプションの買い手	権利	原資産を買う権利、または売る権利を持つ。
		義務	契約履行の義務はない。
	オプションの売り手	権利	契約履行の権利はない。
		義務	買い手が権利行使をしたらこれに応じる義務がある。
コールオプション	原資産を買う権利。		
プットオプション	原資産を売る権利。		
プレミアム	オプションの買い手は売り手にオプション料（プレミアム）を支払う。		

③スワップ取引

現時点で価値の等しい将来のキャッシュフローを、将来の一定期間にわたり交換する取引。	
金利スワップ	同一通貨間の固定金利と変動金利の交換（プレーンバニラ・スワップ）等の交換。
通貨スワップ	異なる通貨の元利金の交換。

④エキゾチック・デリバティブ取引

先物、オプション、スワップといったデリバティブの原型を加工したり、デリバティブ同士を組み合わせる取引の総称。	
スワップション	スワップとオプションの組合せが典型例。

デリバティブの機能

①リスクの加工と移転

デリバティブ取引は、原資産に含まれるさまざまなリスクを加工したうえで、それをリスクを選好してリターンの獲得を狙う主体に移転する機能を持つ。

ゼロサムゲーム	デリバティブの機能はあくまでリスクの移転であり、取引当事者双方のリスク量を合計（サム）すればゼロになるゼロサムゲーム。
最適リスクシェアリング	デリバティブのリスク移転機能により、ヘッジャー、スペキュレーターといった異なるリスク選好を持つ経済主体の間で最適なリスクシェアリングを実現することが可能。

②ヘッジ取引と投機取引

ヘッジ取引	現物（原資産）を保有する主体が、現物の価格が先行き変動することから生じるリスクを相殺することを目的とした取引。	
投機（スペキュレーション）	デリバティブ市場の参加者がヘッジャー一色では注文が売りまたは買いの一方向に偏り、デリバティブが持つヘッジ機能は発揮できない。	
	ヘッジャーとスペキュレーター	・デリバティブ市場には、価格変動リスクを進んでとることによりヘッジャーがギブアップする期待利益を狙うスペキュレーターの存在が必要。 ・リスクヘッジが効率的に行われるか否かは、スペキュレーターの厚みにかかっている。

③企業、金融機関、家計によるデリバティブの活用

デリバティブが持つ機能は、企業や金融機関、それに家計が行う金融取引に活用。	
企業による活用	メーカーや卸・小売業はデリバティブを使ったヘッジ取引によって金融リスクを他に移転して、製造・販売というコアビジネスに専念することが可能。
金融機関による活用	企業を顧客とする金融機関は、多くの取引により抱えることとなったリスクをデリバティブにより分解、加工して、それを他の金融機関や金融市場に参加しているスペキュレーターに移転することが可能。
家計による活用	デリバティブを組み込んだ住宅ローンや定期預金等を対象とした取引を金融機関との間で実施。

デリバティブ取引の特徴とリスク

①デリバティブのリスクと原資産のリスク

伝統的な金融ビジネスのリスクとの比較	デリバティブが原資産から派生した商品である以上、デリバティブ取引が持つリスクも伝統的な金融ビジネスのリスクと同種。
スペックとリスクプロファイルの複雑性	デリバティブは、数理技術やITを駆使して商品設計が行われ、また実際の取引においては多種多様にわたる商品を組み合わせる戦略をとることが多く、リスクプロファイルは複雑多岐にわたる。
デリバティブのリスクマネジメントの重要性	デリバティブ取引にあたっては、リスクの正確な把握とそのマネジメントについて伝統的な金融取引以上に神経を使うことが必要。

②レバレッジと資金効率性

レバレッジ効果	デリバティブ取引は、現物取引に比べると少額の証拠金で取引できるレバレッジ効果（てこの効果）を持つ。
資金効率性とリスク	レバレッジ効果は、資金効率性を高めるメリットを持つ一方、投下資本の額に比して大きなリスクを生む恐れがある。

③市場流動性

レバレッジ効果と市場流動性	レバレッジ効果により、現物取引に比べて少ない元手で取引が可能となり、その結果、市場流動性が潤沢。
市場流動性と価格発見機能	この結果、マーケットの最も重要な機能である価格発見機能が発揮されることが期待可能。

デリバティブ取引のリスク管理

デリバティブ上場取引所のセーフティネット

現物取引との相違点	デリバティブ取引は、現物取引とは異なり決済時点が将来となるため、契約時点から満期に至るまでの期間に含み損が累増して、いざ決済時点になったときに信用リスクが表面化してデフォルトとなる恐れ。

| セーフティネットの必要性 | デリバティブ取引所では、各種セーフティネットをビルトインしてデリバティブ取引のリスク管理を実施。 |

①値洗い

建玉の時価評価	取引所は、先物取引の建玉（open interest、未決済残高）を毎日、時価に評価替えする「値洗い」（Mark-To-Market、MTM）を実施。
値洗いの決済	損失が出た市場参加者は、取引所に対して負けた額を払い込み、利益が出た市場参加者は、取引所から勝った額を受け取る。
値洗いの効果	値洗いによって、市場参加者が借りを持ち越すことがないシステムがビルトインされ、含み損の累積により期日になってデフォルトとなる事態を未然に防止。

②証拠金

証拠金制度の目的	・市場参加者が取引所で先物取引を行う場合には、証拠金（performance bond、margin）を預託する必要がある。 ・証拠金は、先物取引の履行を保証する目的を持つ。
証拠金勘定と値洗い差金の受払い	証拠金は証拠金勘定に預託されるが、日々の値洗いによる差金の受払いは証拠金勘定の入出金により行われる。
代用有価証券	証拠金は、必ずしも現金で差し入れる必要はなく、国債や地方債、社債、株式等の代用有価証券を差し入れることも可能。

③集中決済システム

CCP	先物取引では、取引所の清算機関がすべての取引のカウンターパーティとなる集中決済システム（Central Counter Party；CCP）がビルトインされている。
CCPの機能	取引所の清算機関が取引当事者の信用リスクを一手に引き受けることから、市場参加者は相手方の

	債務不履行から被る損失リスクを回避することが可能。

(関連用語) CCP（43頁）

デルタヘッジ

[金融] [証券化] [証券取引] [保険] [リスクマネジメント] [デリバティブ] [環境]
[外国為替] [ITフィンテック] [金利] [ポートフォリオ] [ファンド] [電力取引]

デルタヘッジとは？

デルタヘッジ（delta hedge）は、原資産またはその先物の買い、または売り操作によりオプションの損益を相殺する取引をいう。

デルタ

原資産価格1の動きに対してオプション価格（プレミアム）がどれだけ動くかの比率を表す数値。

$$デルタ（\delta）= \frac{プレミアム}{原資産価格}$$

デルタヘッジ

デルタの数値をもとにしてどのくらいの量の原資産または先物を買えばよいか、または売ればよいかを判断しながら行うヘッジ取引。

デルタヘッジの目的

コールオプションの売り

原資産の価格の上昇に伴い、無限の損失を被るリスクがある。

プットオプションの売り

原資産の価格の下落に伴い、無限の損失を被るリスクがある。

オプションの売りポジション（ショートポジション）のリスク管理
→デルタヘッジ

デルタヘッジの基本			
オプション			
コールオプションの売りポジション	リスク		原資産価格の上昇によりオプションの損失がふくらむ。
	ヘッジの狙い		原資産価格の上昇から利益を得てこの損失を相殺。
	デルタヘッジ		原資産またはその先物を買う(ロングポジションを持つ)。
プットオプションの売りポジション	リスク		原資産価格の下落によりオプションの損失がふくらむ。
	ヘッジの狙い		原資産価格の下落から利益を得てこの損失を相殺。
	デルタヘッジ		原資産またはその先物を売る(ショートポジションを持つ)。

設例

前提

- ある投資家が原資産A社株のコール10単位を買持ち。
- デルタ=0.2

ヘッジニーズ

オプションポジションが持つ価格変動リスクを中立化させたい。

デルタヘッジ

- デルタ0.2×コール10単位=2
- 投資家は、A社株を2単位売持ちにすることによりオプションの価格変動リスクを中立化。

(関連用語) オプション(273頁)、オプション戦略(279頁)

転換社債型新株予約権付社債

金融　証券化　証券取引　保険　リスクマネジメント　デリバティブ　環境
外国為替　ITフィンテック　金利　ポートフォリオ　ファンド　電力取引

転換社債型新株予約権付社債とは？

　転換社債型新株予約権付社債（convertible bond）は、社債の保有者が、あらかじめ定められた価額で、一定期間内に、転換社債型新株予約権付社債の発行会社の一定の普通株式数に転換することができる権利が付いた社債である。

転換社債型新株予約権付社債の権利

新株予約権	社債の保有者が権利を持つ。
新株予約権の行使	権利の行使を受けて、発行会社は社債と引き換えに普通株式を交付。

転換社債型新株予約権付社債の性格

社債発行会社の株式へ転換するオプションが組み込まれた社債。

商法改正と転換社債型新株予約権付社債

　転換社債型新株予約権付社債は、従来、転換社債と呼ばれていたが、2002年の商法改正後は、株式コールオプションが新株引受権として法制化されたことから、転換社債とワラント債と債券種別が同一となり、「新株予約権付社債」となった。

商法改正前

転換社債
新株引受権付社債（非分離型ワラント債）（注1）

商法改正後

転換社債型新株予約権付社債
新株予約権付社債

　なお、実務界では転換社債型新株予約権付社債をCBとか転換社債と呼び、新株予約権付社債をワラント債と呼ぶことが少なくない。以下では、文脈により転換社債型新株予約権付社債を転換社債と略称することもある。

（注1）　分離型ワラント債は、新株予約権と社債という2つの商品を同時に募集、割り

当てるとの考えで、新株予約権付社債の概念に入らない。

転換社債型新株予約権付社債と新株予約権付社債

類似点

債券の性格	・債券発行企業の新株を買う権利が組み込まれた債券。 ・〔債券＋コールオプション〕の性格を持つ。
持分の希薄化	・権利行使がなされると、発行企業は新株を発行したうえでこれを債券保有者に引き渡す。 ・したがって、両者とも権利行使により企業価値の持分の希薄化が発生。

相違点

払込み手段	転換社債型新株予約権付社債	権利行使すると、社債額面のうち権利行使に相当する分を社債の発行企業に返し、その交換に新株の交付を受ける。
	新株予約権付社債	・現金により払い込む。 ・しかし、新株予約権付社債においても、社債により代用払込みが認められているケースもあり、その場合には転換社債型新株予約権付社債と同一になる。

転換社債型新株予約権付社債で使用する用語

転換条件

・あらかじめ定められた条件。
・あらかじめ定められた価額で一定期間内に一定の株式数に転換することができる内容。

転換価額

・あらかじめ定められた価額。
・1株に転換する場合の転換社債型新株予約権付社債の額面金額。

転換期間

・あらかじめ定められた一定期間。
・投資家が転換社債型新株予約権付社債を普通株式に転換する権利行使可能期間。

・アメリカンオプションの権利行使に相当。

転換権
・転換社債型新株予約権付社債を普通株式に転換する権利。
・満期までに転換されなかった場合には、通常、社債と同様に額面金額で償還される。

転換による株式数

投資家が転換権行使により取得する株式数

$$転換株式数 = \frac{転換社債型新株予約権付社債}{転換価額}$$

設例

転換社債（額面）1,500万円の転換価格が1,000円の場合に、この転換社債を転換したときに取得する株式数

$$取得株式数 = \frac{1,500万円}{1,000円} = 1万5,000株$$

転換社債型新株予約権付社債の2つの性格

転換社債型新株予約権付社債は、債券としての性格と株式としての性格を併せ持っている。したがって、転換社債型新株予約権付社債の価値は、債券の価値と株式の価値の2つの側面から考える必要がある。

債券の価値
最終利回り等が基準。

株式の価値
パリティと呼ばれる株価と転換価格との関係を表す指標を使用。

パリティ

概念
・株価から逆算した転換社債の価格。
・転換社債の額面100円を株式に転換した場合の価値

=株式転換後、直ちにマーケットで株式を売却した場合の売却代金。
・円単位で示す。

株価とパリティ

株価上昇	パリティ	高くなる。
	転換社債のプライシング	株式の値動きをベースにしたものとなる。
株価下落	パリティ	低くなる。
	転換社債のプライシング	債券の値動きをベースにしたものとなる。

算定式

$$パリティ = \frac{株価}{転換価額} \times 額面100円$$

設例

株価1,200円、転換価格1,000円の場合の転換社債のパリティ $$パリティ = \frac{1,200円}{1,000円} \times 額面100円 = 120円$$		
パリティと裁定取引	いま、上述の転換社債の価格が120円と、パリティと一致しているとする。	
	①投資家は12万円の投資資金で転換社債を購入。 転換社債の価格=120円 転換社債の購入(額面ベース)=10万円	
	②投資家は転換社債を購入した直後にこれを株式に転換する。 転換株式数 $$= \frac{転換社債型新株予約権付社債}{転換価額} = \frac{10万}{1,000} = 100株$$	
	③株式100株の時価12万円=転換社債の時価	
	以上からパリティは、 (i)まず転換社債に投資を行い、それから株式に転換する場合 と (ii)資金をいきなり株式に投資する場合 との両方が等価(パリティ)となる水準を意味することが明	

裁定取引	らか。 仮に転換社債の価格が120円未満であれば転換社債を購入して株式に転換、これを売却する裁定取引で利益を得ることができ、逆に転換社債の価格が120円超であれば逆の裁定取引を行うことにより利益が得られる。

乖離

概念

・転換社債の価格はマーケットで決まる以上、転換社債の価格＝パリティとの保証はない。
・乖離は、転換社債の価格とパリティとの差を率にしたもの。

算定式

$$乖離率 = \left(\frac{転換社債型新株予約権付社債の価格}{パリティ} - 1 \right) \times 100$$

順乖離、逆乖離

乖離率はプラスに出る（プラス乖離または順乖離）こともあればマイナスに出る（マイナス乖離または逆乖離）こともある。

転換社債とパリティの関係	転換社債価格＞パリティ→プレミアム	乖離	プラス乖離、順乖離
		投資	転換社債が割高
	転換社債価格＝パリティ	乖離	ゼロ
		投資	──
	転換社債価格＜パリティ→ディスカウント	乖離	マイナス乖離、逆乖離
		投資	転換社債が割安

転換社債の価格

転換社債とオプション

・転換社債は、社債の保有者に対して株式へ転換するか否かの権利を付与された社債
・転換社債＝〔社債＋コールオプション〕

転換社債の発行者	コールオプションのショートポジション
投資家	コールオプションのロングポジション

転換社債のプライシング

転換社債の価格＝債券の価値＋コールオプションの価値

東京証券取引所の転換社債型新株予約権付社債上場基準

発行者

上場会社であること。

発行額面総額

20億円以上であること。

新株予約権の行使

不適当なものではないこと。

取得条項付新株予約権付社債（Contingent Reverse Convertibles、CRCs）

概念

・一定の事由が生じたときに、会社が新株予約権付社債を取得する（買い戻す）ことができる条項が付された新株予約権付社債。
・2006年の会社法施行によって、取得事由や交付財産を自由に選択可能な新株予約権付社債の取得条項が利用できるようになった。

通常の新株予約権付社債との比較

通常の新株予約権付社債	社債保有者に新株予約権を行使するかどうかを決定する権利を付与。
取得条項付新株予約権付社債	・一定の事由が生じたときに発行会社の判断によって投資家から社債を取得（買戻し）して、その対価として株式や現金を交付することが可能。 ・取得条項により発行会社は、実質的に投資家に対して新株予約権の全部または一部を強制的に行使させることが可能。

取得条項付新株予約権付社債の商品設計

・投資家にとっては自己の意思にかかわらず債券が株式に転換されることを意味する。
・したがって、取得条項が投資家にとり抵抗感のないよう商品設計する必要がある。

取得条項付新株予約権付社債のケース

①額面現金決済型新株予約権付社債	取得条項	投資家に対する支払い	
	株価＞行使価格	・額面相当額：現金が支払われる。 ・転換価値が額面を上回る部分： 　　　　　額面 　一定のVWAP（注2）算定期間最終日の行使価格 　＝普通株式数で交付	
		メリット	・額面現金決済型条項により、通常の新株予約権付社債で権利行使された場合に比べると大幅に交付株式数を抑制することが可能。 ・これに伴い希薄化の度合いも小さくすることが可能。
	株価＜行使価格	額面相当額の現金のみが交付される。	
②ソフトマンダトリー条項付転換社債型新株予約権付社債	取得条項	投資家に対する支払い	
	株価＜行使価格	額面 　一定のVWAP算定期間最終日の行使価格 　＝普通株式数で交付 ・転換価値が額面を下回る部分：金銭が交付される。	
	株価＞行使価格	普通株式のみが交付される。	
		メリット	発行会社は、現金償還に比して大幅に支払金額を抑制することが可能。

（注2）　VWAP（Volume Weighted Average Price、ブイワップ）は、株価の売買高加重平均値。

天候デリバティブ

金融 / 証券化 / 証券取引 / **保険** / リスクマネジメント / デリバティブ / **環境**
外国為替 / ITフィンテック / 金利 / ポートフォリオ / ファンド / 電力取引

天候デリバティブとは？

　天候デリバティブ（weather derivative）は、天候のさまざまなファクターを原資産としたデリバティブの総称である。

天候デリバティブの原資産と天候デリバティブのユーザー

天候デリバティブの原資産

気温、積雪量、降雨量、風速、日照等

天候デリバティブのユーザー

電力会社、農業関係、飲料関係のメーカー、ディーラー等	
カウンターパーティ	インベストメントバンク、保険会社

米国の天候デリバティブ第1号

第1号の取引時期

1997年

対象リスク

気温

取引主体

米国のエネルギー総合企業エンロン社が開発、エネルギーをはじめ多様な商品を手がけるコングロマリットのコーク社との間で契約。

取引内容

ミルウォーキーとウィスコンシンの温度を指数として1997～98年の冬季の気温があらかじめ決めておいた気温から1度下回れば、エネルギー会社であるエンロン社がコーク社に対して1万ドルを支払い、逆に1ドル上回ればコーク社がエンロン社に1万ドルを支払う。

天候デリバティブの特徴

①一般のデリバティブとの比較

ヘッジ対象が農産物やエネルギーのケースにおける天候デリバティブを一般のデリバティブと比較して、その特徴をみると次のとおり。

ヘッジリスク	一般のデリバティブ	価格変動リスク	
	天候デリバティブ	数量変動リスク	
	具体例	一般のデリバティブ	穀物等の農産物や電力・ガスを原資産とする先物、オプションは「価格リスク」をヘッジする目的で取引。
		天候デリバティブ	異常気温によって売行きが左右される商品や、電力やガス消費量の増減、降雪量によるスキー場への来客数の増減や道路除雪量など、「需要量のリスク」をヘッジする目的で取引。
原資産	一般のデリバティブ	取引可能な商品で、大量の取引を行えば価格が動く可能性。	
	天候デリバティブ	取引対象は天候という動かしようのない事象。	
デリバティブポジションのリスク管理	一般のデリバティブ	原資産をデリバティブと組み合わせることにより、デリバティブポジションが持つマーケットリスクのヘッジを行うことが可能。	
	天候デリバティブ	天候デリバティブポジションのリスクを原資産の天候の売買でヘッジすることはできない。	
	具体例	一般のデリバティブ	穀物の先物ショートポジションを持っている場合には、穀物の現物を買うことによりリスクを中立化させることが可能。

| | | 天候デリバティブ | 気温の先物ショートポジションを持っている場合に、気温の現物を買うことによりリスクを中立化させることはできない。 |

②保険との比較

リスクの発生確率	保険	地震、洪水、台風、竜巻など、発生確率の低い事象で、いざ発生した場合には大きな損害を被るリスクをヘッジするのが目的。
	天候デリバティブ	発生確率は高く、また発生したときのリスクは、一般的にとてつもなく大きいというわけではない。
リスク発生後のペイオフ手続	保険	リスクが顕現化しても、実際に損害を被ったこと、およびその損害発生と天候との因果関係がはっきりしないと補償は受けられない。
	天候デリバティブ	異常気象により実際に被害を受けたか否かとは無関係に、気象状況という客観的なデータから自動的に受払いが生じる。
受払額の算定方法	保険	天災により家屋等が被害を受けた場合には、保険会社から家屋等の被害と台風等の天候リスクとの因果関係が存在したか、また実損がいくらであったか、等の査定を受ける必要がある（注1）。
	天候デリバティブ	・受払額は損害額の大きさとは無関係に自動的に決まる。 ・ユーザー自身が気象庁のデータを使用して受払額を計算した結果と、天候デリバティブのカウンターパーティの損害保険会社等から支払われる金額は一致。
ベーシスリスク	保険	後述のとおり、損害額をカバーする「実損填補」を原則としており、ベーシスリスクは基本的に発生しない。
	天候デリバティブ	実際の損害額にかかわらず受取額が決定されることから、ベーシスリスクが存在。

取引主体	保険	リスクヘッジ目的で取引するユーザーのカウンターパーティは保険会社であり、保険会社は必然的に顧客の持つリスクをテイクする。
	天候デリバティブ	（投機家の参入） ・プロテクションの買い手は、必ずしも保険対象（insurable interest）に利害の関わりを持っている必要はない。 ・したがって、投機家が取引主体として参入可能（注2）。 （エンドユーザー間取引） ・リスクのヘッジ目的のため、エンドユーザー間で取引が成立する可能性がある。 ・たとえば、異常寒波リスクをヘッジする目的を持つユーザーは、異常暖冬リスクをヘッジする目的を持つユーザーとの間で、天候デリバティブ取引を成立させることが可能（注3）。

（注1） 天候リスク保険には、査定が必要ではなく、一定の気象状況が事前に保険会社と顧客との間で契約した内容に一致すれば自動的に一定額が支払われる種類もある。これは、天候デリバティブと実質的に同じ契約であるということができる。こうした保険には興業中止保険（大きな催しが悪天候で中止となった場合の損害を補償する保険）やスキー場・ゴルフ場天候保険等がある。

（注2） 日本の場合には、保険会社等の金融機関が天候デリバティブを顧客に提供するにあたって、その取引目的は天候リスクをヘッジすることを要件としており、投機目的に取引することはできないとしていることが一般的である。

（注3） 東京電力と東京ガスとの間で行われた気温デリバティブ取引がその典型例。

実損填補

実損填補（indemnity）の概念

実際に発生した損害額に見合った金額を補填、支払うこと。

保険契約の原則

保険契約は、実損填補を原則とする。

保険契約の内容

顧客が一定の保険料を支払う見返りとして、保険が対象とするイベントが発

生して顧客が損害を被った場合に、保険会社があらかじめ保険契約で決められた保険金を支払うことを内容とする顧客と保険会社との間の契約。

保険契約と実損填補

保険はあくまでも顧客の損失をカバーする目的のために活用されるべきものであり、保険が投機を行うツールに用いられることを防ぐ趣旨に基づく原則。

天候デリバティブの原資産と計測等

原資産

単一指数	気温	計測等	実際の計測やモデルの構築は比較的容易に可能。
	風速、降雪、降雨、波高、湿度、日照時間等	計測等	局地的な計測をよほど正確に行うことができる気象観測所の存在が不可欠。
複合指数	複数の気象事象	計測等	複数の気象事象を原資産として複数組み合わせて作成した指数を原資産とする。
		具体例	・気温と降水量を組み合わせた天候デリバティブ ・風力、雨量等を組み合わせた台風デリバティブ
	複数の地域の気象事象	計測等	いくつかの地域の気象事象を平均した指数を原資産とする。
		具体例	清涼飲料の会社が複数の都市の夏期平均気温を当該地域の清涼飲料の売上高で加重平均したものを指標とする天候デリバティブ取引を行って冷夏リスクをヘッジ。

日本の天候デリバティブ

対象リスク

気温のほかに、降雪、降雨、風速、日照、湿度など多岐にわたる。

商品開発主体

損害保険会社、大手銀行等。

販売主体

損害保険会社、大手銀行等のほか、地方銀行、信用金庫等が、損害保険会社開発商品を顧客に販売する媒介を行っている。

ユーザー

電力、ガス会社等のエネルギー関係の大手ユーザーのほか、幅広い業種にわたる多くの中堅・中小企業がユーザー。	
背景	営業拠点が１地域に集中するとか、業務の多様化に限界があることから、ビジネスのポートフォリオの分散を図って天候リスクを回避することは事実上困難。
業種	外食産業やレジャー産業、食品メーカー、衣料品メーカー等、多岐にわたる業種の企業がユーザー。

特徴

多品種	ユーザーが持つ多種多様な潜在ニーズにマッチした各種の商品を提供。
小ロット	１口１億円を下回るような小ロットの取引が多数を占める。

テイラーメイドと標準化

テイラーメイド	初期はユーザーニーズをきめ細かくくみ取ってスペックを決めるテイラーメイドが中心。
標準化	・その後、ユーザーが増加して市場が漸次拡大するにつれて、ユーザーニーズの最大公約数的なものをスペックとする標準化商品が普及。 ・標準化により、天候デリバティブの商品開発コスト節減やユーザーとの交渉効率化が図られ、ユーザーにとって天候リスクのヘッジコストも低下、天候デリバティブ市場の拡大を加速。

シカゴマーカンタイル取引所（the Chicago Mercantile Exchange、CME）の天候デリバティブ

上場天候デリバティブの種類

気温のほかに、ハリケーンや降雪、霜を対象にした天候デリバティブを上場。

天候デリバティブ上場の狙い

・保険会社や銀行等が、顧客との間の天候デリバティブ取引により抱えることになったエクスポージャーをヘッジする場の提供。
・これにより、OTCで天候デリバティブ取引を行う業者は、取引所上場の標準化された天候デリバティブ取引によりリスクの転嫁を図ることが可能。

CME上場の天候デリバティブのスペック

OTCにおける天候デリバティブの取引状況を反映させる形で、天候デリバティブの上場商品のスペックを設計。

OTC取引の天候デリバティブの決済インフラ

・CMEでは、天候デリバティブの上場に加えて、OTCで取引されている天候デリバティブに対する決済業務を提供。
・これにより、取引当事者は、OTC取引でもカウンターパーティリスクを懸念する必要がないメリットを享受。

天候デリバティブの価格

　上述のとおり、米国ではシカゴマーカンタイル取引所が気温等を原資産とする天候デリバティブを上場しているが、日本では、すべてOTC（相対）取引で行われている。

取引所上場商品の取引

取引所の価格発見機能によりフェアプライスがアウトプットされ、ヘッジャーにとってのコストを、また、リスクテイカーのリターンを把握することが可能。

OTC（相対）取引

一定のモデルを使用して導出される理論価格に依存。	
ヒストリカルデータ法	・過去のデータの平均値から先行きの気象事

		象と生起確率を推計。 ・それにより導出されたペイオフからプライシングを行う手法。
モンテカルロ・シミュレーション法		・コンピュータを使用して乱数を発生させ、それによりおびただしい数のシナリオを作る。 ・その平均値の現在価値によりプライシングを行う手法。
	具体的適用	・エイジアンオプション（ある期間の平均値をとる） ・キャップ付天候オプション

（関連用語）　天候リスク（649頁）、気温デリバティブ（331頁）、降雪デリバティブ（413頁）、降雨デリバティブ（413頁）、霰デリバティブ（413頁）

天候リスク

金融　証券化　証券取引　保険　リスクマネジメント　デリバティブ　**環境**
外国為替　ITフィンテック　金利　ポートフォリオ　ファンド　電力取引

天候リスクとは？

　天候リスク（weather risk）は、異常な天候状況により損害を被るリスクである。天候リスクには、気温、降雪、降雨、風力、日照等に関わるリスクがある。

天候リスクが各業界に及ぼす影響

暖冬	ガス、電力、灯油の需要減少
冷夏	電力需要の減少、エアコン、飲料等の売上げ減少
猛暑	ガスの需要減少（給湯の需要減）
弱風	風力発電量の減少
降雨・気温	外食産業、百貨店の客足、農業の作柄に悪影響
降雨・積雪	建設業界の工事進捗に悪影響
降雨・気温・積雪	観光レジャー、屋外型テーマパークの客足に悪影響

天候リスクマネジメントのプロセス

①財務への影響分析

どの天候リスクが自社のバランスシートと損益計算書、キャッシュフロー計算書のどの項目に影響を及ぼすのかを把握。

②リスクと収益の定量分析

・把握した天候リスクの発生確率と、それが発生した場合にどの程度自社のパフォーマンスへ影響を及ぼすかを定量的に分析。
・天候リスクと企業収益との相関関係を定量的に分析・把握することが重要。

③リスクの対応

・天候デリバティブや保険の活用。
・各々の特徴を比較してどのヘッジ手段が最適かを決定。

リスクの保有	リスクヘッジのためのコストが高く、自社でリスクを抱えておいても十分耐えられるのであれば、リスクを保有したままにしておく選択が妥当。

| 完全ヘッジ、部分ヘッジ | リスクの発生確率等からみて、完全ヘッジではなく、その一部のヘッジにとどめる部分ヘッジ戦略という選択も考えられる。 |

④リスク対応後のフォロー

天候リスクのヘッジを行った後の気象状況の実績や予測をフォローして、実施したヘッジが最適なものかどうか、ヘッジ比率の調整が必要ではないか等の分析を行い、必要な手を機動的に打つことが重要。

天候リスクの定量化の方法

①平均値

一定の期間の数値を平均して、その数値があらかじめ定めておいた水準を超えたか、または下回ったかどうかをみる方法。

カテゴリー	気温や湿度。
具体例	電力会社が8～9月の夏期の気温の平均が一定の基準値を下回ったときに支払いを受けることにより、冷夏リスクをヘッジするケース。

②期間累計値

一定の期間の数値を累計して、その数値があらかじめ定めておいた水準を超えたか、または下回ったかどうかをみる方法。

カテゴリー	降雨量、降雪量、日照時間等。
具体例	スキー会社があらかじめ特定した場所において、冬季の一定期間の降雪量の累計を下回った場合の小雪リスクをヘッジするケース。

③日数（デイカウント型）

1日の数値があらかじめ定めておいた水準を超えた、または下回った日数を一定の期間累計して、その日数があらかじめ定めておいた日数を超えたか、または下回ったかどうかをみる方法。

カテゴリー	降雨量、降雪量、日照時間等。
具体例	開放型のレジャーランドにおいて、1日の降雨量があらかじめ定めておいた水準を超えた日数が行楽期間の6カ月間で何日あったかを累計して、その日数があらかじめ定めておいた日数を超えた場

	合に、超えた日数に応じて、レジャーランドが支払いを受けることにより、降雨リスクをヘッジするケース。

④売上高等の加重平均

気象事象を、複数地点の数値を各地域の売上高等で加重平均した値でとる方法。	
カテゴリー	降雨量、降雪量、日照時間等。
具体例	天候リスクのヘッジニーズを持つ企業の営業拠点や販売拠点が複数地域にまたがっている場合に、気温や降雪量について複数の地点の数値を各地域の売上高等で加重平均した数値が一定の水準を上回った（下回った）場合に企業が支払いを受けることにより、天候リスクをヘッジするケース。

天候データの重要性

データの連続性、整合性

・天候データは、発生確率、時間帯、地域別に、相当の期間にわたり過去にさかのぼって入手可能であること、またデータに連続性、整合性があること等が要件。
・すなわち、気温、降水量、降雪量、風力等には、恣意性のない客観的なデータが提供されていることが極めて重要。

データのユーザー

保険会社等の金融機関	天候リスク関係商品の開発・設計と、それをユーザーに提供するためには、信頼ある気象情報と予報がアベイラブルであることが最も重要な前提条件。
天候デリバティブ等のユーザーである企業	天候リスクを適切に管理するためには、過去の気象データと将来の予報が重要なファクター。

気象庁等によるデータ提供

わが国では、気象庁が公表している豊富なデータに加えて、日本気象協会や気象業務支援センターからも天候リスク管理に活用できる重要なデータが提供されている。

①過去から現時点のデータ

観測項目	・気象観測データ：気圧、気温（最高、最低、平均気温）、風向風速、降雨量、日照時間、湿度、日射量、積雪、天気、大気現象 ・台風、地震、竜巻、突風（ダウンバースト）等のデータ	
データ採取場所	全国約1,500カ所	
	全国の気象官署	地上気象観測（SYNOP、約150地点）
	アメダス観測所と呼ばれる無人の気象観測所	地域気象観測（AMeDAS、降水量約1,300地点、気温・風・日照時間約840地点、積雪約200地点）
	高層観測	全国約20地点
統計期間	・過去25年から40年までさかのぼって入手可能。 ・統計期間は、時、日、旬、年、累年。	
現在の気象データ（上記以外）	レーダー・降水ナウキャスト	現在の雨雲の様子（5分間隔）および60分先までの予測（10分間隔）。
	解析雨量・降水短時間予報	降雨量分布と、6時間先までの1時間ごとの降雨量分析の予測。
	その他	・空港の気象 ・黄砂情報 ・紫外線観測データ ・ウィンドプロファイラ（上空の風）

②予報

予報については、大まかな傾向が発表される。具体的には平均的な気温、降水量等を低い（少ない）、平年並み、高い（多い）の3つの階級に分けてそれぞれの階級が現れる確率を数値で表して発表する。

地区	気象庁本庁の発表	全国を対象とする全般季節予報	
	地方11の気象官署の発表	各地方を対象とする地方季節予報	
期間	1カ月予報	・毎週金曜日に発表。 ・平均気温、合計降水量、合計日照時間、冬季は日本海側の合計降雪量の予報。	

3カ月予報	・毎月25日頃に発表。 ・平均気温、合計降水量、冬季は日本海側の合計降雪量の予報。
暖・寒候期予報	・毎年2月25日頃に発表。 ・夏（6～8月）の平均気温、合計降水量、梅雨時期（6～7月）の合計降水量の予報。

設例：季節予報の活用

気象庁が発表している季節予報をさまざまなビジネスが抱えている天候リスクのマネジメントに活用することができる。ここでは、気象庁が例示している農作物のケース（数値は架空のもの）をもとにしてみることにしたい（注1）。

設例	・ある農家が農作物を植え付ける計画を検討。 ・現在の季節は春で、植付けの候補は冷夏に弱いA品種と冷夏に強いB品種で、このどちらかを選択。		
気象庁の予報の活用	気象庁の暖候期予報の夏の3カ月平均気温の確率予報を活用して植付け品種を選択。		
気象庁の予報による気温と収穫量の関係	（収穫量）		
	品種＼気温	低い	平年並み	高い
	A品種	40	100	110
	B品種	70	85	90
	上表から			
	気温が平年並み、または高い予想の場合	A品種		
	気温が低い予想の場合	B品種		
気温の確率	どのくらいの気温の確率のときにどの品種を選択すればよいか、につき気象庁が発表している確率予報を活用。		
	低い	50%		
	平年並み	30%		
	高い	20%		
各品種の収穫量の見込み	A品種	（40×0.5）＋（100×0.3）＋（110×0.2）＝72		
	B品種	（70×0.5）＋（85×0.3）＋（90×0.2）＝78.5		
結論（注2）	平均的に多くの収穫量が予想できるB品種を選択。		

（注1） 気象庁資料。

(注2) こうした確率を活用した結果は、多数のケースに適用した場合であって、個々のケースがこのように最適になるとは限らない。
(関連用語) 天候デリバティブ（641頁）

電子記録債権

`金 融` `証券化` `証券取引` `保 険` `リスクマネジメント` `デリバティブ` `環 境`
`外国為替` `ITフィンテック` `金 利` `ポートフォリオ` `ファンド` `電力取引`

電子記録債権とは？

電子記録債権（electronically recorded monetary claims）は、手形や売掛債権等の指名債権にかわり、電子債権記録機関による電子的な記録により、権利の発生・移転・決済が可能となる債権である。電子記録債権は、略して「でんさい」と呼ばれる。電子記録債権は、基本的に手形と同様の性質を持ち、手形をペーパーレス化したということができるが、後述のとおり、手形と異なる特性も具備している。電子記録債権の活用によって、債権を資金化する際に、その存在や発生原因を確認するためのコストの節減や、二重譲渡リスクの回避が期待できる。

電子記録債権と手形、指名債権（図表1）

電子記録債権と、従来から企業間信用で用いられている手形や売掛債権等の指名債権とを比較すると次のとおり。

①手形

・手形を使った企業間信用のプロセスにおいては、さまざまな手数がかかり、またリスクも潜在。 ・手形の利用は、逐年、減少をみている状況。	
債務者	手形を振り出す債務者は、手形用紙の保管、手形の作成・交付の手数がかかる。
債権者	・手形を受け取る債権者には、手形の紛失、盗難リスクが存在。 ・仮に、紛失した手形や盗難にあった手形が善意の第三者の手に渡り、その善意の取得者に対して債務者が支払いをすれば法的に有効な支払いとなる。
金融機関	手形を割り引く金融機関は、手形の割引、手形期日までの保管、決済処理の事務コストがかかる。

②指名債権

民法上の指名債権は、当事者の合意により発生し、その方式は口頭でも書面でも自由である。

リスク	債権の二重譲渡とか、裏付けのない債権が譲渡されるリスクが存在。
相殺権	・指名債権の譲渡には債務者の承諾は必要ないが、債務者が異議なき承諾をしていない場合には、債務者は原債権者に主張できるすべての法的事由を債権の譲受人にも主張できる。 ・こうした事由の代表例に相殺権がある。すなわち、債務者が債権者に対して別途債権を保有している場合には自己が負う債務と当該債権とを相殺することが可能。

③電子記録債権

・2008年に電子記録債権法が施行。
・電子記録債権は、手形債権や指名債権の持つ諸問題を解消する機能を持つ債権。

メリット

二重譲渡リスク等の排除	債権の発生、譲渡はすべて電子債権記録機関によって原簿に電子的に記録されることから、実在しない債権の譲渡が行われるリスクとか、同一債権の二重譲渡リスクは完全に排除。
明確な可視性	・指名債権は、当事者間の口頭合意でも発生。 ・しかし、電子記録債権は、磁気ディスク等の記録原簿に記録、明確な可視性を備えた債権。
手数の大幅削減、紛失、盗難のリスクを排除	・手形はペーパーに債権が表章、手形用紙の保管、作成、運送といった手数を要し、紛失、盗難リスクも存在。 ・しかし、電子記録債権は、そうした手数、リスクがなく、さらに、銀行サイドも決済時に手形の情報をあらためてシステムにインプットする必要がない。

手形債権との類似

無因性	・なんらかの事情によって債権を発生させるもととなる売買契約等の有効性が問題となっても、それが電子記録債権の有効性には直接に影響を及ぼすことはない。 ・これは、電子記録債権を発生させる原因である法律関係に基づく債権と電子記録債権とは別個の債権であることを意味するもので、「無因性」と呼ばれる。

図表1　電子記録債権と手形、売掛債権の比較

手形	電子記録債権
・作成・交付・保管コスト ・紛失・盗難リスク ・分割不可	・電子データ送受信等による発生・譲渡 ・記録機関の記録原簿で管理 ・分割可
売掛債権	電子記録債権
・譲渡対象債権の不存在・二重譲渡リスク ・譲渡を債務者に対抗するために、債務者への通知等が必要 ・人的抗弁を対抗されるリスク	・電子記録により債権の存在・帰属を可視化 ・債権の存在・帰属は明確であり、通知等は不要 ・原則として人的抗弁は切断

(出所)　全銀電子債権ネットワーク「でんさいネットの仕組みと実務」

電子債権記録機関

認定機関

- 電子債権記録機関は、電子債権記録原簿を管理する極めて重要な機能を果たす組織。
- 登録機関となるためには主務大臣から指定機関の認定を受ける必要。

基本業務以外のサービス

電子債権記録機関は、基本業務に加えて、たとえば次のサービスを提供することができる。
- 債権に対する質権設定
- 債権の保証
- 債権を分割記録して債権譲渡の際にその一部を譲渡することを可能とする等

電子記録債権のフレームワーク（図表2）

設例：企業間信用で商品の売買取引を行うケースにより、電子記録債権のプロセスをみると次のとおり。

①取引当事者から電子債権記録機関への連絡

取引当事者は、売掛債権の金額、支払期日、当事者といった内容を電子債権記録機関に対して連絡。

②電子債権記録機関による電子記録

・電子債権記録機関は、磁気ディスク等の電子債権記録原簿に電子記録を行う。
・この記録により債権が発生。

③売掛債権の譲渡のケース

売掛債権を保有している商品の売り手が第三者に債権譲渡をするときには、電子債権記録機関に対して次の事項を連絡。

取引主体	譲渡・譲受の当事者となる商品の売り手と第三者の名前
債権の内容	債権の金額、支払期日

④電子債権記録機関による譲渡記録

・電子債権記録機関では、電子債権記録原簿に譲渡を記録。
・この記録により債権譲渡の効力発生。

⑤売掛債権消滅の電子記録の効果

・売掛債権が商品の買い手からの支払いで消滅した場合の電子記録は、効力の発生要件ではなく、第三者対抗要件。
・これは、仮に電子記録を効力の発生要件と位置付けると、当事者間で支払いをしたという厳然とした事実が存在するにもかかわらず、電子記録がなされるまでは当事者間でその効力を主張できないという不合理が生じる恐れがあることによる。

図表2 「でんさい」の取引イメージ

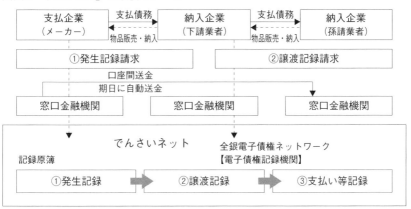

① 「でんさい」の発生……納入企業が窓口金融機関を通じてでんさいネットの記録原簿に「発生記録」を行うことで「でんさい」が発生。
② 「でんさい」の譲渡……窓口金融機関を通じてでんさいネットの記録原簿に「譲渡記録」を行うことで「でんさい」を譲渡。
③ 「でんさい」の支払い……支払期日になると、自動的に支払企業の口座から決済資金が引き落とされ、納入企業の口座に入金。支払いが完了した旨をでんさいネットが「支払等記録」として記録。納入企業は支払期日当日から資金の利用が可能。
(出所) 全銀電子債権ネットワーク「でんさいネットの取引イメージ」をもとに筆者作成

電子マネー

`金融` `証券化` `証券取引` `保険` `リスクマネジメント` `デリバティブ` `環境`
`外国為替` `ITフィンテック` `金利` `ポートフォリオ` `ファンド` `電力取引`

電子マネーとは？

　電子マネーの定義には定説がないが、一般的には、金銭の価値を持つ電子的リテール決済手段ということができる。

　すなわち、現預金等と交換に電子マネーの発行者からデータを取得、そのデータを電子的方法により相手方に移転することにより決済できる支払い手段である。

電子マネーの基本パターン

　上述の定義に従った電子マネーは、次のフレームワークとなる（注1）。

　このフレームワークから明らかなように、電子マネーがマネーであるためには、発行者の信用度が盤石なものであることが必要となる。

①電子マネー利用者の現預金提供

電子マネー利用者は、電子マネー発行者に対し現預金を提供、電子マネーの発行を請求。

②電子マネーの発行

・電子マネー発行者は、利用者に対して電子マネーを発行。
・電子マネーの発行は、電子データをカードに記録すること等により行われる。

③電子マネーの利用

・電子マネーを受け取った利用者は、物品決済等のために電子マネーを相手方に渡す。
・電子マネーの決済手段としての使用は、データの送信等により行われる。

④電子マネーの決済請求

電子マネー利用者から電子マネーを受け取った物品販売等の業者は、電子マネー発行者に対して電子マネーを現金に交換することを請求。

⑤電子マネーの決済

- 電子マネー発行者は、物品販売等の業者の請求に応じて電子マネーと引き換えに現預金を支払う。
- これにより、電子マネーは消滅する。

(注1) 電子マネーに関する勉強会「電子マネーの私法的側面に関する一考察」金融研究第16巻第2号、日本銀行金融研究所1997年6月

電子マネーの特徴

①フレームワーク面

プリペイド（前払い）	電子マネーが発行される前に、利用者は、発行者に対し現預金を提供（チャージ）（注2）。
資金回収	電子マネーを受け取った物品販売等の業者は、電子マネー発行者に対して電子マネーを現金に交換することを請求することができる。

②技術面

データの送受信	電子マネーの発行、流通、回収のプロセスがすべてデータの送受信により行われる。
暗号等の活用	電子マネーの偽造等の防止のために暗号技術や耐タンパー技術（注3）によるセキュリティ対策を採用。

(注2) 支払いにクレジット機能（与信機能）を利用するポストペイ（後払い）方式もあるが、こうしたタイプは一般的に電子マネーのカテゴリーに属さないとみられている。

(注3) 耐タンパー技術は、外部からの不正手続により、秘密の情報の窃取、改ざんを困難にするための物理的・論理的技術。スマートカードは、耐タンパー技術を使ったCPUを内蔵したICカード。

電子マネーの種類

プリペイド方式の電子マネーは、2種類に分かれる。

①IC型電子マネー

- ICカードを発行、利用者に交付。
- ICカード内部のデータの不正読出しを困難にするセキュリティが組み込まれている。

②サーバ型電子マネー

カードは発行されず、運営会社のサーバ上に残高を記録する電子マネー。

電子マネーの発行動向

日本銀行が、定期的に調査している電子マネーに関するデータは次のとおりである（注4）。

この調査対象は、プリペイド方式のうちIC型の電子マネーを調査対象にする。具体的には、専業系（楽天Edy）、鉄道会社などが発行する交通系（ICOCA、Kitaca、PASMO、SUGOCA、Suica）、小売流通企業が発行する流通系（nanaco、WAON）の3種8つの電子マネーである。

このうち、電子マネー携帯の電子マネー媒体全体に占める割合が10％を超えている点が注目される。

①発行枚数と端末台数

年	発行枚数（万枚）	前年比（％）	うち携帯電話	前年比（％）	端末台数（万台）	前年比（％）
2010末	14,647	＋18	1,672	＋20	84	＋42
2011末	16,975	＋16	1,997	＋19	105	＋26
2012末	19,469	＋15	2,283	＋14	119	＋13
2013末	22,181	＋14	2,494	＋ 9	135	＋13
2014末	25,534	＋15	2,722	＋ 9	153	＋13

②決済件数・金額、残高

年	決済金額（億円）	前年比（％）	1件当たり決済金額（円）	前年比（％）	電子マネー残高（億円）	前年比（％）	1枚当たり残高（円）	前年比（％）
2010末	16,363	46	854	＋ 6	1,196	＋20	817	＋ 2
2011末	19,463	20	878	＋ 3	1,372	＋15	808	－ 1
2012末	24,671	26	907	＋ 3	1,540	＋12	791	－ 2
2013末	31,355	27	952	＋ 5	1,770	＋15	798	＋ 1
2014末	40,140	28	994	＋ 4	2,034	＋15	797	－0.2

（注4）　日本銀行決済機構局「電子マネー計数（2007年9月～2014年12月）」2015年5月29日

電力デリバティブ

金融 | 証券化 | 証券取引 | 保険 | リスクマネジメント | デリバティブ | 環境
外国為替 | ITフィンテック | 金利 | ポートフォリオ | ファンド | 電力取引

電力デリバティブとは？

　電力デリバティブ（electricity derivatives）は、電力を原資産とするデリバティブである。電力デリバティブには、取引所取引とOTC（店頭）取引がある。米国では取引所取引は、NYMEX（ニューヨークマーカンタイル取引所）で行われている一方、OTC取引では、先渡取引や各種オプション、スワップ、スワップション等が取引されている。
　なお、日本では、日本卸電力取引所で現物の電力取引が行われている一方、東京商品取引所（TOCOM）に電力先物を上場する計画が報道されている。

電力のOTC市場

　以下では、電力自由化が進んでいる米国における電力のOTC市場で行われているデリバティブ取引を中心にみる。

先渡取引

あらかじめ決めておいた価格により、将来の一定時点で、一定量の電力を売買することを約束する契約。			
電力の引渡時点と決済価格	・将来の一定時点での引渡し。 ・電力は貯蔵できないことから、1日のうちでもいつ引渡しを行うかで価格が異なる。それでも、時間を細かく裁断すると取引の成立が困難となるため、通常、決済価格は、満期日のピーク時点とオフ時点、それに1日の電力価格の平均をとる。		
	電力名	①オンピーク電力	満期日の時間帯	ピーク時点（6～22時）
			決済価格の計算	6～22時の16時間の価格の平均
		②オフピーク電力	満期日の時間帯	オフ時点（22～6時）
			決済価格の計算	22～6時の8時間の価格の平均

		③アランド・ザ・クロック電力	満期日の時間帯	1日（0～24時）
			決済価格の計算	24時間の電力価格の平均
		満期は、何時間先というものから何年先というものまであるが、2年以上先の満期の取引は多くはない。		
決済方法	現物決済で行われることもあれば、現金決済で行われることもある。			
	現物決済	・米国のPJM（ペンシルバニア、ニュージャージー、メリーランド）パワープールマーケット、CISO（カリフォルニア・インディペンデント・システム・オペレーター）は現物決済を採用。 ・何時間先とか何日先という短期の先渡取引は、現物決済で行われることが大半。		
	現金決済	何週間先とか何カ月先という先渡取引は、現物決済のほかに現金決済でも行われることが大半。		

スワップ取引

一定の期間にわたって固定価格で定期的に電力を購入する、または売却することを約束する契約。			
特質	先渡取引の期間が異なるものをいくつか組み合わせた取引。		
期間	一般的に短期のケースが多く、長くても2年程度。		
ベーシススワップ	電力の受渡場所が異なることによるリスクのヘッジ取引		
	取引ニーズ	取引所上場商品に当事者が望む地点の受渡電力の先物が存在しない場合に、取引所上場の先物の受渡場所と実際の受渡場所との価格差をヘッジするニーズ。	
	取引の内容	①取引所の先物で電力価格のヘッジを行う。 ②ベーシススワップ＝取引所の先物価格と当事者が望む地点の受渡電力価格との差額をスワップのカウンターパーティと受払いする内容のスワップ取引	

オプション取引

・電力のオプション取引には、通常のコール、プットオプションのほかに、原資産が電力であることによるユニークなオプションも取引されている。 ・電力オプションは、取引所にも上場されているが、実際の取引状況をみるとその大半がOTC取引。	
月次オプション	・米国の電力市場では、電力の月次オプションが活発に取引されている。 ・これは一般的にアジアオプションの形をとり、原資産は契約した月の平均価格。

NYMEXにおける電力取引

先物取引

電力の先物取引は、1996年にNYMEXで行われたのが最初。	
取引単位	電力のOTC取引では大ロットの取引となるが、先物取引では、小ロットの電力が1単位として設定。 （例）NYMEXのミッドコロンビア電力先物は、1単位432MWhで、オンピークの16時間、時間当たり1MWの割合でミッドコロンビアハブで引渡し。
決済	現物決済でも現金決済でも可能であるが、実際の取引の多くは、差金決済の方法で決済。

オプション取引

原資産	電力先物（権利行使により電力先物ポジションに移行）
限月	シリアル限月で36連続限月。
スタイル	ヨーロピアンオプション

（関連用語） 日本卸電力取引所（697頁）、オプション（273頁）、スワップ取引（601頁）、スワップション（599頁）

統合的リスク管理

| 金融 | 証券化 | 証券取引 | 保険 | リスクマネジメント | デリバティブ | 環境 |
| 外国為替 | ITフィンテック | 金利 | ポートフォリオ | ファンド | 電力取引 |

統合的リスク管理とは？

統合的リスク管理（Integrated Risk Management、IRM）は、市場参加者のリスク管理において、各々のリスクを独立のものとして捉え別々に対応策を講じるサイロ・アプローチ（silo approach）ではなく、各種リスクを一体として把握して、それを統合的に管理する方策である。

統合的リスク管理の重要性

各種リスクの相関、増幅

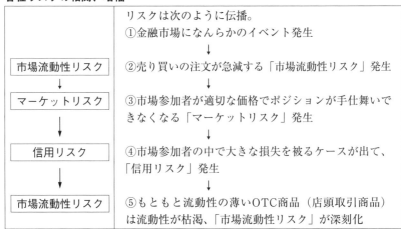

市場流動性リスク ↓ マーケットリスク ↓ 信用リスク ↓ 市場流動性リスク	リスクは次のように伝播。 ①金融市場になんらかのイベント発生 ↓ ②売り買いの注文が急減する「市場流動性リスク」発生 ↓ ③市場参加者が適切な価格でポジションが手仕舞いできなくなる「マーケットリスク」発生 ↓ ④市場参加者の中で大きな損失を被るケースが出て、「信用リスク」発生 ↓ ⑤もともと流動性の薄いOTC商品（店頭取引商品）は流動性が枯渇、「市場流動性リスク」が深刻化

市場環境の変化と統合的リスク管理

市場環境の変化	ITの活用からマーケットが質量とも大きな転換を遂げている。	
	①マーケットの相関	各種マーケット間の結び付きの強まり
	②商品	マーケットで取引される商品の多様性
	③取引戦略	さまざまな形の取引戦略を組

		み合わせて実行
統合的リスク管理		・各市場参加者のリスク管理は、各々のリスクを独立のものとして捉え、別々に対応策を講じるサイロ・アプローチでは不十分。 ・各種リスクを一体として把握して、それを統合的に管理する統合的リスク管理が一段と重要。

統合的リスク管理のポイント

リスクの計測

リスク間の相関、逆相関	・各種リスクを数量的に計測してそれを単純に合計した数値は、真のリスク総量ではない。 ・各リスクの間には相関、逆相関の関係がある。またそうした関係は静態的ではない。
マーケットダイナミズム	異なるリスクカテゴリー間の相関は一定(スタティック)ではなく、マーケットがストレス下に置かれた場合には、平時に比べて相関係数が飛躍的(ダイナミック)に高まるマーケットダイナミズムに留意する必要がある。

統合的リスク管理の実際

ポジション管理	マーケットの状況をウオッチしながら、投資対象に潜在している各種リスクを統合的に把握したうえで自己の体力に応じたポジションを形成。
テイルリスクへの対応	ポートフォリオの価値の変動分布の裾野(テイル)にあるイベントが現実に発生するテイルリスクの顕現化の場合に、個々の市場参加者の群集行動(herd behavior)がマーケットにいかなるインパクトを与えるのかを勘案のうえ、自己のポジションのリスク管理を行うことが必要。

統合的リスク管理と統合リスク管理

　金融庁は、統合的リスク管理を、①統合リスク管理による統合的リスク管理と、②統合リスク管理によらない統合的リスク管理に使い分けて定義をしてい

る。

統合的リスク管理

金融機関の直面するリスクに関して、自己資本比率の算定に含まれないリスク（与信集中リスク、銀行勘定の金利リスク等）も含めて、それぞれのリスク・カテゴリーごと（信用リスク、市場リスク、オペレーショナル・リスク等）に評価したリスクを総体的に捉え、金融機関の経営体力（自己資本）と比較・対照することによって、自己管理型のリスク管理を行うこと。	
①統合リスク管理による統合的リスク管理	統合的リスク管理方法のうち、各種リスクをVaR（Value at Risk）等の統一的な尺度で計り、各種リスクを統合（合算）して、金融機関の経営体力（自己資本）と対比することによって管理するもの。
②統合リスク管理によらない統合的リスク管理	例えば、各種リスクを個別の方法で質的または量的に評価したうえで、金融機関全体のリスクの程度を判断し、金融機関の経営体力（自己資本）と対照することによって管理するもの。

統合リスク管理の手法

統合リスク管理の手法に一定の方式があるわけではなく、さまざまな手法が考えられるが、次の手順が一般的なものであるということができる（注1）（図表1）。

統合リスク管理の実施

①全行の横断的リスク管理の調整	さまざまなリスクを統合的に管理するリスク管理部署を設置、このリスク管理部署が全行横断的なリスク管理の調整を実施。
②リスクの軽量化	各業務運営部署が抱えるリスクのうち可能なものについてVaR等の共通尺度を用いて計量化を実施。

継続的に実施する管理プロセス

③リスク資本の配賦	リスク資本（リスクに見合う資本）を、管理会計上、経営から各業務運営部署に対して配賦。
④各業務運営部署のリスクテイク	リスク枠、損失限度枠（注2）の設定等を通じ、各業務運営部署では配賦されたリスク資本の範囲内でリスクテイクを実施。

⑤各業務運営部署のパフォーマンス評価	リスクテイクの結果得られた収益について、経営はリスク資本との関係から各部署のパフォーマンスを評価（リスク調整後収益指標（注3）の算出）。
⑥リスク管理体制等の見直しと、リスクコンシャスな運営	リスク調整後収益指標や自己資本対比リスク資本の水準をもとに、経営は、経営資源配分、業務戦略、資本調達方針、リスク管理体制等の見直しを実施。一方、リスク資本をふまえた評価基準の導入により、業務運営部署に対して、リスクを意識した運営に努めるインセンティブ付けを実施。

(注1) 日本銀行「金融機関における統合的なリスク管理」2001年6月
(注2) リスク枠：抱えることのできるリスク・ポジションの限度。損失限度枠：一定期間内に生じることが許容される損失の限度（総合損益＜期間損益＋期中の評価損益の変化分＞ベースの先が多い）。リスク枠や損失限度枠に抵触した場合、トレーディングについては強制クローズ、バンキングについてはフロント・ミドル・経営等の間で協議を行うケースが多い。また、抵触前でも、枠に近づいたら対応を協議するケースがある。
(注3) 代表的なリスク調整後収益指標には、リスク調整後収益（業務純益－予想損失）、リスク調整後収益率（リスク調整後収益／リスク資本）、経済的付加価値（リスク調整後収益－リスク資本×資本コスト率）がある。

図表1　統合リスク管理の概念図

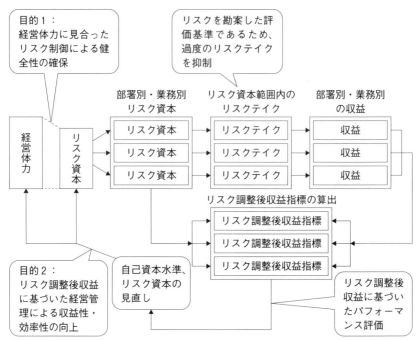

(出所)　日本銀行「金融機関における統合的なリスク管理」2001年6月、6頁をもとに筆者作成

倒産隔離、真正売買

金融　証券化　証券取引　保険　リスクマネジメント　デリバティブ　環境
外国為替　ITフィンテック　金利　ポートフォリオ　ファンド　電力取引

倒産隔離、真正売買とは？

倒産隔離（bankruptcy remote）

資産の証券化スキームで、裏付資産を保有していたオリジネーターかSPC（特別目的会社）が倒産しても、裏付資産からのキャッシュフローはその影響を受けることなく、投資家の手に渡る仕組み。	
2種類の倒産隔離	・オリジネーターからの倒産隔離 ・SPCからの倒産隔離

真正売買（true sale）

資産の証券化スキームにおいて、オリジネーターからSPCに対して確実に裏付資産が譲渡されること。	
倒産隔離と真正売買	真正売買は、SPCが倒産隔離機能を発揮するために不可欠となる前提条件であり、倒産隔離機能と真正売買は密接な関係を持つ。

オリジネーターの倒産からの隔離とSPCからの倒産隔離

①オリジネーターの倒産からの隔離

概念	・証券化スキームで中心的な役割を持つSPCは、オリジネーターからの倒産隔離機能を持つ。 ・オリジネーターとは別の法的主体であるSPCを設定、オリジネーターの経営状態の悪化が投資家に累を及ぼすことを防ぐ倒産隔離機能が証券化スキームに組み込まれている。
コーポレートファイナンス	企業の信用力を裏付けとしたファイナンス
アセットファイナンス	証券化対象の資産の信用力を裏付けとしたファイナンス
倒産隔離が存在しない場合	オリジネーターが破産や会社更生法の適用になった場合には、裏付資産が破産財団の管轄下に入る

		とか更生担保権として扱われることになり、投資家が期待していたキャッシュフローが得られなくなる恐れ。
倒産隔離の重要性		オリジネーター自体の信用力の低下が、証券化商品の投資家に影響を及ぼさないために倒産隔離が重要。

②SPCの倒産からの隔離

概念		・証券化スキームがスムーズに機能するためには、裏付資産のキャッシュフローが、SPC自体の倒産によりインパクトを受けないようにする必要がある。 ・そのために各種の事前、事後の防止策がとられている。
SPC倒産の事前防止策	SPCの兼業禁止	SPCが裏付資産の証券化以外のビジネスに手を延ばして損失を被り倒産に追い込まれることのないように、定款でSPCの兼業を禁止。
	SPCの証券化商品売却代り金の運用規制	SPCが投資家に証券化商品を売却して得た代り金の運用対象を無リスク資産（risk-free asset）等に制限。
	SPCの債務上限設定	SPCの活動プロセスにおいて債務を負う場合に、あらかじめ決められた額以上の債務を負わないように上限を設定。
	キャッシュ・リザーブ	キャッシュフローに一時的に齟齬が生じても投資家への支払いに支障が生じないようにキャッシュ・リザーブ（予備の流動性資金）を確保。
	人的交流の制限	オリジネーターとSPCとの間の人的な交流に制限を課する。
	責任財産限定契約	SPCに対する債権者との間で、あらかじめSPCの責任はSPC保有の資産に限定されるとする契約を締結。こうした契約は、「責任財産限定契約」と呼ばれる。
事後の対策		・上述の予防策を講じてもSPCが倒産した場合には、裁判所や破産管財人等が関与、落着をみるまで手数がかかるこ

とになり、その間、裏付資産からのキャッシュフローは滞って投資家の手に渡らなくなる恐れ。
・そうした事態を回避するためには、実態は倒産状態であっても、法的に倒産手続に入らないような手筈をあらかじめとっておくことが考えられる。

倒産手続の放棄、禁止	・SPC自身による倒産手続の自己申立権の放棄。 ・SPCの株主が株主権を事実上行使しないこととする。 ・取締役による倒産手続の申立てを禁止。
倒産不申立特約	・あらかじめ債権者との間で倒産不申立特約の締結を行っておく。 ・SPCに対する債権者とは、SPCに信用補完や流動性補完を行っている銀行や保険会社、SPCの債務を保証している保証会社等。

真正売買の意義と要件

①概念

オリジネーターからSPCに対して裏付資産が確実に譲渡されることを「真正売買」という。

②真正売買の意義

・上述のとおり、SPCが倒産隔離機能を担っていることから、SPCをBRE (Bankruptcy Remote Entity、倒産隔離組織体) ということもある。
・このSPCの倒産隔離機能の発揮には、オリジネーターからSPCに裏付資産が確実に売却されている真正売買が必要。

倒産手続の開始	オリジネーターから表面的にSPCに裏付資産が譲渡されても、実態はオリジネーターがその資産に影響力を保持している場合には、当該資産が裁判所や管財人による倒産手続の対象になる可能性。
譲渡担保	・譲渡担保とは、表面上は売買の形をとっているものの、その実態は債権を担保にとって融資を行う金融担保取引。 ・したがって、オリジネーターからの裏付資産の譲渡

| | が譲渡担保とみなされた場合には、真正売買にはならない。 |

③真正売買の要件

売買意図	・当事者の意思が本当に（真正に）売買を意図したものであることが必要。 ・真正売買はたとえば契約書で資産の譲渡価格が市場価格と比較して妥当であるか否かで判断。
対抗要件の具備	債権譲渡について対抗要件を具備していないと、オリジネーターが倒産した場合に譲渡の有効性を管財人に主張できない。
権利関係の遮断	・対象資産に対するオリジネーターの権利関係が完全に断ち切れていることが必要。 ・真正売買と認められないケース。
	買戻し権	オリジネーターにあらかじめ決められた価格で資産を買い戻す権利が付与されているケース。
	修繕費負担	証券化の裏付資産が不動産の場合で、建物の修繕費をオリジネーターが負担しているケース。
オフバラ	会計上の扱いとして、オリジネーターのバランスシートから資産が外れる形でオフバランス化されていることが必要。

④実務上の扱い

| 顧問弁護士が、債権の移転は譲渡担保または質権の設定ではなく、したがって移転債権はオリジネーターに帰属しない旨の「真正売買意見書」を作成することが一般的。 |

（関連用語）　SPC（191頁）、ストラクチャードファイナンス（583頁）

ドッド・フランク法

`金融` `証券化` `証券取引` `保険` `リスクマネジメント` `デリバティブ` `環境`
`外国為替` `ITフィンテック` `金利` `ポートフォリオ` `ファンド` `電力取引`

ドッド・フランク法とは？

　ドッド・フランク法は、2010年に成立した米国の金融規制改革法である。
　ドッド・フランク法の正式名称は、「ウォール街改革、および消費者保護法」(Dodd-Frank Wall Street Reform and Cosumer Protection Act, 2010) で、法律名にクリストファー・ドッド上院銀行委員長とバーニー・フランク下院金融サービス委員長の名前が付されている。

ドッド・フランク法の目的と内容

目的

- 2008～09年のグローバル金融危機の再発を回避するため、金融機関に対する規制を見直して、包括的な規制強化を図る。
- 個々の金融機関の破綻を防止するミクロプルーデンス政策ではなく、金融システム全体の安定を指向する「マクロプルーデンス政策」を基本コンセプトとしてシステミックリスクを回避。これにより"too big to fail"原則を廃止、税金を特定企業の救済に使用しないことを指向。
- ドッド・フランク法は、1929年の大恐慌後に成立したグラス・スティーガル法の現代版であるともいわれる。

内容

さまざまな種類の金融機関や多種多様にわたる商品に個別に適用されてきた規制・監視を包括的に改革、その内容は、極めて多岐にわたっている。主要な内容は次のとおり。

FSOCの設置	・マクロプルーデンス政策を担当する組織として金融安定監督評議会（Financial Stability Oversight Council、FSOC）を設置。 ・メンバー：財務長官（議長）、FRB議長、通貨監督庁長官、消費者金融保護局（注）局長、証券取引委員会委員長、連邦預金保険公社総裁、商品先物取引委員会委員長、連邦住宅金融庁長官、全米信用組合協会理事会議長等。
ボルカールール	・オバマ大統領の経済財政諮問会議議長のポール・ボルカー元FRB（連邦準備制度理事会）議長が中心となって策定。 ・銀行の自己勘定取引や、利益追求目的の投機取引を禁止。

	自己勘定取引の原則禁止	・銀行が、証券、デリバティブ、コモディティ先物・オプションの短期の自己勘定取引を行うことを禁止。 ・ただし、次の項目は例外。	
		引受業務	顧客の需要見通しの範囲内での公募、私募の証券保有。
		マーケットメイキング	顧客の需要見通しの範囲内でのマーケットメイキングのための証券保有。
		ヘッジ取引	明確なリスクヘッジ効果がある場合に限り取引可能。
	ファンドへの投資の制限	銀行が個々のヘッジファンドやプライベートエクイティ(PE)ファンドの総資産の3％以上の出資を行うことを禁止。	
SIFIsに対する監視強化	・ドッド・フランク法は、FSOCに対して銀行持株会社のSIFIs（Systemically Important Financial Institutions、シフィズ、システム上重要な金融機関）指定とノンバンク金融会社の監督および規制をFRBに要求する権限を付与。 ・これにより、FSOCは2013年にAIGとGEキャピタルをSIFIsに指定、FRBの監督対象となった。		

（注） 消費者金融保護局は、ドッド・フランク法により新設された局でFRBの中に置かれている。

トラッキング・ストック

金融 | 証券化 | 証券取引 | 保険 | リスクマネジメント | デリバティブ | 環境
外国為替 | ITフィンテック | 金利 | ポートフォリオ | ファンド | 電力取引

トラッキング・ストックとは？

トラッキング・ストック（tracking stock）は、種類株式の一種で、利益の配当、または残余財産分配請求権等が、トラッキング・ストック発行の本体会社ではなく、その会社が持つ特定の事業部門、または子会社の業績に連動（トラック）するように設計された株式である。

トラッキング・ストックの発行主体

特定の事業部門や子会社を所有する企業本体。

投資家の持分

・トラッキング・ストックの発行主体である企業本体の持分。
・特定の事業部門や子会社の持分ではない。

トラッキング・ストック発行による調達資金

発行企業のものとなる。

連動（トラック）の内容

企業本体が持つ特定の事業部門、または子会社の業績に、利益の配当、または残余財産分配請求権等が連動。

トラッキング・ストックの株価

発行会社の業績等ではなく、事業部門や子会社の業績等を反映する形で形成。

トラッキング・ストックのメリット

発行体のメリット

普通株式発行のケース	企業が普通株式を発行する場合には、投資家は当該企業全体の業績を評価して投資。
コングロマリット・ディスカウント	・企業がたとえ高成長で収益力のある事業部門や子会社を抱えていても、事業部門や子会社の

	高収益力は、企業全体の業績に埋もれて、ディスカウントされた形で投資家に評価される。 ・こうした現象を「コングロマリット・ディスカウント」という。
事業部門分社化の デメリット	・高収益力を持つ事業部門に対する企業の支配力が低下、企業全体に対する投資家の評価の低下を招く恐れ。 ・分社化した高収益力を持つ会社が敵対的買収の対象となる恐れ。 ・分社化前には、低収益部門の赤字と高収益部門の黒字の損益の相殺が可能であったが、分社化すればそれができなくなる。 ・分社化により総務部門を複数持つ必要がある等、経営の効率性が低下。
トラッキング・ストック 発行のメリット	・トラッキング・ストックへの投資家は、トラッキング・ストック発行企業に対して議決権を持つことになり、事業部門や子会社の経営支配権の外部流出を回避できる。 ・この結果、会社分割(スピンオフ)や子会社株式の一部分割と同様の効果を持った資金調達をすることが可能。

投資家のメリット

普通株式への投資	普通株式に投資をすると業績不調の事業部門、子会社を含む企業全体の業績に対して投資をすることとなる。
トラッキング・ストックへの投資	トラッキング・ストックに投資することにより、高収益力の事業部門、子会社の業績に的を絞って投資することができる。

トラッキング・ストックの発行事例

米国企業発行

発行年	1984年
発行企業	ゼネラルモーターズ(GM):世界で最初にトラッキング・ストックを発行。

発行目的	情報処理サービスのエレクトロニック・データ・システムズ（EDS）の買収に際してEDSの業績に連動するトラッキング・ストックを発行。
その他企業	その後、M&A等の大規模事業再編や、大規模IT投資等の資金調達手段として、トラッキング・ストック発行のケースが多くみられる。
米国企業発行のトラッキング・ストックの特徴	・投資家が持つ議決権は、トラッキング・ストックの権利に直接影響する事項のみに限定されるケースが多い。 ・トラッキング・ストックの発行企業が買戻しオプションを持つとか、他の株式への強制転換権を持つケースが多い。

日本企業発行

背景	・2001年の商法改正により、定款で優先配当の上限額を規定する必要がなくなり、また強制転換条項付株式が認められたことにより営業譲渡、親子関係終了の際に普通株式への一斉強制転換が可能となる法整備があった。 ・これにより、企業にとってトラッキング・ストックの円滑な発行が可能となった。
発行第1号	2001年にソニーが日本で最初のトラッキング・ストックを発行。
発行目的	・子会社のソニーコミュニケーションネットワークを対象とするトラッキング・ストックを発行。 ・戦略子会社の価値を顕在化させる一方、発行後もソニーによる支配権を保ちつつ、グループとしての一体性および戦略の機動性、自由度を維持しながらグループシナジーを最大限に追求して、統合・分極型グループ経営の一段の推進に資する。
上場	ソニーはトラッキング・ストックを東京証券取引所に上場。しかし、その後このトラッキング・ストックはソニー株式に転換されたために現在は上場されていない。

日本版トラッキング・ストック	日本では、連結子会社の業績、配当等に連動する形で利益配当を行うトラッキング・ストックが発行されており、これを「日本版トラッキング・ストック」とか、「子会社連動配当株」と呼んでいる。

トランチング、トランシェ

金融　証券化　証券取引　保険　リスクマネジメント　デリバティブ　環境
外国為替　IT フィンテック　金利　ポートフォリオ　ファンド　電力取引

トランチング、トランシェとは？

トランチング（tranching）

証券化は、優先劣後構造を特徴とするが、この優先劣後構造に従って証券化商品に対する元利金の支払いの順位付けをすること。

トランシェ（tranche）（注）

支払い順位を付けられた各々の証券化商品。

（注）　トランシェはスライスを意味するフランス語。

トランシェの構造とリスク・リターン

大きな区分けとしては、①シニア・トランシェ、②メザニン・トランシェ、③エクイティ・トランシェの順に支払いを受けることとなる。

トランシェの構造

デット（debt）	デットがエクイティに優先して支払いを受ける。	
	シニア債（senior bond）	最優先の支払い順位。
	メザニン債（mezzanine bond）	シニアに劣後、エクイティに優先（メザニンは中2階を意味するイタリア語）。
エクイティ（equity）	エクイティが原資産の損失を最初に吸収、デットの信用補完の役割を担う。	

トランシェのリスク・リターン

シニア債	ローリスク・ローリターン
メザニン債	ミドルリスク・ミドルリターン
エクイティ	ハイリスク・ハイリターン

落水構造

概念

・原債権からキャッシュフローが生まれると、まず上位のトランシェにキャッシュが流れ、上位のトランシェが満たされると、次位のトランシェにキャッシュが流れる。
・このようなキャッシュフローを水が流れ落ちることにたとえて「落水構造」(waterfall structure) と呼んでいる。

優先劣後構造

仮に原資産がデフォルトを起こしてキャッシュフローが当初予想されたように生まれない場合には、支払い優先度が低いトランシェから順に損失を負担。

CATボンドのトランシェ

災害を対象とするCATボンドのトランシェをみると、次のとおり。

初期のCATボンド

トランチングは行われず、大半がBB格付の1種類だけのスキーム。

CATボンドの発展過程

マルチ・トランシェ	リスクの大小に応じてクラス分けした複数のトランシェ（マルチ・トランシェ）に組成されるのが一般的。
シニア・トランシェ	・ローリスク・ローリターン：元本は極力確保したいとする投資家が選好。 ・格付会社から高い格付が得られる可能性があり、その場合には、高格付の債券への投資に限定されている機関投資家でも投資可能。
エクイティ・トランシェ	・ハイリスク・ハイリターン：高いリターンを投資家に提供。 ・カタストロフィ・リスクが現実のものとなった場合には、他のトランシェに先んじて元利金の受取りが減少、またはゼロになる。

現状

元本保証トランシェなしのマルチ・トランシェ	元本保証のトランシェを持たないタイプのCATボンドが大半。	
	①発行者への補償	元本保証では発行者にとって補償が十分に得られなくなる。
	②リスクテイカーの投資家層の拡大	投資家の主体がローリスク・ローリターンを選好する年金基金、銀行やミューチュアルファンド、マネーマネジャーから、高いリターンを狙う保険リンク証券専門ファンドやヘッジファンド等にシフト。
マルチ・トランシェの種類	①単一の種類のペリル	1種類のペリルを対象。それによりリスクが異なる複数のトランシェから構成。
	②リスク発現のタイミング	リスク発現のタイミングが異なるトランシェを複数発行。最初のペリル発生で元利金の支払いに影響を受けるトランシェとその次のペリル発生で元利金の支払いに影響を受けるトランシェ等。
	③複数種類のペリル	複数のペリルを対象として各々のトランシェが異なる種類のペリルの発生で元利金の支払いに影響を受けるタイプ。

トランチングの具体例（図表1）

トランシェA	CATボンドの発行主体が信用保証をするとか、銀行の信用状が付けられているもの。 AAAかAAの格付
トランシェB	金利の支払いが行われないリスクを持つ。 AかBBBの格付
トランシェE	元利金の支払いが全額行われないリスクを持つ。 BB以下の格付

図表1　トランチングの具体例

トランシェの クラス	格　付	トリガー発動により 元利金支払いへのインパクト
A （信用補完あり）	AAA または AA	元利金の毀損なし
B	A または BBB	金利支払いなし
C	BBB	金利支払いなし 元本の支払い繰延べ
D	BBB または BB	金利支払いなし 元本の一部減額
E	BB	金利支払いなし 元本の全額支払いなし

（出所）　Banks, E. "*Alternative Risk Transfer*" 2004, p.123をもとに筆者作成

トレイナーの測度、シャープの測度、ジェンセンの測度、情報比、トレイナーメーズ法

`金融` `証券化` `証券取引` `保険` `リスクマネジメント` `デリバティブ` `環境`
`外国為替` `IT フィンテック` `金利` `ポートフォリオ` `ファンド` `電力取引`

トレイナーの測度、シャープの測度、ジェンセンの測度、情報比、トレイナーメーズ法とは？

ポートフォリオのリターンを評価する場合には、そのリターンを獲得するためにリスクをいくらとったのかを考慮に入れる必要がある。

トレイナーの測度、シャープの測度、ジェンセンの測度、情報比、トレイナーメーズ法は、いずれもポートフォリオのリスク調整後のパフォーマンス評価の測定方法である。

トレイナーの測度（Treynor's Measure）

リスク

システマティックリスク（β、ベータ）でみる。

リターン

無リスク資産リターンを超えた分（リスクプレミアム）でみる。

算式

$$\text{トレイナーの測度} = \frac{R_p - R_f}{\beta_p}$$

R_p：ポートフォリオの収益率
R_f：無リスク利子率
β_p：ポートフォリオのベータ

前提と活用

・リスクをシステマティックリスクの β と置いていることから、ポートフォリオは十分に分散されて非システマティックリスクは消去されていることを前提。
・十分に分散されていないポートフォリオのパフォーマンスにトレイナーの測度を用いるのは不適当。
・その場合には、総体のリスク指標である標準偏差をベースとしたシャープの測度を使うことが適当。

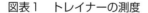

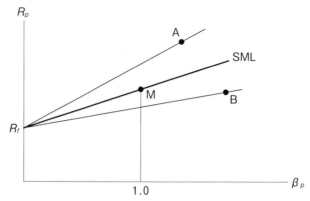

・マーケットポートフォリオ（M）の β は1であり、証券市場線（SML）の角度は $R_m - R_f$。
・SMLより上方に位置するポートフォリオAが良好なパフォーマンス、下方に位置するポートフォリオBが不芳なパフォーマンスとの評価。
（出所）　筆者作成

留意点

①トレイナーの測度では β の値としてなにをとるか明示的ではない。これはCAPM自体が抱える問題でもある。
② β の値が小さいと超過リターンの大きさには関わりなくトレイナーの測度が大きな数字となって出やすい特性を持つ。
③ β の値がマイナスで超過リターンがプラスのとき、たとえパフォーマンスが良くてもトレイナーの測度がマイナスに出る。

シャープの測度（Sharpe's Measure）

リスク

標準偏差の σ_p でみる。

リターン

無リスク資産リターンを超えた分（リスクプレミアム）でみる。

算式

$$シャープの測度 = \frac{R_p - R_f}{\sigma_p}$$

R_p：ポートフォリオの収益率
R_f：無リスク利子率
σ_p：ポートフォリオの標準偏差

前提と活用

・リスクをシステマティックリスクのみではなく非システマティックリスクを含んだ総体のリスク。
・シャープの測度は、分散が十分でない小型のファンド等のパフォーマンスの評価に適用することができる。

ジェンセンの測度（Jensen's Measure）

リスク

システマティックリスク β でみる。

リターン

無リスク資産リターンを超えた分（リスクプレミアム）でみる。

算式

$R_p - R_f = \alpha + \beta_p (R_m - R_f) + \varepsilon_p$

α ：ジェンセンの測度（マネジャーの銘柄選択、市場タイミング能力）
R_m：マーケットポートフォリオの収益率
β_p：ポートフォリオのベータ
ε_p：ポートフォリオの誤差項

・ジェンセンの測度は、ファンドのリターンが、基準となるリターンを上回る幅を指しており、これを「ジェンセンのアルファ」という。

前提と活用

・リスクをシステマティックリスクの β と置いていることから、ポートフォリオは十分に分散されていて、非システマティックリスクは消去されていることを前提。
・十分に分散されていないポートフォリオのパフォーマンスには、シャープの測度を使うことが適当。

ジェンセンの測度がトレイナーの測度、シャープの測度と異なる点

①ポートフォリオのリターン（R_p）と無リスク利子率（R_f）の測定方法	トレイナーの測度とシャープの測度	投資期間中の平均値をとる。
	ジェンセンの測度	投資期間を区切って各々の「期間に対応した値」をとる。
②マネジャーの真の能力評価	トレイナーの測度とシャープの測度	マネジャーの能力とは関係なくたまたま良い数値となることがあり、真の運用能力が測定されない可能性がある。
	ジェンセンの測度	t 値（数値の分布状況から、統計の有意性を示すもの）をみることによって、それが偶然がもたらしたものか、真にマネジャーの運用能力によるものであるかが判定可能。

設例

ポートフォリオの具体例を用いて、シャープの測度、トレイナーの測度、ジェンセンの測度を求める。		
投資収益率	対象ポートフォリオ	5％
	マーケットポートフォリオ	6％
標準偏差	対象ポートフォリオ	8％
	マーケットポートフォリオ	9％
ベータ	対象ポートフォリオ	0.7
	マーケットポートフォリオ	1.0

シャープの測度

$R_p - R_f / \sigma_p$
$= 5 - 2 / 8 = 0.375$

トレイナーの測度

$R_p - R_f / \beta_p$
$= 5 - 2 / 0.7 = 4.28$

ジェンセンの測度

$R_p - \{R_f + \beta_p (R_m - R_f)\}$
$= 5 - \{2 + 0.7 (6 - 2)\} = 0.2$

情報比（Information Ratio、IR）

概念

株式ポートフォリオのアクティブ運用の評価を行う指標。

算式

情報比（IR）＝ $R_p - R_b / TE_p$ R_p：ポートフォリオの収益率 R_b：ベンチマークの収益率 TE_p：ポートフォリオのトラッキングエラー	
分子 $R_p - R_b$ （アクティブリターン）	・インデックスファンドのリターンがベンチマークのインデックスのリターンを上回る超過収益率を示す。 ・これを「アクティブリターン」という。
分母 TE_p （アクティブリスク）	・ポートフォリオのリターンがベンチマークのリターンと乖離しているリスクを示す。これを「アクティブリスク」という。 ・アクティブリスクはアクティブリターンの標準偏差をとる。

特徴

リスクの把握	アクティブ運用でとるリスクを、ポートフォリオの超過収益率の標準偏差のトラッキングエラーで捉える。

| パフォーマンス評価 | アクティブリスク1単位当たりでどれだけの超過リターンを稼ぎ出すことができたかをみることによりパフォーマンスの評価を下す。 |

活用

| | ベンチマークとの比較での超過収益をみるのが一般的となっている年金運用のパフォーマンスの評価方法として広汎に活用されている。 |

トレイナーメーズ法

トレイナー、シャープ、ジェンセンの測度の長所、短所

長所	リスク調整後のパフォーマンス評価について、単にリターンの高低だけではなく、リスクの大小を考慮に入れている点では優れている。
短所	・相場が上向きにあり、ポートフォリオのパフォーマンスが良いときにはリスクを多くとり、逆に相場が下がればリスクは控えめにするのがファンドマネジャーの一般的な運用ビヘイビア。 ・したがって投資期間中、リスクが一定であるとして計算している点は非現実的。

トレイナーメーズ法

	・ポートフォリオのパフォーマンスの状況にあわせて、とるリスク量の変更が適切になされたか否かを勘案するタイミング効果の評価方法。 ・ポートフォリオのリターンをマーケットのリターンと対比することによって、ポートフォリオの運用タイミングがどの程度効果的に行われたかをみる。
算式	$R_p - R_f = a + b(R_m - R_f) + c(R_m - R_f)^2 + \varepsilon_p$ R_p：ポートフォリオのリターン R_f：無リスク利子率 R_m：マーケットのリターン ε_p：ポートフォリオの誤差項

内部格付手法

金融　証券化　証券取引　保険　リスクマネジメント　デリバティブ　環境
外国為替　ITフィンテック　金利　ポートフォリオ　ファンド　電力取引

内部格付手法とは？

内部格付手法は、銀行が信用リスクの計測をするにあたって、銀行行内の内部格付に基づいて計算する手法である。

バーゼルIIでは、銀行が、①格付機関等による外部格付をもとに計算する「標準的手法」と、②銀行の内部格付に基づいて計算する「内部格付手法」のうちから、選択することができる、としている。

このうち、内部格付手法は、当局が規制の要件に従って信用リスクを計測することが可能と認定した銀行のみに認められる手法である。

バーゼルIIにおける信用リスクの評価手法

標準的手法（standardized approach）

自己資本比率計算式の分母は、与信先区分に応じてバーゼルIIにより定められたリスクウェイトを乗じて計算。	
与信先区分	リスクウェイト（％）
国・地公体	0
政府関係機関等（地方三公社）	10（20）
銀行・証券会社	20
中小企業以外の事法	格付に応じて：20～50、格付不使用：100
中小企業・個人	75
住宅ローン	35
延滞債権	引当率に応じて：50～150
株式	100

内部格付手法（internal rating based approach）

内部格付手法では、蓄積した過去のデフォルトのデータをベースにして与信先の内部格付を行い、その格付に応じたデフォルト確率を推計して、信用リスク量を計測する。	
内部格付手法におけるパラメータ	内部格付手法では、次の3つのパラメータが特に重要（注）。

		PD (Probability of Default)	デフォルト確率
			・将来の一定期間において債務者がデフォルトする可能性。 ・債務者格付の格付区分ごとに推計。
		LGD (Loss Given Default)	デフォルト時損失額
			LGD＝1－回収率 ・デフォルトした時点での損失見込額の割合 ・保全の有無、担保の種類、担保カバー率、債務者特性等により分類、推計。
		EAD (Exposure At Default)	デフォルト発生時点において信用リスクにさらされている資産（デフォルト時エクスポージャー）
			・デフォルトした時点での与信額。
パラメータを用いた信用リスクの計測		期待損失額 (Expected Loss、EL)	EL＝EAD×PD×LGD
		非期待損失額 (Unexpected Loss、UL)	UL＝最大損失（信用VAR）－EL ・VARにより1年後に信頼区間99.9％で生じる最大損失を計算。
内部格付手法の2つの種類	内部格付手法は、次の2つの種類に分かれる。		
		基礎的内部格付手法 (Fundamental Internal Rating Based approach、FIRB)	PD：銀行が推計 LGD、EADは各行共通

	先進的内部格付手法 (Advanced Internal Rating Based approach、AIRB)	PD、LGD、EAD：すべて銀行が推計

(注) 日本銀行金融機構局金融高度化センター「内部格付制度と信用リスク計量化」2013年2月

二項モデル

`金融` `証券化` `証券取引` `保険` `リスクマネジメント` `デリバティブ` `環境`
`外国為替` `ITフィンテック` `金利` `ポートフォリオ` `ファンド` `電力取引`

二項モデルとは？

　二項モデル（binomial model）は、先行き時間の経過とともに原資産価格が上がるか下がるかの2つの項目の1つの経路をたどることを前提として、オプション価格を導出するモデルである。

二項モデルの開発とブラック・ショールズモデルとの比較

二項モデルの開発

- 1979年にジョン・コックスとステファン・ロス、マーク・ルービンシュタインによって開発。
- 「コックス・ロス・ルービンシュタインモデル」（CRRモデル）とも呼ばれる。

ブラック・ショールズモデルとの比較

理解が容易	オプション価格モデルの代表であるブラック・ショールズモデルに比べると直観的に理解しやすい。
オプションスタイル	・ブラック・ショールズモデルは、ヨーロピアンオプションを前提とする。 ・二項モデルはヨーロピアンオプションのみならず、アメリカンオプションの理論価格を導出するのにも使用可能。

二項モデルのコンセプト

基本コンセプト

〔株式と無リスク資産〕	・〔株式と無リスク資産〕を組み合わせたポートフォリオで、オプションと同様の損益パターンを作る。 〔株式と無リスク資産〕は、実際は〔株式と借入れ〕の組合せ。

裁定取引	・したがって〔株式とマイナスの無リスク資産〕の組合せとなる。 〔株式と無リスク資産とを組み合わせたポートフォリオ〕と〔オプション〕との間で自由に裁定取引ができることを前提として、オプションの価格を算出。

設例

前提	・A社の株価1,000円。 ・A社株のコールオプションのプレミアムを二項モデルで算出。 ・A社の株価が1期間経過後に1,200円に上がるか800円に下がるかのいずれかであるとする。
1期間経過後	
①A社株が1,200円に上がった場合	コールの買い手は権利行使して代金1,000円を払い込んでA社株を取得→200円の利益
②A社株が800円に下がった場合	コールの買い手は、権利放棄→オプションは無価値
〔株式と無リスク資産〕	〔A社株の購入と資金の借入れ〕を組み合わせたポートフォリオの構築=〔A社株N単位の購入と資金の借入れB円〕との組合せ
資金の借入れ	短期国債等の無リスク資産の金利によって行う。ここでは1期間2%とおく。

計算例

1期間後	〔株式と無リスク資産〕=1期間後のN単位の株価+1.02B
①A社の株価が1,200円に上昇	ポートフォリオの価値 1,200円×N単位+1.02B =コールのプレミアム 200円
②A社の株価が800円に下落	ポートフォリオ 800円×N単位+1.02B =コールのプレミアム 0円
①、②から	N=0.5 1.02B=-400（マイナスは借入れを示す）
コールオプションのプレミアムの導出	〔A社株0.5単位+満期時点で400となる金額の借入れ〕のポートフォリオ=〔コールのプレミアム〕

	ここで、400を現時点の価額に引き直す。 1.02B＝－400からB＝－392.16 ポートフォリオの現在価値 ＝現在の株価1,000円×N単位＋B ＝1,000円×0.5単位－392.16 ＝107.84円 ＝コールのプレミアム

裁定ポートフォリオ

・ポートフォリオの価値とコールのプレミアムが乖離した場合には、ポートフォリオとコールの間で裁定取引が発生して、乖離は解消。 ・このことから、〔株式と無リスク資産〕のポートフォリオを「裁定ポートフォリオ」という。	
裁定と取引の具体例	・市場で取引されているコールのプレミアム＜二項モデルで算出したプレミアム→投資家はマーケットでコールを買うと同時に裁定ポートフォリオを売る。 ・裁定取引が活発に行われると、コールのプレミアムとポートフォリオの価値は同一となる。 ・このように、二項モデルは「無裁定理論」の上に立っている。

二項モデルからブラック・ショールズモデルへ

・二項モデルでは、期間の数を増やして現実の世界に近づけていく。 ・1期間は1年でも1カ月でも1日でも、さらに1時間、1分、1秒、さらに0.1秒、0.01秒……と無限に小刻みにすることができる。そして、ブラック・ショールズモデルは、この期間を無限に小さくして際限なく動いている現実の株価に適合させたものとなっている。

（関連用語）　オプション（273頁）、ブラック・ショールズモデル（778頁）

日本卸電力取引所

金融 / 証券化 / 証券取引 / 保険 / リスクマネジメント / デリバティブ / 環境 / 外国為替 / ITフィンテック / 金利 / ポートフォリオ / ファンド / 電力取引

日本卸電力取引所とは？

　日本卸電力取引所（Japan Electric Power Exchange、JEPX）は、2005年に設立された一般社団法人の電力専門取引所である。

　日本卸電力取引所は、現物としての電気を取引する場であり、取引の決済はあくまで電力の現物の受渡決済で行われ、差金決済は認められない。

日本卸電力取引所への出資者と機能

出資者

9電力をはじめ、電源開発、ガス会社、石油会社、商社等多くの企業が出資。

機能

取引インフラの提供	市場参加者の電力の売買注文を1カ所に集中して競争売買を行う。
価格発見機能	マーケットが持つ価格発見機能により、電力価格が需給状況を的確に反映する形でアウトプットされることを指向。

市場参加者（○：参加可、×：参加不可）

○	電力供給業者	ユーザーに電力を供給する現物電力の取扱業者
×	ユーザー	大口需要家が参加することも可能なノルドプール（ノルウェー）等と異なり、電力の最終ユーザーが参加者になることはできない。
×	投機家	電力価格の変動リスクをテイクしてリターンを狙う投機目的で参加することはできない。

日本卸電力取引所に参加できる現物電力の取扱業者（取引会員適格者）の種類

一般電気事業者（電力会社）

PPS（Power Producer & Supplier）	・電力自由化に関わる制度改正によって新規に電力事業に参入した電力の小売業者。工場から電力

	を仕入れたり、自前での発電を小売りする。 ・従来「特定規模電気事業者」と呼ばれていたが、その後「新電力」に呼称を変更。
IPP (Independent Power Producer)	・発電を行い、電力会社に電力を売る卸電力事業を行う業者。石油、鉄鋼、化学業者のほか、太陽光発電を卸売りする業者も出現。 ・「発電事業者」と呼ばれる。

特定電気事業者、卸電気事業者、自家発電設備保有者、相対契約で発電力を有している事業者等

取引の種類

日本卸電力取引所で行われる取引は、スポット取引、時間前取引、先渡取引である。

①スポット取引

概念		取引が行われた翌日に電力の受渡決済が行われる。
注文	受付	取引所は現物の受渡し当日から5営業日前から注文を受け付ける。
	項目	参加者は、時間帯、価格、量、エリア（売買をする地域）を特定して注文を出す。
受渡時間	同時同量の原則	・電力は一般的に貯蔵できず、電力消費時間にあわせて電力量を供給しなければならない「同時同量の原則」がある。 ・したがって、電力の標準化には時間が重要な要素となる。
	受渡時間の標準化	・30分単位で標準化。 ・すなわち、24時間を30分単位で48時間帯に区分して、市場参加者は自己が売買したい時間帯に注文を入れる。
価格の設定単位		1kWh当たり1銭
最低取引単位		1,000kWh
値決め方式	板寄せ	一定時間内に集まった売買注文の価格と数量から、需要と供給がバランスする価格水準を算出、その価格で複数の注文を成約させる板寄せを採用。

	1価格1オークション	板寄せによると、落札価格以上の買い注文と落札価格以下の売り注文のすべてを対象として1本の落札価格によって売買契約が成立。これを「1価格1オークション」方式とか「シングルプライス・オークション」方式と呼んでいる。
決済		・現物の受渡決済。 ・取引所が仲介して、買い手より徴収のうえ、売り手に交付する。

②**時間前取引**

概念	・スポット取引時間終了後に発電不調や需要急増等による不測の需給ミスマッチが発生して急きょ翌日の電力が必要になった場合には、スポット取引でこれに対応することができない。 ・時間前取引は、こうした事態に対応するために作られた市場であるが、その後、発電不調等のトラブル以外でも取引可能とする制度変更が行われている。
利用	取引当事者は、発電不調等の不測の事態への対応以外に、供給力確保や経済的差替えの目的でも時間前取引を活用可能。
入札締切り	電力受渡しの4時間前を入札締切りとする。
取引回数	1日3回。決済はスポット取引と同様に行われる。
決済	スポット取引と同様。

③**先渡取引**

種類	先渡定型取引	定型化した商品を扱う。
	先渡市場取引	同上。
	先渡掲示板取引	定型化商品を補完、自由な形態で取引ができるように取引所が仲介のための掲示板を用意。
先渡定型取引	概念	・電力の定型化商品の先渡取引。 ・翌日以降1年先までに渡される電気が定型化されて、向こう1年間に受渡しされる電気を1カ月間を1単位として取引。

	24時間型		曜日や祝祭日に関係なく、1日24時間フラット（一定量）の電気を対象。
	昼間型		祝祭日等を除く8時から22時までのフラットの電気が対象。
	値決め方式	ザラバ取引	売り手と買い手が互いに条件を提示して、その条件が合致すれば順次、成約する競り（セリ）の方式。
		連続取引	ザラバ取引は、売り買いの出合いがつけば連続して取引が行われることから「連続取引」とも呼ばれる。
	カウンターパーティ		取引成立後に当事者間で詳細な条件等のマッチングを行う必要があることから、取引所は取引当事者だけにカウンターパーティを明らかにする。
	決済		当事者間で現物決済が行われ、取引所が関与することはない。
先渡市場取引	先渡定型取引との相違点		決済についてスポット取引と同様に、取引所が仲介して、買い手より代金を徴収して売り手に交付。
	匿名性		先渡市場取引では、取引当事者の匿名性が確保される。
先渡掲示板取引	概念		市場参加者が持つ売り買いの注文を他の市場参加者に知らせるための掲示板というインフラを取引所が提供する市場。
	参加者への情報提供		取引所は、市場参加者の注文内容を1カ所に集中して参加者に情報を提供。
	市場参加者間の交渉		・市場参加者はその中から自分のカウンターパーティを見つけ出して、あとはその市場参加者2者間で直接に条件を交渉することとなる。 ・取引所は契約の交渉過程にはいっさい関与しない。

（関連用語）　電力デリバティブ（663頁）

値洗い、証拠金

金融 | 証券化 | 証券取引 | 保険 | リスクマネジメント | デリバティブ | 環境
外国為替 | ITフィンテック | 金利 | ポートフォリオ | ファンド | 電力取引

値洗い、証拠金とは？

値洗い（mark-to-market）
建玉（たてぎょく、open interest）を毎日、時価評価に洗い直すこと。

証拠金（performance bond、margin）
取引当事者が預託する履行保証金。

値洗い、証拠金の機能
先物取引の履行確実性を高め、先物取引の健全性を守るセーフティネット（注）。

（注）ここでいう先物はオプションを含む広義。

値洗い

先物取引の特性
・先物取引には契約時点と決済時点との間に開きがあり、その間に原資産価格は変動。
・取引当事者にとって原資産価格が不利に動いた場合には、先物期間中に含み損がふくれ上がり、先物期日の到来時に先物取引の履行ができなくなる恐れ。

値洗い制度の目的
含み損益が出たらそのつど、小刻みに実現損益にして、取引当事者の含み損の累増を回避。

値洗いの仕組み

取引所の清算機関（clearing house）	先物取引の未決済残高である建玉を毎日、時価に洗い直して評価。
値洗いに用いられる値段	原則として当日の終値。

値洗いの頻度	大半の先物取引所	1日に1回 1日の取引が引けた後にその日の終値を基準として時価評価。	
	シカゴマーカンタイル取引所（CME）	1日に2回 建玉の時価を最新のものとすることによりリスク管理の徹底を図るために、1日に2度の値洗いを実施。	
		1回目	午前中の相場で時価評価して、そこで勝ち・負けを計算して決済。
		2回目	午後の相場で午前中の時価で評価された建玉を、再び時価評価して勝ち・負けを計算して決済。

引直差金と更新差金

建玉の中には、当日取引されたものもあれば、前日以前に取引されたものもあるが、値洗いは毎日、双方に対して実行。	
引直（ひきなおし）差金	当日取引された建玉の値洗い 当日約定した価格と当日の終値との差を計算。
更新差金	前日以前に取引された建玉の値洗い 前日の終値（すなわち直近で値洗いされた結果の建玉の値）と当日の終値の差を計算。

証拠金

当初証拠金（initial margin）

投資家が先物取引を開始するにあたって差し入れる証拠金。

維持証拠金（maintenance margin）

投資家が建玉を維持しなければならない最低限の証拠金残高。

追加証拠金（additional margin、追証）

投資家の負けが込んで証拠金残高が維持証拠金を下回ると、投資家は証拠金残高が少なくとも当初証拠金の水準まで回復するように追加証拠金（追証、おいしょう）を差し入れる必要がある。

緊急証拠金（contingent margin call、日中追証）

平時	通常は、取引時間が終了して各市場参加者のポジションを値洗いしたところで必要とあれば追証を求める。
緊急時	相場が大きく変動して、値洗い差金の受払額が多額にのぼって負け側がデフォルトを起こすケースが増加すると見込まれる場合には、その日の日中に、ポジションを時価評価して損失側から証拠金を徴収。

代用有価証券

	証拠金は、必ずしも現金で差し入れる必要はなく、国債や地方債、社債、株式等で代用することが可能。
ヘアカット	有価証券は現金と異なり、時価が変動することから、時価に掛け目を乗じること（ヘアカット）により、相場変動のクッションが設けられる。

証拠金制度と値洗い制度の関係

値洗いによる受払いは、証拠金勘定を通じて清算機関と市場参加者との間で行われる。

値洗い差金の処理

①値洗いは、清算機関が実行
②清算機関は、各々の市場参加者が持つ建玉でどれだけ利益が出たか、または損失が出たかを各参加者に対して通知。
③損失が出た市場参加者は、清算機関に対して負けた額を払い込む一方、利益が出た市場参加者は、清算機関から勝った額を受け取る。

値洗い差金の受払いと証拠金勘定

日々の値洗いによる差金の決済は、証拠金勘定にある資金の受払いによって行われる。

ノックインオプション、ノックアウトオプション、アベレージオプション

[金融] [証券化] [証券取引] [保険] [リスクマネジメント] [デリバティブ] [環境]
[外国為替] [ITフィンテック] [金利] [ポートフォリオ] [ファンド] [電力取引]

ノックインオプション、ノックアウトオプション、アベレージオプションとは？

ノックインオプション、ノックアウトオプション、アベレージオプションは、いずれも経路依存型のバリアオプションである。

経路独立型オプション（path-independent option）

- 一般のオプション。
- オプション期間中における原資産価格の経路（パス）から独立して決済。
- すなわち、オプションの満期時点における原資産価格を決済価格として受払い。

経路依存型オプション（path-dependent option）

- OTCで取引されているエキゾチック・オプション。
- オプションの期間中に原資産価格がどのような経路をたどってきたかがペイオフ（受払い）に影響。

バリアオプション（barrier option）

一定の水準（バリア）に達したところでオプションが発効したり消滅したりする。	
ノックインオプション（knock-in option）	オプションの期間中に、原資産価格があらかじめ設定してある価格の水準に達した場合に初めてオプションが発効。
ノックアウトオプション（knock-out option）	オプションの期間中に、原資産価格があらかじめ設定してある価格の水準に達した場合にオプションが消滅。
活用例	外国為替相場で一定の相場水準を支持線や抵抗線としてみる通貨オプション等で活用。

アベレージオプション（average option）

アジアオプション（Asian option）とも呼ばれる。	
アベレージ・プライス・オプション	オプション期間中の原資産価格平均を決済に使用する原資産価格とする。
アベレージストライクオプション	オプション期間中の原資産価格平均を決済に使用する権利行使価格とする。
活用例（アベレージ・プライス・オプション）	・長期間、一定のインターバルで安定的に一定量を小刻みに売買する取引形態をとるエネルギー関連企業等が活用。 ・こうした企業の取引では、ペイオフが一時点における原資産価格で決まるよりも、長期間にわたって平均してとった価格で決まったほうが、原資産価格の動きと実際の売買価格の動きがより密接に連関することになり、ヘッジ効率が向上。

（関連用語）　オプション（273頁）、オプション戦略（279頁）

ノルドプール

| 金融 | 証券化 | 証券取引 | 保険 | リスクマネジメント | デリバティブ | 環境 |
| 外国為替 | ITフィンテック | 金利 | ポートフォリオ | ファンド | 電力取引 |

ノルドプールとは？

ノルドプール（Nord Pool）は、ノルウェー、スウェーデン、フィンランドの北欧3国により設立され、1993年に取引を開始した電力のプールシステムである。

3カ国の間には電源の水力、火力、原子力への依存度の大きな違いが存在する。

ノルウェー	電源のほぼ100％を水力に依存
スウェーデン	水力が50％、原子力と火力が各25％
フィンランド	大半を火力に依存

3カ国が相互に電力を融通してインバランスを調整するための電力プールシステムとしてノルドプールを構築。

現状、ノルドプールでは、ノルウェー、スウェーデン、フィンランド、デンマークといったスカンジナビア諸国で消費される電力が取引されている。

ノルドプールにおける取引形態

①現物取引

内容	前日取引市場としてのスポット取引。
取引と決済	現物取引が行われると、取引の翌日に対象となった電力の受渡決済が行われる。
価格（相場）	現物取引の価格は、「ノルドプール・インデックス」として各種電力取引のベンチマークとして活用されている。
市場参加者	発電事業者、大口ユーザー、ブローカー等。
入札内容	時間帯ごとの電力の購入または売却の価格と量を提示して入札。
板寄せ	市場参加者の入札を一時点で取りまとめて、需給がバランスしたところで価格を決定する板寄せ方式を採用。

②デリバティブ取引

内容		ノルドプールのデリバティブ部門は、OMX(スウェーデンのOMがフィンランドのHEXを吸収合併してできた会社)に吸収合併され、その後、OMXはナスダックと経営統合してナスダックOMXグループの傘下に入っている。	
フューチャー取引とフォワード取引	フューチャー取引	毎日建玉の値洗い(時価評価)が行われて、毎日勝ち負けの決済が行われる。	
		期日到来時の決済額	前日の建玉の価格と期日到来時の現物価格との差額。
	フォワード取引	毎日建玉の値洗いが行われる点はフューチャー取引と同じであるが、値洗い差金の決済は期日が到来した時点で一括して行う。	
		期日到来時の決済額	取引契約時点の建玉の価格(すなわち、フォワード取引価格)と期日到来時の現物価格との差額。
ベースロードとデイロード	ベースロード	月曜日から日曜日までの1日の毎時間が1メガワットであり、週当たり168メガワットとなる。	
	デイロード	月曜日から金曜日までの午前8時から午後9時までの毎時間が1メガワットであり、週当たり72メガワットとなる。	
先物取引の期間	季節もの	年間を3つに分ける。第1シーズンは第1～16週、第2シーズンは第17～40週、第3シーズンは第41～52週。	
		取引対象期間	最低4～最高6シーズンの期間。
	ブロックもの	年間を13のブロックに分け、各ブロックは4週。	
		取引対象期間	最低8～最高11ブロックの期間。

		週間もの	満期までの期間が4週間になると、ブロックものの契約は週間ものに転換される。
		取引対象期間	最低4～最高7週の期間。
決済		フューチャー取引、フォワード取引のいずれも電力の受渡しではなく、差金決済。	
		狙い	差金決済をとることにより電力の受渡しを目的としない投機家がマーケットに参入、流動性の厚い市場の形成を狙いとしている。
オプション取引		対象	ベースロード
		スタイル	ヨーロピアンオプション

バーゼル規制、バーゼルⅢ

| 金融 | 証券化 | 証券取引 | 保険 | リスクマネジメント | デリバティブ | 環境 |
| 外国為替 | ITフィンテック | 金利 | ポートフォリオ | ファンド | 電力取引 |

バーゼル規制、バーゼルⅢとは？

　バーゼル規制（basel accord、basel capital accord、BIS規制、BIS自己資本規制）は、銀行の健全性維持と国際間の銀行の競争の公平性維持を目的として、バーゼル銀行監督委員会（バーゼル委員会）が策定した銀行監督やリスク管理に関する実務を国際的に促進、強化する銀行の自己資本規制である。

　バーゼル規制は、金融ビジネスをめぐる環境変化等により、バーゼルⅠ、バーゼルⅡ、バーゼル2.5、バーゼルⅢと変更を加えられてきた。

バーゼル規制とバーゼル銀行監督委員会

バーゼル規制

必要性	銀行のビジネスは、グローバル化の進展から国境を越えて拡大をみせており、このために、国際的に金融規制の統一を図る必要性が高まった。

バーゼル銀行監督委員会（バーゼル委員会）

事務局	スイス・バーゼル
メンバー	各国・地域の銀行監督当局や中央銀行等から構成。 アジア地域では日本、豪州、中国、香港、韓国、インド、インドネシア、シンガポール等がメンバー。

バーゼル規制の変遷：バーゼルⅠからバーゼル2.5まで

バーゼルⅠ

1988年合意、1992年実施。	
信用リスク規制の導入	銀行の新興国向け債権が不良化する問題が発生、信用リスク管理強化の必要性が強く認識されて、信用リスクを対象とした自己資本規制を導入。
市場リスク規制の導入	その後1900年代央には、デリバティブ取引の拡大

| | | 等を背景として、信用リスクに加えて市場リスク管理の重要性が認識されて、1997年に市場リスク規制を導入。 |

バーゼルⅡ

2007年から段階的実施。		
背景	ITの金融ビジネスへの浸透を背景とした金融技術の発達から、銀行が取り扱う商品も多様化・複雑化、また、国際化も進展をみて、銀行が抱えるリスク管理は、より精緻化する必要性を強く認識。	
バーゼルⅡの3つの柱	第1の柱	所要自己資本比率の8％算定にあたって、信用リスク計算の精緻化（銀行勘定の金利リスクや信用集中リスクも評価対象とする等）と、新たにオペレーショナルリスクを追加。
	第2の柱	金融機関による自己資本の充実度の検証と自己資本充実に向けての戦略の構築。
	第3の柱	情報開示の拡充と、マーケットからのフィードバックによるリスク管理の強化により、統合的リスク管理を拡充。

バーゼル2.5

・2009年7月合意、2011年から実施。 ・バーゼルⅡを次の2点を中心に強化。	
①バーゼルⅡの枠組みの強化	バーゼルⅡの第1の柱の見直し。たとえば、再証券化商品等、複雑なスペックを持つ証券化商品への投資に対して、自己資本の所要額を増加。
②バーゼルⅡの市場リスクの枠組み改定と、トレーディング勘定における追加リスクに係る自己資本算出のガイドライン	・銀行が証券化商品へ投資するに際して原資産のデューデリジェンスを行う必要がある。 ・銀行のトレーディング勘定で保有する資産も、銀行勘定で保有すると同様、資本の所要額が要求されるほか、リスク管理の強化を図る必要がある。

バーゼルⅢ：概要

実施時期
- 2010年12月合意、2013〜19年に段階的実施（図表1）。
- 2019年初までに完全適用。

図表1 バーゼルⅢの段階適用

（出所）　金融庁「バーゼル3（国際合意）の概要」

バーゼルⅢ導入の背景

2008年のグローバル金融危機の経験をふまえて規制内容を一段強化。	
資本性バッファー	銀行が金融危機に耐えることができる高い資本性を有するバッファーを持つことが重要。
モラルハザード回避	銀行が危機発生時にも政府の支援に依存できるといったモラルハザードを起こす事態を回避することが重要。
規制対象外金融機関	バーゼル規制の対象外の金融機関における過大な信用拡大が、金融システム全体のリスク拡大を招来。
流動性リスク	従来、トレーディング勘定でのリスク管理は、流動性が厚い状態を前提としていたが、実際には複雑なスペックの証券化商品を中心に流動性が枯渇する中でリスクが表面化。

バーゼルⅢ

主として自己資本規制と流動性規制の2つから構成される。

自己資本規制			
自己資本の質・量の向上を求める自己資本規制の強化等（図表２）。			
自己資本のコンセプト	・バーゼルⅢでいう資本はgoing concernとしての資本とgone concernとしての資本を明確に規定。 ・すなわち、銀行破綻の際には、株主資本に続いて資本性の強いジュニアデットから順番に債権者が損失を負担すべきであるとの基本的な考え方に基づいて規定。 ・たとえば、従来基準のTier 1証券が、理論的には発行体が利払いに対する柔軟性を持っていることになっているものの、実際には強制支払条項によって大半の証券が利払いの柔軟性を著しく欠くことになり、損失吸収機能が阻害されることになった経験をもとに、損失吸収機能を厳格に評価することにしたもの。		
自己資本の構成	Tier 1 と Tier 2		
	Tier 1	機能	銀行が事業継続のために損失を吸収することに資するゴーイングコンサーン・キャピタル（going-concern capital）。
		構成	普通株式等Tier 1（Common Equity Tier 1）と、その他Tier 1（Additional Tier 1）。
			普通株式等Tier 1 / 最も損失吸収力が高い普通株式、内部留保等
			その他Tier 1 / 優先株式等
			バーゼルⅢでは、資本の質の向上を図るために業務継続ベースのゴーイングコンサーン・キャピタル（going-concern capital）が重視され、その中でも普通株式等Tier 1が最重要。 したがって、普通株式等Tier 1をコア自己資本（core

			capital）ともいう。		
	Tier 2	機能	破綻時を想定した自己資本であるゴーンコンサーン・キャピタル（gone-concern capital）		
		構成	劣後債、劣後ローン等および一般貸倒引当金（信用リスクアセットの1.25％が上限）等。		
リスクアセット	信用リスク＋マーケットリスク＋オペレーショナルリスク				
	信用リスク	資産の各項目にそれぞれのリスクウェイトを乗じて得た額の合計額			
	マーケットリスク	資産の市場変動リスク相当額			
	オペレーショナルリスク	種々の事故リスク相当額			
リスクウェイト	日本国債、地方債、現金等	0％			
	政府関係機関債	10％			
	金融機関	20％			
	抵当権付住宅ローン	35％			
	中小企業・個人	75％			
	事業法人	格付に応じて20〜150％（大部分が100％）			
最低所要自己資本比率	バーゼルⅡ バーゼルⅢ	総資本自己資本比率8％以上と規定。最終的に銀行が達成しなければならない最低水準			
		Tier 1	6.0％		
			うち普通株式等Tier 1	4.5％	
			Tier 1の主要部分は普通株式		

			等Tier 1から構成されなければならない。 バーゼルⅢによると、2013年に最低3.5％、2019年には7％の普通株式等Tier 1を持つことが必要。
	自己資本比率		8.0%
バーゼルⅢの上乗せ基準	2016年より追加。		
	資本保全バッファー	普通株式等Tier 1の上乗せ	2.5%
		目的	ストレス期に取崩し可能な資本バッファー。
	カウンターシクリカル・バッファー	普通株式等Tier 1の上乗せ	最大2.5%
		目的	過剰な総与信の増加等によるシステム全体のリスク積上がりに対して、銀行セクターを将来の損失から守るためのバッファー。
	G-SIFIs (Global Systemically Important Financial Institutions)サーチャージ	普通株式等Tier 1の上乗せ	バーゼルⅢの規制水準に1.0～3.5%上乗せ
		目的	グローバルなシステム上重要な金融機関（G-SIFIs）には、各区分（バケット1～5）に従って上乗せした自己資本が求めら

| | | | | | れる（注1）。 |

(注1) 日本の金融機関では、G-SIFIsに、MUFG（バケット2：1.5%）、みずほ（バケット1：1.0%）、SMFG（バケット1：1.0%）が入る（2015年11月見直し時）。

図表2 バーゼルⅢにおける自己資本の量の強化

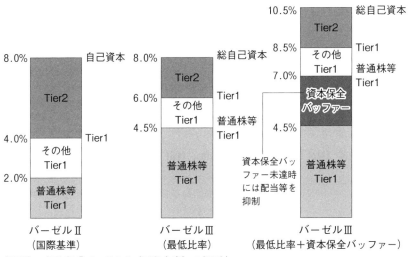

（出所） 金融庁「バーゼル3（国際合意）の概要」

流動性規制

バーゼルⅢにおいては、資金流動性規制について2つの最低基準を設定している。

流動性カバレッジ比率（Liquidity Coverage Ratio、LCR）

目的	短期的な流動性ストレス耐性の強化を目的とした規制。	
内容	銀行は、30日間継続する強いストレス下で流出する資金をまかなえるだけの高品質の流動資産を保有することが求められる。	
	LCR	LCR＝適格流動資産残高／30日間のネット資金流出 LCRは、2015年初に最低60%の比率から始まり、最終的には2019年初以降、最低100%以上の比率を維持することが原則として求められる。

	高品質の流動資産（適格流動資産）	たとえストレス状況下でもほとんど価値が失われることがなく、また簡易かつ即座に現金化が可能な資産。	
		レベル1	・現金、国債、中央銀行預け金等 ・無制限に算入可能
		レベル2	・高品質（BBB－以上）の非金融社債、主要インデックス構成銘柄の非金融法人の上場株式のほかに、高品質（AA－以上）のフルリコース（完全償還請求権付き）RMBSが含まれる。 ・高品質の流動資産残高全体の40％が上限。

安定調達比率（Net Stable Funding Ratio、NSFR）

目的	中長期的な資金調達促進。
内容	銀行は中長期的な貸出に見合う安定的な資金調達を行うことが求められる。

バーゼルⅡにおけるハイブリッド証券の扱い

バーゼルⅡにおいてハイブリッド証券は、次のように取り扱われていた（注2）。

自己資本比率規制対策として発行されるハイブリッド証券

自己資本への算入	優先株式	非累積的永久優先株	Tier 1（基本的項目）に分類されて、自己資本に無制限に算入可能。
		累積的永久優先株	Tier 2（補完的項目）に分類されて、Tier 1の額まで（マーケットリスク規制勘案の場合にはTier 1 ～ Tier 3（準補完的項目））まで算入可能。
		期限付優先株	Tier 2（補完的項目）に分類されるが、Tier 1の50％まで算入可能（残存期間が5年になった時点で毎年20％減価）。

劣後債、永久債	永久劣後債	Tier 2 に分類され、Tier 1 の額まで（マーケットリスク規制勘案の場合には Tier 1 ～ Tier 3（準補完的項目））まで算入可能。
	期限付劣後債	Tier 2 に分類されるが、Tier 1 の50％まで算入可能（残存期間が5年になった時点で毎年20％減価）。

(注2) デット（debt）とエクイティ（equity）に関する法原理についての研究会「デットとエクイティに関する法原理についての研究会報告書」金融研究、日本銀行金融研究所、2001年9月、65頁

バーゼルⅢにおけるハイブリッド証券の扱い

　2008年のグローバル金融危機の際、本来、損失吸収バッファーとなることが期待されているハイブリッド証券が、その機能を果たさなかったとの反省から、バーゼルⅢでは、ハイブリッド証券の自己資本への算入については、極めて制限的な措置をとっている。

ハイブリッド証券が規制上の自己資本に算入されるための最低条件

銀行が実質的な破綻状態にあるときに、納税者が損失にさらされる前に、完全な損失吸収力を持つことが必要。
銀行が実質的な破綻状態にあるときに、公的セクターが普通株式やその他のTier 1 資本の形態で資金注入を行う前に、完全な損失吸収力を持つことが必要。

①ハイブリッド証券がその他Tier 1 に算入される基準

トリガーによる元本削減、普通株式転換	トリガー事由が発生した場合に、元本削減か普通株式転換が、関係当局の判断によりなされることが義務付けられる契約条項を発行条件に含んでいなければならない。 ただし、当該銀行の所管国において、その旨の内容等を求める法令が施行されている等の場合を除く。	
	トリガー事由	・元本削減がなければ銀行が

		存続不可能になるとして、元本削減が必要である、と関係当局によって決定された場合。 ・公的セクターによる資本注入もしくは同等の支援がなければ銀行が存続不可能になるとして、当該支援が関係当局により決定された場合。
	新株発行	トリガー事由発生の結果としての新株の発行は、公的セクターによって提供された資本が希薄化しないように、公的セクターの資本注入より前に行わなければならない。
劣後債、劣後ローン	劣後条件が付されていること。	
永久債	満期がなく、また償還を促進するステップアップ等がないこと。	
コール	発行者によるコールは、発行後5年経過以降に可能であること。	
	事前承認	銀行がコールオプションの権利行使をするためには、事前に当局の承認を得なければならない。
	権利行使の期待	銀行は、コールが権利行使されると期待を持たれるようなことを行ってはならない。
	権利行使の条件	銀行は、以下の条件が満たされなければコールの権利行使をしてはならない。 ・コールの対象がそれと同等ないしそれよりも資本性が高いものに代替されること、および銀行の収益力の持続性を条件として代替が行われること。 ・銀行は、コールが権利行使

	された後の資本が、最低資本要求を十分に満たす水準となることを明確にすること。
利子、配当の支払い	・銀行はいかなるときでも利子、配当の支払いを実施しない裁量を持っていなければならない。 ・この結果、配当プッシャー条項（dividend pushers）は禁止される。すなわち、他の資本性商品ないし株式（典型的には劣後性商品）に対して支払いを行った場合には、利子、配当の支払いを実施する義務を負う条項のこと。 ・銀行が、現物支払いを行うことも禁止される。
元本毀損吸収力	会計上、負債に分類された商品は、次のいずれかによる元本毀損の吸収力を持たなければならない。 ・あらかじめ客観的に定められたトリガーに抵触した場合に、普通株式へ転換するか、 ・あらかじめ定められたトリガーに抵触した場合に、評価減（write down）を行う。評価減は、次の効果を持つ。 　(i)清算における当該商品に対する請求権を削減させる。 　(ii)コールが行使された場合の償還額を削減させる。 　(iii)利子、配当の支払いを一部または全部行わない。

②ハイブリッド証券がTier 2に算入される基準

トリガーによる元本削減、普通株式転換	ハイブリッド証券がその他Tier 1に算入される基準と同じ。
満期	発行時点で満期まで最低5年あること。 満期までの5年において、規制資本は、strait line（定額）で減少すること。 ステップアップやその他期前償還のインセンティブがないこと。
コール	ハイブリッド証券がその他Tier 1に算入される基準と同じ。

バイアウトファンド

金融 | 証券化 | 証券取引 | 保険 | リスクマネジメント | デリバティブ | 環境
外国為替 | ITフィンテック | 金利 | ポートフォリオ | ファンド | 電力取引

バイアウトファンドとは？

　バイアウトファンド（buyout fund）は、企業買収を行ったうえで企業価値の増大を図りリターンの獲得を狙うファンドである。

バイアウトファンドの機能

マネジメント層へのサポート

マネジメント層を全面的にバックアップして、経営が的確な軌道に乗るように注力。

マネジメント層のモニタリング

マネジメント層が合理的、機動的なポリシーで経営にあたっていることをチェックして、問題があればマネジメント層と議論を行い、修正を図る。

バイアウトファンドの特性

対象

主として企業の子会社や事業部門等。	
具体例	・企業内にキャッシュフローが積み上がっているにもかかわらずビジネスプランが不明確なため、これが有効に活用されていない企業。 ・老舗の同族企業で有能な後継者が見つからないために業容が伸び悩んでいる企業。 ・多角経営に乗り出して関連企業を増やしたものの、思ったように業績が伸びないノンコアの子会社等の関連企業。

投資家

・ベンチャーキャピタルファンドに比べると、一般的にかなり大規模なファンドとなる。
・したがって、投資家が出資する単位も大きくなり、ファンドの構成は機関投資家により占められる。

戦略

ハンズオン (hands-on)	・私募により限られた投資家から資金を調達して、その資金を使って未公開企業の株式を過半数取得して、支配権を掌握。 ・そして、経営に深くコミットして企業価値を高めたうえで、株式を上場して売却するとか、上場前の株式を売却してリターンを獲得。 ・このようにファンドが会社の経営に深く関与することを、「ハンズオン」という。	
	具体例	・買収先のマネジメント層とともに先行きのビジネスプランを策定。 ・コンサルタントの知恵を借りて戦略を構築。 ・買収先が属する産業セクターに精通した経営のプロをヘッドハントして送り込む。
選択と集中	・投資対象の企業のビジネスプランが妥当なものではないとみれば大幅な変更を実施。 ・業務の効率化、人員の削減。 ・低生産性部門の切捨てにより高生産性部門に資源投入を振替え。	
マネジメント層やスタッフとの協調関係	・バイアウトファンドの対象となった企業サイドからみれば、組織のカルチャーや調和を撹乱するものとして歓迎されないケースもある。 ・企業サイドから大きな反発を招くような施策は避けて、企業の培ってきたカルチャーを完全に否定することはせず、またマネジメント層やスタッフとの協調関係を重視するといったケースが増加。	

バイアウトファンドの取引分類

バイアウトファンドの取引には、MBO（マネジメントバイアウト）とLBO（レバレッジドバイアウト）がある。

①MBO（Management Buy-Out、マネジメントバイアウト）

買収の対象となる会社または事業部門の経営者が会社の所有者となる形の企業買収。

EBO (Employee Buy-Out)	従業員がバイアウトの主体となる場合は、EBO(エンプロイーバイアウト)という。
MBI (Management Buy-In)	MBOを実施した後に外部から経営陣を招聘する場合は、MBI(マネジメントバイイン)という。
バイアウトファンドの役割	・MBOでは、子会社や事業部門の経営陣が子会社や事業部門を買収する形となる。 ・しかし、経営陣のみでは企業ないし事業部門の買収資金のすべてをまかなうことができないケースが大半であり、バイアウトファンドが出資したり、金融機関から融資を受けたりして資金調達を行うこととなる。 ・MBOに対して資金拠出を行うバイアウトファンドは、主として金融機関や機関投資家、商社等が資金提供者となる。

②LBO(Leverage Buy-Out、レバレッジバイアウト)

・バイアウトファンドは、ファンドに対する資金拠出に加えてレバレッジを利かせて資金調達を行うケースが一般的。
・レバレッジの活用の実態をみると、買収資金の大半をレバレッジで調達するケースもあれば、ごく一部分だけを借入れに依存するケースもあるというように、案件によりまちまち。

LBOファイナンス(図表1)	エクイティ	自己資金による普通株式
	シニア	・担保付きのローン(LBOローン)(買収対象企業の資産や企業が先行き生み出すキャッシュフローが担保) ・無担保の社債
	メザニン	・劣後ローン ・劣後社債 ・優先株式(劣後ローンや劣後債と異なりエクイティであり、デット・エクイティ・レシオ(D/Eレシオ、負債資本比率)の改善に資することや、無配であってもデフォルトとならない財務の弾力性があり、LBOファイナンスにおいて活用されることが多い)

図表1　LBOファイナンスの構成

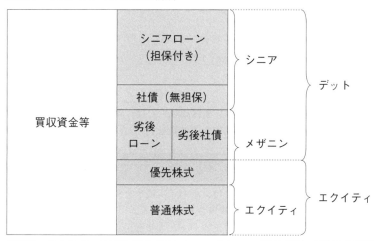

（出所）　笹山幸嗣・村岡香奈子『M&Aファイナンス〔第2版〕』金融財政事情研究会、2008年7月

特徴

シンジケートローン	借入形態は、シンジケートローンの形をとることが多い。
ノンリコースローン	企業の買収主体となるファンドに対して債務が遡及されることはなく、買収対象企業の資産や将来キャッシュフローだけが返済原資となる。

バイアウトファンドのクラブディール	
概念	大型案件の買収をいくつかのバイアウトファンドが共同で手がける手法。
メリット	・買収先が大型案件となると、1つのバイアウトファンドでは資金面で不足するばかりか、リスクも大きなものとなる。 ・クラブディール（club deal）により、①資金調達の多様化、②リスクの分散を図ることが可能。
内容	・クラブディールは、一般的に異なった専門性を持つバイアウトファンドで構成。 ・バイアウトファンドの各々が持てる専門性を発揮して、さまざまな側面から買収対象企業のビジネスが成長軌道に乗るように支援。

バイオメトリクス

`金融` `証券化` `証券取引` `保険` `リスクマネジメント` `デリバティブ` `環境`
`外国為替` `ITフィンテック` `金利` `ポートフォリオ` `ファンド` `電力取引`

バイオメトリクスとは？

　バイオメトリクス（biometrics、生体認証）とは、個人の身体や行動の特徴を用いて、個人を自動的に認証、識別する技術をいう。

モバイル・バイオメトリクス

　モバイル・バイオメトリクスとは、モバイル端末を利用した生体認証をいう。モバイル・バイオメトリクスに使用されるデバイス（IT機器）には、スマートフォン、タブレット端末、端子付ICカード、非接触ICカード等がある（注）。
　そして、モバイル・バイオメトリクスにより生体情報の読取、保存、照合が行われる。

(注)　新崎卓「モバイル・バイオメトリクスを巡る動き」富士通研究所、2014年3月5日

モバイル・バイオメトリクスの活用

　モバイル・バイオメトリクスは、次のようなケースで活用される。

本人確認のケース	本人確認の手法
オンライン取引の際	スマートフォンにあらかじめ指紋を登録、スマートフォン上で生体情報を読み取り照合。
店舗におけるID決済の際	サーバにあらかじめ顔写真を登録、サーバから店舗のタブレット端末に送信された顔写真を使って支払人を認証。
店舗におけるカード支払いの際	ICクレジットカードにあらかじめ静脈パターンを登録、取引時に店舗に設置のセンサーで読み取った静脈パターンとカード内で照合。

（出所）　新崎卓「モバイル・バイオメトリクスを巡る動き」富士通研究所2014年3月5日をもとに筆者作成

モバイル・バイオメトリクスの特徴

　モバイル・バイオメトリクスの特徴を、同じ本人認証を目的とするパスワード

と比較すると、次のとおりである。

	モバイル・バイオメトリクス	パスワード
セキュリティの強度	個人差が少ない。	設定の仕方次第で個人差がある。
他人への貸与	不可能。	可能。
認識の正確さ	他人を本人と誤認する「他人受入」の可能性あり。	一意で決定。
入力	指紋、静脈パターン等の入力の提示だけで可能。	パスワードを正確に打ち込むことが必要。
盗取リスク	なし。	覗き見等による盗取リスクあり。
紛失リスク	なし。	ノートパソコンの紛失と同時にパスワードを紛失、悪用されるリスクあり。

（出所）　新崎卓「モバイル・バイオメトリクスを巡る動き」富士通研究所、2014年3月5日をもとに筆者作成

金融機関によるバイオメトリクスの活用例

　バイオメトリクスは、安全性向上といった目的に加えて、顧客の利便性向上にも資する効果を持つ。
　これまで、金融機関で導入されたバイオメトリクスの具体例は、次のとおり。

①手のひら静脈による本人認証	・三菱東京UFJ銀行では、2004年にICカードの機能に加え、世界ではじめて手のひら静脈による身体認証機能を搭載することによりセキュリティを強化したカードの取扱いを開始。 ・指紋と異なり、静脈は体内にあるため第三者が情報を取得することが非常に困難な身体情報である。 ・また、生存する人の静脈の血流に含まれるヘモグロビンが赤外線に反応する特徴を認証に利用。

②指紋による本人認証	イオン銀行では、2016年2月から指紋による認証でATM取引が可能となるバイオメトリクスの実証実験を開始（注）。

（注）　イオンフィナンシャルサービス、イオン銀行「指紋認証システムによる銀行取引の実証実験開始について」NEWS RELEASE2015年12月30日）。

排出権取引制度

金融　証券化　証券取引　保険　リスクマネジメント　デリバティブ　**環　境**
外国為替　ITフィンテック　金利　ポートフォリオ　ファンド　電力取引

排出権取引制度とは？

　排出権（emission allowance）取引制度は、温室効果ガスの排出許容枠を設定して、この許容枠を上回る国や企業は、下回る国や企業から余裕枠を買い取ることにより目標を達成したとみなす制度である。

　この制度は、温室効果ガスの排出許容枠の遵守を厳格に求めるよりも弾力性を持たせて、その実効性を確保するために設定されたものである。

　排出権取引制度の代表的なものに、京都議定書によるキャップ・アンド・トレードやベースライン・アンド・クレジットがある。

排出権、排出権クレジット、排出量、排出枠

　排出権は、排出権クレジット、排出量、排出枠等の呼び方もされている。

排出権

排出権取引というように一般的に使用される用語。
温室効果ガスを排出する「権利」があることを前提とするようなニュアンスがある。

排出権クレジット

排出権と同義。単にクレジットともいう。

排出量

排出「権」の持つニュアンスを避けた用語。
排出量は、実績としての排出量の意味として捉えられる可能性。
環境省では、排出権取引を「排出量取引」と表現。

排出枠

排出量が「持つ実績」のニュアンスを避けた用語。
環境省では、クレジットを「排出枠」と表現。

キャップ・アンド・トレード、ベースライン・アンド・クレジット

排出権取引制度には、キャップ・アンド・トレードとベースライン・アンド・クレジットの2種類がある。

キャップ・アンド・トレード（cap and trade）

排出量の目標値を決める。	
①目標値＜実績値	他から排出枠を購入することができる。
②目標値＞実績値	余裕枠（アローアンス）を売却できる（図表1）。

図表1　キャップ・アンド・トレード

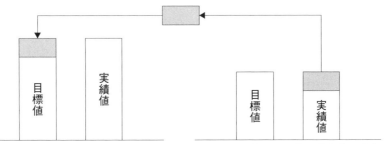

目標値＜実績値の企業＝排出枠の購入　　　目標値＞実績値の企業＝余裕枠の売却
（出所）　筆者作成

ベースライン・アンド・クレジット（baseline and credit）

排出量の削減活動によって現実に排出量が削減できた場合：なにもしなかった場合の排出量との差をクレジットとして排出量の削減活動主体に付与する。

キャップ・アンド・トレード

①スキーム

キャップ	・温室効果ガスの総排出量を設定して、これを総排出枠とする。 ・総排出枠をもとに、個々の主体に排出枠を割り当てる。個々の主体からみれば、この配分が排出量の上限となりこれを「キャップ」という。
トレード	排出量がキャップを突破しそうな主体は、排出量がキャップまで到達せず余裕のある主体から余裕

	枠を購入。こうした余裕枠の売買を「トレード」という。

京都議定書をベースにしたキャップ・アンド・トレード

キャップ	京都議定書は、国単位が対象であり、設定された温室効果ガスの国別削減目標が排出量の上限であるキャップとなる。
トレード	京都議定書に基づく国別削減目標の達成が難しい国は、目標達成に余裕のある他国から余裕分を金銭を対価にして取得するという形で、余裕分の売買であるトレードが行われる（注）。

②排出枠の割当方式

キャップ・アンド・トレード方式の最大のポイントは、いかにして排出枠を公平に配分するかにある。排出枠の割当てには次の3つの方式がある。

内容	グランドファザリング方式	過去の温室効果ガスの排出量の実績を基準にする方式。
	ベンチマーク方式	産業ごとに生産量当たりの標準排出量を基準にする方式。すなわち、業種ごとにベストテクノロジーを活用して生産活動を行った場合に排出される量をベンチマークとして割当量を決定。
	オークション方式	排出枠を対象に競争入札を行う方式。
有無償	グランドファザリング方式	無償割当て
	ベンチマーク方式	無償割当て
	オークション方式	有償割当て
特徴	グランドファザリング方式	・従来、環境対策を実施して排出量削減の実績のある企業ほど、厳しい排出枠になり、逆に排出量削減の努力を怠ってきた企業が多くの排出枠を獲得する不公平感がある。 ・過去の排出量の実績をベースとするため、新規参入企業にとっては、この適用が難しい。
	ベンチマーク方式	・従来、環境対策の実施に消極的でさ

		する排出量の削減実績がない施設にとって、厳しい排出枠になる。 ・一体なにがベストテクノロジーであるのかの特定が事実上難しい。 ・ベストテクノロジーが企業機密であれば、企業はそれを公にすることを忌避することから、これを実際に適用することは容易ではない。
	オークション方式	・自己努力によっても排出枠の確保が十分でない企業が、有償で排出権を確保することができる。 ・当局は落札代金を温室ガス削減施策の所要資金に振り向けることができる。 ・新規参入企業にも適用することができる。

③京都議定書をベースにしたキャップ・アンド・トレードの活用

マーケットメカニズムの活用	・排出削減の限界費用の低い国から排出削減の施策を実施する。 ・これにより、グローバル規模で効率的な削減を指向することが可能となる。
具体例	・すでに省エネが進んでいるような国にとっては排出量の追加的な削減をするために大きなコストがかかる。 ・したがって、そうした国が自国内で削減策を講じるよりも、まだ省エネが進んでおらず小規模の投資で大きな削減効果がある国から排出枠を購入するほうが、より効率的である。 ・この結果、グローバルな視点からコストを節減しながら排出量の削減が達成される。

ベースライン・アンド・クレジット

①スキーム

ベースライン	・温室効果ガスの排出量について一定の基準を設定。

	・この基準は、削減プロジェクトを実施しなかった場合の水準に設定。 ・これは、仮に通常のビジネスを行っていた場合に、どれだけの排出量となったかを示す基準としてBAU（Business As Usual）と呼ばれる。そしてこれが「ベースライン」となる。
クレジット	排出量削減プロジェクトの実施等で削減された分を「クレジット」として認定して、このクレジットを売買対象とする。

京都議定書をベースにしたベースライン・アンド・クレジット

クリーン開発メカニズム （Clean Development Mechanism、CDM）	・先進国が、開発途上国に対して技術や資金を提供して、温室効果ガスの排出削減や植林等による吸収増大の効果を持つプロジェクトを実施。 ・その結果生じたクレジットを先進国の間でシェア。
共同実施 （Joint Implementation、JI）	・先進国間で共同して排出量の削減事業を実施。 ・共同実施により創出される排出権を先進国間でシェア。

② 特徴等

取引内容	プロジェクトの実施によって初めて排出量の削減が実施になることから、キャップ・アンド・トレード方式と違って、先行きの排出権を対象とする取引となることが少なくない。
ベースライン排出量の推計	・仮に旧設備のままで稼働していたとするといくらの排出量になったかがベースラインとされる。 ・しかし、実際には旧設備は廃棄され新設備となることから、ベースライン排出量の推計が容易ではない。

（注）　EU-ETSも、キャップ・アンド・トレード方式を採用している。

ハイブリッド証券

`金融` `証券化` `証券取引` `保険` `リスクマネジメント` `デリバティブ` `環境`
`外国為替` `ITフィンテック` `金利` `ポートフォリオ` `ファンド` `電力取引`

ハイブリッド証券とは？

ハイブリッド証券（hybrid securities）は、資本（エクイティ）と債務（デット）の中間の性格を持つ証券である。

ハイブリッド証券は、メザニンファイナンスの一種であり、銀行が自己資本規制を充足する必要から発行したことが契機となり、その後、事業会社が発行するケースもみられる。

株主の権利と社債権者の権利（注）

ハイブリッド証券の投資家の権利は、株主の権利と社債権者の権利を混合、変形をさせたものであり、その変形内容により、さまざまな種類のハイブリッド証券を設計することが可能となる。

株主の権利

自益権	株式を持つことにより会社から経済的利益を得ることができる権利。 利益配当請求権、残余財産分配請求権等。
共益権	株主が会社の経営に参画することができる権利。 議決権、株主提案権等。
株主平等原則	株主間の利益調整を図るための原則。 保有株式数に応じて平等の取扱いを受ける権利。

社債権者の権利

利息支払い、元本返済請求権	会社に対する債権の保有者として、原則として会社に対する利息支払請求権と期限における元本返済請求権を有する。
優先弁済権	会社が清算の状態に陥ったときには、株主に優先して会社の財産から弁済を受ける権利を有する。

（注）デット（debt）とエクイティ（equity）に関する法原理についての研究会「デットとエクイティに関する法原理についての研究会報告書」金融研究、日本銀行金融研究所、2001年9月

資本と債務の区分

ハイブリッド証券には、資本に近い性格のものもあれば、債務に近い性格のものがあるが、その色分けの基準としては次のような要素が考えられる。

①コントロールに対する権利基準

経営への参画	株主	株主総会における議決権や取締役に対する監督権を通じて会社の経営に関与する権利を有する。
	社債権者	経営への参画権はない。
	ハイブリッド証券	無議決権株：普通株式に付与される議決権がない。

②キャッシュフローに対する権利基準

リターンの形態	株主	配当を受け取ることができる。しかし、それは会社に配当可能利益があることが前提となり、また受け取る配当額もあらかじめ確定されたものではない。
	社債権者	会社に配当可能利益があるか否かにかかわらず、一定額を利息として受け取ることができる。
	ハイブリッド証券	利益配当優先株式：利益配当につき、普通株式よりも優先的な地位が付与される。
残余財産の分配	株主	会社が解散になったときには、債権者に対する弁済が行われた後に残った残余財産の分配を受ける。
	社債権者	株主に優先する形で、会社から元本と利息を上限とする金額の弁済を受ける。
	ハイブリッド証券	劣後債：残余財産の分配において、普通社債よりも劣後的な地位が付与される。
満期日と資金の払戻し	株主	会社が解散する等の場合を除いて、会社から投資資金の払戻しを求めることはできない。
	社債権者	社債の満期が到来すれば会社から元本の償還を受け取ることができる。

	ハイブリッド証券	永久債：社債の満期がなく、会社が解散等の事態に陥らない限り元本の償還がない。

ハイブリッド証券の種類（図表1、2）

劣後債

- 劣後特約付社債の略称。
- 破産、会社更生法、民事再生法の適用等の劣後事由が発生した場合に、債務弁済が普通社債に劣後。
- 利回りは普通社債より高く設定。

期限付劣後債	普通社債と同様、償還日が設定されている劣後債。
永久劣後債	・償還日が設定されていない劣後債。 ・利回りは一般的に期限付劣後債よりも高く設定。
転換権付劣後債	・劣後条件付きの転換社債型新株予約権付社債。

優先出資証券

配当支払いが優先株式、普通株式よりも優先。弁済は劣後債よりも劣位。	
株式強制転換条項付優先証券	優先証券発行会社が一定の条件が生じた場合に株式に転換する優先証券。

優先株式

- 配当、残余財産分配請求権が、普通株式に優先する種類株式。
- 無議決権株とすることが多い。

図表1　ハイブリッド証券

普通社債	ハイブリッド証券				普通株式
	劣後債		優先証券		
	期限付劣後債	永久劣後債	優先出資証券	優先株式	

→ デットからエクイティ →

（出所）　筆者作成

図表2　ハイブリッド証券の例と分類、資本性の目安

	資本性の目安	ハイブリッド証券の例
	0	普通社債
クラス1	10	超長期劣後債／優先株（コールオプション付き）利息／配当は累積して繰延べ可能
クラス2	30	永久劣後債／優先株（コールオプション付き）利息／配当は累積して繰延べ可能
クラス3	50	永久劣後債／優先株（コールなし）。利息／配当は累積して繰延べ可能
クラス4	70	優先株（コールなし）。配当は非累積で強制停止
クラス5	90	3年以内強制転換権付優先株。配当は非累積で強制停止
	100	普通株式

（出所）　格付投資情報センター「ハイブリッド証券の資本性の評価と格付の視点」2012年5月24日

ハイブリッド証券のメリット、リスク

発行企業からみたメリット

株式希薄化等の回避	株式の希薄化や、ガバナンス構造の変更、さらには買収リスクを回避することが可能。

財務マネジメントの弾力性確保	期限前償還や利息・配当繰延条項等を付けることによって、財務マネジメントの弾力性を確保することが可能。
損金処理	ハイブリッド証券がデット（負債）の形であれば、株式の配当と異なり、利払いは基本的に損金処理が可能。
格付	ハイブリッド証券のスペックによっては、格付会社から一定の資本性が付与されたうえで格付される。
資金調達の多様化	さまざまなリスク・リターン選好を持った投資家を誘引することができ、この結果、資金調達の多様化を図ることが可能。

投資家からみたメリット

ハイリターン	デットとエクイティの中間の性格を持つハイブリッド証券の特質から、純粋のデット（シニアデット）である普通社債に比べてリスクは高く、普通社債よりも高いリターンを得ることが可能。
分散投資効果	投資ポートフォリオの中に通常の債券や株式にはないリスク特性を持つハイブリッド証券を組み入れることにより、分散投資効果を高めることが可能。

投資家からみたリスク

劣後リスク（subordination risk）	企業が破綻、清算となったときに、残余財産の請求権がシニアデットに劣後。
利息・配当繰延リスク（coupon deferral risk）	多くのハイブリッド証券は、発行体の業績悪化等により利息や配当の支払いを停止・繰延べされる利息・配当繰延条項を持つ。
期限前償還見送りリスク（extension risk）	償還がない永久債でも一定期間経過後に発行体が期限前償還可能なコール条項が付いていることが少なくないが、発行体がコールの権利行使を見送るケースもある。

格付			

①コンセプト

格付判定の基本（図表3）	格付会社は、ハイブリッド証券のスペックを普通の債務（シニアデット）および普通株式と比較して、そのハイブリッド証券がその間のどこに位置するかにより資本性を評価。		
エクイティ・クレジット（資本負債性）	ハイブリッド証券の資本性は、資本（エクイティ）と負債（クレジット）の間のどの辺に位置するかで判断されることから「エクイティ・クレジット」（資本負債性）と呼ばれる。		
	バスケット方式	たとえば0％、25％、50％、75％、100％といった資本性の区切りにより、A、B、C、D、Eの符号で証券にエクイティ・クレジットを付与。こうした方式は「バスケット方式」と呼ばれる。	
		具体例（図表3）	普通社債：0％ 普通株式：100％ ハイブリッド証券：資本性によって20～75％

図表3　ハイブリッド証券格付における長期発行体格付からのノッチングの目安

	原　則	（長期発行体格付がBBBレンジ以上かつ繰延べの可能性が低い場合）
劣後条項付き・繰延条項なし	1〜	1
劣後条項付き・繰延条項付き	2〜（注1）（注2）	2（注1）（注2）
劣後条項なし・繰延条項付き	1〜（注2）	1（注2）

（注1）　一定のストレスを想定したうえでも繰延べの蓋然性が相当に低いと判断される場合や、繰延べあるいは繰延事由への抵触自体が発行体の事業運営に大きな支障をもたらすと予想され、発行体がそのような事態を回避する傾向が非常に強いと判断されたりする場合には、ノッチ差を1にとどめる。
（注2）　発行体格付に親会社や国からの支援の可能性が織り込まれている一方で、当該支援がハイブリッド証券の支払いに及ぶ可能性が低いとみられる場合には、ノッチ差を上の表の原則より広げることがある。
（出所）　日本格付研究所「ハイブリッド証券の格付について」2012年9月10日

②資本性の評価のポイント

期限の定め、元本返済義務	期限の定めがなく元本の返済義務を負わない普通株式に、どこまで類似しているかによる。	
	永久債、超長期債	事実上、元本の返済義務を負わないとみることができ、普通株式の資本性に近い。
	コール・ステップアップ条項	永久債でも一定期間経過後に発行体が期限前償還できるコール条項が付き、かつコール期日到来後の金利がそれまでの金利よりも高くなるステップアップ条項であれば、発行体が期限前償還するインセンティブが強くなり、それだけ資本性は低く評価される。
	リプレースメント規定	コールする場合に、期限前償還の必要資金を期限前償還となる証券と同等、またはそれ以上の資本性を持つ証券の発行等のファイナンス手段により調達する「リプレースメント規定」（replacement language）が付されている場合には、コール条項による

			資本性の低下を緩和して普通株式との類似性を補強することができる。
配当支払い	配当支払いが業績等を受けて増減配や無配にできる普通株式にどこまで類似しているかによる。		
	利息・配当繰延条項		・ハイブリッド証券の多くは、発行体の業績悪化等により利息や配当の支払いを停止・繰延べできる「利息・配当繰延条項」を持っている。 ・発行体は利息・配当繰延条項を援用、デフォルト確率を低下させることができ、資本性が評価される。
		①強制繰延型	発行体の意思に関係なくあらかじめ決められたトリガーに抵触した場合に強制的に支払繰延となるタイプ。
		②任意繰延型	発行体の裁量で支払繰延となるタイプ。
		①、②の資本性の評価	任意繰延型は、繰延べの決定に客観的な基準が存在せず、経営陣の判断によることから、強制繰延型のほうがより高い資本性が評価される。
		③累積型	繰り延べた利息・配当の支払いが累積して次回以降の利息・配当支払い時にまとめて支払われるタイプ。
		④非累積型	繰り延べた支払いは次回以降の利息・配当支払い時に支払われることはないタイプ。
		③、④の資本性の評価	累積型は、繰り延べた利息・配当の支払いが発行体の債務として残ることから、累積型よりも非累積型のほうがより高い資本性の評価がされる。
残余財産請求権	企業の破綻・清算時、残余財産請求権が最劣後にくる普通株式の損失吸収力の特性との類似度合いによる。		

	バーゼルⅢ	・ハイブリッド証券の多くは、シニアデットに劣後して損失を吸収する特性を持つ。 ・しかしながら、今次グローバル金融危機では、必ずしもこうした特性を持たないハイブリッド証券が問題視され、バーゼルⅢにおけるハイブリッド証券の資本性の認識が厳格化されることになった。

ハイブリッド証券の発行実績

従来

優先株式	事業法人や金融機関が優先株式を発行するケースがみられた。
DESと優先株式	事業法人が企業再建を目的とした資本の再構成でデット・エクイティスワップ（DES）が実施される際に優先株式を発行されるケースが多くみられた。
劣後債、優先出資証券	バーゼルⅡの自己資本規制でTier 2として認められていたことから、金融機関により発行されるケースが多くみられた。

現状

劣後債、優先出資証券	・事業法人による劣後債や優先出資証券の発行が増加。 ・大規模プロジェクトやM&A等によって多額の資金調達を必要とするときに行われることが多い。		
	金融機関借入れの場合	金融機関からの通常の融資（シニアデット）で調達した場合にはレバレッジの上昇から財務比率の悪化を招来。	
	増資の場合	株式の希薄化（dilution）を招来。	
	ハイブリッド証券発行の場合	・金融機関からの通常の融資や株式発行から起こる問題を回避することが可能。 ・非上場企業では、株式市場における株式発行を通じて多くの投資家から資金調達することが困難であり、ハイブリッド証券の発行が有力な資金調達手	

			段となる。

グローバル金融危機とハイブリッド証券

バーゼルⅡ

国際的に活動する銀行の自己資本を規制するBIS規制のバーゼルⅡでは、劣後債や優先出資証券が自己資本にカウントされる扱いとなっていた。	
問題点	ハイブリッド証券は株式の希薄化を避けることができるメリットを持つ一方、業績悪化時にも配当繰延べが困難であり損失吸収力を欠くとか、一定期間後に期限前償還がされる可能性を持つコール条項が付されることが多いことから、永続性を本質とする資本の性格を欠くといった問題がある。
2008年のグローバル金融危機時	金融機関が発行していたハイブリッド証券が損失吸収の機能を発揮しなかった点が大きな問題となった。

バーゼルⅢ

資本算入が認められるハイブリッド証券	銀行の経営悪化に際して公的資金投入の前に、強制的に株式への転換や元本の削減等が行われることにより、損失吸収力を持つハイブリッド証券に限定して資本算入を認められる扱いとなる。
激変緩和措置	この結果、既発のハイブリッド証券の大半はバーゼルⅢの資本要件を満たさないこととなるが、バーゼルⅡ下で発行されたハイブリッド証券は、激変緩和のために資本算入割合が段階的に減少となるフェーズアウト措置（2013年90％、2014年80％）が講じられている。

（関連用語） 格付（304頁）、バーゼル規制（709頁）

ハリケーン先物、オプション

[金融] [証券化] [証券取引] [保険] [リスクマネジメント] [デリバティブ] [環 境]
[外国為替] [ITフィンテック] [金利] [ポートフォリオ] [ファンド] [電力取引]

ハリケーン先物、オプションとは？

　ハリケーン先物、オプション（hurricane futures、option）は、2007年にシカゴマーカンタイル取引所（the Chicago Mercantile Exchange、CME）が上場したカタストロフィ先物、オプションの1つである。

ハリケーン先物、オプションのスペック

①ハリケーン指数

サファー・シンプソン・ハリケーン風力スケール	・ハリケーンの強度についての伝統的な指標。 ・風速だけでハリケーンの強度を計測する尺度であり、被害の大きさと必ずしも相関しないという欠点がある。
CMEハリケーン指数（CME Hurricane Index、CHI）	・CME上場の先物、オプションの取引対象となるハリケーン指数。 ・ハリケーンの風速とハリケーンが一定以上の風力を持つ暴風域半径の2つのパラメータを組み込むことにより、実際にハリケーンがどの程度の範囲で被害をもたらすのかという災害リスクに相関性の高い指数となっている。

②CMEハリケーン指数先物、オプションの種類

通常のタイプの先物、オプション	対象地域	東部海岸等に上陸した命名ハリケーン（世界気象協会により名前が付けられたハリケーン）
	対象ハリケーン	特定のハリケーンに関わるCMEハリケーン指数が対象。
季節先物、オプション	対象地域	メキシコ湾、フロリダ、大西洋南岸、同北岸等の8つの地域に上陸した命名ハリケーン
	対象ハリケーン	1年間に上陸したハリケーンに関わるCMEハリケーン指数の「累計値」が対象。

季節最大先物、オプション	対象地域	季節先物、オプションと同じ
	対象ハリケーン	1年間に上陸したハリケーンのうちでCMEハリケーン指数の「最大」値を記録したものが対象。
CMEハリケーン指数バイナリーオプション	・通常のオプションが、原資産価格と権利行使価格との差額の大きさに応じて受払額の大きさも決まるのに対して、バイナリーオプションは原資産価格と権利行使価格との関係がインザマネーとなれば、その差額いかんにかかわらず一定額の受払いが行われる。 ・バイナリーオプションは、一定額が支払われるかゼロか、いずれかになるオプションであるという意味で、「デジタルオプション」とも呼ばれる。	
	コールオプション	CMEでは、コールオプションのみにバイナリーオプションを上場。
	特徴	①透明性を持ってプライシングされること。 ②トリガーイベントが発生したら即時に決済されること。 ③取引所が取引の相手方となることからカウンターパーティリスクは存在しないこと。

③**決済**

決済のタイミング	CMEハリケーン指数値はハリケーンが上陸した時点で公表され、これに基づいて上陸時点で、即時決済。
決済の方法	取引当事者間で現金決済。

(関連用語) オプション (273頁)、オプション戦略 (279頁)

ビッグデータ

`金融` `証券化` `証券取引` `保険` `リスクマネジメント` `デリバティブ` `環境` `外国為替` `ITフィンテック` `金利` `ポートフォリオ` `ファンド` `電力取引`

ビッグデータとは？

　ビッグデータは、①高解像、②高頻度、③多様性の3つの特徴を有して、ビジネスや社会インフラの高度化に活用されるビッグサイズのデータを意味する。

　ビッグデータの収集、蓄積は、ICT（Information and Communication Technology、IT＋通信コミュニケーション、情報通信技術）の発展により格段に容易となり、その分析、活用によってユーザーのニーズにきめ細かに対応できるサービスの提供、業務効率化、新分野のビジネス創出等のポテンシャルが高まっている。

ビッグデータの特性と具体例

特性

①高解像	内容	事象を構成する個々の要素に分解し、把握・対応することを可能とするデータ
	具体例	30代男性のデータというのではなく、特定の個人のデータであることを識別できるほどの詳細さを有する。
②高頻度	内容	リアルタイムデータ等、取得・生成頻度の時間的な解像度が高いデータ
	具体例	1年に1回計測されているというのではなく、リアルタイムと認識できるほど計測頻度が多い。
③多様性	内容	各種センサーからのデータ等、非構造なものも含む多種多様なデータ
	具体例	数値のみではなく、映像・音声データ等の多様なフォーマットを利用する。

（出所）　情報通信審議会ICT基本戦略ボード、ビッグデータの活用に関するアドホックグループ「ビッグデータの活用の在り方について」2012年5月17日、日本銀行金融機構局金融高度化センター「ITを活用した金融の高度化に関するワークショップ報告書」2015年10月等をもとに筆者作成

ビッグデータの種類

ビッグデータを構成する代表的なデータには、次のようなものがある。

ビッグデータの種類	具体例
ソーシャルメディアデータ	ソーシャルメディアにおいて参加者が書き込むプロフィール、コメント等
マルチメディアデータ	ウェブ上の配信サイト等において提供される音声、動画等
ウェブサイトデータ	ECサイトやブログ等において蓄積される購入履歴、ブログエントリー等
カスタマーデータ	CRMシステムにおいて管理されるDM等販促データ、会員カードデータ等
センサーデータ	GPS、ICカードやRFID（無線チップの一種）等において検知される位置、乗車履歴、温度、加速度等
オフィスデータ	オフィスのパソコン等において作成されるオフィス文書、Eメール等
ログデータ	ウェブサーバ等において自動的に生成されるアクセスログ、エラーログ等
オペレーションデータ	販売管理等の業務システムにおいて生成されるPOSデータ、取引明細データ等

（出所）　情報通信審議会ICT基本戦略ボード、ビッグデータの活用に関するアドホックグループ「ビッグデータの活用の在り方について」2012年5月17日、12頁

ビッグデータの分類

金融機関が活用できるビッグデータは、次の3種類に大別することができる。

分類

データの種類	内容と具体例
既活用データ	すでに利用されているデータ
	取引情報、顧客情報、営業情報、財務情報
即利用可能なデータ	すでに取得されているものの十分に活用されていないデータ
	大量の取引ログ、蓄積情報の時系列変化、顧客属性、営業

		報告等のテキスト情報、インターネットバンキング、モバイル、ATM等のアクセスログ、IT機器の稼働ログ／アクセスログ、コールセンター、ディーリングの音声情報
新規データ	新たに取得、利用するデータ	
		窓口／渉外活動時の音声・映像記録、スマートシティでＭ２Ｍ（Machine to Machine）で入手したセンサー情報、高解像度の衛星画像、地図情報、位置情報、SNS、Twitter等のソーシャルメディア情報、ネット上の動向情報、他業種における顧客セグメントごとの傾向情報

（出所）　岩下直行「ITを活用した金融の高度化に関するワークショップ第5回：金融機関のビッグデータ活用とプライバシー保護について」日本銀行金融機構局金融高度化センター

金融業界においてビッグデータの活用を検討する場合のポイント

ビッグデータを活用して、ビジネスの付加価値を高めるためには、次の諸点を検討することが重要となる。

項目	検討のポイント
ビッグデータの使途	・ビッグデータの活用対象は、 ①個人顧客業務か法人業務か、 ②既往のビジネスか、新規ビジネスか。 ・ビッグデータの活用目的は、マーケティングか信用管理か。 ・どのようなビッグデータがビジネスの付加価値向上に資するか。
ビッグデータの収集・分析費用	・ビッグデータはすでに取得しているものか、新規に取得を要するものか。新規取得の場合の所要コストはいくらか。 ・ビッグデータの分析は、金融機関内で可能か、アウトソーシングの必要があるか。アウトソーシングの場合に所要コストはいくらか。
個人情報保護との兼ね合い	・個人情報をビッグデータとして活用する場合、個人情報保護に問題が生じないか。 ・個人情報収集、活用において、個人から了解を得ているか。

金融業界によるビッグデータの活用例

データの種類	使用目的と具体例	
金融機関内に蓄積された個人情報	使用目的	マーケティングに利用
	具体例	行動ターゲティング広告、ポイントシステム、レコメンデーション、クーポン付与
金融機関が業務上取得したデータ	使用目的	金融機関の本来業務の遂行に利用
	具体例	ログ解析による不正取引の把握・排除、不正保険金申請の抽出
金融機関内のデータと外部から購入のデータの組合せ	使用目的	金融機関の経営判断等に利用
	具体例	顧客情報と外部企業の人流情報や位置情報を利用して店舗配置の戦略の検討、SNSの情報から株価変動を予測

(出所)　岩下直行「ITを活用した金融の高度化に関するワークショップ第5回：金融機関のビッグデータ活用とプライバシー保護について」日本銀行金融機構局金融高度化センター

ビットコイン

金融 | 証券化 | 証券取引 | 保険 | リスクマネジメント | デリバティブ | 環境
外国為替 | ITフィンテック | 金利 | ポートフォリオ | ファンド | 電力取引

ビットコインとは？

　ビットコイン（Bitcoin）は、2009年に登場したソフトウエアをベースとするオンライン上の支払いシステムである。ビットコインは、中本哲史という名前の人物がウェブ上に論文（注1）を発表したことをきっかけに開発されたが、中本哲史がどのような人物なのか、真偽のほどは不明である。

（注1）　Satoshi Nakamoto "Bitcoin：A Peer-to-Peer Electronic Cash System"

ビットコインの発行と流通の仕組み

　ビットコインの基盤にはブロックチェーンという技術が使用されている（ブロックチェーンについては791頁参照）。
　ビットコインの発行と流通の仕組みは次のとおりである。

①ビットコインの発行	ビットコイン取引の正当性の検証	・コンピュータを使って、専用のアプリケーション（フリー）により複雑な数理プログラムで、ビットコインによる取引の正当性を検証。 ・このビットコイン取引の検証には、大容量のコンピュータが必要であり、また、複雑な数理プログラムを走らせるためにコンピュータの電力使用量も膨大になるとされている（このため、省電力化のための専用チップも開発されている）。
	採掘＝発行	・複雑な数理プログラムでビットコインの正当性を検証することができた参加者には、その報酬としてビットコインを入手できる。これがビットコインの発行となる。 ・コンピュータによりビットコインの正当性を検証することを採掘（mining）、そのために自己のコン

	発行限度	・発行限度（埋蔵量）は、2,100万コイン。 ・採掘量が増加するに従って、採掘がより困難になるように設定されている。
②ビットコインの流通	ビットコインのセカンダリーマーケット	・内外にいくつかの取引所が開設されている。なお、最大の取引所であったMt.GoX（マウントゴックス）は、2014年2月に民事再生法が適用となった。 ・国内では、いくつかのサイト運営者が販売所を開設。
	ビットコインの使用	・受取りコスト等は不要で、スモールビジネスに活用可能。 ・ビットコインによる購入可能商品も漸次拡大。

ビットコインの特徴

①発行形態	通貨は、各国の銀行が発行し流通量を調整するが、ビットコインの発行は採掘の形をとる。
②取引記録の公開	ブロックチェーンと呼ばれる取引記録の公開により、ビットコインの二重使用を回避。
③電子キャッシュシステムの分散	ビットコインは、P2P（Peer to Peer）を利用して電子キャッシュシステムを分散化させる枠組み。
④ビットコインが持つリスク	・ネット空間上の仮想通貨であるため、ハッキング等の盗難リスクが存在。 ・匿名性から、マネーロンダリング、薬物等、違法取引の決済手段に使われる恐れ。 ・相場の大幅変動のリスク。

ビットコインに対する日本当局の見方

2014年、政府は、閣議でインターネット上の仮想通貨「ビットコイン」に関する初の公式見解を決定した（注2）。

その要点は次のとおり。

①通貨性の否定	・ビットコインは、通貨には該当しない。 ・ビットコインは、民法が定める通貨に該当しない。 ・銀行法の対象外であり、また、金融商品取引法に基づく有価証券にも該当しない。
②金融機関の取扱い禁止	銀行：ビットコインの売買の仲介や通貨との交換、専用口座の開設、送金業務等は認められない。 証券会社：仲介業務など本業は認められない。
③課税対象	所得税や法人税、消費税に定める課税要件を満たす場合には課税対象になる。

（注2）　日本経済新聞、2014年3月7日

金融審議会における仮想通貨に関する検討結果

　金融審議会では、決済業務等の高度化に関するワーキンググループを設置、検討を重ねてきたが、2015年12月にその報告書を公表した（注3）。そのなかで、仮想通貨への対応については、主として次の内容が述べられている。

　2015年6月のG7サミットにおいて、「仮想通貨及びその他の新たな支払い手段の適切な規制を含め、全ての金融の流れの透明性拡大を確保するために更なる行動をとる」ことを内容とする首脳宣言が発出された。

　また、FATF（金融活動作業部会）において、「各国は、仮想通貨と法定通貨を交換する交換所（exchange）に対し、登録・免許制を課するとともに、顧客の本人確認や疑わしい取引の届出、記録保存の義務等のマネロン・テロ資金供与規制を課すべきである」こと等を内容とするガイダンスが公表された。

　こうしたG7首脳会議の合意等もふまえ、マネロン・テロ資金供与対策および利用者保護のルールを整備する。

　すなわち、仮想通貨と法定通貨の交換所について、登録制を導入し、マネロン・テロ資金供与規制の対象に追加する。あわせて、利用者保護のための規制を導入する。

　2016年2月、金融庁は、自民党財務金融部会と金融調査会に仮想通貨の規制案を示して、自民党合同部会で了承された（注4）。

　それによると、取引所を登録制にするとともに、最低資本金の設定と外部監査の導入が義務付けられることになる。また、顧客保護として、取引所に対して顧客資産と自己資産との分別管理を導入するほか、取引内容や手数料の開示の徹底を図る内容となっている。

（注3）　金融審議会「決済業務等の高度化に関するワーキンググループ報告」2015年12月22日
（注4）　日本経済新聞、2016年2月25日

ファイナイト保険

金融 | 証券化 | 証券取引 | **保険** | リスクマネジメント | デリバティブ | 環境
外国為替 | ITフィンテック | 金利 | ポートフォリオ | ファンド | 電力取引

ファイナイト保険とは?

ファイナイト保険 (finite insurance) の概念

・企業が保険会社に対して個別のリスクに応じた保険料を一定期間にわたって定期的に一定金額、積み立てていく保険。
・企業と保険会社との間でリスクシェアリングをする形の保険。

| リスク限定 | ファイナイト保険では、企業が先行き受け取る保険金を企業自身が毎年積み立てる。したがって、保険会社が引き受けるリスク量は限定(finite)されたものとなる。 |

保険金支払い

実際に災害が発生して、企業に対する補償が必要になったときには、①企業が毎年積み立ててきた保険料と、②保険会社のリスク負担分とを合計した金額が、保険金の支払いに充当。

ファイナイト保険のスペック

保険料

ハイブリッド保険	ファイナイト保険は、企業にとって自家保険と伝統的な保険の双方を組み合わせたハイブリッド型のリスクファイナンス。
保険料の要素 (①+②)	①自家保険の保険料 ②伝統的な保険の保険料
保険料の水準	①+②が保険金の支払限度額のかなりのウェイトを占めるまでの水準に設定されるのが一般的。
保険料の運用	保険料は、保険会社に設けられた当該企業のアカウントに入り、保険会社により運用される。

税務経理上の扱い	ファイナイト保険の最大の問題は、企業が支払う保険料の税務経理上の扱い。	
	伝統的な損害保険	保険料は企業の費用として損金処理することが可能。
	ファイナイト保険	米国では保険料は企業が将来のリスク発生に備えて積み立てた資金であり、損金処理できないとする有力説があり、税務上の扱いが不明確。

保険金

上限設定	・保険金額には上限が設定される。 ・上限の設定には、次の方式がある。 ①契約期間全体での保険金支払限度額 ②1年間の支払限度額 ③1件当たりの支払限度額等
保険金支払いの多寡	①期間中にリスクが発生して保険金の支払いが嵩んだ場合には追加保険料の支払いが発生することがある。 ②保険金支払いがまったくないとか少額にとどまった場合には保険料の一部の払戻しを受けられる。

保険期間

伝統的な損害保険	1年間に設定されることが大半。
ファイナイト保険	・複数年のリスクのカバーが可能。 ・実際のケースでも数年間にわたることが一般的で、中には10年間以上のケースもみられる。
信用リスク	ファイナイト保険は、中長期にわたる保険契約となり、保険期間中に保険会社が破綻するようなことがあれば期待した補償を受けられない信用リスクが、通常の損害保険に比べると大きくなる。

ファイナイト保険と伝統的な保険との相違点

伝統的な損害保険

リスク分散	多くの件数にのぼる保険リスクを大数の法則によっ

	て分散させることで管理。
活用	主に大数の法則が適用可能な保険リスクを対象。

ファイナイト保険

リスク分散	・リスクを時間的に分散させることによって管理。 ・個々の企業のリスクを1件ごと複数年にわたって分割することから、リスクが保険期間の経過の中で分散される。
活用	特に大数の法則が効かないカタストロフィ・リスク、環境汚染リスク、リコール等による損害賠償リスクに活用。

ファイナイト保険のメリット

①企業のキャッシュフロー平準化
・リスク発生時に複数年の単位で損失を補填。
・企業のキャッシュフローへの影響が複数年にわたり、キャッシュフローが平準化。
・この結果、損失発生によりバランスシートとキャッシュフローが大きく撹乱されることを防ぎ、リスク顕現化による企業の財務基盤の弱体化を回避。

②保険サイクルの影響回避
一般的に長期保険となることから、保険市場のハード化による保険料の上昇、ソフト化による保険料の下落といった保険サイクルの影響を回避。

③カタストロフィ・リスクの付保
ファイナイト保険では支払保険金に上限が設定されることから、巨額な損失が発生する恐れのあるカタストロフィ・リスクで保険会社が引受けを拒むようなケースでも、企業は保険会社との契約締結に持ち込むことが期待できる。

④モラルハザード等の問題を回避
企業と保険会社との間でリスクシェアリングを行うこととなり、リスクヘッジを実施する企業とリスクを引き受ける保険会社との間でリスク情報の非対称性が生じる可能性のあるリスクについても、ファイナイト保険の活用により、モラルハザードや逆選別の問題を回避。

設例（図表1）

保険リスク		カタストロフィ・リスク
保険契約	期間	5年
	保険料	年間1億円
	保険金	5年間の通算支払限度5億円
	リスクの発生	その翌年からの保険料は1億2,000万円に増額
	リスクの不発生	企業が支払った保険料の90％を返還。
ケース1	2年目の途中でリスクが発生	・企業は1年目1億円、2年目1億円の保険料支払い。 ・2年目の途中でリスクが発生して2億円の損害を被り、保険会社から2億円の保険金を受け取る。 ・企業は、契約内容に従いリスク発生の翌年の3年目から1億2,000万円の保険料を支払う。
	4年目に再びリスクが発生	・4年目に再びリスクが発生して3億円の損害を被り、企業は保険会社から3億円の保険金を受け取る。 ・保険会社の保険金支払額は通算支払限度の5億円に達したことから、保険会社はこれ以上の保険金支払義務を負わない。 ・企業は5年目も1億2,000万円の保険料を支払う義務がある。
ケース2	5年間になんらのリスクも発生せず	企業が支払った保険料の90％が返還される。

図表1　ファイナイト保険の設例

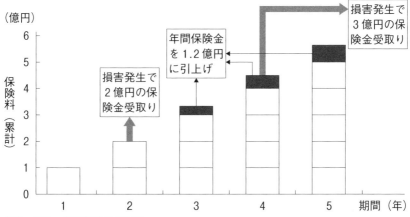

（注）　■は、年間保険料増額分。
（出所）　フォーサイトマネジメントの資料をもとに筆者作成

ファクタリング

金融 | 証券化 | 証券取引 | 保険 | リスクマネジメント | デリバティブ | 環境
外国為替 | ITフィンテック | 金利 | ポートフォリオ | ファンド | 電力取引

ファクタリングとは？

ファクタリング（factoring）は、企業が保有する手形等の買取りをはじめとする売掛債権の管理・回収、前払融資、信用保証を企業に提供するサービスである。

ファクタリングを提供する企業をファクタリング会社とか、ファクターと呼んでいる。

ファクタリングと売掛債権の流動化

ファクタリング会社が仲介する売掛債権の流動化は、次のステップで行われる。

①ファクタリング契約の締結

企業はファクタリング会社との間でファクタリング契約を締結。

②売掛債権の譲渡

企業はファクタリング契約に基づきファクタリング会社に対して売掛債権を譲渡。

③前払金の支払い

ファクタリング会社は売掛債権と引換えに、企業に対して前払金を支払う。

④売掛金の回収

ファクタリング会社は売掛債権の期日到来時に債務者から売掛金を回収。

ファクタリング会社の資金調達

ファクタリング会社は、企業から売掛債権を購入する資金を調達する必要があるが、この調達には次のような手段がある。

金融機関からの借入れ

一般的な資金調達方法。

ABCPの発行

ファクタリング会社がCP格付取得会社であれば直接にABCPを発行して投資家から資金を調達。

SPCを使ったABCPの発行

ファクタリング会社がCP格付取得会社でない場合には、SPCを設置して、そのSPCがCP格付を取得したうえでABCPを発行して資金を調達。

ファクタリングのタイプ

基本型：買取ファクタリング

ファクターが企業から売掛債権を買取り、企業に対して資金を提供（図表1）。

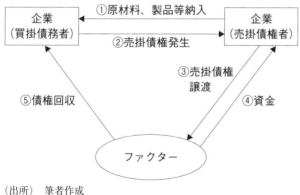

図表1　ファクタリングの基本スキーム

（出所）　筆者作成

応用型：保証ファクタリング

・企業がファクターと保証契約を結ぶことにより、ファクターから売掛債権の回収に関する保証を受ける。
・通常のファクタリングでは、企業の資金調達と売掛債権のリスク移転を同時に行うが、保証ファクタリングでは後者のみ実施。

保証内容	ファクターが保証した買掛債務者が倒産した場合

	には、企業は売掛債権をファクターに譲渡、あらかじめ決められた保証の範囲内の保証金額を受け取る。
個別保証方式	・ファクターが個々の売掛債権の信用力を評価、不履行時の保証額を設定して回収に関する保証を行う方式。 ・企業は売掛債権の額面に応じて、ファクターに保証料を支払う。
根保証方式	・売掛債権を特定して保証額を設定することはせず、ファクターが個々の買掛債務者の信用力を評価、一定期間の保証極度額を決定。 ・企業は極度額に応じて、ファクターに保証料を支払う。

ファクタリングの効果

資金調達

企業にとって新たな資金調達方法を確保。

オフバラ効果

企業にとって売掛債権をバランスシートから切り離すオフバランス（オフバラ）化が可能。

売掛債権の管理・回収業務の効率化

企業にとって売掛債権に関する管理と回収をするために必要な業務の効率化に資する。

ファニーメイ、フレディマック、ジニーメイ

金融　証券化　証券取引　保険　リスクマネジメント　デリバティブ　環境
外国為替　IT　金利　ポートフォリオ　ファンド　電力取引

ファニーメイ、フレディマック、ジニーメイとは？

①ファニーメイ（Fannie Mae）

正式名称	連邦住宅抵当金庫（Federal National Mortgage Association、FNMA）
性格	・住宅金融を担当する政府支援企業（Government Sponsored Enterprises、GSE） ・政府出資なし。

②フレディマック（Freddie Mac）

正式名称	連邦住宅貸付抵当会社（Federal Home Loan Mortgage Corporation、FHLMC）
性格	・住宅金融を担当する政府支援機関（GSE） ・政府出資なし。

③ジニーメイ（Ginnie Mae）

正式名称	連邦政府抵当金庫（Government National Mortgage Association、GNMA）
性格	政府が全額出資している政府機関

ファニーメイ、フレディマック、ジニーメイの機能

①ファニーメイ

1968年に民営化、株式がニューヨーク証券取引所に上場されたが、その後2010年7月に上場廃止。	
モーゲージローン債権の証券化	民間金融機関が保有する住宅ローン（モーゲージローン）債権を買い入れて、それを証券化商品のRMBSにして元利金の支払保証を付けて売り出す。

RMBSへの投資	マーケットからRMBSを買い入れてこれを自己のポートフォリオの一部として保有。
GSE債発行	・RMBSへの投資に必要な資金調達のために債券発行。 ・議会設立の公共政策目的を持つ政府支援企業としてのファニーメイが発行したGSE債は、公的保証が付いていないものの、マーケットでは政府の暗黙の支援がある（perceived government backing）とみられている。

②フレディマック

1968年に民営化、株式がニューヨーク証券取引所に上場されたが、その後2010年7月に上場廃止。	
業務内容	基本的にファニーメイと同様であり、両者は競合関係にある。

③ジニーメイ

ファニーメイが1968年に民営化された際に政策目的の強い部分を分離、政府の全額出資企業として設立された政府機関。	
業務内容	・民間の金融機関等が発行するモーゲージ証券の元利金の支払保証業務。 ・住宅ローン債権を買い入れて証券化商品を発行したり、それを保有することはしない。

エージェンシーMBS、プライベートラベルMBS

エージェンシーMBS

政府関係機関の支払保証付きのMBS。

プライベートラベルMBS（ノンエージェンシーMBS）

政府関係機関の関与がいっさいなく、金融機関や証券会社、住宅専門会社であるモーゲージバンク等の民間金融機関だけで組成、販売されるMBS。

コンフォーミングローン、コンベンショナルローン

コンフォーミングローン

政府関係機関の保証付きのエージェンシーMBS、または政府関係機関の買取り対象となる民間金融機関組成のMBS。

適格要件	・コンフォーミングローンになるためには、原債権であるモーゲージローンが一定の条件を満たさなければならない。 ・一定の条件：モーゲージローンが持つ信用リスクの程度（信用リスクが大きいと不適格）、モーゲージローンの大きさ（ローンの規模が大きいと不適格）等。

コンベンショナルローン

・上述の条件を満たさないモーゲージローン。
・サブプライムローンを裏付けとしたMBSは、コンベンショナルローンでプライベートラベルMBS。

S&L危機とファニーメイ、フレディマック

S&L危機

S&L	S&L（Savings & Loan Association、貯蓄貸付組合）は、貯金を原資として住宅ローン業務を行う金融機関。
短期借・長期貸	・S&Lは1980年代に深刻な経営危機に陥った。 ・主因は、S&Lが短期預金による調達資金を長期の住宅ローンに向ける運用・調達構造。 ・短期借・長期貸は、短期金利が低く長期金利が高い順イールドカーブのもとでは収益を生むが、逆イールドカーブとなった場合には損失を被る。
Fedの金利引上げ	1980年代、米国連邦準備制度（Fed）の金利引上げにより短期金利が急上昇、S&Lは大きな逆鞘に陥った。

住宅ローンの売却

S&Lは財務構造の改善を図るため、多額にのぼる住宅ローンをファニーメイやフレディマックに売却。

住宅ローン債権の証券化とOTD

・ファニーメイやフレディマックの住宅ローン債権証券化を眺めて、モーゲージバンクの間では、貸付の当初から証券化を想定して住宅ローンを組むOTD（Originate-To-Distribute）型のビジネスモデルが普及。
・このように、米国における住宅ローン債権の証券化は、ファニーメイ、フレディマックにより大きく成長を遂げた。

サブプライム危機とファニーメイ、フレディマック

RMBS（Residential Mortgage Backed Securities、住宅用不動産担保証券）

1980年代、証券化が発展したが、その後、米国の住宅バブルから住宅ローン債権をプールにしたRMBSマーケットが拡大。
世界各国の機関投資家がオルタナティブ投資の対象としてこれに積極投資。

サブプライム危機の発生

2000年代に入り、RMBSのデフォルトがサブプライム危機を引き起こすこととなった。

ファニーメイとフレディマックの状況

ファニーメイとフレディマックの業績は急激に悪化。2008年に連邦住宅金融庁（FHFA）が保全管理下（conservatorship）に置く事態に発展。	
リーマンショック	2008年にリーマンショックが発生、2009年には、ファニーメイとフレディマックは以前にも増して住宅ローン債権の買取り・証券化を積極的に推進。それが両GSEの一段の業績悪化懸念を呼び、金融・証券市場の不安定性を拍車。
公的資金注入	2012年までにファニーメイが1,100億ドル、フレディマックが700億ドル、合計1,800億ドルの公的資金が注入され、国民の強い批判を浴びる結果となった。
住宅市場の回復	2013年入り後の米国住宅市場の回復につれて、両GSEの業績も大幅な改善をみている。

ファニーメイ、フレディマックの今後の展開

基本的な方向

2011年2月公表の米財務省・住宅都市開発省の報告書：住宅ローンの供給とそれに関連するリスク管理は、基本的に民間ベースで行うビジネスである。	
段階的縮小、廃止	今後、ファニーメイ、フレディマックを段階的に縮小、廃止して、いずれ住宅金融は民間資本で支えられる形となることを指向。
具体策	・GSEの保証料の引上げ ・コンフォーミングローンの条件厳格化 ・GSEのバランスシートの圧縮等

両GSEの証券化機能の統合、廃止

2013年、連邦住宅金融庁は両GSEの証券化機能統合のために合弁会社の設立を行う計画を発表。	
背景	ファニーメイとフレディマックは同様の業務を行っているにもかかわらず、それぞれ異なるシステムを導入。住宅ローン債権を組成、両GSEに売却する民間金融機関は、両GSEにマッチする2つのシステムを構築して、インターフェースする必要がある。
合弁会社による統合	連邦住宅金融庁の合弁会社設立計画は、非効率性を排除するためのプラットフォームの統合を指向。
GSEの証券化業務廃止	両GSE本体の証券化業務は廃止される見込み。

（関連用語）　MBS、RMBS、CMBS（135頁）、S&L危機（179頁）、サブプライム危機（498頁）

ファンダメンタルズ分析、テクニカル分析

| 金融 | 証券化 | **証券取引** | 保険 | リスクマネジメント | デリバティブ | 環境 |
| **外国為替** | ITフィンテック | 金利 | ポートフォリオ | ファンド | 電力取引 |

ファンダメンタルズ分析、テクニカル分析とは？

ファンダメンタルズ分析（fundamental analysis）

金融経済等の基礎的条件（ファンダメンタルズ）を示す諸指標から相場の先行き予測を行う手法。

テクニカル分析（technical analysis）

取引の対象となる商品自体の過去における価格、出来高等の指標を分析して、相場の先行き予測を行う手法。

| チャート分析
（chart analysis） | テクニカル分析は、過去の相場等をチャートにしてそれをもとに分析することから、「チャート分析」とも呼ばれる。 |

ファンダメンタルズ分析の手法

	分析対象と分析手法
マクロ分析	GDP、物価、国際収支、金利等をもとに分析。
ミクロ分析	個別企業の財務諸表からたとえば次のような指標を割り出して分析。

ROE	株主資本利益率
ROA	総資産利益率
PBR	株価純資産倍率
PER	株価収益率
EPS	1株当たりの利益

テクニカル分析の手法（図表1）

相場の方向性を予測する手法と相場の勢いを予測する手法に大別される。

①相場の方向性を予測する手法

移動平均法 (Moving Average (MA) chart)	たとえば5日と25日という日数の異なる移動平均線を2本引いて、その交差や乖離状態を観察して相場の方向性を予測する手法。
ローソク足 (candlestick chart)	・1日の相場の始値、終値、高値、安値のほか、始値より終値が高いか安いかも示すチャート。 ・ローソク足分析は海外でも「キャンドル・スティック分析」と呼ばれ、チャート分析の主要な手法として活用されている。
ポイント・アンド・フィギュア法 (point and figure chart)	米国のチャート分析の主要な手法の1つ。価格上昇は×、下落は○を付け、また×から○へ、○から×へ変わったときに行を変えることで時間的要素を排除して、相場の方向性を予測する手法。

②相場の勢いを予測する手法

RSI (Relative Strength Index)	一定期間の相場の上昇幅がその期間中の相場変動幅の絶対値の合計に占める割合を計算して、その大小によって買われ過ぎか売られ過ぎかを判断する手法。
ストキャスティックス (stochastic oscillator)	相場の上昇時には終値が価格変動レンジの上限近辺に位置し、相場の下落時には下限近辺に位置することが多いとの経験則をもとにした手法。
エリオット波動法則 (Elliott wave principle)	・相場は波を打ちながら一定のパターンを形成するという理論に基づくもの。 ・具体的には、相場が大きなトレンドを示すときには5つの連続する波動を描きながらトレンドを形成し、さらにこうした波動自身が、より大きな波動の一部を構成するというもの。

(関連用語) ROA (175頁)、ROE (175頁)、PER (157頁)、PBR (157頁)、EPS (175頁)

図表1 テクニカル分析のイメージ

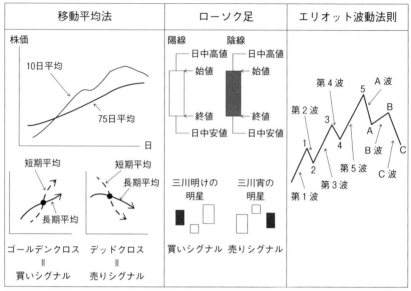

(出所) 筆者作成

ファンド・オブ・ファンズ

[金融] [証券化] [証券取引] [保険] [リスクマネジメント] [デリバティブ] [環境]
[外国為替] [ITフィンテック] [金利] [ポートフォリオ] [ファンド] [電力取引]

ファンド・オブ・ファンズとは？

ファンド・オブ・ファンズ（Fund Of Funds、FOFs）は、ファンドがさまざまなファンドに対して投資をする形態のファンドである（図表1）。

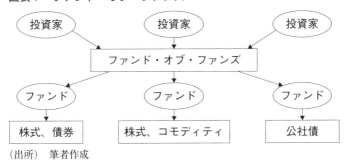

図表1　ファンド・オブ・ファンズ

(出所)　筆者作成

通常のファンド

投資にあたり資産選択、銘柄選択が極めて重要。

ファンド・オブ・ファンズ

他のファンドの資産選択、銘柄選択をそのまま採用。

ファンド・オブ・ファンズの特徴

投資戦略

複数のファンドの組合せにより、複数の戦略と特徴を持つファンドを構築。

最適ポートフォリオ

投資家は、分散投資の効果を生かしながらリスク・リターンプロファイルを最適なものに構築することが可能。

投資コスト

投資家は、実質的に(ⅰ)、(ⅱ)の二重にフィーを支払うこととなる。
(ⅰ)ファンド・オブ・ファンズのマネジャーに対するフィー
(ⅱ)ファンド・オブ・ファンズが投資対象とするファンドのマネジャーに対するフィー

ファンド・オブ・ファンズの機能

①ポートフォリオの分散投資効果

・ファンド・オブ・ファンズは、通常、10から20程度のファンドに投資。
・投資家は1つのファンド・オブ・ファンズへの投資によりポートフォリオの分散投資効果を高めることが可能。

②投資アクセスの拡大

・投資家が個別のファンドに投資する場合には、特に人気が高いファンドにアクセスすることが難しいケースが少なくない。
・ファンド・オブ・ファンズを通じての投資はこうしたファンドにも間接的に投資が可能。

③ファンドのパフォーマンス等の情報提供

ファンド・オブ・ファンズは、投資対象の個々のファンドのパフォーマンス等をモニタリングして、その情報を投資家にフィードバック。

ゲートキーパーとゲートキーパーファンド

ゲートキーパー（gatekeeper）

機関投資家にかわってポートフォリオに適したファンドを見つけ出す役割を行う業者。

機能	機関投資家は、数多くあるファンドの中から自らの調査分析により投資先として適当であるファンドを見出す必要があるが、ゲートキーパーを使うことによりこうした手間を省くことが可能。

ゲートキーパーファンド

ゲートキーパー自身がファンドの形態をとるもの。	
ファンド・オブ・ファンズ	・投資家に対して適切なファンドを見出すサービスの提供を行うばかりではなく、投資家の資金をいったんゲートキーパーファンドにプールしたうえで、その資金を元手にしてゲートキーパーが投資対象として適当とみたファンドに投資。 ・ゲートキーパーファンドはファンド・オブ・ファンズの１種。
機能	・投資対象となるファンドをいくつか組み合わせてポートフォリオを投資家のリスク・リターンの選好にマッチするように構築。 ・投資先のファンドから運用報告書等を徴求してこれを取りまとめて投資家に渡す。 ・投資先であるファンドのパフォーマンスをフォローして、不調なファンドがあれば良好なファンドへスイッチする等、投資家のポートフォリオの最適化を指向して機動的な運用を行う。

プットコールパリティ

[金融] [証券化] [証券取引] [保険] [リスクマネジメント] [デリバティブ] [環境]
[外国為替] [ITフィンテック] [金利] [ポートフォリオ] [ファンド] [電力取引]

プットコールパリティとは？

プットコールパリティ（put-call parity）は、コールオプションのプレミアムとプットオプションのプレミアムとの間の裁定関係式である。

プットコールパリティの前提とプットコールパリティ式

前提

プットとコールとが同一の権利行使価格、同一の限月のオプション

プットコールパリティ式

$$C = P + S - \frac{K}{(1+r)^t}$$

C：コールオプションのプレミアム
P：プットオプションのプレミアム
S：原資産の価格
K：オプションの権利行使価格
r：無リスク利子率（年率）
t：オプションの満期までの期間（年単位）

プットコールパリティの導出

裁定関係	以下の組合せから構築される。 ①現時点のキャッシュフローと ②オプションの満期時点のキャッシュフロー の裁定関係から導出。 （組合せ） ・コールオプションの売り ・プットオプションの買い ・原資産の買い ・資金調達

	コールショート プットロング 原資産ロング 資金借入れ	現時点	C $-P$ $-S$ $\dfrac{K}{(1+r)^t}$
		満期到来時	$S^*>K$ のケース	$-(S^*-K)$ 0 S^* $-K$
			$S^*\leqq K$ のケース	0 $K-S^*$ S^* $-K$
	4つのポジションの合計	現時点	$C-P-S+\dfrac{K}{(1+r)^t}$
		満期到来時	$S^*>K$ のケース	0
			$S^*\leqq K$ のケース	0
裁定取引のインプリケーション	・キャッシュフローの結果をみると、4つのポジションのキャッシュフローの合計は、オプションの満期時点において原資産がどのような価格になっても必ずゼロになる。 ・これは、現時点においてもこのコンビネーションでのキャッシュフローの合計はゼロになることを意味する。 ・もし仮に現時点で利益が出るようであれば、この組合せでの裁定取引が盛行して、結局、現時点において裁定益が得られない状態となる、つまり現時点のキャッシュフローの合計はゼロとなる。
プットパリティ式	以上から、現時点のキャッシュフローの合計をゼロと置く。 $$C-P-S+\dfrac{K}{(1+r)^t}=0$$ これからプットパリティ式が得られる。 $$C=P+S-\dfrac{K}{(1+r)^t}$$

設例

前提

- いま、満期日が同一で期間1年のプットとコールを対象にして、次の取引を行ったとする。
- プット、コールとも権利行使価格＝100
- 無リスク利子率＝3％

取引＝A＋B＋C		前提
A	原資産の買い	原資産の価格＝100
B	プットオプションの買い	プレミアム＝P
C	コールオプションの売り	プレミアム＝8.50

設問①

このポートフォリオの値は、原資産の価格が、80、100、120になったとき、どうなるか。

	A 原資産 ロング	B プット ロング	C コール ショート	ポートフォリオの価値 （A＋B＋C）
80	80	20	0	100
100	100	0	0	100
120	120	0	－20	100

- 原資産の価値が満期日にどのような数値になっても、A、B、Cの3つのポジションを持てば満期日に無リスクで（＝確実に）100を入手できる。
- したがって、A、B、Cのポジションの現在価値＝満期日が100の価値の現在価値

設問②

プットのプレミアムの値を求めよ。

$$100 + P - 8.50 = \frac{100}{(1+r)}$$

ここで無リスク利子率は3％の前提であり、次のようになる。

$$100 + P - 8.50 = \frac{100}{1.03}$$

$P = 5.59$

結論

- 原資産とプットとコールの組合せのポートフォリオは、権利行使価格を無

リスク利子率で現在価値にした値に等しくなる。
・これをプットコールパリティ式という。

$S - C + P = e^{-rt} \cdot K$

　　　C：コールのプレミアム
　　　P：プットのプレミアム
　　　S：原資産価格
　　　K：権利行使価格
　　　r：無リスク資産利子率（年率）
　　　t：オプションの満期までの期間（年単位）

・これを移項すれば、コールのプレミアムからプットのプレミアムを、また、プットのプレミアムからコールのプレミアムを求めることができる。

　　　$P = -S + C + e^{-rt} \cdot K$
　　　$C = S + P - e^{-rt} \cdot K$

（注1）　記号は上記と同じ。なお、S^*はオプションの満期時点における原資産の価格。
（注2）　なお、この組合せのまったく反対の取引、つまりコールの買い、プットの売り、原資産の売り、資金の貸付けのキャッシュフロー表を作っても同じ結果を得ることができる。

（関連用語）　オプション（273頁）、オプション戦略（279頁）

プライベートエクイティファンド

金融 / 証券化 / 証券取引 / 保険 / リスクマネジメント / デリバティブ / 環境 / 外国為替 / ITフィンテック / 金利 / ポートフォリオ / ファンド / 電力取引

プライベートエクイティファンドとは？

プライベートエクイティファンド（Private Equity fund、PEファンド）は、主として非上場株式（プライベートエクイティ）を投資対象とするファンドをいう。

投資対象

・将来上場を目指す未上場企業の株式。
・いったん上場したもののその後の業績不振から上場廃止に追い込まれた企業の株式等。

投資家

・一般的に私募の形式をとる。
・少人数の投資家、機関投資家から資金を集める。

カテゴリー

オルタナティブ投資（代替投資）の一種。

プライベートエクイティファンドの特徴

投資目的

当該企業の経営に関与して企業価値を高めたうえで、株式を売却してリターンを獲得。

投資期間

一般的に長期間。

流動性

運用期間中に解約することはできない制約が課せられていることが多く、流動性に乏しい。

プライベートエクイティファンドの種類

①ベンチャーキャピタルファンド

投資対象	高い成長が見込まれる企業の未公開株式
戦略	経営支援をしながら企業価値を増大して、株式上場により利益を獲得。

②再生ファンド

投資対象	過去の事業多角化等からコア事業以外の部門が足を引っ張っているような企業
戦略	ビジネスの再編を促しながら事業再生を図り、利益を獲得。

③バイアウトファンド

投資対象	業績の冴えない非上場会社
戦略	低生産部門の切離しや人員のリストラ等、経営戦略の見直しにより効率経営を推進、企業価値の増大・株価の上昇から利益を獲得。

プライベートエクイティファンドの投資ステップ

①入口→新規投資

先行き企業価値が大きく向上することが見込まれる企業を見出して、投資を実行。

②投資期間中→企業価値の増大

投資先企業に対して、マネジメント層の適材の確保、営業面、財務面等で支援をすることを通じて、企業価値の向上を図る。

③出口（エグジット）→投資資金回収

企業価値の増大に成功を収めたら、IPO後または、IPO間近にファンドの持分を売却して、リターンを獲得。

プライベートエクイティファンドのスキーム

　プライベートエクイティファンドは、一般的に組合というスキームを用いて組成される。ファンドが活用する組合には、任意組合、匿名組合、投資事業有限責

任組合の3つのタイプがある。この中で特に投資事業有限責任組合が活用されることが多い。

①任意組合

根拠法	民法
投資運用形態	・出資者が事業を共同して行うことに合意して契約。 ・出資の形態は、金銭でも労働の提供でも可能。
責任形態	出資者である組合員全員が無限責任を負う。
課税対象	・組合員個々人。 ・任意組合に対して課税されることはない。

②匿名組合

根拠法	商法
投資運用形態	匿名組合員：出資者 営業者：業務執行者 ・匿名組合員が各々営業者と個別契約することで、投資家にとってはほかに誰が組合員かわからない匿名性がある。 ・営業者であるSPVは器（ビークル）であり、実際の資金運用はファンドマネジャーが行う。
責任形態	匿名組合員：出資金の範囲内でのみ責任を負う有限責任。 営業者：無限責任
課税対象	・営業者と匿名組合員 ・匿名組合に対して課税されることはない。

③投資事業有限責任組合（図表1）

根拠法	投資事業有限責任組合契約に関する法律
投資運用形態	ジェネラルパートナー（GP）：運用者 リミテッドパートナー（LP）：投資家
責任形態	ジェネラルパートナー：無限責任組合員 リミテッドパートナー：資金の拠出を限度にする有限責任組合員
課税対象	・ジェネラルパートナーとリミテッドパートナー ・投資事業有限責任組合に対して課税されること

	はない。

図表1　投資事業有限責任組合の概念図

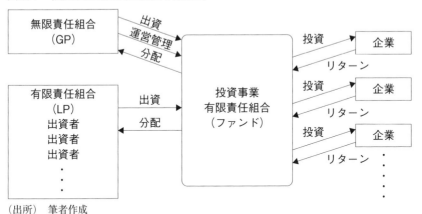

（出所）　筆者作成

プライベートエクイティファンドの投資と回収

投資

ファンドの投資期間が設けられ、その期間中にコミットメント方式で資金を拠出。	
キャピタルコール	運用者と投資家の間であらかじめ資金拠出額の上限を決めておいて、運用者は実際に資金が必要となったときに投資家のコミットした金額の範囲内で資金拠出を要請。

資金回収

投資対象の企業の株式公開（IPO）やその直前に他のファンドに株式を売却することにより資金回収。	
出口戦略	資本投下が入口とすると、投資資金の回収は出口（エグジット）となり、これを「出口戦略」（exit strategy）という。

ブラック・ショールズモデル

`金融` `証券化` `証券取引` `保険` `リスクマネジメント` `デリバティブ` `環境`
`外国為替` `ITフィンテック` `金利` `ポートフォリオ` `ファンド` `電力取引`

ブラック・ショールズモデルとは？

ブラック・ショールズモデル（Black-Scholes option pricing model、BS model）は、株式を原資産とするオプションプレミアムの評価モデルである。

ブラック・ショールズモデルの開発

1973年、フィッシャー・ブラック（Fischer Black）とマイロン・ショールズ（Myron Sholes）が開発（注1）。

ブラック・ショールズ・マートンモデル

・これとほぼ時を同じくしてロバート・マートン（Robert Cox Merton）がブラック・ショールズモデルの定式を検証してこれを完成した形にした。
・このことからブラック・ショールズモデルは、「ブラック・ショールズ・マートンモデル」と呼ばれることもある。

ノーベル経済学賞の受賞

・1997年、マイロン・ショールズとロバート・マートンはオプション価格モデルのブラック・ショールズモデルの開発でノーベル経済学賞を受賞（注2）。
・ブラック・ショールズモデルは、バイオテクノロジーにおいてDNAの構造の発見があげた成果に匹敵するほどのインパクトをファイナンス理論に与えたといわれる。

(注1) Black, F. and M. Scholes, "The Pricing of Options and Corporate Liabilities," *Journal of Political Economy*, Vol.81, 1973, pp.637-654.
(注2) フィッシャー・ブラックは、1997年、すでに死亡していたことからノーベル賞の授賞対象とならなかった。

ブラック・ショールズモデルのコンセプト

コンセプト

裁定理論を土台としたモデル。	
裁定	①「株式と無リスク資産の組合せポートフォリオ」による資金の調達・運用により、オプションと同じペイオフ（損益パターン）を構築。

	②「株式と無リスク資産の組合せポートフォリオ」と「オプション」との間で裁定取引ができることを前提に、オプションのプレミアムを算出。

フレームワーク（コール）

$C = S \cdot N(d1) - Ke^{rT} \cdot N(d2)$ 　S ＝現時点の株価 　K ＝権利行使価格 　r ＝無リスク利子率（年率、小数点表示） 　t ＝満期までの期間（年） 　σ ＝株価のボラティリティ 　$N(d)$ ＝標準正規分布の累積密度関数 　ln ＝自然対数		
$S \cdot N(d1)$	現時点の株価（S）×コールがイン・ザ・マネーで終わる確率（$N(d1)$）	
$Ke^{rT} \cdot N(d2)$	コールの権利行使価格（Ke^{rT}）×コールがイン・ザ・マネーで終わる確率（$N(d2)$）	
	Ke^{rT}	e^{rT} は、K を現在価値に引き直すためのもの。すなわち、e^{rT} は元本を連続複利によってT期間運用したときの元利合計を示す。
左辺＝右辺	コールのプレミアム＝コールの権利行使により受け取る株価－権利行使により支払う代金（権利行使価格）	

フレームワーク（プット）

$P = -S \cdot N(-d1) + Ke^{rT} \cdot (1 - N(d2))$	
左辺＝右辺	プットのプレミアム＝プットの権利行使により受け取る代金（権利行使価格）－権利行使により引き渡す株価

プットコールパリティ式

プットコールパリティ式を用いてコールのプレミアムからプットのプレミアム（逆もしかり）を簡単に算出することが可能。

ブラック・ショールズモデルの実務面への活用

　ブラック・ショールズモデルは、5つの変数を式にインプットすれば、オプ

ションの価格がアウトプットされるという計算の単純明快さから、実務界で幅広く利用されている。

オプションの理論価格の算出

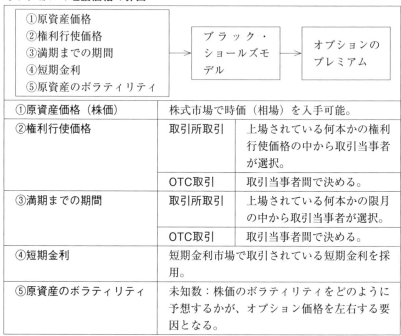

①原資産価格（株価）	株式市場で時価（相場）を入手可能。	
②権利行使価格	取引所取引	上場されている何本かの権利行使価格の中から取引当事者が選択。
	OTC取引	取引当事者間で決める。
③満期までの期間	取引所取引	上場されている何本かの限月の中から取引当事者が選択。
	OTC取引	取引当事者間で決める。
④短期金利	短期金利市場で取引されている短期金利を採用。	
⑤原資産のボラティリティ	未知数：株価のボラティリティをどのように予想するかが、オプション価格を左右する要因となる。	

ブラック・ショールズモデルの重要な仮定

ブラック・ショールズモデルには、次のような重要な仮定が置かれている。

①配当

原資産である株式が生む配当を考慮に入れていない。	
留意点	配当のある株式や、金利や債券等を原資産とするオプションに適用する場合には、ブラック・ショールズモデルを修正する必要がある。

②オプション・スタイル

ヨーロピアンオプションを前提。	
留意点	アメリカンオプションに適用する場合には、ブ

| | ラック・ショールズモデルを修正する必要がある。 |

③株式の価格変動

	原資産の株式の価格変動については、連続的な確率過程（伊藤プロセス）に限定。
留意点	株価のジャンプ（大幅な変動）過程は前提としていない。

④ボラティリティ

	オプションの期間中一定であることを前提。
留意点	この前提は、ブラック・ショールズモデルの前提の中で最も非現実的。

⑤無リスク資産利子率

	オプションの期間中一定であることを前提。
留意点	市中金利が絶えず変動している現実からみて、この前提も非現実的。

⑥効率的市場仮説

	マーケットは完全に効率的であることを前提。
留意点	手数料等の諸コストや空売りの制約、流動性の制約等、現実の取引において生じるさまざまな要因を考慮していない。

ブラックモデル

ブラックモデルは、ブラック・ショールズモデルを拡張させた代表的なモデルである。

ブラックモデルの特徴

原資産	ブラック・ショールズモデルは現物であるのに対して、ブラックモデルは、先物、先渡し。
原資産の期待収益率	ブラックモデルでは、ゼロ。
モデルの活用	先物、先渡しオプションの標準モデル ・商品先物

	・金利先物オプション ・債券先物オプション等

ブラックモデルの前提

ボラティリティ	オプションの期間中一定であることを前提。
無リスク資産利子率	オプションの期間中一定であることを前提。

(関連用語) オプション (273頁)、オプション戦略 (279頁)、プットコールパリティ (770頁)

フラッシュ・クラッシュ

`金融` `証券化` `証券取引` `保険` `リスクマネジメント` `デリバティブ` `環境`
`外国為替` `ITフィンテック` `金利` `ポートフォリオ` `ファンド` `電力取引`

フラッシュ・クラッシュとは？

フラッシュ・クラッシュ（flash crash、瞬時的株価急落）は、一瞬（flash）のうちに株価が急落（crash）する現象をいう。

NYダウの急落

2010年5月6日、ニューヨーク証券取引所のダウ工業株30種平均は、さしたる悪材料がない中で、わずか数分間のうちに約1,000ドルの暴落とリーマンショックを上回る史上最大の下落幅となり、出来高も190億ドルにのぼった。この原因は、あるミューチュアルファンドが大口（41億ドル）の株価指数先物の売りを行ったことにより先物価格が下落、これにより先物安・現物高となり裁定機会が発生、現物（ダウ平均）の売り・先物の買いによりダウ平均が下落したものである。
株価指数の先物売り →先物安・現物高 →buy low、sell highの裁定機会発生 →先物買い・現物売りの裁定取引盛行 →現物下落

フラッシュ・クラッシュとHFT、スタブクォート

フラッシュ・クラッシュの際のHFT動向

・先物安が裁定取引を通じて現物安へ伝播、これによるダウの下落をみて、それまで活発な取引を行ってきたHFT（超高速取引）が様子見で取引を手控えた。
・この結果、流動性が急速に薄くなり、下落速度を速めることとなった。

スタブクォート（stub quote）との自動的な約定が急落を加速

スタブクォート	マーケットメイカーが、マーケットメイカーに課されている気配（クォート、呼び値）をマーケットに提示する義務を履行するために、1セントとか数千ドルといったように市場実勢から著しく乖離する呼び値を提示すること。

フラッシュ・クラッシュとスタブクォート	・フラッシュ・クラッシュによる相場の急落により現実離れした安値注文（スタブクォート）が次々と成約、中には1セントでの成約も出現、こうしたことが相場の急落を加速。 ・この結果、2万件にのぼる成約取消しが発生。

HFTとアルゴリズム取引

HFTは、アルゴリズム取引の一種である。

アルゴリズム取引

アルゴリズム取引とは？	アルゴリズム(algorithm)	・問題を解く手順。 ・一般的には、コンピュータによる「情報処理の計算手順」をいう。アルゴリズムをITのプログラミング用語で記述したものがプログラムである。		
	アルゴリズム取引	・コンピュータが株価や出来高を分析して、最適と判断したタイミング、注文価格、株数で自動的に売買の注文を出す取引。 ・「プログラム売買」、「システムトレード」と同義。		
アルゴリズム取引の実際	証券会社がさまざまなアルゴリズムを内容とする取引戦略を投資家に提供、投資家はその中から自己の選好にマッチしたアルゴリズム取引を実行。			
	典型的なアルゴリズム取引の戦略タイプ	VWAP	大口注文の執行価格をVWAP（Volume Weighted Average Price、出来高加重型平均価格）に近似させるように大口注文を分割発注する戦略。	
		TWAP	大口注文の執行価格をTWAP（Time Weighted Average Price、時間加重型平均価格）に近似させるように大口注文を分割発注する戦略。	

		Partici-pation	売買高への関与率が一定となるように売買を行う戦略。

HFT

HFTとは？	HFT（High Frequency Trade、超高速取引）は、コンピュータのプログラムを使って株式の自動取引を行うアルゴリズム取引。
HFTの実際	・高速処理能力を持つコンピュータを活用、ミリ秒（1/1000秒）単位で大量の売買取引を繰り返し行い、わずかなスプレッドから利益を得る取引手法をとる。 ・HFTで実際の取引を行うためには、情報処理の計算手順をあらかじめコンピュータのプログラムに組み込んでおく必要がある。 ・このように、HFTはアルゴリズム取引のカテゴリーに属する。

> フラッシュ・クラッシュ後、米当局が導入した主要な対応策

①個別銘柄に対するサーキットブレーカーの導入

・これまでは、1987年のブラックマンデー後に導入された相場急変時に市場全体（全銘柄）の取引を停止するサーキットブレーカーが存在。
・新たに、主要な個別銘柄に対するサーキットブレーカー（価格急落の際の取引一時停止措置）を導入。
・これは、日本の値幅制限に類似した制度。しかし、日本の値幅制限はストップ高、ストップ安でも値幅の上下限での注文は成約可能であるが、米国では当該銘柄のすべての注文の執行がストップされる。

②気配値規制の導入

マーケットメイカーに対して、呼び値を最良気配から8％以内とするよう義務付けて、現実離れした価格で注文を出すことを禁止。

プロジェクトファイナンス

金融 証券化 証券取引 保険 リスクマネジメント デリバティブ 環境
外国為替 ITフィンテック 金利 ポートフォリオ ファンド 電力取引

プロジェクトファイナンスとは？

プロジェクトファイナンス（project finance）は、特定のプロジェクトないし事業から生じるキャッシュフローを返済原資とする融資である。

プロジェクトファイナンスとシンジケートローン

プロジェクトファイナンス

大規模なプロジェクトに対する資金調達手段として活用。

シンジケートローン（syndicate loan）

プロジェクトファイナンスは、いくつかの銀行が集まって融資を行うことから、シンジケートローンに近い性格を持つ。

コーポレートファイナンスとプロジェクトファイナンス

コーポレートファイナンス（通常の融資）

融資の担保	企業の信用力全体。
融資のリスク	当該企業が持つさまざまなリスクが貸付債権に随伴。

プロジェクトファイナンス

融資の担保	融資資金による新規プロジェクトの事業価値。
融資のリスク	プロジェクトの持つリスク。これを「プロジェクトリスク」という。

プロジェクトファイナンスの特徴

①ノンリコースローン（non-recourse loan）

・特定のプロジェクトに対する融資であり、その担保はプロジェクト自体の資産や権利。
・企業が借入れの返済に窮しても、金融機関は当該プロジェクトに出資している企業に遡及して貸付債権の履行を要求することはできないノンリコースローンの一種。

②コミットメント・ライン（commitment line）

金融機関と借り手との間でコミットメント・ライン（融資上限額）を設定しておいて、プロジェクトの進捗につれて必要資金をステップ・バイ・ステップで引き出していく機動的な資金の活用が図られることが一般的。	
企業	常に手元流動性を必要最小限に抑えることができる資金効率上のメリットがある。
金融機関	コミットメント・ライン発動に備えて流動性を保持する必要があり、その対価として企業からコミットメント・フィーを受け取る。

プロジェクトファイナンスに関わる主体と役割（図表1）

①事業主体

・プロジェクトの事業主体として、SPC（特別目的会社）を設立。
・SPCが、プロジェクトファイナンスの借り手となるとともに、プロジェクトを推進、実行する器（ビークル）となる。

②スポンサー

SPCを稼働させるために、プロジェクトに出資するとともにプロジェクトの企画立案・運営等を推進する任務を担う企業ないし企業集団。	
プロジェクトリスク管理	プロジェクト参加者間におけるプロジェクトリスクの負担の分散化と明確化を念頭において、金銭面と実行面の双方でプロジェクトの枠組みを構築。
企画立案・運営	・建設を行うゼネコンを選定してSPCとの間で契約を締結。 ・プロジェクトに人材の派遣をしたり、建設のプロセスにおける運営面を支援。 ・プロジェクトが立ち上がった後は、それから生まれるキャッシュフローの最大化を指向してさまざまなサポートを行う。
資金面のサポート	・プロジェクトに対する出資。 ・債務の履行保証。 ・プロジェクト進行途上での想定外の資金不足に対する機動的な資金補填。

③金融機関

融資のポイント	ノンリコース特性から、金融機関は事業主体の信用力ではなく事業のスキームをもとにして、プロジェクト自体の将来の収益性に焦点を当てて返済計画の妥当性を検討する必要がある。
金利水準	・貸付期間は、10年を超える長期になることが少なくなく、また、ノンリコース性から通常のコーポレートファイナンスに比較するとリスクはそれだけ大きい。 ・金融機関は、このようなリスクをプレミアムとして勘案したうえで金利水準を決定。
プロジェクト不調の場合の対応	・金融機関が資金回収をする前にプロジェクトが行き詰まった場合、資産処分により資金の全額回収ができる見込みはまずない。 ・金融機関はプロジェクトの実行責任者を入れ替える等により、プロジェクトが当初予定どおりの軌道に乗るよう注力。 ・このように、プロジェクトファイナンスでは、金融機関は、資金面のみならず事業の遂行面でも積極的にコミット。

④保険会社

プロジェクトは大規模なものとなることが少なくなく、事業の遂行に支障が生じるような災害等に対して付保。

⑤建設会社、運営管理会社

建設会社	事業主体との間でプロジェクトが対象とする建築物の建設や諸設備の設置等について契約を締結、実行。
運営管理会社	建設会社によって建設された建物や諸設備の運営を管理。

図表1　プロジェクトファイナンスの基本スキーム

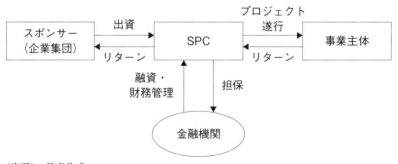

（出所）　筆者作成

プロジェクトファイナンスのリスクとリターン

①企業サイド

資金調達	企業自身の信用力では資金調達ができない大規模プロジェクトでも、資金調達を可能とする機能を持つ。	
	プロジェクト自体の信用力	たとえ事業主の信用力が十分なものではなくても、プロジェクトが生むキャッシュフローが確かなものであれば、資金調達が可能。
スポンサーの信用リスク	プロジェクトに対して多数のスポンサーが出資・参加している場合に、そのうちのあるスポンサーの信用リスクが表面化しても、プロジェクト自体へのインパクトは遮断される。	

②金融機関サイド

融資期間におけるプロジェクトリスク	一般に長期となることから、融資期間におけるプロジェクト自体が抱えるリスクに加えて、プロジェクトをめぐる環境変化がプロジェクトの収益にどのような影響を及ぼすかを慎重に分析・検討する必要がある。
貸付条件の設定	・プロジェクトリスクが表面化した場合には、プロジェクトファイナンスのノンリコース性から、スポンサーに対して債務履行を要求することはできない。 ・金融機関はプロジェクトリスクを全面的に負うこ

	ととなり、このリスクに見合ったリターンを得るような貸付条件を設定する必要がある。
コベナンツ（covenants）設定等	プロジェクトが当初予定していた内容とギャップが生じないようにコベナンツ（財務制限条項）を付するとか、プロジェクトリスクが発生した場合にはプロジェクトの実行責任者を交代させる等、金融機関がプロジェクトの建て直しのために積極的に関与する必要がある。
優先劣後構造	金融機関はプロジェクトリスクへの対応として、SPCの債務を優先劣後構造として、そのうち最もリスクの高い劣後部分を出資企業が引き受けることを要求することが一般的。
売掛債権等に対する担保を設定	・プロジェクト実行に必要な固定資産等のほかに、プロジェクトから生産される各種商品・サービスを顧客に販売した結果、保有することとなる売掛債権等も保有。 ・金融機関は、プロジェクト保有の売掛債権等に対しても担保を設定することが少なくない。

ブロックチェーン

`金融` `証券化` `証券取引` `保険` `リスクマネジメント` `デリバティブ` `環境`
`外国為替` `ITフィンテック` `金利` `ポートフォリオ` `ファンド` `電力取引`

ブロックチェーンとは？

　ブロックチェーンは、分散型データベース、またはそれを構築するテクノロジーである。分散型とは、取引データがネットワークにつながっているすべてのノード（コンピュータ）に分散して保存されることを意味する。

ブロックチェーンの基本的な仕組み

　ブロックチェーンの基本的な仕組みは、P2P（Peer to Peer）である。このP2Pは、伝統的なクライアント・サーバー方式に対峙するコンセプトである。

クライアント・サーバー方式	ユーザーが、ネットワーク上の1カ所に用意されている中央サーバーに接続する形で情報交換を行う方式。
P2P	ネットワークに接続されたノードが、ネットワーク上でつながり、この結果、ノードと別のノード、ないしノードを保有・操作する参加者（peer）と別のノードを保有・操作する参加者（peer）とが直接に情報交換を行う方式。

ブロックチェーンとビットコインとの関係

　ブロックチェーンは、ビットコインに代表される仮想通貨の技術的な基盤として使用されている。
　すなわち、ビットコインはブロックチェーン技術を応用したネットワークプロトコル（通信規約、通信手順）の1つである。そして、後述のような大きなメリットを持つブロックチェーンは、金融機関等に幅広く活用されるポテンシャルを持っている。

ブロックチェーンの仕組み

　ブロックチェーンの仕組みを、ネットワークを介して取引が行われる仮想通貨を例にとってみると次のとおり。

①仮想通貨の送金	AとBとの間で取引があって、その代金支払いのためにネットワークを通じてAからBへ仮想通貨が送られた。	
②送金取引の信頼性の証明	送金の信頼性は次の証明が必要。 (i)本人の認証 (ii)送金の確実な履行 (iii)送金内容が改ざんされていないこと (iv)2重取引の阻止	
③送金取引の(i)〜(iii)の信頼性の証明プロセス	PKI（Public Key Infrastructure、公開かぎ暗号基盤）により実施。 公開かぎ暗号方式：暗号化のかぎと復号化のためのかぎを異なるペアとする方式。このペアとなるかぎを秘密かぎと公開かぎと呼ぶ。	
④送金取引の(iv)の信頼性の証明プロセス	この2重取引の阻止に活用される技術が、ブロックチェーン。 これは、ネットに参加している全員が同じタイミングでデータを記帳してコンピュータによりこの正当性を承認する分散管理の考え方が導入されている。そして、悪意のある承認を排除するために、取引を承認するコストを高く設定するproof-of-workと呼ばれる仕組みを作る。	
	proof-of-work	・proof-of-workの文字どおりの意味は、仕事をしたことの証明であるが、これは、コンピュータによる総当たりの計算で問題を解決することによって、それを第三者に証明する仕事を意味する。 ・他人が行った取引を、コンピュータにより手間暇かけて承認することを第三者である参加者に促すためには、承認が成功した参加者になんらかの報酬を与えることが必要となる。ビットコインでは、この報酬はビットコインで支払われる仕組みとなっている。
	ハッシュ関数	その問題には、ハッシュ関数とい

		う技術が使用される。ハッシュ（hash）は細切れにするという意味であるが、ハッシュ関数は、なんらかのデータが入力されると、なんらかの数値が出力されるという関数で、メッセージダイジェスト関数と呼ばれることもある。
⑤ブロック		この証明に成功した参加者は、取引データが正当であるとして記帳するとともに、それを他の参加者にオープンにする。したがって、ネットワークに接続されているすべてのノードがこの取引データを保持することになる。 そして、これにより作成される取引データの塊をブロックという。 すなわち、ブロックは、正当性が証明された複数の取引データが一定期間ごとにまとめられて記録された元帳にあたるデータベースである。ちなみに、ビットコインでは、10分ごとに1つのブロックが形成される仕組みとなっている。
⑥ブロックチェーン		1つのブロックが形成されると、次の新しいブロックに移るというように、次から次へとブロックが形成され、それが時系列的に結ばれる。これを、ブロックチェーンと呼んでいる。すなわち、ブロックチェーンは、時系列的につながった一連のデータベースである。

ブロックチェーンの特性

①不正取引の阻止	ブロックチェーンでは、取引データが改ざんされていないか、また、資金決済する主体が同じ資金を2重に使用していないか等の不正行為のチェックを確実に行うことができるシステムとなっている。 中央集中管理：一般的に、取引情報は高コストをかけて集中管理が行われて、これによって取引の正当性が担保されている。 分散管理：ブロックチェーンでは、取引履歴で

	あるブロックがネットワークを通じてすべてのノードにオープンとなり、データの分散管理が行われる仕組みにより、低コストで取引の正当性が担保されている。
②インフラ構築が容易	・ブロックチェーンでは、ネットワークに接続している各ノードが分散管理を行うために、堅牢なインフラ環境を構築する必要がない。 ・また、各ノードが同一の取引データを持つことになり、したがって、コストをかけてハードウエアの冗長化やバックアップの手当てを行う必要がない。
③堅牢なフレームワーク	ブロックチェーンでは、たとえネットワークに接続している多くのノードがダウンしたとしても、他のノードが稼働している限り、システムは止まることなく、データは保全される。

金融・証券業界によるブロックチェーンの活用

活用分野	金融・証券業界によるブロックチェーンの活用としては、決済、送金、融資、証券取引の記録・管理、保険等と幅広い分野が考えられる。	
R3コンソーシアム	2015年、米国のフィンテックベンチャー企業R3社は、世界の大手金融機関と提携して、ブロックチェーンを金融分野で活用するフレームワークを構築すると発表した（注）。R3コンソーシアムは、世界の金融機関から構成されるワーキンググループで、ブロックチェーンを既存のシステムと統合させて金融機関の業務の効率化に取り組むために結成されたものである。	
	R3コンソーシアムの目的	R3コンソーシアムは、セキュリティ、信頼性、効率性、スケーラビリティ、可視性の観点からブロックチェーンやその派生技術の活用に向けた技術検証や業界標準規格化作業等を実施、情報の共有を行って金融機関のための共有プロトコルの開発を行うことを指向。

	R3コンソーシアムのメンバー	R3コンソーシアムの発足当時のメンバーは、バークレイズ、BBVA、豪コモンウエルス銀行、クレディスイス、JPモルガン、ステートストリート銀行、RBS、UBSの9行であったが、その後、参加メンバーは40を超えるまでに増加。 日本からは、みずほ、三菱東京UFJ、三井住友、野村證券が参加。

（注）　加藤洋輝、桜井駿「ブロックチェーン技術の概要とその活用に向けて」NTTデータ経営研究所、2015年、1頁

プロテクティブプット、カバードコール

金融 | 証券化 | 証券取引 | 保険 | リスクマネジメント | デリバティブ | 環境
外国為替 | ITフィンテック | 金利 | ポートフォリオ | ファンド | 電力取引

プロテクティブプット、カバードコールとは?

プロテクティブプット、カバードコールは、原資産とオプションを組み合わせた代表的なオプション戦略である。

①プロテクティブプット(protective put)

保有資産を相場下落による損失からヘッジするためにプットを買うストラテジー。

②カバードコール(covered call)

原資産のロングポジションにコールのショートポジションを組み合わせるストラテジー。コールの売り手が、コールの権利行使がないときのプレミアム獲得が狙い。

プロテクティブプット、カバードコールのペイオフ(図表1)

①プロテクティブプット

ストラテジーの構築	現物ポートフォリオ+プットの買持ち(ロング・プット) =コールの買持ち(ロング・コール) =プロテクティブプット		
ペイオフ	原資産の価格	$ST \leq X$	ST
		$ST > X$	ST
	プットのロング	$ST \leq X$	$X - ST$
		$ST > X$	0
	プロテクティブプット	$ST \leq X$	X
		$ST > X$	ST
	ST:プット満期時点の原資産の価格 X:プットの権利行使価格 原資産の価格がいくら下落してもプロテクティブプットのペイオフはX以下には下がらない。		

②カバードコール

ストラテジーの構築	現物ポートフォリオ+コールの売持ち（ショート・コール）=カバードコール		
ペイオフ	原資産の価格	ST≦X	ST
		ST>X	ST
	コールのロング	ST≦X	0
		ST>X	−(ST−X)
	カバードコール	ST≦X	ST
		ST>X	X

図表1　プロテクティブプットとカバードコール

[プロテクティブプット]

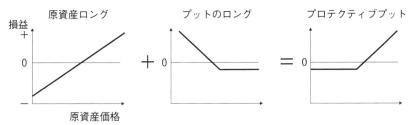

[カバードコール]

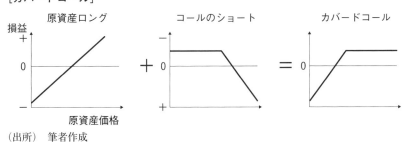

(出所)　筆者作成

カバードコール戦略の実際

戦略の目的

・債券ポートフォリオのリターン向上を狙う場合に活用。
・その際には、債券を原資産とした債券現物オプション（店頭オプション）が使われる。

コールの売り

債券ポートフォリオの運用マネジャーは、この価格でならば債券を売却してもよい水準に権利行使価格を設定したアウトオブザマネーのコールを売る。		
先行きの債券相場の展開	シナリオ①	先行き債券相場が下落、または横ばいで推移した場合：オプションは権利行使されることなく終わり、狙いどおりプレミアム収入分だけ債券ポートフォリオのリターンは向上。
	シナリオ②	債券相場が上昇、オプションの買い手が権利行使をした場合：権利行使価格により手持ちの債券を売却。
	保有債券によるカバー	カバードコールの名称は、コールを売ってもその裏付けとしてオプションの原資産である債券を保有しており、権利行使を受けた場合には手持ちの債券の引渡しによりカバーできることから来たもの。

(関連用語) オプション (273頁)、オプション戦略 (279頁)

分散、標準偏差

金融 | 証券化 | 証券取引 | 保険 | リスクマネジメント | デリバティブ | 環境
外国為替 | ITフィンテック | 金利 | ポートフォリオ | ファンド | 電力取引

分散、標準偏差とは？

分散（Variance、V）や標準偏差（Standard Deviation、SD、σ（シグマ））は、個別資産やポートフォリオのリターンのバラツキ度合いを示す尺度である。

分散や標準偏差の概念は、リターンとの兼ね合いでリスクを判断する際の指標として、極めて重要な役割を果たす。

期待リターンの算出

リターンのバラツキ度合いは、確率分布の広がりで計測する。

設例

あるポートフォリオの先行きのシナリオとその生起確率（occurrence probability）	シナリオA	リターン	200
		生起確率（％）	20
	シナリオB	リターン	150
		生起確率（％）	50
	シナリオC	リターン	100
		生起確率（％）	30
期待リターンの算出	・3つのシナリオのリターンの平均値を、生起確率を勘案して計算。 （200×0.2）＋（150×0.5）＋（100×0.3）＝145 ・このようなリターンの確率付平均値を「期待リターン」とか「期待値」（μ（ミュウ））という。		

分散、標準偏差の算出

分散（V）の算出

・リターンのバラツキ度合いは、各シナリオのリターンが、期待リターンから各々どれだけ乖離しているかでみる。
・しかし、この乖離を単純合計したのでは、期待値に比べてプラスに出たケースとマイナスに出たケースとが打ち消し合うことになる。
・そこで、これを絶対値でみるために、各シナリオのリターンが期待リター

ンから乖離している幅を二乗したうえで合計する手法をとる。

設例	上述の期待リターンの算出で使った例で分散を算出する。 ①各シナリオのリターンが期待値から乖離している値の算出 シナリオA　200－145＝55 シナリオB　150－145＝5 シナリオC　100－145＝－45 ②その乖離幅を二乗 55^2、5^2、$(-45)^2$ ③乖離幅の二乗を生起確率でウェイト付けする。 ①～③で算出された結果が分散である。 分散　$(55^2×0.2)+(5^2×0.5)+((-45)^2×0.3)=1,225$

標準偏差（σ、シグマ）の算出

・バラツキの度合いを二乗した分散は、大きな数値となり、実務で活用するには意味付けが難しい。
・そこで、分散の平方根の標準偏差のほうを使うのが一般的。

設例	上述の分散から標準偏差を算出する。 標準偏差　$\sqrt{1,225}=35$

分散投資

金融 | 証券化 | 証券取引 | 保険 | リスクマネジメント | デリバティブ | 環境
外国為替 | ITフィンテック | 金利 | ポートフォリオ | ファンド | 電力取引

分散投資とは？

分散投資（diversification）は、投資を行うにあたりいくつかの資産クラス（asset class）に分けて投資を行うことにより、個別の証券等に固有のリスク（非システマティック、固有リスク）を削減する投資手法。

分散投資理論は、現代ポートフォリオ理論（Modern Portfolio Theory、MPT）の中核となる概念である。

日本の投資法則

財産三分法等（不動産、債券、株式）

米国の投資格言

"Don't put all your eggs in one basket."（すべての卵を1つのカゴに入れるな）

マーコビッツ（Markowitz、Harry M.）

・個別証券の期待リターン、標準偏差（リスク）、ポートフォリオを構成する他の証券との相関係数が与えられれば、一定のリターンでリスクを極小化する効率的ポートフォリオが求められることを証明。
・これにより、1990年、ノーベル経済学賞受賞。

システマティックリスクと非システマティックリスク

システマティックリスク（systematic risk）

リスクの特性	分散投資によっても避けることができないリスク。
具体例	・経済全般の変動 ・税制改正等

非システマティックリスク、固有リスク（non-systematic risk、specific risk）

リスクの特性	分散投資によって消去できるリスク。
具体例	・円高、円安

株式ポートフォリオの分散投資効果

> 分散投資効果は、実際に30銘柄前後の株式でポートフォリオを構成した場合には、個別株固有のリスク（非システマティックリスク）の大半が消去され、多くの銘柄に共通するリスク（システマティックリスク）が残るという形で実証されている（図表1）。

図表1　株式ポートフォリオの分散投資効果

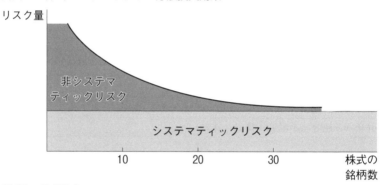

（出所）　筆者作成

分散投資と相関係数

分散投資効果

分散投資による非システマティックリスクの削減効果は、ポートフォリオを構成する証券間のリターンの相関度により左右される。	
株式ポートフォリオの例	株式間の値動きが、一方が上がれば他方が下がるというような関係にあればリスク削減効果は大。 逆に、株価が同じ方向に同じ動きをする関係にあればリスク削減効果は小。

相関係数

ポートフォリオを構成するある証券の価格変動が、他の証券の価格変動とどの程度連動するかの度合い。

順相関、逆相関	相関係数	順・逆・無相関
	正の値	順相関
	負の値	逆相関
	ゼロの値	無相関

A、B証券の相関関係と分散効果	1	相関	完全順相関
		分散によるリスク削減効果	ゼロ
	－1	相関	完全逆相関
		分散によるリスク削減効果	極大
	－1～1	相関	——
		分散によるリスク削減効果	－1に近いほど大 1に近いほど小

設例

前提	・A、B証券の相関関係が完全逆相関 ・A証券の標準偏差＝σA ・B証券の標準偏差＝σB	
リスクゼロのポートフォリオ構築	A、B証券各々のウェイトの算出	$WA\sigma A - WB\sigma B = 0$ から $W\sigma = \sigma B/\sigma A + \sigma B$、 $WB = \sigma A/\sigma A + \sigma B$

分散投資とオルタナティブ投資

最適ポートフォリオの構築

投資家の目標：ポートフォリオを構成する各資産間の相関性を勘案した資産の組合せにより、一定のリスクで最大のリターンが得られる最適ポートフォリオの構築。

ポートフォリオを構築する伝統的な資産クラス	・株式 ・金利・債券 ・預金等

オルタナティブ投資（alternative investments、代替投資）

伝統的な資産クラスと相関性が低い新たな資産クラスをポートフォリオに投入する投資手法。

背景	・各国の金融自由化、国際化によるマーケットのグローバリゼーションの進展から伝統的な各種資産間の相関性が強まる傾向。 ・この結果、期待された分散投資効果が十分得られない状況。
新しい資産クラス	・エマージングマーケットの株式、債券 ・プライベートエクイティ（ベンチャーキャピタル）

	・ヘッジファンド ・各種資産の証券化商品 ・CATボンド ・天候デリバティブ等

（関連用語）　オルタナティブ投資（294頁）、プライベートエクイティファンド（774頁）、ヘッジファンド（815頁）、ストラクチャードファイナンス（583頁）、天候デリバティブ（641頁）

ベーシスリスク、ベーシストレーディング

| 金融 | 証券化 | 証券取引 | 保険 | リスクマネジメント | デリバティブ | 環境 |

| 外国為替 | ITフィンテック | 金利 | ポートフォリオ | ファンド | 電力取引 |

ベーシスリスク、ベーシストレーディングとは?

ベーシス(basis)

現物と先物の間の価格差。

ベーシスリスク(basis risk)

現物と先物の価格差に歪みが発生するリスク。

ベーシストレーディング(basis trading)

現物と先物の価格差のベーシスの歪みに着目して裁定取引を行って利鞘を稼ぐ取引。

ベーシストレーディング

①株価指数を対象とするベーシストレーディング

設例		日経平均株価と日経225先物との間のベーシストレーディング
ベーシスの歪みの発見		日経平均株価と日経225先物との間のベーシスの理論値からの乖離。
	キャリーコストモデル	キャリーコストモデルにより日経225先物の理論価値を算出、それを現実に取引されている日経225先物の相場と比較して先物の割高・割安を判断。
	理論価値の算出	日経225先物の理論価値 =日経平均株価+ネットキャリーコスト =日経平均株価+日経平均株価×(購入代金調達金利-配当利回り)×先物期間
裁定取引		日経225先物の理論価値と現実に取引されている日経225先物相場とを比較して先物の割高・割安を判断。

	理論価値と相場の比較	先物理論価値＞先物相場	先物相場の割高・割安	先物相場、割安
			裁定取引	現物売り・先物買い
		先物理論価値＜先物相場	先物相場の割高・割安	先物相場、割高
			裁定取引	現物買い・先物売り
	裁定解消	ベーシスの歪みが正常となったところで反対取引を行って裁定ポジションを手仕舞うことにより裁定益を獲得。		

②債券を対象とするベーシストレーディング

設例	国債相場と国債先物との間のベーシストレーディング			
ベーシスの歪みの発見	国債相場と国債先物との間のベーシスの理論値からの乖離。			
	ベーシス	債券先物取引において、ベーシスは現物債の価格と先物受渡価格の差をいう。 ベーシス＝現物債価格－先物受渡価格		
	理論価値の算出	先物受渡価格＝先物価格×転換係数		
裁定取引	先物受渡価格と現実に取引されている国債先物相場とを比較して先物の割高・割安を判断。			
	理論価値と相場の比較	先物受渡価格＞先物相場	先物相場の割高・割安	先物相場、割安
			裁定取引	現物売り・先物買い
		先物受渡価格＜先物相場	先物相場の割高・割安	先物相場、割高
			裁定取引	現物買い・先物売り
	裁定解消	ベーシスの歪みが解消され、相場が正常となったところで反対取引を行って裁定ポジションを手仕舞うことにより裁定益を獲得。		

ヘッジ会計

金融 | 証券化 | 証券取引 | 保険 | リスクマネジメント | デリバティブ | 環境
外国為替 | ITフィンテック | 金利 | ポートフォリオ | ファンド | 電力取引

ヘッジ会計とは？

　ヘッジ会計（hedge accounting）は、「ヘッジ手段」から生まれる損益と、「ヘッジ対象」から生まれる損益の会計上の認識時期のずれから、ヘッジ効果が正確に財務諸表に反映されない弊害を回避するために導入された会計処理方法である。

ヘッジ会計を導入しない場合

ヘッジ対象	財務諸表上の損益	実現主義を採用。
	ヘッジ成功	含み損。
	ヘッジ失敗	含み益。
ヘッジ手段のデリバティブ取引	財務諸表上の損益	基本的に時価評価により損益を認識。
	ヘッジ成功	利益計上。
	ヘッジ失敗	損失計上。
問題点		たとえばヘッジ手段のデリバティブ取引で損失が生じ、ヘッジ対象で含み益が発生するケースでは、財務諸表上は、デリバティブ取引の損失だけが計上され、ヘッジ対象の含み益は認識されず、投資家がデリバティブの投機取引で損失を被ったと誤解をしかねない。

ヘッジ会計の機能

必要性

デリバティブをヘッジに使用する場合には、デリバティブというヘッジ手段とヘッジの対象となった資産を一体として損益をみることが必要。

機能

ヘッジ取引の経済効果を正確に財務諸表に反映。

ヘッジ会計の種類

①繰延ヘッジ会計

ヘッジ対象の損益	実現主義を採用。
ヘッジ手段のデリバティブの損益	認識時期をヘッジ対象の損益が実現される時期まで繰り延べて、ヘッジ対象の損益とヘッジ手段の損益をそろえる。
ヘッジ会計の導入	ヘッジ会計の原則的な処理方法。

②時価ヘッジ会計

ヘッジ対象の損益	時価評価を採用して、ヘッジ手段の損益の認識時期とそろえる。
ヘッジ手段のデリバティブの損益	時価評価。
ヘッジ会計の導入	ヘッジ会計の例外的な処理方法。

ヘッジ会計の適用

適用基準

・ヘッジ会計は、原則的会計処理方法の例外。
・企業の会計処理上、利益操作のツールとして悪用される恐れもあることから、ヘッジ会計の適用については、厳格な基準が定められている。

主要な基準

①ドキュメンテーション	企業のリスク管理規定により、当該ヘッジ取引が企業のリスク管理方針に沿ったものであるとの明確なドキュメントが必要。
②モニタリング	ヘッジ取引開始後、ヘッジ機能が発揮されていることの定期的な確認が必要。
③原則処理が基本	ヘッジ対象が消滅したときはもちろん、その他ヘッジ要件を充足しなくなったときには、その時点でヘッジ会計は適用されなくなり、原則処理に戻すことが必要。

ヘッジ取引、投機取引

金融　証券化　証券取引　保険　リスクマネジメント　デリバティブ　環境
外国為替　ITフィンテック　金利　ポートフォリオ　ファンド　電力取引

ヘッジ取引、投機取引とは？

ヘッジ（hedge）取引

・リスクを回避するために実施する取引の総称。
・現在保有しているポジションから生じるリスクを回避するために、保有しているポジションと反対のポジションをとることにより、リスクを相殺する形で行われる。
・ヘッジ取引には、先物、オプション、スワップ等のデリバティブや信用取引等が活用される。

投機（speculation）取引

・リスクを進んで引き受けることによりリターンを狙う取引。
・マーケットの流動性を供給する重要な機能を持つ。
・投機取引には現物のほか、先物、オプション、スワップ等のデリバティブや信用取引等が活用される。

ヘッジ取引と投機取引の機能

①ヘッジ取引の機能

・リスクの回避。
・たとえば、現物資産を運用しているところに、相場下落の見通しが強くなった場合、現物資産自体を売却することにかえて先物を売り建てることにより、現物の売買に伴う売買手数料やマーケットインパクトを軽減することが可能。

| ヘッジ取引と投機取引 | ヘッジ取引は、ヘッジャーとスペキュレーター（投機家）との間で行われることが大半であるが、回避しようとするリスクが相反する当事者間で行われることもあり、この場合にはヘッジャー同士の取引となる。 |

②投機取引の機能

流動性の供給	・ヘッジ需要に立ち向かって市場流動性を提供。 ・ヘッジ取引がリスク回避を目的とする以上、その取引相手として進んでリスクを引き受けるスペキュレーターが必要。 ・多くの投機家がマーケットに参加することによって流動性が高まり、大量のヘッジ取引でも大きなマーケットインパクトを発生させずに実行することが可能となる。
投機取引の過熱	・スペキュレーターが圧倒的なプレゼンスを占めると、マーケットに投機色が強まり、この結果、相場のボラティリティが大きく高まる恐れ。 ・特に、デリバティブ取引ではレバレッジを利かせて過大なリスクをとった結果、巨額損失事故を引き起こすケースが後を絶たない。 ・スペキュレーターがマーケットに潤沢な流動性を供給し続けるためには、リスクテイクに十分耐えることのできる自己資本の拡充と、自己の体力を勘案したレバレッジのコントロールが重要。

ヘッジ取引の種類

先物をヘッジツールに使ったケースでみると次のとおり。

ショートヘッジ（売りヘッジ）

現在保有しているポジションの価格下落による損失回避のためになされる取引。

ロングヘッジ（買いヘッジ）

将来保有することが予定されているポジションの価格上昇による損失回避のためになされる取引。

ヘッジ取引と投機取引の具体例

①ヘッジ取引の具体例

前提	主要な銘柄の株式から構成される株式ポートフォリオを保有する投資家が、先行きの相場下落を予想。

ヘッジ取引	株価指数先物を売る。			
	その後の展開＼現物＋先物	株式ポートフォリオ（現物）	株価指数先物（ショート）	現物＋先物
	相場下落	価格下落から損失発生	先物相場の下落から利益発生	現物の損失を先物の利益が相殺
	相場上昇	価格上昇から利益発生	先物相場の上昇から損失発生	先物の損失を現物の利益が相殺

②投機取引の具体例

前提	投資家が、目先株式相場の上昇を予想。	
投機取引	現物を使った取引	個別株または、ETFに投資。
	先物を使った取引	株価指数先物を買い建てる。
ケース		損益：現物、先物いずれの取引も
相場上昇		利益発生
相場下落		損失発生

設例

①債券先物をヘッジツールとした例

前提	・ある投資家が先行き予定される資金流入を元手に、将来、現物債を購入する計画。 ・しかし、現時点から資金流入時点までの間に金利が下落して、現物債の価格が上昇する恐れ。			
ヘッジ取引	ロングヘッジ：債券先物を買い付ける。			
その後の展開	その後の展開＼現物＋先物	現物の債券購入コスト	債券先物	現物＋先物
	金利下落＝債券現物、先物価格とも上昇	増加（損失）	利益	現物債券購入コストの増加を債券先物の利益で相殺。
	金利上昇＝債券現物、先物価格とも下落	減少（利益）	損失	債券先物の損失を現物債券購入コストの減少で相殺。

②金利先物をヘッジツールとした例

前提	・ある企業は半年後に資金調達を予定。

ヘッジ取引	・しかし、現在の市中金利に比べると半年後の金利は上昇する恐れ。		
ヘッジ取引	ショートヘッジ：金利先物を売り付ける。		
	金利先物	金利上昇予想	買建て
		金利下落予想	売建て
	（参考）債券先物	金利上昇予想	買建て
		金利下落予想	売建て
	・金利先物の相場表示は、100－金利。 ・これにより、金利先物の売り買いと債券先物の売り買いを同一の対応関係として、無用の混乱を招かないよう工夫されている。		
その後の展開	現物＋先物　その後の展開	資金（現物）調達コスト	金利先物	現物＋先物
	金利上昇	増加（損失）	利益	資金調達コストの増加を金利先物の利益で相殺。
	金利下落	減少（利益）	損失	金利先物の損失を資金調達コストの減少で相殺。

ストリップヘッジとスタックヘッジ（図表1）

ヘッジ手法

ストリップヘッジ （strip hedge）	いくつかの限月をつなぎ合わせたヘッジ取引をすることにより、長期間のヘッジを行う手法。
スタックヘッジ （stuck hedge）	・直近限月の1限月のみに集中して必要単位数の取引をすることにより、長期間のヘッジを行う手法。 ・スタックヘッジを行った後、直近限月が満期接近、もしくは満期到来時には、直近限月の建玉は決済、それ以上に長い期間の建玉は、次限月に一括ロールオーバー。

メリット

ストリップヘッジ	ヘッジ実行時においてコストが確定できる。
スタックヘッジ	流動性の厚い直近限月で取引を行うことから執行リスクがない。

デメリット

ストリップヘッジ	・一般的に期先限月の流動性は薄く、期先限月のヘッジ取引が容易にできない執行リスクがある。 ・特に大ロットのヘッジを行う場合にはマーケットインパクトが大きくなり執行コストが嵩む恐れ。
スタックヘッジ	ヘッジ実行時においてはロールオーバー時の相場がわからないことから、ヘッジコストを確定することができない。

図表1　ストリップヘッジとスタックヘッジ

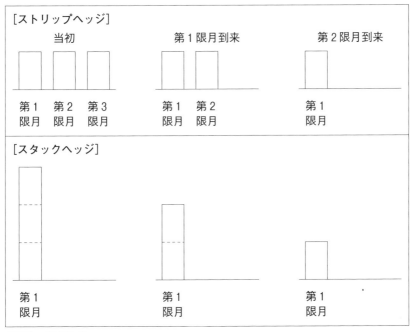

(出所)　筆者作成

ダイレクトヘッジとプロキシーヘッジ

ヘッジ手法

ダイレクトヘッジ (direct hedge)	現物と同一の原資産を対象とする先物等によるヘッジ。

プロキシーヘッジ (proxy hedge、代替ヘッジ、代理ヘッジ)	ヘッジ対象資産と相関性の高い資産を原資産とする先物等を使ってヘッジを行う。	
	ダイレクトヘッジの具体例	日経平均と同様の構成の株式ポートフォリオを日経225先物を使ってヘッジ。
	プロキシーヘッジの具体例	主要企業の株式100銘柄程度から構成される株式ポートフォリオを日経225先物でヘッジ。

メリット

ダイレクトヘッジ	ベーシスリスクがない。
プロキシーヘッジ	ヘッジ対象の資産を原資産とする先物等が取引されていないか、取引されていても流動性が薄い場合に活用。

デメリット

ダイレクトヘッジ	ヘッジ対象を原資産とする先物等が取引されていないか、流動性が薄い場合には取引できない。
プロキシーヘッジ	ヘッジ対象とヘッジ手段の価格の動きの違いから来るベーシスリスクが存在。

ヘッジファンド

[金融] [証券化] [証券取引] [保険] [リスクマネジメント] [デリバティブ] [環境]
[外国為替] [ITフィンテック] [金利] [ポートフォリオ] [ファンド] [電力取引]

ヘッジファンドとは？

　ヘッジファンド（hedge fund）は、年金基金や信託、保険等の機関投資家や個人富裕投資家等に限定した投資家層から資金を集めて、多様な投資戦略を駆使して運用する私募投信である。

当初のヘッジファンドと現在のヘッジファンド

当初のヘッジファンド

・幅広く取引されている証券等に投資、マーケットニュートラルとしたうえで、個別株の銘柄選択から利益を得ることを目的するファンド。
・ネットエクスポージャーは投下資本以内。

現在のヘッジファンド

・さまざまなアセットクラスにデリバティブ等を駆使してレバレッジを利かせたうえで投資を行い、高いリターンを狙うファンド。
・ネットエクスポージャーが投下資本をオーバーするものも少なくない。

ヘッジファンドの特徴

①レバレッジ

多くのヘッジファンドは、程度の差こそあれレバレッジ（leverage、テコ）を利かせた戦略をとる。	
具体例	・先物・先渡し、オプション、スワップ等のデリバティブ取引 ・空売り（信用売り） ・金融機関からの借入れ等

②絶対リターン

・たとえ相場全体のパフォーマンスが不冴えであっても、所期のリターンの確保を指向。
・マーケットの動きをベンチマーク（指標）とする相対リターン（relative return）ではなく、所期のリターンを指向する運用を絶対リターン（absolute return）の追求という。

③成功報酬

ヘッジファンドのマネジャーの報酬は、年間手数料と成功報酬の2本の体系から構成されている。

年間手数料 (management fee)	ヘッジファンドのパフォーマンスにかかわらずファンドの規模に一定率をかけた金額が徴収される。
成功報酬 (performance fee)	ファンドのあげたリターンに一定率をかけた金額が徴収される。
セームボート	・マネジャーが成功報酬狙いで過度のリスクをとることがないよう、ファンドマネジャーは、自分自身もファンドに投資することが一般的な慣行。 ・こうした慣行は、ファンドマネジャーと投資家が運命共同体となる意味を込めてセームボート（same boat）と呼ばれる。

④ロックアップピリオド

・大半のヘッジファンドは、投資家がファンドに投資してから一定期間は投下資金の引出しはできないロックアップピリオド（lockup period）の条項を含む。
・この条項は次の狙いを持つ。

資金流動性	投資家からの引出しに備えて常時、資金流動性を保有する必要が削減、長期投資が可能。
市場流動性	市場流動性の薄いハイリターンの商品にも投資が可能。

⑤市場流動性と取引手数料

・ヘッジファンドは、相場の歪み等わずかな市場の非効率性を捉えて大量の取引を頻繁に行うことによりリターンをあげることを特徴とする。
・したがって、市場流動性が厚くかつ手数料が安いという要素が重要となる。

⑥その他の特徴

オーバー・サブスクリプション・ポリシー	・特定の戦略のパフォーマンスの良さが投資家の人気を呼び、資金がその戦略をとるヘッジファンドに集中するケースがよくみられる。しかし、特定の戦略に基づいて集中取引を行うと、マーケットインパクトが大きくなり、効率的な運用ができなくなる恐れがある。

	・多くのヘッジファンドは、「オーバー・サブスクリプション・ポリシー」を設定、各戦略への資金運用の上限をあらかじめ示している。
ゲートキーパー	・ヘッジファンドは、私募ファンドであり、一般投資家向けの広告宣伝は行わない。 ・一般投資家は、「ゲートキーパー」と呼ばれるファンドの調査会社を活用して、投資家のリスク・リターン選好にマッチしたヘッジファンドを探すケースが少なくない。

ヘッジファンドの基本スキーム（図表1）

ビークル（vehicle、器）

ファンド本体

マネジャー（manager）

投資資金の運用

サービスプロバイダー（service provider）

プライムブローカー (prime broker)	取引の決済事務を担当。
アドミニストレーター (administrator)	プライムブローカーが行った取引決済の記帳処理や口座管理業務を担当。
カストディアン (custodian)	投資家の投資申込みや解約に伴い資金の受払いとヘッジファンド保有の資産管理を担当。

図表1　ヘッジファンドの基本スキーム

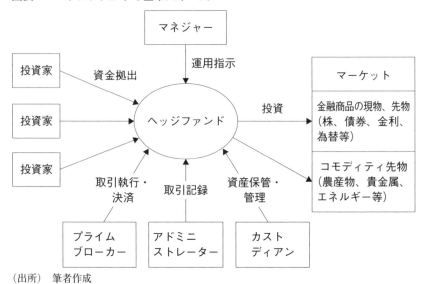

(出所)　筆者作成

ヘッジファンドの戦略

ヘッジファンドがとる典型的な戦略は次のとおり。

①ディレクショナルファンド（directional fund）

・相場の方向性（ディレクション）を予想して、そこから買いポジション、または売りポジションの一方をとるアウトライト取引の戦略。
・裁定取引とは対称的に価格変動リスクを積極的にテイクする取引。

マクロファンド (macro fund)	戦略	各国のGDP、インフレ率、国際収支、為替相場等の分析に基づき経済パフォーマンスの予測を行い、それに従ってポジションを形成。
	分析アプローチ	トップダウンアプローチ。
	投資対象	主として株式、債券、通貨等の市場流動性の高い資産。
グローバルファンド (global fund)	戦略	各国の個別企業のパフォーマンスの予測を行い、それをベースにして銘柄選択を行う。

	分析アプローチ	ボトムアップアプローチ。
	投資対象	主として株式、債券、転換社債。
グローバルマクロ (global macro fund)	戦略：マクロファンドとグローバルファンドの双方を適宜組み合わせたグローバルマクロ戦略を採用。	
マネージドフューチャーズ (managed futures)	戦略：各国の株式、債券、通貨、コモディティの先物、オプションの取引から収益をあげる。一般的にレバレッジを利かせて機動的な運用を行う。	

②鞘取りファンド、裁定ファンド、アーブファンド（arbitrage fund、arb fund、relative value fund）

・裁定取引の戦略を活用するファンド。 ・裁定をアービトラージということから、アーブファンドと呼ぶこともある。 ・裁定取引は、売り買い双方のポジションをとることから、価格変動リスクの低い取引。	
株式ロング・ショート (long/short equity fund)	先行き値上りが予想される個別株式群を買う（ロング）一方、値下りが予想される個別株式群を売り（ショート）、相場全体の動きに対しては、先物やオプションを利用して影響を中立化する戦略。
マーケットニュートラル（market neutral）	・基本的なコンセプトは、株式ロング・ショート戦略と同一。 ・マーケットニュートラル戦略は、より精緻な統計的手法を活用、β（ベータ、マーケットの動きに対する感応度）を極小化。 ・マルチファクター・モデルを活用して各種ファクターに対する感応度をニュートラルとする。こうしたことから、この戦略を「統計的アービトラージ」と呼ぶこともある。
CBアービトラージ (CB arbitrage)	たとえば、同一企業の株式と転換社債（Convertible Bond、CB）とを比較して株式が買われ過ぎ、転換社債が売られ過ぎとみれば株式を売り転換社債を買って、両者の価格の歪みが是正されたところで反対取引を行って鞘をとる戦略。

| 債券アービトラージ
(bond arbitrage) | 割高な債券を売り、割安な債券を買って、価格の歪みが是正されたところで逆の取引を行って収益をあげる戦略。 |

③イベントドリブンファンド（event-driven fund）

企業に発生する大きなイベントを予想して、それが好材料であれば当該企業の株を買い、悪材料であれば売る戦略をとるファンド。	
リスクアービトラージ (risk arbitrage)	企業の合併、提携、新事業への展開、不採算事業からの撤退、破産、リストラ等から生じる価格変動を捕まえてリターンをあげる戦略。
M&A裁定戦略（Merger Arbitrage strategy）	・M&Aが予想されるケースについて、その成功確率を各種の情報をもとに推計して会社の株式を売買する戦略。 ・一般的にマーケットが買収の成功を過小評価している場合にこの戦略がとられる。
ディストレスト証券戦略（distressed securities strategy）	・経営破綻や経営危機から大幅な値下りをみている会社の株式や債券（ディストレスト証券）を買い入れ、購入価格と清算価格の差、または会社再建時の価格上昇によりリターンを獲得する戦略。 ・清算価格を下回る水準まで株式や債券が売り込まれているときや、市場の見方とは異なり先行き会社が持ち直すと予想するときにこの戦略がとられる。

④ファンダメンタル・ロングショートファンド（fundamental long/short funds）

・業種ないしは個別企業の業績見通しを行い、それから予想される株価とマーケットで実際取引されている相場とを比較して、歪みがあれば売り、または買い取引を行う戦略をとるファンド。
・それほどレバレッジを利かせることはせず、マーケットニュートラルポジションをとるケースが大半。

⑤クオンティタティブ・ロングショートファンド（quantitative long/short funds）

| 戦略 | ヒストリカルデータ等をベースにして定量分析を用いて、相場が適正価格から乖離しているのをすばやく見つけて、そこから鞘を抜く取引を行う。 |

具体例	・バリュー株を買い付ける一方、グロース株を売り付ける戦略。 ・小型株を買い付ける一方、大型株を売り付ける戦略。
特徴	高度かつ大量の数理計算をスピーディに行う必要があることから、高性能のコンピュータ等のインフラ整備が必須要件。

⑥**マルチストラテジーファンド（multi-strategy fund）**

マーケットの動きを睨みながら、上述①～⑤の各種戦略の組合せや、ある戦略から他の戦略への機動的な変更からリターンを狙うファンド。

ヘッジファンドが持つ主要なリスク

①市場流動性リスク

・一般的に、大きなポジションを頻繁に動かして小さな価格の歪みから利益を得る取引を行うことから、潤沢な市場流動性が重要。
・仮に市場流動性が薄いと取引機会が存在するのに取引ができないとか、ポジションの手仕舞いができない、または手仕舞いできるにせよ、極めて不利な条件でしか約定できないリスクがある。

②資金流動性リスク

・大きなレバレッジを持つヘッジファンドは、相場が思惑とは逆の方向へ動いた場合には、多額の追証を求められることになる。
・その場合に資金調達力がなく、資金流動性が発生すると、大幅な損失覚悟でポジションを手仕舞いせざるをえないリスクがある。

③信用リスク

OTCマーケットで取引を行っている場合には、カウンターパーティリスクを負う。

ヘルシュタットリスク

`金融` `証券化` `証券取引` `保険` `リスクマネジメント` `デリバティブ` `環境`
`外国為替` `ITフィンテック` `金利` `ポートフォリオ` `ファンド` `電力取引`

ヘルシュタットリスクとは？

　ヘルシュタットリスク（Herstatt risk）は、外国為替取引において、支払い通貨と受取り通貨の授受の間に時差から来るタイミングのずれがあり、そのタイミングのずれの間に取引相手がデフォルトを起こして、とりはぐれという形になって発生する決済リスクである。

ヘルシュタット銀行、BCCIの倒産

ヘルシュタット銀行の倒産 （図表１）

本店	独ケルン。		
業務	為替取引を活発に行う、外国為替市場のメジャープレイヤー。		
清算	極度の業績悪化により、独の銀行監督局により1974年6月26日、業務停止命令を受け、清算を実施。		
	業務停止命令発出時間		
	フランクフルト時間	午後3時30分	
	ニューヨーク時間	午前10時30分	
清算直前の状況	いくつかの銀行が、ヘルシュタット銀行を相手に独マルク売り・米ドル買いの外為取引を実施。		
	独マルク売り	午前中に独国内のインターバンク市場においてヘルシュタット銀行に独マルクを渡すことで決済終了。	
	米ドル買い	予定	ヘルシュタット銀行とコルレス契約を結んでいるニューヨーク所在の銀行が、ヘルシュタット銀行口座にある米ドルを同行との間で独マルク売り・米ドル買いを行った銀行の口座に振り替えることにより決済。
		実際	ヘルシュタット銀行のコルレス銀行は、ドイツ銀行監督局が同行に対して業務停止命令を下すと同時にヘルシュ

		タット銀行の口座からの資金移動を停止。
	ヘルシュタットリスクの発生	ヘルシュタット銀行との間で独マルク売り・米ドル買いの取引を行っていた銀行に、マルクを支払った一方で、米ドルを受け取ることができない決済リスクが発生。

図表1　ヘルシュタットリスク

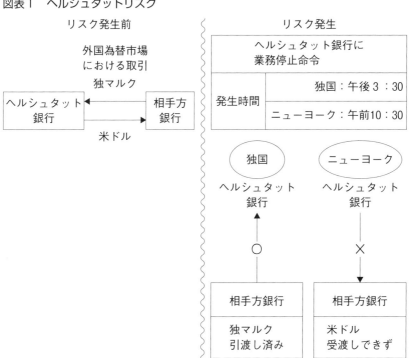

(出所)　筆者作成

BCCI（バンク・オブ・クレジット・アンド・コマース・インターナショナル）の倒産

本店	ルクセンブルグ
業務	英国を中心に約70カ国で積極的な営業を展開。
倒産	・麻薬資金等のマネーロンダリングや粉飾決算にまつわる黒い噂が絶えない問題銀行。

	・1991年7月5日、米、英、スイス等の主要国はBCCIに対し業務停止命令を発出、BCCIは倒産。
ヘルシュタットリスクの発生	BCCIと取引していた銀行がポンドや円を支払ったものの、米ドルを受け取ることができないヘルシュタットリスクが発生。

外国為替取引の決済のメカニズム

伝統的な決済メカニズム

その通貨が所属する国において、その国の日中時間帯で決済が行われる。

具体例

日本の銀行が円売り・ドル買いの取引を実施。		
円の支払い決済	相手銀行が日本に開設した口座に日本時間の日中に円を振り込むことにより終了。	
ドルの受取り決済	日本の銀行が米国に開設した口座に取引相手から米国時間の日中にドルが振り込まれることにより終了。	
ヘルシュタットリスクの発生	仮に日本のマーケットが終了した後でかつ米国のマーケットがまだ開いていない時間帯に取引相手がデフォルトを起こした場合。	
	円の支払い決済	日本の銀行は円の支払い決済は終了。
	ドルの受取り決済	・未了。 ・相手はデフォルトを起こしていることから相手に対するドルの請求権は破産財団に対する債権となり、全額が支払われない可能性。

ヘルシュタットリスクへの対応

①伝統的な外為決済の問題点

システマティックリスク	日々行われる外国為替取引が巨額の状況下、ヘルシュタット類似の事件が再び発生すると、グローバルな規模でのシステマティックリスクへと波及する恐れ。	
問題点と対応	問題点	各国の日中時間帯に自国通貨の決済を行うメカニズムが問題。

	対応	・この対応はマーケット参加者である個別銀行で実施するには限界がある。 ・そこで、時間帯にかかわらず連続的に決済できる機構を設立するアイデアが生まれ、これがCLS銀行の設立という形で実現。

②CLS銀行

CLS（Continuous Linked Settlement）	外為取引の1件ごとに、一方の通貨の支払いと他方の通貨受取りをリンクさせて連続的に決済する方法。	
CLS銀行	2001年に稼働開始。拠点、ニューヨーク。	
CLS銀行の参加メンバー	3種類のメンバーから構成。	
	決済メンバー	CLS銀行に口座を開設して他決済メンバーと直接に決済を行う。
	ユーザーメンバー	CLS銀行に口座を持たず決済メンバーを通じて決済を行う。
	サードパーティ	一般顧客として決済メンバーやユーザーメンバーを通じて決済を行う。
効力	CLS銀行への参加メンバーにとっては、外国為替取引において売り通貨の支払いと買い通貨の受取りが事実上同時に行われるために、PVPが実現される。	
	PVP（Payment Versus Payment）	・外国為替取引において1件ごとに一方の通貨支払いと他方の通貨支払いをリンクさせて、一方の通貨を支払ったのに片方の通貨が入ってこないリスクを回避する仕組み。 ・PVPによりヘルシュタットリスクを回避。
	日本にとっての効力	特に日本の場合には、時差から日本円が他国通貨より早く支払われることから、CLSはヘルシュタットリスクの回避の強力なツールとなる。

ベンチャーキャピタルファンド

| 金融 | 証券化 | 証券取引 | 保険 | リスクマネジメント | デリバティブ | 環境 |
| 外国為替 | ITフィンテック | 金利 | ポートフォリオ | ファンド | 電力取引 |

ベンチャーキャピタルファンドとは？

　ベンチャーキャピタルファンド（venture capital fund）は、ベンチャー企業に対する資金を供給する役割を担う私募ファンドであり、プライベートエクイティファンドの一種である。

ベンチャーキャピタルファンドの機能

ベンチャー企業の特性

ハイリスク・ハイリターン	将来の成長性は不確実であるものの、大きな成長を遂げる可能性を持つ。
資金調達力不足	金融機関からの調達困難。 ・担保不足 ・足元の損益状況は赤字

ベンチャーキャピタルファンドの機能

ハイリスク・ハイリターン	ベンチャー企業のハイリスクを積極的にとってハイリターンを狙うファンド。
ベンチャー企業に対する資金拠出	ベンチャー企業が持つ潜在的な革新性や成長性を支援してハイリターンを獲得。

ベンチャー企業の成長ステージと資金拠出

ベンチャー企業の成長ステージ

シード (seed stage)	アイデアを出してそれをビジネスとして具体化する段階		
	資金拠出主体	エンジェル (angel investor)	富裕個人投資家が資金を拠出。
		インキュベーションファンド (incubation fund)	大学、研究所等の成果をビジネスとして実用化する際に必要となる資金を供給。

スタートアップ (startup stage)	製品・サービスの立ち上げの段階	
	資金拠出主体	インキュベーションファンド
アーリー (early stage)	成長前期	
	資金拠出主体	ベンチャーキャピタルファンド：起業者を発掘、育成することにより優れたビジネスを創造することを主眼。
ミドル (middle stage)	成長中期	
	資金拠出主体	ベンチャーキャピタルファンド：アーリーステージにある企業を成長軌道に乗せることを主眼。
レーター (later stage)	成長後期	
	資金拠出主体	ベンチャーキャピタルファンド：ある程度成功の見通しが高くなった企業へ投資してIPO等によりリターンの獲得を指向することを主眼。

ベンチャーキャピタルファンドの投資（入口）から投資回収（出口）まで

①投資（入口）

ベンチャー企業の選別	経営陣が持つアイデアやビジネスプランの評価、マーケットの状況を綿密に調査・分析、投資先を選別。
投資内容等の決定	投資先企業との間で協議、合意。 ・資金の拠出の仕方 ・経営へのコミットの仕方等

②ハンズオン

ベンチャーキャピタルファンドは、資金を拠出するだけではなく、さまざまな形で経営自体にコミット（ハンズオン、hands-on）して経営が軌道に乗り、期待したリターンが生まれるように対象企業の育成を支援。

具体例	ベンチャー企業の問題点	ハンズオンの内容
	経営能力不足	創業者の優れたアイデアをビジネスに結び付ける敏腕経営者をヘッドハント。

	販売ネットワーク弱体	販売ネットワークを開拓、革新性に富む新製品が幅広い消費者に浸透するように既存の販売業者との交渉等、マーケティング戦略を展開。

③投資回収（出口）

出口（Exit）戦略の典型例	
株式公開（Initial Public Offering、IPO）による投資回収	最終的にIPOを果たしたうえで持株を売却。
IPO前の投資回収	株式公開の目途が付いたところで第三者や経営者に株式を売却。

法人番号、LEI

金融 | 証券化 | 証券取引 | 保険 | リスクマネジメント | デリバティブ | 環境
外国為替 | ITフィンテック | 金利 | ポートフォリオ | ファンド | 電力取引

法人番号、LEIとは？

　法人IDは、企業を特定、識別するためのIDである。法人IDとして、従来、登記番号や雇用保険事業者番号等といった行政が管理している法人IDや、帝国データバンクのTDB企業コード、東京商工リサーチのD-U-N-Sナンバーが存在したが、マイナンバー法の施行により、「法人番号」として指定されることとなった。

　法人番号は、すでにある国税庁の登記番号にチェックデジットの１桁を追加した13桁の数字から構成される。

　一方、LEI（Legal Entity Identifier）は、金融商品の取引を行う法人やファンド等を識別するための国際的な番号であり、取引当事者からの申請に応じてLEI指定機関が指定する。

　LEIは、LEI指定機関を特定する４桁、予備コード２桁、取引当事者を特定する12桁およびチェックディジット２桁の合計20桁から構成される数字で、このうち、取引当事者を特定する12桁は、完全にランダムな数字の文字列である。

法人番号、LEIとFinTech

①法人番号

　法人番号は、個人番号（マイナンバー）とは異なり、原則として公表されだれでも自由に利用することができる。

目的	法人番号は、行政の効率化（法人情報の授受、照合コストの削減等）、国民の利便性向上（各種申請の事務負担軽減等）、公平・公正な社会の実現（社会保障、税制等の給付・負担の適切な関係の維持等）といった目的のほかに、法人番号特有の目的として、法人番号の利用範囲に制限がないことから、民間による活用を促進することにより、新たな価値創出が期待されている。
活用	法人番号の導入によって、国税庁のホームページにアクセスすれば、商号、本店所在地、法人番号という法人の基本３情報がアベイラブルとなる。 そして、こうした情報を活用すれば、社内の各部署で管理

	されている多数にのぼる取引先情報の一元管理が可能となり、また、金融機関の預金、貸出取引においても、当該金融機関特有の口座番号や与信先コードを設定することなく、預金者、与信者の管理が可能となる。

②LEI

目的	LEIは、金融取引の実態を効率的・効果的に把握する目的から、G20や金融安定理事会により導入の方針が決定され、欧米の規制当局を中心にその利用が進展している。すなわち、欧米では、店頭デリバティブの取引情報の規制当局への報告に際して、LEIの使用が義務付けられており、海外と取引のある日本法人等からも、LEIの取得ニーズが高まっている状況にある。
LEI指定機関	こうした背景から、JPX（日本取引所グループ）では、日本のLEI指定機関として、信頼性、利便性および効率性の高いサービスを提供することにより、グローバルなLEI制度を構築・運営することを指向している。
活用	法人番号とLEIは、既存の法人IDがある中での追加であるが、この新たな2つの法人IDは、その整備によって金融機関が法人データとして活用できるようになる重要なアイテムと考えられる（注）。

（注）　日本銀行金融機構局金融高度化センター「ITを活用した金融の高度化に関するワークショップ報告書」2015年10月、15頁

ポートフォリオ・インシュアランス

金融 | 証券化 | **証券取引** | 保険 | リスクマネジメント | デリバティブ | 環境
外国為替 | ITフィンテック | 金利 | ポートフォリオ | **ファンド** | 電力取引

ポートフォリオ・インシュアランスとは？

ポートフォリオ・インシュアランス（portfolio insurance）は、株価下落により株式ポートフォリオの価値が下落しないように、ポートフォリオに保険をかけるのと同様の効果を持たせる投資戦略である。

株価下落

株式ポートフォリオ	価値下落
ポートフォリオ・インシュアランス	最低限のリターン確保

株価上昇

株式ポートフォリオ	価値上昇
ポートフォリオ・インシュアランス	値上り益確保

ポートフォリオ・インシュアランスの手法

ポートフォリオ・インシュアランスを実行する主な手法には、次の2つがある。

①プロテクティブプット

戦略の内容	ポートフォリオを構成するアセットクラスを原資産とするプットオプションを買うヘッジ戦略。
実務上の活用	活用は限定的。 ・ポートフォリオの運用は中長期にわたることが多いが、1年以上のオプションは限られている。 ・上場オプションは行使価格等が標準化されていて、ポートフォリオのリターンの下限であるフロアの設定が自由にできない。

②ダイナミックヘッジ

戦略の内容	ポートフォリオを構成するアセットクラスの価格（現物価格）にあわせて現物または先物を小刻みに売り買いすることにより、プロテクティブプットのペイオフ（損益）を模倣する手法。
実務上の活用	ポートフォリオ・インシュアランスには、特に先物を使った手法が活用される。

ダイナミックヘッジを使ったポートフォリオ・インシュアランス

ダイナミックデルタヘッジ戦略

デルタ	・オプションのプレミアム曲線の接点の傾きを示す数値。 ・すなわち、デルタは原資産価格が1tick変動したときに、オプションプレミアムがいくら動くかを数値化したものであり、プレミアムを原資産価格で偏微分することにより求められる。
デルタの導出	デルタ $(\delta) = \dfrac{\text{プレミアムの変化}}{\text{原資産価格の変化}} = \dfrac{\Delta \text{プレミアム}}{\Delta \text{原資産価格}}$
コール、プットのデルタ	原資産価格とコール、プットのプレミアム 原資産価格：上昇 → コール：上昇、プット：下落 原資産価格：下落 → コール：下落、プット：上昇 コール、プットのデルタ コールのデルタ：プラス プットのデルタ：マイナス

トレンドフォロー・ストラテジー

・トレンドフォロー・ストラテジー（順張り戦略）により、ポートフォリオの構成を小刻みに変更し、プロテクティブプットと同様のペイオフパターンを形成する戦略。
・これにより、ポートフォリオ・インシュアランスを達成することが可能。

株価指数先物の活用	実務上、ポートフォリオ・インシュアランスは、株式ポートフォリオに見合った株価指数先物を使った戦略を用いることが多い。

具体的な手法	キャッシュマーケット	値上り局面	ダイナミックデルタヘッジ	株式の現物または先物のウェイトを増やす。
		値下り局面	ダイナミックデルタヘッジ	株式の現物または先物を売却、預金等の無リスク資産（risk-free asset）のウェイトを増やす。

保険原理（給付・反対給付相等の原則、収支相等の原則）

[金融] [証券化] [証券取引] **[保険]** [リスクマネジメント] [デリバティブ] [環境]
[外国為替] [ITフィンテック] [金利] [ポートフォリオ] [ファンド] [電力取引]

保険原理（給付・反対給付相等の原則、収支相等の原則）とは？

給付・反対給付相等の原則と収支相等の原則は、保険の2大基本原理である。

給付・反対給付相等の原則

保険における給付（保険金）と、反対給付（保険料）との間で、リスクの大きさを媒介に、両者が均等であるとする保険の原則。

収支相等の原則

全体としての保険取引をみた場合、保険会社の収入保険料の合計と支払保険料の合計が均等であるとする保険の原則。

給付・反対給付相等の原則

給付・反対給付相等の原則の等式

保険料＝保険金

保険料

確定金額

保険金

リスクを期待値（期待損失）とする変動金額

保険契約の意味

保険契約者	不確定→確定：自己が抱える不確実なリスクを保険会社に移転、その対価として確定した保険料を支払う。
保険会社	確定→不確定：保険契約者から不確実なリスクを引き受ける対価として、確定した保険料を受け取る。

ミクロの原則

給付・反対給付相等の原則は、個別の保険契約を対象とするミクロの原則。

リスクと保険料

個別の保険契約において、リスクの大きさに応じて保険料を設定。

保険契約の公正性、公平性

給付・反対給付相等の原則は、保険契約の公正性、公平性を担保するもの。	
公正性	保険会社は、リスクの大きさに見合う保険料を保険契約者から受け取ることから不当利益は発生しない。
公平性	保険料は、保険契約者が抱えるリスクの大きさにより決定。保険会社は、リスクの大きさが等しい保険契約者に対しては同額の保険料を設定。

収支相等の原則

収支相等の原則の算式

保険会社の収入（保険料）＝支出（保険金） 保険加入者数×保険料＝保険金支払いを要する保険契約者数×保険金

設例（注）

前提：生命保険	
保険期間	1年
死亡保険金	300万円
保険集団（加入者数）	1万人
保険集団の死亡率	0.002（年間1,000人中2人が死亡）
収支相等の原則による保険料の算出	
収入（保険料）	保険加入者数1万人×保険料X
支出（保険金）	保険金支払いを要する保険契約者数（加入者数1万人×保険集団の死亡率0.002）×死亡保険金300万円
保険料X	6,000円

マクロの原則

保険会社の保険料収入総額と保険金支払総額は、均等であるとするマクロの原則。

保険会社の経営の安定性維持

・保険会社の経営の観点からのコンセプト。 ・多くの保険契約者のリスクの引受け手となり、そのリスクが顕現化した場合には保険金を支払う義務を負う保険会社の財務の安定性、健全性を維持するための原則。

収支相等の原則の前提

大数の法則	統計的に相関のない独立したイベントが多くの件数、存在する場合には損失額は予測可能。
収支相等の原則と大数の法則	・収支相等の原則は、保険集団を形成する保険契約者が多数存在することを前提に成立。 ・保険契約者が少ない場合には、保険会社は大きなリスクを背負うこととなり、収支相等の原則が成立しない恐れ。

（注）　米山高生『リスクと保険の基礎理論』同文館出版、2012年4月、99頁
（関連用語）　大数の法則（615頁）

保険サイクル

[金 融] [証券化] [証券取引] **[保 険]** [リスクマネジメント] [デリバティブ] **[環 境]**
[外国為替] [ITフィンテック] [金 利] [ポートフォリオ] [ファンド] [電力取引]

保険サイクルとは？

保険サイクル（insurance cycle）は、保険市場や再保険市場でプレミアム（保険料、再保険料）が上昇したり下落したりする循環的な動きをいう。

ハードマーケットとソフトマーケット（図表1）

ハードマーケット

概念	保険に対する需要超過から保険引受けキャパシティの不足をきたし、この結果、保険料が高騰する状況。
発生要因	大規模なカタストロフィが発生した後には、保険・再保険市場のリスク引受けの余力が減少して、プレミアムが大幅上昇。

ソフトマーケット

概念	保険マーケットへのリスクキャピタル流入増から、保険引受けキャパシティが拡大、この結果、プレミアムが下落する状況。
発生要因	長期間にわたってカタストロフィ・イベントがなく保険金の支払いが低水準で安定裡に推移すると、高いプレミアムからのリターン獲得を狙って資金が保険マーケットに流入、リスク引受けキャパシティが拡大して、プレミアムが大幅下落。

図表1　保険サイクルのイメージ

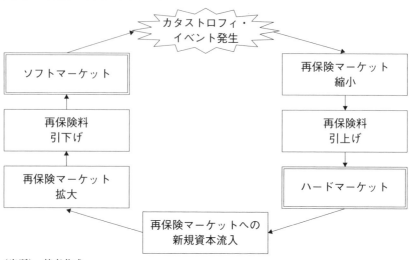

(出所)　筆者作成

ハードマーケットの具体例

2005年の米国におけるハードマーケット

背景	2005年の夏から秋にかけて3カ月連続で大型ハリケーンが米国に襲いかかり、この結果、記録的な被害を受けた。		
	2005年8月末	ハリケーン名	ハリケーン・カトリーナ
		被害地域	ルイジアナ州を中心とする米国南東部
	2005年9月下旬	ハリケーン名	ハリケーン・リタ
		被害地域	フロリダ州、テキサス州、ルイジアナ州
	2005年10月	ハリケーン名	ハリケーン・ウィルマ
		被害地域	フロリダ半島
	3件の大型ハリケーンのカトリーナ、リタ、ウィルマは、その頭文字をとってKRWと略称される。		
保険会社の対応	プレミアム	・米国保険会社はこぞってプレミアムを引上げ。 ・これが米国のみならず全世界のカタストロフィ・リスクマーケットに大きな影響を	

		及ぼした。
	保険引受けスタンス	・多くの保険会社がカタストロフィ・リスクの大きな地域の保険の引受けに消極的スタンス。 ・いくつかの保険会社は、フロリダ等で海岸地帯の住宅保険の新規契約を停止。

保険サイクルとART

保険市場の限界

保険サイクルの発生は、保険引受けキャパシティが、続発するカタストロフィ・リスクによる保険金支払い累増に対応できるほど大きくはないことを証明。

ART（代替的リスク移転）

概念	ART（Alternative Risk Transfer）は、元受保険会社の保険引受けや元受保険会社から再保険会社へのリスク移転等、伝統的な保険・再保険のツールを代替するリスク移転手法。
目的	リスクが多様化するとともに、1件当たりのリスクが巨大なものとなってきている状況に対応するために開発された手法。
種類	・CATボンド（Catastrophe Bond、災害債券）等の保険リンク証券（Insurance-Linked Securities、ILS） ・天候デリバティブ ・リスクスワップ等

（関連用語）　ART（22頁）、CATボンド（33頁）、天候デリバティブ（641頁）

保険リンク証券

| 金融 | 証券化 | 証券取引 | 保険 | リスクマネジメント | デリバティブ | 環境 |
| 外国為替 | ITフィンテック | 金利 | ポートフォリオ | ファンド | 電力取引 |

保険リンク証券とは？

保険リンク証券（Insurance-Linked Securities、ILS）は、保険リスクを証券化した商品である。

保険・再保険

| 保険マーケットの中でのリスク移転。 |

保険リンク証券

| 保険マーケットよりも大きなキャパシティを持つ金融資本市場へのリスク移転。 |

証券化と保険リスク

証券化（securitization）

| 金融資産の証券化として発達。
・住宅ローン債権
・クレジットローン債権
・リース債権等 |

保険リスク

保険市場では、大数の法則が適用できないカタストロフィ・リスクのような巨大リスクを吸収するだけのキャパシティ不足。	
ハードマーケット	保険市場は、リスク引受けキャパシティ不足からしばしばプレミアムが高騰するハードマーケット化。

保険リンク証券

金融資産の証券化を保険リスクに応用。		
対象リスク	カタストロフィ・リスク	・地震 ・台風、ハリケーン（米）、暴風（欧州） ・竜巻

		・洪水、高潮
		・旱魃
	その他のリスク	・テロ
		・パンデミック（伝染病をはじめとする感染症の大流行）
		・生命保険
		・労災保険等

保険リンク証券の種類

保険リンク証券には、カタストロフィ・ボンド、コンティンジェント・サープラスノートやコンティンジェント・エクイティ等がある。

①カタストロフィ・ボンド（catastrophe bond、災害債券）

・地震や台風等のカタストロフィ・リスクの証券化。
・略称：CATボンド、CAT債券
・1997年以降、日本の地震や台風を対象にしたCATボンドが損害保険会社や企業によって発行されている。

②コンティンジェント・キャピタル（contingent capital）

内容	リスク発生により、緊急に資金を必要とする事態が発生したときに、企業があらかじめ定めた条件で借入れや債券、株式、仕組み商品等を発行できることを、資金供給者との間であらかじめ取り決めておく。	
目的	一般に損害填補といった要素はなく、資金流動性の確保が目的。	
種類	コンティンジェント・デット	資金の借入れや債券の発行によるファイナンス
	コンティンジェント・エクイティ	株式発行によるファイナンス

③コンティンジェント・サープラスノート（Contingent Surplus Note、CSN）

内容	・米国の保険会社が発行する無担保の債務証書。
	・災害が発生した場合に債務証書を、あらかじめ定められた条件で発行することができることを、災害発生前に保険会社と投資家との間であらかじめ取り決めておく。

目的	保険会社は、再保険市場がハード化、プレミアムが上昇しても、あらかじめ定められた条件によるサープラスノートの発行により資金調達が可能。
米国の規制上の扱い	保険会社は貸借対照表にサープラスノートを債務ではなく、自己資本（サープラス）として計上できる。

保険リンク証券のフレームワーク

発行主体（スポンサー）
保険会社、再保険会社、企業

保険リスクの証券化
SPV（Special Purpose Vehicle、特別目的ビークル）が、保険リスクを証券化、投資家に販売。

保険リスクのイベント

期間中にイベント発生	イベントがあらかじめ決めておいた金額や指数を超えた場合には、保険リスク証券発行主体は、投資家に対する元利金の一部またはすべての支払いを停止することができ、それを損失カバーの原資に充てる。
期間中にイベント不発生	投資家は元利金を受け取る。

（関連用語）　CATボンド（33頁）、コンティンジェント・キャピタル（443頁）、サープラスノート（450頁）

ボラティリティ

[金融] [証券化] [証券取引] [保険] [リスクマネジメント] [デリバティブ] [環境]
[外国為替] [ITフィンテック] [金利] [ポートフォリオ] [ファンド] [電力取引]

ボラティリティとは?

ボラティリティ(volatility)は、相場の変動度合いをいう。また、相場が荒れているときにはボラタイル(volatile)であるという。

ボラティリティは、主としてデリバティブ取引に使われる用語である。

ボラティリティの計測

標準偏差

ボラティリティは、ある一定期間の株価等の日々の変化率を連続複利の年率で示した標準偏差で表される。		
ベルカーブ	多数の銘柄の株価の日々の変化率を計算、その変化率の水準ごとに発生した頻度を全サンプル数で除した値をグラフで表す。	
	グラフの横軸	変化率
	グラフの縦軸	$\dfrac{発生頻度}{全サンプル数}$ = 確率密度関数

ボラティリティと分布の形状

大きい	分布裾野(テイル、tail)は厚く、広くなり、分布が平均値に集まる確率は低くなる。
小さい	分布の山は尖った形となり、分布の裾野は薄く、変化率が平均値辺りに集まる確率が高い。

ボラティリティの種類

ボラティリティには、ヒストリカル・ボラティリティとインプライド・ボラティリティの2種類がある。

①ヒストリカル・ボラティリティ (historical volatility)

株価等の過去の動きから計算されるボラティリティ。

計算手順 (例：株価)	(i)自然対数の算出	ある一定期間の日々の株価の変化率の自然対数を計算。 (例) ある日の株価が210円で、次の日の株価が215円に上昇。自然対数は次の計算から2.353％となる。 $\ln = \left(\dfrac{215}{210}\right) = 2.353$
	(ii)自然対数の平均	(i)で出した自然対数の平均を計算する。
	(iii)分散の算出	日々の株価の変化率の自然対数(i)とその平均(ii)の差を二乗して分散（Variance、V）を算出する。
	(iv)標準偏差（日次ボラティリティ）の算出	(iii)の分散を平方根して、標準偏差（standard deviation、σ（シグマ））を算出。これが、日次ベースのボラティリティである。
	(v)ボラティリティの算出	(iv)の日次ベースのボラティリティを年率換算してボラティリティとする。

②インプライド・ボラティリティ（implied volatility）

オプションのプレミアムの決定要素である原資産価格、権利行使価格、ボラティリティ、満期までの期間、短期金利のうちボラティリティ以外の4つの要素とマーケットで取引されているプレミアムをブラック・ショールズモデルにインプットして計算されるボラティリティ。

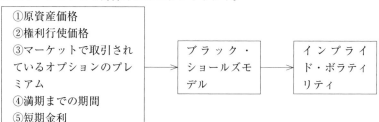

インプライド・ボラティリティの機能	インプライド・ボラティリティの変化を観察することにより、市場参加者がマーケットの先行きの展開をいかにみているかを分析するうえで重要な情報を得ることができる。

オプション取引とボラティリティ

オプションの買い手

ロングボラティリティ
相場が大きく動いたときに利益。

オプションの売り手

ショートボラティリティ
相場が小動きに推移したときに利益。

マーケットメイカー

`金融` `証券化` `証券取引` `保険` `リスクマネジメント` `デリバティブ` `環境`
`外国為替` `ITフィンテック` `金利` `ポートフォリオ` `ファンド` `電力取引`

マーケットメイカーとは？

マーケットメイカー（market maker）は、マーケットに継続的に売り注文と買い注文を出す義務を負っている市場参加者をいう。

オークションマーケットとマーケットメイカーマーケット

売買取引は、売り手と買い手の価格、数量等の条件が合致して成立することとなるが、取引所取引では、この売買の成約に持ち込む2つの方法がある。

①オークションマーケット

・投資家が出す売り注文と買い注文と直接ぶつけて取引を成立させる形をとるマーケット。
・オーダー（注文）が取引のトリガーとなることから「オーダードリブンマーケット」とも呼ばれる。

②マーケットメイカーマーケット

・指定された証券会社が、マーケットにこの価格なら売る、あるいは買うという形で一定数量の注文を提示する形をとるマーケット。
・証券会社が提示するクオート（気配（けはい）、マーケットに出ている注文）が取引のトリガーとなることから「クオートドリブンマーケット」とも呼ばれる。

マーケットメイカー制度の目的

オークションマーケット

大量の注文がマーケットに集中して取引が成立する流動性の厚さが、取引がスムーズに成立するための前提。	
流動性不足	銘柄によっては投資家の注文だけではマーケットに十分な流動性が提供されないケースも起こりうる。

マーケットメイカー制度

目的	流動性を常に市場に供給することを目的。
マーケットメイカー	売り気配と買い気配を提示。
アスク・ビッドスプレッド	売り気配と買い気配の価格差（アスク・ビッドスプレッド）が、マーケットメイカーが投資家に流動性を供給するインセンティブとなる。

大阪取引所のマーケットメイカー制度

大阪取引所では、投資家の円滑な取引機会の確保を指向して、一部商品を対象に、マーケットメイカー制度を導入している（図表1）。マーケットメイカーによる気配提示は、大阪取引所の定める基準に従い行われる。

マーケットメイカーの種類	マーケットメイカーの役割
プライマリマーケットメイカー （Primary Market Maker、PMM）	マーケットメイク銘柄に対し恒常的に売呼値および買呼値を提示。
流動性供給参加者 （Liquidity Provider、LP）	取引に応じた流動性供給。すなわち、LPが適当と判断する範囲内で、対当する呼値を行う。

図表1　大阪取引所のマーケットメイカー制度対象取引

対象取引	PMM	LP
ミニTOPIX先物取引	○	○
日経225先物取引（ラージ）		○
日経225mini	○	
NYダウ先物取引	○	
CNX Nifty先物取引	○	
日経平均VI先物取引	○	
東証REIT指数先物取引	○	
TOPIX Core30先物取引	○	
東証銀行業株価指数先物取引	○	
日経平均・配当指数先物取引	○	
TOPIX配当指数先物取引	○	
TOPIX Core30配当指数先物取引	○	
ミニ長期国債先物取引	○	○
超長期国債先物取引	○	
長期国債先物オプション取引	○	
TOPIXオプション取引	○	
有価証券オプション取引	○	

（出所）　大阪取引所「マーケットメイカー制度対象商品基準一覧」

マルチファクターモデル

[金融] [証券化] [証券取引] [保険] [リスクマネジメント] [デリバティブ] [環境]
[外国為替] [ITフィンテック] [金利] [ポートフォリオ] [ファンド] [電力取引]

マルチファクターモデルとは？

シングルファクターモデル（single-factor model、one-factor model）

証券のリターンはマーケットのパフォーマンスという1つのファクターにより決まるとするモデル。

マルチファクターモデル（multi-factor model）

マーケットの環境要因となる経済のファンダメンタルズのいくつかのファクターや企業のさまざまな財務ファクター等が証券のリターンに影響を及ぼすというコンセプトに基づくモデル。

シングルファクターモデルからマルチファクターモデルへ

CAPM（Capital Asset Pricing Model）

証券のリスクを分散投資により消去可能なリスク（非システマティックリスク）と分散投資によっても消去不可能なリスク（システマティックリスク）に分解。

システマティックリスク	システマティックリスクだけがリターンの大きさにインパクトを与える。
マーケットリスク	・システマティックリスクはマーケットリスクを指す。 ・したがって、CAPMはマーケットリスクのみがリターンを決めるシングルファクターモデル。

マルチファクターモデル

シングルファクターモデルへの批判	複雑な経済要因が錯綜する現実の世界においては、証券のリターンが、マーケットのパフォーマンスというただ1つのファクターにより決まるとするモデルは、物事をあまりにも単純化している。

マルチファクター	・マーケットの環境要因となる経済のファンダメンタルズを構成する種々のファクター。 ・企業のさまざまな財務状況のファクター等。

マルチファクターモデルの基本的な枠組み

マルチファクターモデルの一般式

$Ri = a_i + b_{i1}F_1 + b_{i2}F_2 + \cdots + b_{iL}F_L + \varepsilon_i$

Ri：個別銘柄の株式の収益率

b_{ik}：個別銘柄の株式の収益率の第 k 番目（$k = 1 \cdots L$）のファクターに対する感応度

F_k：第 k 番目（$k = 1 \cdots L$）のファクター

ε_i：誤差

ファクター	・ファクター数は L 個。 ・L 個のファクターが証券のリターンに影響。
誤差（ε_i）	・非システマティックリスクを表す。 ・共分散はゼロとなる。

メザニン、メザニンファイナンス

`金融` `証券化` `証券取引` `保険` `リスクマネジメント` `デリバティブ` `環境`
`外国為替` `ITフィンテック` `金利` `ポートフォリオ` `ファンド` `電力取引`

メザニン、メザニンファイナンスとは？

メザニン（mezzanine）は、イタリア語でバロック建築の中2階を意味するが、ファイナンスの世界では債務と株式の中間を意味する。

債務（debt finance）

借入れ、債券発行による資金調達。

普通株式（equity finance）

株式発行による資金調達。

メザニンファイナンス（mezzanine finance）

・債務と株式の中間の性格を持つ資金調達。
・メザニンファイナンスは、その性格が債務に近いものもあれば普通株式に近いものもある。

メザニンファイナンスの特性

資金供給主体にとってのリスク・リターン特性

銀行融資・社債	ローリスク・ローリターン
普通株式	ハイリスク・ハイリターン
メザニンファイナンス	ミドルリスク・ミドルリターン

資金需要主体にとっての特性

デットファイナンス対比	デットファイナンスよりもリスクが高い対象へ活用することが可能。
エクイティファイナンス対比	ガバナンス構造に影響を受けることがない。

メザニンファイナンスの期間

シニアローンよりも長く、6～8年程度。

メザニンファイナンスのコスト

銀行融資よりも高いが、当初の支払いを抑えるためにPIK（Payment In Kind、支払利息の一部を融資期限到来まで繰り延べる）や、新株予約権付にするケースが多い。

メザニンファイナンスの種類

メザニンファイナンスは、ハイブリッド証券とメザニンローンの総称ということができる。

ハイブリッド証券

劣後債	普通債よりも元利金の支払いが劣後する債券。「メザニンボンド」ともいう。
優先株	配当等の権利が普通株に優先する株式。
メザニン・トランシェ	・資産の流動化・証券化の優先劣後構造で、元利金の支払い順位がシニアに劣後するものの、エクイティよりは優先するトランシェ。 ・シニアに劣後することにより、シニアの信用補完の機能を果たす。

メザニンローン

劣後ローン	・債務弁済順位が一般債権よりも劣後するローン。 ・「メザニンローン」とか「セカンドローン」ともいう。

メザニンファイナンスの活用

メザニンファイナンスは、その活用目的によって、コーポレート・メザニンとバイアウト（LBO型）・メザニンに大別することができる（図表1）（注1）。

図表1　LBOファイナンスの構成

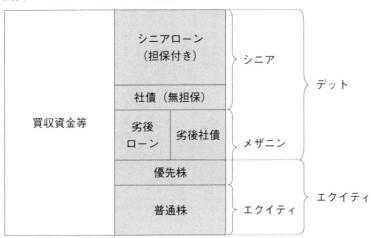

（出所）　笹山幸嗣・村岡香奈子『M&Aファイナンス〔第2版〕』金融財政事情研究会2008年7月

① コーポレート・メザニン

ファイナンスの特性	財務比率	銀行融資による財務比率の悪化を回避することが可能。
	希薄化	増資による株式の希薄化を回避することが可能。
資金使途	成長企業	新規事業や設備投資を行うための成長資金のファイナンス。
	銀行融資	銀行融資で調達するにしてはリスクが高く、銀行がこれに応じる可能性が少ない。
	増資	増資で調達するにしてはリターンが低く、投資家がこれに応じる可能性が少ない。
	優先株	資金を振り向ける事業のリスクが高く、先行きのキャッシュフローが不安定になる見込みが強い場合には、定期的に元利払いが求められる劣後ローンや劣後債よりも、優先株が選好されることが多い。

	再生企業	資本再構築を図りながら事業再生を指向するためのファイナンス。
	リファイナンス	・銀行融資や社債といったデットファイナンスを、それよりも資本性の高い劣後ローン、劣後債、優先株等のメザニンファイナンスにリファイナンス。 ・これにより、中長期的に事業の再生に取り組むことが可能。

②バイアウト・メザニン

目的	企業買収資金（LBO）のファイナンス（図表2）	
種類	ファイナンシャルスポンサー	ファンドが資金供給主体。
	ファイナンシャルスポンサーレス	ファンド以外の主体が資金を供給。

（注1） 三菱総合研究所「産業金融システムの構築及び整備調査委託事業『国内外のメザニンファイナンスの実態調査』報告書」2013年2月

図表2　メザニンファイナンスのタイプ

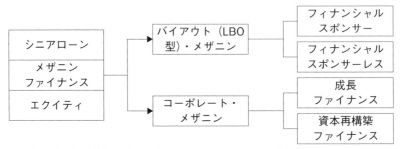

（出所） 菅野泰夫「復活する日本のLBOファイナンス」大和総研レポート2012年7月をもとに筆者作成

メザニンファイナンスの供給主体

コーポレート・メザニン
・シニアローンを提供する金融機関
・ファンド運営会社
・リース会社

- メザニンファンド運営会社

バイアウト・メザニン
- PEファンド（プライベートエクイティファンド）
- シニアローンを提供する金融機関から紹介を受けた主体
- メザニンファンド運営会社

日本の代表的なメザニン投資家と投資実績（注2）

メザニン投資家	代表的な投資実績
日本政策投資銀行	ミサワホーム、ユー・エス・ジェイ
メザニン（MCo）	LEOC、吉本興業
三井住友トラスト・キャピタル	ワールド、成城石井
東京海上日動火災保険	ポッカコーポレーション、あきんどスシロー
みずほキャピタルパートナーズ	東日本ハウス、イー・アクセス

（注2） 菅野泰夫「復活する日本のLBOファイナンス」大和総研レポート2012年7月等をもとに作成。

最近のメザニンファイナンス（注3）

メザニンファイナンスの対象企業	メザニンファイナンスの目的	メザニンファイナンスの形態
ポッカコーポレーション	MBO（株式非公開化）	優先株
ワールド	MBO（株式非公開化）	劣後債、優先株
ボーダフォン	LBO	優先株
東芝セラミック	MBO（株式非公開化）	優先株
吉本興業	MBO（株式非公開化）	優先株
LEOC	MBO（株式非公開化）	優先株
ユー・エス・ジェイ	資金調達	優先株
ほうよの宿ひみ	MBO	劣後ローン

（注3） 三菱総合研究所「産業金融システムの構築及び整備調査委託事業『国内外のメザニンファイナンスの実態調査』報告書」2013年2月（原典：『ハイブリッド証券入門』）等をもとに作成。

メザニンファンド

`金融` `証券化` `証券取引` `保険` `リスクマネジメント` `デリバティブ` `環境`
`外国為替` `ITフィンテック` `金利` `ポートフォリオ` `ファンド` `電力取引`

メザニンファンドとは？

メザニンファンド（mezzanine fund）は、企業の資金調達をデットの優先部分（シニア）、デットの劣後部分（ジュニア）、エクイティと3階構造に分けて、デットの劣後部分に資金供給するタイプのファンドである。メザニンは、中2階を意味するイタリア語。

デットの優先部分（シニア）

通常の金融機関融資が行われる。

デットの劣後部分（ジュニア）

メザニンファンドが資金供給。

エクイティ

プライベートエクイティファンド等が出資。

メザニンファンドの対象企業と戦略

メザニンファンドの対象企業

- 再生を目指す企業
- 今後の成長が期待できる企業
- M&A案件
- バイアウト案件等

メザニンファンドの戦略

ベンチャーキャピタルファンド	投資対象企業の株式公開を目標にした投資。
メザニンファンド	必ずしも株式公開を最終目標にしているわけではなく、企業価値が上昇して株式価値ないし債権価値が上昇したら、株式ないし債権を転売して利益を獲得することを目標にした投資。

メザニンファンドの機能

①資金調達サイド

資金調達の新たなチャネル	企業が、以下のような事情で金融機関借入れも増資による資金調達も思うようにできない場合に、メザニンファンドが資金供給の機能を果たす。	
	金融機関借入	（例）金融機関によるシニアファイナンスが貸出枠の関係から限度に達して、これ以上の借入れはできないケース。
	増資による資金調達	（例）デットでレバレッジを利かせることによりリターンを狙う観点から、エクイティのほうはそれほど増やすわけにいかないケース。
	LBOをファイナンス	メザニンファンドは、LBOをファイナンスするための一手段として発行される劣後債や優先株等に投資するケースも少なくない。

②資金提供サイド

ミドルリスク・ミドルリターンのプロファイルを持つ商品の1つとして、銀行や投資家にとってポートフォリオに組み入れる魅力的な資産となる。

日本版LLP法とメザニンファンド

法制度の整備

中小ベンチャーファンド法	中小企業に対する「出資」という形で投資をするファンドの設定が認められていた。
日本版LLP法	大企業、公開企業を含めて株式取得等「出資」の形態のほかに、「融資」の形態をとることも可能となった。

メザニンファンド

投資	優先株の引受等の形で投資。 優先株：配当や残余財産分配の請求権が普通株に優先するかわりに、議決権に一定の制限が付されている株式。

債権	劣後ローン、劣後債の形で資金供給。 劣後ローン、劣後債：企業の破綻・解散時に一般債権者よりも弁済順位が下位に置かれた形での融資、債券であり、通常の債権よりも株式に近い性格を持つ。

メザニンファンドの融資タイプ

日本版LLP法の施行によって、メザニンファンドから企業に対してさまざまなタイプによる融資が行われている。

①通常の融資形態

金融機関による貸付 （シニアローン）		元本の保全を重視して厳しい審査を行う必要がある。
メザニンファンドによる貸付	機動的な資金供給	・ベンチャー企業も事業再生企業も、機動的な資金調達を必要とするケースが少なくない。 ・ファンドが切迫した需資に対して「出資」により資金供給するとなると、時間も手間もかかるが、「融資」であれば、機動的な対応が可能。
	ハイリスク・ハイリターン	メザニンファンドによる融資では、金融機関の融資基準にマッチしないハイリスクの案件に対してもハイリターンを狙って弾力的に融資するケースが少なくない。

②ブリッジローン

融資から出資へのスイッチ	本来は出資で資金供給をする性格の資金でも、とりあえず融資で泳いでおいて、出資手続が整ったところで融資から出資に切り替えるブリッジローンも活発に行われている。
DES	ブリッジローンから出資への切替えには、デットエクイティスワップ（Debt to Equity Swap、Debt for Equity Swap、DES）を使うこともある。

メザニンファンドの具体例（注）			
メザニンファンドの名称等（設立年）	ファンド組成主体	目的	資金供給の形態、規模、具体例
UDSコーポレート・メザニン投資事業有限責任組合（略称：UDSメザニンファンド）（2006年）	日本政策投資銀行、三井住友銀行	企業の事業再構築の中でのバランスシート調整ニーズや、M&Aやバイアウト案件における資金調達手段等のニーズに対応。	・優先株、劣後ローン等の引受け。 ・当初120億円、翌2007年には2,000億円規模を目途に拡大。
都市再生ファンド（2003年）	日本政策投資銀行、ほか複数の金融機関	不動産開発事業に対するファイナンス	第1号プロジェクトは、NTT都市開発および鹿島建設が主導する秋葉原UDX建設プロジェクトに対して融資。
ふくしま応援ファンド投資事業有限責任組合（2011年）	日本政策投資銀行、東邦銀行	東日本大震災の被災企業に対する復興資金の供与。	第1号は、被災した福島県郡山市の病院に対して資本性劣後ローンおよびシニアローンを実施。
みずほキャピタルパートナーズ（2000年）	みずほ銀行、みずほキャピタル	MBOファンドおよびメザニンファンドの運営・管理	・これまで第1～3号のMBOファンドと第1～2号のメザニンファンドを組成。 ・第2号の当初のファンド総額が121億円であるがそのうち、中小企業基盤整備機構が40億円を出資。

私募ファンド（2011年）	ダイヤモンド・リアルティ・マネジメント（三菱商事グループ）	不動産向けノンリコースのメザニン部分に投資。	投資家は、国内の機関投資家が主体。
SBIメザニンファンド2号投資事業有限責任組合および首都圏企業再生ファンド投資事業有限責任組合（2006年）	SBIキャピタルソリューションズ（SBIグループのメザニンおよび企業再生ファンドの運営会社）	メザニン投資、企業再生ファイナンス等。	民事再生手続を申し立てた企業の事業再生を支援するDIPファイナンスとして、極度額5億円の融資枠を設定。

（注）　日本政策投資銀行等の資料をもとに筆者作成

モノライン保険会社

金融 | 証券化 | 証券取引 | 保険 | リスクマネジメント | デリバティブ | 環境
外国為替 | ITフィンテック | 金利 | ポートフォリオ | ファンド | 電力取引

モノライン保険会社とは？

モノライン保険会社、モノライン（monoline insurance company）
米国で金融保証業務を専門とする会社。

マルチライン保険会社、マルチライン（multiline insurance company）
生命保険や損害保険をはじめとするさまざまな保険を扱う総合保険会社。

モノライン保険会社の発展経緯と機能

発展経緯

1970年代初頭	米国の地方債の元利金の支払保証を行う会社として誕生。
1980年代	地方債に加えてABS（資産担保証券）やCDO（債務担保証券）等の証券化商品の保証業務に進出。
現在	・地方債と証券化商品に対する保証業務がモノラインの収益を支える2本柱。 ・一般に証券化商品の2割前後は、信用補完を目的にしてモノラインからの保証を利用。

機能

信用補完機能	金融債務の不履行が発生した場合には、債務不履行がどのような理由によるものであれ、当初約定どおりのスケジュールで元利金を全額支払うことを保証。

モノライン保険会社とサブプライム危機

サブプライム問題の深刻化
モノラインは、保険金の支払いが嵩んで、経営悪化をきたすところも出現。

モノライン経営悪化の影響

モノライン自体のみならず、モノラインの顧客にとっても甚大な影響。	
証券化商品の発行体	従来、信用度の高いモノラインの保証を得ることで合理的な資金コストにより調達可能であったが、それが困難化。
証券化商品への投資家	投資物件の安全性が保証され、安心して投資できるところ、それが困難化。
地方自治体	サブプライムにまったく関係のない地方債等までも、信用力が低下。

優先株式

| 金融 | 証券化 | 証券取引 | 保険 | リスクマネジメント | デリバティブ | 環境 |
| 外国為替 | ITフィンテック | 金利 | ポートフォリオ | ファンド | 電力取引 |

優先株式とは？

　優先株（preferred stock、preference stock）は、種類株の一種で、利益配当または残余財産の分配を普通株や劣後株に優先して受け取ることができる株式である。

利益配当優先株

利益配当を普通株や劣後株に優先して受け取ることができる株式。	
固定配当額	優先配当が1株何円というように固定配当額であるケース。
一定割合の上乗せ	普通配当に一定の割合を上乗せする（ただし最低金額を設定）ケース。

残余財産優先株

| 残余財産の分配を普通株や劣後株に優先して受け取ることができる株式。 |

優先株の特性

無議決権

| 優先株には、一般的に議決権を付けないことからガバナンス構造の変更が回避可能。 |

配当

・無議決権株となることから、一般的に高い配当率が設定される。 ・優先株への配当が無配転落となった場合には、議決権を復活させる条件付の優先株もみられる。	
税務処理	・優先株は劣後債と同様、メザニンファイナンスのカテゴリーに属する。 ・劣後債の金利支払いは損金扱いとなるのに対して、優先株の配当支払いは普通株の配当同様、損金扱いとはならない。

各種の優先株

①累積型と非累積型

累積型	企業の業績不振等により、ある年度にあらかじめ定められた一定額または一定割合の優先配当が支払われなかった場合に、未払い分が次年度以降に繰り越される形で累積するタイプ。
非累積型	未払い分が次年度以降に繰り越されず、この結果、投資家にとって当年度分に未達の優先配当受取権が消滅するタイプ。

②参加型と非参加型

参加型	優先株への優先配当を行った後にも配当可能利益があり、これを普通株主に配当する場合には、優先株主も普通株主とともに利益配当に参加することができるタイプ。
非参加型	普通株主に配当が実施される場合でも、優先株主の配当は、あらかじめ定められた一定額または一定割合の優先配当の受取りにとどまるタイプ。

③エクイティキッカー付

・優先株は、普通株式への転換権や新株予約権といったエクイティキッカーが付されていることが少なくない。
・こうした優先株は、転換権が付されていない優先株に比べると資本性が高いと考えられる。

バーゼル規制	普通株転換権付優先株は、バーゼルⅡではTier 1として認められていたが、バーゼルⅢではその他Tier 1となる。

日本の銀行、企業による優先株の発行

①日本の銀行による発行

目的	これまで日本で発行されてきた優先株の多くは、銀行がバーゼル規制への対応として発行したもの。
具体例	・1999年、金融再生委員会は、大手行を中心に15行に対して総額約7兆円の公的資金注入を正式に承認。 ・このうち約5兆5,000億円は普通株転換権付優先株

| | | | の引受けによるもの。この普通株転換権付優先株は、一定の猶予期間を過ぎればいつでも普通株への転換が可能となるオプション付優先株。 |

②日本の企業による発行

ハイブリッド証券発行のきっかけ			日本において、一般事業会社によりハイブリッド証券が発行され始めたきっかけとなったのは優先株の発行。
DESによる優先株発行			・バブル崩壊後、経営悪化に直面、普通株式発行による増資や社債発行、銀行からの追貸し等による資金調達に困難をきたした企業が、デット・エクイティスワップ（DES）を使って銀行借入を優先株に切り替え、それをメインバンクや親企業、取引先等が引き受けた。 ・これにより、企業は債務の削減・自己資本の増強による財務基盤を強化。
	具体例：伊藤園	優先株の発行	・2007年9月、伊藤園は、無議決権優先株を株主に対して、普通株1株に対して0.3株の割合とする無償割当方式で発行。 ・伊藤園は、その後、11月に優先株の公募増資を、また12月に第三者割当増資を実施。
		目的	・伊藤園では、この優先株発行の目的は、新たな成長資金の調達であり、資金調達手段の多様化や投資家に新たな投資機会を提供することを目的としたものとしている。 ・この優先株発行は、買収防衛策の色彩も持つとみられている。優先株には、(i)伊藤園が合併により消滅会社となる場合、

		(ii)株式交換により完全子会社になる場合、 (iii)公開買付けにより50％以上の買占めが生じた場合、 (iv)伊藤園の優先株が上場廃止となった場合には、 発行体である伊藤園が優先株を強制的に普通株に転換する強制転換権が付与されている。
	無議決権株	この優先株は、無議決権株であるが、2期連続して無配となった場合には議決権が発生。
	優先配当の内容	・普通配当に25％上乗せ ・下限額15円 ・累積型
	残余財産分配	・普通株式と同順位 ・累積未配当がある場合には、その相当額について普通株式に優先して分配。

(関連用語)　種類株式（536頁）

優先出資証券

`金融` `証券化` `証券取引` `保険` `リスクマネジメント` `デリバティブ` `環境`
`外国為替` `ITフィンテック` `金利` `ポートフォリオ` `ファンド` `電力取引`

優先出資証券とは？

優先出資証券（preferred securities）は、①優先出資法に基づいて協同組織金融機関が発行する証券、または、②資産流動化法に基づいて企業や民間金融機関が発行する証券である。

優先出資証券

①優先出資法に基づいて協同組織金融機関が発行する証券

根拠法	協同組織金融機関の優先出資に関する法律（優先出資法）
発行主体	協同組織金融機関：農林中央金庫、商工組合中央金庫、全国信用協同組合連合会、信金中央金庫、労働金庫連合会、農業協同組連合会、漁業協同組連合会等
発行目的	・自己資本充実 ・会員からの普通出資を補完するものとして、一般から出資を募る。

②資産流動化法に基づいて発行する証券

根拠法	資産の流動化に関する法律（資産流動化法、SPC法）		
発行主体	民間企業、金融機関		
発行目的	自己資本充実		
	優先出資証券の発行手順	(i)特定目的会社の設立	資金調達主体が特定目的会社（TMK）を設立。
		(ii)優先出資証券の発行	・特定目的会社が優先出資証券を発行、投資家から発行代り金を受け取る。 ・優先出資証券の裏付資産は、(iii)で最終的な資金調達主体が発行する劣後債等。

		(ⅲ)劣後債等の発行	資金調達主体は、特定目的会社に対して劣後債等を発行、特定目的会社が優先出資証券発行により調達した資金を受け取りファイナンスの目的を達成させる。

優先出資証券の特性

配当

普通出資者に対する優先配当		
累積型と非累積型	累積型	ある年度にあらかじめ定められた優先配当が支払われなかった場合に、未払い分が次年度以降に繰り越される形で累積するタイプ。
	非累積型	未払い分が次年度以降に繰り越されず、当年度に未達の優先配当受取権が消滅するタイプ。
参加型と非参加型	参加型	優先配当後にも配当可能利益があり、これを普通出資者に配当する場合には、優先出資者も利益配当に参加できるタイプ。
	非参加型	普通出資者に配当が実施される場合でも、優先出資者は、あらかじめ定められた優先配当の受取りにとどまるタイプ。

議決権

一般的に議決権は付せられない。

期限

大半の優先出資証券は、期限の定めがなく、この点では株主資本に近い性格を持つ。	
資本性	優先出資証券は通常、期前償還条項（コール条項）とステップアップ条項が付されており、株主資本よりは資本性が劣る。

優先劣後構造

[金融] [証券化] [証券取引] [保険] [リスクマネジメント] [デリバティブ] [環境]
[外国為替] [ITフィンテック] [金利] [ポートフォリオ] [ファンド] [電力取引]

優先劣後構造とは？

　優先劣後構造（Senior/Subordinate Structure）は、債権や証券化商品等から生まれるキャッシュフローの受取りについて、優先順位を付けた階層構造をいう。

優先劣後構造の機能と活用

機能

優先劣後構造の実際	最優先の順位の商品にキャッシュフローが行き渡ってはじめて次順位の商品にキャッシュが流れ、次順位商品にキャッシュが行き渡るとその下位の商品にキャッシュが流れる。
落水構造	・各層の証券をコップ、キャッシュフローを水の流れにたとえると、水は一番上の段にあるコップの中にまず流れ込み、そのコップがいっぱいになったところで次の段にあるコップの中に水が流れる。 ・資産から流れる水の量が少なくなると、まず一番下の段にあるコップの水がいっぱいにならないという形で損失が発生。 ・こうした優先劣後構造は「落水構造」（water-fall structure）とも呼ばれる。

投資家層の拡大

優先劣後構造により、債権や証券化商品等を異なるリスク・リターンプロファイルを持つ複数の階層構造にして、さまざまなリスク・リターンの選好を持つ投資家を呼び込むことが可能。

活用

・ハイブリッド証券の優先株・劣後株等
・住宅ローン債権の証券化等、資産の証券化

資産の証券化の優先劣後構造

①証券化のスキームと優先劣後構造

証券化スキーム	リスク分散	いくつかの資産を束ねて証券化することによるリスクの分散効果。
	キャッシュフローの組替え	資産の証券化を行うSPVが裏付資産から生まれるキャッシュフローを組み替えることにより、さまざまなリスク・リターンを持つ証券化商品に仕立てることが可能。
優先劣後構造		仮に裏付資産がデフォルトを起こしてキャッシュフローが当初予想されたように生まれない場合には、支払い優先度が低い証券から順に損失を負担する。

②トランチングとトランシェ

トランチング(tranching)	資産の証券化商品に対する元利金の支払いの順位付けをして、優先劣後構造に仕立て上げるプロセス。
トランシェ(tranche)	階層構造によって支払い順位を付けられた各々の証券化商品。

③シニア債、メザニン債、エクイティ

トランシェは、通常、デットとエクイティに大別され、デットがエクイティに優先して支払いを受ける。
デットは、シニア債とメザニン債に2分され、さらにこの各々の中で細分化される。この結果、大きな区分けとしては、(i)シニア債、(ii)メザニン債、(iii)エクイティの順に支払いを受けることとなる。

デット(debt)	シニア債(senior bond)		キャッシュフローの支払い順位がメザニン部分やエクイティ部分よりも優先する部分。
		スーパーシニア	・シニア部分よりも優位に立つスーパーシニアが発行されることもある。 ・シンセティック型CLO等において、ABSを発行することなく、投資家が直接にCDS(クレジットデフォルトスワップ)を締結する場合に形成される。

	メザニン債 (mezzanine bond)	・キャッシュフローの支払い順位がシニアに劣後するが、エクイティよりは優先する部分。 ・シニア債の信用補完機能を持つ。
エクイティ (equity)		・キャッシュフローの支払い順位が最下位に位置する部分。 ・裏付資産がデフォルトを起こした場合に、最初に損失を被ることから「ファーストロス・トランシェ」(first-loss tranche)ともいう。 ・エクイティは投資家に売られることなく、オリジネーター自身により保有されることが多い。これにより、オリジネーターが投資家に販売した上位のトランシェの信用補完を行う。

ユーロカレンシー先物、オプション

`金融` `証券化` `証券取引` `保険` `リスクマネジメント` `デリバティブ` `環境`
`外国為替` `ITフィンテック` `金利` `ポートフォリオ` `ファンド` `電力取引`

ユーロカレンシー先物、オプションとは？

　ユーロカレンシー先物、オプション（Euro currency futures & options）は、ユーロカレンシーを原資産とする先物、オプションである。

　ユーロカレンシー先物、オプションの原資産には、ユーロドル、ユーロ円、ユーロユーロ等、多くの種類の通貨がある。

ユーロカレンシーとユーロ市場

ユーロカレンシーの概念

当該通貨発行国以外の国に所在する銀行に預けられている当該通貨建て預金。 （例）ユーロドル（ユーロダラー）：米国国外の銀行に預けられている米ドル建て預金。	
ユーロドルの起源	1950年代初、東西冷戦が強まりをみせた時代に、ソ連や東欧諸国が米国の銀行に預入している米ドルが、米国当局により預金封鎖となることを恐れて、ロンドンをはじめとする欧州の銀行に預け替えたことが起源。
ユーロカレンシーとユーロカレンシー市場	ユーロドルがその後、拡大される形で、発行国以外で流通している通貨を総称して「ユーロカレンシー」といい、ユーロカレンシーが取引されているマーケットを「ユーロカレンシー市場」というようになった。

ユーロ市場

ユーロカレンシー市場＋ユーロ債市場	
ユーロ債	ユーロカレンシー市場で資金調達を目的に発行された債券。
ユーロ市場の特徴	一般的に規制が緩やかで、相対的に自由な取引が可能である国際金融マーケットの特徴を持つ。

ユーロ円等

ユーロ円	日本の国外で流通する日本円。
ユーロポンド	英国以外で流通する英ポンド。
ユーロユーロ	ユーロ圏以外で流通するユーロ。

ユーロ円とユーロドル3カ月物金利先物

	ユーロ円3カ月金利先物 (Three month euroyen futures)	ユーロドル先物 (Eurodollar futures)
上場取引所	東京金融取引所	CMEグループのシカゴマーカンタイル取引所
原資産	・期間3カ月のユーロ円の金利指標（100－年換算した金利） ・金利は3カ月TIBOR（Tokyo Inter-Bank Offered Rate）	・期間3カ月のユーロドルの金利指標（100－年換算した金利） ・金利は3カ月LIBOR（London Inter-Bank Offered Rate）
取引単位	想定元本1億円として、この元本が生む金利を取引。	想定元本100万ドルとして、この元本が生む金利を取引。
最終（期日）決済	現金決済	・現物受渡し（physical delivery）ではなく、現金決済（cash settlement）とした最初の金融先物商品。 ・最終決済価格：100－3カ月LIBOR
限月	・3、6、9、12月の四半期末限月が20限月と直近月2連続月 ・最長では5年先の3カ月間の金利を取引することが可能	・3、6、9、12月の四半期末限月が40限月と、直近月4連続月の限月 ・最長では10年先の3カ月間の金利を取引することが可能
1ティック（最小変動幅）	2分の1bp、すなわち、0.005＝1,250円	・当限（とうぎり、一番早く期限が到来する限

		月）：4分の1bp、すなわち、0.0025＝6.25ドル ・その他の限月：2分の1bp、すなわち、0.005＝12.50ドル

ユーロ円とユーロドル3カ月物金利先物オプション

	ユーロ円3カ月金利先物オプション	ユーロドルオプション
上場取引所	東京金融取引所	CMEグループのシカゴマーカンタイル取引所
原資産	ユーロ円3カ月金利先物	ユーロドル先物
限月	3、6、9、12月の四半期末限月が5限月	3、6、9、12月の四半期末限月が16限月と、直近月2連続月の限月
権利行使時期	アメリカンスタイル	アメリカンスタイル

劣後債、劣後ローン、劣後株

`金融` `証券化` `証券取引` `保険` `リスクマネジメント` `デリバティブ` `環境`
`外国為替` `ITフィンテック` `金利` `ポートフォリオ` `ファンド` `電力取引`

劣後債、劣後ローン、劣後株とは？

劣後債（subordinated bond）
・「劣後特約付社債」の略称。
・劣後債の発行体に法的倒産手続（会社更生、民事再生、破産のいずれかの手続）が開始された場合に、他の債務が全額支払われて、初めて元利金支払い請求権が発生する社債。

劣後ローン（subordinated loan）
返済順位や、会社清算の際の支払い順位等が、シニアローン等の一般債権に劣後するローン。

劣後株、後配株（subordinated stock、deferred stock）
配当や残余財産の一方、または双方の分配が普通株に劣後して受け取ることになる株式。

劣後債

特性

株式と債券の性格を併せ持つハイブリッド商品の一種。	
エクイティの性格	残余財産の分配面においては普通社債等に劣後。
デットの性格	経営に参画する議決権を有しない。

劣後債のリターン

普通債との比較	劣後特約により、劣後債の利回りは通常の債券よりも高く設定される。
プレミアム	劣後債が発行体と関連の深い投資家や金融機関により引き受けられるときは、プレミアムはさほど大きくならないことが多い。
情報発信	・発行体の実態を熟知している投資家が劣後債を引き受けることが、発行体が持つリスクが小さいという情

報をマーケットに発信。
・そして、これがプレミアムの縮小に寄与（注1）。

永久劣後債とステップアップ・コール付劣後債

永久劣後債	概念	満期の定めがなく、会社が解散等の事態に陥らない限り元本の償還がない債券。劣後債＋永久債。	
	利息支払繰延条項	発行体の業績不振から配当可能利益が捻出できない場合とか、自己資本が一定の比率以下になった場合には利息の支払いが繰延べになる条項が付けられることが少なくない。	
	バーゼル規制	・これまで金融機関が、バーゼル規制対応で発行してきたケースが多くみられる。 ・1998年の金融危機管理審査委員会による公的資金注入では、永久劣後債が多用された。	
		バーゼルⅢ	期前償還される可能性が高いステップアップ・コール付劣後債に比べると資本性が強く、Tier 2への算入が認められる。
ステップアップ・コール付劣後債	概念	発行体が期限前償還をすることができるコールオプション付劣後債。	
	コール付きの意義	・劣後債は、一般債券に比べて資本性が強いことから長期債券として発行されることが多い。 ・投資家は、あまりに長期となる運用対象を選好しない可能性があることから、発行体が期限前償還できるコールオプション付きとすることが大半。	
	ステップアップの意義	・投資家は、発行体がコールを権利行使、その結果、劣後債の期前償還がなされて資金回収が可能となることを期待。 ・したがって、発行体にとりコールの権	

			利行使が魅力あるものとするため、コール期日以降の金利を、それまでの金利よりも高く（ステップアップ）設定。 ・ステップアップにより、発行体は初期における金利負担を軽減可能。
	権利行使	実施	コールの権利行使が可能となる最初の日である初回コール日に期前償還されるケースが大半。
		見送り	・劣後債発行後に金利が急騰した場合には、コールの権利行使を行わないケースも考えられる。 ・そのような金利情勢の変化がないにもかかわらず権利行使が行われないと、発行体の財務状態が極度に悪化したのではないかとの観測がマーケットに広がる恐れ。
	バーゼルIII		初回コール日までが5年以上のものはTier2への算入が認められるが、初回コール日までが5年未満のものは算入不可となっている（注2）。

（注1） 岩村充「ハイブリッド商品の意義と発展可能性」証券アナリストジャーナル2007年3月号、12頁
（注2） みずほ証券バーゼルIII研究会編「詳解バーゼル3による新国際金融規制」中央経済社、2012年3月、150頁

劣後ローン（注3）	
概念	・返済順位、会社清算の際の支払い順位等が、一般の債権に劣後するローン。 ・会社清算の際の支払い順位は普通株に優先。 ・通常のローンを「シニアローン」、劣後ローンを「ジュニアローン」ともいう。

エクイティキッカー	劣後ローンには、新株予約権や普通株転換権等の「エクイティキッカー」が付けられることが少なくない。		
	目的	劣後ローンの金利にエクイティの要素を付加することによって、投資家が背負うことになる劣後リスクのコンペンセーションとすることを目的。	
期間	償還期間はシニアローンよりも6カ月から1年長いところに設定。		
償還	一括返済方法。		
優先株との比較	劣後ローン	金利・配当の税務処理	金利支払い：通常のシニアローンと同様、損金処理が可能。
		事務手続	株式発行に比べると容易。
	優先株	金利・配当の税務処理	配当：損金扱いとならない。
		事務手続	複雑。

（注3） 三菱総合研究所「産業金融システムの構築及び整備調査委託事業『国内外のメザニン・ファイナンスの実態調査』報告書」2013年2月

劣後株

概念	配当や残余財産の一方、または双方の分配が普通株に劣後する株式。		
議決権	・一般に議決権を付けないことから、ガバナンス構造の変更を回避することが可能。 ・無議決権株となることから高い配当率が設定される。		
目的	希薄化を避けながら資本増強を図る目的で発行され、それを会社の経営陣等が引き受けるケースがあるが、発行例は多くない。		
劣後債との比較	劣後株	金利・配当の税務処理	配当：普通株の配当同様、損金扱いとならない。
	劣後債	金利・配当の税務処理	金利支払い：通常の債券と同様、損金処理が可能。

レバレッジ

金融 | 証券化 | 証券取引 | 保険 | リスクマネジメント | デリバティブ | 環境
外国為替 | ITフィンテック | 金利 | ポートフォリオ | ファンド | 電力取引

レバレッジとは？

レバレッジ（leverage、てこ）は、少ない自己資金で市場価格の変動を大きく受けるように市場感応度を高めるポジションを構築することを意味する。

レバレッジの手法

金融機関借入

伝統的な方法。	
財務レバレッジ	金融機関からの借入れは、自己資本に対する借入金（D/Eレシオ）として財務レバレッジという。

デリバティブ

少額の証拠金で大きなポジションを形成。

信用取引

少額の証拠金で大きなポジションを形成。	
FX取引	外為証拠金取引（FX取引）も信用取引の一種。

証券化商品への劣後トランシェ

証券化商品のエクイティ等の劣後部分への投資により、少額の投資で大きなポジションを取得。

レバレッジの効果の具体例

1998年に事実上破綻した米国ヘッジファンドLTCM（Long Term Capital Management）が活用したレバレッジの典型的な手法。

①レバレッジ取引

レバレッジの手法	信用取引	レバレッジの効果	信用買いのレバレッジは、20倍。
		取引内容	信用取引の証拠金1ドルで

	デリバティブ取引	レバレッジの効果	20ドルの財務省証券を買う。 デリバティブで少額の証拠金を積む。
		取引内容	信用買いした財務省証券を証拠金に差し入れて名目元本200ドルの日本円通貨先物を買う。

②レバレッジ取引の結果—ハイリスク・ハイリターン

ケース1	取引後のマーケットの展開	日本円が5％上昇
	レバレッジの結果	日本円通貨先物 200ドル×5％＝＋10ドル
	損益	1ドルの元手で10ドルの利益
ケース2	取引後のマーケットの展開	日本円が5％下落
	レバレッジの結果	日本円通貨先物 200ドル×－5％＝－10ドル
	損益	1ドルの元手で10ドルの損失

レバレッジの活用とリスク管理

グローバル金融危機とレバレッジ

2008年のグローバル金融危機においても、市場参加者がさまざまな形でレバレッジを利かせて取引を行い、その結果、危機が増幅することになった。

レバレッジと自己資本

レバレッジの程度が体力からみて行き過ぎていないかどうかがポイント。	
損失耐久力	起こりうる損失に耐えうる十分な資本を持っていないと、レバレッジは大きなリスク要因となる。

レバレッジ比率規制

バーゼルⅢにおいては、レバレッジ比率規制が導入されている（注）。

レバレッジ比率規制の背景、目的

背景	①今次グローバル金融危機の大きな特徴は、銀行は多くの場合、リスクベースの自己資本比率は高い水準に維持していたものの、過度のオンバランス、オフバランスのレバレッジを積上げ。 ②金融危機局面で、銀行はレバレッジの削減をせざるをえず、これが資産価格の下落、銀行資本の毀損、借入れ能力の低下という悪循環をきたした。
目的	①銀行部門におけるレバレッジの積上がりの抑制。 ②リスクベースの自己資本比率規制の補完指標として、簡素な非リスクベースのレバレッジ比率を導入。

基準の枠組み

レバレッジ比率＝Tier 1 資本／エクスポージャー額≧3％
・Tier 1：バーゼルⅢベース（経過措置も勘案）。
・エクスポージャー額：以下のエクスポージャーの合計。
　(i)オンバランス
　(ii)デリバティブ取引
　(iii)レポ取引等の証券金融取引（SFT）
　(iv)オフバランス

試行と実施

・試行：2013年初〜17年初まで3％を最低基準としてテストを実施、2017年前半までにレバレッジ比率の適宜、水準について最終調整を実施。
・実施：2018年初から第1の柱へ移行。

開示要件

2015年初より開示開始。		
開示内容	①概要比較テーブル	会計上の総資産とレバレッジ比率上のエクスポージャー額を比較（期末値）
	②共通開示テンプレート	主なレバレッジ比率の要素の内訳を開示（期末値と四半期平均値の双方）
	③その他	・期末レバレッジ比率と月次レバレッジ比率の四半期平均が著しく異なる場合にその原因 ・共通開示テンプレート（オンバランス

		シート・エクスポージャー部分）と開示財務諸表との間に重要な差異がある場合にその原因 ・昨期末のレバレッジ比率と重要な差異がある場合にその原因
	開示頻度	・財務諸表の公表と動頻度、かつ同時に開示の必要がある。 ・ただし、レバレッジ比率（期末値と四半期平均値の双方）および期末値のレバレッジ比率の分子・分母は四半期ごとに開示の必要がある。
	開示場所	①財務諸表上、または、②最低限、銀行のウェブサイトや一般に利用可能な規制上の報告資料に掲載、財務諸表上で直接参照される必要がある。

（注） 金融庁／日本銀行「バーゼルⅢレバレッジ比率の枠組みに関する市中協議文書の公表について」2013年7月、「レバレッジ比率の枠組みと開示要件に関するバーゼルⅢテキストの公表について」2014年2月

レポ、リバースレポ

金融 | 証券化 | **証券取引** | 保険 | リスクマネジメント | デリバティブ | 環境
外国為替 | ITフィンテック | **金利** | ポートフォリオ | ファンド | 電力取引

レポ、リバースレポとは？

レポ、売り現先（repo、RP、repurchase agreement）

	証券を保有している主体が一時的な資金調達を必要とする場合に、一定期間経過後に証券を買い戻す（repurchase）ことを条件に、当該証券を売却する契約。
契約の本質	実質的に一定期間経過後に買戻しの対象となる債券を担保とする借入れ契約。

リバースレポ、買い現先（reverse repo、reverse RP、reverse repurchase agreement）

	資金を保有している主体が一時的な資金運用を必要とする場合に、一定期間経過後に証券を売り戻す（reverse repurchase）ことを条件に、当該証券を購入する契約。
契約の本質	実質的に一定期間経過後に売戻しの対象となる債券を担保とする貸出契約。

レポ、リバースレポの取引主体

レポ、リバースレポの言葉の使い分けは、証券会社等のディーラーのサイドからみて付けられた名称（図表1）。

レポ

ディーラーが証券を買戻し条件付きで売却する場合、つまり資金の借り手に立つ場合。

リバースレポ

ディーラーが証券を売戻し条件付きで購入する場合、つまり資金の貸し手に立つ場合。

図表1　レポとリバースレポの基本スキーム

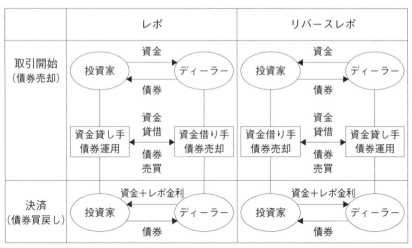

(出所)　筆者作成

レポマーケットの機能

レポマーケット

レポ、リバースレポ取引が行われるマーケット。	
資金調達	証券保有主体が一時的な資金調達を必要とする場合に、低コストでの調達が可能。
資金運用	一時的な余裕資金を、証券で短期運用する手段。

レポマーケットのフレームワーク

対象証券	国債、政府機関債、不動産担保証券（MBS）等	
期間	1日間から1年間とまちまち	
	レポの期間	レポの名称
	1日間	オーバーナイトレポ
	1日で決済されないと自動的にロールオーバー	オープンレポ
	1日を超える期間のレポ（大半は3カ月以下）	タームレポ

レポ取引、リバースレポ取引のリスクとリスク管理

信用リスク

レポ取引、リバースレポ取引は、OTC（店頭取引）で行われ、双方の取引当事者は、信用リスクを負う。		
具体例	レポ取引において取引相手のディーラーが破綻、この結果ディーラーは取引相手から債券の買戻しができなくなったとする。	
	信用リスクの顕現化	・ディーラーから債券を購入していた相手方はマーケットにおいて債券を売却処分して資金を取り戻す。 ・しかし、レポ期間中に市中金利が上昇している場合には債券価格が下落、レポ取引であらかじめ定めておいた買戻し価格を下回る価格でしか市場売却できない恐れがある。

信用リスクの管理

資金の貸し手（債券担保の取り手）のリスク管理	証拠金	資金の借り手に証拠金を積ませる。	
	ヘアカット	担保となる債券の価格に掛け目（ヘアカットという）をかけ、実質的に貸付金額よりも多い担保を取る。	
	値洗い	定期的に担保の値洗い（債券の時価評価）を実施。	
		追い担保、貸付減額	金利上昇等により担保の債券価格が大きく落ち込んだ場合には、資金の借り手から追加の担保（追い担保）をとったり、レポでの貸付金額を減額調整する。

設例

前提	ある機関投資家が手元余裕資金の一時的な運用として、証券会社を相手にレポ取引を実施。	
	機関投資家	証券の売戻し条件付購入

	証券会社	証券の買戻し条件付売却
レポ金利		・レポ取引における資金の貸借金利。 ・レポ金利は、レポの期間、レポに使われる担保の種類、質などをもとにレポ契約当事者間で決められる。
	設定方法	債券の売却価格と買戻価格の差がレポ金利相当分。
具体例	レポ金利	2%
	レポ期間	10日間
	債券売却額	1億円
	債券買戻額	レポ期間が到来して証券会社が機関投資家から買い戻す債券の価額は、下記の算式から100,055,555円となる。 1億円＋1億円×2％×10／360＝100,055,555円 100,055,555円と1億円の差55,555円は証券会社が機関投資家に支払うレポ金利（借入れ金利）に相当。
	レポ金利の算出	金利＝資金借入額（債券売却額）×レポ金利×レポ日数／360 　　＝1億円×2％×10／360 　　＝55,555円

ローカル、スカルパー、デイトレーダー、ポジショントレーダー

金融 | 証券化 | **証券取引** | 保険 | **リスクマネジメント** | **デリバティブ** | 環境
外国為替 | ITフィンテック | 金利 | ポートフォリオ | ファンド | 電力取引

ローカル、スカルパー、デイトレーダー、ポジショントレーダーとは？

ローカル（local）

・先物市場において自己勘定で取引を行う個人会員。 ・日中において何度も売買を繰り返して小さな価格差から鞘を稼ぐ手法をとる。	
スカルパー（scalper）	ちょうど頭の皮を剥ぐような薄い値幅の中から利益を狙うことから、スカルパーとも呼ばれる。

デイトレーダー（day trader）

その日の相場の方向性を予想、それに見合う取引を行ってポジションを形成し、そのポジションは少なくとも当日中に手仕舞いして、翌日までポジションを持ち越すことはしない。

ポジショントレーダー（position trader）

中長期的な相場観に基づいて数日から数カ月間、ポジションを保有して相場のトレンドをみながら取引することで、比較的大きな鞘を狙うトレーダー。

デイトレーダー、ローカルと市場流動性

デイトレーダー、ローカルの取引

頻繁に売買を繰り返して、小刻みに鞘を稼ぐ。	
市場流動性	頻繁な売買が、売り買いの注文をマッチさせるのに必要な市場流動性の供給の面で重要な役割を担っている。
ローカルの機能	特にローカルは、日中何度も売り買いすることによって、市場流動性の重要な供給源の機能を果たしている。

	スペシャリストとの相違点	ニューヨーク証券取引所のスペシャリスト：特定の銘柄の株式の売り買いをサポートする。 ローカル：スペシャリストと異なり特定の商品をサポートする義務を負っているわけではない。

取引手法

デイトレーダー、ローカル

順張り取引	相場の流れに乗ってリターンの獲得を狙う順張り取引が中心。	
	順張り取引のポイント	マーケットの雰囲気と大量の取引を活発に行うメインプレイヤーの注文状況を把握、即座にその波に乗ることが必要。

ポジショントレーダー

少なくともポジションを形成するときには逆張り的な取引になることが少なくない。

ローンパーティシペーション

`金融` `証券化` `証券取引` `保険` `リスクマネジメント` `デリバティブ` `環境` `外国為替` `ITフィンテック` `金利` `ポートフォリオ` `ファンド` `電力取引`

ローンパーティシペーションとは？

　ローンパーティシペーション（loan participation）は、金融機関の貸出債権自体の譲渡を行うことはせず、貸出債権の持つ経済的な効果であるリスクとリターンの全部または一部を金融機関から第三者に移転する契約をいう。

ローンパーティシペーションに関連する名称

金融機関	原債権者
借り手	原債務者
貸出債権のリスクとリターンの移転を受ける主体	参加者
貸出債権のリスクとリターンの移転を受けること	参加利益
貸出債権のリスクとリターンの移転を受ける割合	参加割合

ローンパーティシペーションの特性

債権流動化

貸出参加	ローンパーティシペーションの文字どおりの意味は、貸出参加。		
	リスク・リターンの交換	・金融機関が貸付債権の元利金の請求権を参加者に移転。 ・参加者はその対価として貸付債権の現在価値に相当する代金を金融機関に支払う。	
		参加者←金融機関	参加者からみた場合	リターン：金融機関の保有する貸出債権に対する経済的利益を取得。 リスク：借入人の信用リスクを負担。

| | | 参加者→
金融機関 | 参加者から
みた場合 | 貸出債権の現在価値に相当する代金を金融機関に支払う。 |

金融機関↔借り手の法律効果
・金融機関と借り手との間の債権・債務関係という法律的な効果は不変。
・借り手は従前どおり金融機関から融資を受けていることになる。

ローンパーティシペーションのフレームワーク（注）

①ローンパーティシペーションの契約
・原債権者と参加者との間の契約で、貸出債権の一定割合（参加割合）につき、元利金を受け取る利益（参加利益）を参加者が取得。
・参加者はその対価として一定の金銭を支払う。

②リスクの移転
・原債権者から参加者への元利金の支払いは、原債務者が原債権者に元利金を支払った場合のみ行うという条件を付する。
・これにより貸出債権のリスクを参加者に移転させる。

③参加者の権利
・参加者は原債務者に直接請求権を持たない。
・原債務者に対する権利行使は原債権者のみが行う。

（注） 日本公認会計士協会「ローンパーティシペーションの会計処理及び表示」会計制度委員会報告第3号、2005年6月1日

ローンパーティシペーションのメリット（図表1）

①債務者からの承諾が不要

指名債権譲渡	金融機関が貸出債権を第三者に譲渡する場合には、指名債権譲渡となり、借り手の企業にその旨の通知をして承諾を得る必要がある。
金融機関のニーズ	借り手にとっては貸し手が変わることに抵抗感があることが少なくない。貸し手の金融機関はそうした借り手の反応から来る取引関係の悪化を恐れて貸出債権の譲渡を借り手に知られたくないニーズを持つ。

譲渡禁止契約	金融機関の貸出債権の中には、借り手との間で譲渡禁止契約が付されているものもある。
サイレント方式	・金融機関は、債権譲渡を伴わないローンパーティシペーションを活用することにより、借入人の承諾を得ることなく債権に伴うリスクとリターンのみを譲渡することができる。 ・これを「サイレント方式」(silence method) と呼んでいる。

②貸出債権の会計処理

原債権者		一定の条件を満たせば、参加割合について参加者への参加利益の売却として会計処理を行うことにより、オフバランスにすることが可能。
参加者		一定の条件を満たせば、債権譲渡として、参加利益の対価の支払い時に参加割合相当分を貸出債権の取得として会計処理。
一定の条件	(i)債権の特定等	ローンパーティシペーション契約上、対象債権が個別に特定されており、参加割合について返済期日や利率等が原債権・債務関係と同一の条件であること。
	(ii)リスク・リターンの移転	原債権者が、参加利益の売却によって、貸出債権の参加割合のリターンをすべて放棄し、またいかなるリスクも負わないこと。この場合のリスクは、原債務者のデフォルトによる場合のほかに、参加利益売却後の当該資産の市場価値の下落等を含む。
	(iii)原債権者の権利義務	原債権者が、参加者に譲渡した参加利益を買い戻す義務や権利を持たないこと。
	一定の条件を満たさない場合	一定の条件を満たさないローンパーティシペーションの場合には、参加者から原債権者に対する貸付として会計処理。

図表1　指名債権譲渡とローンパーティシペーションの比較

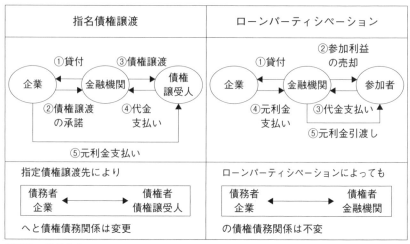

(出所)　筆者作成

企業保有の売掛債権のローンパーティシペーションの事例

売掛債権のローンパーティシペーション

金融機関が取引先のA企業が保有している売掛債権のローンパーティシペーションを提案。

売掛債権の流動化

原債権者	B企業に対する売掛債権を持つA企業
原債務者	A企業に対する買掛債務を持つB企業
参加者	金融機関（A企業保有の売掛債権が生むキャッシュフローの受取り手）

A企業のメリット

資金調達手段の多様化	売掛債権のローンパーティシペーションにより新たな資金調達手段を得る。
財務内容の改善	資産のオフバランスを通じて財務内容の改善を図ることができる。

ロボ・アドバイザー

金融　証券化　証券取引　保険　リスクマネジメント　デリバティブ　環境
外国為替　ITフィンテック　金利　ポートフォリオ　ファンド　電力取引

ロボ・アドバイザーとは？

　ロボ・アドバイザー（robo-advisor）は、個人の金融資産の運用のアドバイザリー業務をコンピュータを駆使して行い、またオンラインでそうしたサービスを提供するファイナンシャル・アドバイザー（FA）をいう。具体的には、顧客がウェブを通して提供した資産、収入、ローン、家族構成、リスク・リターン選好等の情報をコンピュータに入力し、コンピュータが当該顧客にマッチした最適ポートフォリオを出力、それをもとにファイナンシャル・アドバイザーはウェブを通して顧客にアドバイスを行ったり運用をしたりする。

ロボ・アドバイザーの特徴

　ロボ・アドバイザーの主な特徴は次のように整理することができる。

コスト

- コンピュータを駆使することによる低コストの実現。
- 運用はプログラム運用で、オペレーションもコンピュータが行うことから、投資家が負担する手数料は、低水準となる。

効率的運用

- 顧客にアドバイスする最適ポートフォリオは、コンピュータに組み込まれている投資モデルをベースとするソフトウエアによって構築され、分散投資による効率的運用を指向する。

投資戦略

- 顧客のリスク・リターン選好等をベースにして、コンピュータが最適な投資戦略を提示。
- その時々の証券会社等のマーケティングいかんにかかわらず、客観的な投資判断が可能。
- 実際の投資は、複数のETFを対象とするケースが多い。

ロボ・アドバイザーの展開

①米国

米国では、当初、ベンチャー企業がロボ・アドバイザービジネスを手掛けていたが、その後、フィデリティ、チャールズ・シュワブ等の大手金融機関が本格的に取り組んでいる。

②日本

日本では、2013年にお金のデザイン社が、ロボ・アドバイザーとしてETFを対象とする資産運用アドバイスを開始、エイト証券はロボ・アドバイザーにより、モーニングスター社のテクノロジーを使って米国に上場されているETFを対象とする資産運用アドバイスを、また、マネックス証券は、国内の公募投資信託をカバーしたロボ・アドバイザービジネスを行っている。なお、WealthNaviでは試行版としてETFを対象とするロボ・アドバイザーを実施している。

一方、メガバンクでは、みずほ銀行がSMART FOLIOの名称で、ロボ・アドバイザーのサービスを提供している。ちなみに、SMART FOLIOは、スマートとポートフォリオを組み合わせた造語で、顧客の資産形成をスマートに、リスク分散したポートフォリオを通してサポートする、との意味合いが込められている。

そして、いずれのロボ・アドバイザーサービスも、金融機関のウェブページにアクセスすると、顧客に概略、以下のような質問項目が提示され、顧客が質問に答えると、コンピュータが顧客にとって最適とみられるポートフォリオの資産配分（アセットロケーション）を知らせる仕組みとなっている。

顧客に対する質問項目

年齢、投資目的、想定運用期間、運用益の再投資の可否、運用はインフレヘッジの目的か、運用資産が20％以上目減りした場合の対応、投資経験等

コンピュータにより構築される最適ポートフォリオの資産クラス（注）

先進国株、新興国株、先進国国債、投資適格債券、ハイイールド債券、新興国債券、リート・不動産株、コモディティ、通貨、その他

（注）「お金のデザイン」社のケース。

[参照・引用文献]

Bank for International Settlements Press release "Basel Committee issues final elements of the reforms to raise the quality of regulatory capital" Bank for International Settlements2011.1.13

Basel Committee on Banking Supervision "BaselⅢ：A global regulatory framework for more resilient banks and banking systems" Bank for International Settlements 2010.12（rev.2011.6）

Coyle, B. *Hybrid Financial Instruments* Financial World Publishing2002

Das, S. *Structured products & Hybrid securities* John Wiley & Sons2000

Overhaus, M. *Equity hybrid derivatives* John Wiley & Sons2006

赤井厚雄「わが国金融市場の変貌と不動産証券化ビジネスの行方」証券アナリストジャーナル2007年7月

アブレウ・山田聖子、土村宜明「転換社債発行のアナウンス効果」証券アナリストジャーナル2009年1月

池上徹「ハイブリッド証券の定量的な分析枠組みと価格特性についての考察」証券アナリストジャーナル2007年3月

伊藤信雄『最新ハイブリッド証券の仕組みがよ〜くわかる本』秀和システム、2011年1月

岩村充「ハイブリッド商品の意義と発展可能性」証券アナリストジャーナル2007年3月

江尻隆、丹下隆之「新株予約権付社債の取得条項」金融ニュースレター、西村あさひ法律事務所2009年3月

太田珠美「優先株式は企業の資本政策に応じた活用を」大和総研Economic Report2012年2月

大橋英敏、牧田清隆「ハイブリッド型商品市場の拡大：背景と留意点を中心に」証券アナリストジャーナル2007年3月

大村敬一、水上慎士、山崎洋一「公的資金による資本注入方法について」景気判断・政策分析ディスカッション・ペーパー、内閣府政策統括官（経済財政－景気判断・政策分析担当）2002年5月

格付投資情報センター「ハイブリッド証券の資本性の評価と格付の視点」2012年5月

菅野泰夫「復活する日本のLBOファイナンス」大和総研レポート2012年7月

企業価値研究会「上場会社による種類株式の発行に関する提言」経済産業省2007年12月

金融庁／日本銀行「バーゼル銀行監督委員会によるバーゼルⅢテキストの公表等について」2011年1月

楠岡成雄「株式利益の希薄化を考慮した転換価格修正条項付き転換社債の価格に

ついて」日本銀行金融研究所金融研究2008年4月
経済産業省経済産業政策局産業資金課「ABLの概要と課題」日本銀行金融高度化セミナー、経済産業省2011年12月
小立敬、磯部昌吾「バーゼルⅢ：包括的な銀行規制改革パッケージの概要」野村資本市場クォータリー2011 Winter
小林正宏「ファニーメイとフレディマックの統合案」住宅金融支援機構Housing Finance 2013 Spring
小宮清孝「CDOのプライシング・モデルとそれを用いたCDOの特性等の考察：CDOの商品性、国内市場の概説とともに」日本銀行金融研究所金融研究2003年11月
笹山幸嗣「M＆Aによるメザニン・ファイナンス」証券アナリストジャーナル2007年3月
住宅金融支援機構市場資金部「住宅金融支援機構MBSとは」住宅金融支援機構Housing Finance 2011 Spring
ソニー「ソニー、日本版トラッキング・ストック発行に向け、準備を開始」ソニープレスリリース2000年11月
デットとエクイティに関する法原理についての研究会「デットとエクイティに関する法原理についての研究会報告書」日本銀行金融研究所／金融研究2001年9月
東京証券取引所「上場制度総合整備プログラム対応及び組織体制の変更に伴う業務規定の一部改正について」2007年10月
東京証券取引所「上場制度総合整備プログラム2007（第二次実施事項）に基づく業務規定等の一部改正について」2008年6月
中空麻奈「金融市場におけるCDSの功罪の整理」証券アナリストジャーナル2009年10月
日本格付研究所「ハイブリッド証券の資本性の評価について」2006年9月1日
日本格付研究所「ハイブリッド証券の格付について」2012年9月10日
日本銀行「資産担保証券市場を通じる企業金融活性化のための新たなスキームの提案」2003年4月
日本銀行金融機構局「ABLの現状と一層の活用に向けて」日銀レビュー2011年6
日本銀行金融機構局金融高度化センター「ABLの信用リスク管理を巡る問題点」2011年12月
日本証券業協会「会員における引受審査のあり方・MSCBの取扱いのあり方等について―会員における引受審査のあり方等に関するワーキング・グループ最終報告―」会員における引受審査のあり方等に関するワーキング2007年2月22日
日本バイアウト研究所編『機関投資家のためのプライベート・エクイティ』きんざい、2013年2月

根本直子「バーゼルⅢの功罪」証券アナリストジャーナル2013年5月
花立真紀「ムーディーズにおけるハイブリッド証券の分析手法」証券アナリストジャーナル2007年3月
フィッチ「銀行の劣後証券およびハイブリッド証券の評価と格付」2012年12月
堀田一吉『保険理論と保険政策』東洋経済新報社、2003年12月
みずほ証券バーゼルⅢ研究会編『詳解バーゼル3による新国際金融規制』中央経済社、2012年3月
三菱総合研究所「産業金融システムの構築及び整備調査委託事業『国内外のメザニン・ファイナンスの実態調査』報告書」2013年2月
三宅祐樹「自己資本規制の強化に備えたコンティンジェント・キャピタルの新規発行」野村資本市場クォータリー2010春号
三宅祐樹「金融規制強化の流れの中で注目を集める新たなコンティンジェント・キャピタルの発行」野村資本市場クォータリー2010冬号
米山高生『リスクと保険の基礎理論』同文館出版、2012年4月
李立栄「シャドーバンキングの実態と規制強化の方向性」JRIレビュー2013．Vol6．No.7

事項索引

記号

α：alpha ……………………………… 30
β：beta ……………………………… 27, 216
γ：gamma …………………………… 285
δ：delta ……………………………… 285
ν：vega ……………………………… 286
θ：theta ……………………………… 286
ρ：rho ………………………………… 286

A

AAU …………………………………… 354
ABCP（Asset-Backed Commercial Paper、資産担保コマーシャルペーパー）
……………………………… 1, 188, 251, 757
ABL（Asset Based Lending、asset based loan、動産・債権担保融資）………… 5, 225
ABS（Asset-Backed Security、資産担保証券）…………… 13, 53, 544
ABSCDO ……………………………… 53
absolute return ……………………… 815
accreting swaption ………………… 599
accretion bond ……………………… 67
active management ………………… 215
additional margin …………………… 702
administrator ………………………… 817
agency MBS ………………………… 502
AI（Artificial Intelligence、人工知能）……………………………… 16
AIRB（Advanced Internal Rating Based approach、先進的内部格付手法）………… 693
algorithm …………………………… 784

ALM …………………………………… 372
Alt-A Loan …………………………… 499
alternative investment ………… 294, 803
AMA（Advanced Measurement Approach、先進的手法）…………………………………… 290
American-style option …………… 275
amortizing swaption ……………… 599
angel investor ……………………… 826
anomaly ……………………………… 416
APT（Arbitrage Pricing Theory、裁定価格理論）…………… 17
arb fund ……………………………… 819
arbitrage CDO ……………………… 52
arbitrage fund ……………………… 819
arbitrage synthetic CDO ………… 566
arbitrage trading …………………… 465
arranger ……………………………… 226
ART（Alternative Risk Transfer、代替的リスク移転）…… 22, 839
Asian option …………………… 260, 705
asset allocation …………………… 219
asset-backed finance ………… 224, 583
ATM（At-The-Money、アットザマネー）………………………… 276
ATS（Alternative Trading System、代替的取引システム）…… 166
average option ……………………… 705
average price option ……………… 261
average price rate option ……… 261
average rate cap …………………… 345
average strike option …………… 261

B

backup servicer …………………… 448

backwardation（逆鞘） ……………… 440
balance sheet CDO ………………………… 51
balance sheet synthetic CDO …… 565
bankruptcy …………………………………… 390
bankruptcy remote …………… 547,671
barrier option ……………………… 259,704
basel accord（basel capital accord） ……………………………………… 709
baseline and credit …………………… 728
basis risk …………………………………… 805
basis swap ………………………………… 370
basis trading ……………………… 465,805
basket option …………………………… 262
BBS（Bulletin Board System、電子掲示板） ……………………… 611
BCCI（Bank of Credit and Commerce International） ………… 823
BCP（Business Continuity Plan、事業継続計画） ……………………… 87
Bermudan-style option ……………… 276
BIA（Basic Indicator Approach、基礎的手法） ……………………… 289
binary option …………………………… 261
binomial model ………………………… 694
biometrics ………………………………… 724
BIS規制 ……………………………………… 709
Bitcoin ………………………………………… 748
Black-Scholes option pricing model（BS model） ……………… 778
bond arbitrage ………………………… 820
bond futures ……………………………… 453
bond with warrants …………………… 551
BRE …………………………………………… 673
bulk sale ………………………………… 311,395
bullet bond ……………………………… 419
Business Continuity Management（BCM、事業継続マネジメント） ……………………………… 88

buyout fund ……………………………… 720

C

calendar spread ………………………… 407
callable bond ………………………… 419,506
callable step-up bond ……………… 420
callable swap …………………………… 605
cancellable swap ……………………… 605
candlestick chart ……………………… 765
cap …………………………………………… 342
cap and trade …………………………… 728
CAPM（Capital Asset Pricing Model、資本資産価格モデル） ……………………………… 17,26,849
captive ……………………………………… 348
carbon fund ……………………………… 297
cash and carry model ……………… 338
cash CDO …………………………………… 53
cash collateral account …………… 579
cashflow CDO …………………………… 52
catastrophe bond ……………………… 841
catastrophe model …………………… 316
catastrophe swap ……………………… 313
CATボンド（Catastrophe Bond、災害債券） ……………… 23,33,310,841
CB arbitrage（Convertible Bond arbitrage、転換社債裁定） ……… 819
CBO（Collateralized Bond Obligation、債券担保証券） …… 51,543
CBOT（Cihcago Board Of Trade、シカゴ商品取引所）
 ……………………………………… 457,494
CBアービトラージ …………………… 819
CCP（Central Counter Party、集中決済システム） …………… 43,630
CCX（Chicago Climate Exchange） ………………………………… 47
CDD（Cooling Degree Days） …… 331

CDM（Clean Development Mechanism） ………… 354
CDO（Collateralized Debt Obligation、債務担保証券）
　…………………… 13, 51, 543
CDO squared ……………… 502
CDOスクェアード（CDO²）………… 54
CDS（Credit Default Swap、クレジットデフォルトスワップ） ………… 56, 197, 397, 562
CDS契約マスターアグリーメント（master agreement、ひな型） ……………………… 56
chooser option ……………… 262
class stock …………………… 536
clearing house ……………… 701
CLO（Collateralized Loan Obligation、ローン担保証券）
　……………………… 51, 542
CLS（Continuous Linked Settlement） ………………… 825
CMBS（Commercial Mortgage Backed Securities）……… 135, 543
CME（Chicago Mercantile Exchange、シカゴマーカンタイル取引所）……… 493, 647, 702
CME Hurricane Index、CHI …… 742
CMEグループ ………………… 457
CMEハリケーン指数 ………… 742
CMO（Collateralized Mortgage Obligation） ……… 66, 138, 510
COCOs（Contingent Convertible Bonds、COCOs）………… 69
collar ………………………… 342
combination（オプション戦略の一種）………………… 587
commingling risk …………… 435
commitment line ……… 433, 787

commodity fund …………… 437
commodity-linked bond ……… 506
companion bond ……………… 67
composite option …………… 621
compound option …………… 262
condor（オプション戦略の一種） ………………… 282
conduit ……………………… 191
conforming loan …………… 501
contango（順鞘） …………… 440
contents fund ……………… 446
contingent capital ……… 443, 841
contingent margin call ……… 703
convenience yield ………… 441
conversion（オプション戦略の一種）………………… 281
cooling-off（冷却期間）……… 609
corporate finance ………… 583
COSO（Committee of Sponsoring Organizations of the Treadway Commission） …… 87
COSO ERMフレームワーク ……… 87
cost of carry model ………… 326
coupon deferral risk ……… 736
covenants …………………… 790
covered call ………………… 796
crack spread ……………… 380
CRCs（Contingent Reverse Convertibles、リバース転換社債）………………… 69, 639
CRD協会 ……………………… 399
credit derivative …………… 395
credit enhancement ……… 578
credit event ……………… 390, 397
credit risk …………………… 399
credit spread ……………… 392
cross-currency swap ……… 602
cross-currency swaption …… 599

crowd-funding ……………… 376
crude oil derivatives ………… 410
crush spread ………………… 380
CSN（Contingent Surplus Note）
……………………………… 841
currency option ……………… 619
custodian …………………… 817
cyber security ………………… 477

D

DAA（Dynamic Asset Allocation）……………………… 220
daily price limit ……………… 607
day trader …………………… 887
DDS（Debt-to-Debt Swap、デット・デットスワップ）……… 72
D/Eレシオ（Debt Equity Ratio）………………………… 879
dead cross …………………… 235
debt finance ………………… 583
deferred stock ……………… 875
delivery month（限月）……… 404
delta hedge ………………… 632
derivative …………………… 626
DES（Debt-to-Equity Swap）
……………… 72,460,740,858,865
Designated-time Net Settlement ……………………… 79,525
dilution risk ………………… 255
DIPファイナンス（Debtor In Possession Finance）……… 72,461
direct finance ……………… 617
direct hedge ………………… 813
directional fund …………… 818
distressed securities strategy … 820
diversification ……………… 801
dividend yield ……………… 159
Dodd-Frank Act. …………… 675

domino risk ………………… 526
Don't shoot the messenger! ……… 75
DTI（Debt To Income）……… 103
dual currency bond ………… 507
duration …………………… 623
DVP（Delivery Versus Payment）………………………… 79

E

EAD（Exposure At Default、デフォルト時エクスポージャー）……………………… 692
early stage ………………… 827
EBM（Event Based Marketing）………………………… 85
EBO（Employee Buy-Out）
……………………… 132,722
ECN（Electric Communication Network）………………… 166
EDI（Electronic Data Interchange）………………… 356
EL（Expected Loss、期待損失額）……………………… 692
electricity derivatives ……… 663
electronically recorded monetary claims ……………… 655
Elliott wave principle ……… 765
El Niño（エルニーニョ）……… 264
emerging market …………… 295
EMH（Efficient Market Hypothesis、効率的市場仮説）…… 416
emission allowance ………… 727
equity-linked notes ………… 506
equity swap ………………… 602
ERM（Enterprise Risk Management）…………………… 87
ETF（Exchange-Traded Fund、上場投資信託）……… 90

ETN（Exchange-Traded Note、上場投資証券、指標連動証券） ……… 90
EU-ETS（EU Emissions Trading Scheme、欧州排出権取引制度） ……… 96
Euro currency futures&options …… 872
European-style option ……… 275
event-driven fund ……… 820
exchange option ……… 283
exercise price（権利行使価格）…… 273
exit strategy（出口戦略）……… 777
exotic option ……… 257
extendable swap ……… 604
extension risk ……… 736

F

factoring ……… 756
facultative reinsurance ……… 486
failure to pay ……… 390
FHLMC（Freddie Mac Federal Home Loan Mortgage Corporation） ……… 502, 759
FICOスコア（Fair Issac Co. score） ……… 100
finite insurance ……… 751
FinTech ……… 104, 829
FIRB（Fundamental Internal Rating Based approach、基礎的内部格付手法） ……… 692
Fisher Relationship ……… 430
flash crash ……… 783
flattening ……… 228
flight to quality（質への逃避） …… 392
floor ……… 342
FNMA（Fannie Mae Federal National Mortgage Association） ……… 100, 502, 759

FOFs（Fund Of Funds）……… 767
FRA（Forward Rate Agreement） ……… 360
fraud risk ……… 255
FSB（Financial Stability Board、金融安定理事会）……… 358
FSF（Financial Stability Forum、金融安定化フォーラム） ……… 358
FSOC（Financial Stability Oversight Council、金融安定監督評議会） ……… 675
fundamental analysis ……… 764
fundamental long/short funds …… 820
futures trading ……… 490
FX（margin foreign exchange trading、外国為替証拠金取引、外国為替保証金取引）……… 108

G

gatekeeper ……… 768
global fund ……… 818
global macro fund ……… 819
GNMA（Ginnie Mae Government National Mortgage Association） ……… 759
golden cross ……… 235
government bond management policy ……… 421
Green Exchange（環境取引所）……… 388
GSE（Government Sponsored Enterprises、政府支援機関）…… 759
GSE債 ……… 760
G-SIB（Global Systemically Important Banks） ……… 268
G-SIFIsサーチャージ（Global Systemically Important Financial Institutions Surcharge）……… 714

H

hands-on ……………………… 721, 827
HDD（Heating Degree Days）…… 331
hedge ……………………………… 809
hedge accounting ………………… 807
hedge fund ……………………… 815
HEL（Home Equity Loan）……… 501
Herstatt risk …………………… 822
HFT（High Frequency Trade、
　超高速取引）……………………… 783
historical volatility ……………… 843
hybrid securities ………………… 732

I

IC型電子マネー ………………… 661
ILS（Insurance-Linked Securi-
　ties）……………………………… 840
ILW（Industry Loss Warranty）…… 244
immunization strategy ………… 237
implied forward rate …………… 362
implied volatility ………………… 844
incubation fund ………………… 826
indemnity ………………………… 644
indemnity trigger ……………… 24, 36
index bond ……………………… 510
index management ……………… 217
indirect finance ………………… 617
individual stock option ………… 321
Information Sharing and Anal-
　ysis Center ……………………… 478
initial margin …………………… 702
insurance cycle ………………… 837
inter-commodity spread ………… 467
inter-delivery month spread …… 407
interest rate swap ……………… 367
inter-market arbitrage ………… 467
internal credit enhancement …… 578
international parity relations …… 428
Internet Banking ……………… 241
interst rate futures ……………… 360
intrinsic value ………………… 277
inverse floater ………………… 507
IO（Interest Only）……………… 509
IO（Interest Only strips）……… 591
IoT（Internet of Things、モノ
　のインターネット）……………… 111
IPO（Initial Public Offering）…… 828
IR（Information Ratio）………… 689
IRB（Internal Rating Based
　Approach、内部格付手法）…… 691
IRM（Integrated Risk Manage-
　ment、統合的リスク管理）……… 666
iron butterfly …………………… 282
ISDA（International Swaps and
　Derivatives Association、国
　際スワップデリバティブ協
　会）…………………………… 56, 390
ISMS適合性評価制度 …………… 131
ISO/IEC ………………………… 129
ITM（In-The-Money、インザ
　マネー）…………………………… 276
iTraxx Japan …………………… 65
ITリスク（Information Tech-
　nology risk）……………………… 114

J

Japan GHG（Greenhouse Gas）
　Reduction Fund ……………… 300
Jensen's Measure ……………… 687
JEPX（Japan Electric Power
　Exchange、日本卸電力取引
　所）……………………………… 697
J-REIT …………………………… 169
JSCC（Japan Securities Clear-
　ing Corporation、日本証券ク

903

リアリング機構）……………… 528

K
knock-in option ……………… 260, 704
knock-out option ……………… 259, 704
Kyoto Protocol ……………… 353

L
ladder option ……………… 261
La Niña（ラニーニャ）……………… 264
later stage ……………… 827
law of large numbers（大数の法則）……………… 615
LBO（Leveraged Buy-Out）……………… 132, 722, 853
LCR（Liquidity Coverage Ratio、流動性カバレッジ比率）…… 715
LEI（Legal Entity Identifier）…… 829
leverage ……………… 879
leveraged floater ……………… 510
LGD（Loss Given Default、デフォルト時損失率）……………… 692
loan participation ……………… 889
local ……………… 887
lockup period ……………… 816
long/short equity fund ……………… 819
look back option ……………… 260
LP（Liquidity Provider、流動性供給参加者）……………… 847
LTV（Loan To Value）……………… 103

M
M＆A裁定戦略 ……………… 820
macro fund ……………… 818
maintenance margin ……………… 702
managed CDO ……………… 53
margin trading ……………… 568
market maker ……………… 846
market neutral ……………… 819
market-value CDO ……………… 52
MBI（Management Buy-In）……………… 132, 722
MBO（Management Buy-out）……………… 132, 721
MBS（Mortgage-Backed Securities）……………… 13, 135, 180, 502, 509, 543
Merger Arbitrage strategy ……… 820
mezzanine ……………… 851
mezzanine fund ……………… 856
MGGRA（Midwestern Greenhouse Gas Reduction Accord）……………… 47
middle stage ……………… 827
MitB（Man-in-the-Browser）攻撃 ……………… 241
MM理論（Modigliani-Miller Theory）……………… 141
monoline insurance company …… 861
mortgage passthrough securities ……………… 138
mortgage-stripped securities …… 508
Moving Average ……………… 234
Moving Average（MA）chart …… 765
MPT（Modern Portfolio Theory、現代ポートフォリオ理論）……………… 416, 801
MSCB（Moving Strike Convertible Bond）……………… 147
MTF（Multilateral Trading Facilities）……………… 166
MTM（Mark-To-Market、値洗い）……………… 630, 701
MTN（Medium-Term Note）……………… 188, 508
multi-factor model ……………… 849

multiline insurance company …… 861
multi-strategy fund …………… 821

N

NAR（全米不動産業界協会）
　指数 ………………………… 184
negative butterfly …………… 228
negative yield curve ………… 228
ninja loan …………………… 502
NISC（National center of Incident readiness and Strategy for Cybersecurity、内閣サイバーセキュリティセンター）…… 477
No Doc/Low Doc Loan（No/Low Documentation Loan）…… 103
non conforming loan ………… 501
non-recourse loan …………… 786
non-systematic risk ………… 801
Nord Pool（ノルドプール）…… 706
NSFR（Net Stable Funding Ratio、安定調達比率）……… 716
NYMEX（New York Mercantile Exchange、ニューヨークマーカンタイル取引所）…… 663

O

obligation acceleration ……… 391
obligation default …………… 391
obligatory reinsurance ……… 487
occurrence probability ……… 799
OFHEO（連邦住宅金融監督局）指数 …………………… 184
OIS（Overnight Index Swap）…… 152
omni channel ………………… 292
operational risk ……………… 288
options on bond futures …… 453
option strategy ……………… 279
originator …………………… 544

OTC bond options（Over-The-Counter bond options）…… 453
OTC取引（店頭取引）………… 43
OTD（Originate-To-Distribute）……………… 181,557,762
OTM（Out-of-The-Money、アウトオブザマネー）……… 276
over collateralization ………… 578

P

P2P（ブロックチェーン）……… 791
P2Pレンディング …………… 155
PAC Bond（Planned Amortization Class Bond）…………… 67
parallel shift ………………… 228
passive management ……… 215,416
pass-through securities …… 66,510
path-dependent option ……… 704
path-independent option …… 704
payout ratio ………………… 160
pay-through securities …… 67,509
PBR（Price to Book value Ratio）………………………… 158
PCFR（Price Cash-Flow Ratio）
　…………………………………… 158
PCS（Property and Claims Service）……………………… 244
PD（Probability Default、デフォルト確率）………………… 692
PEファンド（Private Equity fund）………………… 162,774
PER（Price Earnings Ratio）…… 157
performance bond ………… 630,701
periodic cap ………………… 345
perpetual bond（永久債）…… 511
Phishing（フィッシング）…… 242
PI（Purchaser's Interest、買い手受益権）………………… 549

905

pipeline risk ……………………… 138
plain vanilla swap ……………… 601, 367
PMM（Primary Market Maker） ……………………………… 847
PO（Principal Only） ………… 509, 591
point and figure chart ……………… 765
portfolio insurance ………………… 831
position trader …………………… 887
positive butterfly ………………… 228
positive yield curve ……………… 228
PPP（Purchasing Power Parity、購買力平価） ……………… 428
preferred securities ……………… 867
preferred stock（preference stock） ……………………………… 863
prepayment risk（期限前償還リスク） ……………………………… 137
price to sales ratio ……………… 161
prime broker ……………………… 817
prime jumbo ……………………… 501
principle of price/time priority（価格優先・時間優先の原則）…… 302
private equity …………………… 296
Private Equity fund ……………… 774
project finance …………………… 786
protective put …………………… 279, 796
proxy hedge ……………………… 814
PTS（Proprietary Trading System、私設取引システム）……… 166
put-call parity …………………… 770
puttable bond …………………… 419, 506
puttable swap …………………… 605
PVP（Payment Versus Payment） ……………………………… 79, 825

Q

quantitative long/short funds …… 820
quant option ……………………… 621

R

R3コンソーシアム ……………… 794
range accrual option …………… 284
range floater ……………………… 508
range forward …………………… 257
rating ……………………………… 304
rating agency …………………… 304
reference entity ………………… 397
reference obligation …………… 57, 397
reinsurance ……………………… 484
reinsurance sidecar、sidecar …… 472
REIT（Real Estate Investment Trust） …………………………… 169
relative return …………………… 815
relative value fund ……………… 819
REMIC Tranche ………………… 68
replacement cost ………………… 374
repo（repurchase agreement）…… 883
repudiation/moratorium ……… 391
restructuring …………………… 391
reversal …………………………… 281
reverse Cash and Carry ………… 338
reverse dual currency bond …… 507
reverse floaters ………………… 508
reverse repo ……………………… 883
REVIC（Regional Economy Vitalization Corporation of Japan、地域経済活性化支援機構） …………………………… 462
revival fund ……………………… 460
revolving credit facility ………… 560
RGGI（Regional Greenhouse Gas Initiative） ………………… 47
risk arbitrage …………………… 820
risk factors affecting option price ……………………………… 285
RMBS（Residencial Mortgage-

Backed Security、不動産担保証券）......... 66,135,532,543,760
robo-advisor 893
RSI（Relative Strength Index）......... 765
RTGS（Real Time Gross Settlement）......... 79,525

S

S&L危機 179,761
S&P/Case-Shiller Home Price Indices 182
SA（Standardized Approach、標準的手法）......... 289
SAA（Strategic Asset Allocation）......... 220
same boat 816
securitization 542
securitization of Accounts Receivable 251
securitization of asset 225
seed stage 826
seller 544
Senior/Subordinate Structure 869
service provider 817
servicer 448,544
Sharpe's Measure 687
shout option 260
SI（Seller's Interest、売り手受益権）......... 549
SIFIs（Systemically Important Financial Institutions、システム上重要な金融機関）......... 676
silence method 891
single-factor model 849
SIV（Structured Investment Vehicle）......... 187
SMBS（Stripped Mortgage Backed Securities）......... 508,591

SNS（Social Networking Service）......... 612
social media 611
spark spread 380
SPC（Special Purpose Company）......... 191,562,672,787
SPC法 193
SPE（Special Purpose Entity）......... 191
Special Purpose Vehicle（特別目的ビークル）......... 14,544
speculation 809
spread account 579
spread option 283
spread trading 465
SPT（Special Purpose Trust、特定目的信託）......... 516
SPV（Special Purpose Vehicle）......... 1,191,544,584
stack hedge 593
Standard Deviation（SD、σ、標準偏差）......... 799
standardized approach（信用リスク）......... 691
startup stage 827
static CDO 53
steepening 228
step-up bond 506
step-up callable 420
stochastic oscillator 765
stock index futures 324
stock index option 321
stock yield 160
STP（Straight Through Processing）......... 79
straddle 587
strangle 587
stress test 597
strip hedge 593,812

stripped securities ……………… 591
STRIPS Bond（Separate Trading of Registered Interest and Principal of Securities） ……………………………… 426
structured bond ……………… 505
structured finance …………… 583
stub quote ……………………… 783
stuck hedge …………………… 812
subordinated bond ……… 506,875
subordinated loan …………… 875
subordinated stock …………… 875
subordination risk …………… 736
subprime crisis ……………… 498
surplus note …………………… 450
sustainable growth rate ……… 495
swaption ……………………… 599
swap trading ………………… 601
swing option ………………… 581
syndicate loan ……………… 556,786
synthetic CDO（synthetic collateralized debt obligation） ……………………………… 53,561
systematic risk ……………… 801
systemic risk（決済システム） … 526

T

T＋1（Trade Day＋1） ………… 79
TAA（Tactical Asset Allocation） ………………………… 220
tandem option ……………… 282
target buying ………………… 281
TARNS（Target Redemption Notes） ……………………… 506
TBA（To-Be-Announced）取引 ……………………………… 138
technical analysis …………… 764
temperature derivatives ……… 331

term loan ……………………… 560
third party credit enhancement ……………………………… 579
time decay …………………… 288
time discount option ………… 283
time value …………………… 277
TMK（Tokutei Mokuteki Kaisya、特定目的会社） ……… 193,516
Tobin's Q ……………………… 159
total return option …………… 277
tracking stock ………………… 677
tranche ……………………… 681,870
tranching …………… 578,681,870
treaty reinsurance …………… 487
Treynor's Measure …………… 685
TRS（Total Return Swap） … 197,398
true sale（真正売買） ……… 547,671

U

UFR（Unbiased Forward Rate） ……………………………… 431
UL（Unexpected Loss、非期待損失額） ………………… 692
underlying asset（原資産） …… 626

V

V（Variance、分数） ………… 799
VAR（Value At Risk） ……………………………… 201,598,668
VARショック ………………… 203
venture capital fund ………… 826
VIX（Volatility Index、恐怖指数） ……………………………… 208
volatility ……………………… 843
VRDO（Variable Rate Demand Obligation） ………… 507

W

- waterfall structure（落水構造） ... 682, 869
- WCI（Western Climate Initiative） ... 47
- weather derivative ... 641
- weather risk ... 649
- WI（When Issued）取引 ... 423
- wrapped securities ... 579
- WTI（West Texas Intermediate） ... 410

Y

- yield curve ... 228
- yield curve option ... 282
- yield curve swap ... 370
- yield ratio ... 161
- yield spread ... 160

Z

- zero-cost option ... 257

あ

- アービトラージ型CDO ... 52, 566
- アーブファンド ... 819
- アーリーステージ ... 827
- アイアンバタフライ（オプション戦略の一種） ... 282
- アウトオブザマネー ... 276
- アクティビストファンド ... 212
- アクリーション債 ... 67
- アクレティング・スワップション ... 599
- アジアオプション（エイジアンオプション） ... 260, 705
- アスク・ビッドスプレッド ... 847
- アセットアロケーション ... 219
- アセットファイナンス ... 224, 542, 583
- アットザマネー ... 276
- アドミニストレーター ... 817
- アノマリー ... 416
- アベレージオプション ... 705
- アベレージストライクオプション ... 261
- アベレージ・プライス・オプション ... 261
- アベレージ・レート・キャップ ... 345
- アメリカンオプション ... 275, 582
- アモタイジング・スワップション ... 599
- アルゴリズム ... 784
- アルファ（a） ... 30
- アレンジャー ... 226, 559
- アンダーライティング・サイクル ... 486
- 安定調達比率 ... 716

い

- イールドカーブ ... 228
- イールドカーブ・オプション（オプション戦略の一種） ... 282
- イールドカーブ・スワップ ... 370
- イールドスプレッド ... 160
- イールドレシオ ... 161
- 維持証拠金 ... 702
- 委託保証金 ... 570
- 板寄せ ... 303
- 一括決済方式 ... 230
- 一般信用取引 ... 569
- 一般投資家私募投信 ... 529
- 移動平均線 ... 234
- 移動平均法 ... 765
- イベントドリブンファンド ... 820
- イミュニゼーション戦略 ... 237

インキュベーションファンド ……… 826
インザマネー ……………………… 276
インターコモディティ・スプ
　レッド ………………………… 329, 380
インターネットバンキング ……… 241
インダストリーロス・トリガー …… 37
インダストリーロス・ワラン
　ティ …………………………… 244
インデックス運用 ………………… 217
インデックスボンド ……………… 510
インデムニティ・トリガー ………… 36
インバースフローター …………… 507
インプライドフォワードレート … 362
インプライド・ボラティリティ
　……………………………… 210, 844

う

ウィーク型効率的市場仮説 ……… 416
ウイルス ………………………… 242
ウェアラブル端末 ………………… 248
ウォール街改革および消費者保
　護法 …………………………… 675
受渡適格銘柄 …………………… 456
裏付資産 ………………………… 542
売掛債権証券化（流動化）…… 251, 756
売り現先 ………………………… 883
売り手受益権 …………………… 549

え

永久債 ……………………… 511, 717
永久劣後債 ……………………… 876
エージェンシーMBS ………… 502, 760
エージェンシーコスト …………… 144
エージェント …………………… 559
エキゾチック・オプション ……… 257
エキゾチック・デリバティブ取
　引 ……………………………… 627
エクイティキッカー ……………… 878

エクイティ・クレジット ………… 737
エクイティ・スワップ …………… 602
エクイティファイナンス ………… 583
エクスチェンジ・オプション …… 283
エクステンダブル・スワップ …… 604
エネルギースワップ ……………… 604
エマージングマーケット ………… 295
エリオット波動法則 ……………… 765
エルニーニョ現象 ………………… 264
エンジェル ……………………… 826
エンプロイーバイアウト ………… 722

お

追証（追加証拠金）………… 571, 702
オークションマーケット ………… 846
大口エクスポージャーに関する
　ルール ………………………… 268
大口信用供与規制 ……………… 267
大阪取引所 ………… 457, 494, 610, 847
オーバー・サブスクリプショ
　ン・ポリシー …………………… 816
オプション ………………… 273, 627
オプション戦略 ………………… 279
オプションのリスクファクター
　……………………………… 285
オプション料（プレミアム）…… 274
オブリゲーション・アクセレ
　レーション …………………… 391
オブリゲーション・デフォルト
　……………………………… 391
オペレーショナルリスク ………… 288
オムニチャネル ………………… 292
オリジネーター ……… 544, 584, 671
オリジネート・トゥ・ディスト
　リビュート …………………… 557
オルタナティブ投資 …… 24, 294, 803
オルト－A ……………………… 499
温室効果ガス ………………… 297, 354

か

カーボンファイナンス 297
買い現先 883
外国為替証拠金取引 108
外国為替取引 824
回収率 399
買い手受益権 549
外部信用補完 579
乖離 638
カウンターシクリカル・バッファー 714
カウンターパーティ 44
価格規制（空売りの） 576
価格発見機能 557
価格優先・時間優先の原則 302
格付 304
額面現金決済型新株予約権付社債 640
貸株 572
貸付債権の流動化・証券化 ... 311
過剰担保 578
カスケード現象 76
カストディアン 817
仮想通貨 750,791
カタストロフィ 245
カタストロフィ・イベント ... 443
カタストロフィ・スワップ ... 313
カタストロフィ・ボンド 841
カタストロフィ・モデル 316
カタストロフィ・リスク（大規模災害リスク）
　................... 22,34,452,474,753
カタストロフィ・リスク取引所 ... 319
カバードコール（オプション戦略の一種） 280,796
株価売上高比率 161
株価指数オプション 321
株価指数先物 324,494
株価リンクノート 506
株式益回り 160
株式公開 828
株式ロング・ショート 819
株主資本純利益率（ROE） ... 175
株主平等の原則 536
カラー 342
空売り 576
カレンダー・スプレッド 407
間接金融 617
元本毀損吸収力 719
ガンマ（γ：gamma） 285

き

気温デリバティブ 331
期限前償還リスク 66,137
期限前償還見送りリスク 736
機構MBS 532
期先限月 405
基礎的手法（オペレーショナルリスク計算の） 289
基礎的内部格付手法 692
期待損失額（EL） 692
期待リターン 799
期近限月 405
希薄化リスク 255
義務的再保険 487
逆イールドカーブ 228
逆乖離 638
逆日歩 574
キャッシュCDO 53,543,561
キャッシュ・アンド・キャリーモデル 338
キャッシュフロー型CDO 52
キャップ 342
キャップ・アンド・トレード
　........................... 48,354,728

キャップ付変動金利住宅ローン 344
キャピタルコール 777
キャプティブ 348
キャリーコストモデル 326, 454
キャンセラブル・スワップ 605
吸収源プロジェクト 355
給付・反対給付相等の原則 834
業界インデックストリガー（Industry index trigger） 24
強制手仕舞い 571
京都議定書 96, 353, 729
京都メカニズム 98, 354
恐怖指数（fear index） 210
緊急証拠金 703
銀行等CEPTOAR 478
金融EDI 356
金融ISAC 478
金融安定化フォーラム 358
金融安定監督評議会 675
金融安定理事会 358
金融スワップ 601
金利先物 360, 493
金利先渡し 360
金利スワップ 367, 601
金利スワップション 599

く

クオートドリブンマーケット 846
クオンティタティブ・ロング
　ショートファンド 820
クォント・オプション 621
クライアント・サーバー方式
　（ブロックチェーンの） 791
クラウドファンディング 376
クラック・スプレッド 380
クラッシュ・スプレッド 380
クラブディール 723
クリーン開発メカニズム 354

グリーン取引所（環境取引所） 388
くりっく365 109
繰延ヘッジ会計 808
クレジットVAR 206
クレジットイベント（信用事
　由） 57, 390, 397
クレジットスプレッド 392
クレジットデフォルトスワップ
　（CDS） 56, 397, 562
クレジットデリバティブ 395, 518
クレジットリスク 399
グローバルファンド 818
グローバルマクロ 819
クロスカレンシー・スワップ
　ション 599

け

経済的付加価値（EVA） 175
経路依存型オプション 704
経路独立型オプション 704
ゲートキーパー 768, 817
決済業務等の高度化に関する
　ワーキング・グループ 401
決済サービスの改革 401
気配値規制 785
気配の更新値幅 608
現金担保 579
限月 404
限月間スプレッド取引 407
原資産 626
現代ポートフォリオ理論 416, 801
現引き 573
現物オプション 273
原油スワップ 604
原油デリバティブ 410
権利行使価格 273, 582
現渡し 573

こ

降雨デリバティブ …………………… 414
更新差金 …………………………… 702
更新値幅 …………………………… 607
合成債務担保証券 ………………… 561
降雪デリバティブ ………………… 413
後配株 ……………………………… 875
購買力平価 ………………………… 428
公募入札方式 ……………………… 421
効率的市場仮説 …………………… 416
コーポレートファイナンス
 ………………………… 224,583,786
コーポレート・メザニン ………… 853
コーラブル債 ………………… 419,506
コーラブルスワップ ……………… 605
コールオプション ………………… 274
コール・ステップアップ条項 …… 738
ゴールデンクロス ………………… 235
国債管理政策 ……………………… 421
国債市場特別参加者制度 ………… 423
国際スワップデリバティブ協会
 （ISDA） ……………………… 56
国債のペーパーレス化 …………… 421
国際パリティ関係 ………………… 428
ココ・ボンド ……………………… 69
個人向け国債 ……………………… 424
個別株オプション ………………… 321
コベナンツ ………………………… 790
コマーシャルペーパー（CP） …… 251
コミットメント・ライン
 ……………………………… 10,433,787
コミングルリスク ………………… 435
コモディティファンド …………… 437
コモディティリンク債 …………… 506
コングロマリット・ディスカウ
 ント ……………………………… 677
コンタンゴ ………………………… 440
コンティンジェンシープラン …… 598
コンティンジェント・エクイ
 ティ ……………………………… 444
コンティンジェント・キャピタ
 ル ……………………… 443,444,841
コンティンジェント・サープラ
 スノート ………………… 451,841
コンティンジェント・ローン …… 443
コンテンツファンド ……………… 446
コンドル（オプション戦略の一
 種） ……………………………… 282
コンバージョン …………………… 281
コンパウンドオプション ………… 262
コンパニオン債 …………………… 67
コンビニエンス・イールド ……… 441
コンビネーション（オプション
 戦略の一種） …………………… 587
コンフォーミングローン …… 501,760
コンベンショナル方式 …………… 421
コンベンショナルローン ………… 761
コンポジット・オプション ……… 621

さ

サーキットブレーカー ……… 607,785
サーバ型電子マネー ……………… 662
サービサー …………… 14,191,448,544
サービスプロバイダー …………… 817
サープラスノート ………………… 450
債券アービトラージ ……………… 820
債券先物 ……………………… 453,494
債券先物オプション ……………… 453
債権譲渡担保（ABLの） ………… 9
債権譲渡担保方式（一括決済方
 式の） …………………………… 230
債券店頭オプション ……………… 453
再構築コスト ……………………… 374
財産三分法 ………………………… 801
最小2乗法 ………………………… 29

再生ファンド ………………… 163,460,775	資金仲介機能 ………………………… 618
裁定取引 ………………………………… 465	資金流動性リスク …………………… 821
裁定ファンド …………………………… 819	仕組み債 ………………………………… 505
裁定ポートフォリオ …………………… 18	仕組み投資ビークル ………………… 187
最適ヘッジ ……………………………… 454	自己資本規制（バーゼルⅢ）……… 712
サイドカー ……………………………… 472	自己資本規制比率（証券会社）… 512
サイバーセキュリティ基本法 …… 477	資産証券化スキーム ………………… 192
再保険 …………………………… 34,484	資産担保CP …………………………… 251
債務不履行 ……………………………… 390	資産担保証券 …………………………… 544
財務レバレッジ ………………………… 879	資産の証券化 ……………………… 225,226
サイレント方式（ローンパー	資産の流動化・証券化 ……………… 584
ティシペーションの）………… 891	資産変換機能 …………………………… 618
最割安銘柄 ……………………………… 456	資産流動化法（新SPC法）
先物オプション ………………………… 273	……………………… 193,515,867
先物・先渡取引 ………………………… 626	市場型間接金融 ………………………… 517
先物取引 ………………………………… 490	市場間アービトラージ ……………… 467
先渡しパリティ ………………………… 431	市場流動性リスク …………………… 821
差金決済 ………………………………… 573	地震保険 ………………………………… 522
サステイナブル成長率 ……………… 495	システマティックリスク ……… 20,27,
サファー・シンプソン・ハリ	527,685,801,824,849
ケーン風力スケール ………… 742	システミックリスク ………………… 526
サブプライム危機	システム上重要な金融機関 ……… 676
……………… 136,189,309,498,762	私設電子取引システム ……………… 166
サプライチェーン ……………………… 88	シ団引受方式 …………………………… 421
鞘取りファンド ………………………… 819	自治体CDO ……………………………… 54
ザラバ …………………………………… 303	質への逃避 ……………………………… 392
参照債務（CDS）…………………… 57,397	執行リスク ……………………………… 593
参照組織（CDS）………………………… 397	実損填補 ………………………………… 644
残余財産優先株 ………………………… 863	実損填補トリガー（Indemnity
	trigger）…………………………… 24
し	実物決済 ………………………………… 573
シードステージ ………………………… 826	時点ネット決済 ……………………… 79,525
ジェンセンの測度 ……………………… 687	品貸料 …………………………………… 574
シカゴマーカンタイル取引所 …… 647	シナリオ運用 …………………………… 216
時価ヘッジ会計 ………………………… 808	シナリオ分析 …………………………… 597
時間価値 ………………………………… 277	シニア債 ………………………………… 681
事業継続計画（BCP）………………… 87	ジニーメイ ……………………………… 759
事業継続マネジメント（BCM）…… 88	支払保証 ………………………………… 579

私募投資信託	529	ショートヘッジ	810
資本性バッファー	711	シリアル限月	405
資本負債性	737	新株予約権付社債	551,634
資本保全バッファー	714	シングルセラー型ABCP	2
事務リスク	288	シングルファクターモデル	20,849
指名債権譲渡	890	シンジケートローン	
指紋認証	726		227,396,556,786
シャープの測度	687	真正売買	547,671
シャウトオプション	260	シンセティックCDO	53,543,561
ジャンボローン	501	新甫	405
収支相等の原則	834	信用格付業者	305
修正デュレーション	624	信用事由	390
住宅金融支援機構MBS	531	信用取引	568
住宅ローン債権証券化	503	信用補完	578
集団の投資スキーム	519	信用リスク	399,618
集中決済システム	630		
受再	485	**す**	
出再	485	スイングオプション	581
取得条項付新株予約権付社債	639	スタートアップステージ	827
種類株式	536	スタックヘッジ	593,594,812
順イールドカーブ	228	スタティック型CDO	53
順乖離	638	スタブクォート	783
瞬時的株価急落	783	スティープニング	228
純粋パラメトリック・トリガー	24	ステップアップ・コーラブル債	420
順張り戦略	832	ステップアップ・コール付劣後債	876
商業用不動産担保証券	139	ステップアップ条項付債券	506
証券化	542,545	ストキャスティックス	765
証拠金	630,701	ストラクチャードファイナンス	190,583
譲渡担保	673	ストラドル（オプション戦略の一種）	280,587
少人数私募投信	529		
消費者ローン債権の証券化	548	ストラングル（オプション戦略の一種）	280,587
商品間アービトラージ	467		
商品ファンド法	437	ストリップMBS	591
情報システム	117	ストリップ証券	591
情報セキュリティ	483	ストリップス債	426
情報セキュリティポリシー	129	ストリップヘッジ	593,812
情報比	689		
ショートストラドル	589		

ストリップモーゲージ証券 ……… 508
ストレステスト ……………………… 597
ストロング型効率的市場仮説 …… 417
スパーク・スプレッド …………… 380
スプレッドアカウント …………… 579
スプレッド・オプション ………… 283
スプレッドトレーディング ……… 465
スペキュレーション ……………… 628
スワップ延長権利 ………………… 604
スワップション …………………… 599
スワップ取引 ………………… 601, 627

【せ】

生起確率 …………………………… 799
制限値幅 …………………………… 607
製作委員会方式 …………………… 447
清算機関 ………………………… 44, 63
生体認証 …………………………… 724
制度信用取引 ……………………… 568
政府支援機関 ………… 501, 502, 759
セータ（θ） ……………………… 286
セームボート ……………………… 816
絶対リターン ……………………… 815
セミストロング型効率的市場仮
　説 ………………………………… 417
セラー ……………………………… 544
ゼロコストオプション …………… 257
先進的手法 ………………………… 290
先進的内部格付手法 ……………… 693

【そ】

相関係数 …………………………… 802
総資産事業利益率（ROA）……… 175
相対リターン ……………………… 815
双務契約 …………………………… 626
ソーシャルメディア ……………… 611
即時グロス決済 …………………… 525
即時銘柄統合（即時リオープ
　ン）方式 ………………………… 422
ソフトマーケット ………………… 837
ソフトマンダトリー条項付転換
　社債型新株予約権付社債 ……… 640

【た】

ターゲット・バイイング（タゲ
　バイ） …………………………… 281
ターム・ローン …………………… 560
ターンズ …………………………… 506
貸借取引 …………………………… 569
貸借取引貸株料（貸株料） ……… 572
大数の法則 …………………… 615, 836
代替投資 …………………………… 294
ダイナミックデルタヘッジ戦略 … 832
ダイナミックヘッジ ……………… 832
タイムディケイ …………………… 278
タイム・ディスカウント・オプ
　ション …………………………… 283
代用有価証券 ……………………… 703
ダイレクトヘッジ ………………… 813
ダッチ方式 ………………………… 422
建玉 ………………………………… 571
炭素基金 …………………………… 297
タンデム・オプション（オプ
　ション戦略の一種） …………… 282

【ち】

地域経済活性化支援機構 ………… 462
地域再生ファンド ………………… 461
地球温暖化係数 …………………… 354
チューザーオプション …………… 262
中小企業売掛債権の証券化 ……… 253
中小ベンチャーファンド法 ……… 857
超高速取引 ………………………… 785
直接金融 …………………………… 617

つ

追加証拠金（追証） ……… 571, 702
通貨オプション ……………… 619
通貨先物 ……………………… 493
通貨スワップ ………………… 602
つなぎ売り …………………… 574

て

ディーラー業務 ……………… 617
テイク・オア・ペイ条項 …… 582
ディストレスト証券戦略 …… 820
ディップファイナンス ………… 72
デイトレーダー ……………… 887
ティルト戦略 ………………… 215
テイルリスク ………………… 205
ディレクショナルファンド … 818
適格機関投資家私募投信 …… 529
出口戦略 ……………………… 777
テクニカル分析 ……………… 764
デット・エクイティスワップ
　（DES） ……………………… 72
デッドクロス ………………… 235
デット・デットスワップ
　（DDS） ……………………… 72
デットファイナンス …… 583, 851
手のひら認証 ………………… 725
デフォルト確率 ………… 399, 692
デュアルカレンシー債 ……… 507
デュレーション ……………… 623
デリバティブ ………………… 626
デルタ（δ） …………… 285, 832
デルタヘッジ ………………… 632
転換価額修正条項付転換社債型
　新株予約権付社債 ………… 147
転換社債型新株予約権付社債 … 634
天候デリバティブ ……… 265, 641
天候リスク …………………… 649

でんさい ……………………… 659
電子記録債権 ………………… 655
電子掲示板 …………………… 611
電子債権記録機関 …………… 657
電子マネー …………………… 660
電力デリバティブ …………… 663

と

導管 …………………………… 191
投機 …………………………… 809
東京金融取引所 ………… 109, 494
東京証券取引所 ……………… 639
東京都債券市場構想 …………… 55
当限 …………………………… 404
統合的リスク管理 …………… 666
倒産 …………………………… 390
倒産隔離 ………… 192, 547, 671
倒産隔離組織体 ……………… 673
動産譲渡担保 …………………… 9
動産担保融資 ………………… 225
投資型クラウドファンディング … 378
投資事業有限責任組合 … 164, 776
東証REIT指数 ……………… 173
当初証拠金 …………………… 702
トータル・リターン・オプション ………………………… 277
トータル・リターン・スワップ ……………………………… 197
トータルレート・オブ・リターンスワップ ………………… 398
トービンのQ ………………… 159
特定債権法 …………………… 192
特定受益証券発行信託 ……… 195
特定目的会社 ………………… 515
特定目的信託 ………………… 516
特定持分信託制度 …………… 515
特別気配 ……………………… 607
特別目的会社 …………… 191, 787

特別目的組織 584
特別目的ビークル（SPV） 14
匿名組合 164, 776
特約再保険 487
ドッド・フランク法 675
ドミノリスク 526
トラッキング・ストック 677
トランシェ 681, 870
トランチング 681, 870
トリガー 390
トリガー方式（空売り価格規制の） 576
トレイナーの測度 685
トレイナーメーズ法 690
トレッドウェイ委員会支援組織委員会 87
トレンドフォロー・ストラテジー 832

な

内閣サイバーセキュリティセンター 477
内部格付手法 691
内部信用補完 578
内部不正行為 288

に

二項モデル 694
日中追証 703
日本卸電力取引所 697
日本温暖化ガス削減基金 300
日本証券クリアリング機構 64, 528
日本版LLP法 857
日本版チャリタブルトラスト 515
任意組合 163, 776
任意再保険 486
忍者ローン 502

ね

値洗い 571, 630, 701
ネガティブキャリー 455
ネガティブバタフライ 228
ネットバンキング 241

の

ノックアウトオプション 259, 620, 704
ノックインオプション 260, 704
ノルドプール 706
ノンコンフォーミング・モーゲージローン 501
ノンサポート型ABCP 4
ノンリコース 547, 788
ノンリコースローン 786

は

パーシャルサポート型ABCP 4
バーゼルⅠ 709
バーゼルⅡ 691, 710
バーゼル2.5 710
バーゼルⅢ 190, 711, 880
バーゼル大口信用規制 269
バーゼル規制 709
バーゼル銀行監督委員会 709
バーゼル自己資本規制 565
パーティシパント 559
ハードマーケット 837
バーミューダオプション 276
バイアウトファンド 163, 720, 775
バイアウト・メザニン 854
バイオメトリクス 724
排出権クレジット 727
排出権取引 97, 354, 727
排出量取引 727
排出枠 727

配当性向 …………………………… 160
配当の中立性命題 ………………… 143
配当利回り ………………………… 159
バイナリー型オプション ………… 261
パイプラインリスク ……………… 138
ハイブリッド証券 … 716, 732, 852, 865
ハイブリッド保険 ………………… 751
バスケットオプション …………… 262
パススルーMBS …………………… 534
パススルー証券 ………………… 66, 510
派生商品 …………………………… 626
バックアップサービサー ………… 448
パック債 …………………………… 67
バックワーデーション …………… 440
パッシブ運用 ……………………… 416
パラメトリック・トリガー
　（Parametric trigger）………… 24, 37
パラレルシフト …………………… 228
バランスシート型CDO …………… 51
バランスシート型シンセティッ
　クCDO …………………………… 565
バリアオプション ……………… 259, 704
ハリケーン先物，オプション …… 742
パリティ …………………………… 636
バリュー・アット・リスク ……… 201
バルクセール …………………… 311, 395
ハンズオン ……………………… 721, 827

【ひ】

非期待損失額（UL）……………… 692
引直差金 …………………………… 702
非システマティックリスク
　（non-systematic risk）… 20, 27, 801
ヒストリカルデータ法 …………… 647
ヒストリカル・ボラティリティ … 843
ビッグデータ ……………………… 744
ビットコイン …………………… 748, 791
1株当たり利益（EPS）…………… 175

日々公表銘柄 ……………………… 575
日歩 ………………………………… 574
標準的手法（信用リスク計算
　の）……………………………… 691
標準的手法（オペレーショナル
　リスク計算の）………………… 289
標準偏差 ………………………… 799, 843
標的型攻撃 ………………………… 481
評判リスク ………………………… 288
ピリオディック・キャップ ……… 345

【ふ】

ファイナイト保険 ………………… 751
ファクター ………………………… 19
ファクタリング …………………… 756
ファクタリング方式（一括決済
　方式の）………………………… 230
ファットテイル …………………… 204
ファニーメイ ……… 180, 501, 502, 759
ファンダメンタルズ分析 ………… 764
ファンダメンタル・ロング
　ショートファンド …………… 820
ファンド・オブ・ファンズ ……… 767
フィッシャー関係 ………………… 430
フィッシング ……………………… 242
フィンテック ……………………… 104
不正アクセス ……………………… 117
不正払出し ………………………… 242
物価連動国債 ……………………… 425
プッタブル債 …………………… 419, 506
プッタブルスワップ ……………… 605
プットオプション ………………… 274
プットコールパリティ …………… 770
不動研住宅価格指数 ……………… 185
不動産投資信託 …………………… 169
プライベートエクイティ ………… 296
プライベートエクイティファン
　ド ……………………………… 162, 774

プライベートラベルMBS ……… 760
プライマリマーケットメイカー … 847
プライムブローカー ……………… 817
ブラック・ショールズモデル
　………………………… 694,778,844
ブラック型CAPM ………………… 31
ブラックマンデー ………………… 77
フラッシュ・クラッシュ ……… 783
フラットニング ………………… 228
ブリッジローン ………………… 858
プリペイド方式 ………………… 661
フルサポート型ABCP ……………… 3
ブルスプレッド ……………… 281,468
プレーンバニラオプション …… 262
プレーンバニラ・スワップ … 367,601
ブレッドボンド ………………… 419
フレディマック …… 180,501,502,759
プレミアム（CDSの）…………… 56
フロア ……………………… 342,346
ブローカー業務 ………………… 617
フロードリスク（詐欺リスク）… 255
プロキシーヘッジ ……………… 814
ブログ …………………………… 611
プロジェクトファイナンス …… 786
プロ私募投信 …………………… 529
ブロックチェーン ……………… 791
プロテクション（CDSの）……… 56
プロテクティブプット（オプ
　ション戦略の一種）
　………………… 279,619,796,831
分散 ……………………………… 799
分散投資 ………………………… 801
分散投資効果 …………………… 294

　　へ

ヘアカット ……………………… 570
ベアスプレッド ……………… 281,468
ペイオフ・ダイアグラム（損益
　線）…………………………… 492
ペイスルー証券 ………… 66,67,509
併存的債務引受方式（一括決済
　方式の）……………………… 230
ペイヤースワップ ……………… 600
ベーシス・スワップ ………… 370,602
ベーシストレーディング …… 465,805
ベーシスリスク ………………… 805
ベースライン・アンド・クレ
　ジット ………………… 728,730
ベータ（β）………………… 27,216
ベガ（ν）……………………… 286
ヘッジ ……………………… 453,809
ヘッジ会計 ……………………… 807
ヘッジ取引 ……………………… 628
ヘッジファンド ………………… 815
ヘルシュタットリスク ………… 822
変額予約 ………………………… 257
ベンチャーキャピタルファンド
　……………………… 163,775,826
変動利付要求払い債券 ………… 507
片務契約 ………………………… 627

　　ほ

ポイント・アンド・フィギュア
　法 ……………………………… 765
法人番号 ………………………… 829
ポートフォリオ・インシュアラ
　ンス …………………… 76,831
ホームエクイティローン ……… 501
保険原理 ………………………… 834
保険サイクル …………………… 837
保険リスク ……………………… 615
保険リンク証券 ………… 23,840
ポジショントレーダー ………… 887
ポジティブキャリー …………… 454
ポジティブバタフライ ………… 228
保証ファクタリング …………… 757

ボラティリティ ……………………… 843
ボラティリティトレーディング …… 587
ボルカールール …………………… 675
本源的価値 ………………………… 277
ボンディングコスト ……………… 145

ま

マーケットダイナミズム …………… 667
マーケットタイミング ……………… 216
マーケットニュートラル …………… 819
マーケットバリュー型CDO ……… 52
マーケットメイカー ………………… 846
マーケットリスク …………………… 849
マーコビッツ ……………………… 801
マイナンバー法 …………………… 829
マクロの原則 ……………………… 836
マクロファンド …………………… 818
マコーレーデュレーション ………… 624
マネージドCDO ………………… 53
マネージドフューチャーズ ………… 819
マネジメントバイアウト
　（MBO）……………… 132, 721
マネジメントバイイン（MBI）…… 722
マルチストラテジーファンド ……… 821
マルチセラー型ABCP …………… 2
マルチ・トランシェ ………………… 682
マルチトリガーCATボンド ……… 39
マルチファクターモデル ……… 20, 849
マルチペリルCATボンド ………… 38
マルチライン保険会社 …………… 861

み

ミクロの原則 ……………………… 835
ミディアムタームノート …………… 188
ミドルステージ …………………… 827

む

無登録格付 ………………………… 305

無リスク資産 ……………………… 694

め

メインバンク制 …………………… 558
メザニン …………………………… 851
メザニンABSCDO ……………… 54
メザニン債 ………………………… 681
メザニン・トランシェ ……………… 852
メザニンファイナンス ……………… 851
メザニンファンド ………………… 856
メザニン・ローン ………………… 852
免疫化 ……………………………… 237

も

モーゲージ証券（CMO）………… 509
モーゲージストリップ証券 ……… 508
モーゲージ担保証券 ……… 135, 510
モーゲージ・パススルー証券 …… 138
モーゲージバンク ………………… 503
モデルロス・トリガー（Modeled loss trigger）……………… 24, 37
元受保険会社 ……………………… 484
モノのインターネット（IoT）…… 111
モノライン保険会社 ……………… 861
モバイル決済 ……………………… 401
モバイル・バイオメトリクス …… 724
モンテカルロ・シミュレーション法 ……………………… 598, 648

ゆ

優先株式 …………………… 716, 734, 863
優先受益権 ………………………… 549
優先出資証券 ……………… 734, 867
優先劣後構造
　……… 192, 547, 578, 585, 682, 790, 869
ユーロカレンシー先物、オプション ……………………………… 872

よ

ヨーロピアンオプション ………… 275
予想損失率 …………………………… 400

ら

落水構造 ……………………… 682,869
ラダーオプション ………………… 261
ラニーニャ現象 …………………… 264

り

リート ………………………………… 169
利益配当優先株 …………………… 863
履行拒否・支払猶予 ……………… 391
リスクアービトラージ …………… 820
リスク調整後収益指標 …………… 669
リストラクチャリング …………… 391
利息・配当繰延リスク …………… 736
リバーサル ………………………… 281
リバースキャッシュ・アンド・
　キャリー ………………………… 338
リバース・デュアルカレンシー
　債 ………………………………… 507
リバースフローター債 …………… 508
リバースレポ ……………………… 883
リプレースメント規定 …………… 738
リボルビング・クレジット・
　ファシリティ …………………… 560
流動性カバレッジ比率 …………… 715
流動性規制 ………………………… 715
流動性供給参加者 ………………… 847
流動性供給入札 …………………… 422

る

ルックバックオプション ………… 260

れ

レーターステージ ………………… 827
レーミックトランシェ …………… 68
レシーバースワップ ……………… 604
劣後株 ……………………………… 875
劣後債 ………… 506,717,734,852,875
劣後リスク ………………………… 736
劣後ローン ………………………… 875
レバレッジ ……………… 570,815,879
レバレッジ効果 …………………… 629
レバレッジバイアウト（LBO）
　…………………………… 132,722
レバレッジ比率規制 ……………… 880
レバレッジ・フローター ………… 510
レピュテーションリスク ………… 288
レポ ………………………………… 883
レンジ・アクルーアル・オプ
　ション …………………………… 284
レンジフォワード（レンジ予
　約） ……………………………… 257
レンジ・フローター債 …………… 508
レンタ・キャプティブ …………… 350

ろ

ロー（ρ） ……………………… 286
ローカル …………………………… 887
ローソク足 ………………………… 765
ローンパーティシペーション …… 889
ロックアップピリオド …………… 816
ロボ・アドバイザー ……………… 893
ロングストラドル（オプション
　戦略の一種） …………………… 589
ロングヘッジ ……………………… 810

わ

ワラント債 ………………………… 551

ハイブリッド・ファイナンス事典

平成28年7月6日　第1刷発行

著　者　可　児　　　滋
発行者　小　田　　　徹
印刷所　奥村印刷株式会社

〒160-8520　東京都新宿区南元町19
発　行　所　一般社団法人 金融財政事情研究会
　　　編 集 部　TEL 03(3355)2251　FAX 03(3357)7416
販　　売　株式会社きんざい
　　　販売受付　TEL 03(3358)2891　FAX 03(3358)0037
　　　URL http://www.kinzai.jp/

・本書の内容の一部あるいは全部を無断で複写・複製・転訳載すること、および磁気または光記録媒体、コンピュータネットワーク上等へ入力することは、法律で認められた場合を除き、著作者および出版社の権利の侵害となります。
・落丁・乱丁本はお取替えいたします。定価はカバーに表示してあります。

ISBN978-4-322-12642-6